Annuska Trompedeller

Karl Tinzl (1888–1964)

Innsbrucker Forschungen zur Zeitgeschichte

herausgegeben von Rolf Steininger
Institut für Zeitgeschichte der Universität Innsbruck

Band 24

Annuska Trompedeller

Karl Tinzl (1888–1964)

Eine politische Biografie

StudienVerlag
Innsbruck
Wien
Bozen

BMWFᵃ
Bundesministerium für Wissenschaft und Forschung

Deutsche Kultur und Familie

FONDAZIONE CASSA DI RISPARMIO DI BOLZANO 1854

Außenbeziehungen
Südtirol – Europaregion

Gemeinde Schlanders

© 2007 by Studienverlag Ges.m.b.H., Erlerstraße 10, A-6020 Innsbruck
E-Mail: order@studienverlag.at
Internet: www.studienverlag.at

Gedruckt mit Unterstützung durch das Bundesministerium für Wissenschaft und Forschung in Wien, die Autonome Region Südtirol-Trentino, die Südtiroler Landesregierung/Abteilung Deutsche Kultur und Familie, die Sparkassen-Stiftung, die Gemeinde Schlanders sowie das Land Tirol/Abteilung Südtirol, Europaregion und Außenbeziehungen.

Buchgestaltung nach Entwürfen von Kurt Höretzeder
Satz: Studienverlag/Christine Petschauer
Umschlag: Studienverlag/Karin Berner
Umschlagbild: Karl Tinzl (Nachlass Karl Tinzl)

Gedruckt auf umweltfreundlichem, chlor- und säurefrei gebleichtem Papier.

Bibliografische Information Der Deutschen Bibliothek
Die Deutsche Bibliothek verzeichnet diese Publikation in der Deutschen Nationalbibliografie; detaillierte bibliografische Daten sind im Internet über <http://dnb.ddb.de> abrufbar.

ISBN 978-3-7065-4322-4

Alle Rechte vorbehalten. Kein Teil des Werkes darf in irgendeiner Form (Druck, Fotokopie, Mikrofilm oder in einem anderen Verfahren) ohne schriftliche Genehmigung des Verlages reproduziert oder unter Verwendung elektronischer Systeme verarbeitet, vervielfältigt oder verbreitet werden.

Inhaltsverzeichnis

I. Vorbemerkung	9
II. Kindheit in Schlanders und Meran (1888-1906)	11
III. Studienjahre in Innsbruck, Leipzig und Berlin (1906-1914)	14
IV. Kriegsdienst im Ersten Weltkrieg (1915-1918)	24
V. Erste politische Erfahrungen (1919-1920)	29
VI. Erste Amtszeit in Rom (1921-1924)	32
6.1. Parlamentswahlen am 15. Mai 1921	32
6.2. Der Weg ins römische Parlament	35
6.3. Wichtige Stationen der parlamentarischen Tätigkeit	36
6.4. Machtergreifung der Faschisten	39
6.5. Obmann des Deutschen Verbandes	41
6.6. Proteste gegen die Entnationalisierungspolitik	43
VII. Zweite Amtszeit in Rom (1924-1929)	47
7.1. Wagnis einer erneuten Kandidatur	47
7.2. Karl Tinzl und Baron Paul von Sternbach	49
7.3. „Eine verlorne Insel im tobenden faschistischen Meere" – Tinzls Tätigkeit im italienischen Parlament	51
7.4. Aktivitäten auf internationaler Ebene	58
7.5. Widerstand gegen die Faschisten	62
7.6. Verbot des Deutschen Verbandes	65
7.7. Faschistische Majorisierungspolitik	67
7.8. Sicherheitsdienstliche Überwachung	72
VIII. Heirat mit Gertraud Semler	74
IX. Zwischen Deutschem Verband und VKS (1929-1939)	77
9.1. Anwalt in Schlanders	77
9.2. Begegnung mit der neuen Macht: Tinzl und der VKS	79
X. Optionsentscheidung und Vorbereitungen für die Umsiedlung (1939-1943)	83
10.1. Intervention gegen das Optionsabkommen	83
10.2. Option für Deutschland	87
10.3. Vorbereitungen für die Umsiedlung	92
10.4. Leiter der Rechtsabteilung der DAT	95

XI. Kommissarischer Präfekt der Provinz Bozen (1943-1945) — 96
11.1. Verwaltungstätigkeit in der Operationszone Alpenvorland — 96
11.2. Vorgehen als kommissarischer Präfekt der Provinz Bozen — 99

XII. Der Weg zum ersten Autonomiestatut (1945-1948) — 115
12.1. Tätigkeit als Vizepräfekt — 115
12.2. Gründungsmitglied der SVP — 117
12.3. Kontaktmann in Wien — 129
12.4. Erstes Autonomieprojekt — 134
12.5. Ein neues Programm für die SVP — 136
12.6. Autonomiestatut und Optantendekret — 137

XIII. Ringen um die Staatsbürgerschaft (1948-1953) — 157
13.1. Kein Rückzug aus der Politik — 157
13.2. Verweigerung der italienischen Staatsbürgerschaft — 171
13.3. Streichung aus dem Album für Rechtsanwälte — 195

XIV. Dritte Amtszeit in Rom (1953-1958) — 201
14.1. Ein überwältigender Wahlsieg — 201
14.2. Interventionen gegen die italienische Majorisierungspolitik — 205
14.3. Ein aussagekräftiges „Familientreffen" — 216
14.4. Juridische Erfolge — 217
14.5. Obmann der SVP — 225
14.6. Ehrenamtliche Tätigkeiten — 235
14.7. Richtungswechsel in der SVP — 238
14.8. Koordiniertes Vorgehen mit Österreich — 240

XV. Auf dem Weg zum „Paket": Tinzls erfolgreicher Autonomieentwurf — 244
15.1. Reflexionen zu den „formellen Grundlagen der Südtiroler Autonomie" — 244
15.2. Autonomieentwurf — 245

XVI. Vierte Amtszeit in Rom (1958-1963) — 252
16.1. Erfolgreiche Kandidatur für den Senat — 252
16.2. Internationalisierung der Südtirolfrage — 262
16.3. Rom lenkt ein: die „Neunzehner-Kommission" — 271
16.4. Ehrungen für den „Senator Südtirols" — 277

XVII. Abschied von Karl Tinzl — 281

XVIII. Schlussbetrachtung — 286

XIX. Anmerkungen — 289

XX. Zeittafel 333

XXI. Anhang 337
21.1. Literaturverzeichnis 337
21.2. Zeitungen und Periodika 341
21.3. Interviews und Gespräche 341
21.4. Archivalien 341
21.5. Webseiten 342
21.6. Bildnachweis 342
21.7. Abkürzungsverzeichnis 343
21.8. Personenverzeichnis 345

Vorbemerkung

Wenn eine Biografie Aufschluss über eine Zeit geben kann, dann sicherlich jene von Karl Tinzl (1888-1964). Sie gibt Einblick in die turbulentesten und spannendsten Kapitel der Geschichte Südtirols. Nicht immer unumstritten, aber doch erfolgreich gelang es Tinzl in allen Abschnitten seines langjährigen politischen Wirkens, die Vorgänge in Südtirol mitzubestimmen. Dabei deutete anfangs wenig auf eine politische Karriere hin. Tinzl bereitete sich auf eine akademische Laufbahn vor, stellte noch in der Schlussphase des Ersten Weltkrieges seine Habilitation fertig, als die Teilung Tirols seine Pläne radikal veränderte. Er kehrte zunächst in seinen Heimatort Schlanders zurück, trat dann aber rasch in Kontakt mit Vertretern des Deutschen Verbandes und kandidierte schließlich 1921 mit dreiunddreißig Jahren zum ersten Mal für das italienische Parlament. Die Politik ließ ihn fortan nicht mehr los. Nach zwei Amtszeiten unter dem faschistischen Regime näherte sich Tinzl in den Dreißigerjahren an die Nationalsozialisten an. Er ließ sich bereitwillig in das System einbinden und war in der Zeit der nationalsozialistischen Besetzung Südtirols als kommissarischer Präfekt von Bozen tätig. Dies führte nach 1945 dazu, dass Tinzl die Staatsbürgerschaft verweigert wurde und er – obwohl Gründungsmitglied der SVP – im Hintergrund agieren musste. Seine strategischen und juridischen Kompetenzen ließen ihn zu einer „grauen Eminenz" der Partei avancieren. Er verfasste die unzähligen Memoranden der SVP, prägte besonders die Linie in der zentralen Frage der Autonomie. Die Italiener wussten um seine Bedeutung als „Kronjurist" der SVP und spielten auf Zeit. Erst 1953 erlangte er nach schwierigen Verhandlungen wieder die italienische Staatsbürgerschaft. Mit einer überwältigenden Anzahl an Vorzugsstimmen entsandten ihn die Südtiroler als Abgeordneten nach Rom, eine Tätigkeit, die er bis wenige Monate vor seinem Tode 1964 ausübte.

Überraschend bei der Auseinandersetzung mit der politischen Tätigkeit von Karl Tinzl ist das (beinahe) ausnahmslos positive Urteil, das über ihn in allen Abschnitten seines Wirkens gefällt wurde. Ist diese Beurteilung gerechtfertigt? Welche Aussagen sind aus dem neu erschlossenen Aktenmaterial und den Zeitzeugenberichten zu gewinnen? Beleuchtet werden die zentralen Stationen der langjährigen und durchaus erfolgreichen politischen Laufbahn Tinzls von den Anfängen im Deutschen Verband bis zu seinem Rückzug aus der Politik im Jahre 1963. Dabei geht es darum, die Grundlinien seines Wirkens und die Maßstäbe seines politischen Vorgehens aufzuzeigen. Diffizile Fragen, wie die Motive seiner Option für Deutschland und seine Tätigkeit als Präfekt sowie die daraus resultierenden Komplikationen beim Wiedererwerb der italienischen Staatsbürgerschaft, werden einem Klärungsversuch unterworfen. Erwähnung finden neben seinen politischen Erfolgen auch seine juridischen Kompetenzen, besonders nach 1945.

Tinzl verzichtete weitgehend darauf, selbst zu seiner politischen Tätigkeit Stellung zu beziehen und eine persönliche Sicht seiner politischen Aktivität zu dokumentieren. Er verfasste nur vereinzelt kurze Abhandlungen, in denen kaum persönliche Auslegungen Eingang fanden. Er wollte, wie sein Sohn Georg Tinzl es formulierte, die „Spuren, die seine politische Arbeit hinterlassen hat", für sich sprechen lassen – sie werden mit der vorliegenden Arbeit zu eruieren versucht.[1] In der einschlägigen Fachliteratur findet sich, wie bereits erwähnt, ein einheitliches, beinahe stereotypes Bild von Karl Tinzl, das dieser vielschichtigen Persönlichkeit nicht gerecht wird. Detaillierte Untersuchungen – mit Ausnahme eines Aufsatzes im „Schlern" – zu seiner Tätigkeit lagen bisher nicht vor.[2] Daher bilden ein intensives Zeitungsstudium, Recherchen in verschiedenen privaten und öffentlichen Archiven und die Interviews mit den wenigen noch verbliebenen Zeitzeugen die Basis dieser Untersuchung.

Zum Entstehen dieser Arbeit haben zahlreiche Personen beigetragen. Bedanken möchte ich mich bei Herrn Univ.-Prof. Dr. Rolf Steininger für die Vergabe des Themas, die Betreuung der Arbeit und für die Unterstützung des Buchprojekts. Einen wichtigen Beitrag leisteten auch die Interviewpartner. Mein Dank geht besonders an Dr. Georg Tinzl, der mir neben ausführlichen Informationen auch Einsicht in den Nachlass seines Vaters gewährt hat. Weiters haben sich Alt-Landeshauptmann Dr. Silvius Magnago, der Kammerabgeordnete Dr. Karl Mitterdorfer, Franz Widmann, Mitglied der SVP-Parteileitung, und Dr. Paul Knoll, Rechtsanwalt in Bozen, dankenswerterweise zu Gesprächen zur Verfügung gestellt.

Bedanken möchte ich mich auch bei Univ.-Prof. Mag. Dr. Michael Gehler für die konstruktive Kritik, Univ.-Doz. Dr. Hans Heiss und bei Dr. Gerald Steinacher, Archivar am Südtiroler Landesarchiv, für die wertvollen Tipps und die zur Verfügung gestellten Archivalien. Ebenso möchte ich mich bei Univ.-Doz. Peter Goller, Universitätsarchiv Innsbruck, weiters bei Evi Gamper von der Gemeinde Schlanders, Georg Aichner von der Gemeinde Tiers und Luise Psenner für ihre Hilfsbereitschaft bedanken. Für das Entstehen der Arbeit war auch die Zugangsmöglichkeit zum historischen Archiv der Südtiroler Volkspartei unerlässlich, wobei Frau Maragret Greif freundlicherweise für deren rasche Organisation sorgte. Dankenswerterweise gewährte mir zudem Dr. Toni Ebner, Chefredakteur der „Dolomiten", Einsicht in das Zeitungsarchiv. Unterstützt hat das Projekt auch der Bildungsausschuss Tiers, besonders Frau Irene Vieider, die mir – wie schon so oft – sofort bereitwillig geholfen hat und bei der ich mich dafür herzlich bedanke. Nicht unerwähnt sollen meine Korrekturleser bleiben, ein großes Danke an Marion, Stefan, Jörg und Dietmar. Dank sagen möchte ich ebenso Dr. Martin Kofler, Mag. Elisabeth Wagner und Mag. Eva Simeaner für die engagierte und professionelle Betreuung des Buchprojekts.

Nicht zuletzt geht mein Dank an meine Familie, die mich während meiner Arbeit stets unterstützt hat.

II. Kindheit in Schlanders und Meran (1888-1906)

In der zweiten Hälfte des 19. Jahrhunderts durchlebte Tirol eine Zeit des Umbruchs. Einen Meilenstein in demokratiepolitischer Hinsicht stellte der Übergang zum Verfassungsstaat (1860/61) dar. Gleichzeitig setzte die Formierung von politischen Parteien ein. Damit begannen die politisch-ideologischen Auseinandersetzungen zwischen den beiden großen Lagern, den Liberalen und den Konservativen, welche die Mehrheit im Landtag bildeten.[3]

Tirol war in dieser Zeit noch vorwiegend agrarisch geprägt. Besonders im südlichen Landesteil zählte die Landwirtschaft zu den Haupterwerbsquellen. Kleinstädte als Zentren der Industrie waren nur spärlich zu finden. Recht zögerlich setzte die touristische Nutzung des Gebietes ein. Einen bemerkenswerten ökonomischen Aufschwung brachte in diesem Zusammenhang das verstärkte Forcieren der verkehrspolitischen Erschließung Tirols. Im Jahre 1867 begann mit zwanzigjähriger Verzögerung der Ausbau des Verkehrsnetzes durch die Errichtung einer Bahnlinie über den Brenner. Dadurch wurde ein nachhaltiger wirtschaftlicher Umstrukturierungsprozess initiiert, der dem Land Vorteile sicherte, es gleichzeitig aber auch belastete. Hinzu kam eine Krise des agrarischen Sektors in den Achtzigerjahren des 19. Jahrhunderts, die sich über die beiden folgenden Jahrzehnte ausdehnen sollte.[4]

Zu den Gewinnern dieses tief greifenden Wandels zählte besonders das Bürgertum. Gestärkt durch den wirtschaftlichen Erfolg intensivierte das italienische und deutsche Bürgertum seine Bestrebungen nach politischer Mitbestimmung und geriet dadurch in eine Konkurrenzsituation zur Kirche, die bisher neben dem Adel den entscheidenden Machtfaktor dargestellt hatte.[5] In Südtirol etablierte sich auf diese Weise eine schmale, aber dennoch vielschichtige bürgerlich-städtische Gesellschaftsschicht, die zwar nur einen kleinen Teil der Bevölkerung ausmachte, aber dennoch an Wichtigkeit nicht unterschätzt werden darf. Sie übte einen nachhaltigen Einfluss auf das geistige Leben Tirols aus, wenngleich die katholisch-konservative Prägung Tirols weiter dominierend blieb.[6]

In dieser Phase des Umbruchs wurde Karl am 4. Oktober 1888 in Schlanders geboren. Mit rund 1000 Einwohnern bildete die Marktgemeinde Schlanders in der zweiten Hälfte des 19. Jahrhunderts das Zentrum des Vinschgaus. Wichtige Einrichtungen, wie die Bezirkshauptmannschaft und das Bezirksgericht, das Steueramt, die Bezirksforstinspektion, die landwirtschaftliche Bezirksgenossenschaft, der Bezirksschulrat, aber auch das Bezirkskrankenhaus, waren dort angesiedelt.[7]

Karl Tinzl war das zweite von drei Kindern der aus Oberösterreich stammenden Antonia Würtz[8] und des in Laas gebürtigen Rechtsanwalts Josef Tinzl[9]. Josef Tinzl hatte anfangs in Meran als Anwalt praktiziert, dann jedoch seine Tätigkeit in den Vinschgau, nach Schlanders verlegt. Am Bezirksgericht Schlanders waren lange Zeit im Höchstfall zwei Anwälte zugelassen. Da Josef Tinzl im Vergleich zu seinem Konkurrenten meist als der Erfolgreichere hervorging, besaß er rasch eine berufliche Monopolstellung im Vinschgau. Dies brachte ihm eine besondere Stellung innerhalb der Dorfgemeinschaft ein und ebnete den Weg für ein Engagement in der Kommunalpolitik. Vom Ortsschulrat stieg er bis zum Bürgermeister auf.[10] Für Josef Tinzl stellte, wie für zahlreiche andere Vertreter des bürgerlichen Lagers, die Beteiligung an der Gemeindepolitik oder im Vereinswesen ein willkommenes Betätigungsfeld dar, um den persönlichen Einflussbereich zu erweitern. Eine nachhaltige Erweiterung der gesellschaftlichen Basis und damit eine Änderung der sozialen Struktur erreichte das Tiroler Bürgertum bis zur Jahrhundertwende dennoch nicht.[11]

Um das Bürgerrecht zu erhalten und sich als Bürgermeister zur Wahl stellen zu können, war die Aufnahme in den Heimatverband notwendig. 1893 schaffte Josef Tinzl zum ersten Mal den Sprung in den Gemeindeausschuss. Erst neun Jahre später, im Jahre 1902 wurde er in den Heimatverband von Schlanders aufgenommen, am 22. Januar 1905 verlieh man ihm das Ehrenbürgerrecht. Ausschlaggebend dafür waren seine Verdienste bei der Reorganisation der Schlanderser Sparkasse.[12] Es war ihm gelungen, die Organisationsstruktur der Bank effizienter zu gestalten. Bereits 1895 war er aufgrund seiner Leistungen zum Direktionsvorsitzenden der Sparkasse ernannt worden.[13]

Den Höhepunkt seiner politischen Laufbahn bildete schließlich die Wahl zum Bürgermeister. Die Gemeindebürger von Schlanders wählten im Jahre 1906 den beruflich erfolgreichen, äußerst belesenen Juristen Josef Tinzl zum Bürgermeister. In der folgenden Amtszeit (1909) wurde er in seinem Amt bestätigt.[14]

In seiner Funktion als Bürgermeister engagierte er sich unter anderem für die Errichtung einer Bahnlinie durch das Vinschgau. Die verkehrstechnische Erschließung Tirols sollte sich nicht auf den Bau der Brennerbahn beschränken und daher forcierte er eine Bahnstrecke von Meran nach Landeck. Im Jahre 1894 veröffentlichte er zu diesem Thema eine detaillierte verkehrspolitische Studie mit dem Titel die „Vinschgauer Bahn". Er versuchte nicht nur die lokale Bedeutung dieses Vorhabens hervorzuheben, sondern auch die internationale Perspektive einzubringen, indem er darauf verwies, dass bereits 1867 der Geographische Kongress in Paris über die Bahnstrecke durch das Vinschgau debattiert habe, als Teilstrecke der kürzesten Verbindung zwischen Paris und Konstantinopel.[15] Nach langen Vorarbeiten, Kundgebungen und Diskussionen im Tiroler Landtag, fanden im Herbst 1903 erste Enteignungsverhandlungen für das wesentlich reduziertere Projekt einer Bahnstrecke von Meran nach Mals statt.[16] Nach dreijähriger Bauzeit konnte am 1. Juli 1906 die Vinschgauerbahn feierlich eröffnet werden. Die gesamte Talschaft profitierte von diesem Projekt. Im Vinschgau setzte ein nachhaltiger ökonomischer Aufschwung ein.[17]

Abb. 1: Die Eltern von Karl Tinzl: Josef Tinzl und seine Frau Antonia Würtz.[18]

Als Sohn eines beruflich erfolgreichen Juristen wuchs Karl Tinzl in gut situierten, bürgerlichen Verhältnissen im Zinshaus in Schlanders auf. Wie auch seine Geschwister Josef[19] und Antonia[20] besuchte er die Grundschule in Schlanders und Meran.[21] Anschließend setzte er seine schulische Laufbahn im Meraner Benediktinergymnasium von Kloster Marienberg fort, die ihn nachhaltig prägte und seine katholisch-konservative Grundeinstellung festigte. Von Anfang an fiel er durch seine besonderen geistigen Fähigkeiten auf. In den Jahren 1898 bis 1906 absolvierte er alle 16 Gymnasialsemester in sämtlichen Gegenständen mit Vorzug.[22] Am 27. Juni 1906 legte er schließlich seine Maturaprüfung mit Auszeichnung in allen Fächern ab.[23]

Abb. 2: Karl Tinzl (ganz rechts) als Gymnasiast mit seinen Eltern Josef und Antonia, seinem älteren Bruder Josef und seiner jüngeren Schwester Antonia.[24]

III. Studienjahre in Innsbruck, Leipzig und Berlin (1906-1914)

Im Wintersemester 1906/07 inskribierte Karl Tinzl an der Rechts- und Staatswissenschaftlichen Fakultät in Innsbruck als ordentlicher Hörer, die neben der theologischen und philosophischen Fakultät mit über 200 Studenten zu den größten Fachbereichen zählte.[25] Nach dem Wunsch seines Vaters sollte er Rechtsanwalt werden und die florierende Kanzlei in Schlanders übernehmen, da sich sein älterer Bruder Josef – wohl als Reaktion auf das autoritäre Verhalten des Vaters – geweigert hatte, diesen Beruf zu ergreifen und stattdessen eine medizinische Laufbahn eingeschlagen hatte. Der Vater hatte sich öfters von seiner Familie zurückgezogen, allein Teile des Hauses bewohnt und wenig Interesse für die Familie erkennen lassen. Die beiden Brüder reagierten unterschiedlich darauf und entwickelten völlig gegensätzliche Charaktere. Während sein Bruder opponierte und sich aus Prinzip gegen alles stellte, bemühte sich Karl Tinzl im familiären wie auch später im politischen Bereich stets um Ausgleich und Kompromisse.[26]

Die Übersiedelung nach Innsbruck bedeutete für den jungen Studenten eine gewichtige Zäsur. Aus der dörflichen Umgebung gelangte er in eine Stadt mit über 20.000 Einwohnern und wirtschaftlicher Prosperität. Er bezog eine Wohnung am Karl-Ludwigsplatz 4. Finanzielle Sorgen belasteten ihn nicht, denn für die Kosten seiner Ausbildung kam sein Vater auf. So konnte sich der Achtzehnjährige ausschließlich seinem Studium widmen. Die neue städtische Umgebung bedeutete für ihn eine intellektuelle Stimulation, die einen geistigen Reifeprozess in Gang setzte und seine Persönlichkeit prägte.[27]

Nicht unbeeinflusst blieb er etwa von der durch heftige Auseinandersetzungen geprägten Atmosphäre an der Innsbrucker Universität, besonders an der juridischen Fakultät. Im Zentrum stand dabei die Debatte über die Errichtung einer italienischen juridischen Fakultät. Seit der Abhaltung der ersten italienischen Vorlesungen im Jahre 1864 rief diese Frage bei den Juristen heftige Debatten hervor. Von deutscher Seite versuchte man den Emanzipationsbestrebungen des italienischen Bürgertums energisch entgegenzutreten, besonders im juridischen Bereich, stellt doch das Recht einen beträchtlichen Teil der Gesellschaftsordnung dar. Eine rasche Radikalisierung war somit unvermeidlich.[28] Ernst Hruza, Ludwig Schiffner und andere radikale deutschnationale Professoren waren bestrebt, ihre italienischen Kollegen aus dem universitären Bereich zu verdrängen, die deutschnationalistische Studentenschaft versuchte die Gegenseite durch Drohungen einzuschüchtern. An sich nichtige Vorfälle erzeugten aufgebrachte Reaktionen, sodass sich die Lage immer weiter zuspitzte.[29] Der Beschluss über die Errichtung einer „provisorischen Rechts- und Staatswissenschaftlichen Fakultät mit italienischer Vortragssprache in Innsbruck" am 22. September 1904 ließ die Situation eskalieren.[30] In der Nacht vom 3. auf 4. November 1904 lieferten sich deutschnationale Studenten Straßenkämpfe mit den italienischen Kommilitonen, die ihren Erfolg feierten. Die Ausschreitungen wurden erst durch das Eingreifen der Polizei beendet. Neben zahlreichen Verletzten war auch ein Todesopfer zu beklagen. Der ladinische Maler August Pezzey war durch einen Bajonettstich tödlich verletzt worden. Als Folge der bewaffneten Auseinandersetzungen wurde die bereits errichtete provisorische italienische Fakultät wieder abgeschafft und sämtliche Pläne dafür für immer vernichtet.[31]

Die Nachwirkungen dieses tief greifenden Konflikts waren noch erkennbar, als Tinzl 1906 nach Innsbruck kam. Dies prägte wohl die ideologische Positionierung von Karl Tinzl, der zeitlebens im deutschen Gedankengut verwurzelt blieb.

Karl Tinzl gelang es an der Universität an seine bisherigen Studienerfolge anzuknüpfen. Eduard Reut-Nicolussi, der gleichzeitig mit Tinzl in Innsbruck studierte, bemerkte im Rückblick über seinen Kommilitonen, dass dieser wegen seiner „besonderen Verstandesgaben" rasch Bekanntheit an der Fakultät erlangte.[32]

In den folgenden Jahren legte Karl Tinzl alle Prüfungen an der Universität mit einstimmiger Auszeichnung ab, worin sich bereits seine wissenschaftliche Qualifikation andeutete.[33] Er befasste sich erfolgreich mit der Rechtsgeschichte und dem komplexen römischen Recht. Bereits im ersten Semester belegte der damals

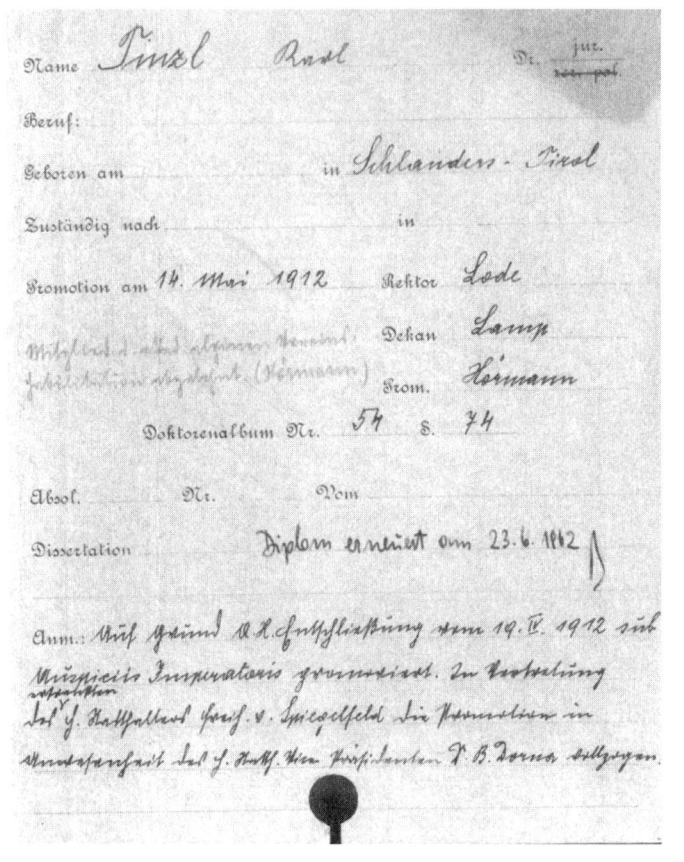

Abb. 3: Die Karteikarte von Karl Tinzl im Universitätsarchiv Innsbruck.[34]

achtzehnjährige Tinzl Vorlesungen über das römische Recht bei Prodekan Ludwig Schiffner[35] und Ernst Hruza[36]. Weiters hörte er deutsche Rechtsgeschichte bei Alfred Ritter von Wretschko, dem Dekan der juridischen Fakultät.[37] Beim Preisausschreiben der Juridischen Fakultät über das Thema „Kritik der justinianischen Familienerbfolge im Vergleich zu den modernen (neuesten) Gesetzgebungen“ erhielt er im Studienjahr 1908/09 den ersten Preis, der mit 600 Kronen dotiert war, und zudem noch das Angebot, die Ergebnisse seiner Untersuchung zu publizieren.[38] Am Beginn des vorhergehenden Semesters, am 5. Mai 1908, war Karl Tinzl bereits zur rechtshistorischen Staatsprüfung angetreten, die er mit Auszeichnung aus sämtlichen Prüfungsfächern absolviert hatte.[39] „Alles in allem“, erklärte das Professorenkollegium wenig überraschend, „muss Tinzl als einer der begabtesten und eifrigsten Hörer der Fakultät bezeichnet werden.“[40]

Im Sommersemester 1909 hörte er unter anderem österreichisches Finanzrecht bei Franz Xaver Freiherr von Myrbach-Rheinfeld[41] und ausgewählte Abschnitte des österreichischen Reichsrechts bei Theodor Dantscher, Ritter von Kollesberg[42]. Ebenso befasste er sich mit dem Völkerrecht, dem österreichischen Straf- und Zivilrecht und dem Wechselrecht.[43] Im Sommersemester 1910 belegte er Vorlesungen über das österreichische Zivilprozessrecht bei Walther von Hörmann zu Hörbach[44] und setzte sich mit Eisenbahn-, Verwaltungs- und Handelsrecht auseinander.[45]

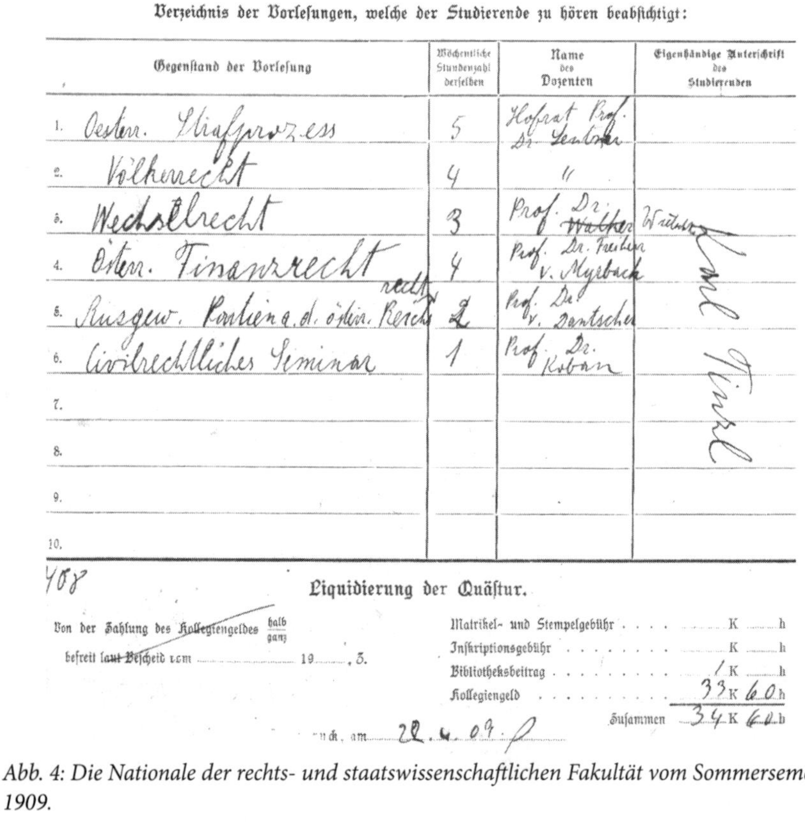

Verzeichnis der Vorlesungen, welche der Studierende zu hören beabsichtigt:

	Gegenstand der Vorlesung	Wöchentliche Stundenzahl derselben	Name des Dozenten	Eigenhändige Unterschrift des Studierenden
1.	Oesterr. Strafprozess	5	Hofrat Prof. Dr. Lentner	Karl Tinzl
2.	Völkerrecht	4	"	
3.	Wechselrecht	3	Prof. Dr. ~~Walther~~ Wretschko	
4.	Österr. Finanzrecht	4	Prof. Dr. Freiherr v. Myrbach	
5.	Ausgew. Partien a. d. österr. Reichsrecht	2	Prof. Dr. v. Dantscher	
6.	Civilrechtliches Seminar	1	Prof. Dr. Koban	
7.				
8.				
9.				
10.				

408

Liquidierung der Quästur.

Von der Zahlung des Kollegiengeldes halb/ganz befreit laut Bescheid vom .... 19...., 5.

Matrikel- und Stempelgebühr	K ... h
Inskriptionsgebühr	K ... h
Bibliotheksbeitrag	1 K ... h
Kollegiengeld	33 K 60 h
Zusammen	34 K 60 h

...ck, am 22. 4. 09.

Abb. 4: Die Nationale der rechts- und staatswissenschaftlichen Fakultät vom Sommersemester 1909.

Seine Begeisterung für die Rechtswissenschaften zeigte sich darin, dass er sich sogar in seiner Freizeit mit diesem Bereich beschäftigte. Er engagierte sich für die Gründung des „Akademischen Juristenvereins", dessen erster Obmann er auch wurde. Die Zeit, die ihm neben seinem Studium blieb, verbrachte er häufig mit der Lektüre literarischer und historischer Werke. Wie sein Vater bewältigte er zeitlebens ein gewaltiges Lesepensum.[46] Zudem besuchte er an der Universität Vorlesungen aus Philosophie und Geschichte.[47] Seine Belesenheit und sein historisches Interesse zeigten sich in späteren Jahren in den in der Zeitschrift „Der Schlern" veröffentlichten Rezensionen des Werkes von Erich Mair über die „Psychologie der nationalen Minderheiten" (1947)[48] und in der Besprechung von Franz Gschnitzers Arbeit „Tirol – Geschichtliche Einheit" (1957)[49]. Anlässlich der Herausgabe einer Festschrift für Kanonikus Michael Gamper verfasste er eine Abhandlung über Laurein, in der sich seine profunden landeskundlichen Kenntnisse zeigten.[50] Gelegentlich demonstrierte er sein Geschichtsbewusstsein auch in seinen Aufsätzen. In den einleitenden Worten seiner Ausführungen über die parlamentarische Tätigkeit bezog er sich auf die Errichtung des Palastes Montecitorio, der 1870 zum Sitz der italienischen Deputiertenkammer wurde. Kardinal Domenico Tosco plante Ende des 16. Jahrhunderts auf dem Mons Citorius einen idyllischen Ruhesitz zu errichten. Eine Idylle fand Karl Tinzl im Juni 1921 als frisch gewählter Abgeordneter beim Einzug ins Parlament jedoch keineswegs vor.[51]

Karl Tinzl war in seiner Freizeit auch ein begeisterter Wanderer. Manchmal hielt er sich tagelang allein in den Bergen auf, gelegentlich begleiteten ihn sein Vetter Josef Tinzl[52] oder der mit ihm freundschaftlich verbundene Franz Huter

Abb. 5: In seiner Freizeit war Karl Tinzl ein begeisterter Wanderer und entdeckte auch seine Leidenschaft für das Theater.[53]

(1899-1997), ein aus Südtirol stammender Historiker und Professor für österreichische Geschichte und Wirtschaftsgeschichte an der Universität Innsbruck. Nach der Errichtung der Operationszone Alpenvorland sollte er sich bereitwillig in den Dienst der Nationalsozialisten stellen und avancierte zum Referenten für das Archivwesen.[54] Der Freundschaft zu Tinzl tat dies keinen Abbruch. Zu Huters 60. Geburtstag erhielt Karl Tinzl die Einladung, eine Ansprache beim Festakt an der Innsbrucker Universität zu halten.[55] 1954 setzte er sich in seiner Funktion als Obmann der SVP dafür ein, dass der Lehrstuhl von Huter vom Extraordinariat zum Ordinariat umgewandelt würde. Er schrieb an den damaligen österreichischen Bundesminister für Unterricht, Ernst Kolb:

„Wenn die Versuche, die Geschichte Südtirols umzufälschen und daraus politische Folgerungen zu ziehen, immer wieder durch ernsthafte geschichtliche Forschungen widerlegt wurden und dadurch den Boden für die Verteidigung unserer Rechte gesichert wurde, so ist dies zu einem wesentlichen Teile ein Verdienst von Prof. Huter."[56]

Seine NS-Vergangenheit war jedoch nicht von der Hand zu weisen, daher wurde Huter ein anderer Bewerber vorgezogen.[57] Tinzl zählte auch zu den Beratern Huters, als sich dieser 1955 wegen seiner aktiven Unterstützung der Nationalsozialisten vor Gericht verantworten musste.[58] Als Franz Huter im September 1959 den Historikertag in Innsbruck eröffnete, wohnte diesem auch Karl Tinzl bei. An seinen Freund richtete er im Anschluss folgende Zeilen: „Lieber Freund, ich möchte nicht wegfahren, ohne dir herzlichst dafür zu danken, dass du mir Gelegenheit gegeben hast, der Eröffnung des Historikertages und deinem schönen Vortrag beizuwohnen, für den ich dir auch im Namen von ganz Südtirol besonders danke."[59]

Während seines Studiums in Innsbruck wurde Tinzl auch Mitglied im „Akademischen Alpinen Verein Innsbruck". Dadurch lernte er Professor Hermann Wopfner (1876-1963) näher kennen, der sich mit der bäuerlichen Siedlungs- und Wirtschaftsgeschichte Tirols beschäftigte. Wopfner, dessen Vorlesungen Tinzl bereits im ersten Semester besucht hatte, war durch Pater Thomas Wieser von Marienberg[60] auf den „besonders begabten Studenten" aufmerksam gemacht worden. Zwischen Wopfner und dem zehn Jahre jüngeren Tinzl entwickelte sich eine langjährige Freundschaft. Wopfner bot dem Studenten schließlich das Du an, worüber Tinzl sehr gerührt war. Angesichts der Unnahbarkeit der Universitätsprofessoren in dieser Zeit war das wirklich etwas Besonders.[61] In einem Schreiben an Tinzl vom 17. Juni 1956 bemerkte Wopfner zum Wesen seines Freundes:

„Du hast mir dann im Verein besonders gefallen durch die Art deines Umgangs mit den Vereinsbrüdern. Du hast nie deine geistige Überlegenheit in verletzender Weise geltend gemacht, sondern immer mit Humor und ruhiger Klarheit etwaige Unstimmigkeiten ausgeglichen."[62]

Dieses Bemühen um Kompromisse kennzeichnete auch seine später folgende politische Tätigkeit.

Eine enge Verbindung pflegte Tinzl auch mit Friedrich Tessmann, dem späteren Landwirtschaftsassessor und Begründer der Südtiroler Landesbibliothek. Seit der Jugendzeit verband ihn zudem eine „tiefe und dauernde Freundschaft" mit Kanonikus Michael Gamper (1885-1965).[63] Am Grabe seines Freundes stehend, sollte er später sagen, die Freundschaft habe sich erprobt und gestärkt in den langen Jahren der gemeinsamen Arbeit und des gemeinsamen Kampfes und sie habe selbst die Stürme dunkler Tage und den Zwiespalt verworrener Zeiten unerschüttert überdauert.[64]

Nach acht Semestern legte Karl Tinzl am 5. Juli 1910 die rechtswissenschaftliche Staatsprüfung mit Auszeichnung in sämtlichen Fächern ab. Am 12. Dezember 1910 folgte die staatswissenschaftliche Staatsprüfung aus allgemeinem und österreichischem Staatsrecht, Volkswirtschaftslehre, Volkswirtschaftspolitik und Finanzwissenschaft, wiederum mit Auszeichnung in allen Gegenständen. Beim politischen Rigorosum am 21. Februar 1911 erhielt er lediglich das Kalkül ausgezeichnet mit Stimmenmehrheit, vier der Prüfer hatten die Note eins beantragt, jener für Völkerrecht völlig überraschend die Note vier.

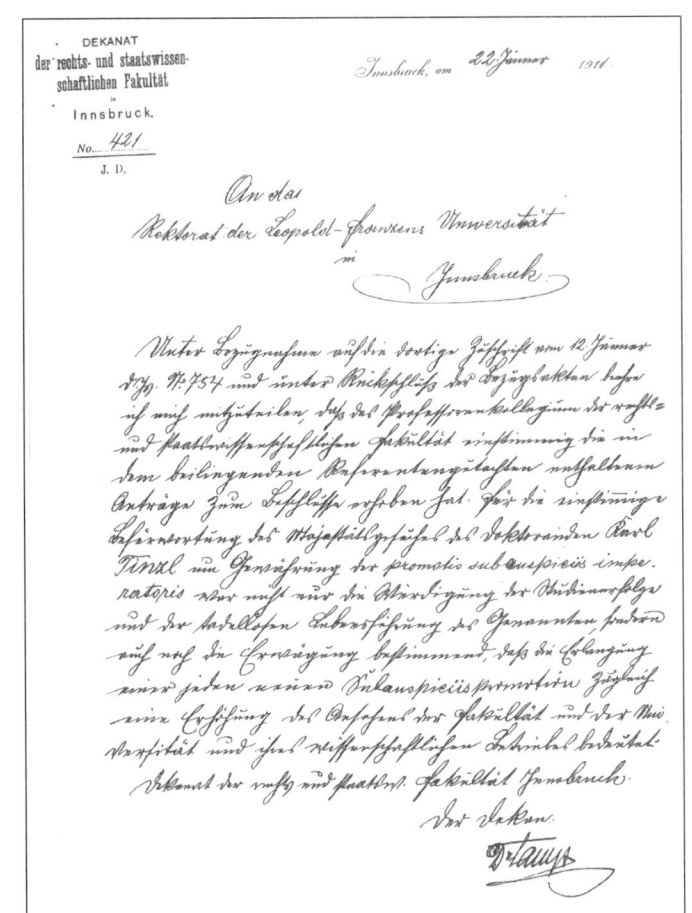

Abb. 6: Das Professorenkollegium der rechts- und staatswissenschaftlichen Fakultät entschied einstimmig, Tinzl die Ehrung „sub auspiciis imperatoris" zu verleihen. Am 22. Januar 1911 wurde der Antrag an das Rektorat weitergeleitet.[65]

Bei den weiteren Abschlussprüfungen erwiesen sich die Prüfer gerechter. Im selben Jahr legte er am 13. Juli und 5. Dezember 1911 noch zwei weitere Rigorosen ab, beide mit einstimmiger Auszeichnung.[66] Die Stimmenmehrheit beim ersten Rigorosum führte zu Diskussionen hinsichtlich seines Abschlusses:

> „Hat er durch das Fehlen der vollen Einstimmigkeit der Auszeichnung beim politischen Rigorosum dem Wortlaut des Ministerialerlasses vom 4. Mai 1904 Zl:14706 nicht im vollen Maße entsprochen, so muss dem gegenüber darauf hingewiesen werden, dass Tinzl aus dem Völkerrecht eng verwandten Fache des Staatsrechts sowohl beim Rigorosum als auch bei der Staatsprüfung mit ‚ausgezeichnet' klassifiziert wurde, und dass dank seiner Fähigkeiten und seiner intensiven Betätigung im Laufe der juristischen Studienzeit sein Erfolg in Studien und Prüfungen trotz obigen Mangels im ‚Sinne' der einschlägigen Ministerialerlässe doch als ein ‚vorzüglicher' zu bezeichnen ist. Denn er besuchte die Vorlesungen mit besonderem Fleiße, er beteiligte sich, erfüllt von juristischem Scharfblick und lebendiger Auffassungskraft, in erfolgreichster Weise an verschiedenen Seminarübungen, hielt in ihnen Vorträge und legte auch mehrere vorzügliche Seminararbeiten vor, für die ihm vom Professoren-Kollegium Prämien bewilligt wurden."[67]

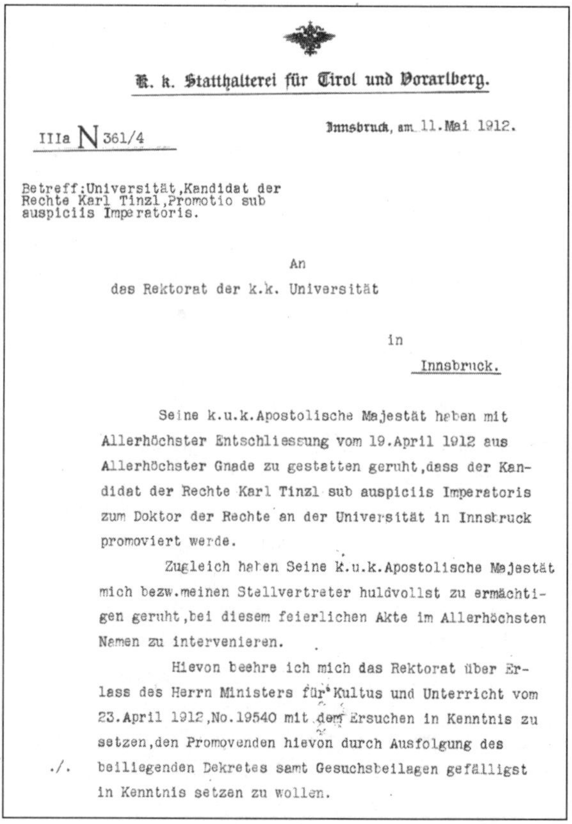

K. k. Statthalterei für Tirol und Vorarlberg.

IIIa N 361/4

Innsbruck, am 11. Mai 1912.

Betreff: Universität, Kandidat der Rechte Karl Tinzl, Promotio sub auspiciis Imperatoris.

An

das Rektorat der k.k. Universität

in

Innsbruck.

Seine k.u.k. Apostolische Majestät haben mit Allerhöchster Entschliessung vom 19. April 1912 aus Allerhöchster Gnade zu gestatten geruht, dass der Kandidat der Rechte Karl Tinzl sub auspiciis Imperatoris zum Doktor der Rechte an der Universität in Innsbruck promoviert werde.

Zugleich haben Seine k.u.k. Apostolische Majestät mich bezw. meinen Stellvertreter huldvollst zu ermächtigen geruht, bei diesem feierlichen Akte im Allerhöchsten Namen zu intervenieren.

Hievon beehre ich mich das Rektorat über Erlass des Herrn Ministers für Kultus und Unterricht vom 23. April 1912, No. 19540 mit dem Ersuchen in Kenntnis zu setzen, den Promovenden hievon durch Ausfolgung des ./. beiliegenden Dekretes samt Gesuchsbeilagen gefälligst in Kenntnis setzen zu wollen.

Abb. 7: Der Kaiser erteilte die Erlaubnis, dass Tinzl die im akademischen Leben äußerst seltene Ehrung „sub auspiciis imperatoris" verliehen wurde.[68]

Nach Ablegung aller Prüfungen absolvierte Karl Tinzl die einjährige Gerichtshofpraxis für Anwaltskandidaten. Sein Dienstgelöbnis leistete er am 10. Dezember 1910 beim k&k Landesgericht Innsbruck. Im Laufe der folgenden Monate wechselte er an das Bezirksgericht Innsbruck und die dritte Station seines Gerichtsjahres war das Bezirksgericht Schlanders.[69]

Am 14. Mai 1912 promovierte Tinzl in einer feierlichen Zeremonie in Innsbruck zum Doktor der Rechtswissenschaften. Sein herausragender Studienerfolg brachte ihm die im akademischen Leben äußerst selten verliehene Ehrung der Promotion „sub auspiciis imperatoris" ein.[70] Da der Kaiser in dieser Zeit nur in Ausnahmefällen bei den Promotionen anwesend war, überreichte der stellvertretende Statthalter von Tirol,[71] Vizepräsident Dorna, Karl Tinzl den Ring des Kaisers zur Würdigung seines außergewöhnlichen Studienerfolgs.[72] Die wertvolle Ehrung befand sich nur wenige Jahre in Tinzls Besitz. Im Jahre 1938 wurde der Ring in einem recht spektakulären Überfall aus seinem Kanzleitresor in Schlanders entwendet. Die faschistischen Sicherheitskräfte bemühten sich kaum, die Diebe ausfindig zu machen.[73]

In den „Neuen Tiroler Stimmen" wurde über den Festakt ausführlich berichtet:

„Gestern, 14. d. M., 11 Uhr vormittags, fand in der Aula der hiesigen Universität wieder eine Feier statt, welche nicht nur der Hochschule unseres Landes, sondern auch einem geistlichen Gymnasium Tirols und einem der studentenreichsten Gaue unseres Heimatlandes zu großer Ehre gereicht. Es erhielt der absolvierte Jurist Herr Karl Tinzl, zweitältester Sohn des Herrn Advokaten und Bürgermeister Dr. Josef Tinzl in Schlanders den kaiserlichen Doktorring mit Brillanten als höchste Anerkennung seiner mit Auszeichnung zurückgelegten Gymnasial- und Hochschulstudien. [...] Se Magnifizenz Universitätsrektor Dr. Lode begrüßte denselben und wies dann begeistert auf die hohe kaiserliche Auszeichnung hin, welche an der hiesigen Universität nun schon vier Studierenden innerhalb eines Jahres zuteil wurde. Bei dem üblichen Überblick über den Lebenslauf des Doktoranden hob der Rektor in ehrenden Worten die glänzend bestandenen Prüfungen des Kandidaten hervor. Hierauf folgte die Promotion. Statthaltervizepräsident Dorna überreichte denn dem neuen Doktor den goldenen Ring, welcher das Monogramm des Kaisers in Brillanten trägt.
Den Schluss der Feier bildete der Dank des Doktor sub auspiciis und eine kurze Dissertation desselben ‚Über die Grenzen des Verwandtschaftserbrechtes'."[74]

Auf Anraten seiner Universitätslehrer entschied sich der außergewöhnlich begabte Jurist dafür, eine akademische Laufbahn einzuschlagen. Mit der Promotion „sub auspiciis" war davon auszugehen, dass er rasch einen Lehrstuhl erhalten würde. Sein Vater war von dieser Entscheidung wenig angetan und versuchte ihn immer wieder, zur Rückkehr nach Schlanders zu überreden. Ab Januar 1912 studierte Karl Tinzl drei Semester an der Universität Leipzig beim Zivilrechtler Emil Strohal, der

Abb. 8: Am 14. Mai 1912 promovierte Karl Tinzl „sub auspiciis imperatoris" zum Doktor der Rechts- und Staatswissenschaften. Statthaltervizepräsident Dorna überreichte ihm den goldenen Ring mit dem Monogramm des Kaisers in Brillanten. Abgeschlossen wurde die Feier mit Tinzls Vortrag „Über die Grenzen des Verwandtschaftserbrechtes".[75]

Promotion sub auspiciis imperatoris.

Gestern, 14. d. M., 11 Uhr vormittags, fand in der Aula der hiesigen Universität wieder eine Feier statt, welche nicht nur der Hochschule unseres Landes, sondern auch einem geistlichen Gymnasium Tirols und einem der studentenreichsten Gaue unseres Heimatlandes zu großer Ehre gereicht. Es erhielt der absolvierte Jurist Herr Karl Tinzl, zweitältester Sohn des Herrn Advokaten und Bürgermeisters Dr. Josef Tinzl in Schlanders den kaiserlichen Doktorring mit Brillanten als höchste Anerkennung seiner mit Auszeichnung zurückgelegten Gymnasial- und Hochschulstudien.

bei der Erstellung des Bürgerlichen Gesetzbuches, vor allem im Bereich des Erbrechts, mitgearbeitet hatte, und bei Ludwig Mitteis, der die moderne Forschung im Bereich der nichtrömischen antiken Rechtsgeschichte begründete, bürgerliches und römisches Recht.[76]

Ludwig Mitteis (1839-1921) lehrte in Prag und Leipzig. Er etablierte sich zum Lehrer der zweiten großen Generation von Romanisten in Deutschland, da er als Einziger auch nach der Einführung des deutschen Bürgerlichen Gesetzbuches (1900) an den Vorlesungen über Pandektistik, der spezifisch deutschen Doktrin des römischen Rechts, die im 19. Jahrhundert auf ganz Europa gewirkt hatte, festhielt. Nach dem Ersten Weltkrieg wurden diese Vorlesungen vom Lehrplan gestrichen, womit das Zeitalter der „historischen Schule", dem die deutsche Rechtswissenschaft ihre Weltgeltung verdankte, endete. Die Mitteis-Schule wirkte vor allem nach Südosteuropa und nach Italien, wo die Faschisten dem römischen Recht, wenn auch aus rein nationalistischen Gründen, einen besonderen Stellenwert zukommen ließen. Als Karl Tinzl die Vorlesungen von Mitteis besuchte, konnte er noch nicht abschätzen, wie hilfreich diese für seine spätere politische Tätigkeit sein würden.[77]

Abb. 9: Sogar als Schauspieler versuchte sich Karl Tinzl (4. v. links), hier bei einer Theateraufführung in Leipzig.[78]

Im Sommersemester 1913 wechselte Tinzl an die Berliner Universität. Den Entwurf für seine Habilitationsschrift über einen Artikel des österreichischen Bürgerlichen Gesetzbuches hatte er bereits fertig gestellt und wurde von Professor Strohal positiv beurteilt.[79] Im Sommer 1913 kehrte der fünfundzwanzigjährige Jurist jedoch ins Vinschgau zurück, um seinen erkrankten Vater in der Kanzlei zu vertreten.[80] Nach einem kurzen Aufenthalt in Schlanders ging er wieder nach Berlin, um weiter an seiner Habilitationsschrift zu arbeiten. Bis Juni 1914 hatte er seine Untersuchungen beinahe abgeschlossen, als die angespannte politische Lage in Europa durch die Ermordung des österreichischen Thronfolgers Erzherzog Franz Ferdinand in Sarajewo eskalierte und schließlich in den Ersten Weltkrieg mündete.[81]

Im selben Monat kehrte er erneut nach Schlanders zurück, da er wiederum die Vertretung für seinen Vater übernehmen musste. Dort erreichte ihn Anfang Januar 1915 die Einberufung zum Kriegsdienst.[82]

IV. Kriegsdienst im Ersten Weltkrieg (1915-1918)

Abb. 10: Seine Arbeit an der Habilitation musste Karl Tinzl unterbrechen. Er wurde im Januar 1915 zum Kriegsdienst eingezogen.[83]

Von Juni 1915 bis Oktober 1918 stand Karl Tinzl nach eigenen Aussagen ununterbrochen an der Front.[84] Beim Gebirgsartillerieregiment Nr. 8 wurde er am 1. August 1915 zum Fähnrich der Reserve ernannt[85] und nach der vorgeschriebenen einjährigen Dienstzeit am 1. August 1916 zum Leutnant der Reserve unter dem Regimentskommandeur Oberst Franz Repper befördert.[86] Sein Einsatzgebiet war die Dolomitenfront, wo die Artillerie zahlreiche Schwierigkeiten bewältigen musste, wie das weite Auseinanderreißen der Batterien oder die Munitionsunterlegenheit. Bezeichnend für ihn war die von Anna und Berta Tinzl[87] berichtete Begebenheit, dass er das schwere Gepäck seines Burschen schleppte, als dieser sich eine Fußverletzung zugezogen hatte. Für seine Verdienste während des Kampfes erhielt Tinzl das Signum Laudis in Silber und Bronze, beides mit Kriegsdekoration, und die Tapferkeitsmedaille in Bronze. Kurz vor Kriegsende wurde er noch zum Oberleutnant befördert.[88]

Bevor sein Militärdienst nach drei Jahren, zehn Monaten und fünfzehn Tagen im Herbst 1918 endete, wurde Karl Tinzl noch beurlaubt, um seine Habilitationsschrift fertig zu stellen. Nach Abschluss seiner Arbeit, als er sich bereits wieder darauf vorbereitet hatte, an die Front zurückzukehren, kam es zum endgültigen Zusammenbruch der Mittelmächte.[89]

Abb. 11: Erinnerungen an den Kriegsdienst an der Dolomitenfront.[90]

Offiziell wurde der Waffenstillstand zwischen Österreich und Italien am 3. November 1918 unterzeichnet. Bereits am 10. November 1918 war die kampflose Besetzung des Gebietes südlich des Brenners durch die Italiener abgeschlossen. Südtirol wurde bis zum 31. Juli 1919 der Militärregierung von General Guglielmo Pecori-Giraldi unterstellt, der bestrebt war, das Gebiet durch strenge Zensurmaßnahmen zu sichern, aber bis zum Friedensvertrag der deutschsprachigen Minderheit keinen Anlass für Beschwerden zu liefern.[91]

Die Niederlage Österreichs und die anschließende Teilung Tirols bedeuteten für Karl Tinzl einen tiefen persönlichen Einschnitt in seinem Leben. Er kehrte nicht mehr nach Deutschland an die Universität zurück, sondern entschied sich dafür, endlich dem Wunsch seines Vaters nachzukommen und im Vinschgau zu bleiben. Im Jahre 1943 berichtete Tinzl in der ihn kennzeichnenden nüchternen Art sehr knapp über diese radikale Wende in seinem Leben:

> „Als Süd-Tirol zu Italien kam, fühlte ich mich verpflichtet, mich für den schweren Volkstumskampf in der Heimat zur Verfügung zu stellen, kehrte unter Aufgabe der geplanten Universitätslaufbahn nach Schlanders zurück und trat in die väterliche Kanzlei ein, die ich in der Folge übernahm."[92]

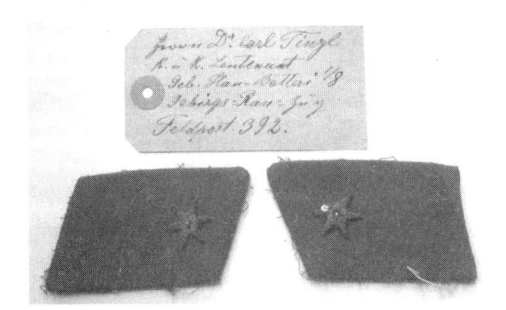

Abb. 12: Karl Tinzl diente beim Gebirgsartillerieregiment Nr. 8 und wurde am 1. August 1916 zum Leutnant der Reserve ernannt.[93]

Wie schwer ihm diese Entscheidung jedoch gefallen sein dürfte, geht aus der Aussage seines Sohnes Georg Tinzl, der erinnerte, dass der Wunsch seines Vaters, eine akademische Laufbahn einzuschlagen, zeitlebens bestehen geblieben war.[94]

Karl Tinzl begann nach dem Krieg seine Tätigkeit als Rechtsanwalt in Südtirol, die er über viele Jahre neben seiner politischen Arbeit erfolgreich ausübte. Als Vorbereitung absolvierte er ein mehrmonatiges Praktikum in der Trientiner Anwaltskanzlei de Bertolini, um sich die sprachlichen Kompetenzen zu erwerben, die durch die Angliederung Südtirols an Italien notwendig geworden waren. Beruflich gelang es ihm weitgehend problemlos, sich mit den tief greifenden Veränderungen zu arrangieren. Anders verhielt es sich mit seiner persönlichen Einstellung zur Abtrennung Südtirols von Österreich, weshalb er sich auch bald politisch engagierte. Wie bei den meisten Südtirolern lagen seine kulturellen Wurzeln in Österreich, seine politische Heimat war Tirol und in sprachlicher Hinsicht orientierte er sich nach Deutschland. Die Teilung Tirols bedeutete eine völlige Umkehrung der bisherigen Strukturen, des politischen Umfelds und Systems.[95]

Die Abtrennung des Gebietes südlich des Brenners von Österreich wurde am 10. September 1919 mit der Unterzeichnung des Friedensvertrages von Saint Germain durch die österreichischen Vertreter endgültig festgeschrieben. Karl Tinzl setzte sich im Jahre 1957 anlässlich der Studientagung der Südtiroler Hochschülerschaft mit diesem Zeitraum auseinander. Zwei Jahre später wurde in der Zeitschrift „Südtirol in Wort und Bild" der Aufsatz „Vierzig Jahre von Saint Germain" publiziert. Die Aussage der beiden Veröffentlichungen differiert kaum. Wie in den meisten seiner schriftlichen Aufzeichnungen bemühte er sich um eine detaillierte und möglichst objektive Darstellung der Ereignisse. Dennoch stellte er auch seine Beurteilung des Friedensvertrages klar: „Man kann von uns Südtirolern, die wir eines der Opfer dieses Vertrages geworden sind, nicht gut verlangen, dass wir ihn vollkommen objektiv beurteilen, als ob es ein Ereignis wäre, das uns nichts angeht."[96]

Unter Berücksichtigung der Vorgeschichte skizzierte er in den beiden Veröffentlichungen den Ablauf der Friedensverhandlungen und betonte dabei besonders das 14-Punkte-Programm des damaligen amerikanischen Präsidenten Woodrow Wilson. Die Grundposition des Präsidenten stand in völligem Widerspruch zu den Zugeständnissen, die schließlich an Italien gemacht wurden. Die Verhandlungen nahmen einen für die Tiroler unerwarteten Verlauf, Tinzl beschrieb in folgendermaßen:

„Als Wilson im Jänner 1919 mit seinem Stab von Mitarbeitern nach Europa kam, zeigte er sich zunächst wenig geneigt, auf den italienischen Anspruch hinsichtlich der Wasserscheidengrenze am Brenner einzugehen. […] Er stieß dabei nicht nur auf den hartnäckigen Widerstand des neu geschaffenen jugoslawischen Staates, sondern auch den von Frankreich und England […]. Das Ende war, dass eben ein Kompromiss zu Stande kam und dass wir dessen Opfer waren. Wilson gab in der Südtiroler Frage nach, räumte den Italienern im März 1919 die Brennergrenze ein, dafür blieb aber Fiume aus dem Gebiet ausgeschieden, die an Italien abgetreten werden sollten. Wilson hat dann später, wie bekannt, erklärt, diese Entscheidung als einen seiner größten Fehler beim Zustandekommen des Friedensvertrages ansehen zu müssen. […] Ich sage das deswegen, weil man von nationalistischer italienischer Seite dieses Friedensdiktat von St.-Germanin als eine Art heilige Formel hinstellt, an der niemals ein Zweifel hätte sein können, während in Wirklichkeit das Ganze nur nach langem Hin- und Herhandeln und zum Schluss aufgrund eines ganz gewöhnlichen politischen Schachers zu Stande gekommen ist."[97]

Wie das Zitat belegt, stellte er richtigerweise fest, dass die Entscheidung Südtirol an Italien anzugliedern realpolitischer Natur war, um mindestens einen Teil der italienischen Forderungen zu erfüllen. Die Unterstützung Österreichs war wenig Erfolg versprechend, war es doch, so Tinzl, „schwach und gefesselt am Boden" und „selbst nur Gegenstand der Vertrags und nicht Partner, der selber mitreden konnte."[98]

Nicht unerwähnt blieb in Tinzls Aufsätzen die geschickte italienische Vorgangsweise bei den Friedensverhandlungen. Die italienische Delegation wurde nicht müde zu bekräftigen, dass es eine liberale Politik gegenüber den italienischen Staatsbürgern anderer Sprache betreiben werde. Dieses Zugeständnis, dem Tinzl immer wieder eine zentrale Bedeutung zumaß, beeinflusste nach seiner Ansicht die Haltung der Entente-Mächte nachhaltig, realisiert wurde es in der Vorgangsweise gegenüber Südtirol jedoch niemals.[99]

Einige der von Tinzl vertretenen Argumente sind nach dem heutigen Forschungsstand nicht mehr aufrecht zu halten. Dem Programm des amerikanischen Präsidenten kann wohl keine so entscheidende Bedeutung zugewiesen werden, wie es in der Darstellung von Tinzl zum Ausdruck kommt. Außerdem schloss er sich der Meinung von Harold Nicolson, dem Sekretär der britischen Delegation, an, dem es „ein völliges Rätsel" blieb, „wie die italienische Delegation es fertig brachte, Wilson dazu zu bewegen, zuzustimmen, dass Italien die Brennergrenze und Südtirol zugesprochen wurde … Es gibt nichts, was erklären könnte, wie es möglich war, dass der Präsident sogleich am Anfang der Konferenz sich bereit fand, 230.000 Tiroler unter italienischen Herrschaft zu bringen, in flagrantem Widerspruch zu dem zentralsten aller seiner Grundsätze. Ich ziehe die einfache Deutung vor, dass Woodrow Wilson sich damals völlig im Unklaren war, was sein Zugeständnis in Wahrheit bedeutet."[100] Der amerikanische Präsident war, wie sich belegen lässt, mit den Verhältnissen in Südtirol durchaus vertraut und verteidigte die Entscheidung der Teilung Tirols später mehrmals. Das ethnische Selbstbestimmungsrecht zu verletzen, schien aufgrund von übergeordneten Interessen notwendig.[101] Daher lautet das Urteil aus heutiger Sicht völlig anders. Der Historiker Hans Haas beurteilt Wilsons Entscheidung so:

„Wilson hat angeblich später im privaten Gebrauch seine übereilte Südtirolentscheidung bedauert. […] Niemand bestreitet aber, dass Wilson die ethnischen Verhältnisse Südtirols kannte. Der Präsident hat seine Entscheidung später mehrmals verteidigt. Wilson wusste, was er tat. Die Verletzung des ethnischen Selbstbestimmungsrechtes schien durch höhere Rücksichten gerechtfertigt. Am 15. Januar unterfertigte Wilson einen Brief an Orlando, in welchem er die Alpengrenze, nicht aber die adriatinischen Forderungen zugestand. Der Präsident bot weitere Sicherheitsgarantien an, die Zerstörung des Forts entlang der adriatischen Ostküste, Fiume als Freihafen, Minoritätenrechte für Italiener. In der Alpen aber schienen defensive Vorposten angebracht."[102]

V. Erste politische Erfahrungen (1919-1920)

Nach langen Verhandlungen schlossen sich im Oktober 1919 die „Tiroler Volkspartei" (TVP) und die „Deutschfreiheitliche Partei" (DFP) zum „Deutschen Verband" (DV) zusammen, damit, wie Tinzl es formulierte, „das Tiroler Volk im Süden des Landes den Kampf um seine Selbstbehauptung unter den neuen Verhältnissen tatkräftig und entschieden" aufnehmen konnte.[103]

Durch ein gemeinsames Auftreten aller politischen Gruppierungen sollte die Forderung nach Schutz der Minderheitenrechte größere Durchschlagskraft erhalten.[104] Ein solcher überparteilicher Zusammenschluss stellte keineswegs ein Novum dar, denn bereits im Jahre 1914 waren die bürgerlichen Parteien ein Bündnis eingegangen, um die Trientiner Autonomiebestrebungen zu boykottieren. Durch die neu geschaffene Grenze am Brenner propagierte das bürgerliche Lager allerdings nicht mehr eine offensive antiitalienische Strategie, vielmehr befand man sich durch die Verschiebung der Grenze in der Defensive und änderte das Vorgehen entsprechend. Unverändert blieb hingegen die Haltung der Konservativen gegenüber der Arbeiterbewegung.[105] Die im September 1919 gegründete „Sozialdemokratische Partei Südtirols" (SPS) lehnte somit aus leicht einsichtigen Gründen eine Beteiligung am Bündnis mit dem bürgerlichen Lager ab. Diese Abkapselung führte dazu, dass die Sozialdemokraten rasch ins politische Abseits gedrängt wurden.[106]

Der Deutsche Verband stellte eine Dachorganisation der bürgerlichen Parteien Südtirols dar, wobei die Selbstständigkeit der beiden Parteien formal bestehen blieb. Während der aus zehn Mitgliedern bestehende Landesausschuss paritätisch besetzt wurde und der Vorsitz monatlich wechselte, sollte bei der Kandidatenauswahl für die Wahlen jedoch das Mächteverhältnis der Parteien berücksichtigt werden. Die Deutschfreiheitlichen konnten im Vergleich zur TVP deutlich weniger Anhänger aufweisen und mussten sich daher mit weniger Listenplätzen zufrieden geben. Anfang der Zwanzigerjahre zeichnete sich auch innerhalb des Deutschen Verbandes bereits eine deutliche Machtverschiebung zugunsten des katholisch-konservativen Lagers ab.[107]

Das Ziel der Tiroler Volkspartei war von Beginn an klar. Bereits auf dem ersten Parteitag am 14. Mai 1920 in Bozen wurde betont, dass die Hauptaufgabe darin bestehen werde, eine Autonomie für Südtirol zu erreichen. Diese Forderung sollte jedoch nicht darüber hinwegtäuschen, dass der Protest gegen die Verletzung des Selbstbestimmungsrechtes durch den Pariser Friedensvertrag weiterhin aufrecht blieb. Die Deutschfreiheitliche Partei hingegen stand dem Autonomieprojekt kritisch gegenüber und orientierte sich in ihren politischen Vorstellungen stärker an Österreich.[108]

Der Deutsche Verband und auch die Sozialdemokratische Partei Südtirols initiierten Gespräche mit Rom. Karl Tinzl gehörte zusammen mit Eduard Reut-Nicolussi,

Friedrich Toggenburg und Franz Habicher, Wilhelm von Walther und Bernhard Zallinger zur Delegation des Deutschen Verbandes, die im Dezember 1919 der römischen Regierung ihren Vorschlag für eine Autonomie überbrachten.[109] Die Regierung unter der Führung von Francesco Saverio Nitti stand zu diesem Zeitpunkt, ebenso wie König Viktor Emanuel III und Francesco Salata, der Leiter des Zentralamtes für die neuen Provinzen seit Juli 1919, den Autonomiebestrebungen grundsätzlich positiv gegenüber. Nitti zeigte sich gesprächsbereit und versicherte den Südtirolern, dass ihre Rechte als Minderheit Beachtung finden würden.[110] Auch von höchster kirchlicher Stelle wurde den Südtirolern Unterstützung zugesagt.[111] Daher gingen die Südtiroler optimistisch und selbstbewusst in die Verhandlungen mit der italienischen Regierung.

Karl Tinzl und seine politischen Weggefährten forderten in ihrem Autonomieentwurf weitreichende Zugeständnisse, da sie sich als Opfer des Friedensvertrages betrachteten und somit moralisch im Recht fühlten. Von diesem Standpunkt ausgehend sprach sich der Deutsche Verband für eine Provinz Deutsch-Südtirol aus, die sich in ihrem Aufbau und ihrer Struktur weitgehend an der österreichischen Provinzialautonomie orientierte. Gefordert wurde die Errichtung eines selbstständigen Verwaltungsgebietes mit einem eigenen Landtag und einem eigenen Landesausschuss nach dem Modell eines österreichischen Kronlandes. Die neu geschaffene Provinz sollte geographisch das gesamte zusammenhängende deutsche und ladinische Sprachgebiet umfassen. Beim italienischen Staat sollten möglichst wenige Kompetenzen verbleiben, selbst eine eigene Miliz für Südtirol war vorgesehen.[112]

Zu den wichtigsten Punkten des Autonomieentwurfs zählte Tinzl im Rückblick:

„Eine Forderung, die man damals mit Recht glaubte stellen zu können und die auch von den italienischen Parteien nicht zurückgewiesen wurde, ging dahin, dass unsere jungen Leute vom Militärdienst befreit bleiben müssten. Als selbstverständlich schien die vollkommene Aufrechterhaltung der Schulen und aller kultureller Einrichtungen, kurz, Südtirol sollte ein Land deutscher Sprache und Kultur bleiben, wie es bis damals gewesen war."[113]

Aus heutiger Sicht wäre eine gemäßigtere Linie der Südtiroler realpolitisch wohl gewinnbringender gewesen. Der Pariser Friedensvertrag enthielt keine Schutzbestimmungen für die Südtiroler, sodass Italien an keine internationalen Verpflichtungen gebunden war. Für die Südtiroler sollte dies bedeuten, dass sich die Chancen auf eine demokratische Behandlung ihrer Rechte minimierten, je weiter sich in Rom die politische Achse nach rechts verschob.[114]

Die Verhandlungen mit der italienischen Regierung vom 16. bis 21. April 1920 blieben ohne klares Ergebnis. Von Seiten der italienischen Regierung kamen Zusagen für die Südtiroler, konkrete Maßnahmen blieben jedoch aus. Zur Bekräftigung seiner Forderungen organisierte der Deutsche Verband Protestaktionen, die in Rom allerdings nicht die gewünschte Wirkung erzielten. So kam es am 13. Juni 1920, dem Herz-Jesu-Sonntag, an dem traditionell auf den Bergketten Feuer entzündet wurden, zu schweren Zwischenfällen.[115]

Nach dem Sturz der Regierung Nitti im Juni 1920 übernahm Giovanni Giolitti die Führung Italiens. Bereits die erste Entscheidung der neuen Regierung signalisierte, dass sich die Bedingungen für die Minderheiten verändert hatten. Während Nitti die Gesetze und Institutionen in den neuen Provinzen weitgehend aufrechterhalten wollte, stellte Giolitti durch das Annexionsdekret vom 10. Oktober 1920 die Vorherrschaft der italienischen Gesetzgebung her.[116] Als Reaktion darauf wurde in Nordtirol der 10. Oktober zum Landestrauertag erklärt, der nachweislich bis zum Jahre 1936 jährlich abgehalten wurde.[117]

VI. Erste Amtszeit in Rom (1921-1924)

6.1. Parlamentswahlen am 15. Mai 1921

Bei den Parlamentswahlen am 15. Mai 1921 stellte sich Karl Tinzl das erste Mal der Wahl. Mit 33 Jahren war er der jüngste der vier Spitzenkandidaten der Christlichkonservativen.[118] Nach langen Verhandlungen war von der Regierung Giolitti die Entscheidung getroffen worden, Bozen und Trient als getrennte Wahlkreise einzuteilen, wobei die ladinischen Gebiete und die deutschen Gemeinden des Fleimstales und des Nonsberges dem Wahlkreis Trient zugeordnet worden waren.[119] An die Turbulenzen im Vorfeld erinnerte sich Tinzl im Jahre 1957:

> „[N]achdem die Wählerlisten noch nicht fertig gestellt waren, […] kam unsere erste Wahlbeteiligung erst im Jahre 1921 zu Stande. Schon vor derselben begann der Kampf um die Wahlkreiseinteilung, der in anderen Formen auch heute noch andauert, nämlich mit oder ohne Trient. Wir verlangten einen eigenen Wahlkreis für Südtirol mit dem ganzen deutschen und ladinischen Gebiet; […] Es fand damals in Neumarkt eine große und denkwürdige Kundgebung statt, die vielleicht das entscheidende Gewicht in die Waagschale geworfen hat, dass zwei Wahlkreise gebildet wurden, einer für Südtirol und einer für das Trentino, und dass das Unterland bei diesem Südtiroler Wahlkreis geblieben ist, während allerdings die ladinischen Täler Gröden und Enneberg davon abgetrennt wurden."[120]

Der Deutsche Verband und die Sozialdemokraten stellten jeweils eine eigene Kandidatenliste auf. Das bürgerliche Sammelbündins kandidierte auch im Wahlkreis Trient, um auch den an Trient angegliederten Gemeinden die Möglichkeit einzuräumen, für deutsche Vertreter ihre Stimme abzugeben. Die italienischen Parteien hingegen verzichteten auf eine Kandidatur in der Provinz Bozen, da die Aussichtslosigkeit des Unternehmens leicht vorhersebar war.[121] Eduard Reut-Nicolussi, der die Liste des Deutschen Verbandes anführte, berichtete über das Erstellen der Kandidatenliste:

> „Es war für den deutschen Verband nicht leicht, die Liste zustande zu bringen. Niemand übernahm gerne ein solches Mandat. Die Aufgabe war voraussichtlich schwer und undankbar. Sie erforderte Sprachenkenntnisse, juristische Schulung, Vertrautheit mit den italienischen Menschen und Verhältnissen."[122]

Wie nur wenige in Südtirol erfüllte Karl Tinzl die angesprochenen Voraussetzungen. Nun galt es, die Südtiroler Bevölkerung von den Kompetenzen des weitgehend unbekannten Juristen zu überzeugen. Daher wurde im „Volksboten" berichtet:

Abb. 13: Karl Tinzl wurde mit 33 Jahren zum jüngsten Kandidaten des Deutschen Verbandes gewählt.[123]

„Aber das beste Zeugnis ist wohl das, dass ihn alle, die nur mit ihm beruflich oder auch sonst zu tun gehabt haben, schätzen und ehren. Seine Leutseligkeit und Dienstfertigkeit gegen jedermann gewinnt ihm die Herzen aller, die mit ihm in Berührung kommen. Obwohl noch jung an Jahren, zeichnet er sich durch ausgezeichnete Kenntnis sowohl der österreichischen als auch der italienischen Gesetze aus. Das ist eine ganz besondere Empfehlung für einen Kandidaten gerade für diese Wahlen, da das Parlament gewählt wird, das auch darüber entscheiden soll, was für Gesetze eigentlich in unserem Gebiete eingeführt werden sollen."[124]

Als Kandidat ins Gespräch gebracht wurde er vom geistlichen Rat Franz Habicher.[125] An die freundschaftliche Verbindung zwischen seinem Vater und Habicher erinnerte sich auch Georg Tinzl:

„Pfarrer Habicher war Geistlicher im Vinschgau, in Burgeis, und besaß enge Bindungen zu Marienberg, dem die Schule meines Vaters unterstand. Habicher war politisch immer sehr interessiert und engagiert. Für meinen Vater war er ein väterlicher Freund, dessen Rat großen Einfluss auf ihn hatte. Ich kann mir gut vorstellen, dass der ihn in einer so wichtigen Angelegenheit, wie den Eintritt in die Politik, bestärkt hat. Habicher kannte meinen Vater gut und wusste, was ihm lag, und hat ihn bei dieser wichtigen Entscheidung sicher beeinflusst."[126]

Durch die erfolgreiche Vermittlungsarbeit von Habicher avancierte Karl Tinzl zu einem der Spitzenkandidaten der Christlichkonservativen.[127] Angeführt wurde die Liste, wie oben erwähnt, von Eduard Reut-Nicolussi (1888-1958), Rechtsanwalt und Abgeordneter der österreichischen Nationalversammlung.[128] Weiters zählte Graf Friedrich von Toggenburg (1866-1956), der ehemalige Statthalter von Triest

Abb. 14: Diese Aufnahme entstand nach der erfolgreichen Kandidatur für das italienische Parlament im Jahre 1921. Für jeden Abgeordneten wurde zudem noch eine goldene Münze mit seinem Namen geprägt.[129]

und Tirol und Innenminister im Ministerium Stürgkh, zu den Spitzenkandidaten der Tiroler Volkspartei.[130] Die Deutschfreiheitliche Partei konnte nur einen Kandidaten stellen und entschied sich für Wilhelm (Willi) von Walther, Sekretär der Bozner Handelskammer und ehemaliger Abgeordneter im Tiroler Landtag.[131]

Am Wahltag entfielen auf den Deutschen Verband, der unter dem Edelweißzeichen kandidierte,[132] 90 Prozent von 40.567 abgegebenen Stimmen. Durch diesen großen Wahlerfolg konnten alle vier Abgeordneten nach Rom entsandt werden.[133] Die SPS war chancenlos gegen den konservativen Block.[134]

Das Wahlergebnis muss wohl nicht nur als Volksabstimmung gegen Italien, sondern auch als Reaktion auf die in Südtirol spürbar gewordene faschistische Aggression interpretiert werden. Nach zahlreichen kleineren Aktionen im Südtiroler Unterland organisierten die Faschisten am 24. April 1921 einen bewaffneten Überfall auf den Trachtenumzug zur Eröffnung der Bozner Messe. Der Marlinger Lehrer Franz Innerhofer kam bei diesem gewaltsamen Übergriff am so genannten „Blutsonntag" ums Leben. Das Militär griff erst nach dem Anschlag ein – um die Faschisten zu schützen.[135] Tinzl bezeichnete den Blutsonntag richtigerweise als „das erste Fanal für das, was noch kommen sollte".[136] Zu den Reaktionen berichtete er: „Es rief ungeheuere Aufregung hervor, die Regierungsstellen entschuldigten sich offiziell, aber man hörte nichts davon, dass irgendeine ernstliche Verfolgung gegen die Mörder des Lehrers Innerhofer eingeleitet worden wäre."[137]

6.2. Der Weg ins römische Parlament

„Wenn […] gesagt wurde, dass die Südtiroler Abgeordneten im Juni 1921 in das italienische Parlament einzogen, dann muss gleich einschränkend hinzugefügt werden, dass sich dieser Einzug, obwohl Italien damals noch ‚freiheitlich' und ‚demokratisch' war, nicht ohne Schwierigkeiten vollzog. Sie begannen schon in Bozen. Unser Wahlerfolg überraschte und ergrimmte die nationalistischen Kreise, die nach dem, was man ihnen über Südtirol erzählt hatte, sich etwas ganz anderes erwartet hatten. Wir erhielten Drohbriefe, dass man uns nicht lebend über Trient hinunterlassen werde.[…] Ich fuhr nicht mit meinen Kollegen im Auto, sondern als der am wenigsten Bekannte, der außerdem in dem fernen Schlanders den Zug besteigen konnte, hatte ich geglaubt, die Bahnfahrt riskieren zu können, und kam dann auch unbehelligt nach Verona, wo wir gemeinsam die Fahrt nach Rom fortsetzten."[138]

Diese Beschreibung von Tinzl vermittelt einen Einblick, wie schwierig bereits die Reise nach Rom war. Als politisch weitgehend unbeschriebenes Blatt befand sich Karl Tinzl noch in der vorteilhaftesten Position und konnte sich relativ unbeobachtet bewegen. Wie lange würde dies jedoch noch so bleiben? Die geschilderten Reaktionen der italienischen Nationalisten signalisierten bereits, dass er sich im Parlament in keiner einfachen Position befinden würde und wie alle Abgeordneten von Minderheiten mit Sanktionen und Übergriffen rechnen musste.

In Rom angekommen wurden die Südtiroler Abgeordneten mit der Drohung eines faschistischen Abgeordneten konfrontiert, dass gegen Toggenburg Gewalt angewendet werde, wenn dieser es wage, das römische Parlament zu betreten.[139] Tinzl und von Walther bemühten sich in den folgenden Tagen vergeblich, eine Einigung mit den Faschisten Giunta und Finzi zu erzielen. Schließlich wurde Salata eingeschaltet, dem es gelang, mit Mussolini, „der noch der Vernünftigste von allen sei", einen Kompromiss auszuhandeln.[140] „Nach allen feierlichen Versicherungen von bester, freiheitlicher Behandlung, die den Minderheiten in Italien gewährleistet sei, […] wäre es der italienischen Regierung höchst peinlich gewesen, wenn dieselben schon bei unserem offiziellen Eintritt in das öffentliche Leben Italiens in dieser Weise Lügen gestraft worden wären"[141], urteilte Tinzl 1958 über den Vermittlungsversuch von Salata.

Die Südtiroler Abgeordneten blieben auch weiterhin die Zielscheibe der faschistischen Aggression. Tinzl wurde zunächst von physischen Attacken weitgehend verschont, einerseits da er politisch noch selten in Erscheinung getreten war, andererseits da er sich von Beginn an bemühte, die Faschisten nicht zu provozieren. Reut-Nicolussi hingegen wurde auf offener Straße von Achille Starace, dem späteren Parteisekretär des Partito Nazionale Faschista (PNF), tätlich angegriffen, worauf die Regierung Begleitschutz für die Südtiroler Abgeordneten anordnete.[142]

Mit den Vertretern der anderen italienischen Parteien gab es verständlicherweise weit weniger Probleme, wie Tinzl auch selbst berichtete:

„Was unser Verhältnis zu den italienischen Kollegen betraf, so war es im Allgemeinen, persönlich, kein schlechtes. Man konnte wohl sagen, dass bei dem größten Teile von ihnen Ahnungslosigkeit [...] vorherrschte, und bei einigen wenigen von ihnen konnte man auch ein aufrichtiges Bemühen um Verständnis feststellen."[143]

Ähnlich verhielt es sich mit den italienischen Journalisten, die für die Vertreter der Minderheiten anfangs großes Interesse zeigten. „Bei einigen von ihnen hatte man allerdings den Eindruck, dass sie erstaunt waren, weil wir nicht in Bärenfelle gekleidet erschienen, wie es nach ihrer Vorstellung von der Nationaltracht der deutschen Barbaren eigentlich hätte sein sollen."[144], bemerkte Tinzl ironisch. Die italienischen Abgeordneten waren in überwiegender Zahl mit dem Minderheitenproblem nicht vertraut. Diesem Mangel an Information galt es entgegenzusteuern und so bemühte sich Karl Tinzl um Kontakte zu den nichtfaschistischen Parteien. Er versuchte während seiner gesamten politischen Laufbahn gute Verbindungen zu den Abgeordneten aller Parteien zu pflegen.[145] Diese pragmatisch motivierte Vorgangsweise erschien ihm stets als die erfolgversprechendste, auf diese Weise glaubte er, den größtmöglichen Vorteil für Südtirol zu erzielen.

Besonders enge Kontakte baute er zu den Abgeordneten anderer ethnischer Minderheiten auf. Eine langjährige freundschaftliche Verbindung, die über die politische Tätigkeit hinausreichte, entwickelte sich zum slowenischen Abgeordneten Josip Wilfan, der aus Triest stammte und ebenfalls als Rechtsanwalt tätig war.[146] Wilfan, nach Ansicht von Tinzl „einem feinen Kopf von großer allgemeiner Kultur", musste 1926 wie Reut-Nicolussi vor den Faschisten ins Exil fliehen.[147]

6.3. Wichtige Stationen der parlamentarischen Tätigkeit

Am 11. Juni 1921 wurde die Tätigkeit des Parlaments mit der allgemeinen politischen Debatte offiziell eröffnet. Von Beginn an ließ die Zusammensetzung des Parlaments dessen Handlungsfähigkeit anzweifeln. Viele kleine Parteien hatten den Einzug ins Abgeordnetenhaus geschafft, eine stabile Koalition der demokratischen Kräfte war schwierig zu bilden, während auf der anderen Seite ein nicht zu unterschätzender faschistischer Block vertreten war.[148] Der Deutsche Verband gab am 21. Juni 1921 jene Erklärung ab, die Tinzl häufig als „Magna Charta" der Südtiroler bezeichnete und die er als Grundlage für die Haltung zum italienischen Staat betrachtete.[149] Die Vorenthaltung des Selbstbestimmungsrechtes wurde darin als „Akt der Unterdrückung" bezeichnet und dagegen brachten die Südtiroler Abgeordneten eine „förmliche Rechtsverwahrung" im Parlament ein.[150]

Nachdem das Parlament seine Tätigkeit aufgenommen hatte, begann für Tinzl die politische Kleinarbeit in seinem Einsatz für die Rechte der Südtiroler. Eine erste Station bildete die parlamentarische Ackerbaukommission, wo er wertvolle Erfahrungen in der politischen Arbeit sammelte.[151] In seinen ersten Monaten konnte er auch den langsamen Aufstieg der Faschisten unmittelbar miterleben. Er beobachtete, wie sich diese zur neuen Kraft im Parlament etablierten und immer häufiger die Debatten bestimmten, wobei heftige Wortgefechte und nicht selten körperliche Übergriffe gegen die äußersten Linken an der Tagesordnung standen. Die nichtfaschistischen Parteien fanden in dieser Situation trotzdem keinen Weg, geschlossen gegen die Faschisten aufzutreten, wodurch die Machtergreifung von Benito Mussolini letztlich unvermeidlich war, kritisierte Tinzl.[152] Außerdem belasteten Italien enorme wirtschaftliche und soziale Probleme, die von Regierungsseite ungelöst blieben. Die Faschisten konnten sich als Ordnungsmacht präsentieren und sich auf diese Weise die Zustimmung maßgeblicher Teile der italienischen Bevölkerung sichern. Die faschistischen Squadre wurden zu einem gewichtigen Machtfaktor außerhalb des Parlaments. Es ist daher auch nicht verwunderlich, wenn selbst Vertreter des Südtiroler Bürgertums, wie der Abgeordnete Toggenburg, ihre Sympathien für den Faschismus bekundeten und ihn als Ordnungsmacht begrüßten.[153]

Die instabile innenpolitische Situation führte dazu, dass Giolitti im Juli 1921 vom Reformsozialisten Ivanoe Bonomi als Ministerpräsident abgelöst wurde. Bonomi versprach den Südtirolern eine Verwaltungsautonomie, worin Tinzl ihm persönlich auch Glauben schenkte. Im November 1921 wurde eine zentrale beratende Kommission für die Verwaltungsordnung der dem Königreich einverleibten Gebiete in Rom eingerichtet. Diesem Gremium gehörte Tinzl gemeinsam mit Toggenburg an. Die anderen Südtiroler Abgeordneten waren in der beratenden Regionalkommission zur Durchführung der Autonomie tätig. Die Erfolge für Südtirol in diesen Kommissionen blieben äußerst bescheiden, nur selten wurde getagt und noch seltener konnte ein Konsens gefunden werden.[154]

Die Regierung Bonomi fasste während ihrer kurzen Amtszeit bis zum Februar 1922 Beschlüsse, die der Historiker Leopold Steurer als „Vorstufen des Faschismus" klassifizierte.[155] Besonders betroffen zeigte sich Tinzl vom Beschluss der Regierung, dass auch die Südtiroler beim italienischen Militär ihren Wehrdienst leisten müssen. Sofort baten die Südtiroler Abgeordneten um eine Vorsprache beim Kriegsminister Gasperotto. Nach Tinzls Einschätzung waren die Italiener seinerzeit geneigt gewesen, die Forderung des Deutschen Verbandes anzunehmen, daher sollte diese Entscheidung nicht einfach hingenommen werden. Wie sich aber zeigte, fühlte sich die italienische Regierung nicht mehr an frühere Zusagen gebunden.[156]

Um die Ablehnung der von Rom gesetzten Maßnahmen zum Ausdruck zu bringen und um insbesondere gegen das Verbot, dem König bei seinem Besuch eine Denkschrift zur Lage in Südtirol überreichen zu dürfen, zu protestieren, weigerten sich die Südtiroler Abgeordneten an den Veranstaltungen beim Besuch des Königs in Südtirol vom 11. bis 13. Oktober 1921 teilzunehmen.[157]

Erfolge brachte diese intransigente Haltung keine, daher fand diese vor allem von Obmann Reut-Nicolussi propagierte Linie zunehmend weniger Unterstützer. Am 20. November 1921 fällte die Führungsspitze des Deutschen Verbandes in einer Sitzung den richtungweisenden Entschluss, einen Wechsel in der Strategie zu vollziehen und eine versöhnliche Zusammenarbeit mit der italienischen Regierung zu versuchen.[158] Tinzl, der immer eine gemäßigte Linie propagierte, dürfte wohl an dieser Entscheidung nicht unbeteiligt gewesen sein. Davon geht auch Georg Tinzl aus:

„Mein Vater hat immer Machbares vor Radikales gestellt, denn das Unerreichbare erschien ihm nie verhandelnswert. Er war immer der Auffassung, dass es bestimmte Grenzen gibt, die man wohl versuchen soll zu erreichen, aber er hat sich nie Illusionen hingegeben. Daher hat er bestimmt Reut-Nicolussi und der gesamten radikaleren Bewegungen zur Mäßigung in den Forderungen geraten, damit nicht alles zum Schluss verloren ist."[159]

Der Richtungswechsel innerhalb des Deutschen Verbandes war jedoch zu spät erfolgt. Am vorhergehenden Tag hatte Rom die Entscheidung gefällt, einen außerordentlichen Landesausschuss für die gesamte „Venezia Tridentina" (= Bezeichnung für das Trentino und Südtirol) mit Sitz in Trient zu installieren.[160]

Tinzl ließ sich davon nicht entmutigen und nahm die Debatte über den Etat des Innenministeriums zum Anlass, gegen die Verwaltungsmethoden des Generalkommissärs Credaro Stellung zu nehmen, der an sich „kein übel wollender Mann, aber eine sehr schwache Natur" sei, der sogar die Gedankenfreiheit beschränke und immer größere Missstimmung hervorrufe.[161] Er wies auch auf die rigide Pressezensur und das politische Spionagesystem durch Trient hin. Besonders hob er in diesem Zusammenhang die weitreichenden Befugnisse der Verwaltung in den neuen Provinzen hervor und erinnerte daran, dass diese nur den Zweck hatten, das alte in das neue Regime überzuleiten.[162] Credaro hatte nicht nur im Bereich der Verwaltung den Unmut der Südtiroler auf sich gezogen. Er hatte auch das „Lex Corbino" (28. August 1921) mitgestaltet, das im Wesentlichen darauf abzielte, möglichst viele Kinder zum Besuch der italienischen Grundschule zu verpflichten.[163]

Dieser Protest fand wenig Resonanz, ebenso blieben die Stellungnahmen wegen der wirtschaftlichen Probleme Südtirols im Parlament und in der Presse ohne Wirkung. Trotz der Niederlagen gab sich Tinzl optimistisch. Die „Liebesmühe" der Südtiroler Abgeordneten blieb zwar vergeblich hinsichtlich der konkreten Forderungen, erklärte er, aber „doch vielleicht nicht ganz vergeblich, weil es immer den Glauben und den Willen zur Selbsterhaltung in unserem Volke aufrechterhalten hat."[164]

Luigi Facta übernahm am 18. März 1922 das Amt des Ministerpräsidenten. Er besaß insgesamt eine noch schwächere Position als Bonomi. Angesichts der sich ausweitenden innenpolitischen Krise war Südtirol kein besonderes Thema mehr.[165] Dennoch konnte Tinzl in Rom einen nicht zu unterschätzenden Erfolg für sich verbuchen. Als Rom das italienische Strafgesetz in den neuen Provinzen einführen wollte, plädierte er in der Kammer eindringlich dafür, dass ein derartiges Gesetz ohne deutsche Übersetzung nicht in Südtirol eingeführt werden dürfe. Die Umgestaltung der Verwaltung und der Gesetzgebung bedürfe der Vorbereitung und könne ohne entsprechende Vorbereitung nicht vollzogen werden, argumentierte er.[166] „Wenn man heute zurückblickt", urteilte er im Jahre 1957 bescheiden über diesen Erfolg, „dann mutet es fast merkwürdig an, dass wir damit einen bescheidenen Erfolg hatten und die Einführung dieses Gesetzes bei uns um mehrere Monate verschoben wurde, bis eben diese Übersetzung vom Italienischen ins Deutsche fertig gestellt war."[167] Wie es zu seiner Art gehörte, versuchte er seine Leistung nicht in den Vordergrund zu stellen und sah seinen Einsatz im Parlament nicht als einen persönlichen Erfolg an. Interessant erscheint auch, wie die italienische Seite seine

Ausführungen beurteilte: „In der gesamten Stellungnahme gab es kein einziges feindliches Wort gegen die Italiener, jeder italienischsprachige Abgeordnete hätte die gleiche Rede halten können."[168]

Die Überzeugungsarbeit, die Tinzl in Rom leistete, ist ein neuerliches Indiz für seine Kapazität in juridischen Sachfragen. Für seine gesamte politische Laufbahn war kennzeichnend, dass er stets versuchte mit juridischer Präzision vorzugehen, um dadurch die Gegenseite für seine Vorschläge zu gewinnen. Polemische und politische Attacken, wie sie unter anderem Reut-Nicolussi zugeschrieben wurden, vermied Tinzl.[169] Treffend charakterisierte Paul Herre Tinzl bereits 1927 als jugendlichen Advokaten, der „sich zwar auf der politischen Bühne Österreichs noch nicht hatte erproben können, aber durch seine außergewöhnliche Sachverständigkeit in den Fragen des Rechtes und der Verwaltung sich schnell einen führenden Platz schuf."[170]

6.4. Machtergreifung der Faschisten

Zwei Tage vor der endgültigen faschistischen Machtergreifung, am 26. Oktober 1922, trafen die Vertrauensmänner des Deutschen Verbandes in Bozen zu einer Sitzung zusammen. Besprochen wurde die weitere Vorgangsweise, denn nach der faschistischen Besetzung des Bozner Rathauses Anfang Oktober waren gesamtstaatliche Veränderungen zu erwarten. Am 1. Oktober 1922 hatten rund 1200 Schwarzhemden aus dem Veneto und der Lombardei ungehindert von den Sicherheitskräften nach Bozen gelangen können, zunächst die umstrittene Elisabethschule und anschließend kampflos das von den Carabinieri bewachte Rathaus besetzen können. Erfolgreich war von den Squadre die Absetzung des deutschnationalen Bozner Bürgermeisters Julius Perathoner verlangt worden. Damit hatten die staatlichen Behörden offen vor der faschistischen Aggression kapituliert und gezeigt, dass sie nicht mehr in der Lage waren, die Ordnung im Staat zu gewährleisten.[171]

Als Reaktion auf den so genannten „Marsch auf Bozen" fixierte die politische Führung der Südtiroler erneut ihre dringlichsten Ziele, zu denen die sofortige Durchführung der Autonomie zur Sicherung des Deutschtums und das entschiedene Auftreten gegen Entnationalisierungsmaßnahmen gehörten.[172] Doch die Chancen für eine Realisierung des Programms standen schlechter als jemals zuvor, die liberale Phase in Italien, in der für Südtirol noch etwas zu erreichen gewesen war, war bereits zu Ende gegangen.

Am 28. Oktober 1922 übernahm Mussolini durch einen Staatsstreich die Macht in Italien. Stellte der „Marsch auf Rom" auch nur den vorläufigen Höhepunkt einer länger andauernden Entwicklung dar, blieb er trotzdem ein gewagtes Unternehmen. Tinzl bemerkte zu den Vorgängen in Rom:

> „Facta bekam nun einen Anfall von Stärke, indem er den Belagerungszustand verhängen wollte. Der König aber ließ ihn im Stich, betraute Mussolini mit der Regierung und dieser begrüßte das Parlament mit einer Rede, in der er

ihm seine ganze Verachtung zum Ausdruck brachte [...]. Man muss sagen, dass das Parlament sich in der Folge diese Verachtung wahrhaft verdient hat. Denn wenn man bedenkt, dass darin nur dreißig Faschisten saßen, so zeugte es gewiss nicht vom Mut der großen Mehrheit der nichtfaschistischen Abgeordneten, dass sie es nicht wagten, die Regierung einmal durch eine Abstimmung in die Minderheit zu versetzen und so den Kampf gegen sie aufzunehmen, mochte er auch bei der Haltung der höchsten Stellen aussichtslos erscheinen. Am deutlichsten und folgenreichsten erwies sich dies bei der Wahlreform."[173]

Mit dem von Tinzl angesprochenen neuen Wahlgesetz, dem so genannten „Legge Acerbo", sicherten sich die Faschisten im Sommer 1923 (21. Juli 1923) für die kommenden Wahlen eine Zweidrittelmehrheit im Parlament. Da Mussolini sich auf den verfassungsmäßigen Weg eingelassen hatte, wollte er dafür sorgen, dass das Volk, wenn es schon seinen Willen äußern durfte, keine unpassende Entscheidung fällte.[174] Der von Unterstaatssekretär Giacomo Acerbo ausgearbeitete Gesetzesentwurf sah vor, dass ganz Italien in fünfzehn Regionalwahlkreise eingeteilt wurde und jede Partei in mindestens zwei Wahlkreisen kandidieren musste. Jene Partei, die ein Viertel der Stimmen erreichte, erhielt automatisch die Mehrheit der Sitze. Für Tinzl war diese Reform nur durch die „Nachgiebigkeit der schon damals von de Gasperi geführten Popolari-Partei auf legalem Wege möglich".[175] In der Debatte über die Änderung des Wahlgesetzes verlangten die Südtiroler vergeblich eine Gewährleistung einer Vertretung der Minderheiten, sowie die Rücknahme der bis zu diesem Zeitpunkt bereits eingeleiteten Assilimilierungsmaßnahmen der Faschisten in Südtirol.[176] Mussolini aber erwies sich als geschickter Taktiker und so gelang ihm die Annahme des Gesetzes.

Mit der faschistischen Regierungsübernahme wurden für Südtirol Maßnahmen erlassen, die darauf abzielten, die deutsche Minderheit zu entnationalisieren. Bis zum Sommer 1923 hatte sich für die Südtiroler schon einiges geändert.[177] Karl Tinzl stellte sich couragiert seiner schwierigen Aufgabe, für die Angelegenheiten seiner Landsleute einzutreten und gegen die Unterdrückung zu protestieren. Die Gesetzesvorlage über die Reform der Zivilgesetzgebung und der Zivilprozessordnung nahm er zum Anlass, gegen die obligatorische Zivilehe einzutreten und stattdessen eine Reform nach österreichischem Vorbild zu forcieren.[178] Er legte seine Position ausführlich dar und betonte besonders:

„Ich bin überzeugt, dass die Regierung aus einer konkreten Anschauung der zivilprozessualen Praxis in den neuen Provinzen die Überzeugung gewinnen wird, dass es möglich ist, einen kombinierten Typus eines Prozesses zu schaffen, durch den ein guter Teil der Gerichtsgewohnheiten ungestört bleiben kann, an denen die italienischen Juristen besonders zu hängen scheinen, ohne dass man doch auf die Vorzüge einer modernen Prozessordnung zu verzichten braucht."[179]

Mit seiner Rede beeindruckte er die Parlamentarier und erntete auch in einigen italienischen Zeitungen Zustimmung.[180]

Ende November 1922 wurde er als Vertreter der Südtiroler in die „Kommission zur Beratung der Landes- und Gemeindeautonomie" entsandt, der neben italienischen Nationalisten und Faschisten auch Alcide de Gasperi (1881-1954)[181] als

Trentiner Vertreter angehörte. Mussolini dürfte sich durch die Einrichtung dieser Kommission positive Auswirkungen auf die Haltung der Popolari erhofft haben. Er agierte in diesem Gremium recht erfolgreich, denn im Dezember 1922 kam die Kommission zu dem Ergebnis, die von Österreich ererbte Autonomie beizubehalten. Den Autonomiebestrebungen der Südtiroler verlieh dies natürlich neuen Auftrieb. Mit den Zielen der Regierung war der Vorschlag nicht in Einklang zu bringen.[182]

Zur leichteren Italianisierung veränderten die Faschisten die bisherige organisatorische Struktur. Am 21. Januar 1923 wurde Südtirol an die Provinz Trient mit der Hauptstadt Trient angegliedert. Die bisherigen Bezirke in Südtirol wurden zu Unterpräfekturen Trients, wobei es gleichzeitig zu einer Reduktion auf drei Verwaltungseinheiten in Bozen, Meran und Brixen kam.[183] Der Bezirk Schlanders gehörte somit zur Unterpräfektur Meran, wogegen die Vinschgauer, allen voran Karl Tinzl, heftig protestierten. Am 5. Januar 1923 suchte eine von Tinzl angeführte Delegation, bestehend aus den Bürgermeistern von Mals, Schlanders und Latsch, den Trientner Präfekten Giuseppe Guadagnini auf, eine Revidierung dieser Entscheidung konnte nicht erreicht werden.[184]

6.5. Obmann des Deutschen Verbandes

Anfang Januar 1923 nahm der Deutsche Verband mit den Bozner Faschisten die Verhandlungen auf, um einen Kompromiss zwischen den beiden Lagern zu erzielen. Die politische Führung der Südtiroler versuchte, nachdem seit dem faschistischen Staatsstreich die faktischen und die offiziellen Machthaber identisch waren, in letzter Minute zu retten, was scheinbar noch zu retten war.[185] Ähnlich erinnerte auch Tinzl die Situation:

> „Die Einschätzung, die man bei uns von der Machtergreifung Mussolinis hatte, war durchaus keine einheitliche. Man kannte das offizielle Programm der Faschisten, aber manche glaubten, dass sie gerade deshalb, weil sie jetzt an der Macht waren, vielleicht eher ein Verantwortungsbewusstsein in sich fühlten und sich nicht daran wagen würden, alles das, was sie als unverantwortliche Agitatoren getan und gepredigt hatten, auch als Regierungspartei durchzuführen."[186]

Die Motive der Faschisten sich auf diesen Burgfrieden einzulassen sind schwieriger zu eruieren. Der Historiker Leopold Steurer betrachtet diese Verhandlungen als Indiz der politischen und organisatorischen Schwäche der kleinen, zerstrittenen Gruppe von Faschisten in Südtirol.[187]

Ende Februar 1923 traf sich Tinzl in Bozen mit der Führungsspitze des Deutschen Verbandes. Auf der Tagesordnung stand die Debatte über einen Vertrag mit den Faschisten. Obmann Reut-Nicolussi sprach sich vehement gegen eine Einigung aus, schaffte es jedoch nicht, die Mehrheit der Vertrauensmänner für seine Position zu gewinnen.[188] Die Parlamentarier von Walther und Toggenburg traten für

Verhandlungen mit den Bozner Schwarzhemden ein. In den letzten Monaten hatte der von Reut-Nicolussi propagierte kompromisslose Kurs an Zustimmung verloren. Deshalb legte er in der Folge auch seine Funktion als Obmann zurück und schien bei den Parlamentswahlen 1924 nicht mehr als Kandidat auf.[189] Das mit den Faschisten ausgehandelte 13-Punkte-Abkommen, der so genannte „Burgfrieden", wurde am 26. Februar 1923 unterzeichnet. Die Faschisten verpflichteten sich in dem Vertrag, auf die Entnationalisierung zu verzichten. Die Südtiroler reduzierten ihre ursprünglichen Forderungen erheblich und sagten zu, die irredentistische Propaganda einzustellen und die Südtirolfrage als innerstaatliche Angelegenheit zu betrachten.[190] Bereits am 12. März 1923 wurde der Burgfrieden beendet, denn Mussolini und der faschistische Großrat akzeptierten dieses Abkommen nicht.[191]

Auf dem vierten Parteitag der Tiroler Volkspartei am 31. Mai 1923 wurde ein Nachfolger für die vakante Position des Obmannes bestimmt.[192] Die Wahl fiel auf Karl Tinzl, der in seiner kurzen Tätigkeit als Abgeordneter seine Qualifikation und sein politisches Geschick eindrucksvoll demonstriert hatte. Er bekleidete das Amt des Obmannes offiziell bis November 1926, als Mussolini alle Parteien bis auf den PNF verbot.[193]

Mit Tinzl an der Spitze dominierte innerhalb der Partei nicht mehr ein kompromissloses Vorgehen gegenüber einem immer mächtiger werdenden Gegner, die Zugehörigkeit zu Italien wurde von ihm als Realität angesehen, die nur bei grundlegenden Veränderung der internationalen Lage abzuändern wäre.[194] Während Reut-Nicolussi impulsiv und emotional agierte, teilweise realitätsferne Konzepte propagierte und als Taktiker und Diplomat nur begrenztes Geschick besaß, war sein Parteifreund und Nachfolger völlig anderer Natur. Tinzl war bestrebt, eine flexiblere und realpolitisch machbare Gangart zu forcieren, durch die Loyalität zum italienischen Staat Garantien zum Schutz der Südtiroler zu erhalten, die Selbstbestimmung hingegen als längerfristiges Ziel zu verfolgen.[195] Karl Trafojer urteilte über Tinzl und dessen Wahl zum Obmann:

„Zum unbestrittenen Führer der Tiroler Volkspartei wurde nach Dr. Reut-Nicolussi Dr. Karl Tinzl […] Tinzl war ein Mann des Verstandes, der Überlegung, der Mäßigung. Seine Stärke war das sichere Auftreten, die klaren und präzisen Formulierungen und eine überzeugende Logik. Demagogie lag ihm ferne, Leidenschaft kannte er nicht, Beherrschung und Selbstkontrolle bewahrte er selbst in den schwierigsten Situationen. All diese Eigenschaften machten ihn zum bedeutendsten Kopf der Volkspartei und der ganzen politischen Führungsschicht in Südtirol. Tinzl wuchs alsbald über die eigene Partei hinaus und wurde zum wahren Volksmann und Führer. Seine Ausführungen im Parlamente erregten stets große Aufmerksamkeit bei den Zuhörern. Seine Ausführungen zum Problem der Strafrechtsreform gehörten zu den besten Wortmeldungen diese Materie betreffend der gesamten italienischen Volksvertretung. Seine Vorschläge zur Reform des gesamten Justizwesens wurden italienischerseits mit großer Genugtuung zur Kenntnis genommen. Aufgrund seiner außergewöhnlichen Intelligenz und seiner zwingenden Ausführungen wurde er einige Male als offizieller Vertreter Italiens zu internationalen Tagungen entsandt. [...] Kein Politiker vor und nach ihm hatte eine derartige Beliebtheit und Achtung der gesamten Südtiroler Bevölkerung erlangt, wie gerade er."[196]

6.6. Proteste gegen die Entnationalisierungspolitik

Maßgeblich für die italienische Entnationalisierungspolitik war Senator Ettore Tolomei (1865-1952), der wohl extremste italienische Nationalist. Mussolini gab Tolomei die Möglichkeit, seine bereits seit einigen Jahren bestehenden Vorstellungen zur Eliminierung des Deutschtums in Südtirol zu realisieren. Tolomeis erster „Prontuario" bildete die Grundlage für das am 29. März 1923 unterzeichnete königliche Dekret zur Italianisierung der Ortsnamen. Dagegen protestierte Tinzl zusammen mit Reut-Nicolussi, von Walther und Toggenburg im April 1923 mit einem Memorandum an Mussolini. Auch die anderen bedrängten Bereiche wurden darin aufgelistet, wie die Aufhebung des Vereins- und Versammlungsrechts, die Fälschungen bei der Volkszählung, die Einschnitte in das Schulwesen, die Abtrennung der Gemeinden im Unterland von der Unterpräfektur Bozen und die Unterdrückung der deutschen Sprache im Bereich der Verwaltung.[197] Das Memorandum blieb unbeantwortet und darum veröffentlichten die Abgeordneten ihre schwere Anklage der faschistischen Vorgangsweise in der Tageszeitung „Der Tiroler" am 30. Juni 1923.[198]

Am 1. Juli 1923 verabschiedete der Ministerrat einen Maßnahmenkatalog für Südtirol, der von Tolomei und Giovanni Preziosi, der später einer der führenden Antisemiten war, ausgearbeitet worden war. Der Öffentlichkeit präsentierte Tolomei sein 32-Punkte-Programm am 15. Juli 1923 im Bozner Stadttheater. Seine „Provvedimenti per l'Alto Adige", die beinahe alle Lebensbereiche umfassten, wurden in der Folge sukzessive verwirklicht.[199]

Mit immer neuen Maßnahmen sollte die Südtiroler Bevölkerung unter Druck gesetzt werden. Besonders betroffen war Tinzl über das Verbot des Namens Tirol am 8. August 1923. Es folgte die Auflösung des Alpenvereins, für Tinzl, den begeisterten Wanderer, stellte das einen herben persönlichen Verlust dar. Das schwerwiegendste Entnationalisierungsdekret für Südtirol bildete das „Lex Gentile" vom 1. Oktober 1923, mit dem in den Südtiroler Volksschulen, beginnend mit den ersten Klassen, die italienische Unterrichtssprache eingeführt wurde.[200] Vom „Lex Gentile" waren in Südtirol 30.000 Schüler in 324 Schulen betroffen. Theoretisch konnten Anhangstunden für die deutsche Sprache abgehalten werden, aber in der Praxis fand dieser Unterricht kaum statt. Die italienischen Behörden versuchten diesen Unterricht weitgehend zu unterbinden. Auch der private Unterricht wurde untersagt.[201] Nach einer Protestkundgebung der Südtiroler Abgeordneten wegen dieses Gesetzes folgte ein Protestaufruf im Volksboten vom 1. November 1923.[202] Die Auswirkungen zeigten sich rasch, die Kinder lernten weder Italienisch noch Deutsch, konnten weder ordentlich Lesen noch Schreiben. Im November 1923 wurde der Gebrauch der deutschen Sprache in der öffentlichen Verwaltung auf Staats-, Provinz- und Gemeindeebene untersagt und schließlich wurden auch sämtliche deutsche Aufschriften und Kundmachungen verboten.[203]

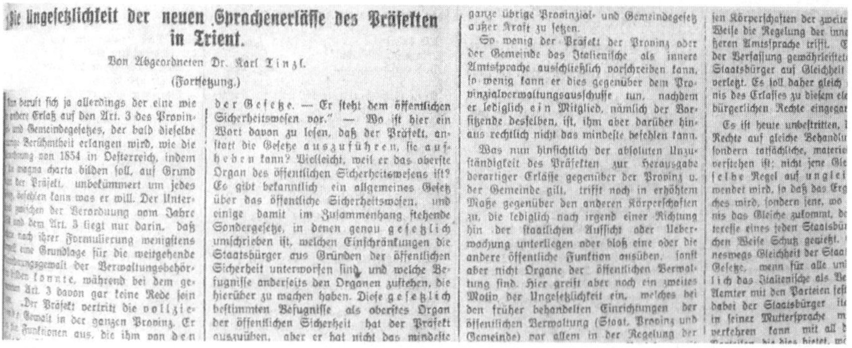
Die Ungesetzlichkeit der neuen Sprachenerläße des Präfekten in Trient.

Von Abgeordneten Dr. Karl Tinzl.

(Fortsetzung.)

der Gesetze. — Er steht dem öffentlichen Sicherheitswesen vor." — Wo ist hier ein Wort davon zu lesen, daß der Präfekt, anstatt die Gesetze auszuführen, sie aufheben kann? Vielleicht, weil er das oberste Organ des öffentlichen Sicherheitswesens ist? Es gibt bekanntlich ein allgemeines Gesetz über das öffentliche Sicherheitswesen, und einige damit im Zusammenhang stehende Sondergesetze, in denen genau gesetzlich umschrieben ist, welchen Einschränkungen die Staatsbürger aus Gründen der öffentlichen Sicherheit unterworfen sind, und welche Befugnisse anderseits den Organen zustehen, die hierüber zu machen haben. Diese gesetzlich bestimmten Befugnisse als oberstes Organ der öffentlichen Sicherheit hat der Präfekt auszuüben, aber er hat nicht das mindeste

ganze übrige Provinzial- und Gemeindegesetz außer Kraft zu setzen.

So wenig der Präfekt der Provinz oder der Gemeinde das Italienische als innere Amtssprache ausschließlich vorschreiben kann, so wenig kann er dies gegenüber dem Provinzialverwaltungsausschusse tun, nachdem er lediglich ein Mitglied, nämlich der Vorsitzende desselben, ist, ihm aber darüber hinaus rechtlich nicht das mindeste befehlen kann.

Was nun hinsichtlich der absoluten Unzuständigkeit des Präfekten zur Herausgabe derartiger Erläße gegenüber der Provinz u. der Gemeinde gilt, trifft noch in erhöhtem Maße gegenüber den anderen Körperschaften zu, die lediglich nach irgend einer Richtung hin der staatlichen Aufsicht oder Ueberwachung unterliegen oder bloß eine oder die andere öffentliche Funktion ausüben, sonst aber nicht Organe der öffentlichen Verwaltung sind. Hier greift aber noch ein zweites Motiv der Ungesetzlichkeit ein, welches bei den früher behandelten Einrichtungen der öffentlichen Verwaltung (Staat, Provinz und Gemeinde) vor allem in der Regelung der

Abb. 15: In einer Artikelfolge im „Landsmann" wies Tinzl überzeugend die Ungesetzlichkeit der Sprachenerlässe des Trientner Präfekten nach.[204]

In seiner Funktion als Abgeordneter protestierte Karl Tinzl gegen diese Politik durch Eingaben an die Behörden, Stellungnahmen im Parlament und bei internationalen Tagungen, sowie durch öffentliche Äußerungen in den Medien. Im November 1923 veröffentlichte er im „Landsmann" eine Artikelfolge um die „Ungesetzlichkeit der neuen Sprachenerlässe des Präfekten in Trient" nachzuweisen. Die drei publizierten Artikel stellen eine juridische Abhandlung dar, die aufgrund ihres Umfanges nur auszugsweise wiedergegeben werden kann.

Im ersten Artikel begann er seine detaillierten Ausführungen über das Vorgehen der Behörden mit dem „Sprachgebrauch bei den Ämtern". Er erörterte eingehend die Einflussmöglichkeiten des Präfekten auf diesen Bereich, da die Verordnungen von Guadagnini dazu geführt hatten, dass die Südtiroler „von der Verwendung in den Ämtern oder der Einsicht in Akten, auf die sie unter Umständen Anspruch erheben könnten, praktisch ausgeschlossen" wurden.[205] Nachdem er unter Bezugnahme auf das Grundgesetz und auf die Provinzial- und Gemeindegesetze den Beweis erbracht hatte, dass die Verordnungen des Präfekten außerhalb seiner Kompetenzen lagen,[206] setzte er sich in einem kürzeren zweiten Abschnitt mit der Regelung der Aufschriften auseinander:

„[…] Sie verfügt, dass die Aufschriften aller Art, auch wenn sie private Interessen betreffen, ‚ausschließlich in der offiziellen Sprache des Staates zu verfassen sind'. In den Gemeinden, wo die Unterrichtssprache noch nicht ausschließlich italienisch ist, *darf* eine deutsche Übersetzung beigefügt werden. […] Der Zweck dieses ganzen Widersinns, der besonders aus dem Artikel 3 hervorleuchtet, ist klar: Es ist der Versuch, vor der Welt den deutschen Charakter unserer Heimat wegzuleugnen, ein Versuch, der freilich von vornherein zu ebenso kläglichem Scheitern verurteilt ist wie alles, was sich auf Unwahrheit aufbaut. […]
Zusammenfassend lässt sich also sagen, dass die bewussten Dekrete ungesetzlich sind, weil der Präfekt zu ihrer Erlassung nicht zuständig ist und dass sie, wenn auch durch ein Gesetz erlassen, mit der Verfassung im Widerspruche stünden.

Wir haben uns hier auf die trockene Behandlung der Dekrete vom Standpunkte ihrer Gesetzlichkeit aus beschränkt und die Fülle bitterer Betrachtungen unterdrückt, welche sich sonst noch daran knüpfen ließen, insbesondere über die ungeheure wirtschaftliche Schädigung, die man uns neuerdings antut. Aber zwei Bemerkungen können wir uns doch nicht versagen. Das Gesetz über den Sprachengebrauch bei den Ämtern und öffentlichen Körperschaften sollte in den Hauptorten der Bezirke sofort in Kraft treten. Die Gemeinden Bozen, Meran, Bruneck, Brixen, die Vereine, Kassen, Banken dort sollten also buchstäblich über Nacht ihre ganzen Drucksorten, Bücher, Akten in italienische umwandeln, oder diese Dinge, im Werte von vielleicht Hunderttausenden, einfach wegwerfen und sich in 12 Stunden neu einrichten. Wenn derartig offenbar unmögliche Dinge verlangt werden, muss man daran zweifeln, ob diese Verordnung überhaupt in dem Sinne ernst gemeint sind, dass es der Behörde auf ihre wirkliche Befolgung ankommt, und ob nicht ganz eine andere Absicht, die jeder leicht erraten kann, dahintersteckt.

Eine kurze Bemerkung fordert noch die Einleitung des Aufschriftendekrets heraus, welches sich darauf beruft, dass ohnehin „einzelne Bürger um ihres Interesses willen die Anwendung des früheren Aufschriftendekretes schon erweitert haben." Man könnte sagen, dass dieser Fußtritt für die übertriebene Liebdienerei einzelner höchst lehrreich sein sollte für diejenigen, die glauben, man könnte sich an Unterwürfigkeit gar nicht genug tun und müsse sich für die Schläge noch bedanken, die man erhält. [...] Aber andererseits muss auch offen gesagt werden, dass wir bisher solche zynischen Bemerkungen in offiziellen Erlässen nicht gewohnt waren und sie umso unpassender finden, als auch dem Herrn Präfekten bekannt sein sollte, dass weitaus die meisten, welche über das seinerzeitige Aufschriftendekret hinausgegangen sind, dies nicht um ihres Vorteils willen getan haben, sondern weil sie *in ganz ungehöriger Weise direkt oder indirekt dazu gezwungen wurden!*"[207]

Seit Beginn seiner Tätigkeit in Rom nutzte Tinzl die Möglichkeit, auf internationalen Kongressen die Probleme Südtirols zu thematisieren. Durch das Auftreten bei den Tagungen der „Interparlamentarischen Union" und dem „Weltverband der Völkerbundligen" wurde die öffentliche Meinungsbildung zu beeinflussen versucht, um dadurch eine Verbesserung zu erreichen. Auch die Abgeordneten anderer Minderheiten, wie der slowenische Vertreter Josip Wilfan, nahmen an den Veranstaltungen teil. Waren diese Auftritte nur von begrenzter Wirksamkeit, so reichten sie doch aus, die italienische Führung zu beunruhigen. Daher verbot die faschistische Regierung im Juli 1923 den nichtitalienischen Abgeordneten an der Tagung der Union der Völkerbundligen teilzunehmen. Dieser Erlass konnte nur zeitlich begrenzt aufrechterhalten werden und bereits im August 1923 waren die Südtiroler an der Tagung der Interparlamentarischen Union wieder vertreten. Als Tinzl gemeinsam mit den anderen Südtiroler Abgeordneten im Februar und März 1924 erneut eine Beschwerde bei der Union der Völkerbundligen einbrachte,[208] versuchten die Faschisten im Juli 1924 auf der Lyoner Tagung der Minderheitenkommission, diese Darstellung mit der einfachen Behauptung zu entkräften, dass es in ihrem Staatsgebiet keine nationalen Minderheiten gebe.[209]

VII. Zweite Amtszeit in Rom (1924-1929)

7.1. Wagnis einer erneuten Kandidatur

Für den 6. April 1924 waren in Italien die Parlamentswahlen angesetzt, bei der erstmals die 1923 beschlossene Wahlordnung zur Anwendung kam.[210] Die Venezia Tridentina war dem Wahlkreis V zugeordnet worden, gemeinsam mit den Provinzen Belluno, Vicenza, Padua, Rovigo und Treviso.[211] Das von den Faschisten im Jahre 1923 adaptierte Wahlgesetz sah vor, dass jede Partei in zwei Wahlkreisen kandidieren und jeder Kandidat zusätzlich von wenigstens 1500 Wählern in zwei Wahlkreisen vorgeschlagen werden musste.[212] In Anbetracht dieser Voraussetzungen bestanden bei Tinzl berechtigte Zweifel, ob man sich trotz des enormen faschistischen Druckes überhaupt noch mit Erfolg an den Wahlen beteiligen könnte. Eine Vertrauensmännerversammlung im Februar 1924 führte jedoch zum einstimmigen Beschluss, die Herausforderung anzunehmen und bei den Wahlen anzutreten.[213] Der Deutsche Verband, dem sich nun auch die Sozialdemokraten anschlossen, besaß lediglich die Möglichkeit, wollte er nicht das Risiko eingehen, überhaupt keine Vertretung mehr in Rom zu besitzen, ein Wahlbündnis mit den Slowenen und Kroaten Istriens einzugehen.[214] Als Obmann übernahm Tinzl die Aufgabe, eine gemeinsame Liste auszuarbeiten und Kandidaten für die Wahl zu gewinnen.[215]

Die Sammelliste, mit dem Wahlzeichen, bestehend aus Edelweiß und Lindenblatt, setzte sich aus jeweils drei Abgeordneten zusammen.[216] Als Obmann wurde Karl Tinzl zum Spitzenkandidaten des Deutschen Verbandes und damit zum Anführer der Liste bestimmt. Ihn zeichneten nicht nur seine in der vorhergegangenen Legislaturperiode unter Beweis gestellten politischen Fähigkeiten aus, er war auch bis dahin von der faschistischen Aggression weitgehend verschont geblieben.[217] Verantwortlich dafür war einerseits sicherlich seine pragmatische Grundhaltung, die ihm zeitlebens zu eigen war. Anderseits prädestinierte ihn für die Aufgabe in Rom nach Auffassung von Reut-Nicolussi Folgendes:

„Er war der Volksmann im besten Sinne des Wortes. Bodenständig, mit allen Nöten des Landes vertraut, im Auftreten einfach, aber sicher und packend, sobald er das Wort nahm. Von jedermann der ihn kannte, nicht bloß geachtet, sondern auch geliebt, zeichnete er sich auch in den aufgeregtesten Zeiten durch die Ruhe des ‚Mannes ohne Nerven‘ aus. Sein politischer Instinkt traf jederzeit den Nagel auf den Kopf: Schärfe war ihm fremd, umso mehr entsprach ihm klare Logik."[218]

Die Entscheidung wieder nach Rom zu gehen, fällte er auch aus persönlichen Motiven, wie sein Sohn Georg Tinzl berichtete:

„Damals hatte mein Vater schon den ‚Bazillus der Politik‘ geschluckt. Ich vermute, dass ihm Schlanders und auch sein Vater eher auf die Nerven gegangen sind und er in der Politik ein Sprungbrett gesehen hat, irgendetwas anderes zu tun. Meinen Vater interessierte das Strafrecht nicht besonders und das Verwaltungsmäßige bei uns oben, das Gesellschaftsrecht und ähnliche Dinge, die waren bei uns nur ganz in Ansätzen vorhanden. Deswegen glaube ich, haben auch diese persönlichen Dinge, zusätzlich zu seiner Leidenschaft für die Politik und seinem Verantwortungsbewusstsein, das bei ihm immer sehr ausgeprägt vorhanden war, eine gewisse Rolle gespielt."[219]

Für eine Kandidatur gewann Tinzl auch den Liberalen Baron Paul von Sternbach, der wegen der Unterdrückungspolitik der Faschisten in die Politik zurückkehrte, und den Gutsbesitzer aus Haslach Ignaz Mumelter, der jedoch völlig chancenlos war.[220] Sternbach, ein aus dem Pustertal stammender Großgrundbesitzer, war im Jahre 1902 in den Tiroler Landtag gewählt worden und schließlich zum Landeshauptmannstellvertreter von Tirol avanciert. Nach der Kriegsniederlage wurde er aufgrund seiner juridischen Kenntnisse als Tiroler Vertreter in der österreichischen Friedensdelegation nach St. Germain gesandt.[221]

Tinzl zeigte sich sichtlich beeindruckt von seinen Mitstreitern, da er von der Erwartung ausging, dass nur ein Kandidat nach Rom entsandt werden könnte und „ihnen zwar Hass und Verfolgung seitens der Faschisten – gegenüber Baron Sternbach kam dies auch in einem tätlichen Überfall zum Ausdruck – aber kaum ein Erfolg in Aussicht stand. Dieser übertraf jedoch unsere Erwartungen und das Südtiroler Volk zeigte Mut und Geschlossenheit in der Stunde der Not."[222]

Im Vergleich zu seinem ersten Wahlkampf verlief jener im Jahre 1924 weit turbulenter. In ganz Italien gingen die Faschisten mit äußerster Brutalität vor, in Südtirol versuchten sie mit immer wiederkehrenden Hetzkampagnen gegen den Deutschen Verband vorzugehen und das Vertrauen in den Deutschen Verband zu schmälern. So wurde Sternbach, der den Faschisten durch provokante Aussagen größere Angriffsfläche als Tinzl bot, beschuldigt, in Ausnutzung seines Amtes als Generalzivilkommissar im Ersten Weltkrieg in Udine Kunstschätze entwendet zu haben, ebenso hätte er sich als Evakuierungskommissar in Trient verhalten, ein Amt, das er nie bekleidet hatte.[223] War es dem Deutschen Verband untersagt Plakatwerbung zu betreiben, druckten die Faschisten Aushänge mit „Sternbach ist ein Dieb" und in eigens produzierten deutschsprachigen Zeitungen wurde diese Geschichte verbreitet.[224]

Um Sternbachs Einzug ins Parlament zu verhindern, drangen am Wahlsonntag vier Faschisten in dessen Haus in Uttenheim ein. Bevor er in den Wagen geschleppt werden konnte, kamen ihm einige einheimische Männer zu Hilfe.[225] Ein weiterer Übergriff beim Betreten des Wahllokals wurde glücklicherweise von den Carabinieri verhindert.[226] Dem faschistischen Wahlterror waren nicht nur die Kandidaten selbst ausgesetzt, auch andere wichtige Persönlichkeiten blieben davon nicht verschont. Edurard Reut-Nicolussi und Bozens Altbürgermeister Julius Perathoner wurden am 5. April, in der Nacht vor dem Wahltag, beim Betreten des Tyrolia-Gebäudes in der Bozner Museumstrasse von Faschisten angegriffen und unter dem Vorwand, Wahlplakate beschädigt zu haben, schwer misshandelt.[227]

Der Deutsche Verband musste den Wahlkampf mit einfachsten Mitteln führen. Da keine Wahlplakate erlaubt waren, wurden im ganzen Land Versammlungen abgehalten. Diese wurden jedoch systematisch von den Faschisten gestört und in der Folge von den Sicherheitskräften aufgelöst. Wie die in der „Meraner Zeitung" abgedruckte Wahlrede von Tinzl belegt, standen die Schlagworte „Einigkeit", „Selbstbehauptung und Selbsterhaltung" und „Mitarbeit an den allgemeinen staatlichen Aufgaben" im Vordergrund.[228] Von konkreten Autonomieforderungen war der Deutsche Verband abgerückt, da diese unter den Faschisten nicht zu erreichen waren. Vielmehr ging es darum, die Selbsterhaltung auf kulturellem und wirtschaftlichem Gebiet zu sichern.[229] Anfang März erklärte Tinzl den Versammelten in Sterzing:

> „Meine Herren! In dem Programme, das wir vor Ihnen entwickeln werden, wird von der Autonomie kaum die Rede sein. Nicht deswegen, weil wir unsere Meinung über Ihre Vorzüge auch nur im Geringsten geändert hätten, sondern einfach aus dem Grunde, weil die Regierung gegenwärtig eine grundsätzlich andere Auffassung hat und dem Autonomiegedanken absolut ablehnend gegenüber steht, wir aber müssen Politik als die Kunst des Möglichen betrachten und Forderungen, die wenigstens für den Augenblick unerfüllbar erscheinen, nicht aufgeben, aber zurückstellen. Trotzdem ist es im letzten Grunde derselbe Gedanke, der mit solcher Natürlichkeit, ja mit solcher zwingender Notwendigkeit aus dem Boden unserer Heimat von selbst erwächst, dass kein politisches Programm von ihm von ihm absehen kann, das für uns Wert haben soll. Es ist der einfache Gedanke unserer Selbstbehauptung und Selbsterhaltung in kultureller, wirtschaftlicher und nationaler Hinsicht […]."[230]

Er bemühte sich, von bewussten Provokationen Abstand zu nehmen und den Faschisten möglichst wenig Angriffsfläche zu bieten. Dadurch war es ihm möglich, seine Rede ungestört zu beenden und er wurde auch sonst seltener zur Zielscheibe der faschistischen Aggression als Sternbach.

Am Wahltag konnte der Deutsche Verband trotz des faschistischen Wahlterrors 83 Prozent der Wählerstimmen für sich entscheiden. Die Faschisten hingegen erreichten in Südtirol nur magere 8,6 Prozent.[231] Der „glänzende Erfolg der Edelweißliste", gleich zwei Vertreter nach Rom entsenden zu können, überraschte auch ihre Gegner.[232]

Tinzl schaffte durch diese geschlossene Abstimmung zugunsten des Sammelbündnisses wiederum den Sprung ins Parlament. Mit ihm zog auch Paul von Sternbach ins Parlament ein. Zwischen den beiden Abgeordneten entstand durch die gemeinsame Tätigkeit in Rom eine langjährige Freundschaft.

7.2. Karl Tinzl und Baron Paul von Sternbach

Tinzl und der rund zwanzig Jahre ältere Baron Paul von Sternbach (1869-1948) arbeiteten in der zweiten Hälfte der Zwanzigerjahre eng zusammen und bald verband sie „eine herzliche Freundschaft", die zeitlebens andauerte.[233] Davon berichtete auch Georg Tinzl:

„Diese Freundschaft zwischen Sternbach und meinem Vater hat das ganze Leben gedauert und gehalten. Über das rein Politische hat sie auch eine seelische Freundschaft verbunden. Sie waren beide sehr verschieden, haben sich aber gegenseitig sehr gern gehabt. Sternbach war ganz ein anderer Charakter wie mein Vater, so ein richtiger Landedelmann. Sie sind gern zusammen spazieren gegangen, haben Ausflüge gemacht und dergleichen. Von Sternbach ist später auch oft nach Meran gekommen, wenn mein Vater bei seiner Schwiegermutter war."[234]

Als Abgeordnete in Rom konzentrierten sich Tinzl und Sternbach auf ihre politischen Aufgaben und versuchten in dieser bewegten Zeit, die Anliegen ihrer Landsleute nach Kräften zu vertreten. Ihre persönlichen Bedürfnisse stellten sie weitgehend in den Hintergrund. Die finanzielle Situation des Deutschen Verbandes war recht bescheiden, ein überlegtes Haushalten unumgänglich. In Rom bezogen sie daher stets ein äußerst billiges Hotel in Bahnhofsnähe.[235]

Trotz der unterschiedlichen ideologischen Positionierung waren der katholisch-konservative Tinzl und der liberale Sternbach im altösterreichischen Reichsdenken verhaftet und befürworteten die Struktur der altösterreichischen Verwaltung.[236] Die profunden Kenntnisse im juridischen Bereich, über die beide verfügten, stellten eine wertvolle Basis für die politische Tätigkeit dar. In beständiger Kleinarbeit widmeten sie sich Angelegenheiten, die von der Öffentlichkeit nicht wahrgenommen wurden, die für den Einzelnen jedoch eine existentielle Bedeutung besaßen. Während sich Sternbach erfolgreich für die Erhaltung der Teilwälder im Pustertal einsetzte, sorgte Tinzl für die Vertretung der Interessen der Bauern, insbesondere bei der Liquidierung der bürgerlichen Nutzungsrechte.[237]

Genauso wie Tinzl blieb auch Sternbach einen Großteil seines Lebens politisch tätig. Nach dem Parteienverbot intensivierte Sternbach die internationalen Kontakte zu Minderheitenschutzorganisationen. Wegen dieser Tätigkeit in den Völkerbundligen wurde er 1935 von den Faschisten zu einer fünfjährigen Verbannung nach Sizilien verurteilt. Eine Intervention des Völkerbunds ermöglichte nach fünf Monaten seine Rückkehr nach Südtirol.[238]

Neben ihrem politischen Engagement verband die beiden auch das gemeinsame historische Interesse. Die Freundschaft der beiden charakterstarken Persönlichkeiten verlief nicht immer ohne Divergenzen, aber sie überdauerte nach Aussagen von Tinzl selbst „die Wechselfälle der Jahre 1939 bis 1945 unverändert".[239] Dafür sprechen auch die Dokumente im Archiv der SVP, wo einige sehr herzliche Briefe zwischen Sternbach und Tinzl aus den Jahren 1945 bis 1948 zu finden sind.[240] Bei der Option entschied sich Sternbach im Gegensatz zu Tinzl für das Dableiben, womit er zahlreichen Schikanen durch seine Landsleute ausgesetzt war. 1943 wurde er nach der Errichtung der Operationszone verhaftet und nach Innsbruck verbannt. Als er dort bei einem Bombenangriff schwer verwundet wurde, konnte er mit Tinzls Unterstützung wieder nach Südtirol zurückkehren, wo er sich rasch wieder erholte und bis zu seinem Tod am 22. Oktober 1948 politisch aktiv blieb.[241] Karl Tinzl fand berührende Abschiedsworte für ihn:

„Lieber, verehrter Freund!
Wem das Glück beschieden war, dich so nennen zu dürfen, der kann nicht ohne ein Wort des Abschiedes von dir scheiden. Wohl weiß ganz Südtirol, was es an dir besessen und was es an dir verloren hat. Aber nur wer dir näher stehen durfte, konnte die ganze Vornehmheit und Lauterkeit deiner Gesinnung, die Stärke und Güte deines Charakters und die Größe deines Wissens vollauf würdigen. Den Volksvertretern, die neben dir diese Bürde getragen oder nach dir tragen werden, warst du und wirst bleiben, ein kaum zu erreichendes Vorbild an Hingebung, Pflichttreue, Arbeitsfreudigkeit und Opferbereitschaft. Dein ganzes Sinnen und Trachten, Mühen und Arbeiten galt dem Wohle des Landes, das du vertratest. Ungebeugt durch Unrecht und Verfolgung, unbeugsam in allem, was du als recht erkanntest, bis du deinen Weg gegangen, unbeirrt und nur einem Leitstern folgend, den auch die schwärzesten Wolken dir nie verhüllen konnten, dem Glücke von Südtirol. Nicht in den Zeiten billigen Heldentums, sondern in jenen schwerster Not und Bedrängnis hast du dich aufs höchste bewährt. […]"[242]

7.3. „Eine verlorne Insel im tobenden faschistischen Meere" – Tinzls Tätigkeit im italienischen Parlament

Im Parlament standen die beiden Südtiroler Abgeordneten einer Übermacht des PNF gegenüber. 365 faschistische Abgeordnete dominierten gegenüber 147 Mitgliedern anderer Parteien, von denen kaum zehn nationalen Minderheiten angehörten.[243] Daher waren die Südtiroler Abgeordneten zu fast völliger Machtlosigkeit verurteilt. Wie in der ersten Legislatur dominierten auch in der zweiten Amtszeit frustrierende Erlebnisse. Tinzl war Realist genug, um sich keinen Illusionen, was seine Situation betraf, hinzugeben. Dennoch wollte er trotz der Obstruktionspolitik der Faschisten nichts unversucht lassen und prangerte, wann immer sich ihm die Möglichkeit bot, das Vorgehen der Faschisten an.

Gleich in der Eröffnungssitzung des Parlaments am 24. Mai 1924 meldete er sich zu Wort. Die Südtiroler Abgeordneten würden eine strikte Oppositionspolitik gegen diese Regierung betreiben, stellte er unmissverständlich fest.[244] Unterstützung erhielten Tinzl und Sternbach von den Abgeordneten anderer Minderheiten, besonders eng arbeiteten sie mit den slowenischen Abgeordneten Engelberto Besednjak, einem Journalisten und Obmann der christlichsozialen Partei der Slowenen, und Josip Wilfan zusammen.[245]

Wie unwesentlich die Arbeit der Südtiroler Parlamentarier aus der Sicht der Regierung war, zeigte unter anderem die Informationen, die in der alphabetischen Liste der Abgeordneten über die Südtiroler festgehalten wurden. Sternbach wurde als Rechtsanwalt und unrichtigerweise als Publizist und Direktor der „Meraner Zeitung" bezeichnet.[246] Karl Tinzls offizielle Beschreibung war sogar noch knapper als jene Sternbachs. In zwei Sätzen wurde zwar korrekterweise berichtet, dass er ein aus Schlanders stammender Rechtsanwalt sei, der seit dem Jahre 1921 als Abgeord-

Abb. 16: Tinzl und Sternbach setzten große Hoffnungen in ihr Treffen mit dem Duce. Mussolini erklärte, dass er nicht daran denke, die Südtiroler zu unterdrücken und sicherte eine Überprüfung ihrer Situation zu.[247]

Bozen-Meran, Donnerstag, 12. Juni 1924
Unsere Abgeordneten bei Mussolini.
Die Fragen der deutschen Minderheit sollen in Beratungen zwischen den Abgeordneten, den Fachministern und dem Präfekten unter Ueberwachung Mussolinis besprochen werden.

neter im römischen Parlament sitze. Doch wurde behauptet, dass er „aber diese Tätigkeit nie aktiv ausgeübt"(ma non vi figurò mai attivamente) habe.[248]

Aus bereits erläuterten Motiven konnten Tinzl und Sternbach der Regierung nicht ihr Vertrauen aussprechen. Im Parlament äußerte Tinzl in gewohnt diplomatischer Form seine Bedenken. Er habe, so Tinzl, grundsätzlich Vertrauen zur Regierung Mussolini und hoffe auch, dass diese die Rechte der Minderheiten respektieren werden, allerdings könne er in der Vertrauensfrage nicht für die Regierung stimmen nach alle dem, was die faschistische Regierung bereits in der Vergangenheit an Maßnahmen gegen die Südtiroler initiiert habe.[249]

Obwohl sich die Südtiroler Abgeordneten bei der Vertrauensfrage der Stimme enthielten, wurden sie am 11. Juni 1924 gemeinsam mit den slowenischen Vertretern von Mussolini zu einer ausführlichen Unterredung empfangen.[250] Im „Volksboten" wurde berichtet:

„Die deutschen Abgeordneten wurden gestern um elf Uhr vormittags von Mussolini empfangen. Sie legten ihm die Verhältnisse im Etschland auseinander und erinnerten ihn an die Bedeutung der Wahlen im Sinne der Mitarbeit zum Wohle des Landes und des Staates. Die eigenen Vertreter im Parlament haben die Aufgabe, die Wünsche, Beschwerden usw. nach Rom zu tragen. Über Aufforderung Mussolinis wurden Einzelfragen eingehend besprochen, besonders jene der Kriegsanleihen, der Kriegsanleihebelehnungen, der Sprache, Schule, Presse, die Frage der Staatsbeamten, der Kriegsinvaliden usw. Mussolini erklärte die Fragen des Etschlandes lösen zu wollen, wobei er die Würde und die hoch stehende Kultur der deutschen Bevölkerung hervorhob. Er wolle an der Grenze eine zufriedene Bevölkerung und sicherte sein persönliches Interesse zu.
Die oben erwähnten und andere das Gebiet betreffende Fragen werden demnächst in einer Konferenz auf Grund von Denkschriften geprüft und besprochen werden, wobei Mussolini zugegen sein wird. Die einschlägigen Fachminister, der Präfekt und die Abgeordneten werden beigezogen werden. Der Vorschlag unserer Abgeordneten, sämtliche unsere deutsche Minderheit betreffenden Fragen in Konferenzen mit dem Präfekten und den einschlägigen Ministern zu betraten, ist nach unserem heutigen Berichte angenommen worden."[251]

Die Sitzung verlief, wie auch der Bericht oben andeutet, in einer angenehmen Atmosphäre und endete mit der zur Hoffnung Anlass gebenden Zusage des Duce, die Situation der Minderheiten zu prüfen.²⁵² Der „Volksbote" ließ an den Erwartungen der Südtiroler keinen Zweifel:

> „Damit, so hoffen wir, wird ein Weg beschritten, der im Sinne unermüdlicher Aufklärungsarbeit geeignet ist, eine den Tatsachen entsprechende und unseren Ansprüchen gerecht werdende Politik einzuleiten. Nur eine unmittelbare Aussprache an maßgebender Stelle vermag jene schädliche Politik abzubauen, die Übereifrige und Unberufene betreiben.
> Wenn Mussolini erklärt, die Fragen des Etschlandes lösen zu wollen, so kann er dies nur in dem Sinne gemeint haben, dass er die bisherigen Maßnahmen nicht als eine befriedigende Lösung betrachte. Und wenn er die hochstehende Kulur der deutschen Bevölkerung hervorhebt, so wäre es nur folgerichtig, diesen Kulturgütern an Sprache, Sitten und Überlieferungen nicht ihre Grundlage – unser Volkstum – entziehen zu lassen.
> Auf eine befriedigende Lösung der Minderheitenfrage warten nicht nur wir, sondern alle, die klaren Blickes und guten Willens sind."²⁵³

Da persönliche Zusammentreffen mit Mussolini doch eine Besonderheit darstellten, erwähnte Tinzl in seinem Rückblick über die parlamentarische Tätigkeit diese Begegnung:

> „Sein Verhalten war ruhig und nicht unfreundlich, wenn sich seine Erklärungen auch auf die platonische Behauptung beschränkten, dass man nicht dran denke, uns zu unterdrücken, sondern dass wir gleich wie alle italienischen Staatsbürger behandelt werden sollten; ebenso blieb seine Zusicherung einer Überprüfung der gegen uns getroffenen Maßnahmen ein leeres Wort."²⁵⁴

Trotz gegenteiliger Aussagen wurde die Verwirklichung des Programms von Tolomei weiterhin massiv vorangetrieben. Tinzl bemühte sich mit den gegebenen Verhältnissen im Parlament zu arrangieren und suchte die Nähe Mussolinis. Anfänglich kam bei ihm sogar leichter Optimismus auf, denn das parlamentarische Leben entwickelte sich ohne wesentliche Veränderungen und auch persönliche Angriffe oder Freiheitsbeschränkungen gegen ihn und Sternbach blieben aus.²⁵⁵ Eine radikale Veränderung kündigte sich durch den Mord am sozialistischen Abgeordneten Giacomo Matteotti (15. Juni 1924) an, der das Regime zum ersten Mal ernsthaft in Bedrängnis brachte. Wie Tinzl richtig analysierte war die Schwäche und die falsche Taktik der Opposition ein zentraler Faktor dafür, dass Mussolini diese innenpolitische Krise bis zum Jahreswechsel überstand. Die Popolari und die Linksparteien zogen sich als Reaktion auf den Aventin zurück. Lediglich die Liberalen, die beiden slawischen Abgeordneten und die Südtiroler blieben als „verlorene Opposition in der Aula" zurück.²⁵⁶ Für Tinzl war dabei die Überlegung ausschlaggebend, „dass wir uns nicht der einzigen Tribüne berauben wollten, auf der wir noch ein Wort des Protestes und der Anklage gegen unsere Unterdrückung in die Welt hinausrufen konnten, und wir hatten auch […] unsere Zweifel an der Wirksamkeit […]."²⁵⁷ Diese Zweifel erwiesen sich als berechtigt, denn Mussolini blieb weiterhin an der Macht.

Für Tinzl bedeutete dies, dass der Kampf gegen die Unterdrückung mit allen Mitteln weiter geführt werden musste, allerdings unter erschwerten Bedingungen.[258]

Mit Beginn des neuen Jahres begann Mussolini sukzessive mit der Reorganisation des Parlaments und damit der Demontage der demokratischen Institutionen. Parallel zur Konsolidierung des totalitären Systems in ganz Italien wurden für Südtirol Maßnahmen erlassen, um die politischen und kulturellen Rechte der Minderheit weiter einzuengen.[259] Vergeblich versuchte Tinzl, wann immer sich die Gelegenheit bot, dieses Vorgehen anzuprangern und die Rückkehr zur Gesetzlichkeit zu fordern.[260] Im Parlament erhielt er jedoch in den folgenden fünf Jahren genau dreimal die Erlaubnis, einen Antrag einzubringen, Sternbach äußerte sich ebenso oft. Die Gesetzesinitiative lag ausschließlich bei der Regierung, beide Parlamentarier nutzten allerdings die Möglichkeit, schriftliche Anfragen an die Minister zu richten, ein Recht, das allen Abgeordneten garantiert war. Diese „Interrogazioni con risposta scritta" forderten Tinzl und Sternbach gemeinsam oder auch einzeln im Jahre 1925 insgesamt neunmal an. Ab November 1925 meldeten sie sich nicht mehr zu Wort, mit Ausnahme einer abschließenden Rede von Tinzl am 14. Mai 1926 und von Sternbach am 4. und 5. März 1927.[261]

Treffend verglich Tinzl seine Position in Rom mit „einer verlorenen Insel im tobenden faschistischen Meere".[262] Die Hoffnung auf Erfolg war bei diesem legalen Weg des Widerspruchs recht gering, dennoch hielt er fest: „Wir ließen uns nicht abhalten, unsere Stimme zu erheben und gegen das Willkürregiment der Sicherheitsorgane […] insbesondere aber gegen die vollkommene Unterdrückung des deutschen Schulwesens vor der Welt feierliche Verwahrung einzulegen."[263]

Tinzls „Schulrede"

Mit besonderer Vehemenz attackierten die Faschisten die Schulen der Minderheiten, sodass Tinzl und Sternbach am 5. Juni 1924 eine Denkschrift an Mussolini sandten, um auf die fatalen Auswirkungen des „Lex Gentile" (1. Oktober 1923) hinzuweisen. Sie kritisierten die faschistische Verordnung und auch deren Begleiterscheinungen, nämlich die Entlassung der deutschsprachigen Lehrer aufgrund von „insufficenza didattica" und den permanenten Lehrerwechsel in den Grundschulen. Das Gesetz sah zwar Anhangstunden für die deutsche Sprache vor, doch die Schulbehörde achtete darauf, dass dieser Unterricht nicht zu gründlich war.[264] Das Zusammentreffen aller Minderheitenvertreter mit Unterrichtsminister Alessandro Casati im August 1924 blieb ergebnislos, daher legten Tinzl und Sternbach Mitte Dezember 1924 einen Beschlussantrag vor. Dieser sah vor, dass der Unterricht für anderssprachige Minderheiten in deren Muttersprache erfolgen sollte.[265] Da eine Reaktion ausblieb, wandte sich Tinzl im Zuge der Debatte über die Schulreform am 19. Dezember 1924 in seiner berühmt gewordenen Rede mit eindringlichen und überzeugenden Worten an Casati:

„Ich bin aber überzeugt, Herr Minister Casati, dass nach den Berichten, welche Sie von Ihren Untergebenen bekommen, alles aufs glänzende geht und die Ergebnisse ausgezeichnet sind. Aber wenn Sie unerkannt, wie Harun al

Raschid, unter unserer Bevölkerung herumgehen könnten und wenn die Eltern Vertrauen zu Ihnen fassen würden und ihre Herzen ausschütten könnten, ohne dass Staatsangestellte fürchten müssten, enthoben zu werden, Wirte die Konzession zu verlieren, andere Untertanen Verfolgung anderer Art zu erleiden, wenn sie klagen, wie es heute tatsächlich geschieht, Sie, Exzellenz, müssten aufs tiefste erschüttert sein, von jedem einstimmigen Schrei der Klage und der Angst, welcher durch alle Täler und Berge von Südtirol aus dem Munde der Eltern widerhallt. Diese, voll Sorge allein um die Zukunft der Jugend und das künftige Schicksal ihrer Kinder, sind sichere und unparteiische Richter und sind wohl im Stande, die Ergebnisse dieses Schuljahres mit jenen der vergangenen Jahre zu vergleichen, in welchen die Kinder noch den Unterricht in der Muttersprache genossen."[266]

Es stehe fest, so Tinzl, dass auf diese Weise eine Generation von Analphabeten herangezogen werde, in einem Land, wo diese seit vielen Jahren verschwunden war. Dabei bestehe für Italien nicht nur eine juristische, sondern auch eine moralische Verpflichtung die Rechte der Minderheit zu schützen. Als es auf der Friedenskonferenz um die Erfüllung der territorialen Wünsche gegangen sei, habe niemand die Existenz und die Rechte der Minderheiten geleugnet. Dies könne nun nicht einfach ignoriert werden, stellte er unmissverständlich fest.[267] „Recht, Wissenschaft und Menschlichkeit stehen auf unserer Seite", erklärte er, „daher fordern wir, dass Ihr uns das zurückgebt, was Ihr uns genommen habt, die Schule in der Muttersprache, und wir werden dies immerdar fordern als unser unverzichtbares Recht!"[268]

Er hoffte durch diesen Appell noch eine Besserung zu erreichen, aber seine Worte blieben ohne Wirkung. Deshalb suchte er noch im selben Monat mit einer Delegation aus Südtirol, der Bauernbundobmann Oberhammer, sowie zehn Bürgermeister angehörten, den Duce persönlich auf. Mussolini versprach, diese Angelegenheit nochmals zu prüfen, denn er wolle schließlich an der Grenze Italiens eine zufriedene Bevölkerung wissen. Die Erwartungen der Südtiroler nach dieser Zusage erfüllten sich jedoch keineswegs. Noch öfters erlebte Tinzl solche Enttäuschungen.[269]

Die Faschisten beschränkten sich mit ihren Verordnungen nicht nur auf die Grundschule, sondern sie versuchten den gesamten Bildungsbereich zu italienisieren. Selbst die Vorschulkinder wurden von den Maßnahmen erfasst. Tinzl sprach sich in seiner Parlamentsrede am 19. März 1925 gegen die Schließung der Spielstuben, die als Ersatz für die Kindergärten eingeführt worden waren, aus:

„Das Hauptziel ist immer dasselbe, mit allen möglichen Mitteln zu verhindern, dass die Kinder den Unterricht in ihrer Muttersprache erhalten … Die neueste Waffe ist der Kampf gegen die noch nicht schulpflichtigen Kinder im Alter von drei bis sechs Jahren. Man will nicht mehr dulden, dass die Frauen ihre Kleinen unter der Obhut einer von ihnen gewählten Person ohne jeden Unterrichtszweck zusammenbringen; man bedroht Frauen, welche dieses schwere Verbrechen begehen, man versucht sie einzuschüchtern!

> Man schließt Lokale in privaten Häusern, man mobilisiert Carabinieri gegen Frauen und Kinder und sperrt eine alte Großmutter ein, die ihre beiden Enkel in eine solche Bewahrungsanstalt gebracht hat. Es ist ein Kampf, der ans Groteske grenzen würde, wenn er nicht zu traurig wäre."[270]

Der Protest gegen die radikalen Einschnitte im Bildungsbereich zog sich noch länger hin. In seiner letzten Stellungnahme im Parlament am 14. Mai 1926 thematisierte Tinzl diese Maßnahmen und prangerte besonders das Verbot des privaten Deutschunterrichts an.[271] In seiner dreißigminütigen Rede führte er eine Reihe vergleichbarer Beispiele aus dem Ausland auf und vergaß auch nicht, auf namhafte italienische Historiker zu verweisen. Pasquale Villari zitierte er mit den eindringlichen Worten: „Das Volkstum verlieren heißt das Leben verlieren."[272] Tinzl erklärte weiter, dass die Forderung nach Muttersprache nicht als Irredentismus bezeichnet werden könne.

> „Es sind potemkinsche Dörfer, die man da aufrichtet. Die Arbeit der Schule kann in der Familie keine Unterstützung mehr finden und die Sprache der Familie wird in der Schule nicht mehr vertieft. In den kleinen Köpfen entsteht eine Verwirrung, sie lernen weder die eine, noch die andere Sprache hinreichend, da für die eine die Theorie, für die andere die Praxis steht."[273]

Als Sofortmaßnahme forderte er zumindest den Religionsunterricht in Deutsch und die Zulassung des deutschen Privatunterrichts, damit dies nicht im Verborgenen geschehen müsse, wie die ersten Christen in den Katakomben.[274] Er schloss mit den Worten: „Wir wissen, dass wir tauben Ohren predigen, aber wir erwarten mit ruhiger Sicherheit die Stunde der Gerechtigkeit, die einmal kommen wird."[275]

Loyalitätsbekundungen für Mussolini

Neben dem Bildungsbereich waren auch zahlreiche andere Bereiche von den Entnationalisierungsmaßnahmen betroffen. Die Südtiroler Abgeordneten versuchten nicht nur, gegen diese Unterdrückungspolitik im Presse-, Justiz- und Verwaltungsbereich zu protestieren, vielmehr hoffte besonders Tinzl durch eine Annäherung an Mussolini dieser Vorgangsweise entgegensteuern zu können. Unter der Führung von Tinzl sprachen Ende Januar 1925 Vertreter deutscher und italienischer Handelskreise mit dem Duce und den zuständigen Ministern, um Verbesserungen in wirtschaftlichen Fragen, wie den Straßen- und Eisenbahnbau, die Verlegung des Bozner Bahnhofes und Unternehmenserleichterungen, zu erreichen.[276] Tinzl betonte dabei die Bereitschaft der Südtiroler zur Mitarbeit an wirtschaftlichen und technischen Fragen. Noch öfters wiederholte er seine Loyalitätsbekundungen für das faschistische Regime, die gewünschte Wirkung erzielte er jedoch damit nicht, sodass diese Strategie als erfolglos bezeichnet werden muss.[277] Während die Interventionen Tinzls ohne Ergebnis blieben, verschlechterte sich die Situation für die Südtiroler merklich. Besonders gravierend waren die Eingriffe in die Gemeindeautonomie. Die einheimischen, frei gewählten Bürgermeister wurden 1926 durch die staatlichen Amtsbürgermeister, die „Podestà", abgelöst, die fast ausschließlich aus den alten Provinzen stammten, kaum deutsch sprachen und sich meist wenig für die Angelegenheiten der zugeteilten Gemeinde interessierten. In weiterer Folge erklären die Faschisten Südtirol zum Militärgebiet, wodurch die Südtiroler der völligen Willkür der Militärbehörden ausgesetzt wurden.[278] Mit dem königlichen Dekret vom 10. Januar 1926 wurde schließlich die „Rückführung" der deutschen Namen ins Italienische verfügt. Alfons Gruber bemerkte dazu: „Nach dem Verbot des Namens ‚Tirol' und der Italianisierung der deutschen Ortsnamen stellt es – völlig im Sinne des offiziellen Entnationalisierungsprogrammes – einen weiteren Schritt dar, dem Lande wenigstens äußerlich die Maske der Italianität aufzusetzen."[279]

Reaktionen auf die Stellungnahmen der Südtiroler Abgeordneten

Welches Gewicht die Ausführungen von Tinzl und Sternbach für die Faschisten hatten, zeigte die Tatsache, dass diese im Parlament stets mit „vivaci e continuati rumori" (lebhaftem und fortgesetztem Lärm) aufgenommen wurden.[280] Als Reaktion darauf blieben die Abgeordneten der Minderheiten ruhig und unbeweglich, ohne die Hände zu rühren, auf ihren Sitzen, wenn Mussolini und der Faschismus verherrlicht wurde, wenn nationalistische Parolen über die Heiligkeit und Ewigkeit der Brennergrenze die Faschisten von ihren Sesseln springen ließ.[281] „Impassibili" (Unbewegliche), erinnerte sich Tinzl, nannten die faschistischen Zeitungen die Südtiroler Abgeordneten, die sich auch durch Wutanfälle ihrer faschistischen Banknachbarn nicht einschüchtern ließen.[282]

Tinzl persönlich blieb von persönlichen physischen Attacken weitgehend verschont. Angesichts der unter den Faschisten üblich gewordenen Gewaltausbrüche war er nur von „kleineren" Zwischenfällen betroffen. Einmal ohrfeigte ihn ein faschistischer Abgeordneter, ein anderes Mal schleuderte ihm ein Faschist eine mit Tinte gefüllte Schreibfeder in seine Richtung und verletzte ihn damit an der Hand.[283]

In der italienischen Presse trafen die Südtiroler Anliegen kaum auf Verständnis. Im Zusammenhang mit der Schuldebatte zitierte Tinzl die Worte Credaros im Parlament: „Das Werk der Entnationalisierung kann bloß in Schulen vollbracht werden, deren Richtlinien der Natur, der Geschichte und der Menschenwürde widersprechen."[284] In den Zeitungen wurde dann diesem Zitat auch gleich eine Erklärung Credaros hinzugefügt, dass er dies seinerzeit gegen Österreich geschrieben habe.[285]

Anders war die Position der ausländischen deutschsprachigen Presse. Ein Korrespondent des „Hannoverschen Kuriers" kommentierte die Situation der deutschen Abgeordneten im Parlament folgendermaßen:

„Ergreift einmal einer der beiden tapferen Tiroler Abgeordneten das Wort, so entsteht sofort gleichsam automatisch um den Sprechenden herum eine Rhabarbergemurmel mit Zwischenrufen, dass natürlich kein Wort zu verstehen ist; im Pressebericht steht dann, der Minister oder der Unterstaatssekretär habe die völlig unbegründeten Klagen des ‚fremdstämmigen' (deutschen) Abgeordneten ‚richtig gestellt'. So erfährt Italien nichts davon, dass es jetzt eine fremde Irredenta hat."[286]

Durch sein politisches Amt war Tinzl immer neuen persönlichen Schikanen durch die Faschisten ausgesetzt. Im Sommer 1925 fand die Hundertjahrfeier der von Österreich erbauten Stilfserjochstraße statt. Tinzl nahm an der Veranstaltung teil, die anwesenden Faschisten untersagten ihm jedoch, zur Festveranstaltung nach Bormio zu fahren.[287]

Dass er selbst in dieser schwierigen Zeit nicht resignierte und auch seinen Humor nicht verlor, zeigt folgendes Ereignis mit dem Abgeordneten Graf Galeazzo Ciano vom 14. Mai 1926. Tinzl erzählte:

„Gesprochen wurde nicht wie später vom Platze, sondern von einem Rednerpult aus. Ich hatte das Manuskript meiner Erklärung darauf liegen, als sich der Abgeordnete Ciano, der Vater des späteren Außenministers, ein ehemaliger Marineoffizier, der als der heldenhafte Versenker des österreichischen Schlachtschiffes „Viribus Unitis" gefeiert wurde, an das Pult heranmachte, das Manuskript wegriss mit der spöttischen Bemerkung ‚Dies werden wir in ein Museum einverleiben' und offenbar in der Hoffnung, mir dadurch die Fortsetzung der Rede unmöglich zu machen. Zufällig aber hatte ich noch einige Durchschläge in der Tasche, zog einen heraus und setzte meine Rede ruhig fort. Nachdem sich dies noch zweimal wiederholt hatte, hatte ich die Lacher auf meiner Seite und konnte meine Rede zu Ende halten."[288]

Er konnte auf diese Weise seine Ausführungen zu Ende führen und sein Anliegen, die Zulassung des deutschen Privatunterrichts unter Berufung auf das Gleichheitsprinzip und die „bescheidene Lernfreiheit" vortragen. Die Faschisten waren jedoch weder für eindringliche Appelle noch für überzeugende Argrumente zugänglich. Eine Änderung war nur dort zu erreichen, wo es mit ihren Fernzielen vereinbar war.[289]

Nach der Ablehnung im Parlament versuchte Tinzl gemeinsam mit Sternbach persönlich bei Minister Pietro Fedele zu intervenieren, erhielt aber wiederum eine Absage. Bei seinem Besuch in Bozen lehnte es Fedele sogar ab, die Südtiroler Abgeordneten zu empfangen.[290]

Die Folgen des couragierten Auftretens gegen die Faschisten ließen nicht lange auf sich warten. Wenige Tage nach seinem Auftritt im Parlament im Mai 1926 wurde Tinzls Immunität aufgehoben, im März 1927 auch jene von Sternbach.[291] Weiter beunruhigt dürfte das Tinzl nicht haben, war es doch seine Art die Ereignisse nüchtern und gelassen zu betrachten. Außerdem hatten trotz der parlamentarischen Immunität Hausdurchsuchungen bei den Südtiroler Abgeordneten stattgefunden.[292]

7.4. Aktivitäten auf internationaler Ebene

Tinzl und Sternbach setzten die in der ersten Legislaturperiode initiierten Aktivitäten bei internationalen Kongressen fort. Probleme, die im Inland aufgrund der Zensurmaßnahmen nicht mehr angesprochen werden konnten, wurden „in maßvoller Form, aber dennoch den Tatsachen entsprechend" vor Vertretern aus aller Welt thematisiert.[293] Durch geschicktes Lobbying hofften sie Verbündete für Südtirol zu gewinnen. Tinzl beteiligte sich als freies Mitglied an den Tagungen der Interparlamentarischen Union und reiste in den Jahren 1922, 1923, 1925 und 1929 unter anderem nach Kopenhagen, Bern und Genf, Washington und Ottawa sowie Berlin.[294] Das Auftreten der Südtiroler Vertreter sorgte für heftige Gegenreaktionen von Seiten der Faschisten. Besondere Kontroversen existierten auf der 23. Konferenz der Interparlamentarischen Union in Washington und Ottawa im Oktober 1925. Tinzl nahm allein an dieser Tagung teil, da Sternbach unter dem Vorwand, sein Pass sei nur für Europa gültig, die Ausreise verweigert worden war. Tinzl reiste zunächst nach Frankreich und bestieg dann in Cherbourg den Dampfer.[295]

In einem Brief an seine Eltern berichtete er am 3. Oktober 1925 über seine Eindrücke:

„Liebe, teuerste Eltern!
Endlich komme ich in der unbeschreiblichen Hetze, in der wir uns befinden, zu einem ruhigen Moment, um Euch schreiben zu können. Wir kamen schon bei Nacht in den eigentlichen New Yorker Hafen, die Fahrt an dem hell beleuchteten Wolkenkratzerviertel vorbei war überwältigend.
Man kann hier wirklich überhaupt nur in Superlativen reden. In New York quartierten wir uns im Pennsylvania Hotel ein, welches das größte der Welt sein soll, jedenfalls hat es 2200 Zimmer in ca. 30 Stockwerken. Wir machten dann einen Bummel über den Broadway, von der Pracht der Lichtreklame dort kann man sich keine Vorstellung machen, sie verhält sich zu der von Berlin wie etwa die Straßenbeleuchtung einer Großstadt zu der von Schlanders. Am nächsten Tag in der Früh fuhren wir mit einem Extrazug zunächst bis Philadelphia, wo wir durch die Stadt empfangen und in Autos herumgeführt wurden. Die Stadt ist von wunderbaren Parks umgeben. Wir waren dann die Gäste eines Multimillionärs, besuchten dann ein Collage und fuhren am Abend dann mit dem Zuge weiter über Baltimore hierher, wo wir mit Musik und von einem Spalier Marinesoldaten empfangen wurden. Das Hotel Mayflower, in dem wir einquartiert sind, ist wohl das feinste der Stadt, die ganz in Parks eingebettet, überhaupt verhältnismäßig elegant ist. Das Kapitol mit seiner bei Nacht beleuchteten Kuppel über einem dunklen Park macht tiefen Eindruck. Am Donnerstag begannen dann die Beratungen und der übliche Kongressbetrieb mit seinen Besprechungen, Laufereien, sodass man bei den großen Entfernungen hier kaum zu Atem kommt. Einen Abend waren wir zu einem Ball bei einer 72-jährigen Milliardärin geladen, die selbst noch fest mittanzte. Eine große Rolle spielten auch die Einladungen der Frauenklubs, die hier auch politisch sehr aktiv sind. […] Man lernt natürlich eine Menge interessanter Leute kennen, da die ganze Welt hier vertreten ist. Die Engländer und Iren sind begreiflicherweise besonders stark vertreten, aber auch Spanier, Neger (höchst elegant), Malaien und dergleichen sind da. Im Hotel hier ist übrigens auch teilweise Negerbedienung, ein Viertel der Einwohner hier sind Neger. Einen Abend waren wir in einem Theater, mit Ausnahme

des Chors der Kuban-Kosaken, die dort auftraten, schlechter als irgendeine Provinzbühne, aber das Publikum hier ist riesig genügsam. Wir bleiben noch bis Mittwoch mittags hier, zuerst geht es dann noch auf zwei Tage nach New York, am Samstag geht es dann zu den Niagarafällen und nach Kanada, am 14. hoffe ich mich einschiffen zu können.
Innigste Grüße und Küsse bis dahin
von Eurem Karl"[296]

Bei den Tagungen berichtete er von der Assimilierungspolitik der Faschisten und wies besonders eindringlich auf die Italianisierung der Südtiroler Schulen hin. Salvatore Barzilai, ein alter irredentistischer Vorkämpfer, versuchte mit wenig Erfolg diese Anklage mit der gefälschten Darstellung zu entkräften, dass die Südtiroler Schulen nicht italianisiert worden seien.[297] Zudem erklärte er, dass Südtirol kein Minderheitenfall sei:

„Das Bestehen kleiner Minderheiten auf dem Staatsgebiet großer Nationen reicht nicht aus, um ihre Ansprüche auf eine besondere Gesetzgebung zu rechtfertigen. Ein solches Entgegenkommen würde dem Grundsatz der nationalen Einheit widersprechen, den alle Staaten zu erhalten und zu sichern berechtigt sind, weil darin die letzte Begründung ihres Ansehens und ihrer Autorität ruht.
Auch können Staaten von alter Tradition und Kultur, wenn es nicht durch besondere Verträge begründet ist, keine ausländische Beteiligung an der

Abb. 17: Im Oktober 1925 reiste Tinzl nach Washington und Ottawa zur Konferenz der Interparlamentarischen Union. Diese internationalen Kongresse boten ihm die Möglichkeit, jene Probleme zu thematisieren, die im Inland aufgrund der Zensurmaßnahmen nicht mehr angesprochen werden konnten.[298]

Ausübung ihrer Politik gegenüber den auf ihrem Staatsgebiet befindlichen völkischen Minderheiten erlauben …
Aufgrund des Gesagten muss ich deshalb erklären, dass die Anregungen des Abgeordneten Tinzl absolut unpassend und nutzlos sind, weil, da sie einerseits nicht beanspruchen können, den Rechtsstatus internationaler Verträge in Bezug auf Minderheiten zu ändern, sie anderseits für große Nationen unnötig sind, da deren Tradition der Kultur und der Gerechtigkeit die beste Sicherheit für den Schutz der Minderheiten darstellen. Aus diesem Grunde lehnen wir die Vorschläge des Abgeordneten Tinzl strikt ab."[299]

In Erinnerung blieb Tinzl bei diesem Kongress, bei dem auch über die italienische Schuldenregelung verhandelt wurde, die folgende Episode: Er wurde von einigen Vertreterinnen einer großen Frauenvereinigung eingeladen und diese sagten ihm, auf die Lage der Südtiroler angesprochen: „Ja, was wollt ihr den eigentlich? Die Freiheit? – Wisst ihr was, wir werden eine große Sammlung veranstalten und feststellen, was Italien verlangt, um euch freizulassen, das Geld werden wir aufbringen und euch loskaufen."[300] Für Tinzl war dies eine „rührende und tröstliche Einstellung, praktisch konnte sie begreiflicherweise nicht durchgeführt werden."[301]

Als er von der Tagung wieder nach Südtirol zurückkehrte, traf er in einem Meraner Gasthof mit einigen Vertrauensmännern zusammen. Die Reaktion der Faschisten ließ nicht lange auf sich warten. Am folgenden Tag wurde das Lokal für eine Woche gesperrt. Gegen Tinzl selbst wurde ein Strafverfahren wegen Übertretung der Versammlungsvorschriften eingeleitet.[302] Zudem eröffnete die faschistische Presse in den folgenden Wochen eine „Schimpfkanonade" gegen ihn.[303]

Abb. 18: Tinzl beteiligte sich als freies Mitglied an internationalen Tagungen und Kongressen.[304]

61

Die Teilnahme an den internationalen Tagungen, die auch in den folgenden Jahren aktiv genutzt wurde, brachte in einigen Punkten der Südtirolfrage einen theoretischen Fortschritt – praktisch änderte sich jedoch nichts. Die erhoffte aktive Unterstützung durch andere Staaten blieb aus und die Haltung Roms blieb trotz dieser Aktivitäten unverändert. Nach außen wurde der innenpolitische Charakter der Südtirol Frage betont, während man nach innen die Realisierung des von Tolomei propagierten Programms weiter vorantrieb. Die Anerkennung und Respektierung anderssprachiger Minderheiten war, und das musste auch Tinzl zusehends erkennen, mit der faschistischen Konzeption von Staat, Nation und Gesellschaft letztlich unvereinbar.[305]

7.5. Widerstand gegen die Faschisten

Die deutsche Sprache wurde, wie oben erwähnt, aus der Schule in Südtirol bis auf die kirchlichen Mittelschulen ohne Öffentlichkeitsrecht eliminiert. Durch eine Intervention des Brixner Bischofs war es möglich, die Pläne der Faschisten teilweise zu durchkreuzen und zumindest den Religionsunterricht bis zum Jahre 1925 in Deutsch zu erteilen. Die Faschisten entzogen den Südtirolern auch diese letzte Möglichkeit des Sprachunterrichts und bereits mit dem Schuljahr 1926/27 wurde der Religionsunterricht endgültig italianisiert.[306] Tinzl beteiligte sich an den Petitionen an die Bischöfe von Brixen (23. September 1926) und Trient (2. Oktober 1926). Die Bischöfe sollten aufgrund der faschistischen Maßnahmen dafür sorgen, dass der Religionsunterricht außerhalb der Schule mit „verdoppeltem Eifer" aufgenommen werde.[307] Trientner Fürstbischof Celestino Endrici zählte wie der Brixner Bischof zu den geistlichen Würdenträgern, die sich für die Erhaltung des Religionsunterrichts einsetzten.[308] „Unsere Bitte geht darum dahin", appellierten die Südtiroler Vertreter, „Euer Fb. Ganden möge der hoch würdigen Geistlichkeit die Weisung und Ermächtigung erteilen, unserer Jugend den Religionsunterricht nach wie vor in der Muttersprache zu erteilen. Und wenn dies von der Behörde dadurch verhindert wird, dass dem Seelsorger der Eintritt in die Schule verwehrt wird, den Religionsunterricht außerhalb der Schule mit verdoppeltem Eifer aufzunehmen."[309]

Zudem bemühte sich Tinzl seine guten Kontakte zu anderen einflussreichen kirchlichen Würdenträgern dahingehend zu nutzen, um sie zu Interventionen in den kirchlichen Gremien zu veranlassen. Am 8. September 1926 wandte er sich an Propst Alois Schlechtenleitner:

„Euer Hochwürden
Hochverehrter Herr Probst!
wie wir von Hochw. Kan. Gamper erfahren, wird die hochw. Geistlichkeit am 8. d. M. zu einer Besprechung zusammentreten, um zu dem jüngsten Erlass über den Religionsunterricht Stellung zu nehmen. Ich brauche bei dieser Gelegenheit nicht noch einmal hervorzuheben, dass unser *ganzes* Südtiroler Volk heute zu dem Klerus unserer Heimat mit einer Verehrung und einem Vertrauen emporblickt, wie es im einzelnen, wenn auch kleinen Kreisen, früher

nicht der Fall war. Ich möchte nur zum Ausdruck bringen, dass wir das feste Vertrauen haben, der hochw. Klerus werde auch diesmal in seinen Beratungen und Entschließungen das Richtige treffen. Zweifellos ist, dass unsere Bevölkerung, wie sich dies schon vor drei Jahren gezeigt hat, der Sache die allergrößte Bedeutung beimisst, da sie hier zwei Dinge zugleich bedroht sieht, die ihr am meisten am Herzen liegen, die religiöse Erziehung und das Volkstum der Kinder. Wir sind der Meinung und glauben, dass sie von der Bevölkerung geteilt wird, dass hier unbedingter Widerstand nicht nur unsere Pflicht, sondern auch unser Recht ist, und dass in diesem Kampfe die Sympathien aller mehr denn je mit uns sein werden. Wir können und wollen heute das eine versprechen, dass von unserer Seite alles wird aufgeboten werden, damit die Bevölkerung in diesem Kampfe, wenn es dazu kommen sollte, unbedingt bei der hochw. Geistlichkeit steht und sie mit allen gebotenen Mitteln unterstützt.
Ich bleibe Ihr stets in aufrichtiger Verehrung
ergebener
Dr. Karl Tinzl"[310]

Nach der Abschaffung des deutschen Religionsunterrichts genehmigte der Vatikan im Frühjahr 1928 den Pfarrunterricht in deutscher Sprache außerhalb der Schule. Trotz strenger Kontrollen wurde er auch als Sprachunterricht genutzt und leistete damit einen maßgeblichen Beitrag zur Erhaltung der deutschen Sprache in Südtirol.[311]

Ein wichtiger Faktor für den Fortbestand der Muttersprache stellte zudem die Geheimschule in Südtirol, die so genannte „Katakombenschule", dar. Als Vorkämpfer für die Erhaltung der Muttersprache und Führer des kulturellen Widerstands etablierte sich Kanonikus Michael Gamper, der langjährige Chefredakteur des „Volksboten"[312]. Sein Zimmer im Marieninternat in Bozen war die Zentrale für den geheimen deutschen Notunterricht, der vorwiegend mit Geldern des „Vereines für das Deutschtum im Ausland" (VDA) finanziert wurde. Tinzl unterstützte den mit ihm freundschaftlich verbundenen Kanonikus nach Kräften. An den Vorbereitungsgesprächen für den geheimen Notschulunterricht beteiligten sich neben Gamper und Tinzl auch Reut-Nicolussi, der Salurner Rechtsanwalt Josef Noldin und Paul von Sternbach besonders aktiv.[313] Diesem Kreis schlossen sich rasch die engagierten Lehrer, Maria Nicolussi, Emma von Leurs, Richard Holzeis und Rudolf Mali, an.[314] Hans Steinacher urteilte im Jahre 1937:

„Wenn einmal die Geschichte des Kampfes um Südtirol geschrieben wird, werden die Namen von Baron Sternbach, Kanonikus Gamper, Tinzl in die Reihe der Großen unserer Generation einrücken. Die Ehre des deutschen Volkes haben sie vor den Italienern gewahrt und still und mit selbstverständlicher Opferbereitschaft ihre Pflichten getan."[315]

Im Sommer 1925 fand der erste Ausbildungskurs für künftige Notschullehrerinnen im Unterland, wo die deutsche Schule zuerst aufgehoben wurde, statt. Vierundzwanzig Mädchen besuchten die Vorträge im Toggenburg-Haus in Bozen.[316] Tinzl erklärte sich bereit, selbst einen Teil der Vorträge zu halten, denn er hatte präzise Vorstellungen, wie der Unterricht gestaltet werden sollte.[317] Sein Sohn Georg Tinzl, der selbst auch eine Katakombenschule besuchte, erzählte:

> „Die Katakombenschule hat die Notwenigkeit gehabt, Lehrkräfte zu mobilisieren, die den Deutschunterricht gemacht haben. Mein Vater war in diesem Bereich besonders aktiv und hat auch Vorstellungen gehabt, wie man dabei didaktisch vorgehen könnte. Eine der ganz großen Hilfen war eine unverheiratete weitschichtige Kusine meines Vaters, Litti Kaserer, die im Steinberger-Hof in Schlanders wohnte. Bei ihr hatte ich meinen ersten Katakombenunterricht. Sie hat auch alle Lehrer, die sie gekannt hat und von denen sie gewusst hat, dass sie vertrauenswürdig sind, mobilisiert. Der Papa lieferte wichtige Anregungen, wie man die Notschule, die zeitlich, räumlich und in jeder Hinsicht eben eine Katakombe war, am besten organisieren könnte, damit die deutsche Sprache und das deutsche Kulturgut – soweit es eben in diesem bescheidenen Rahmen möglich war – an die neue, kommende Generation weitergegeben werde."[318]

Auch im Hinblick auf administrative Probleme erwies sich Tinzl für Gamper als wertvolle Hilfe. So unterstützte er den Kanonikus bei seinen Schwierigkeiten, die Genehmigungen für Auslandsreisen zu erhalten. Zudem sorgte er auch dafür, dass die Verbindungen mit ausländischen Staatsmännern, wie Ignaz Seipel, nicht abbrachen.[319]

Ab 1926 intensivierten die Faschisten ihre Kontrollen aufgrund erster Hinweise auf die Geheimschule. Im Januar 1926 kam es zur Verhaftung von Noldin. Tinzl und Sternbach bemühten sich vergeblich, durch eine Intervention beim Präfekten in Trient die Freilassung zu erreichen. Noldin wurde nach Lipari verbannt, von dort durfte er später wegen seiner tödlichen Krankheit zurückkehren.[320] Nach der Verhaftung von Noldin reduzierten sich die Verfolgungsaktionen in Südtirol bis auf das Unterland merklich. Gegen Amplatz und Mazagg, zwei Lehrer aus Montan, wurde von der Unterpräfektur Cavalese ein Verfahren eingeleitet. Nach dem Verbot ihres Privatunterrichts sandten sie am 1. Februar 1926 folgendes Schreiben an die Unterpräfektur, das nicht nur den aktiven persönlichen Einsatz von Tinzl im Schulbereich belegt, sondern auch seine Verhandlungskompetenzen wiederum bestätigt:

> „Sehr geehrter Herr Unterpräfekt!
> Wir erlauben uns zu berichten, dass wir Ihren Wunsch erfüllt und bisher mit dem Unterricht ausgesetzt haben. Nun haben wir erfahren, dass der Herr Präfekt von Trient dem Abgeordneten Dr. Tinzl den Unterricht an drei Kindern nicht verboten hat. Daher werden wir den Unterricht mit drei Kindern wieder aufnehmen.
> Nun möchten wir aber ersuchen, falls anders lautende Berichte einlangen, den Tatbestand durch eine Vertrauensperson untersuchen zu lassen.
> In vorzüglicher Hochachtung."[321]

Sein eigenes Engagement verschweigend würdigte Tinzl im Jahre 1957 die Verdienste der Lehrer in den Notschulen:

„Die ganze Zusammenarbeit hat das eine gefruchtet, dass unsere Privatschulen weiter bestehen konnten als Geheimschulen mit der opferwilligen, wirklich selbstaufopfernden Tätigkeit der Privatlehrer und -lehrerinnen, die Gefängnis riskierten, wenn sie beim Unterricht gefasst wurden. Aber dieser konnte fortgesetzt werden und so wurde wenigstens noch eine Grundlage für die deutsche Muttersprache und ihre Aufrechterhaltung geschaffen und in die Zukunft hinübergerettet."[322]

In dieser Zeit erhielt Tinzl noch eine Audienz bei Mussolini, an der auch der Bozner Präfekt Umberto Ricci teilnahm. Der Präfekt bemühte sich, die große Zufriedenheit der Bevölkerung hervorzuheben. Noch bevor ihm der Präfekt ins Wort fallen konnte, widersprach Tinzl dieser nicht im Geringsten der Wahrheit entsprechenden Darstellung. Er berichtete über die fatalen Auswirkungen der faschistischen Maßnahmen in Südtirol im Bereich der Schule, der Sprache, der Steuern und der Enteignungen. Den Duce dürften diese offenen Worte beeindruckt haben, denn er ermöglichte Tinzl, durch einen Nebenausgang das Gebäude zu verlassen. Auf diese Weise entging er den vor dem Hauptausgang auf ihn wartenden Faschisten. Mit dem Umweg über die Schweiz kehrte er schließlich wieder nach Südtirol zurück.[323]

Auf Tinzl selbst machte das Zusammentreffen mit dem Duce keinen prägenden Eindruck. Georg Tinzl erinnerte sich:

„Er ist von Mussolini empfangen worden. Dieser hat ihn durchaus nicht beeindruckt. Er hatte schon etwas an sich, das vielen Menschen imponieren konnte, obwohl er auf der anderen Seite auch ziemlich arrogant war. Beim Papa hat er keinen bleibenden Eindruck hinterlassen, weil er über diese Geschichte eigentlich kaum gesprochen hat. Es war ihm kein Erlebnis gewesen, mit Mussolini zusammenzutreffen. Dabei hat es bei Mussolini offensichtlich nicht gereicht, ihm zu einem Erlebnis zu werden."[324]

7.6. Verbot des Deutschen Verbandes

Eine der dramatischsten Auswirkungen des Attentats auf Mussolini Ende Oktober 1926 war die Auflösung aller Parteien bis auf den PNF. Viele führende Mitglieder der Opposition flüchteten ins Ausland, um Repressionen zu entgehen, bevor im Januar 1927 wieder ein Bündel an neuen Unterdrückungsmaßnahmen erlassen wurde. Noch bevor das Gesetz am 25. November in ganz Italien in Kraft trat, erwirkten drei gesonderte Dekrete des Präfekten der Provinz Trient, Giuseppe Guadagnini, vom 9. November 1926 das Verbot aller Parteien in Südtirol. Damit wurde ein Zustand legalisiert, der seit 1923 bereits eingetreten war. Um eine weitere politische Betätigung möglichst zu unterbinden, wurde das Vermögen der Parteien beschlagnahmt.[325]

Trotz des Parteienverbotes ging die parlamentarische Tätigkeit von Tinzl offiziell bis zu den Wahlen im Jahre 1929 weiter. Gemeinsam mit Sternbach stellte er nunmehr die alleinige politische Führung und Vertretung des Landes dar.[326] Ihr politischer Einfluss innerhalb Italiens erreichte mit dem Verbot jedoch endgültig einen Nullpunkt und ihre Stellungnahmen konnten sie nur „mit gewissen Vorbehalten" abgeben. Das Parlament wurde in den folgenden zwei Jahren nur mehr selten einberufen, wodurch sie mit den Tagungen der Völkerbundligen noch größere Hoffnungen verbanden.[327] Durch das Parteienverbot konnte der Deutsche Verband lediglich als geheime Organisation weiter bestehen. Schon vor der Auflösung des Deutschen Verbandes waren einige Funktionäre aus der Partei ausgetreten, nach dem Parteienverbot entschieden weitere, sich nicht mehr dem Risiko einer politischen Betätigung auszusetzen. Tinzl konnte sich im Jahre 1957 noch gut an diese Zeit erinnern:

> „Es war schon vorher um uns ziemlich einsam geworden und nun wurde es noch einsamer. Ich rede nicht von den Briefen, die uns vom Land und aus den Städten von diesem und jenem Vertrauensmann geschrieben wurden, er könne nicht mehr mittun, seine geschäftliche Stellung, sein Beruf erlaube es ihm nicht mehr. Das waren noch die Anständigen. Aber viele haben einfach schweigend die Fahne verlassen – ich will nicht von den Gott sei Dank wenigen reden, die dies um eines Vorteils willen taten – und sich entweder aus einer gewissen Angst oder doch aus dem Gefühl heraus, dass nichts zu machen sei, zurückzogen. Es ist nur ein kleines Häuflein damals übrig geblieben, das seine Arbeit unverdrossen fortgesetzt hat."[328]

Als (ehemaliger) Obmann des Sammelbündnisses gehörte er zur nicht einmal zehn Männer umfassenden Kerngruppe, die weiterhin politisch tätig blieb. Mit Kanonikus Gamper, Sternbach und anderen aus dem engsten Kreis traf er im Abstand von drei oder vier Wochen zusammen.[329] Aus Angst entdeckt zu werden, fanden die Zusammenkünfte immer an verschiedenen Orten statt, auf schriftliche Mitteilungen wurde verzichtet. Frau Glira, Gampers Sekretärin, sorgte dafür, dass die Informationen rechtzeitig an alle übermittelt wurden.[330] Im Vordergrund der Aktivitäten stand die Organisation des geheimen Notschulwesens.[331] Da auch das Sekretariat des Deutschen Verbandes aufgelöst werden musste, transportierten die Südtiroler das gesamte Material nach Innsbruck, wo Ende 1925 eine „Arbeitsstelle für Südtirol" errichtet worden war, um die Propaganda und die Unterstützung für Südtirol zu koordinieren. Materielle Unterstützung für Südtirol kam fast ausschließlich aus Deutschland, vor allem über den VDA.[332]

In Südtirol selbst konnten die Christlichkonservativen um Tinzl die Infrastruktur und die Ressourcen der Kirche, der einzig legalen Massenorganisation, aufgrund der engen personellen und organisatorischen Bindungen zwischen Partei und Kirche für ihre Aktivitäten nutzen.[333]

Auch nach dem Parteienverbot blieb der Deutsche Verband der Ansprech- und Verhandlungspartner der italienischen Regierung und der Bozner Präfektur. 1933, im Jahr der Machtergreifung Hitlers, übernahm Giuseppe Mastromattei

(1897-1939) das Amt des Präfekten in der Provinz Bozen. Er konsultierte laufend Repräsentanten des Adels und des Bozner Großbürgertums, da er bestrebt war, das Übergreifen der NS-Bewegung auf Südtirol abzublocken. Bei der Bevölkerung entstand so – nicht immer zu unrecht – der Verdacht der Kollaboration der Südtiroler Führungsschicht mit den Faschisten.[334]

7.7. Faschistische Majorisierungspolitik

Mit dem 1. Januar 1927 wurde eine neue Phase in der faschistischen Südtirolpolitik eingeleitet. Mussolini errichtete eine eigene Provinz Bozen und unterstellte damit Südtirol dem direkten Einfluss Roms. Das Unterland beließ der Duce, wie er in einem Schreiben vom 15. Januar 1927 an den Präfekten von Bozen feststellte, bei der Präfektur Trient, um die Grenze bei Salurn, die in den Köpfen der Südtiroler fest verankert war, aus dem Bewusstsein zu lösen.[335] Tinzl reagierte anfänglich positiv auf die Auflösung der ungeliebten Einheitsprovinz und erklärte, „dass sie [die Provinz Bozen, Anm. d. V.] die Grundlage für eine möglichst freundliche Zusammenarbeit sein wird."[336] Die Südtiroler seien bereit, „unter die dunkle Vergangenheit der letzten Jahre einen Strich zu ziehen und im Geiste der Versöhnung in Gemeinschaft mit der Regierung neue Wege zu betreten."[337] Die in den zitierten Worten zum Ausdruck gebrachte Hoffnung, dass die Situation Südtirols endlich verbessert würde, wurde durch die von Rom gesetzten Schritte rasch zerstört. Nachdem der bayrische Ministerpräsident Heinrich Held das Vorgehen der Faschisten in Südtirol öffentlich angeprangert hatte, versuchte Mussolini durch einige Alibiaktionen diese Vorwürfe zu entkräften und besetzte einige hohe Positionen mit namhaften Südtirolern. So wurde Tinzl im Zuge dieser Maßnahmen in die Steuerkommission von Schlanders berufen. Es schien für einen kurzen Augenblick, als trete ein Wandel in der italienischen Südtirolpolitik ein. Doch schon kurze Zeit später initiierten die Faschisten mit der direkten Verwaltung durch Rom in Südtirol jene Maßnahmen, die den Trentinern nicht zugemutet werden sollten.[338] Tinzl erklärte die Änderung der Vorgangsweise rückblickend folgendermaßen:

> „Die faschistische Regierung musste nach dem Experiment der Entnationalisierungspolitik […] sehen, dass dieselbe im Grunde fruchtlos blieb. Und so wandte sie nun verstärkt eine andere Taktik an, […] selbstverständlich ohne die Entnationalisierungspolitik aus diesem Grunde aufzugeben. Diese neue Taktik bestand in der Überfremdung. Man sah: zu Italienern kann man die Südtiroler nicht volkstumsfähig machen, infolgedessen muss man sie auf ihrem Boden derart in die Minderheit bringen, dass sie verschwinden und auf alle Fälle nicht mehr den Mund aufmachen können. Tolomei hatte einmal gesagt: ‚Nach einigen Jahrzehnten wird es keine Irredenta mehr in Südtirol geben und nach weiteren Jahrzehnten auch keine Deutsche mehr. Letzteres hatte sich als bisher undurchführbar erwiesen. Wohl aber konnte man eine Schicht darüber legen, damit sie unter dieser Schicht verschwinden."[339]

In seiner großen „Himmelfahrtsrede" vor der Kammer ging Mussolini am 26. Mai 1927 auf die Grundsätze seiner Politik ein. In Bezug auf Südtirol stellte er fest:

> „Dort oben gibt es nur eine Minderheit von Italienern, die einen deutschen Dialekt als Umgangssprache reden, und zwar erst seit einem halben Jahrhundert. Im Übrigen ist das Problem der nationalen Minderheiten unlösbar. Man kann es nur auf den Kopf stellen, aber nicht lösen."[340]

Er behauptete unter Bezugnahme auf die Erkenntnisse des Historikers Baduzzi, dass Bozen erst in der zweiten Hälfte des 19. Jahrhunderts verdeutscht worden sei. Österreich habe Südtirol rücksichtslos germanisiert und nun werde durch die Provinz Bozen das Land wieder zu seinen italienischen Wurzeln zurückgeführt. Als Beleg für diese These zitierte er Akten des Bozner Merkantilmagistrats.[341]

Nur wenige Wochen später, am 9. Juli 1927, überbrachten Tinzl und Sternbach dem Duce ein Memorandum, in dem sie die Behauptungen von Baduzzi entkräfteten. In den „Innsbrucker Nachrichten" vom 1. August 1927 wurde das Begleitschreiben des Memorandums abgedruckt:

> „Gewiss wird das Studium des Memorials auch die Politiker kgl. Regierung gegenüber der deutschen Bevölkerung des Hochetsch (der Name Südtirol ist bekanntlich verboten! Die Schriftl.) beeinflussen, der der seinen Urteilskraft Euer Exzellenz weniger begründet erscheinen wird, wenn das Euer Exzellenz vom Abgeordneten Baduzzi gelieferte Material durch genaue, den historischen Tatsachen entsprechenden Darlegungen ersetzt wird. Aufgrund derselben kann auf keinen Fall von einer Wiederitalianisierung Bozens, das niemals eine italienischen, sondern immer eine deutsche Stadt gewesen ist, gesprochen werden."[342]

Eindrucksvoll wiesen die beiden Abgeordneten in dem wissenschaftlichen Memorandum nach, dass weder von einem gemischtsprachigen noch von einem italienischen Charakter Bozens auszugehen sei. Das Merkantilgericht war für die auswärtigen deutschen und italienischen Kaufleute gleichermaßen tätig und verlangte eine völlige Gleichberechtigung der beteiligten Gruppen und deren Sprache.[343] Weiters konnten sie belegen, dass das Archiv des Merkantilmagistrats nicht geheim war, denn selbst Baduzzi hatte sich auf Beweisstücke gestützt, die bereits vor dem Ersten Weltkrieg publiziert worden waren.[344]

Verifizierbare historische Fakten fanden jedoch bei den Faschisten wenig Gehör und so blieb dieses Memorandum ohne größere Wirkung.[345] Stattdessen wurden öffentlichen Einrichtungen und Betrieben noch restriktivere Auflagen aufoktroyiert und die Maßnahmen gegen Einzelpersonen intensiviert, sowie ein Sonderpersonalausweis für „gefährliche und verdächtige" Personen eingeführt.[346] Eine Denkschrift aus dem Jahre 1927 belegt, dass Proteste von Seiten Tinzls und Sternbachs nicht ausblieben.[347] Tinzl charakterisierte die Vorgänge in Südtirol in dieser Zeit folgendermaßen:

„Wenn man uns auch schon so viel genommen hatte, dass uns zu nehmen fast nichts mehr übrig blieb, kamen doch immer neue Entnationalisierungsmaßnahmen; [...] Zum Teil waren sie erschütternd in ihrer Pietätlosigkeit, wie das Verbot deutscher Grabinschriften, zum Teil lächerlich in ihrer Angst vor Gespenstern, wie die Auflösung der Freiwilligen Feuerwehren und das Verbot rot-weißer Fensteranstriche."[348]

Internationaler Druck auf Italien

Ende Mai 1927 planten Tinzl und Sternbach die Teilnahme an der Tagung der Völkerbundligen in Berlin. Sie wollten die Südtirolfrage wieder in der internationalen Öffentlichkeit thematisieren, denn seit dem Rededuell Mussolini – Stresemann war es ruhig um Südtirol geworden. Als ihnen das Visum verweigert wurde, äußerten sich holländische und englische Delegierte zur Situation der Südtiroler und sorgten damit für weit größeres Aufsehen als durch die Südtiroler Teilnahme sonst üblich, sodass die Südtiroler Delegation als „Association allemande" innerhalb der italienischen „Association pour al Societé des Nations" an der Tagung der Minderheitenkommission der Völkerbundligen vom 10. bis 12. Oktober in Sofia wieder teilnehmen konnte.[349] Tinzl und Sternbach wurden herzlich empfangen und die Vollständigkeit der italienischen Delegation ausdrücklich hervorgehoben. Über Südtirol wurde intensiver als sonst diskutiert, eine wirkliche internationale Unterstützung für die Anliegen der Südtiroler konnte jedoch weder bei dieser noch bei anderen Tagungen erreicht werden.[350]

Giannini, der italienische Delegationsführer, betonte in Sofia den innenpolitischen Charakter der Südtirolfrage und erklärte, dass die Vorgangsweise in Südtirol aus der illoyalen Haltung zum italienischen Staat und der pangermanischen Propaganda in Südtirol resultiere. Tinzl konterte, dass die Südtiroler die Gesetze stets gewissenhaft eingehalten hätten, eine Herzensloyalität könne allerdings kein Friedensvertrag, sondern nur eine gute Behandlung schaffen. Die pangermanische Propaganda sei lediglich eine Konsequenz der italienischen Unterdrückungspolitik. Der Widerstand der Südtiroler werde erst durch die gesetzten Maßnahmen provoziert und habe zur Unterstützung durch das deutschsprachige Ausland geführt, die Italien als Legitimation der hemmungslosen Willkürherrschaft benutze.[351]

Der unmittelbare politische Einfluss der internationalen Institutionen war begrenzt. Doch wollte Tinzl jede sich ihm bietende Möglichkeit nutzen. Nachdem eine parlamentarische Opposition in Rom zunehmend eingeschränkter wurde, bildeten diese Tagungen eine letzte noch verbleibenden Gelegenheiten, die Anliegen der Südtiroler in einer breiten Öffentlichkeit zu thematisieren.

Tinzls Versöhnungspolitik

Trotz der heftigen Proteste gegen die Vorgangsweise der Faschisten waren Tinzl und Sternbach stets bestrebt, durch versöhnliche Kontaktaufnahmen die Machthaber günstig zu stimmen. Der Pragmatiker Tinzl betrachtete diese Bekundung zu einer Versöhnungspolitik als zielführende Strategie, in der faschistischen Diktatur etwas für Südtirol zu erreichen. Öfters wiederholte sich die Vorgangsweise der italienischen Behörden, Loyalitätsbekundungen von den Südtirolern zu fordern mit dem Versprechen von Gegenleistungen, diese wurden jedoch nie eingehalten. Damit wurde nicht nur die Politik der italienischen Regierung in Misskredit gebracht, noch viel gravierender war der Vertrauensverlust von Tinzl und Sternbach bei den eigenen Landsleuten. Die Vorgangsweise des Deutschen Verbandes verlor immer weiter an Zustimmung in Südtirol. Als Umberto Ricci, der Präfekt der Provinz Bozen, den Vertretern des Deutschen Verbandes mitteilte, eine Teilnahme an der Konferenz der Union der Völkerbundligen würde sich negativ auf die Situation in Südtirol auswirken, richtete Tinzl gemeinsam mit Sternbach am 11. August 1927 einen vertraulichen Brief an den Präfekten, in dem sie erklärten, auf die Teilnahme an den Kongressen in Genf und Paris zu verzichten, um den „Anschein zu vermeiden, der in einem der Regierung nicht günstigen Sinne ausgelegt werden könnte". Sie beteuerten: „Wir legen ein besonderes Gewicht darauf, all unseren Willen zu erklären, eventuelle Ratschläge, welche eine Versöhnungspolitik erleichtern könnten, entgegen zu nehmen."[352] Die Antwort von faschistischer Seite war eindeutig und hatte mit Versöhnungspolitik wenig zu tun. Trotz der Immunität fanden bei Tinzl und bei den anderen Minderheitenabgeordneten Hausdurchsuchungen statt.[353]

Im September wurde die Kanzlei von Reut-Nicolussi geschlossen, da er eine Lehrerin, die wegen Erteilung deutschen Privatunterrichts angezeigt worden war, vor Gericht vertreten hatte. Er floh wenig später nach Innsbruck, von wo er auch die Münchner Zweigstelle des Andreas-Hofer-Bundes leitete.[354] Gegen Tinzl entfesselte Alfredo Giarratana, Parteisekretär des PNF in der Provinz Bozen, in den Monaten August und September eine gehässige Hetzkampagne im Parteiblatt: „Die Herren Baron Sternbach und Tinzl müssen als Pestkranke angesehen werden und daher müssen sie außerhalb der zivilisierten Gesellschaft leben, welche in dieser Provinz durch die Gemeinsamkeit der Italiener und Etschländer gebildet wird."[355]

Unter dem Vorwand, die Kanzlei sei der Mittelpunkt pangermanistischer Irredentabewegungen und es werde Italienfeindliche Propaganda betrieben, wurde das Büro von Tinzl und Sternbach in Bozen am 19. Oktober 1927 behördlich geschlossen. Es hatte eine wichtige Rolle bei der Zusammenarbeit mit der Bevölkerung gespielt, denn die Südtiroler konnten sich dort Auskünfte in den verschiedenen Angelegenheiten holen.[356]

Die Faschisten erkannten zusehends, dass ihre bisherigen Maßnahmen nicht gefruchtet hatten. Deshalb gingen sie Ende der Zwanzigerjahre zur „Eroberung des Bodens" über, um dadurch die Zuwanderung von Italienern zu fördern. Die „Ente di Rinascita Agraria per le Tre Venezie" (ERA) übernahm die Höfe von Bauern, die durch die Wirtschaftskrise ihren Hof verloren, damit die Zuwanderung von Italienern gefördert wurde. Der Erfolg der ERA war äußerst begrenzt, Selbsthilfeaktionen der Bauern und die Hilfe von „draußen" verhinderten einen größeren Erfolg der Faschisten. Mit dem königlichen Dekret vom 4. November 1928 wurde das bis dahin in Südtirol noch geltende „Österreichische Allgemeine Bürgerliche Gesetzbuch" abgeschafft und mit 1. Juli 1929 wurde die italienische Zivilgesetzgebung auf Südtirol ausgedehnt. Damit verlor auch das „Tiroler Höferecht", das die Teilung von Höfen verhinderte und die geschlossene Erbfolge vorsah, an Gültigkeit. Die Faschisten wollten damit eine Zerstückelung des bäuerlichen Besitztums erreichen und dadurch eine ökonomische Schwächung erzielen. Die Bauern hielten jedoch an der Tradition fest.[357] Karl Tinzl verbuchte Anfang der Fünfzigerjahre den bemerkenswerten Erfolg das Tiroler Höferecht wieder gesetzlich zu verankern. Zudem wurde versucht den Bankensektor zu kontrollieren, dennoch war der Erfolg für Tolomei in diesem Bereich eher mäßig.[358]

Zur Abschaffung des geschlossenen Hofes kam die Durchführung von baulichen Großprojekten hinzu, bei denen ausschließlich Arbeiter aus den alten Provinzen beschäftigt wurden.[359] Tinzl berichtete im Rückblick:

„[D]ie Krone des Ganzen war die Schaffung der Industriezone. Bis zum Jahr 1935 hatte sich das Bevölkerungsverhältnis in Bozen immer noch ungefähr die Waage gehalten: ungefähr 24.000 Deutsche zu 24.000 Italienern. Nach der Schaffung der Industriezone veränderte sich das Verhältnis derart, dass im Jahre 1939 50.000 Italiener ungefähr 24.000 Deutschen gegenüberstanden. Und Sie wissen ja, die Industriezone wurde geschaffen gegen den Widerspruch der italienischen Wirtschaftskreise, ohne wirtschaftliche Basis durch Fracht- und Steuerbefreiungen für dieselbe, ja geradezu mit dem Zwang für einzelne Industrien, sich hier in Bozen anzusiedeln, mit Enteignung von einheimischem Grundbesitz im größeren Ausmaße und mit der Aufgabe, nicht nur keine Arbeiter aus der Provinz Bozen, sondern auch keine aus der Provinz Trient zu beschäftigen. Alle Arbeitskräfte mussten aus den alten Provinzen heraufgezogen werden und damit natürlich auch ein großer Stock von italienischen Geschäftsleuten und allem, was damit zusammenhängt."[360]

Das wirtschaftliche und gesellschaftliche Gefüge Südtirols änderte sich wesentlich durch die Errichtung von Wasserkraftwerken in den Zwanziger- und Dreißigerjahren, da ausschließlich Arbeiter aus den alten Provinzen in diesen Betrieben beschäftigt wurden. Nach dem Zweiten Weltkrieg sollten diese Kraftwerke noch eine ganz besondere Rolle spielen.[361] Ein Großprojekt, die Überfremdung des Landes zu erreichen, stellte Mitte der Dreißigerjahre die Gründung Bozner Industriezone dar.[362]

Neben konkreten Verordnungen zu Lasten der Südtiroler durfte in Südtirol auch die symbolische Demonstration der „Italianisierung" des Landes nicht fehlen. Die Architektur Bozens sollte völlig umgestaltet werden, der Bahnhof wurde erweitert, Büro und Wohnhäuser errichtet, und geplant war auch die Zerstörung der Lauben und der Museumstraße.[363] Das wohl bekannteste Zeichen für die architektonische Machtdemonstration der Faschisten bildete die Grundsteinlegung für das Siegesdenkmal – ein bis zum heutigen Tage die Gemüter erhitzendes Denkmal – am 12. Juli 1926, genau zwei Jahre später erfolgte die offizielle Einweihung.[364] Das faschistische Regime ließ mit den Alpinidenkmälern, dem „Aluminium-Duce" (1938) und den Beinhäusern noch weitere Denkmäler in Südtirol erbauen, zeitgleich wurden symbolträchtige Bauten der Südtiroler, wie das Waltherdenkmal (1935) oder der Laurinbrunnen (1933) in Bozen, beseitigt.[365]

Bereits Ende 1928 zeichnete sich ab, dass die Südtiroler bei den kommenden Wahlen wohl keinen Vertreter mehr ins Parlament entsenden konnten. Auf Staatskosten starteten Tinzl und Sternbach daher eine Reise durch Italien, um auf die prekäre Lage Südtirols aufmerksam zu machen. Im November 1928 traten sie ihre Reise in Triest an und reisten von dort weiter nach Istrien, Fiume und Zara, Venedig, Ravenna, Pescara, Neapel, Livorno, Savona, Bari, Agrigento, Palermo und Sizilien. Anfang Dezember erreichten sie Rom als letzte Station ihrer Reise.[366]

Trotz seiner Verständigungsbemühungen stand weder Tinzl noch ein anderer Vertreter aus den Reihen des Deutschen Verbandes am 24. März 1929 auf der nationalen Einheitsliste, dem so genannten „Listone".[367] Tinzl resümierte im Jahre 1957:

„Als im Jahre 1929 neue faschistische Wahlen kamen, unter einem anderen System, wo es nur mehr eine faschistische Liste gab, die man wählen konnte – allerdings auch nicht, wovon freilich auch bei uns nicht allzu viele Gebrauch machten (die Ultner bildeten damals eine rühmliche Ausnahme – da war es mit jeder Vertretung Südtirols im In- und Ausland überhaupt vorbei. Es war völlig Nacht geworden über uns. Aber es waren dennoch einige Blitzstrahlen, die diese Nacht erhellten und vor der ganzen Welt ein Licht darauf warfen, was Südtirol denkt und fühlt. Ein solches war die Saarabstimmung."[368]

Die Wahlbeteiligung war in Südtirol, wie er treffend feststellte, mit 80 Prozent verhältnismäßig hoch, obwohl die Südtiroler keinen Vertreter mehr nach Rom entsenden konnten. Annähernd 75 Prozent stimmten in Südtirol für die faschistische Liste. Nicht unberücksichtigt bleiben sollte die hohe Zahl an Stimmenthaltungen und Nein-Stimmen. Der Verlust jeder politischen Vertretung und die rigide Unterdrückung durch das faschistische Regime forcierte in Südtirol eine verstärkte Hinwendung zu Deutschland, dessen Politik in den folgenden Jahren auf Südtirol einen bestimmenden Einfluss ausüben sollte.[369]

7.8. Sicherheitsdienstliche Überwachung

Die Aktivitäten von Tinzl, im privaten und öffentlichen Bereich, wurden von den Sicherheitsorganen genauestens überwacht. Seine Abwesenheit vom Heimatort musste er rechtzeitig bei der örtlichen Polizeistation melden. Besonderes Interesse zeigte man für seine Reisen ins Ausland, wie die zahlreichen Unterlagen im Gemeindearchiv Schlanders belegen. Auch seine Familie wurde genau durchleuchtet.[370] Selbst seine Hochzeit am 30. Juli 1928, sowie die anschließende Hochzeitsreise in die Schweiz wurden registriert.[371]

Trat er eine Reise über den Brenner an, zumeist führten sie nach Innsbruck oder Wien, war nicht nur eine Ausreisegenehmigung notwendig, sofort schaltete sich zudem der polizeiliche Überwachungsapparat ein. Bis zum Jahre 1926 liegen diesbezüglich kaum Unterlagen vor, sodass davon auszugehen ist, dass diesem Aspekt noch keine allzu große Bedeutung beigemessen wurde.[372] Die Überwachungsberichte häufen sich ab Sommer 1926. Ein Zusammenhang mit dem Verbot des Deutschen Verbands im November desselben Jahres ist wohl anzunehmen. Am 9. August 1926 wandte sich der Podestá von Schlanders an seinen Amtskollegen in Innichen, um sich über die Reise von Tinzl vom 18. bis 20. Juli zu informieren.[373] Die Präfektur in Trient erhielt ihrerseits die Benachrichtigung, dass Tinzl um den 20. Juli in Innsbruck gewesen sei und dort mit dem „bekannten Irredentisten" Ernst Mumelter zusammengetroffen sei. Danach habe er seine Reise nach Deutschland fortgesetzt. Um diese Informationen zu prüfen, wandte sich der Präfekt an die Unterpräfektur in Meran.[374] Nachdem die Unterpräfektur in Meran diese Aufgabe an den Präfekten von Schlanders delegiert hatte, begann dieser mit seinen Nachforschungen. Am 29. August erging eine streng vertrauliche Mitteilung an den Podestá von Brenner[375] und von Innichen. Letzerer entgegnete jedoch, dass Tinzl dort in der letzten Zeit nicht die Grenze passiert habe.[376] Schließlich mussten sich die Behörden mit dem Ergebnis, dass Tinzl am 18. Juli zunächst nach Innsbruck gereist sei und anschließend seine Reise nach Wien und möglicherweise auch weiter nach Deutschland fortgesetzt habe, zufrieden geben.[377]

Wenige Wochen später wurde nachgeprüft, ob Tinzl gemeinsam mit Josef Dietl aus Köflan an einer Kundgebung für Südtirol in Wien teilgenommen habe.[378] Die Unterpräfektur konnte lediglich die Beteiligung von Dietl, nicht jedoch von Tinzl abklären.[379] Dieser hatte wohl seine Reise recht sorgfältig geplant.

Während Fahrten mit dem Privatauto schwierig zu kontrollieren waren, gestaltete sich für die Sicherheitsorgane die Überwachung der Zugreisen weit einfacher.[380] Unmittelbar nachdem Karl Tinzl den Brenner passiert hatte, erstattete der Kommissar des Grenzpostens dem Podestá von Schlanders Bericht, dass Tinzl die Grenze zu Italien überschritten habe.[381] Fuhr er ins Ausland wurde die Uhrzeit und der Bestimmungsort genau registriert.[382]

Als Tinzl am 20. Oktober 1927 seine Reise zum Kongress der Minderheitenkommission der Völkerbundligen nach Sofia antrat, wandte sich der Präfekt von Bozen in einem handschriftlichen Brief an den Podestá von Schlanders um ihn davon zu informieren.[383] Selbstverständlich hatte Tinzl bereits vorher ein Visum beantragen müssen, ein nicht immer ganz problemloser Vorgang, wie bereits berichtet wurde.

Tinzls Reisen im Inland wurden ebenfalls genauestens überwacht. So informierte der Podestá von Schlanders den Präfekten in Bozen, dass Tinzl am 8. Januar 1928 mit dem Zug um 9.50 Uhr von Rom nach Schlanders gekommen sei.[384] Den Behörden fiel es nicht immer leicht, alle Schritte es Parlamentariers zu überwachen. Als Tinzl nach einem Gespräch mit dem Unterstaatssekretär nach Schlanders zurückkehrte, war es den Sicherheitskräften nicht möglich, den genauen Ankunftstermin zu eruieren.[385]

VIII. Heirat mit Gertraud Semler

Neben seiner intensiven politischen Tätigkeit blieb Karl Tinzl nur wenig Zeit fürs Privatleben. Dies mag auch ein Grund dafür sein, weshalb er erst mit vierzig Jahren den Bund fürs Leben einging. Am 30. Juli 1928 heirateten er und die um sechzehn Jahre jüngere Gertraud (Traudl) Semler.[386]

Gertraud Semler stammte aus einer kinderreichen Familie. Am 18. Juni 1904 war sie als vorletztes von fünf Kindern in Meran geboren worden. Bis zu ihrer Heirat lebte sie mit ihren Eltern, einer Bauerntochter aus Marling und einem preußisch-holsteinischen Marineoffizier Ernst Semler[387], am Stadlerhof in Obermais. Ihre Brüder Raymund, Ernst und Dolfi entschieden sich Anfang der Zwanzigerjahre, zu Verwandten nach New York auszuwandern. Auch Gertruds Schwester Marianne verbrachte längere Zeit in den Staaten, kehrte aber schließlich wieder ins Vinschgau zurück.[388]

Abb. 19: Gertraud und Karl Tinzl bei ihrer Hochzeit am 30. Juli 1928 in der Valentinkirche in Obermais. Ihre Ehe verlief äußerst harmonisch.[389]

Abb. 20: Gertraud Semler stammte aus Obermais bei Meran. Im Jahre 1927 lernte sie den um sechzehn Jahre älteren Karl Tinzl kennen.[390]

Im Jahre 1927 lernte Gertraud Semler Karl Tinzl kennen und wenige Monate danach heirateten die beiden in der Valentinkirche bei Meran. Ihr Trauzeuge war Tinzls Weggefährte im italienischen Parlament, Paul von Sternbach.[391] Die Ehe, so wird einhellig betont, soll stets äußerst harmonisch verlaufen sein und das, obwohl die beiden recht verschieden waren, wie Georg Tinzl erzählte:

> „Sie ist aus einem ganz anderen Haus gekommen wie mein Vater. Sie war eine Semler-Borgfeld, und zwar war das eine preußische Familie, die ursprünglich aus Norddeutschland gekommen ist. […] Es war eine außerordentlich kosmopolite, deutsch-amerikanische Familie. Die amerikanische Seite hat am Reschen oben ein schönes Jagdhaus gebaut, in Österreich, Deutschland und den USA Besitzungen gehabt. Sie waren im Gegensatz zu den sehr lokalen Tinzl ein ganz anderer Menschenschlag. Die Mama war auch sehr eigenwillig, eine sehr hübsche Frau, die sich in Schlanders oben in das ländliche Leben hineingefügt hat, was sie aber nicht gehindert hat, öfters und länger bei Freunden zu sein."[392]

Im Jahre 1929, am 2. Juni 1929, wurde ihr einziger Sohn Georg (Jörg) Tinzl in Meran geboren, der später in Wien Welthandel studierte.[393] Da es Anfang der Fünfzigerjahre für Karl Tinzl noch mit erheblichen Schwierigkeiten verbunden war, nach Österreich zu reisen, konnte sein Sohn für ihn wichtige Botengänge erledigen.[394] Georg Tinzl zeigte keine politischen Ambitionen, sondern wählte den Weg in die Wirtschaft und leitete die italienische Tochtergesellschaft des britischen Konzerns

GNK-Birfield, einem internationalen Industriegroßunternehmen. Er lebt heute mit seiner Frau Monika Amonn, der Tochter von Erich Amonn, in Bozen.[395]

Die ersten Jahre nach seiner Hochzeit wohnte Karl Tinzl mit seiner Familie auf dem Tappeinerhof in Schlanders, 1939 übersiedelten sie nach Bozen/Gries. Erst nach dem Tod ihres Mannes kehrte Gertraud Tinzl wieder nach Meran zurück. Mit ihren Mitbewohnerinnen Eva und Anke Stampfer und Maria Prenner lebte sie bis 1994 auf dem elterlichen Stadlerhof, wo sie im Alter von knapp 90 Jahren verstarb.[396]

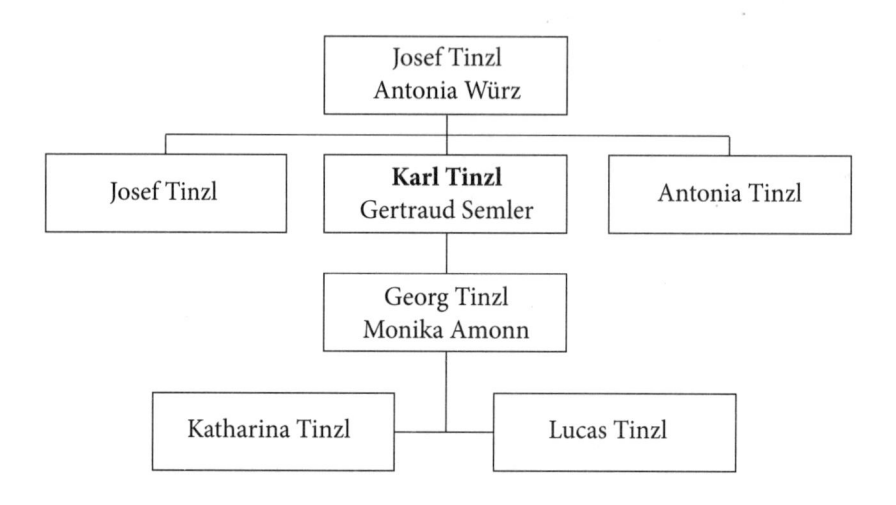

```
            ┌─────────────────────┐
            │    Josef Tinzl      │
            │   Antonia Würz      │
            └──────────┬──────────┘
       ┌───────────────┼───────────────┐
┌──────────────┐ ┌─────────────┐ ┌──────────────┐
│ Josef Tinzl  │ │ Karl Tinzl  │ │ Antonia Tinzl│
│              │ │Gertraud Semler│ │              │
└──────────────┘ └──────┬──────┘ └──────────────┘
                ┌──────────────┐
                │ Georg Tinzl  │
                │ Monika Amonn │
                └──────┬───────┘
           ┌───────────┴───────────┐
  ┌────────────────┐       ┌────────────────┐
  │Katharina Tinzl │       │  Lucas Tinzl   │
  └────────────────┘       └────────────────┘
```

Abb. 21: Die Familie von Karl Tinzl.

IX. Zwischen Deutschem Verband und VKS (1929-1939)

9.1. Anwalt in Schlanders

Nach dem Ausscheiden aus dem Parlament blieb Karl Tinzl weiterhin ein wichtiger Ansprechpartner seiner Landsleute, besaß er doch profunde politische und juridische Kenntnisse wie kaum einer in Südtirol. Er nahm in der väterlichen Kanzlei in Schlanders seine Tätigkeit als Anwalt wieder auf und versuchte sich bestmöglich mit den gegebenen Umständen zu arrangieren.[397] Georg Tinzl urteilte über die innere Haltung seines Vaters:

„Er hat sich einfach damit abgefunden, dass seine Tätigkeit in Schlanders als Advokat seine Zukunft sein würde, solange deutsche Rechtsanwälte überhaupt noch geduldet wurden. Über seine Zukunft machte er sich keine besondern Gedanken, als seine Kanzlei in Schlanders noch in Betrieb war. Er hätte auch nach Österreich auswandern können, sein Bruder war bereits dort, und dort eine Kanzlei aufmachen können, aber damit hat er sich zu dieser Zeit nicht ernsthaft beschäftigt. Seinen lang gehegten Traum von einer Professur an der Universität hat er allerdings aufgegeben."[398]

In Schlanders agierte Tinzl als Berater und Helfer in unzähligen Fällen. Jederzeit standen seine Kanzlei und auch sein Haus für alle Hilfesuchenden offen, er versuchte seine Landsleute zu unterstützen und ihre Rechte gegenüber der faschistischen Staatsmacht zu schützen.[399] Er selbst vertrat die Auffassung, ein Rechtsanwalt habe nicht nur als Rechtsberater zu agieren. Vielmehr rückte er die gesellschaftspolitischen Funktionen in den Vordergrund. Anlässlich der Studientagung der Südtiroler Hochschülerschaft erklärte er im Jahre 1961:

„Gerade der Advokat – besonders auf dem Lande, aber auch in der Stadt – ist bis zu einem gewissen Grad oft eine Art Beichtvater: die Leute kommen mit allen möglichen Schmerzen und Problemen zu ihm. Der Advokat kann in vielen Fällen helfen, eingreifen, Ratschläge erteilen. [...] Gerade deswegen hat der Advokat oder der Rechtsberater in weitem Sinn eine schöne und weitgehende Aufgabe, indem er immer daran denken und überlegen soll, was ist sozial, was ist wirtschaftsfördernd, wie kann ich von Nutzen sein und zwar nicht nur nach dem Buchstaben und dem trockenen Paragraphen, sondern auch im Hinblick auf ein höheres Ziel."[400]

Dabei besaßen ökonomische Gesichtspunkte für ihn einen untergeordneten Stellenwert. Ludwig W. Regele, bei dem eine äußerst positive Darstellung von Karl Tinzl überwiegt, urteilte über ihn:

"Obwohl er verständlicherweise mehr als beschäftigt war, hat er nie Reichtümer gehäuft, noch häufen wollen; seinen Beruf hat er – der brillante, juristische Kopf – immer als Möglichkeit angesehen, anderen zu helfen, nicht mehr, auch nicht weniger. Es gab Perioden in seinem Leben, wo er finanziell sein Auskommen gerade noch fand; sein Ansehen aber konnte durch seine Bescheidenheit und Güte nur noch steigen."[401]

Neben seiner Rechtsanwaltstätigkeit war Tinzl weiterhin illegal im Volkstumskampf tätig, vor allem im Bereich des geheimen deutschen Schulunterrichts.[402] Durch sein Engagement für die Belange seiner Landsleute verstärkte sich der faschistische Druck auf Tinzl, der als ehemaliger Abgeordneter bereits zu den besonders beobachteten Persönlichkeiten gehörte. Anfang der Dreißigerjahre häuften sich die Hausdurchsuchungen bei Tinzl.[403] Seiner Haushälterin Rosa kam dabei eine Schüsselrolle zu. Besonders ein Vorfall blieb Georg Tinzl in Erinnerung:

"Hausdurchsuchungen waren bei uns sehr, sehr oft. Alles ist durchsucht worden, auch mein Zimmer. Ich kann mich erinnern, dass mein Vater einmal unserer alten Köchin Rosa etwas zugesteckt hat, irgendein vertrauliches Schreiben, das wohl aus Österreich stammte, und Rosa, ja, die hat den Brief in höchster Not gegessen! Das hat mir als Kind furchtbar imponiert, wie sie mit dem Brief zu mir in die Küche gekommen ist, gerade wie die Carabinieri heraufgekommen sind, und ihn einfach geschluckt hat."[404]

Bei einem anderen Kontrollbesuch wurden gefährliche Dokumente in aller Eile im Nachtgeschirr versteckt und während der Durchsuchung von der Haushälterin Rosa auf diese Weise in Sicherheit gebracht.[405] Mehrmals wurde Karl Tinzl auch verhaftet, primär bei Besuchen von Angehörigen ausländischer Minderheitenkommissionen, um ein Zusammentreffen zu vermeiden. Im April 1938 internierten die Faschisten ihn unter einem Vorwand sogar für drei Wochen im Schlanderser Gefängnis.[406] An seiner Kanzleitür wurde ein Transparent mit der Aufschrift „L'Italia fascista ti disprezza!" (Das faschistische Italien verachtet dich!) angebracht. Er demonstrierte auch in dieser schwierigen Situation Gelassenheit. Da nicht rigide auf die Einhaltung der Regeln geachtet wurde, erreichte er, dass seine Köchin ihm dreimal täglich die Mahlzeiten in seine Zelle bringen durfte. Er zeigte auch wenig Berührungsängste mit anderen Häftlingen. Besonders gut verstand er sich mit einem mutmaßlichen Mörder, mit dem er interessante Gespräche führte und den er deshalb durch seine Köchin mitverpflegen ließ.[407] Nachdem die Vertreter der Minderheitenschutzkommissionen das Land verlassen hatten, wurde er unter fadenscheinigen Argumenten wieder entlassen.[408] Trotz dieser schikanösen Aktionen behielt er seinen angeborenen Humor, wie Anna und Berta Tinzl berichteten. Als er nach seinem mehrwöchigen Gefängnisaufenthalt nach seinem Befinden befragt wurde, bezeichnete er die Zeit der Inhaftierung als die schönste Zeit seines Lebens, da er endlich Zeit zum Ausruhen gefunden habe.[409]

Das immense Arbeitspensum erlaubte ihm stets wenig Zeit für seine Familie. Nur selten konnte er sich von seinen Aufgaben losreißen und gemeinsam mit seiner Frau Reisen ins Ausland unternehmen. Eine der Reisen brachte für ihn eine interessante Erkenntnis, wie sein Sohn Georg Tinzl erzählte:

„Mein Vater besaß einen normalen italienischen Pass, ist aber an vielen Grenzen – auch wenn er mit der Mama nach Österreich und Ungarn gereist ist – immer peinlichst durchsucht worden. Er wunderte sich darüber und dachte sich, dass es an der italienischen Grenze verständlich sei, aber warum er beispielsweise an der ungarischen oder an anderen Grenzen durchsucht wurde, konnte er sich nicht erklären. Die Sache hat sich aufgeklärt, als er einen Kriegskameraden aus Österreich getroffen hat, der einmal beim Zoll war. Dieser sagte zu ihm: ‚Ich verfolge euer Schicksal schon seit langem und ich muss dir etwas sagen. Du hast in deinem Pass ein internationales Geheimzeichen und zwar das Schmugglerzeichen. Deswegen werden sie dich überall piesacken.' Das war dann für meinen Vater die Erklärung, warum er überall durchsucht worden war, nicht nur dort, wo Verbindungen zu Italien bestanden."[410]

9.2. Begegnung mit der neuen Macht: Tinzl und der VKS

Durch seine politische Tätigkeit kam Tinzl rasch in Berührung mit der aufstrebenden neuen Macht in Südtirol, dem Völkischen Kampfring Südtirols (VKS). Der VKS war aus dem ebenfalls geheim operierenden, 1928 gegründeten Gau-Jugend-Rat (GJR) hervorgegangen.[411] Nach der Machtübernahme Hitlers im Januar 1933 wurde am 18. Juni 1933 die nach dem Führerprinzip organisierte, eindeutig nationalsozialistisch orientierte „Südtiroler Heimatfront" gegründet, die sich Anfang 1934 in „Völkischer Kampfring Südtirols" umbenannte. Im Gegensatz zu seinen Vorläuferorganisationen etablierte sich der VKS zu einer ernsthaften politischen Konkurrenz für die Christlichkonservativen. Durch diese sich abzeichnende Wende bei der illegalen politischen Führung der Südtiroler intensivierten sich die Divergenzen zwischen VKS und Deutschem Verband.[412]

Die Anhänger dieser oppositionellen Gruppierungen rekrutierten sich anfangs vor allem aus Studenten und politisch orientierten Jugendgruppen, denen durch Zeltlager, Feste und Schulungskurse eine Alternative zum faschistischen Alltag geboten wurde, sowie aus Personen der unteren sozialen Schichten, die sich mit der Politik des Deutschen Verbandes nicht identifizieren konnten. Die Führungsschicht des Deutschen Verbandes lehnte von Beginn an die Bildung von Organisationen ab, um die italienische Exekutive nicht unnötig herauszufordern und besonders das geheime Notschulwesen nicht zu gefährden.[413]

Die Faschisten versuchten anfangs, das Aufkommen nationalsozialistischer Tendenzen in Südtirol keineswegs zu unterbinden. Eine Spaltung der illegalen Führung der Südtiroler konnte sich für die Entnationalisierungspolitik nur positiv auswirken.[414]

Tinzl erkannte rasch, dass die Volkstumsarbeit der eigenen Organisation zunehmend weniger erfolgreich war und der Kontakt zur Bevölkerung, besonders zu den Kreisen der Jugend, abgebrochen war.[415] Deshalb propagierte er bereits im

August 1933 die Bildung einer einheitlichen politischen Untergrundorganisation mit den nationalsozialistischen Kräften. Der Deutsche Verband sollte die führende Rolle Berlins in der Frage des Auslandsdeutschtums anerkennen, eine ausschließliche Orientierung auf den Nationalsozialismus wurde jedoch dezidiert abgelehnt. Dieser Vorschlag erwies sich aufgrund der Rahmenbedingungen als nicht durchführbar, dennoch demonstrierte er, dass Tinzl sehr klar analysierte, wer die aufstrebende Macht darstellte, und dass diese bei einem erfolgreichen politischen Vorgehen nicht übergangen werden konnte.[416] Auf der anderen Seite ist er Beleg dafür, dass Tinzl kaum Berührungsängste mit den Nationalsozialisten zeigte und eine Zusammenarbeit durchaus für möglich hielt.

Das Mächteverhältnis in Südtirol änderte sich das zusehends zugunsten der Nationalsozialisten und die Spannungen zwischen VKS und Deutschem Verband nahmen deutlich zu. Die Kritik des VKS an den Christlichkonservativen reichte von unterschiedlichen sozialen Vorstellungen, wie die Beschränkung auf die Verteilung der finanziellen Unterstützungen aus Berlin durch Kanonikus Gamper und den niederen Klerus sowie der Verzicht, die einheimischen besitzenden Kreise zur Mitfinanzierung anzuhalten, bis hin zu gegensätzlichen politischen Auffassungen. Der VKS lehnte auch die Arrangements der Christlichkonservativen mit den Faschisten entschieden ab. Besonders belastet wurde das Verhältnis zwischen den beiden Gruppierungen durch völlig konträre ideologische Positionierungen. So lehnte der Deutsche Verband die weltanschauliche Indoktrination der Jugend, die der VKS betrieb, vehement ab.[417] Der geheime Schulunterricht geriet ab Mitte der Dreißigerjahre immer stärker unter nationalsozialistischen Einfluss, einerseits durch die Lehrmaterialien, die notwendigerweise aus dem Reich bezogen werden mussten, andererseits dadurch, dass der VKS eigene Notschulen aufbaute.[418]

Tinzl, der stets auf Ausgleich bedacht war, bemühte sich angesichts dieser Tendenzen den volkstumspolitischen Kampf immer wieder in den Mittelpunkt zu rücken, ideologische Divergenzen auszuklammern und zwischen den unterschiedlichen Positionen zu vermitteln. Besonders mit dem Führer des VKS, Peter Hofer, stand er in engem Kontakt und versuchte immer wieder auf diesen Einfluss zu nehmen.[419]

Nach Einschätzung von Walther Amonn zählte es in dieser Zeit im Wesentlichen zu Tinzls Verdiensten, dass substanzielle Gegensätze innerhalb der Volksgruppe in dieser Zeit vermieden wurden.[420] Dafür spricht auch die folgende Beurteilung von Karl Tinzl in einem Artikel in den „Dolomiten":

> „Dr. Karl Tinzl war im Volke überaus beliebt. Er war ein Mann der Mäßigung und des Ausgleichs, ihm lagen Demagogie und Leidenschaft fern, er besaß ruhige Überlegung, hatte aber stets ein sicheres, festes Auftreten. Auch in den schwierigsten Lagen verlor er nie seine Selbstbeherrschung. Sein glänzender Verstand erlaubte klare und genaue Formulierungen. So wurde er in den schwierigen Dreißigerjahren der führende Politiker des Landes."[421]

Trotz eines zunehmend angespannteren Verhältnisses unterbreitete der VKS im Januar 1936 dem Deutsche Verband den Vorschlag zur Zusammenarbeit durch die

Bildung einer „Deutschen Front".[422] Nachdem der Deutsche Verband darauf nicht reagierte, erneuerte der VKS am 12. Mai 1936 sein Angebot, nunmehr mit dem klaren Zusatz, es handle sich um das letzte derartige Angebot.[423] Die Christlichkonservativen stellten weitreichende Forderungen: Der Deutsche Verband sollte weiterhin der alleinige Vertreter Südtirols bleiben – Sternbach und Tinzl sollten die Führung der Organisation übernehmen – und die finanzielle Unterstützung aus Deutschland allein kontrollieren. Diese Bedingungen waren für den VKS nicht annehmbar. Das Projekt scheiterte.[424]

Die Kompetenz von Tinzl als Vermittler war besonders gefragt, als Hans Steinacher als Bundesgeschäftsführer des VDA abgesetzt wurde und sich die Nationalsozialisten durch die Gleichschaltung des VDA und die Umwandlung in „Volksdeutsche Mittelstelle" (VOMI) im Oktober 1937 stärker in die Angelegenheiten der Südtiroler einbrachten. Wiederum versuchte Tinzl, den gemeinsamen Widerstand gegen die faschistische Entnationalisierungspolitik in den Mittelpunkt zu rücken und als primäres Ziel für beide Seiten zu proklamieren.[425] Doch der nationalsozialistische Einfluss auf die Politik in Südtirol weitete sich kontinuierlich aus und schließlich mussten die Mitglieder des Deutschen Verbandes einer Zusammenarbeit mit dem VKS innerhalb einer Organisation zustimmen, um die Unterstützung aus Deutschland nicht zu verlieren. Am 24. März 1937 wurde eine Dachorganisation „Deutsche Volksgruppe Südtirol" (DVS) gegründet. Erwartungsgemäß zählte Karl Tinzl zu den sieben Mitgliedern des Führungsausschusses, des so genannten „Führerrates". Neben Tinzl waren Gamper, Sternbach und Franceschini für den Deutschen Verband und Robert Helm, Luis Oberrauch und Peter Hofer für den VKS in der Führungsgruppe vertreten. Der Austritt von Sternbach und Gamper aufgrund der weitreichenden Forderungen des VKS führte zu einer raschen Auflösung dieses Zusammenschlusses und damit waren endgültig alle Versuche einer Zusammenarbeit gescheitert.[426] Bis 1939 etablierte sich der VKS zur „akzeptierten" politischen Autorität in Südtirol. Ausschlaggebend dafür war die veränderte außenpolitische Situation durch die Annäherung zwischen Hitler und Mussolini. Der Deutsche Verband befand sich in einer zunehmend defensiveren Position, hielt an seiner soliden, den Nationalsozialismus wie den Faschismus ablehnenden Haltung weiter fest.[427]

Die Faschisten reagierten auf den sich immer deutlicher manifestierenden Erfolg der nationalsozialistischen Propaganda in Südtirol mit weiteren Verordnungen zur Entnationalisierung. Neben der Errichtung der Industriezone in Bozen brachte auch die Aufhebung des gesetzlichen Schutzes für das bäuerliche Privateigentum im Jahre 1937 schwerwiegende Konsequenzen mit sich. Die ERA besaß damit die Ermächtigung, jederzeit die Abtrennung von Liegenschaften fordern zu können. 1939 wurde dieses Recht auf städtische Objekte ausgeweitet.[428]

Außenpolitisch intensivierte Italien seine Kontakte zu Deutschland, wodurch die internationale Situation nachhaltig verändert wurde. Nach Abschluss des Abessinienkrieges besiegelten Mussolini und Hitler ihre Kontakte am 24. Oktober 1936 durch die Gründung der Achse Rom – Berlin. Diese Annäherung wurde in Südtirol vor allem von den Mitgliedern des VKS als Indiz für eine baldige Befreiung durch Hitler interpretiert. Die eindeutig ablehnenden Äußerungen Hitlers in den

Zwanziger- und Dreißigerjahren bezüglich der Südtirolfrage fanden geringe Beachtung, wie die Reaktion auf die Saarabstimmung vom 13. Januar 1935 belegte.[429] Karl Tinzl berichtete etwas pathetisch, aber dennoch der Stimmung in Südtirol – möglicherweise auch seiner eigenen – entsprechend, über dieses Votum:

> „Bei der Saarabstimmung im Jahre 1935 haben 91% der Bevölkerung, die sich aufgrund des Versailler Friedensabkommens entscheiden konnte, ob sie bei Frankreich bleiben oder zu Deutschland wolle, für Deutschland gestimmt. Das hat bei uns im Lande einen solchen inneren Sturm der Begeisterung hervorgerufen, dass er sich auch äußerlich nicht hat unterdrücken lassen. Und was das Bezeichnende war, die Schulkinder, die kaum etwas gehört hatten von der Saar, von Deutschland, die in der Schule nur Italienisch gelernt hatten, die haben Umzüge auf den Straßen veranstaltet, und deutsche Lieder gesungen. Es war einfach eine Enthüllung für alle, die es miterlebten, diese instinktive, spontane Äußerung eines naturgegebenen, innersten Gefühles für die Gemeinsamkeit des deutschen Volkstums, für den Willen zu seiner Enthaltung. Selbstverständlich spielte dabei auch der unbestimmte Gedanke einer Volksabstimmung, der Ausübung des Selbstbestimmungsrechtes eine Rolle und wurde wieder lebendig."[430]

Die Abstimmung im Saarland schien den Südtirolern die Perspektive auf Befreiung aufzuzeigen und vergrößerte die Zustimmung für den Nationalsozialismus.[431] Nach dem Anschluss Österreichs am 13. März 1938 propagierten die Anhänger der Nationalsozialisten in Südtirol die Illusion, dass es sich nur noch um eine Frage der Zeit handeln würde, bis auch die Südtiroler „heim ins Reich" geholt würden.[432] Von seiner Zustimmung zum Anschluss hatte Mussolini die Festschreibung der Brennergrenze abhängig gemacht. Wie verbindlich für Hitler Abmachungen waren, zeigte die Tatsache, dass die nationalsozialistischen Truppen ohne den Italien zugesagten Konsultationen in Österreich einrückten. Um weiteren Überraschungen vorzubeugen, bestand Mussolini auf einer für alle Zeiten gültigen bilateralen Vereinbarung, die ihm die Brennergrenze zusicherte und das Südtirolproblem aus der Welt schaffte.[433]

X. Optionsentscheidung und Vorbereitungen für die Umsiedlung (1939-1943)

10.1. Intervention gegen das Optionsabkommen

Karl Tinzl resümierte im Rückblick über die Entstehung der Umsiedlungsidee:

„Der Gedanke der Umsiedlung oder Aussiedlung der Südtiroler ist zunächst nicht draußen in Deutschland erfunden worden, sondern es war eine alte Forderung von Tolomei und seinen Freuden, die schon im Jahre 1915 gestellt wurde, dass man die Deutschen hier einfach vertreiben müsse. Als in der Türkei die Griechen aus Kleinasien vertrieben wurden, bedauerte Tolomei öffentlich, dass man nicht in Italien ebenfalls die Politik des Kemal betreibe und die Südtiroler nicht einfach vertreibe und damit die Frage ein für alle Mal einer Lösung entgegenführe. Auf der Seite der nationalsozialistischen Regierung war ein zwiespältiges Bestreben: man wollte unbedingt mit Italien, dem einzigen Bundesgenossen, den man hatte, weil seine Regierung der gleichen ideologischen Richtungen angehörte, auf gutem Fuße stehen und eng mit ihm zusammenarbeiten. Andererseits wollte man aber doch das deutsche Volkstum in Südtirol nicht ganz aufgeben und verlassen. Daraus erwuchs auch in Deutschland der Gedanke der Umsiedlung, der dort schon im Jahre 1937 das erste Mal aufgetaucht war. Ich sagte damals zu jemandem: ‚Ihr werdet sehen, wir enden alle einmal in Polen!' Dieser Gedanke ist dann von beiden Seiten weiter geführt worden und hat seine endgültige Formulierung gefunden in dem Abkommen vom 23. Juni 1939 über die Aussiedlung. Da jubelte Tolomei: ‚Sie gehen, bald werden wir unter uns sein!'"[434]

Mit diesen Worten fasste er wichtige Elemente für die Entstehung des Umsiedlungsgedanken als Lösung des Südtirolproblems zusammen. Die von ihm eingenommene Perspektive erklärt sich schon allein daraus, dass die Frage nach Urheber der Umsiedlungsidee nach dem Zweiten Weltkrieg zu einem ausschlaggebenden Faktor hinsichtlich der Rückoptionen und der Forderung nach Autonomie wurde. Die Faschisten wurden von Südtiroler Seite als eigentliche Initiatoren des Plans dargestellt. Tinzl ließ allerdings unerwähnt, dass auch die völkischen Schutzvereine ähnliche Aussiedlungsgedanken forcierten. Bereits vor den ersten Gesprächen dachten Deutschland und Italien, wie Tinzl zu Recht berichtete, an eine Umsiedlung, eine Idee, die an sich keineswegs neu war, sondern lediglich radikalisiert wurde. Mit Mussolini und Hitler an der Macht wurde der Aussiedlungsgedanke, der bei seiner Realisierung den Tod einer Volksgruppe bedeutet, Bestandteil der Realpolitik.[435]

Die Nationalsozialisten, allen voran Hermann Göring, erkannten die Bedeutung der Südtirolfrage für Italien und agierten entsprechend ihren machtpolitischen Interessen. „Es ist mein unerschütterlicher Wille und mein Vermächtnis an das deutsche Volk, dass es deshalb die von der Natur [...] aufgerichtete Brennergrenze für immer als eine als eine untastbare ansieht"[436], erklärte Hitler am 7. Mai 1938 während seines Staatsbesuchs in Italien, der zur Festigung seiner Kontakte mit Mussolini diente. Von welcher Wichtigkeit der Kontakt zum Duce war, manifestierte sich am 29. September 1938, als das verhängnisvolle „Münchner Abkommen" unterzeichnet wurde.[437] Um die Beziehungen zum Bündnispartner unter keinen Umständen zu gefährden, wurde im November 1938 zudem eine Weisung an die deutschen Botschaften erlassen, keine Propaganda für Südtirol zu betreiben, um endgültig auch jene Parteigenossen, die sich weiter für Südtirol eingesetzt hatten, zum Verstummen zu bringen. Damit war das Problem Südtirol, das die deutsch-italienischen Beziehungen zunehmend zu belasten drohte, aber keineswegs gelöst.[438]

Italien war selbst an einer „radikalen, aber freundschaftlichen Lösung" für die deutschsprachigen Südtiroler interessiert und forcierte die Klärung dieser Frage, da alle bisherigen Maßnahmen nicht ausgereicht hatten, um das Deutschtum in Südtirol zu verdrängen.[439] Während der Verhandlungen zum Stahlpakt, dem „Pakt der gegenseitigen Rücksichtnahme", einigten sich beide Seiten darauf, dass die radikale Umsiedlung die endgültige Lösung des Problems darstellen sollte.[440]

Im März und April 1938 fanden erste geheime Sondierungsgespräche zwischen Deutschland und Italien statt. Gingen die Nationalsozialisten zu diesem Zeitpunkt von einer Totalumsiedlung aus, von der sie sich ökonomische Vorteile versprachen, glaubte auf italienischer Seite die Mehrheit an eine Teilaussiedlung.[441] In Südtirol indessen initiierte die Spitze des Deutschen Verbandes Annäherungsversuche an die italienische Seite, um Informationen über die Pläne von Mussolini zu erhalten und um möglicherweise doch noch einen Kompromiss mit den Italienern zu erzielen, nachdem von Deutschland durch die eindeutigen Äußerungen Hitlers nichts zu erwarten war.[442] Im Mai bemühten sich Tinzl und Sternbach vergeblich ein Treffen mit Mussolini zu vereinbaren.[443] Willy von Walther gelang es durch seine Verbindungen zu einflussreichen italienischen Kreisen ein Treffen zwischen Kronprinz Umberto von Savoyen und den beiden ehemaligen Südtiroler Abgeordneten zu arrangieren. Eine Woche vorher, am 1. Juni 1938, fand ein Gespräch zwischen dem Bozner Präfekten Giuseppe Mastromattei und den ehemaligen Abgeordneten Tinzl – von Mastromattei respektvoll „volpone" (alter Fuchs) genannt – und Sternbach, statt. Mastromattei betonte in der Unterredung die Bereitschaft zur Versöhnung und Zusammenarbeit mit den Südtirolern. Anschließend wurden Tinzl und Sternbach „auf das Liebenswürdigste" vom Präfekten verabschiedet, ohne die Möglichkeit zum Vortragen ihrer Anliegen erhalten zu haben. Am folgenden Tag stellte sich heraus, welche Absicht Mastromattei mit der Unterredung verfolgt hatte. Er hatte die Verbreitung einer angeblichen „Ergebenheitserklärung" der Südtiroler durch die Medien veranlasst.[444] In der Südtiroler Bevölkerung rief das eine erhebliche Beunruhigung hervor, Tinzl und Sternbach wurden öffentlich als Verräter gebrandmarkt. Der VKS versuchte diese Situation für sich zu nützen und versäumte nicht, die „unverantwortliche" Politik des Deutschen Verbandes heftig zu verurteilen.[445] Ungeachtet dieser Vorgangsweise überbrachten Tinzl und Sternbach dem Präfekten im August das von ihm gewünschte Memorandum über die unabdingbaren Voraussetzungen für eine Zusammenarbeit, um auf jeden Fall den Vorwurf zu vermeiden, die Zusammenarbeit sei an mangelndem Einsatz der Südtiroler gescheitert. Als unerlässlich für eine Kooperation wurde die Vergabe öffentlicher Stellen nach dem Proporz, die Erlaubnis für den deutschen Privatunterricht, sowie die sofortige Aufhebung der Namensitalianisierung und der Enteignungspolitik betrachtet.[446]

Erst im April 1939 wurde eine Abordnung des VKS erstmals offiziell von den Umsiedlungsplänen durch Reichsleiter Martin Bormann und SS-Oberführer Hermann Behrends informiert, die dieses Vorhaben dezidert ablehnten und erklärten, dies sei der einzige „Befehl Hitlers", dem man nicht Folge leisten werde.[447] Vor der Unterzeichnung des Stahlpakts (22. Mai 1939) willigte Reichsaußenminister Joachim von Ribbentrop in den Verhandlungen am 6. und 7. Mai 1939 mit dem italienischen Botschafter in Berlin, Bernardo Attolico, ungeachtet der Haltung des VKS in die Umsiedlung ein.[448]

Die Nachrichten über eine geplante Aussiedlung verbreiteten sich rasch innerhalb der politischen Kerngruppe in Südtirol. Der Deutsche Verband einigte sich mit dem VKS in der ersten gemeinsamen Sitzung seit zwei Jahren, durch eine Intervention in Berlin eine Verhinderung der Umsiedlung zu versuchen. Karl Tinzl erklärte sich bereit, zusammen mit seinem Parteikollegen Josef Franceschini, der gute Verbindungen zu Reichsminister Hermann Göring besaß,[449] und Volksgruppenführer Peter Hofer in dieser Angelegenheit bei Hitler vorzusprechen. Franceschini besaß Kontakte zu Göring, da er ihn bei seinem nach dem gescheiterten Putschversuch im November 1923 aufgenommen hatte. Hermann Göring, die treibende Kraft auf deutscher Seite bei der Planung der Umsiedlung, hatte Franceschini in dem Glauben bestärkt, dass die Umsiedlung gegen seinen Willen und auf persönlichen Wunsch des Führers angeordnet worden sei.[450]

Am 19. Juni 1939 trafen Tinzl, Franceschini und Hofer in München im Gasthof „Deutscher Kaiser" mit Ministerialdirektor Fischer und Toni Pösl vom VDA, beide waren Umsiedlungsgegner, zusammen. Für den folgenden Tag war auf Vermittlung Görings eine Besprechung auf dem Obersalzberg geplant. Als Franceschini am Morgen des 20. Juni 1939 in Berchtesgaden eintraf, teilte ihm ein Adjutant Bormanns mit, dass Hitler für ihn nicht zu sprechen wäre. Noch an demselben Abend suchten Tinzl und Franceschini, auf Vermittlung des VDA, den ehemaligen deutschen Botschafter in Rom, Ulrich von Hassell,[451] auf. Wie Franceschini wirkte auch Tinzl auf Hassell „ganz zerbrochen über die Eindrücke in Deutschland".[452] In seinen Tagebüchern hielt Hassell den Bericht der Südtiroler fest:

„Auf Instruktion von ‚oben' wage überhaupt niemand mehr, mit ihnen sachlich zu sprechen. Obergruppenführer Lorenz, der Leiter der Volksdeutschen Mittelstelle habe ihnen ausdrücklich erklärt, er dürfe sich mit Südtirol nicht mehr befassen. Der Einzige, der F. [Franceschini, Anm. d. V.] noch angehört

85

hat, [...] ist Göring. [...] Eine Stelle, ausgerechnet in Innsbruck, sei bereits errichtet, besetzt mit Leuten, die die Verhältnisse überhaupt nicht kannten. Die Oberleitung sei Himmler übertragen, der die Sache mit Attolico unmittelbar durchführen solle, offenbar zwangsweise. Sie, die Südtiroler, könnten nicht einmal erfahren, wie verfahren werden sollte. [...] F[ranceschini] und T[inzl] [...] fürchteten, man wolle die Südtiroler in den Ostraum verfrachten."[453]

Hassel erwiderte den Südtirolern:

„Nachdem Hitler das Volkstum als Basis proklamiert habe, habe er zunächst entgegen diesem lautverkündeten Grundsatz die Tschechei eingesteckt und opfere nun auch die deutschen Südtiroler. [...] Was sie selbst angehe, würde ihnen nichts übrig bleiben, [als] sich von dieser Politik loszusagen und von sich aus ihr Selbstbestimmungsrecht in Anspruch [zu] nehmen, wobei sie, aus leicht ersichtlichen Motiven, die Zustimmung der Westmächte finden würden."[454]

Hassell spielte in seiner Äußerung wohl auf das Angebot Englands an und gab Tinzl und Franceschini zu Recht den Ratschlag, dass die Südtiroler trotz der Haltung Berlins das Selbstbestimmungsrecht fordern sollten. Nach der eindeutigen Überschreitung der Volkstumsgrenzen durch die „Zerschlagung der Resttschechei" drängten die Faschisten auf eine Absicherung ihrer Interessen und forderten eine rasche Regelung in der Südtirolfrage.[455] Der VKS war in der Folge jedoch nicht bereit, auf Konfrontationskurs mit den Nationalsozialisten zu gehen, ebenso wie der Deutsche Verband trotz der Distanz zum Nationalsozialismus.[456] Tinzl erkannte durch dieses Gespräch die verfahrene Situation Südtirols. Enttäuscht bemerkte er zum Abschluss: „Jetzt ist es nun so weit, dass wir uns freuen würden, wenn wir Italiener blieben."[457]

Trotz der geringen Aussicht auf Erfolg fuhren Tinzl, Franceschini und Hofer am folgenden Tag nach Berlin, um dort mit Göring und dem Reichsführer SS, Heinrich Himmler, der als Reichskommissar für die Festigung deutschen Volkstums für die Organisation und Durchführung der Umsiedlung verantwortlich war, zu sprechen.[458] Wiederum wurden sie nicht empfangen. Tinzl gelang es schließlich mit dem einflussreichen SS-Oberführer Hermann Behrends[459] von der Volksdeutschen Mittelstelle Kontakt aufzunehmen, der auch an der Berliner Konferenz vom 23. Juni 1939 teilnehmen sollte. Dabei erhielt er die Bestätigung, dass Hitler Südtirol als italienisches Territorium ansehe und somit die Umsiedlung der Südtiroler als einzige Möglichkeit betrachte. Er erfuhr zudem, dass SS-Obersturmbannführer Wilhelm Luig bereits als Leiter der deutschen Stelle (ADERST) feststehe und der Plan vorsehe, die Südtiroler mit deutscher Staatsbürgerschaft noch 1939, die anderen Südtiroler in den folgenden drei Jahren auszusiedeln. Die Italiener seien mit dieser Lösung einverstanden und drängten bereits zur raschen Durchführung der Umsiedlung.[460]

Spätestens ab diesem Zeitpunkt musste Tinzl die Vergeblichkeit weiterer Interventionsversuche einsehen. Die Entscheidung über die Aussiedlung war endgültig, die maßgeblichen Persönlichkeiten zeigten sich zu keinen Gesprächen bereit. Enttäuscht kehrte Tinzl mit seinen Begleitern nach Südtirol zurück.[461]

Am 23. Juni 1939, zwei Tage nach Tinzls Gespräch mit Behrends, wurde die geheime Vereinbarung zwischen Deutschland und Italien zur Umsiedlung der Südtiroler von Reichsführer Himmler und Botschafter Attolico unterzeichnet.[462] Die Durchführungsbestimmungen wurden nach schwierigen Verhandlungen, besonders in ökonomischen Belangen herrschten große Divergenzen, am 21. Oktober von Präfekt Mastromattei und dem deutschen Generalkonsul in Mailand, Otto Bene, festgelegt.[463] Damit begann das wohl leidvollste Kapitel in der Geschichte Südtirols, ein Kapitel, das jahrzehntelang tabuisiert wurde und das wohl immer ein schwieriges Thema bleiben wird.[464]

10.2. Option für Deutschland

Die Berliner Vereinbarung einer geplanten Umsiedlung der Südtiroler verbreitete sich rasch in Südtirol und sorgte im ganzen Land für Erschütterung und Ungläubigkeit, Enttäuschung und Verzweiflung.[465] Am 27. Juni 1939 teilte Otto Bene den Vertretern des Deutschen Verbands und des VKS das Ergebnis der Berliner Besprechungen offiziell mit. Die Führungsspitze des VKS, Peter Hofer, Robert Helm und Karl Neumann, traf sich am folgenden Tag mit Tinzl, Sternbach, Walther Amonn und Kanonikus Gamper im Marieninternat, um zum ersten Mal nach zweijähriger Unterbrechung gemeinsam über die weitere Vorgangsweise zu beraten.[466] Beide Seiten demonstrierten zu diesem Zeitpunkt noch Geschlossenheit und beschlossen die Umsiedlung zu boykottieren. Innerhalb einer Woche, nachdem konzentrierte Aktionen von italienischer, besonders jedoch von deutscher Seite erfolgt waren, wandelte sich die Meinung der Gruppe um Peter Hofer und damit waren die Positionen für alle kommenden Auseinandersetzungen innerhalb der Südtiroler Volksgruppe festgelegt.[467] Der VKS propagierte die Abwanderung mit dem wirkungsvollen Versprechen der Einzelablöse des Eigentums und eines geschlossenen Siedlungsgebietes, das nur mit Zustimmung der Südtiroler festgelegt werden könnte. Dieses musste erst erobert werden, aber das schien keinen zu stören. Der Deutsche Verband hingegen forcierte weiterhin den Verbleib in der Heimat und brach die Verbindungen zum VKS ab.[468] Einzige Ausnahme bildete Karl Tinzl, der bisher eine Vermittlerfunktion eingenommen hatte.[469] Er hielt den Kontakt mit dem VKS aufrecht und demonstrierte damit, dass er die Position des Deutschen Verbandes nicht mehr völlig teilte. Verstärkt wandte er sich ab diesem Zeitpunkt der nationalsozialistischen Bewegung zu.

Wie alle Südtiroler musste auch er bis zum 31. Dezember 1939 entscheiden entweder die deutsche Staatsbürgerschaft anzunehmen, verbunden mit dem Verlassen der Heimat, oder italienischer Bürger zu bleiben, das Volkstum aufzugeben und, das besagte zumindest die „Sizilianische Legende", „südlich des Po" zwangsdeportiert zu werden. Aus diesem „Zwang zur Wahl, zu gehen oder zu bleiben" resultierte eine Entsolidarisierung innerhalb der Südtiroler, die weit über das Jahr 1939 hinaus ihre Spuren hinterließ.[470] Das Land wurde von einer gigantischen Propagandawelle überrollt, die von Deutschland aus finanziell, inhaltlich und mit Agitatoren unterstützt wurde.[471] Der nationalsozialistischen Vorgangsweise gemäß ging mit der Propaganda ein massiver Terror gegen Andersdenkende, in Südtirol gegen die Dableiber, einher. Nicht nur die Dableiberaktivisten waren den physischen und psychischen Attacken der Südtiroler Nazis ausgesetzt, sodass sie ihre Propagandatätigkeit häufig nur unter Polizeischutz ausführen konnten. Alle Dableiber wurden zunehmend in die Isolation gedrängt. Überzeugende Gegenargumente gegen die Parolen der Nazis fanden wenig Gehör.[472] Die Italiener setzten in den ersten Wochen nach Bekanntwerden der Umsiedlung ihre rigide Südtirolpolitik unbeeindruckt fort. Zu spät realisierten sie, welches Ausmaß die Abwanderung in Südtirol anzunehmen drohte. Mastromattei versuchte im Herbst 1939 die „Sizilianische Legende" zu dementieren, aber er hatte sich nach Ansicht der Südtiroler bereits derart diskreditiert, dass seine Worte das genaue Gegenteil bewirkten.[473]

Karl Tinzl, der stets als versierter Ratgeber konsultiert werden konnte, soll lange zwischen den Fronten geschwankt und sich innerlich tief erschüttert über die politische Wende gezeigt haben. Wie sein Sohn Georg Tinzl berichtete, befand er sich in einem „entsetzlichen Gewissenskonflikt" und die Entscheidung brachte ihn an seine Grenzen, obwohl er außerordentlich belastbar war. Er zögerte lange, bis er sich festlegte, auch weil er sich bewusst war, durch seine politische Tätigkeit eine Vorbildfunktion für die Südtiroler zu besitzen.[474] Ende September 1939 sprach er sich, bei einer Zusammenkunft mit Gamper, Sternbach, Leo von Pretz, dem Bozner Kaufmann Erich Amonn und anderen aus der Kerngruppe der Dableiber, nach einem Bericht des ebenfalls anwesenden Friedl Volgger noch gegen eine Option aus. In den folgenden Wochen änderte sich jedoch seine Meinung. Er sei eben aus viel weicherem Holz geschnitzt als ein Baron von Sternbach, erklärte der Kanonikus, der Tinzl genau kannte, im Gespräch mit Volgger.[475] Damit charakterisierte ihn Kanonikus Gamper recht treffend. Tinzl war sich seiner ausweglosen Situation unter der faschistischen Herrschaft vollkommen bewusst. Sowohl Proteste als auch Loyalitätserklärungen hatten in den vergangenen Jahren keine Wirkung gezeigt. Er hielt es wohl für aussichtsreicher, die Seite zu wechseln und sich der vermeintlich erfolgreicheren zuzuwenden.

Doch sah er seine Entscheidung als Privatsache an, auf jeden Fall wollte er eine Einflussnahme auf die Südtiroler Bevölkerung vermeiden. Bewusst beteiligte er sich nicht an den Zusammenkünften und Sitzungen und versuchte sich vom öffentlichen Geschehen weitgehend fernzuhalten. Erst als sich bereits eine mehrheitliche Bereitschaft der Südtiroler zum Verlassen der Heimat abzeichnete, traf auch er eine Entscheidung. Am 19. Dezember 1939 unterschrieb er in Bozen die Optionserklärung für das deutsche Reich.[476] Obwohl er als „Optant der letzten Stunde", wie der Historiker Leopold Steurer ihn bezeichnete, keinen größeren Personenkreis beeinflusste, erregte sein Entschluss besonders im Vinschgau großes Aufsehen und er wurde zu einem führenden Exponenten der Abwanderung.[477]

Weiterhin stand er in engem politischen und privaten Kontakt mit führenden Dableibern, besonders mit Paul von Sternbach und Kanonikus Gamper. Gamper, die Zentralfigur der Optionsgegner, blieb unbeirrt von der Stimmung in der Bevölkerung und der Propaganda. Die Kirche vertrat keine geschlossene Linie, der niedere Klerus forcierte das Verbleiben in der Heimat, während Bischof Johannes Geisler unter Einfluss seines Generalvikars Alois Pompanin, der in privatem Kontakt mit Karl Tinzl stand, am 25. Juni 1940 für die Aussiedlung optierte.[478]

Welche Motive beeinflussten Tinzls Entscheidung auszuwandern? Was gab letztlich den Ausschlag, für Deutschland zu optieren? Georg Tinzl erklärte die Entscheidung seines Vaters mit der Ablehnung des faschistischen Regimes und dessen katholischer Ausrichtung:

> „Es war so, dass das Antifaschistische für meinen Vater besser war als alles andere. […] Andererseits darf man die antiklerikale Haltung der Nationalsozialisten nicht unbeachtet lassen, das war für meinen Vater schwer nachvollziehbar. Das ist auch etwas, das ihn mit Kanonikus Gamper sehr verbunden hat, da sie tiefgläubige Christen waren, und deshalb den Nationalsozialismus nicht haben akzeptieren können. Mein Vater, der war an der Grenze, ich möchte sagen, des Bigotten in vieler Hinsicht. Meine Mutter hat immer behauptet, wenn er in der Kirche in Obermais war und ein Fahrrad vorbeigefahren ist, das geklingelt hat, dann hat mein Vater, der immer sehr zerstreut war, gemeint, das ist die Wandlung. […] Sein Glaube auf der einen und der Antifaschismus auf der anderen Seite waren jedenfalls sehr wichtig für ihn und stellten ihn vor ein unlösbares Dilemma."[479]

Die Gegnerschaft zum Faschismus auf der einen Seite und die Verbundenheit mit der deutschen Sprache und Tiroler Kultur auf der anderen nahmen zweifellos Einfluss auf Tinzls Entscheidung. In seinem Denken war durchaus eine starke nationale Komponente vorhanden, davon ging auch Ludwig W. Regele, der Tinzl persönlich kannte, aus.[480] Georg Tinzl erwähnte noch ein weiteres Indiz, das über die Position seines Vaters Aufschluss gab:

> „Er hatte erste Hinweise von der Judenverfolgung erhalten, obwohl er darüber nichts Näheres gewusst hat, wie so die meisten. Meine Mutter war einmal länger in einer Klinik in München. Dort lernte sie eine gewisse Frau Marx näher kennen. Sie war eine Jüdin und hat meine Mutter, die doch etwas einsam war, aufgenommen wie eine Schwester. Beim letzten Besuch meiner Mutter ist diese Frau Marx von ihrer wunderschönen Villa in eine Mietskaserne übersiedelt und hat meiner Mutter ein Schmuckstück für ihre Tochter mitgegeben. Mein Vater ahnte nun, was sich jetzt wirklich tut. Man hatte schon die ganzen Indikationen bekommen, dass es nicht mehr um Wellen von Pogromen geht, sondern dass es zu einer absoluten Ausrottung der Juden kommen sollte. Das war selbstverständlich etwas, das er verurteilt hat. Er ist dem Nationalsozialismus mit großen Misstrauen gegenüber gestanden, […] wegen dem Atheismus und der Diktatur, die er vom Faschismus her gekannt hat und die die persönliche Freiheit eingeschränkt hat."[481]

Es erscheint bei näherer Betrachtung zu einfach, allein darin die Beweggründe für seine Entscheidung zur Auswanderung zu suchen. Nicht unberücksichtigt darf bleiben, dass Tinzl nicht nur in Kontakt mit Gamper und anderen Optionsgegnern stand, sondern auch nach dem Bruch der Christlichkonservativen mit dem VKS weiterhin mit Peter Hofer in Verbindung blieb. Was veranlasste ihn zu dieser Doppelstrategie und wie stand er zum Nationalsozialismus? Ein Großteil der Südtiroler, die sich für die deutsche Staatsbürgerschaft entschieden, optierte nicht aus ideologischen Gründen. Traf das auch für Karl Tinzl zu? Selbst kritische Historiker, wie Claus Gatterer, vertreten die Auffassung einer ideologischen Distanz Tinzls zum Nationalsozialismus.[482] Doch befriedigend ist diese Annahme nicht, denn schließlich stellte er sich in den folgenden Jahren auch offiziell in den Dienst der Nationalsozialisten. Er agierte dabei gemäßigt und besonnen, das ändert jedoch nichts an der Tatsache der Kollaboration und damit der offenen Zustimmung zum Nationalsozialismus.

Begünstigt wurde diese Befürwortung des Nationalsozialismus durch seinen persönlichen Erlebnis- und Erfahrungshintergrund, seine Beurteilung der Zeitumstände, seine Zukunftsperspektiven und seine Grundhaltungen. Tinzl besaß einerseits durch sein Studium, andererseits durch die Familie seiner Frau enge Bindungen zu Deutschland. Diese Kontakte hätten ihm den Aufbau einer Existenz sicherlich erleichtert, während er in Südtirol seine Tätigkeit als Anwalt nicht mehr ausüben durfte.[483] Georg Tinzl erklärte zu den Überlegungen seines Vaters:

„Er hat sich für Deutschland entschieden, weil er der Auffassung war, dass die Rechtsanwälte hier ziemlich rasch keine Existenzbasis mehr haben würden. So war es für ihn eine Entscheidung, die auch die zukünftige Existenz seiner Familie betroffen hat, weil er keinerlei Möglichkeit gesehen hat, in Italien überhaupt in einem Beruf zu überleben, wenn er nicht Faschist geworden wäre. Das war für ihn noch undenkbarer als mit dem Nationalsozialismus zu leben, das eine wäre die Traufe gewesen und das andere war halt der Regen. Soviel mir die Mama erzählt hat, besaß er auch – sobald wir optiert haben – die mündliche Zusage von befreundeten Professoren, in Berlin einen Lehrstuhl für Wasserrecht zu erhalten. Dieses war seine große Passion und sich für ein großdeutsches Reich mit dem internationalen Wasserrecht zu beschäftigen, bedeutete sicherlich die Erfüllung seiner geheimsten Wünsche. In diesem Bereich war er wirklich eine einsame Spitze. Aus persönlichen Gründen hatte er gar keine andere Chance als auszuwandern."[484]

Erwähnenswert erscheint auch der private Besuch eines höheren nationalsozialistischen Funktionärs im Herbst 1939. Tinzl wurde in Schlanders von einem einflussreichen Vertreter der NSDAP aufgesucht, der die Absicht verfolgte, ihn von der Aussichtslosigkeit einer Entscheidung gegen Deutschland zu überzeugen.[485]

Trotz unterschiedlicher Positionen stand Tinzl auch in dieser Zeit in Kontakt mit Kanonikus Gamper. Die Treffen fanden meist in Obermais im Stadlerhof, dem Heimathaus von Gertraud Tinzl, statt.[486] Dadurch war er auch von den erfolglosen Aktivitäten der Dableiber informiert, die weder in der Bevölkerung noch von Seiten der italienischen Machthaber Unterstützung fanden. Tinzl brachte in Erfahrung, dass eine Delegation von Dableibern trotz einer Zusage am 14. November 1939 bei Mussolini nicht vorgelassen worden war. Diese folgenreiche Entscheidung, die durch eine Intervention von Himmler erwirkt worden war, bedeutete einen schweren Rückschlag in den Bestrebungen, durch eine Erklärung des Duce die Gerüchte über die Zwangsdeportationen zu entschärfen. Möglicherweise bestärkte dies Tinzl in seiner Auffassung, dass die Situation bei der Entscheidung für die italienische Staatsbürgerschaft ausweglos sei.[487]

Die Optionsentscheidung von Tinzl beeinflusste sicherlich auch die allgemeine Stimmung in Südtirol. Letztlich stimmten rund 86 Prozent der Südtiroler für das Verlassen der Heimat und dies dürfte auf Tinzl nicht ohne Wirkung geblieben sein.[488]

Tinzl selbst vermied es, leicht einsehbaren Gründen seine Entscheidung öffentlich zu legitimieren. Im Rückblick bemerkte er lediglich Folgendes zur Option:

„Im Wesentlichen waren es ideale Gründe, die beide zu ihrem Entschluss bewogen hatten, die einen für das Gehen, die anderen sich für das Bleiben zu entscheiden. Bei denen, die sich für das Gehen entschieden, war im Wesentlichen der Gedanke maßgebend: hier ist unsere Lage aussichtslos, hier verliert unser Volk mit der Zeit nicht nur die Freiheit, die hat es schon vorher verloren, sondern auch das Volkstum. Wenn wir auch unter eine nationalsozialistische Regierung kommen und dort die Freiheit auch nicht haben, das Volkstum können wir uns auf diese Weise retten und bewahren. Diejenigen, die den Entschluss für das Hier bleiben fassten, sagten sich: nein, wir können es nicht glauben, dass es keine Gerechtigkeit mehr gibt, und wir wollen hier auf diesem unseren Boden bleiben und hoffen, dass er uns auch wieder einmal gehören wird. Das waren die idealen Gründe, die beide zu ihrem Entschluss bewogen haben. Dass aber bei dem Entschluss abzuwandern auch materielle Gründe vorhanden waren, und zwar solche, die respektiert werden müssen, muss jedoch auch gesagt werden. Durch die faschistische Wirtschaftspolitik der damaligen Zeit waren große Kreise aller Bevölkerungsschichten arbeits- und brotlos geworden. Dass diese, wenn sie die Möglichkeit sahen, nach Deutschland, das in einer Vollbeschäftigung lebte, abwandern zu können und damit aus dem großen Elend herauszukommen, diese Gelegenheit schon einfach aus Not ergriffen, musste jeder gerechtfertigt finden."[489]

Nach Angaben von Ludwig W. Regele vertrat Friedl Volgger die These einer vorherigen Absprache zwischen Tinzl und Kanonikus Gamper. Würde man von der Richtigkeit dieser Abmachung ausgehen, könnten zusätzlich strategische Motive Tinzls Entscheidung motiviert haben. Zweifel an einer solchen Absprache ergeben sich jedoch bereits aufgrund der von Gamper propagierten Linie.[490]

Die Option für Deutschland brachte für Tinzl nachhaltige Konsequenzen mit sich, die noch weit über 1945 hinaus sein Leben beeinflussten. Da er weiterhin politisch tätig blieb, bemühten sich die Italiener die Frage seiner Staatsbürgerschaft zu verzögern. Für Tinzl waren damit schwerwiegende Konsequenzen verbunden. Auf der anderen Seite wollte die SVP ihren versiertesten Fachmann voll einsetzen. Daher

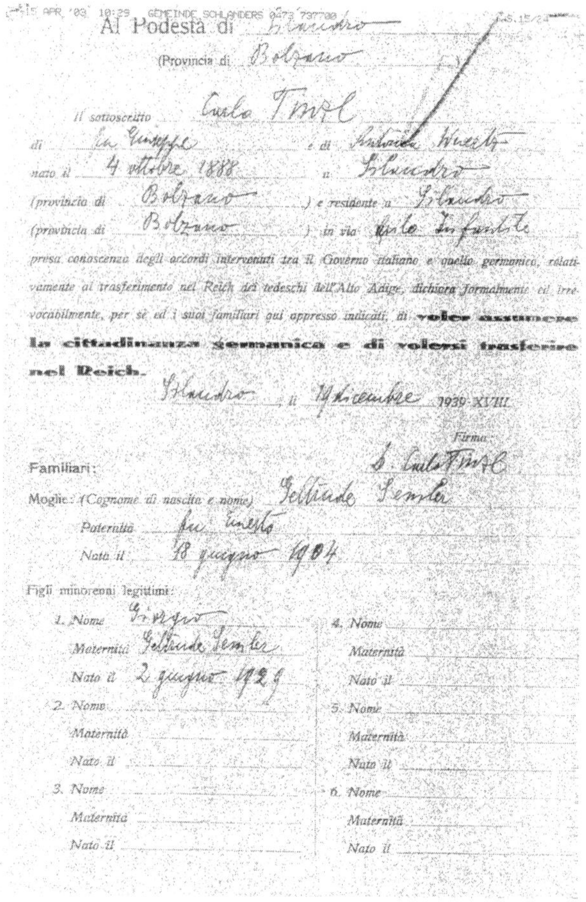

Abb. 22: Karl Tinzl fällte nach langem Zögern am 19. Dezember 1939 die Entscheidung, für Deutschland zu optieren.[491]

wurde seine Distanz zum Nationalsozialismus einhellig bekundet und in den Vordergrund zu rücken versucht. Eine kritische Auseinandersetzung fand nicht statt.

10.3. Vorbereitungen für die Umsiedlung

Noch im Jahre 1939 übersiedelte Tinzl mit seiner Familie nach Bozen/Gries. In mühevoller Arbeit musste der gesamte Besitz in Kisten gepackt und für den Transport nach Deutschland vorbereitet werden. Allein die umfangreiche Bibliothek, die er von seinem Vater geerbt und beträchtlich erweitert hatte, umfasste dreißig Kartons. Bis zum geplanten Umzug nach Berlin wurden die Sachen in einem eigens angemieteten Magazin in Bozen eingelagert.[492] Die Kanzlei in Schlanders verkaufte er an Dr. Former.[493] Aus den Meldeamtsdaten der Gemeinde Schlanders wurde er am 5. Juni 1941 ausgetragen.[494] Am 19. Juli 1940 erhielt er die deutsche Staatsbürgerschaft mit Wirkung ab 18. Oktober 1940 zugesprochen.[495] Tinzl ging seiner Tätigkeit als Anwalt weiterhin nach und eröffnete unter den Bozner Lauben eine neue Kanzlei, die er, abgesehen von einer längeren Unterbrechung, bis zum Jahre 1963 betrieb.[496]

Mit der Durchführung der Aussiedung waren vorher ungeahnte Probleme verbunden. Die Forderung, dass die Umsiedlung bis 1942 spätestens abgeschlossen sein müsse, erwies sich rasch als nicht realisierbar. Die Hauptschwierigkeiten stellten die besonderen Zugeständnisse an die Südtiroler dar. Außerdem verbreitete sich bei den Südtirolern zunehmend Ernüchterung durch die Berichte der Abgewanderten und durch die Tatsache, dass die Faschisten den Dableibern in vielen Bereichen entgegenkamen. Die Südtiroler, die sich für die italienische Staatsbürgerschaft entschieden hatten, wurden nach dem 10. Juni 1940, dem Kriegseintritt Italiens, nicht zum italienischen Militär eingezogen. Rasch kristallisierte sich in Südtirol heraus, wer offensichtlich die bessere Entscheidung getroffen hatte.[497] Nach einer ersten Aussiedlungswelle, stagnierte der Aussiedlungsprozess zunehmend. Bis zur Einstellung der Umsiedlung im Herbst 1943 wanderten insgesamt 78.000 ab, 57.000 davon hatten bis Ende 1940 bereits das Land verlassen.[498]

Zu Beginn des Jahres 1940 dominierte noch eine optimistische Haltung bei den Deutschlandoptanten. Für die Kinder wurden deutsche Sprachkurse eingerichtet, die jedoch primär der ideologischen Indoktrinierung der zukünftigen „Volksgenossen" dienten. Von den Kursen ausgeschlossen waren die Kinder der Dableiber.[499] Auch in anderen Bereichen wurden die Italienoptanten von ihren eigenen Landsleuten ins Abseits gedrängt und unzähligen Schikanen ausgesetzt. Neben den italienischen Behörden entstand durch den komplexen Umsiedlungsvorgang in Südtirol ein breit gefächertes deutsches Verwaltungswesen, das vom Auswärtigen Amt und von Heinrich Himmler, dem Reichskommissar für die Festigung des deutschen Volkstums, in Berlin abhängig war. Für die technische Organisation der Umsiedlung waren die „Amtliche Deutsche Ein- und Rückwanderungsstelle" (ADERST) verantwortlich. Anlaufstelle für die Optanten innerhalb dieser Organisation war, bis zum Zeitpunkt der Abwanderung, die aus dem VKS 1940 entstandene „Arbeitsgemeinschaft der Optanten" (ADO).[500] Geleitet wurde die ADO von Volksgruppenführer Peter Hofer, der sein Amt mit großem Engagement ausübte, wenn er sich auch der Grenzen seiner Verhandlungstaktik und der mangelnden Kompetenz bei komplexen administrativen Fragen durchaus bewusst war. Aus diesem Grunde setzte er sich mit Karl Tinzl in Verbindung, um ihn als seinen Berater zu gewinnen. Tinzl wurde von Hofer bei wichtigen Entscheidungen konsultiert, blieb jedoch noch im Hintergrund und übte seine Tätigkeit als Anwalt weiter aus. In den ersten Monaten der Umsiedlung wirkte er zeitweilig enttäuscht darüber, dass Peter Hofer seinen Rat nicht öfters anforderte. In der diffizilen Frage der Ansiedlung wurde er hinzugezogen, denn die Trumpfkarte eines geschlossenen Siedlungsgebietes sollte wirkungsvoll eingesetzt werden.[501]

Nachdem die Südtiroler den Vorschlag, im Beskidengebiet angesiedelt zu werden, abgelehnt hatten, arbeitete das Stabshauptamt im Reichskommissariat einen Alternativvorschlag aus. Der Waffenstillstand mit Frankreich ermöglichte ein neues Siedlungsgebiet: die Freigrafschaft Burgund.[502] Für den 18. Juli 1940 wurde eine Unterredung einer Südtiroler Delegation mit Himmler in Berlin angesetzt. Himmler eröffnete Peter Hofer, Robert Kukla, dem Leiter des Transportamtes der

Abb. 23: Besichtigungsreise nach Burgund (von links): Karl Tinzl, Peter Hofer, SS-Standartenführer Creutz, SS-Sturmbannführer Kulmann, SS-Sturmbannführer Mayer. Die Planung der Nationalsozialisten sah vor, dass die französischen Städtenamen durch Südtiroler Bezeichnungen ersetzt werden sollten. Internationale Bedenken gegen diese Vorgangsweise würden nicht bestehen, erklärte Himmler, da die Italiener auch die Städte in Südtirol umbenannt hätten.[503]

ADO,[504] und Tinzl, der Führer selbst habe den Südtirolern Burgund als neue Heimat zugesprochen. Nachdem er den Südtirolern sein Buch über die neue Heimat mit persönlicher Widmung überreicht hatte, erklärte Himmler, „er lege, bei der noch festzulegenden Abgrenzung, speziellen Wert darauf, dass die Südtiroler sowohl das Gebirge (Jura) als auch Weinbauflächen (Côte d'Or) erhalten".[505] Noch am selben Tag unternahmen die Südtiroler eine Besichtigungsreise in die neue Heimat. In drei Polizeiwagen reisten sie von Freiburg aus bis nach Dijon. Neben dem vorgesehen Siedlungsgebiet wurde vorsichtshalber auch ein eventuelles Ersatzgebiet besichtigt, da Hitler das genaue Gebiet noch nicht fixiert hatte.[506]

Nach ihrer Rückkehr am 24. Juli fand in Berlin sofort eine Besprechung unter dem Vorsitz von SS-Brigadeführer Ulrich Greifelt, dem Stellvertreter Himmlers im Reichkommissariat, statt. In dieser Sitzung wurden die detaillierten Pläne für die Ansiedlung und die mögliche Abgrenzung des Gebietes besprochen. Peter Hofer äußerte sich zu den Möglichkeiten der Ansiedlung der Sterzinger und Pustertaler. Daraufhin ergriff Tinzl das Wort und erklärte, dass das obere Vinschgau bis Mals, Martell und Schnals im Gebiet von Pontarlier angesiedelt werden solle, im unteren Doubstal könne das Obstgebiet von Schluderns bis Töll, im oberen Doubstal das Sarntal und obere Eisacktal angesetzt werden.[507]

Die Besprechung zeigt, dass Tinzl dem Projekt der Umsiedlung keineswegs ablehnend gegenüber gestanden hat, wie auch seine spätere aktive Mitarbeit im

Umsiedlungsapparat belegt. Bei seiner Heimkehr soll er jedoch nach Angaben seines Sohnes äußerst deprimiert gewesen sein: „Er war von den Gebieten angetan und gleichzeitig entsetzt, weil ihm klar geworden ist, dass dort Leute verschoben werden, und die Südtiroler an deren Stelle treten sollten. Das ist ihm wie eine Leichenfledderei vorgekommen."[508] Seiner Frau erzählte er über den Besuch bei Himmler, dass es sich noch nie so schaurig gefühlt habe als zu dem Zeitpunkt, in dem er die „Schlangenaugen unter dicken Brillengläsern funkeln sah".[509]

Der Plan eine Umsiedlung nach Burgund vorzunehmen, wurde nicht realisiert und, nachdem andere Varianten wenig Zustimmung gefunden hatten, wurde schließlich das gesamte Vorhaben auf die Zeit „nach dem Endsieg" verschoben.[510]

10.4. Leiter der Rechtsabteilung der DAT

Anfang Februar 1941 übernahm Tinzl – nach eigenen Angaben – „über Aufforderung" die Leitung der Rechtsabteilung der „Deutschen Abwicklungs-Treuhandgesellschaft" (DAT) in Bozen, ein Subunternehmen der „Deutschen Umsiedlungs-Treuhand" (DUT).[511] Seine Tätigkeit als Rechtsanwalt konnte er dadurch nicht weiter ausführen. Die DAT besaß die Aufgabe, die wirtschaftlichen und finanziellen Verhältnisse der Umsiedler zu regeln. Ihre primäre Zuständigkeit war der Vermögenstransfer der Deutschlandoptanten, denn die Umsiedlung sollte für Nazi-Deutschland ökonomische Vorteile bringen. Wie Tinzl im August 1943 selbst berichtete, war er neben „gutachtlicher und sonstiger Tätigkeit" dafür zuständig, den Organisationsplan und das Verfahren für das Umsiedler-Schiedsgericht zu entwerfen. Das Umsiedler-Schiedsgericht war für vermögensrechtliche Konflikte, an denen Umsiedler beteiligt waren, verantwortlich. In diesem Gremium war Tinzl als Beisitzer und in einigen Fällen auch als Vorsitzender tätig. Zudem war er Mitglied des gemischten deutsch – italienischen Schiedsgerichtes.[512]

Tinzl nahm als Leiter der Rechtsabteilung der DAT an Besprechungen mit hohen Funktionären des NS-Regimes teil, wo die Stimmung in Südtirol erörtert wurde und grundsätzliche Entscheidungen über die Vorgangsweise gefällt wurden. Wie immer war er bestrebt an diesen Treffen teilzunehmen, hielt sich dann jedoch weitgehend im Hintergrund und ließ andere die Entscheidungen treffen.

Tinzl begab sich täglich zu Fuß von seiner Wohnung in der Grieser Nizza- bzw. Pacherstraße in sein Büro, das sich im Gebäude der Zentralgarage gegenüber dem Bozner Bahnhof befand. Wie es zu seiner Art gehörte, war er auf diesem Weg in Gedanken versunken und zerstreut. So registrierte er am 9. September 1943 auf dem Nachhauseweg auch nicht die deutschen Panzer und den „Tiger", der mit einem Schuss auf die Balkonbrüstung das italienische Armeekorpskommando mit General Gloria zur Übergabe gezwungen hatte.[513] Im ganzen Lande wurde der Einmarsch deutscher Truppen in der Nacht vom 8. auf den 9. September als langersehnte „Befreiung" gefeiert. Nach dem Sturz Mussolinis am 25. Juli 1943 und dem Übertritt Italiens auf die Seite der Alliierten war die von den Nationalsozialisten seit längerem vorbereitete Aktion „Achse" durchgeführt worden.[514]

XI. Kommissarischer Präfekt der Provinz Bozen (1943-1945)

11.1. Verwaltungstätigkeit in der Operationszone Alpenvorland

Die Besetzung Südtirols durch die deutschen Truppen verlief rasch und reibungslos. Die Mehrheit der Südtiroler glaubte, dass endlich der Tag der langersehnten Befreiung gekommen sei. Von Befreiung konnte unter nationalsozialistischer Herrschaft nicht die Rede sein. Mit Befehl vom 10. September 1943 wurden die Provinzen Bozen, Trient und Belluno in die Operationszone Alpenvorland zusammengefasst und dem Befehl des Obersten Kommissars Franz Hofer[515], dem Gauleiter von Tirol und Vorarlberg, unterstellt. Trotz intensiver Bemühungen konnte Franz Hofer sein Ziel einer offiziellen Annexion an den Gau Tirol nicht erreichen. Stand das Gebiet auch faktisch unter deutscher Kontrolle, blieben die italienische Gebietshoheit und die Staatsgrenze aus Rücksicht auf die Mussolini-Regierung in Salò formell unangetastet und die Lira blieb weiterhin gesetzliches Zahlungsmittel.[516]

Die nationalsozialistische Machtübernahme führte zu einer Umstrukturierung der Zivilverwaltung in den drei Provinzen der Operationszone. Der italienische Verwaltungsapparat wurde großteils übernommen, leitende Beamte wurden jedoch abgelöst. Der Oberste Kommissar initiierte rasch erste Maßnahmen, um eine effiziente Verwaltung zu ermöglichen, während er im Gegenzug den Einfluss staatlicher italienischer Stellen sukzessive ausgeschaltete.[517]

Der Aufbau der Zivilverwaltung verlief nicht ohne Divergenzen zwischen dem Obersten Kommissar und den militärischen Befehlshabern. Durchsetzen konnte sich letztlich die starke Persönlichkeit Franz Hofer, der bestrebt war, nur in direkter Abhängigkeit von Hitler zu agieren und den Einfluss aller anderen Stellen auszuschalten.[518] Nicht unterbinden konnte Hofer jedoch das Mitspracherecht von Rudolf von Rahn, dem Reichsbevollmächtigten für Italien. Rahn war für den finanziellen Bereich des Militär- und Verwaltungssektors verantwortlich und setzte dieses Druckmittel gezielt gegen den Obersten Kommissar ein.[519]

In Südtirol orientierte sich Hofer beim Aufbau der Zivilverwaltung auf das seit 1940 im Zuge der Umsiedlung entstandene flächendeckende deutsche Verwaltungsnetz, bestehend aus der „Amtlichen deutschen Ein- und Rückwandererstelle" (ADERST), der ADO und dem Polizeiapparat Himmlers, der durch die Dienststelle des SS-Brigadeführers Anton Brunner vertreten war.[520] In den NS-Ordensburgen waren rund 2.000 Funktionäre der ADO „umgeschult" worden, sodass nun genügend Verwaltungspersonal zur Verfügung stand. Durch die Besetzung der Stellen mit Südtirolern, die mit den lokalen Verhältnissen vertraut waren, erreichten die Machthaber eine zunehmende Effizienz der Kontrolle. Die ADO wurde im Oktober 1943 in „Deutsche Volksgruppe" umbenannt und dehnte ihren

Machtbereich auf alle „Volksdeutschen", also auch auf die Umsiedlungsgegner, aus. Zum Volksgruppenführer wurde naheliegenderweise der Leiter der ADO, Peter Hofer, ernannt. Die Deutsche Volksgruppe stellte eine lokale Parallelorganisation zur NSDAP dar, die trotz des offiziellen allgemeinen Parteieinverbots in der Operationszone eine politische Beeinflussung und Instrumentalisierung der Zivilbevölkerung ermöglichte. Peter Hofer, der selbst dem Obersten Kommissar untergeordnet war, unterstanden die sieben hauptamtlich tätigen Kreisleiter der Provinz Bozen. Jedem Kreisleiter stand zur ideologischen Schulung ein politischer Berater aus Nordtirol oder Vorarlberg zur Seite. Die wichtigsten Funktionen auf Gemeindeebene übten die kommissarischen Bürgermeister, Ortsgruppenleiter und Ortsbauernführer aus. Zudem waren Organisationen, wie die Deutsche Jungen- und Mädelschaft oder die Deutsche Wohlfahrt, in Südtirol tätig.[521]

Zur Sicherung der ideologischen Indoktrination der Jugend wurden bereits Anfang Oktober erste deutscher Volksschulen in Südtirol eröffnet.[522] Durch die Bombardierungen entlang der Brennerlinie und an wichtigen Verkehrsknotenpunkten wurde die regelmäßige Abhaltung des Unterrichts beinahe unmöglich. Hinzu kam, dass die Kinder als Arbeitskräfte benötigt wurden.[523] Die Beheizung der Klassenräume war wegen des akuten Kohlemangels im Winter 1944/45 nur mehr sporadisch möglich.[524]

Zu den vorrangigen Aufgaben des Obersten Kommissars zählte die rasche Befriedung des strategisch sensiblen Gebietes, daher stammten leitende Beamte nicht notwendigerweise aus den Reihen der ADO. Bei der Auswahl der in der italienischen Verwaltungsorganisation vorgesehenen kommissarischen Präfekten standen nicht ideologische Gesichtspunkte im Vordergrund, entscheidend war ebenso das Ansehen und Gewicht in der lokalen Bevölkerung.[525] Im Trentino ersetzte Franz Hofer den gefürchteten faschistischen Präfekten Italo Foschi am 16. September 1943 durch den angesehen, liberalen Rechtsanwalt und Antifaschisten Adolfo de Bertolini, einem guten Bekannten von Karl Tinzl.[526] De Bertolini war noch am 15. September 1943 vor der Verhaftung durch Foschi nach Bozen in das Büro von Tinzl geflüchtet.[527] Als Präfekt genoss Bertolini große Sympathien bei der Trentiner Bevölkerung, da er sich als umsichtiger und fähiger Verwalter erwies, der bestrebt war zwischen den Forderungen der deutschen Dienststellen und der italienischen Bevölkerung zu vermitteln.[528] Franz Hofer konnte es sich jedoch nicht erlauben, den einflussreichen Faschisten Foschi einfach seines Amtes zu entheben und setzte ihn deshalb als Präfekt von Belluno ein.[529] Zur politischen Kontrolle wurden den Präfekten deutsche Verwaltungsberater zur Seite gestellt. In der Provinz Belluno übernahm Otto Lauer diese Funktion, in der Provinz Trient Kurt Heinricher, der maßgeblichen Einfluss auf die Vorgänge in der Provinz nahm.[530]

In der Provinz Bozen wurde mit der Verordnung vom 21. September 1943 Volksgruppenführer Peter Hofer erwartungsgemäß zum kommissarischen Präfekten bestimmt.[531] Er löste den italienischen Präfekten Adelberto Berutti ab. Peter Hofer fühlte sich mit seiner Aufgabe als Verwalter zunehmend überfordert. Ein Faktum, das vom Obersten Kommissar wohl bewusst in Kauf genommen wurde. In Karl Tinzl fand Peter Hofer einen wertvollen persönlichen Berater.[532] Tinzl erhielt ein eigenes Büro in der Präfektur und wurde vom Präfekten in juridischen

Fachfragen, aber auch in verwaltungstechnischen Angelegenheiten konsultiert.[533] Damit stellte er seine Fähigkeiten erstmals offiziell in den Dienst eines verbrecherischen Regimes und willigte in die Kollaboration mit den Nationalsozialisten ein.

Franz Hofer blieben Tinzls Fähigkeiten nicht verborgen und so avancierte er vom Kommissar des Präfekten in den Arbeitsbereich II „Inneres" beim Obersten Kommissar.[534] Geleitet wurde diese Abteilung von Egon Denz, dem Oberbürgermeister von Innsbruck. Die meisten leitenden Beamten der siebzehn Arbeitsbereiche in der Dienststelle des Obersten Kommissars stammten aus dem Gau Tirol-Vorarlberg. Sie waren mit den Verhältnissen in Südtirol bereits vertraut, denn vielfach waren ihre Familien vor 1918 in Südtirol ansässig. Da die meisten Abteilungsleiter auch in Innsbruck ein höheres politisches Amt in der Verwaltung bekleideten, reisten sie nur ein- bis zweimal wöchentlich nach Südtirol und ließen sich in der restlichen Zeit durch einen Mitarbeiter vertreten. Der Oberste Kommissar hingegen übte seine Aufgabe mit großem Engagement aus und hielt sich in den zwanzig Monaten seiner Tätigkeit meist in Bozen in seiner Dienststelle im Hotel Stiegl in Zwölfmalgreien auf. Im Dezember 1943 wurde die Dienststelle aus Sicherheitsgründen nach Bozen/Gries in das ehemalige Kurhaus, dem heutigen Sitz der katholischen Oberschule „Marcelline" verlegt. Hofers persönliches Büro befand sich in der Grieser „Villa Bergheim", die mit einem Bunker ausgestattet war.[535] In die Dienststelle von Franz Hofer waren im Gegensatz zur Operationszone „Adriatisches Küstenland" auch die SS- und Polizeiführer (Arbeitsbereich I) verwaltungsmäßig integriert, wodurch eine größere Vereinheitlichung der Verwaltung erreicht wurde. Über Weisungsrechte verfügte der Oberste Kommissar jedoch nicht. Die Angestellten in der Dienststelle des Obersten Kommissars waren meist Südtiroler, die ihren verpflichtenden Arbeitseinsatz leisteten.[536]

Durch seine Tätigkeit innerhalb der Verwaltung besaß Tinzl die Möglichkeit, Kanonikus Gamper, der durch die nationalsozialistische Machtübernahme zu den besonders gefährdeten Personen gehörte, zu unterstützen. Seine Kontakte zu den deutschen Befehlshabern ermöglichten ihm den Zugang zu vertraulichen Informationen und so konnte er die entsprechenden kirchlichen Stellen rechtzeitig warnen, wenn es für seinen Freund wieder Zeit wurde, das Versteck zu wechseln.[537] Kanonikus Gamper, dem „Volksfeind Nr. 1", gelang dadurch die Flucht nach Florenz, während andere Dableiberaktivisten verhaftet wurden.[538] In einigen Fällen kam es sogar zu einer Deportation in ein Konzentrationslager, wie die Beispiele Friedl Volgger und Rudolf Posch zeigen.[539]

Nach Aussagen seines Sohnes soll Tinzl von der Deportation der Juden in Südtirol Kenntnis erlangt haben. Er beobachtete, wie in der Nähe des Stadlerhofes die Villen, der dort seit Jahren ansässigen jüdischen Familien schonungslos geplündert wurden – mit schweigender Zustimmung der Bevölkerung.[540] An seiner Bereitschaft sich auf die Seite des Regimes zu stellen, änderten diese Beobachtungen nichts.

Im September 1943 begannen die Alliierten mit der Bombardierung der strategisch wichtigen Brennerstrecke. Es zählte zu den Aufgaben von Peter Hofer, während den Luftangriffen durch Bozen zu fahren und nach Verwundeten Ausschau zu halten.[541] Am 2. Dezember 1943 erfolgte der fünfte Bombenangriff auf Bozen, der katastrophale Auswirkungen mit sich brachte. Peter Hofer brach zu seiner Kontrollfahrt auf, die er jedoch nicht überleben sollte.[542]

11.2. Vorgehen als kommissarischer Präfekt der Provinz Bozen

Wenige Stunden nach seinem Tod wurde Karl Tinzl zum neuen kommissarischen Präfekten der Provinz Bozen ernannt.[543] Die Funktion des Volksgruppenführers blieb vakant, wohl auch da Franz Hofer die alleinige, auch von der NSDAP unabhängige Herrschaft in seinem „Königreich" anstrebte und Peter Hofer lediglich als einen lästigen Konkurrenten betrachtet hatte. Tinzl stellte parteiintern für den Obersten Kommissar keine Konkurrenz dar. Mit ihm war es Franz Hofer möglich, nicht nur den faschistischen, sondern auch den nationalsozialistischen Einfluss einzudämmen, um in seinem „Königreich", wie die Operationszone Alpenvorland häufig bezeichnet wurde, weitgehend autonom agieren zu können.[544] Aus diesem Grund verfügte er auch ein offizielles Parteienverbot in der Operationszone, das nach 1945 manche Verwischung der Vergangenheit erleichterte.[545] Für Tinzl sprach auch, dass er bereits innerhalb der Verwaltung tätig war und seine Kompetenzen im Verwaltungsbereich bereits demonstriert hatte. Seine Fähigkeiten im

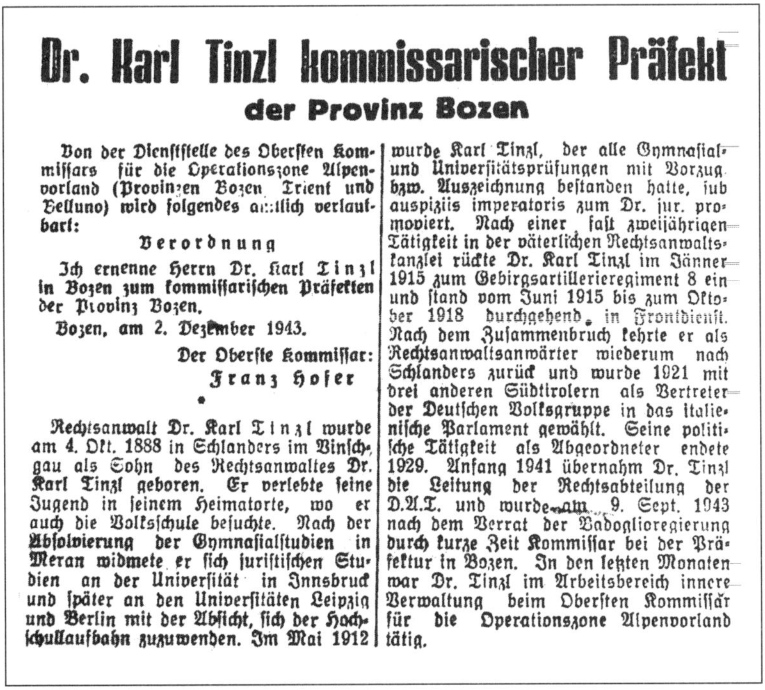

Dr. Karl Tinzl kommissarischer Präfekt der Provinz Bozen

Von der Dienststelle des Obersten Kommissars für die Operationszone Alpenvorland (Provinzen Bozen, Trient und Belluno) wird folgendes amtlich verlautbart:

Verordnung

Ich ernenne Herrn Dr. Karl Tinzl in Bozen zum kommissarischen Präfekten der Provinz Bozen.

Bozen, am 2. Dezember 1943.

Der Oberste Kommissar:
Franz Hofer

Rechtsanwalt Dr. Karl Tinzl wurde am 4. Okt. 1888 in Schlanders im Vinschgau als Sohn des Rechtsanwaltes Dr. Karl Tinzl geboren. Er verlebte seine Jugend in seinem Heimatorte, wo er auch die Volksschule besuchte. Nach der Absolvierung der Gymnasialstudien in Meran widmete er sich juristischen Studien an der Universität in Innsbruck und später an den Universitäten Leipzig und Berlin mit der Absicht, sich der Hochschullaufbahn zuzuwenden. Im Mai 1912 wurde Karl Tinzl, der alle Gymnasial- und Universitätsprüfungen mit Vorzug bzw. Auszeichnung bestanden hatte, sub auspiziis imperatoris zum Dr. jur. promoviert. Nach einer fast zweijährigen Tätigkeit in der väterlichen Rechtsanwaltskanzlei rückte Dr. Karl Tinzl im Jänner 1915 zum Gebirgsartillerieregiment 8 ein und stand vom Juni 1915 bis zum Oktober 1918 durchgehend in Frontdienst. Nach dem Zusammenbruch kehrte er als Rechtsanwaltsanwärter wiederum nach Schlanders zurück und wurde 1921 mit drei anderen Südtirolern als Vertreter der Deutschen Volksgruppe in das italienische Parlament gewählt. Seine politische Tätigkeit als Abgeordneter endete 1929. Anfang 1941 übernahm Dr. Tinzl die Leitung der Rechtsabteilung der D.A.T. und wurde am 9. Sept. 1943 nach dem Verrat der Badoglioregierung durch kurze Zeit Kommissar bei der Präfektur in Bozen. In den letzten Monaten war Dr. Tinzl im Arbeitsbereich innere Verwaltung beim Obersten Kommissär für die Operationszone Alpenvorland tätig.

Abb. 24: Im „Bozner Tagblatt" wurde die Ernennung von Karl Tinzl zum Präfekten der Provinz Bozen bekannt gegeben.[546]

juridischen Bereich, seine politische Erfahrung und seine gemäßigte Haltung prädestinierten ihn für eine Tätigkeit als Präfekt.[547] Hinzu kam sein Ansehen bei den Südtirolern. Wie Bertolini in Trient war Tinzl eine anerkannte Persönlichkeit in Südtirol und konnte dazu beitragen, einfache und korruptionsfreie Verwaltungsverhältnisse herzustellen. Er pflegte sowohl zu den Deutschlandoptanten als auch zu den Dableibern gute Kontakte, wodurch die für den Obersten Kommissar anzustrebende Aussöhnung zwischen der gespaltenen Südtiroler Bevölkerung gewährleistet wurde.[548] Durch dieses Vorgehen sicherte sich Franz Hofer in weiten Kreisen Zustimmung für seine Herrschaft. Ähnlich positiv hatte sich auch Angliederung des Bozner Unterlandes, der Deutschnonsberger und Fleimstaler Randgemeinden sowie Ampezzo und Buchenstein ausgewirkt, um die territoriale Einheit Südtirols wiederherzustellen.[549]

Tinzl nahm die Aufgabe bereitwillig an und zog eine Ablehnung nicht in Betracht, wie er im Juli 1945 berichtete:

„Gauleiter Hofer als Oberster Kommissar brachte aus Nordtirol einen ganzen Stab von Mitarbeitern mit und es hatte den Anschein, als ob wir Südtiroler so ziemlich an die Wand gedrückt werden sollten. Dem gegenüber hielten wir es im Allgemeinen für richtig, soweit wir auf irgendwelche Arbeitsposten kommandiert wurden, um uns nicht selbst auszuschalten, dieselben nicht abzulehnen, was praktisch auch nicht möglich gewesen wäre, da eine solche Berufung als ein kriegsmäßiger militärischer Befehl angesehen wurde, mit allen Folgen im Falle des Ungehorsams. Ich wurde auch zum Präfekten ernannt, ohne vorher um meine Zustimmung gefragt worden zu sein. Meine Tätigkeit beschränkte sich im Übrigen auf die reine Verwaltung, für die sich Gauleiter Hofer sehr wenig interessierte, und hatte mit Politik nichts zu tun. Im Übrigen glaube ich ruhig behaupten zu können, dass meine Verwaltungstätigkeit in den mir zugewiesenen engen Grenzen eine derartige war, dass ich sie ebenso gut in jedem demokratisch geführten Staate hätte verantworten können."[550]

Sein klar erkennbares Bemühen um Legitimation und um Verharmlosung seines Einflusses kann nicht darüber hinwegtäuschen, dass er eine Mitverantwortung an den Verbrechen der Nationalsozialisten trägt. Er stellte seine Fähigkeiten in den Dienst eines verbrecherischen Regimes, bekleidete ein Amt innerhalb der höheren NS-Verwaltung und kollaborierte. Er agierte bis in die Schlussphase systemkonform und führte sein Amt im Sinne des Regimes. Dabei zeigte er Besonnenheit und Weitblick. Im Gegensatz zu anderen Präfekten wurde er wegen seiner Tätigkeit nie vor Gericht gestellt. Es fehlte nicht an entsprechenden Bemühungen, doch war ihm kaum ein Vergehen anzulasten. Daraus resultieren wohl die ausnahmslos positiven Beurteilungen. Lothar von Sternbach, der Sohn von Paul von Sternbach, erklärte:

„Tinzl wurde Präfekt, weil er als Verwalter große Erfahrung hatte. Dabei war Gauleiter Hofer und den damals führenden Kreisen vollkommen klar, dass

Tinzl in keiner Weise ein richtiger Nationalsozialist war. Er war ein sehr guter Jurist und ein absolut ehrenhafter Mensch. Tinzl war der Einzige, der damals als Präfekt in Frage gekommen wäre!"551

Kontakte zur Kirche

Johannes Geisler, der Brixner Fürstbischof, der im Juni 1940 als „Hirte seiner Herde folgend" für Deutschland optiert hatte, zeigte sich erfreut über die Wahl des neuen Präfekten. Am 5. Dezember 1943 schrieb er an Tinzl:

> „Ihre Ernennung gereicht allen zur höchster Genugtuung, die Ihr jahrzehntelanges, unermüdliches Arbeiten zum Besten unseres Volkes und Ihr geschicktes, kraftvolles Eintreten für dessen Rechte in den schwierigsten und immerfort wechselnden Situationen zu beachten und zu bewundern Gelegenheit hatten."552

Der christlich-konservativ ausgerichtete Tinzl zeigte sich loyal zur Kurie und bemühte sich, kirchenfeindliche Maßnahmen abzuschwächen. Durch die nationalsozialistische Machtübernahme war die Kirche in eine diffizile Lage geraten. Der Klerus wurde einer rigiden Kontrolle unterstellt und alle religiösen Veranstaltungen mussten vom Obersten Kommissar oder dem Präfekten genehmigt werden. Bischof Johannes Geisler und sein Generalvikar Alois Pompanin, mit dem Tinzl

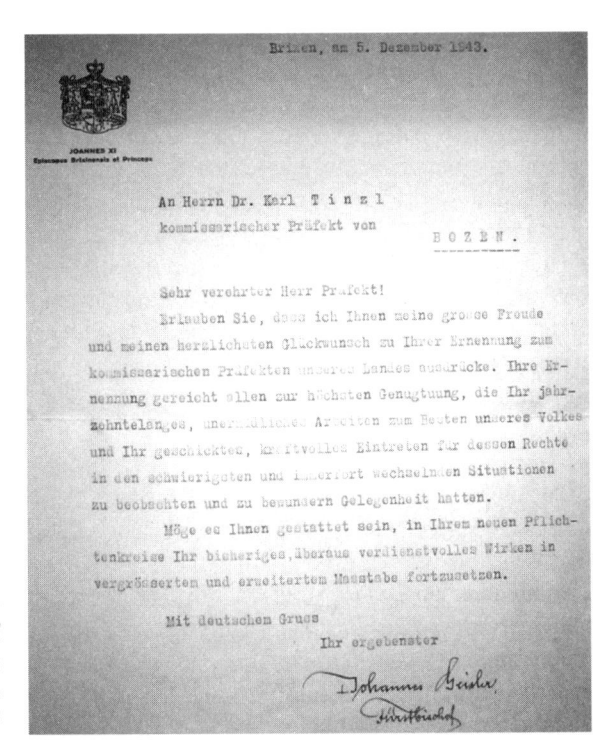

*Abb. 25: Der Brixner Fürstbischof gratulierte Tinzl zu seiner Ernennung zum kommissarischen Präfekten der Provinz Bozen.*553

101

über Pfarrer Alois Baldauf in freundschaftlichem Kontakt stand, bemühten sich um einen modus vivendi mit Franz Hofer, um einen Kirchenkampf wie in Nordtirol zu vermeiden. Bereits kurz nach dem Amtsantritt wandte sich Pompanin mit den dringlichsten Anliegen der Kurie an Tinzl, mehrmals legte dieser von Pompanin verfasste Memoranden, die stets von Loyalitätsbekundungen gegenüber dem nationalsozialistischen Regime begleitet wurden, dem Obersten Kommissar vor.[554] Da eine Reaktion des Obersten Kommissars ausblieb, traf Tinzl am 2. Februar 1944 im Auftrag des Fürstbischofs mit Hofer zusammen. Sein politischer Einfluss auf Franz Hofer war jedoch äußerst begrenzt.[555] Im Zweifelsfall schien es Tinzl immer wieder ratsam, sich auf die Seite der offiziellen Machthaber zu schlagen, wie der Fall der Priester Josef Achmüller und Gilbert Wurzer demonstrierte.

In Personalangelegenheiten wurde eine Kontrolle über die Kirche in Südtirol ausgeübt. Tinzl leitete den Einspruch des Obersten Kommissars gegen die Bestellung Achmüllers wegen politischer Gegnerschaft zum Nationalsozialismus an die Kurie in Brixen weiter.[556] Generalvikar Pompanin wollte sich mit dieser Entscheidung nicht zufrieden geben und erklärte, dass „aufgrund des Artikels 21 des Konkordats eine Einsprache der Präfektur nicht möglich" sei. Er unterbreitete dem Obersten Kommissar folgendes Angebot:

> „Da die beiden Ernennungen schon seit mehreren Monaten durchgeführt sind, ist es natürlich nicht möglich, davon Abstand zu nehmen. Trotzdem ist der Herr Fürstbischof bereit, die Ernennung des Herrn Achmüller, von dessen Verschulden er Kenntnis erhielt, allerdings keine amtliche, da weder die Polizei noch Ihr Kultusamt eine Mitteilung über seine Verhaftung und deren Grund uns zukommen ließen, zurückzunehmen, wenn Sie Ihren diesbezüglichen Wunsch aufrechterhalten und uns eine Mitteilung darüber zukommen lassen, trotzdem aufgrund des Konkordats ein Einspruchsrecht der Regierung nicht vorhanden ist."[557]

Im Fall Gilbert Wurzer jedoch war die Kurie zu keinem Kompromiss bereit, da den kirchlichen Behören kein Vergehen bekannt war. Nachdem Pompanin eine ausführlichere Begründung an die Präfektur gesandt hatte,[558] war Tinzl zu einer Stellungnahme genötigt.[559] Er bemerkte zu dieser Angelegenheit:

> „Formell sind die Ausführungen der Kurie über die Voraussetzungen zur Anwendung des Art.21 des Konkordats richtig. Der Einspruch ihres Arbeitsbereiches II erschien trotzdem begründet, da aus der Anzeige der Kurie, die gleichzeitig mit der Anzeige der Verleihung von Pfründen an Pfarrer usw. einlangte, nicht ohne weiteres zu ersehen war, dass für die beiden genannten Geistlichen die Voraussetzung des Art.21 nicht zutraf. Es war auch anzunehmen, dass die Kurie unter Abstandnahmen von formal-juristischen Erörterungen die politische Zweckmäßigkeit einsehen werde, von der Ernennung der beiden Geistlichen abzusehen."[560]

Unterstützung prominenter Dableiber

Erfolgreicher war Tinzl bei seiner Unterstützung einiger prominenter Dableiber. Walther Amonn, der für Italien optiert hatte und in dieser Zeit in der italienischen Administration tätig war, berichtete, dass er bei Tinzl nach der Verhaftung seines Bekannten Karl von Lutterotti, einem Dableiber, intervenierte und dessen Freilassung erwirkte.[561] Sein Amt ermöglichte es ihm auch, seinem Freund Baron Paul von Sternbach zu helfen. Sternbach hatte Innsbruck als Verbannungsort gewählt, nachdem er noch am 11. September 1943 unter Peter Hofer verhaftet und im Bozner Gasthof Unterhofer interniert worden war. Anschließend wurde er nach Innsbruck gebracht, wo er bei seiner Schwester Rosa in der Kochstraße 8, nahe dem Zentrum, lebte.[562] Beim ersten massiven Bombenangriff auf Innsbruck am 15. Dezember 1943 wurde er schwer verletzt. Da hohe Militärs oft bei Tinzl zu Gast waren, erreichte dieser, dass Sternbachs Sohn ein Ausreisevisum erhielt, um seinen Vater besuchen zu können und dass der Verbannungsbefehl schließlich ganz aufgehoben wurde.[563] Im Januar 1944 kehrte Sternbach nach Bruneck zurück und sein Gesundheitszustand besserte sich für einige Monate, sodass er 1945 bei den SVP-Gründungsversammlungen wieder als Redner auftreten konnte.[564]

Administrative Tätigkeit unter besonderer Berücksichtigung der Gemeindeverwaltung

In seiner Funktion als Präfekt war Tinzl der lokale Vertreter der staatlichen Exekutivgewalt und konzentrierte sich auf die Administration in der Provinz.[565] Wie es zu seiner Art gehörte, versuchte er ein maßvolles und gerechtes Handeln und forcierte stets den Ausgleich zwischen Südtirolern und Italienern, Dableibern und Optanten. So erwies er sich als umsichtiger Verwalter mit Weitblick und politischem Kalkül, der den ihm zugewiesenen Handlungsspielraum geschickt zu nutzen wusste.[566] Eine seiner ersten Amtshandlungen bestand darin, das Gehalt der italienischen Richter, die sehr schlecht bezahlt wurden, um 50 Prozent zu erhöhen. Von deutscher Seite wurde durch diese und ähnliche Aktionen mit der Zeit der Vorwurf geäußert, er setze sich mehr für die Italiener als für seine eigenen Landsleute ein.[567] Tinzl selbst urteilte im Rückblick über diese Zeit:

> „Wir, glaube ich, haben uns auch aus dieser Zeit nichts vorzuwerfen. Die Italiener selbst haben anerkannt, dass es vielleicht, wenn die Faschisten in der gleichen Machtstellung gewesen wären, wie es damals die Nationalsozialisten in Deutschland waren, für die Angehörigen der anderen Sprachgruppe viel übler hätte aussehen können."[568]

Primär stellte die Präfektur eine Aufsichtsbehörde dar, deren Zuständigkeit in jedem Fall beim Obersten Kommissar endete. Da die Präfekten nicht mehr dem italienischen Innenministerium unterstanden, verblieben ihnen nur mehr die Aufgaben im karitativen und sozialen Bereich, sowie die rein verwaltungstechnische Aufsicht über die Provinz- und Kommunalebene. Sie wurden zu einem Ausführungsorgan degradiert, neu hinzu kamen die strafrechtliche Kompetenzen und die Regierung des Landes im Bereich der Administration und Jurisdiktion.[569] Der Präfekt sollte die Durchführung der vom Obersten Kommissar erlassenen Verordnungen sichern, eine Aufgabe, die Tinzl im Sinne Hofers ausführte. Zur politischen Kontrolle wurde Tinzl ein deutscher Verwaltungsberater zur Seite gestellt. In der Provinz Bozen war Wendelin Pflauder[570], Landrat des Kreises Feldkirch, mit dieser Funktion betraut worden. Pflauder verfügte über Informations- und Vorschlagsrecht, anders als die Berater in der Operationszone Adriatisches Küstenland jedoch über keine Weisungsbefugnis gegenüber dem Präfekten.[571] Er galt als „besonders fanatischer Nationalsozialist".[572]

Als Präfekt war Tinzl auch der eigentliche Ansprechpartner der Südtiroler Bevölkerung. Trotz seines gewaltigen Arbeitspensums stand er jederzeit als Ratgeber zur Verfügung. Täglich suchten ihn bis zu vierzig Leute auf, darunter befanden sich auch zahlreiche Bürgermeister.[573] Auf Gemeindeebene war es durch die nationalsozialistische Machtübernahme zu einschneidenden Veränderungen gekommen. Die faschistischen Amtsbürgermeister wurden durch kommissarische Bürgermeister ersetzt, die im Gegensatz zu den Beamten auf Provinzialebene meist nicht aus den Reihen der ADO stammten. Für ihre Ernennung war das Ansehen in der lokalen Bevölkerung ausschlaggebend. Viele Gemeinden befanden sich durch die Amtsführung der Podestá in einer ökonomisch prekären Lage, durch die einheimischen Bürgermeister kehrte wieder „solides und sparsames Verwalten in die Gemeindestuben" ein.[574] In Bozen wurde der angesehene Bozner Kaufmann Fritz Führer für das Amt des Bürgermeisters bestimmt. In Brixen wurde Hans Stanek eingesetzt und in Meran übernahm Karl Erckert dieses Amt. Für die Einsetzung der Bürgermeister war der Präfekt zuständig, wobei das Einverständnis des Obersten Kommissars eingeholt werden musste. Mehrmals jährlich organisierte Tinzl die Tagungen der kommissarischen Bürgermeister. Dabei wurden grundsätzliche administrative Belange erörtert, sodass der Besuch dieser Veranstaltungen verpflichtend vorgeschrieben war.[575] Nach den Vorgaben des Obersten Kommissars entschied Tinzl über die Aufwandsentschädigungen der vorwiegend ehrenamtlich tätigen Bürgermeister.[576] Er überwachte zudem den gesamten Gemeindehaushalt und war somit für die Genehmigung der Bezüge der Gemeindeangestellten zuständig[577] oder für die Abrechnung der Quartierleistungen für die SOD.[578] Neben den finanziellen Belangen kontrollierte Tinzl auch die Personalangelegenheiten auf kommunaler Ebene. Eine zentrale Frage stellte die Situation der italienischen Beamten dar, worüber divergierende Standpunkte bestehen. Gehen manche Untersuchungen davon aus, dass sie ihre Tätigkeit im Allgemeinen weiter ausüben konnten, wies der Historiker Hans Heiss am Beispiel Brixen nach, dass die Italiener großteils abgelöst wurden.[579] Dass die Entlassung von faschistischen Gemeindeangestellten ein Thema war, belegt auch eine Verfügung Tinzls wenige Tage nach seinem Amtsantritt. Darin wurden die finanziellen Ansprüche den Gemeindebeamten festgehalten, die wegen ungenügender Leistungen seit dem 9. September 1943 aus dem Gemeindedienst enthoben worden waren. Die Brisanz dieser Sache bestätigt sich durch ein weiteres Rundschreiben von Tinzl, ebenfalls vom Dezember 1943, in dem er erklärte, dass für die Entlassung von Gemeindebeamten seine Zustimmung einzuholen sei.[580] Die Frage der italienischen Gemeindeangestellten blieb weiterhin akut, wie weitere Schreiben aus dem Jahre 1944 belegen. In einem vertraulichen Aufruf an die Bürgermeister versuchte sich Tinzl einen Überblick über die Situation der italienischen Angestellten zu verschaffen, welche davon vor und welche nach dem 9. September 1943 den Dienst quittiert hatten.[581]

Da die Gemeinden direkt dem Präfekten unterstanden, zählte es zu den Aufgaben von Tinzl, die Einheitlichkeit der niederen Verwaltung zu gewährleisten.[582] Zu Beginn seiner Amtsübernahme musste beispielsweise die Einhaltung der Zweisprachigkeit flächendeckend durchgesetzt werden.[583] Deutsch und Italienisch waren in der Operationszone gleichrangige Amtssprachen, sodass alle offiziellen Schriftstücke zweisprachig auszufertigen waren. Eingaben an die Behörden wurden in der jeweiligen Muttersprache gemacht und wurden auch in derselben erledigt.[584] Tinzl musste auch auf die Einhaltung des Dienstweges achten, denn viele Gemeinden versuchten ihren Anliegen dadurch Nachdruck zu verleihen, indem sie sich direkt an den Obersten Kommissar wandten.[585] Den Gemeinden war es zudem untersagt, direkt Behörden außerhalb der Provinz, insbesondere außerhalb der Operationszone, zu kontaktieren. Eingehalten wurde diese Vorschrift nicht, sodass Tinzl zu eindringlichen Aufforderungen, dieses Verbot zu respektieren, genötigt war.[586]

Die wohl wichtigste Aufgabe der Gemeinden war die Entscheidung über die Einberufung zum Kriegsdienst, bzw. die Ausstellung der Unabkömmlichkeitserklärungen (U.K. Erklärungen). Das nationalsozialistische Regime brauchte jeden Mann und so wurde mit der Verordnung vom 6. November 1943 die allgemeine Wehrpflicht in Operationszone eingeführt. Alle männlichen Angehörigen der Jahrgänge 1924 und 1925, Optanten und Dableiber, wurden zum Kriegsdienst verpflichtet.[587] Dies bedeutete einen eindeutigen Verstoß gegen das Völkerrecht, der

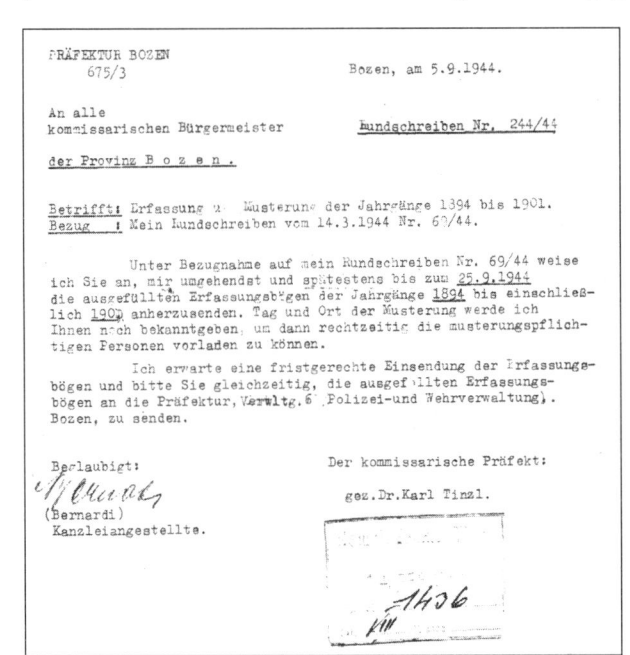

Abb. 26: Als kommissarischer Präfekt beauftragte Tinzl die kommissarischen Bürgermeister die Kriegsdienstpflichtigen zu erfassen und setzte die Termine für die Musterungen fest.[588]

demonstriert, dass die Dableiber die ersten und eigentlichen Opfer der Nationalsozialisten in Südtirol waren. Seit der Machtübernahme der Nationalsozialisten waren sie einer allgemeinen Diskriminierung ausgesetzt, die auf lokaler Ebene durch die Gemeindebehörden und private Übergriffe noch verschärft wurde. Sie waren es auch, die nun zuerst an die Front geschickt wurden.[589]

Bereits im Dezember 1943 war die Ausweitung des Einberufungsbefehls geplant. Tinzl beauftragte die kommissarischen Bürgermeister, die Kriegsdienstpflichtigen der Jahrgänge 1894 bis 1926 zu erfassen.[590] Am 6. Januar 1944 ordnete der Oberste Kommissar an, diese Jahrgänge zum Kriegsdienst heranzuziehen.[591] In der Bevölkerung verursachte das verständlicherweise eine erhebliche Beunruhigung. Im April 1944 musste auch der Jahrgang 1927 einrücken.[592]

Ende des Jahres 1944 wurde auch der Jahrgang 1928 erfasst.[593] Wegen der Sonderstellung der Operationszone im Reich wurde für die Erfassung der wehrfähigen Bevölkerung in Bozen ein eigenes Zentralmusterungsamt eingerichtet, wobei zusätzlich in jeder der drei Provinzen ein eigenes Musterungsamt installiert wurde. Die Repubblica Sociale Italiana (RSI) konnte in den Operationszonen keine eigenen Militärbehören aufstellen oder Einberufungen vornehmen.[594] Geleitet wurde diese Dienststelle von SS-Standartenführer Egon Denz, der Tinzl vor seiner Berufung zum Präfekten unterstanden hatte, da dieser auch den Arbeitsbereich Inneres leitete. Im Zentralmusterungsamt arbeiteten Vertreter der Zivilverwaltung, der Wehrmacht und der SS in einer Behörde zusammen.[595] Inwieweit Tinzl in diesen Bereich involviert war, konnte nicht eruiert werden. Man kann wohl davon ausgehen, dass er an den Entscheidungen der Musterungskommission beteiligt war. Fest steht, dass ihm die Auflistung der wehrfähigen Männer übermittelt wurde, die Präfektur informierte die Gemeinden über den Zeitpunkt und den Ablauf der Musterungen und überwachte die Einhaltung.[596] Da dies nicht immer reibungslos funktionierte, waren Mahnungen des Präfekten notwendig.[597] Der Präfekt kontrollierte auch die Erstattung der Fahrtspesen zur ersten Musterung. Nur besonders Bedürftige durften unterstützt werden.[598]

Über die Freistellungen entschied letztlich das Musterungsamt. Die dörflichen Funktionäre, die Kreisleiter und Amtsbürgermeister, besaßen jedoch einen maßgeblichen Einfluss, denn sie fertigten die Gutachten an, die für eine Unabkömmlichkeitsstellung notwendig waren. Manche Entscheidungen sorgten für große Empörung in der Dorfbevölkerung, da sie willkürlich, aufgrund von Sympathien gefällt wurden.[599] Zu einer besonders brutalen Vergeltungsaktion führte dieses Vorgehen nach Kriegsende in Gröden. Beim so genannten „Massaker von Gröden" wurden am 15. Mai 1945 mindestens zehn Männer, unter ihnen maßgebliche lokale Machthaber, wie der kommissarische Bürgermeister von Wolkenstein Adolf Senoner, von Belluneser Partisanen verschleppt. Fünf der Verhafteten wurden brutal ermordet, während die anderen nach längerer Gefangenschaft wieder freigelassen wurden. Dieser Vorfall, der landesweites Aufsehen erregte, stellte jedoch einen Sonderfall von „wilder Säuberung" in Südtirol dar.[600]

Karl Tinzl war in seiner Funktion als Präfekt bemüht, die Gemeinden zu Präventivmaßnahmen zu veranlassen. Bereits einen Tag nach seinem Amtsantritt, am

3. Dezember 1943, forderte er die Bürgermeister auf, ihm baldmöglichst eine Liste der unabkömmlichen Gemeindeangestellten vorzulegen.[601] Um die Erfolgsaussichten zu vergrößern, riet er den kommissarischen Bürgermeistern, die Anträge für die Unabkömmlichkeitsstellung von Gemeindebediensteten bereits vor der Zustellung des Einberufungsbefehls einzubringen, wenn das Musterungsergebnis eine Einberufung wahrscheinlich erscheinen lässt, wobei auf eine möglichst fundierte Begründung zu achten sei.[602]

Die Südtiroler wurden verschiedenen Einheiten zugeteilt: der Organisation Todt (OT), dem Sicherungs- und Ordnungsdienst der Provinz Bozen (SOD), den Polizeiregimentern, der Waffen-SS, der deutschen oder italienischen Wehrmacht.[603] Unterstützt wurden die Einberufungen zum Kriegsdienst durch eine geschickte Propagandaoffensive. Trotzdem mehrten sich ab Frühjahr 1944 die Fälle unerlaubter Entfernung von der Truppe. Deserteure mussten mit Todesstrafe, Gefängnis und Sippenhaft rechnen. Tinzl reagierte vorschriftsmäßig und rief die Bürgermeister dazu auf, diese Männer auf die schweren Konsequenzen aufmerksam zu machen, sie in ihrer Absicht keinesfalls zu bestärken und sofort zu melden.[604]

Der Kriegsverlauf brachte für die Provinz Bozen auch noch weitere Konsequenzen mit sich. Die Zurückdrängung der deutschen Truppen führte zu einem deutlichen Anstieg der Flüchtlingszahlen. Zu den Aufgaben der Präfektur zählte die Betreuung der Kriegsinvaliden, Flüchtlinge und der Mittellosen. Um diese Menschen zumindest geringfügig zu unterstützen, gab Tinzl im August 1944 bekannt, dass den Flüchtlingen neben einer geringen finanziellen Unterstützung, auch Kleidungsstücke aus den Beständen des Zentralamtes zuzuweisen seien.[605] Um Nachforschungen über die an der Front kämpfenden Südtiroler anzustellen, konnten sich die Angehörigen an die Präfektur wenden.[606]

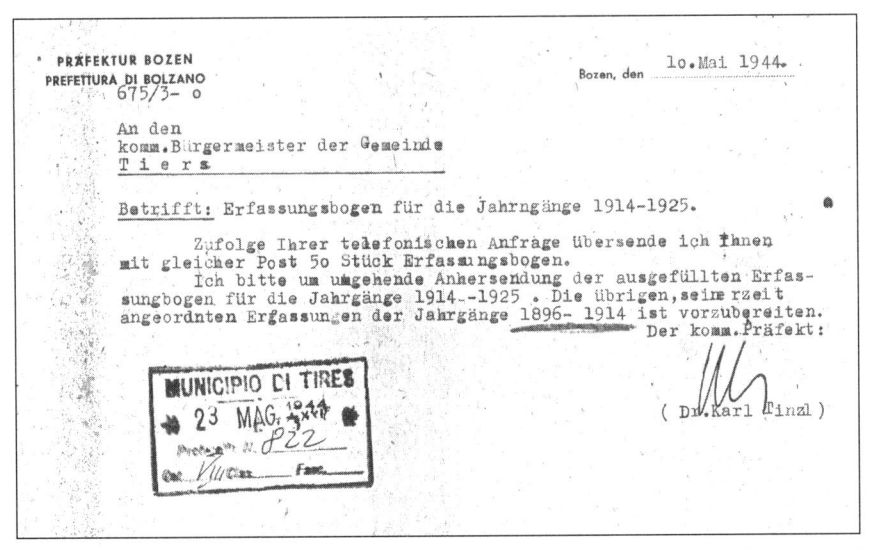

Abb. 27: Eine wichtige Aufgabe der Gemeinden stellte die Erfassung der Wehrpflichtigen und das Ausstellen der UK-Erklärungen dar.[607]

Das Kriegsgeschehen erforderte in der gesamten Provinz eine rigide Kontrolle der erzeugten Produkte und des Handels, ebenso musste mit Rohstoffen sparsam umgegangen werden. Neben Spendenaktionen wurde Bevölkerung immer wieder zu Altstoffsammlungen aufgerufen.[608] Aufgrund der fehlenden Fahrzeuge, der Treibstoffknappheit und der Bombardierungen wurde der bereits streng limitierte Personenverkehr weiter eingeschränkt.[609] Als Aufsichtbehörde fiel auch dies in den Aufgabenbereich der Präfektur und stellte diese vor immer größere Probleme. Mit der deutschen Besetzung war die im Altreich bereits übliche Rationierung der Lebensmittel eingeführt worden. Die landwirtschaftliche konnte wie die gesamte wirtschaftliche Produktion aufrechterhalten werden, sodass die Ernährungslage in Südtirol stabiler als in den benachbarten Gebieten war.[610] Um dennoch im Laufe der Monate entstehenden Ernährungsengpässe einigermaßen auszugleichen, wurden die Bauern zu kriegswirtschaftlichen Abgaben von Vieh, Getreide und Milch verpflichtet.[611] Der Präfekt kontrollierte die Verteilung der Nahrungsmittel, setzte die Preise der Nahrungsmittel monatlich fest und überwachte die Einhaltung der Höchstpreise, angesichts der permanent zunehmenden Teuerungsrate eine wichtige Aufgabe.[612]

Im November 1944 intensivierten die Alliierten ihre Luftangriffe entlang der strategisch wichtigen Brennerstrecke. Die Reparaturtrupps arbeiteten jedoch sehr effizient, sodass Schäden anfangs rasch behoben werden konnten. Im Bedarfsfall wurden dazu auch Einheimische verpflichtet. Die Entscheidung, welche Personen diesen Dienst zu verrichten hatten, wurde auf Gemeindeebene gefällt. Die kommissarischen Bürgermeister übernahmen auch die Lenkung des Einsatzes auf ihrem Gemeindegebiet,[613] ebenso waren sie für die sofortige Versorgung der Verletzten verantwortlich.[614] Die Luftangriffe erforderten zudem strenge Vorgaben über die Verdunkelungszeiten, die nur mangelhaft eingehalten wurden. Deshalb wies Tinzl die Bürgermeister zu einer strengeren Kontrolle an.[615] Wiederholt musste er die Gemeinden auch dazu auffordern, die Luftangriffe binnen weniger Stunden zu melden.[616] Ab Mitte Januar 1945 wurde Bozen beinahe täglich von alliierten Tiefffliegern angegriffen.[617] Viele Südtiroler verließen die besonders gefährdeten Gebieten und suchten am Ritten, in Tiers, Kastelruth, Seis, Völs und anderen Dörfern, die abseits der Hauptverkehrslinie lagen, Zuflucht.[618] Bei diesen Luftangriffen zählte Tinzl immer zu den Letzten, die den Schreibtisch verließen. Er suchte dabei nicht im so genannten „Prominentenstollen" in Gries Schutz, sondern begab sich in den danebenliegenden „Volksstollen".[619] Aus den massiven Angriffen resultierte eine massive Beeinträchtigung der Wirtschaft. Die Transportabläufe wurden nachhaltig gestört und ein Großteil der Bevölkerung befand sich häufig in den Luftschutzkellern.[620] Tinzl initiierte Gegenmaßnahmen und ordnete an, dass bei Klein- oder Fliegeralarm weitergearbeitet werden müsse.[621] Die Bürgermeister verpflichtete er zur Unterstützung des Transportes von Lebensmitteln, um die Versorgung der Bevölkerung nicht völlig zusammenbrechen zu lassen.[622] Wegen der Materialknappheit forderte er sie außerdem wiederholt zur Erfassung des Altmaterials auf.[623] Anfang April 1945 wurde der Fliegerwarndienst an den Hauptstraßen ausgebaut, um die Tieffliegerangriffe besser in Griff zu bekommen.[624]

Angesichts des Kriegsverlaufs verminderte sich auch in Südtirol das Vertrauen der Bevölkerung in die offizielle propagandistische Berichterstattung. Das Abhören von ausländischen Sendern und die Weitergabe von „feindlichen Flugblättern“ zählten zu den verbreitetsten Formen des Resistenzverhaltens.[625] Die Bürgermeister wurden von Tinzl zu einer vermehrten Kontrolle angehalten. Sie sollten in geeigneter Form verlautbaren, dass das Abhören von Feindsendern und neutralen Sendern bei schwersten gerichtlichen und anderen Strafen verboten sei, sowie alle Werkstätten oder Rundfunkbesitzer anweisen, die Kurzwellenbereiche bei den zur Reparatur kommenden Apparaten auszubauen. Verstöße gegen diese Verordnung wurden an den Obersten Kommissar weitergeleitet.[626]

Noch am 13. April 1945 forderte Tinzl die unverzügliche Meldung bei Übertretung der Melde-, Umzugs und Zuzugsbestimmungen. Die Gemeinden seien durch die Melde- und Lebensmittelkartenstellen leichter in der Lage Verstöße festzustellen. Ebenso könnten Hausdurchsuchungen durchgeführt werden, um Kontrollen durchzuführen. Die Präfektur werden entsprechende Sanktionen ergreifen.[627]

Trotz der Unruhen in den letzten Kriegsmonaten übte Tinzl sein Amt weiterhin mit Sachlichkeit und Besonnenheit aus.[628] Die Sitzungen fanden nach wie vor in einer nüchternen und sachlichen Atmosphäre statt, obwohl Tinzl in seiner administrativen Tätigkeit zunehmend kontrolliert wurde. Das sich klar abzeichnende Ende des Dritten Reiches führte dazu, dass SS und Gestapo auch in Südtirol zunehmend die Geschicke zu lenken versuchten. Einflussversuche von Seiten der SS und Gestapo wusste er jedoch geschickt abzuwenden.[629]

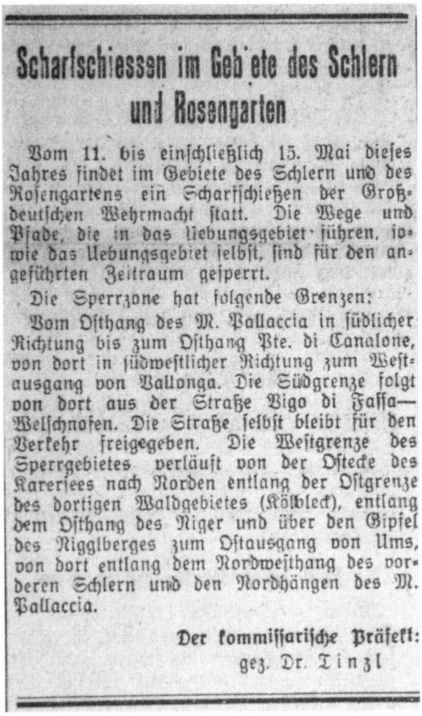

Scharfschiessen im Gebiete des Schlern und Rosengarten

Vom 11. bis einschließlich 15. Mai dieses Jahres findet im Gebiete des Schlern und des Rosengartens ein Scharfschießen der Großdeutschen Wehrmacht statt. Die Wege und Pfade, die in das Uebungsgebiet führen, sowie das Uebungsgebiet selbst, sind für den angeführten Zeitraum gesperrt.

Die Sperrzone hat folgende Grenzen:

Vom Osthang des M. Pallaccia in südlicher Richtung bis zum Osthang Pte. di Canalone, von dort in südwestlicher Richtung zum Westausgang von Vallonga. Die Südgrenze folgt von dort aus der Straße Vigo di Fassa—Welschnofen. Die Straße selbst bleibt für den Verkehr freigegeben. Die Westgrenze des Sperrgebietes verläuft von der Ostecke des Karersees nach Norden entlang der Ostgrenze des dortigen Waldgebietes (Köllbleck), entlang dem Osthang des Niger und über den Gipfel des Nigglberges zum Ostausgang von Ums, von dort entlang dem Nordwesthang des vorderen Schlern und den Nordhängen des M. Pallaccia.

Der kommissarische Präfekt:
gez. Dr. Tinzl

Abb. 28: Im „Bozner Tagblatt“ wurden besonders wichtige Verordnungen des kommissarischen Präfekten veröffentlicht.[630]

Diese Kontrolle hielt ihn, wie auch schon in seiner bisherigen Amtszeit, nicht davon ab, Versuche zu unternehmen, tüchtige Mitarbeiter vom Militär oder anderen Positionen freizubekommen und in die Präfektur einzubinden. Durch die hoffnungslose Situation an der Front wandten sich viele Südtiroler Mitarbeiter der Deutschen immer offener vom Obersten Kommissar ab und stellten sich auf die Seite Tinzls.[631]

Erwähnenswert erscheint ein angeblicher Erlass von Franz Hofer, Tinzl wieder in die Liste der italienischen Staatsbürger einzutragen. Mit dieser Maßnahme sollte nach Auffassung von Ludwig W. Regele den völkerrechtlichen Konventionen entsprochen werden, die Verwaltung in den besetzten Gebieten wieder herzustellen und diese möglichst von Staatsbürgern leiten zu lassen. Weitere Hinweise auf eine derartige Verordnung fehlen, sodass deren Existenz wohl in Frage gestellt werden muss.[632]

Kontakte mit dem AHB

Karl Tinzl stand während seiner Tätigkeit als Präfekt auch mit den Widerstandsbewegungen in Kontakt. Die Opposition gegen die deutsche Besetzung Südtirols besaß nur geringen Zulauf und war in sich keine homogene Gruppe. Auf deutscher Seite gab es den 1939 gegründeten Andereas-Hofer-Bund (AHB), der bis September 1943 unter der katholisch-konservativ orientierten Führung von Friedl Volgger, dann von Hans Egarter stand.[633] Der Südtiroler Widerstand lehnte nicht die deutsche Herrschaft an sich ab, sondern opponierte gegen die nationalsozialistische Ideologie. Der AHB bemühte sich die Verbindung mit den Alliierten und auch mit den Südtirolern, die während der deutschen Verwaltung in führenden Positionen eingesetzt wurden, wieder herzustellen bzw. aufrechtzuerhalten. Der Bozner Kaufmann Erich Amonn[634], der die bürgerlich-liberale Strömung innerhalb des AHB repräsentierte, konnte aufgrund seiner geschäftlichen Verbindungen ungehindert in die Schweiz reisen und von dort aus Kontakte zum französischen und britischen Geheimdienst aufbauen.[635] Er stellte den Kontakt zu den Kreisen der Politiker des einstigen Deutschen Verbandes her, die für Deutschland optiert hatten. Besonders eng arbeiteten Erich Amonn und Karl Tinzl zusammen.[636] Erich Amonn fand im Präfekten den Mann, den er zur Durchsetzung seiner Ziele auch später beim Aufbau der Partei benötigte.[637] Daher fällte er im Rückblick über diese Zusammenarbeit mit Tinzl ein sehr positives Urteil:

> „Er [Karl Tinzl, Anm. d. V.] war ein Mann, der innerlich nie auf der Seite der Nazis gestanden hatte und durch die Übernahme des ihm zugedachten Amtes glaubte, das Beste für seine Landsleute tun zu können. Tatsächlich fanden in ihm alle, und gerade auch die ‚Bleiber', die beste Stütze für ihre oft recht schwierigen und tragischen Anliegen. Sobald er den unwiderruflichen Ablauf der Geschehnisse erkannte, stand er sofort auf der Seite derer, die nunmehr einzig und allein positive Arbeit für ihr Land leisten konnten."[638]

Gemeinsam wurden Vorbereitungen für die Zeit nach dem Zusammenbruch Deutschlands getroffen. Trotz der unterschiedlichen Positionen standen Erich

Amonn und Tinzl in Kontakt mit Manlio Longon, dem Führer der italienischen Widerstandsbewegung „Comitato di Liberazione Nazionale" (CLN). Die Zweigstelle des CLN in Bozen strebte einen Verbleib Südtirols bei Italien an, während der 1939 von Dableibern gegründete AHB eine Rückkehr zu Österreich forcierte.[639] Im Dezember 1944 organisierte die Gestapo eine Razzia gegen den CLN, die zur fast völligen Zerschlagung der Gruppierung in Bozen führte. Bei dieser Aktion wurde Manlio Longon gefangen genommen. Am 1. Januar 1945 wurde er während eines brutalen Verhörs durch die Gestapo ermordet, als er mit dem Kopf mehrmals gegen eine Wand geschleudert worden war.[640]

Den Machthabern blieb Tinzls Verbindung zum Widerstand nicht verborgen, aber das führte keineswegs zu einem Abbruch der Kontakte.[641] Sein Sohn berichtete, wie Karl Tinzl selbst mit dieser Situation umging:

„Verhaftet haben sie ihn nie, aber es müsste ein Befehl dazu ergangen sein. Mein Vater hat mir einmal im März 1945 erzählt, wenn sie ihn einmal abholen, dann sollte ich mir keine Sorgen machen. Er hat eine Nachricht bekommen, dass das passieren könnte. Auch einige andere Bozner könnten davon betroffen sein. Das hat ihn aber nicht besonders beunruhigt. Ich war 15 Jahre alt und natürlich verzweifelt, aber er war sehr ruhig. Ich kann mich noch erinnern, dass er, wie immer nach dem Essen, in seinen Lehnstuhl gesessen hat, ein Glas Wein getrunken hat und mir das erzählt hat. Dann hat er ein wenig geschlafen. Er hat recht ruhig geschlafen. Vorher hat er mich noch gebeten der Mama von diesem Brief nichts zu sagen. Wenn es dazu kommen sollte, dass er abgeholt würde, dann sollte ich seinen Bruder benachrichtigen und einige andere Leute anrufen. Das war alles. Aber es ist dann glücklicherweise nicht dazu gekommen."[642]

Kriegsende in Südtirol

Die letzten Tage vor der Kapitulation am 2. Mai 1945 waren von einer kaum mehr zu durchblickenden Verwirrung geprägt. Tinzl brachte von Anton Ducia, dem Obersten Quartiermeister von Gauleiter Hofer, in Erfahrung, dass bedeutende politische Geiseln aus den Konzentrationslagern im Reich nach Niederdorf (Pustertal) deportiert worden waren.[643] Zu den Gefangenen zählten unter anderem der österreichische Bundeskanzler Kurt von Schuschnigg mit seiner Familie, der französische Ministerpräsident Leon Blum mit Gattin, der ungarische Ministerpräsident Miklos Kallay, der frühere französische Premierminister Eduard Daladier, ein Neffe Churchills und Molotows, sowie hohe geistliche Würdenträger, mehrere Hocharistokraten und ehemalige NS-Größen und Generäle, wie Hitlers Finanzgenie Hjalmar Schacht, der Großindustrielle Fritz Thyssen, ein ehemals führender Financier der NSDAP, und Sippenhäftlinge des „20. Juli 1944".[644] Tinzl zeigte sich äußerst besorgt, als er diese Informationen erhielt, besonders da von einer Liquidierung der Gefangenen auszugehen war. Rasches Handeln war nun erforderlich.[645]

Bei der Vorbereitung der Befreiungsaktion besaßen Karl Tinzl und Erich Amonn eine strategisch wichtige Vermittlerrolle. Sie stellten den Kontakt zwischen

Ducia, der neben Herbert Thalhammer[646] und einigen Gefangenen selbst einer der maßgeblichen Persönlichkeiten bei der Befreiung war, und General Heinrich von Vietinghoff von der Wehrmacht her.[647] Am 1. Mai 1945 entwaffneten Soldaten der Wehrmacht die SS-Wachen und brachten die Geiseln von Niederdorf ins Seehotel „Pragser Wildsee". „Die Freude der Gefangenen kann man sich vorstellen", berichtete Erich Amonn, „gleichzeitig (wurden den Häftlingen) … reichliche Mengen an Kleidungsstücken, Lebensmitteln und dergleichen übergeben, die Präfekt Tinzl beschafft hatte."[648] Karl Tinzl veranlasste, sofort zwei Wagen mit Lebensmitteln, Zigaretten und Kleidern für die Befreiten bereitzustellen. Zudem sandte er noch am selben Tag einen seiner Mitarbeiter ins Pustertal, der in der Folge unfreiwillig zwei Tage in Prags verbrachte, weil italienische „rote" Partisanen eine nachträgliche Befreiung organisieren wollten.[649]

Tinzl und Amonn brachten in Erfahrung, dass bewaffnete, kommunistische Partisanenverbände versuchten vor dem Einmarsch der Alliierten nach Südtirol vorzudringen, die Wehrmacht Bozen jedoch nicht mehr verteidigen wollte. Als einzige Möglichkeit, die Auseinandersetzung mit den Partisanen zu verhindern, betrachteten Amonn und Tinzl eine rasche Intervention bei den alliierten Stellen. Um der Einflussnahme besonderen Nachdruck zu verleihen, sollten die prominenten Gefangenen des NS-Regimes die Aktion unterstützen und mithelfen, eine amerikanische Besetzung Südtirols zu erreichen. Versehen mit einem Schreiben von Tinzl und Amonn begaben sich Ducia und der britische Offizier Harry Day nach Vicenza zu General Mark Clark. Am 4. Mai besetzten amerikanische Truppen Südtirol um Übergriffe italienischer Partisanen zu verhindern.[650]

Vergeblich versuchten Tinzl und Amonn in den folgenden Tagen mit der Unterstützung Frankreichs die Regierungsübernahme durch den CLN zu verhindern. Hauptmann Henri Clairval vom französischen Geheimdienst war als erster alliierter Offizier in Bozen. Er setzte sich am 1. Mai mit Tinzl in Verbindung und bekundete die wohlwollende Haltung Frankreichs bezüglich einer Rückkehr Südtirols zu Österreich. Dieses Gespräch nutzte Tinzl dazu, Clairval die Amtskasse des Obersten Kommissars mit 23.805.258,20 Lire Inhalt, die sich in seinem Büro befand, zu übergeben, um es vor den italienischen Verbänden in Sicherheit zu bringen. Clairval quittierte den Erhalt, wenige Tage später war das Geld verschwunden.[651] Neuere Untersuchungen geben Aufschluss über den weiteren Verlauf und den Verbleib der nicht unerheblichen Geldsumme. Clairval versuchte das erhaltene Geld außer Landes zu schmuggeln, wurde jedoch entdeckt und am 20. Mai in Meran von den Amerikanern verhaftet.[652]

Am 3. Mai wurde die Zivilverwaltung von den deutschen Befehlshabern an den Anführer des CLN, Bruno de Angelis, übertragen. Die bisher vertretene Auffassung, de Angelis habe in der allgemeinen Unruhe den AHB im entscheidenden Augenblick überrumpelt und ohne Unterstützung der Amerikaner die Verwaltung in Südtirol übernommen, lässt sich nicht aufrechterhalten. Der Historiker Gerald Steinacher weist in seinen Untersuchungen nach, dass an den entscheidenden Verhandlungen am 3. Mai auch Karl Tinzl und Fritz Führer teilnahmen. Beide Südtiroler Vertreter waren durch ihre Position innerhalb der NS-Verwaltung belastet,

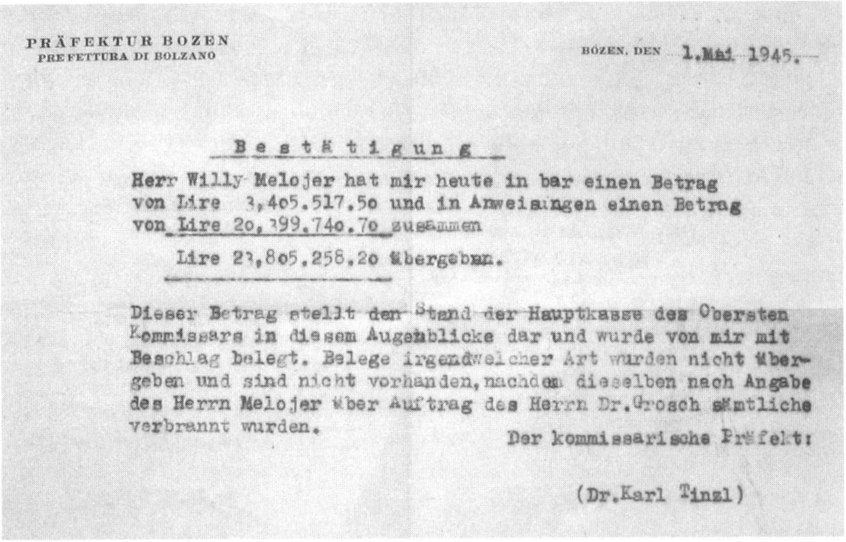

```
PRÄFEKTUR BOZEN                                          BOZEN, DEN  1.Mai 1945.
PREFETTURA DI BOLZANO

              B e s t ä t i g u n g
     Herr Willy Melojer hat mir heute in bar einen Betrag
     von Lire  3,405.517,50 und in Anweisungen einen Betrag
     von Lire 20,399.740,70 zusammen
         Lire 23,805.258,20 übergeben.

     Dieser Betrag stellt den Stand der Hauptkasse des Obersten
     Kommissars in diesem Augenblicke dar und wurde von mir mit
     Beschlag belegt. Belege irgendwelcher Art wurden nicht über-
     geben und sind nicht vorhanden, nachdem dieselben nach Angabe
     des Herrn Melojer über Auftrag des Herrn Dr.Grosch sämtliche
     verbrannt wurden.
                                       Der kommissarische Präfekt:

                                             (Dr.Karl Tinzl)
```

Abb. 29: Karl Tinzl sorgte dafür, dass die Amtskasse des Obersten Kommissars rechtzeitig in seine Hände gelangte. Er übergab das Geld an Clairval, der beim Versuch, es über die Grenze zu schmuggeln, von den Amerikanern gefasst wurde.[653]

an sie konnte die Verwaltung nicht übergehen.[654] Anfangs protestierten sie heftig gegen eine italienische Verwaltungsübernahme, auch SS-Obergruppenführer Karl Wolff wollte die Zivilverwaltung an Vertreter der Bevölkerungsmehrheit übertragen, schließlich willigten Wolff und Oberbefehlshaber General Heinrich von Vietinghoff in die Übergabe ein.[655] Die Regierungsgewalt war damit wieder an Italien übergegangen. Die vom CLN in den folgenden Monaten eingeleiteten Maßnahmen stellten eine Fortsetzung der faschistischen Entnationalisierungspolitik dar. Trotzdem glaubten viele Südtiroler nach Beendigung des Krieges, dass die Entscheidung von 1919 revidiert und die Selbstbestimmung realisiert werden würde.[656] Tinzl beschrieb das Ende des Zweiten Weltkrieges in Südtirol folgendermaßen:

„Es hat sich damals der Himmel für uns mit einem kleinen Spalt aufgetan und die Hoffnung, dass wir unser Grundrecht, das Recht auf Selbstbestimmung, verwirklichen können, ist noch einmal in uns aufgeflammt. Die Kommandanten der deutschen Wehrmacht in unserem Gebiet waren zunächst aufgrund von Äußerungen der Alliierten der Meinung, dass sie noch eine Zeitlang in deren Namen und nach deren Weisungen die Verwaltung hier führen könnten. Dies erwies sich sogleich als Irrglaube. Die Verwaltung wurde nach wenigen Tagen, während deren von italienischer Seite versucht wurde, dieselbe wie in Oberitalien in die Hand zu bekommen, ohne weiteres von den Alliierten übernommen. Das gab aber auch uns die Möglichkeit, uns an sie zu wenden. Dass damals, wo neue Entscheidungen über die Welt getroffen werden sollten, auch wir für uns eine solche anriefen, ist ein Verdienst, ein geschichtliches Verdienst, von Herrn Erich Amonn, und ich muss es so bezeichnen, damit niemand darüber hinweggehen kann, dass damals Südtirol unter s e i n e r Leitung in der Südtiroler Volkspartei zusammengefasst wurde und dass er von den ersten Tagen des Mai ab gegenüber den Alliierten die Forderung gestellt hat: „Nun wird die Welt neu geordnet und in dieser neuen Ordnung wollen auch wir den Platz wieder haben, den man uns im Jahre 1919 widerrechtlich verweigert hat, den Platz der Selbstbestimmung und den Platz der Freiheit."[657]

XII. Der Weg zum ersten Autonomiestatut (1945-1948)

12.1. Tätigkeit als Vizepräfekt

In Südtirol, besonders in der Stadt Bozen, herrschten chaotische Verhältnisse in der „Stunde Null". Entgegen den Behauptungen von Othmar Parteli[658] wurde Karl Tinzl bei Kriegsende nicht im Bozner Gefängnis interniert, denn der rasche Machtwechsel verhinderte die Ausführung eines Haftbefehls gegen Karl Tinzl und Erich Amonn.[659]

Zur Stabilisierung der Verhältnisse zählte die rasche Errichtung von Kommunikations- und Transportwegen zu den vorrangigen Aufgaben. Tinzl veranlasste daher am 5. Mai 1945, dass wichtige Kommunikationswege wieder errichtet werden sollten. Außerdem forderte er Fahrzeuge an, um Nahrungsmittel und andere Waren des täglichen Bedarfs in alle Teile des Landes transportieren zu können.[660]

Nach dem Eintreffen der Allied Military Government (AMG) am 6. Mai 1945 nahm Tinzl sofort mit den Amerikanern Kontakt auf, und diese baten ihn, seine Verwaltungstätigkeit weiter auszuüben. Er erhielt allerdings lediglich die Funktion als Vizepräfekt neben zwei weiteren italienischen Vizepräfekten zugesprochen.[661] Aufgrund der instabilen Situation unmittelbar nach dem Waffenstillstand war die Lage nicht ungefährlich für Tinzl; auf Schutz von oben konnte er nicht zählen. Hinzu kam die feindliche Haltung der Italiener um den CLN gegenüber den Südtirolern. Wolfgang Steinacker, Südtirolberater der französischen Militärregierung und später Mitarbeiter der Tiroler Landesregierung, berichtete darüber Folgendes:

> „Insbesondere richteten sich ihre Angriffe gegen Herrn Dr. Tinzl, der zum Vizepräfekten degradiert worden war und dem das Leben in der Präfektur durch die kleinlichen Schikanen, wie Verdrängung aus einem Amtszimmer in das andere, Wegnahme von Büros für seine Schreibkräfte, von Schreibmaschinen, von Telefonapparaten usw. schwer gemacht wurde."[662]

Am 13. Mai 1945 wandte sich Steinacker in einem vierseitigen Schreiben an Tinzl, um unter anderem die Klärung der wichtigen Frage der Südtiroler Kriegsgefangenen zu forcieren. Tinzl wurde aufgefordert „einen geeigneten Beauftragten zu bestellen, der sich für die möglichst baldige Befreiung und zumindest Erfassung der im Rahmen der deutschen Wehrmacht in Gefangenschaft oder Internierung geratenen Südtiroler zu kümmern hätte" und daher Kontakt mit dem internationalen Roten Kreuz aufzunehmen.[663]

Abb. 30: Walther Amonn pflegte gute Kontakte zu Tinzl. Er löste ihn im Mai 1945 als Vizepräfekt ab.[664]

Nach einer kurzen Übergangsfrist bestätigten die Amerikaner am 16. Mai die Verwaltungsübernahme durch den CLN. Als Präfekt wurde de Angelis bestätigt, der diese Funktion bereits in der kurzen Übergangszeit inne gehabt hatte. Er besaß lediglich geringe administrative Kompetenzen, sodass er seine anfängliche Führungsposition rasch einbüßte und innerhalb der eigenen Reihen zunehmender Kritik ausgesetzt war. Hatte er in den vergangenen Wochen, als seine Position noch unsicher war, Tinzls Fähigkeiten gelobt, seine gemäßigte Haltung betont, da er weder einen extremen Faschismus oder Nationalismus vertreten habe, und seine Einsetzung als Vizepräfekt tatkräftig unterstützt, änderte sich dies schlagartig.[665] Bereits am folgenden Tag wurde Tinzl als Vizepräfekt abgelöst, er musste seine Amtsräume unverzüglich räumen und de Angelis bemühte sich fortan, ihm immer wieder Schwierigkeiten zu machen.[666] So sorgte er dafür, dass die Diskussion über den Verbleib der Amtskasse des Obersten Kommissars nicht abbrach.[667] Unter Androhung der Inhaftierung des ehemaligen Präfekten erhielt Walther Amonn, der an die Stelle von Tinzl getreten und zum zweiten Stellvertreter des Präfekten von Bozen ernannt worden war, den Auftrag das Geld von Tinzl zurückzufordern. Tinzl zeigte trotz der problematischen Lage Nerven und entgegnete Amonn beim Gespräch über diese Angelegenheit gelassen, dass er sich keineswegs davor fürchte, eingesperrt zu werden, denn er sei es inzwischen gewohnt, aus politischen Gründen Bekanntschaft mit Gefängniszellen zu machen.[668] Der Gerichtspräsident lehnte schließlich ab, Schritte gegen Tinzl zu initiieren. Er wollte jenen Mann, der sich in schwierigster Zeit um Gerechtigkeit bemüht hatte und der bestrebt gewesen war, Südtirolern und Italienern gleichermaßen zu helfen, nicht in unnötige Gerichtsverfahren verstricken.[669] Walther Amonn nutzte seine Position und setzte sich nach eigenen Aussagen öfters für Tinzl ein, um dessen Verhaftung abzuwenden.[670]

In weiterer Folge wurde nie Anklage gegen Tinzl wegen seiner Tätigkeit als Präfekt erhoben. Georg Tinzl berichtete:

> „Man hat versucht meinen Vater anzuklagen, aber diese Aktionen gingen hauptsächlich von den Nazis aus, die ihre Schuld überwälzen wollten und die versucht haben sich mit bösartigen Aussagen am Papa zu rächen. Das ist zum Teil durch die Unterstützung von italienischer Seite niedergeschlagen worden. Die Italiener haben sich viel fairer verhalten als manche Südtiroler. Interessanterweise haben viele Italiener, auch Trentiner und auch Juden, für meinen Vater ausgesagt, dass er immer ausgleichend gewirkt und nie irgendeine Animosität gegen die Italiener als solche gezeigt habe. Die Faschisten hat er begreiflicherweise gehasst, aber er war nie ein Feind der Italiener. Man darf auch nicht vergessen, dass mein Vater mit den Dableibern, wie meinem Schwiegervater [Erich Amonn, Anm. d. V.], in engster Verbindung stand, auch gegen eigentlich den Willen seiner Behörde, der er vorgestanden ist. Das war sein Privatbereich und da hat er sich nicht dreinreden lassen."[671]

Auf die Unterstützung Tinzls durch italienische Zeugen verweist zudem ein Bericht in den „Dolomiten" aus dem Jahre 1948.[672] Allerdings wurden von Seiten der Italiener einige Versuche initiiert, gegen Tinzl vorzugehen. Er wurde jedoch letztlich weder von italienischer Seite noch von alliierter Seite belangt, im Gegensatz zu seinen Amtskollegen und langjährigen Freund de Bertolini in Trient. Dieser musste sich vor Gericht wegen seiner Tätigkeit als Präfekt verantworten, erreichte aber letztlich einen Freispruch.[673]

In besonderer Weise bemühte sich Staatsanwalt Faustino Dell'Antonio, ehemaliges Mitglied des PNF, dann Mitarbeiter des deutschen Obersten Kommissars, Tinzl wegen seiner Tätigkeit innerhalb der deutschen Verwaltung zu attackieren. Hatte er 1943 Tinzl noch zur Ernennung als Präfekt gratuliert und seine Sympathien für Hitler öffentlich bekundet, präsentierte er sich nach dem Krieg als Demokrat und versuchte er gegen Tinzl vorzugehen. Noch zehn Jahre später, 1955, bemühte sich Dell'Antonio, die Aufhebung der parlamentarischen Immunität von Tinzl zu erreichen, da dieser gemeinsam mit den beiden Parlamentariern Otto von Guggenberg und Toni Ebner mit dem damaligen österreichischen Bundeskanzler Julius Raab und Staatssekretär im Außenministerium Franz Gschnitzer zusammengetroffen war. Der Generalstaatsanwalt archivierte die Anklage schließlich wegen juridischer Haltlosigkeit.[674]

12.2. Gründungsmitglied der SVP

Auf Karl Tinzl warteten nach seiner Absetzung als Vizepräfekt wieder neue Herausforderungen. Innerhalb der Südtiroler hatte, wie oben erwähnt, vor Kriegsende wieder eine Annäherung zwischen führenden Gehern und Bleibern stattgefunden, um eine neue politische Organisation zu gründen und somit die Südtiroler wieder ins aktive politische Geschehen einzugliedern. Diese Bestrebungen wurden nach der Kapitulation Deutschlands unter der Führung von Erich Amonn intensiviert. Waren auch maßgebliche Persönlichkeiten des Südtiroler Widerstands an der neuen Partei beteiligt, kann daraus nicht abgeleitet werden, dass die neue Partei die Nachfolgeorganisation des Südtiroler Widerstands war.[675] Vielmehr entstand eine Partei, die bis 1957 als Honoratiorenpartei charakterisiert werden muss und unter der Führung des liberalen und städtischen Bürgertums stand.[676]

Nach Absprache mit der französischen Delegation gründeten führende Südtiroler Persönlichkeiten am 8. Mai 1945 in der Villa Malfèr in Bozen/Gries die Südtiroler Volkspartei (SVP).[677] In der neu gegründeten Partei waren führende Südtiroler aller politischen Richtungen – mit Ausnahme der Sozialdemokraten – vertreten. In überwiegender Zahl besaßen die Gründungsmitglieder wie Tinzl bereits politische Erfahrung, denn die politische Elite in Südtirol blieb personell weitgehend unverändert.[678]

Die SVP-Führung sorgte dafür, dass die Südtiroler Optanten wieder in das politische Geschehen eingebunden wurden. Um sich als politische Organisation aller Südtiroler zu etablieren, galt es die Divergenzen zwischen Optanten und Dableibern möglichst rasch zu überwinden. Offiziell bestand die SVP nur aus Dableibern, da eine Legitimierung durch die Alliierten nur für eine Partei mit antifaschistischen und antinationalsozialistischen Charakter gewährleistet war.[679] Ein Drittel der Gründungsmitglieder – unter ihnen auch Karl Tinzl – schien deshalb in der offiziellen Liste nicht auf.[680] Sein intensiver Kontakt zu führenden Dableibern und auch seine Unterstützung durch seinen Einfluss als Präfekt sicherten Tinzl eine gewichtige Position innerhalb der neuen politischen Organisation der Südtiroler. Er zählte von Beginn an zu den maßgeblichsten Persönlichkeiten der Partei.[681] Die Mitarbeit von Tinzl und anderen prominenten Optanten garantierte der Partei die Unterstützung durch weite Teile der Bevölkerung. Für die SVP stand in ihrer Anfangsphase die rasche Rekrutierung einer breiten Mitgliederbasis im Vordergrund, um im In- und Ausland als politische Vertretung aller Südtiroler anerkannt zu werden.[682] An der politischen Führung in Südtirol beteiligten sich neben Karl Tinzl unter anderem auch die ehemaligen kommissarischen Bürgermeister von Bozen und Brixen, Fritz Führer und Hans Stanek, der im Jahre 1957 zum Generalsekretär der SVP avancierte. Ebenso engagierte sich der ehemalige kommissarische Bürgermeister von Meran, Karl Erckert, innerhalb der SVP. Er wurde bei den Landtagswahlen 1948 zum ersten Landeshauptmann in Südtirol gewählt.[683]

Präsentierte sich die SVP nach außen als Partei der Dableiber, versuchte sie gleichzeitig innerhalb der Südtiroler Bevölkerung die Unterscheidung in Dableiber und Optanten zu überwinden und sich als gemeinsame politische Organisation aller Südtiroler zu etablieren. Diese Integrationsstrategie verlief auch parteiintern nicht ohne Konflikte.[684] Kritische Stimmen aus den eigenen Reihen wurden rigide unterdrückt. Hans Egarter forderte eine nachhaltige Entnazifizierung der Südtiroler Gesellschaft und wurde rasch ins politische Abseits gedrängt.[685] Im Zusammenhang mit dem an die Franzosen übergebenen Geldbetrag wurde der freiwillige Rückzug von Tinzl aus der Politik gefordert. Nach Aussage von Wolfgang Steinacker konnte dies nur durch ein vehementes Eintreten von Ducia verhindert werden.[686]

Für die SVP und für Amonn im Besonderen war Tinzl ein wertvoller Mitarbeiter. Das betonte auch Günther von Unterrichter, Gründungsmitglied der SVP und Protokollführer bei der Gründungsversammlung: „Tinzl war unbedingt notwendig, denn der Großteil der Bevölkerung waren Optanten; die wären nicht so ohne weiteres hinter Amonn marschiert. Andererseits war wieder der Amonn unersetzlich, weil die Alliierten einem Nichtoptanten mehr Gehör schenkten."[687]

Zudem demonstrierten Tinzl und auch andere ehemalige Vertreter des Deutschen Verbandes durch ihre Mitgliedschaft in der SVP die von der neuen Partei angestrebte Nachfolgerschaft des Deutschen Verbandes. Die weitgehende ideologische Kontinuität zwischen den beiden Parteien erörterte Anton Holzer in seiner detaillierten Untersuchung über die SVP. Parallelen wurden bereits optisch im gleich bleibenden Parteizeichen, dem Edelweiß, angedeutet.[688]

Einen Tag nach der Parteigründung, am 9. Mai 1945, ersuchten Tinzl und Amonn um die Genehmigung von Partei und Programm durch den ersten alliierten Militärgouverneur von Bozen, Oberleutnant Francis M. Wray. Ausschlaggebender Faktor für die Zustimmung von Wray stellte die Tätigkeit des AHB dar. Bei dieser Unterredung war auch de Angelis anwesend, der gegen diese Entscheidung vergeblich protestierte.[689]

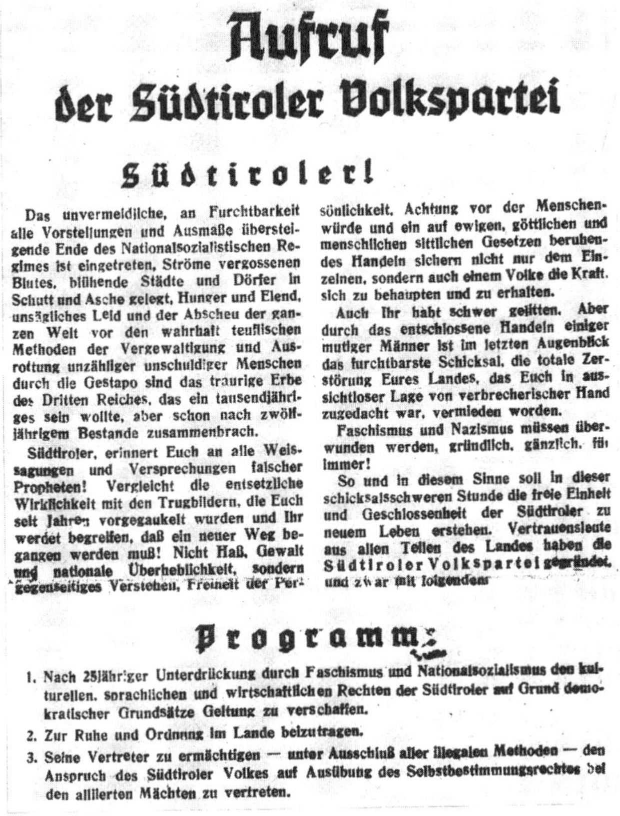

Aufruf

der Südtiroler Volkspartei

Südtiroler!

Das unvermeidliche, an Furchtbarkeit alle Vorstellungen und Ausmaße übersteigende Ende des Nationalsozialistischen Regimes ist eingetreten, Ströme vergossenen Blutes, blühende Städte und Dörfer in Schutt und Asche gelegt, Hunger und Elend, unsägliches Leid und der Abscheu der ganzen Welt vor den wahrhaft teuflischen Methoden der Vergewaltigung und Ausrottung unzähliger unschuldiger Menschen durch die Gestapo sind das traurige Erbe des Dritten Reiches, das ein tausendjähriges sein wollte, aber schon nach zwölfjährigem Bestande zusammenbrach.

Südtiroler, erinnert Euch an alle Weissagungen und Versprechungen falscher Propheten! Vergleicht die entsetzliche Wirklichkeit mit den Trugbildern, die Euch seit Jahren vorgegaukelt wurden und Ihr werdet begreifen, daß ein neuer Weg begangen werden muß! Nicht Haß, Gewalt und nationale Überheblichkeit, sondern gegenseitiges Verstehen, Freiheit der Persönlichkeit, Achtung vor der Menschenwürde und ein auf ewigen, göttlichen und menschlichen sittlichen Gesetzen beruhendes Handeln sichern nicht nur dem Einzelnen, sondern auch einem Volke die Kraft, sich zu behaupten und zu erhalten.

Auch Ihr habt schwer gelitten. Aber durch das entschlossene Handeln einiger mutiger Männer ist im letzten Augenblick das furchtbarste Schicksal, die totale Zerstörung Eures Landes, das Euch in aussichtloser Lage von verbrecherischer Hand zugedacht war, vermieden worden.

Faschismus und Nazismus müssen überwunden werden, gründlich, gänzlich, für immer!

So und in diesem Sinne soll in dieser schicksalsschweren Stunde die freie Einheit und Geschlossenheit der Südtiroler zu neuem Leben erstehen. Vertrauensleute aus allen Teilen des Landes haben die Südtiroler Volkspartei gegründet, und zwar mit folgendem

Programm:

1. Nach 25jähriger Unterdrückung durch Faschismus und Nationalsozialismus den kulturellen, sprachlichen und wirtschaftlichen Rechten der Südtiroler auf Grund demokratischer Grundsätze Geltung zu verschaffen.
2. Zur Ruhe und Ordnung im Lande beizutragen.
3. Seine Vertreter zu ermächtigen — unter Ausschluß aller illegalen Methoden — den Anspruch des Südtiroler Volkes auf Ausübung des Selbstbestimmungsrechtes bei den alliierten Mächten zu vertreten.

Abb. 31: Der Aufruf von Karl Tinzl und Erich Amonn an die Bevölkerung erschien am 19. Mai 1945 in den „Dolomiten". Er erzeugte eine unglaubliche Resonanz bei den Südtirolern.[690]

Karl Tinzl beteiligte sich maßgeblich an der Ausarbeitung des Parteiprogramms, das in den „Dolomiten" vom 19. Mai 1945 – der ersten Nummer nach der Zulassung der Tageszeitung durch die Alliierten – zusammen mit einem Aufruf der Partei veröffentlicht wurde.[691] Das Wiedererscheinen der „Dolomiten" zählte gemeinsam mit der Gründung der SVP zu den Angelpunkten der politischen Reorganisation der Südtiroler.[692] Den ersten Teil des Aufrufes an die Bevölkerung war von Parteiobmann Erich Amonn formuliert worden, Tinzl hatte den zweiten Abschnitt ausgearbeitet, in dem die zukünftigen Aufgaben der SVP fixiert wurden. Tinzl betrachtete die erste Zeit nach Kriegsende als Bewährungsprobe für die Südtiroler und erinnerte seine Landsleute daran, dass auch in dieser Übergangsphase die Aggressionen kontrolliert und Eskalationen vermieden werden sollten.[693]

Die Gründung der SVP stieß in Südtirol nach den langen Jahren der Unterdrückung auf eine unglaubliche Resonanz. Im dritten Punkt des Kurzprogramms wurde indirekt die Forderung nach Angliederung an Österreich erhoben.[694] Die Chancen für die Realisierung dieses Ziels standen von Beginn an schlecht, dennoch bemühte sich die SVP, die Kontakte zu den Alliierten und auch zu Österreich zu festigen, um eine Rückkehr zu Österreich zu erreichen. Solange diese Politik verfolgt wurde, verzichtete die SVP auf das Gespräch mit der italienischen Regierung. Auch die Lösung der Optantenfrage stellte eine untergeordnete Frage dar. Erst als Rom signalisierte, in dieser Richtung Schritte zu unternehmen, begann die SVP dieses Problem in Angriff zu nehmen.[695]

Die SVP konnte bei ihrem Vorgehen auf die Unterstützung der Kirche, einem gewichtigen Machtfaktor und zentralen Bezugspunkt eines Großteils der Südtiroler Bevölkerung, der Südtiroler Wirtschaft und des Athesia-Verlages, der in Südtirol das Pressemonopol besaß, zählen.[696] Die anderen zwischen 1945 und 1946 in Südtirol gegründeten deutschen Parteien konnten den Vorsprung der SVP nicht mehr aufholen und blieben ohne größere Erfolge.[697]

Von Seiten aller italienischen Parteien wurde eine Revidierung der Grenze am Brenner einhellig ausgeschlossen. In London und Washington wurden die Pläne zur Rückgabe Südtirols zunehmend in den Hintergrund gedrängt, da man Italien als gewichtigen Stabilisierungsfaktor in der westlichen Allianz gegen das sich ausbreitende Schreckgespenst des Kommunismus und als zentrales Ordnungselement im Mittelmeerraum betrachtete.[698] Im Gegensatz zu Italien wurde der Kontakt zur provisorischen Staatsregierung Österreichs unter Karl Renner nur zögernd aufgenommen. Österreich initiierte seinerseits internationale Aktivitäten bezüglich Südtirol äußerst zögerlich, obwohl dieses Thema innenpolitisch eine große Rolle spielte und für zahlreiche Debatten sorgte.[699]

Karl Tinzl zählte von Beginn zum engsten Kreis der Mitarbeiter in der Parteileitung der SVP. Er wurde bei allen wichtigen Entscheidungen konsultiert, war aufgrund seiner diplomatischen Kompetenzen an wichtigen Zusammentreffen beteiligt und fertigte unzählige Memoranden, Strategiepapiere und Gesetzesentwürfe im Auftrag der Partei an.[700] Besonders für Obmann Erich Amonn war er beim Aufbau und Organisation der neuen Partei unentbehrlich in sämtlichen administrativen und juristischen, aber auch in politischen Fragen.[701] Wie war diese enge Zusammenarbeit angesichts der doch unterschiedlichen Positionierungen möglich? Silvius Magnago vertrat die Auffassung, dass Amonn um die juridischen Kenntnisse von Karl Tinzl wusste und ihn zum Erreichen seiner Ziele benötigte:

> „Karl Tinzl zählte sicher zu den Vertrauten von Erich Amonn, denn Amonn hat ihn schon in seiner Eigenschaft als Präfckt kennen gelernt. Und der Umstand, dass der Tinzl Präfekt war, heißt nicht, dass er ein fanatischer Nazi gewesen sein muss. Warum? Tinzl wird sich gedacht haben, besser ich nehme diese Stelle an, als ein anderer kommt daher, der ein wirklicher Nazi ist und wird hier Präfekt. Er hat recht gehabt, dass er das Amt übernommen hat, und er muss doch eine Einstellung gehabt haben, die dem Amonn nicht feindlich vorgekommen ist. Amonn hat Tinzl gebraucht, weil er wusste, was der Tinzl wert ist. […] Er war für Amonn eine wertvolle Stütze, aufgrund seiner Erfahrung und aufgrund seiner juridischen Kenntnisse. Amonn schätzte ihn und legte wert darauf, sich diesen Mann zu behalten und sich mit ihm zu beraten. Erich Amonn hat sich für Tinzl sicher stark eingesetzt, auch in der Frage der Staatsbürgerschaft. Er hat sich Tinzl warm gehalten, weil er wusste, den Mann brauche ich morgen."[702]

Tinzl war mit Amonn nicht nur politisch, sondern auch privat freundschaftlich verbunden. Parteiinterne Divergenzen, die im Laufe der Zusammenarbeit auftraten, sollten ihrer persönlichen Freundschaft nichts anhaben. In einer Rede anlässlich des zehnjährigen Bestehens der SVP würdigte Tinzl die Verdienste Amonns:

> „Es ist ein doppeltes, unvergängliches und geschichtliches Verdienst von Erich Amonn einmal, dass er ohne die geringste Zeit zu versäumen, sofort an die Gründung der SVP schritt, und dass er neuerdings das Selbstbestimmungsrecht von Südtirol in den Mittelpunkt unserer Forderungen stellt, wozu in jenen noch dunklen und verworrenen Zeiten nicht geringer Mut gehörte."[703]

Erich Amonn äußerte sich ebenso positiv über Tinzl:

> „Er war ein Mann, der innerlich nie auf der Seite der Nazis gestanden hatte und durch die Übernahme des ihm zugedachten Amtes glaubte, das Beste für seine Landsleute leisten zu können. Tatsächlich fanden in ihm alle, und gerade auch die „Bleiber", die beste Stütze für ihre oft recht schwierigen und tragischen Anliegen. Sobald er den unwiderruflichen Ablauf der Geschehnisse erkannte, stand er sofort auf der Seite derer, die nunmehr einzig und allein positive Arbeit für ihr Land leisten konnten."[704]

Beim „Aufbau des Hauses Südtirol" zählte er ihn zu den wichtigsten Mitarbeitern:

> „In diesem Zusammenhang erwähne ich nochmals, mit Bewunderung und Dankbarkeit, den in unserem Interesse unermüdlich schaffenden Dr. Karl

Tinzl, der in dieser Zeit, obwohl offiziell der Partei nicht angehörend, ihr Gerüst zimmerte bzw. seine innere Struktur, seine Statuten und das neue Parteiprogramm ausarbeitete."[705]

Weit problematischer war die Zusammenarbeit mit anderen Dableibern, angesichts der leidvollen Erfahrungen auch eine verständliche Reaktion. Auch Friedl Volgger zeigte Vorbehalte bei der Zusammenarbeit mit dem ehemaligen Präfekten, doch gelang es ihnen diese zu überwinden und schließlich entstand ein durchaus freundschaftliches Verhältnis zwischen den beiden.[706] Georg Tinzl erzählte über diese Zeit:

„Sie arbeiteten in der Villa Brigl draußen und haben alle Vorgänge bis ins letzte Detail besprochen. Es bestand ein sehr freundschaftliches Verhältnis untereinander und sie verfolgten die gleichen Ziele. Perathoner und mein Vater, beide Staatenlose, haben über die juridischen Kenntnisse verfügt, mussten aber hinter den Kulissen agieren. Mein Vater war sehr guter Verfassungsjurist. Er hat zudem durch seine Zeit als Abgeordneter über ausgezeichnete politische Kenntnisse verfügt und so das Machbare und nicht Machbare abschätzen können. Er bereitete die heiklen politischen Fragen auf, allerdings vorwiegend hinter den Kulissen."[707]

Durch seine strategischen und juridischen Kompetenzen etablierte sich Karl Tinzl rasch zum „Kronjuristen" der SVP. Diese „starken juridischen Kenntnisse" ermöglichten ihm seine Rolle als Vermittler zwischen den unterschiedlichen Strömungen der Partei, und dies zählte zu seinen besonderen Fähigkeiten, wie auch Silvius Magnago betonte.[708] Die Übernahme von offiziellen politischen Funktionen war ihm in den acht Jahren bis zu seiner Wiedereinbürgerung nicht gestattet.[709] Offiziell galt er als persona non grata, um sich und der Partei keinen Schaden zuzufügen, musste er sich im Hintergrund halten.[710] Silvius Magnago erklärte: „Tinzl ist mit dieser Situation sehr vorsichtig umgegangen, und es war im Interesse der Partei, dass sie auch im Umgang mit ihm vorsichtig war. Die Partei hat das auch im eigenen Interesse berücksichtigt, dass er in einer Situation war, wo er etwas brauchte, was er nicht besaß."[711]

In einem Bericht für das italienische Außenministerium aus dem Jahre 1945 wurde er als „notorio pangermanista e tedescone" (offenkundiger Pangermanist und Deutschnationaler) bezeichnet, der zu den einflussreichsten Beratern der Nationalsozialisten in der Operationszone Alpenvorland zählte.[712] Zudem wurde festgehalten:

„Der Rechtsanwalt Tinzl hat sich, unter dem Schein der Gutmütigkeit und des Verständnisses, sehr eingesetzt für die rasche und völlige Nazifizierung Südtirols mit einer kontinuierlichen, erbarmungslosen und bisweilen grausamen Verfolgung all dessen, was italienisch war oder schien. [...] Sowohl Tinzl als auch Furcher waren zwei faschistische Nazis, die dem deutschen Krieg ihren gesamten Enthusiasmus und ihr ganzes Werk, ein sehr unglückseliges, und wurden zu Vertrauensmännern der größten Machtzentren des … großen Deutschland zu werden."[713]

Diese Beurteilung von Tinzl, die jeglicher empirischen Grundlage entbehrte, erklärte, dass er weitgehend im Hintergrund agierte. Durch seine Kompetenzen etablierte er sich zur „grauen Eminenz" der Partei. Selbst Franz Widmann, der 1957 maßgeblich an der so genannten „Palastrevolution" beteiligt war und der Gründergeneration kritisch gegenüber stand, bezeichnete Tinzl anerkennend als „einen der brillantesten Juristen seiner Zeit". „Gepaart mit einem großen, manchmal zu großen Sinn für Kompromisse, ließ ihn diese Fähigkeit die SVP-Politik weit mehr bestimmen als seine nach außen aufscheinenden Funktionen.",[714] urteilte Widmann über Tinzl.

Mit der Entscheidung der Alliierten, Südtirol bei Italien zu belassen, entwickelte sich für Tinzl die Frage seiner Staatsbürgerschaft zu einem Problem von eminenter Bedeutung. Er zählte wie alle Deutschlandoptanten zu den „Displaced Persons", zu den Staatenlosen ohne irgendwelche Rechte. Erschwerend kam seine Tätigkeit als Präfekt hinzu.[715]

Eine offizielle politische Tätigkeit war für ihn deshalb nicht möglich, ein Faktum, das von italienischer Seite als nicht unangenehm betrachtet wurde. Für die Südtiroler erwies es sich auf jeden Fall als Nachteil, einen juridisch bewanderten und politisch erfahrenen Mann wie Tinzl nicht uneingeschränkt einsetzen zu können.[716] Beide Seiten gingen äußerst vorsichtig mit der Situation um, auf der einen Seite war Tinzl bestrebt durch seine Tätigkeit auf keinen Fall die Interessen der Partei zu gefährden, auf der anderen Seite unterstützte ihn die Partei und berücksichtigte seine Situation.[717]

Die Option für Deutschland und seine Tätigkeit als Präfekt brachten ihm auch erhebliche finanzielle Probleme ein. Seinen Beruf als Rechtsanwalt konnte er selbstverständlich nicht mehr ausüben. Zudem wurde sein Vermögen beschlagnahmt, sodass er sich in einer ökonomisch prekären Situation befand. Um finanziell über die Runden zu kommen, verfasste er Schriftsätze für andere Anwälte und verkaufte einen Großteil seiner Bilder. Sein seit Jahren stillgestandenes Auto bot er zum Verkauf an, der Erlös sicherte das Überleben seiner Familie für einige Monate.[718]

Abb. 32: Karl Tinzl mit seiner Frau Traudl (rechts) und seiner Schwägerin Marianne (links). In der schwierigen Zeit nach Kriegsende war die Unterstützung seiner Familie besonders wichtig für ihn.[719]

Das Vermögen seiner Frau Gertraud konnte nicht angetastet werden. Der Stadlerhof bei Meran war zu drei Fünftel amerikanischer Besitz und wurde 1945 durch einen Erlass der amerikanischen Behörden geschützt, der direkt am Haus angebracht wurde.[720] Georg Tinzl erinnerte eher die groteske Seite dieser Maßnahme:

„Man hat eine Liste aufstellen müssen und Dinge, die meiner Mutter gehört haben, ihr Mobiliar beispielsweise, wurde nicht beschlagnahmt. Dadurch hat sich die paradoxe Situation ergeben, dass die Teile, die meinem Vater gehört haben, die er nachweislich mit in die Ehe gebracht hat, unter Beschlagnahmung waren, die meiner Mutter hingegen nicht. Die Beschlagnahmung bestand weitgehend auf dem Papier, de facto wurde sie nicht ausgeführt. Mein Vater hat keine Immobilien besessen und deswegen war das ganze mehr oder weniger eine Aufteilung von Möbeln, die niemanden interessiert hat. Ich glaube auch die Behörden nicht."[721]

Tinzl versuchte auf juridischem Wege den gegen ihn getroffenen Sanktionen entgegenzuwirken, beispielsweise brachte er beim Berufungsgericht in Trient einen Rekurs gegen seine Streichung aus dem Wählerverzeichnis der Gemeinde Bozen ein.[722] Sein Vermögen wurde genauestens untersucht, auch im Zuge seiner Rechtsanwaltstätigkeit erworbene Güter entgingen den italienischen Behörden nicht, wie folgende Erklärung vom 30. April 1948 belegt:

„Ich habe weder vor dem 3.1.1925 noch nach diesem Datum oder jetzt, unbewegliche Güter dieser Art besessen. Im Jahre 1934-35, wenn ich nicht irre, habe ich im Auftrag einer Klientin eine kleine Wiese in Latsch zum Preis von L-1.000 [...] gekauft. In Wirklichkeit wurde es dann auf meinen Namen für einige Zeit eingetragen, wenn auch meine Klientin allein davon profitierte und die Nutznießerin war. [...] Was die beweglichen Güter betrifft, so habe ich vom Tag meiner Ernennung zum Präfekten von Bozen (2.12.1943) nichts mehr gekauft, aber Beträchtliches verkauft, das ich durch meine Tätigkeit als Rechtsanwalt erworben hatte, um überleben zu können."[723]

Am 15. November 1949 bestätigte der Vizekommissar der Regierung die Einziehung seiner Güter.[724] Rechtsanwalt Anton Sotiffer aus St. Ulrich/Gröden, der sich mit dieser Angelegenheit befasste, übermittelte Tinzl am 30. Juni 1950 ein vertrauliches Schreiben des Innenministeriums und erklärte, dass er sich besonders in der Sequestersache, die für Tinzl so wichtig sei, einsetzen werde.[725] Unterstützung erhielt er auch von Friedl Volgger, der als Abgeordneter nach Rom entsandt worden war.[726]

Trotz seiner persönlich schwierigen Situation arbeitete Tinzl ehrenamtlich für die Südtiroler Volkspartei. Bereits wenige Tage nach der Gründung der SVP transportierte er seine Schreibmaschinen in die Villa Brigl, dem Sitz der Parteikanzlei.[727] Anfang Oktober 1945 kehrte Kanonikus Gamper aus Rom nach Südtirol zurück und nahm seine Tätigkeit als Leiter der Tageszeitung „Dolomiten" wieder auf. Tinzl war erfreut darüber, seinen Freund endlich wieder in seiner Nähe zu wissen.

„Gott sei Dank, dass du wieder da bist!", freute sich Tinzl über das Wiedersehen mit seinem Freund.[728]

In der Parteizentrale befasste sich Tinzl mit unterschiedlichen Bereichen, wie es die Akten im Parteiarchiv belegen. Er pflegte gute Verbindungen zu höheren Funktionären auf lokaler und gesamtstaatlicher Ebene. Als er in Erfahrung brachte, dass ein Gesetz hinsichtlich der „Säuberung" von durch den Nationalsozialismus belasteten Personen in Ausarbeitung sei, wandte er sich am 3. Juli 1945 an Giulio Dell'Aira, Richter am Berufungsgericht Bozen. In dem Schreiben brachte er seine der Hoffnung zum Ausdruck, dass sich das Gesetz nicht gegen die Bewohner der Provinz Bozen richte.[729] Es seien folgende besondere Umstände im Bereich der Verwaltung zu berücksichtigen:

„1. Im Gegensatz zu den anderen Provinzen, die Mussolini unterstanden, hatten die Verwaltung und all ihre Organe, hier überhaupt nichts mit polizeilichen Angelegenheiten und der öffentlichen Sicherheit zu tun. Die Polizei und sämtliche damit zusammenhängende Vorgänge unterstanden direkt dem Obersten Kommissar beziehungsweise den übergeordneten Instanzen aus dem Reich.
2. Die Verwaltung der Provinz war strikt von jeder politischen Tätigkeit der Parteien getrennt und die Personen, welche zu einem Verwaltungsdienst abkommandiert wurden, wurden nicht aufgrund ihrer Zugehörigkeit zu einer Partei ausgewählt, sondern unter Berücksichtigung ihrer verwaltungstechnischen Fähigkeiten; es waren daher nicht Parteiangehörige mit einem Parteibuch und einer eindeutigen politischen Ausrichtung, sondern Verwaltungsfachleute.
3. Verwaltungsakte, die auf die Eliminierung der Vergehen des faschistischen Regimes zielten, waren aufgrund dessen nicht bereits ‚nazistische' Taten."[730]

Am 18. Juli 1945 wandte sich eine Gruppe von Bozner Bürgern an Tinzl, die sich für die Wiedergründung des Alpenvereins einsetzte. Am 22. Juli fand aus diesem Grund eine Besprechung zwischen dem amerikanischen Hauptmann Brown, Hanns Forcher-Mayr, Kandidus Ronchetti, Hermann Mumelter und Tinzl statt. Bei diesem Treffen wurde die einstige Zugehörigkeit der Südtiroler Sektion zum Deutsch-Österreichischen Alpenverein bestätigt und die Wiedergründung des Südtiroler Alpenvereins ausgehandelt.[731]

In der Frage der Südtiroler Kriegsgefangenen versuchte Tinzl durch seine Kontakte zum ersten Präsidenten des Kassationsgerichtes Verbesserungen zu erreichen.[732] Am 12. Januar 1947 schrieb Erasto Enrico Margerdeo an Tinzl:

„Ich habe nicht versäumt mich beim Innenminister nach den Südtiroler Kriegsgefangenen, die sich immer noch in Konzentrationslagern in Italien befinden, zu erkundigen. Der Innenminister ist der Ansicht, dass die Südtiroler Gefangenen, die seinerzeit für Deutschland optiert haben, ausgewandert und deutsche Staatsbürger geworden sind, nicht freigelassen werden können. Der Minister hat sie jedoch wegen ihrer Überstellung nach Deutschland

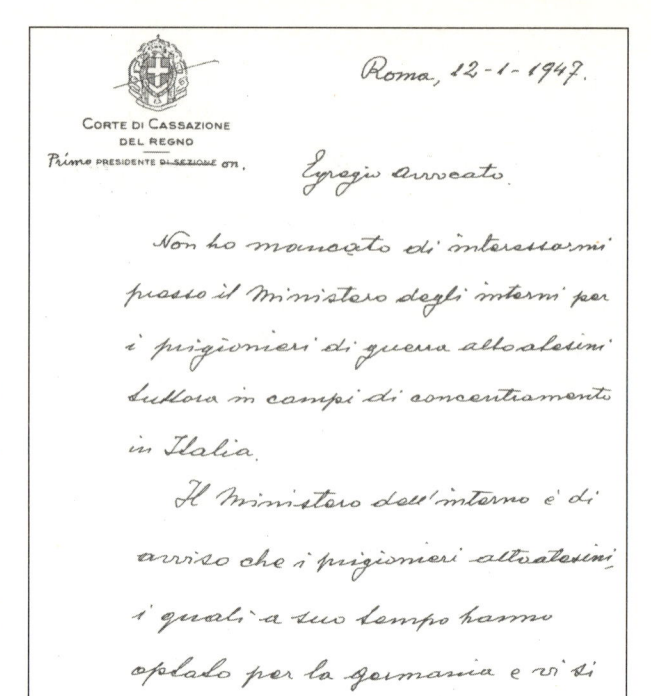

Abb. 33: Karl Tinzl besaß gute Kontakte zu leitenden italienischen Beamten. In der Frage der Südtiroler Kriegsgefangenen wandte er sich an Margerdeo, dem ersten Präsidenten des Kassationsgerichtes, der sich für die Belange der Südtiroler einsetzte.[733]

dem Befehl der alliierten Machthaber unterstellt. Es bleibt abzuwarten, was die alliierten Befehlshaber antworten. Sobald ich neue Nachrichten erhalte, werde ich sie Ihnen mitteilen."[734]

Ein besonders wichtiges Aufgabengebiet von Karl Tinzl stellten die Optanten dar. Neben einer intensiven Verhandlungstätigkeit, stand er in Kontakt mit den Stellen der Südtiroler im Ausland. Regierungsrat Angerer von der niederösterreichischen Landesregierung informierte ihn am 24. Juni 1947 in einem vertraulichen Brief über die Situation der ausgewanderten Südtiroler in Österreich:

„Die österreichische Regierung traf mit dem Kabinettsbeschluss vom 29.8.1945, Zl.6043-2/1945 eine vorläufige Regelung der staatsbürgerrechtlichen Stellung der Südtiroler, indem diese bei Erfüllung bestimmter Voraussetzungen in der Behandlung den österreichischen Staatsbürgern gleichgestellt werden. […] Die Praxis hingegen hat ein anderes Bild gezeigt. Unterbehörden und andere Stellen haben in falscher Auslegung des bezogenen Kabinettsratsbeschlusses trotz dessen klaren Wortlautes oder geradezu in Unkenntnis dieses Kabinettsratsbeschlusses oder bei vollkommen willkürlicher Annahme, die Voraussetzungen für den K.R.B. seien nicht mehr gegeben und dieser habe keine Anwendung mehr zu finden, gegenüber den Südtirolern Maßnahmen getroffen, nach denen sie diese als Ausländer, Reichsdeutsche oder Staatenlose, zu behandeln und dadurch schwerer materieller und moralischer Benachteiligung ausgesetzt waren. In allen von

Betroffenen vorgebrachten Fällen erforderte es alle Energie und Standhaftigkeit, womit der Gefertigte im Wege der Südtiroler Zentralstelle zu intervenieren hatte. Es kann mit Genugtuung festgestellt werden, dass die Fälle zu einer positiven Erledigung gebracht werden konnten. [...] Auch weiterhin ergeben sich derartige Fälle und ist anzunehmen, dass es bis zur endgültigen Regelung der Südtiroler Frage auch so bleiben wird."[735]

Die Frage der Option hing wie ein Damoklesschwert über den Südtirolern. Die SVP vertrat den Standpunkt, die Option grundsätzlich als ungültig zu betrachten und die Umsiedler zur Rückkehr zu forcieren. Zu dieser Positionierung kam es allerdings erst 1946, als sich abzeichnete, dass Südtirol nicht an Österreich angegliedert werden konnte und sich das Problem nicht von selbst lösen würde. Vorher verzichtete man auf Verhandlungen mit der italienischen Regierung in dieser Frage, um nicht den Anspruch auf Selbstbestimmung zu gefährden.[736]

Erste Initiativen der SVP wurden durch die italienische Regierung veranlasst, die im November 1945 über einen Gesetzesentwurf debattierte, der nahezu alle Deutschlandoptanten von der italienischen Staatsbürgerschaft ausgeschlossen hätte. Personen, die durch den Faschismus stark belastet waren, konnten hingegen auf ein Entgegenkommen durch die einschlägige italienische Strafgesetzgebung, durch die Reparationsgesetzgebung und vor allen Dingen durch eine großherzige Amnestie zählen.[737] Damit deutete Rom erstmals die demographische Majorisierung der Südtiroler an, die in den folgenden Jahren durch die forcierte Zuwanderung von Italienern nach Südtirol zum Bestandteil der Realpolitik werden sollte. Da Tinzl während der nationalsozialistischen Besatzung eine öffentliche Funktion ausgeübt hatte, wäre bei einer Ratifizierung des Entwurfs seine Ausweisung aus Südtirol unabwendbar gewesen.[738] Die Situation verschärfte sich durch den Abzug der alliierten Militärverwaltung am 31. Dezember 1945. Die italienische Regierung unter Alcide de Gasperi[739] von der Democrazia Cristiana (DC) bemühte sich, die vollständige Integration der Provinz in den Staatsverband zu veranlassen. Zugleich versuchten die Italiener durch die Wiederzulassung des deutschsprachigen Schulwesens den Westmächten zu signalisieren, dass den Südtirolern eine partielle Autonomie zugestanden werde.[740]

Im Januar 1946 wurde der Gesetzesentwurf zurückgezogen und im April begann eine von Staatsrat Silvio Innocenti, der in der ersten Januarhälfte 1946 zum neuen Präfekten der Provinz Bozen ernannt worden war, installierte Kommission mit der Ausarbeitung eines neuen Gesetzesvorschlages. Maßgebliche Mitglieder waren der Parteisekretär der SVP, Josef Raffeiner, und Dell'Aira.[741] Karl Tinzl war mit dem Verlauf der Verhandlungen unzufrieden und verfasste bis 2. Juli 1946 ein Memorandum zum Optantengesetz, das in die Verhandlungen eingebracht werden sollte. Raffeiner musste sich widerwillig diesem Beschluss der Partei fügen und überreichte dieses Dokument mit dem Titel „osservazioni al progetto di legge per le opzioni", nicht ohne es vorher umgearbeitet zu haben. „Dr. Tinzls Memorandum, sein erbärmlich schlechtes Italienisch, seine typische Advokatensprache, manche Widersprüche und eine gewisse Unehrlichkeit, die aus der ganzen Textierung hervorging, ärgerten mich.", notierte Raffeiner in sein Tagebuch.[742] Das Verhältnis zwischen Tinzl und

Raffeiner blieb auch weiterhin äußerst angespannt. Tinzl schätzte Raffeiner nicht besonders, war sich jedoch stets bewusst, dass er innerhalb der Partei einen gewissen Einfluss hatte. Er hielt ihn für einen Mann, „der sich aus Selbstüberheblichkeit etwas zugemutet hat, was nicht seine Schuhgröße war" und für „einen politischen Einfallspinsel, der sich am liebsten selbst reden [hörte]".[743]

Bis Juli 1946 handelte die Kommission einen Kompromiss aus, der für einige hundert kompromittierte Fälle die sofortige Wiederverleihung der italienischen Staatsbürgerschaft in Aussicht stellte. Der Gesetzesentwurf entsprach jedoch nicht den Vorstellungen von Karl Tinzl. In einer Sitzung des Südtiroler Rates in Innsbruck beurteilte er das Gesetz äußerst kritisch:

> „Es sieht vor, dass die Optanten einschließlich der Abgewanderten eine Erklärung abgeben können, worin sie auf die deutsche Staatsbürgerschaft verzichten und die Option widerrufen. Aufgrund dieser Erklärung stellt das Ministerium für jeden Abgewanderten ein Dekret aus, mit welchem die italienische Staatsbürgerschaft verliehen wird. Ausgeschlossen von dieser Verleihung sind, ebenso wie dies für in Südtirol verbliebenen Optanten gilt, folgende Personen: die sich gehässiger Propaganda oder Kriegsverbrechen schuldig gemacht haben und Personen, für die analoge Tatbestände gelten (Kautschuk-Paragraph). [...] Die Fassung des Dekretes ist so, dass der Willkür der italienischen Regierung ein sehr weites Feld gewidmet ist. Auf jeden Fall wird die Wiederverleihung sehr langsam vor sich gehen. Notwendig ist ein energischer österreichischer Schritt, Wien muss den Standpunkt vertreten, dass die Optanten italienische Staatsbürger sind und nur die Frage zu klären ist, wie die Auswanderer rückgesiedelt werden können (auf schwierige Ernährungslage in Österreich verweisen). Es müsste auch verlangt werden, dass in dem Friedensvertrag Bestimmungen aufgenommen werden, wonach die Option null und nichtig ist."[744]

Er erkannte die mögliche Interpretation des Gesetzes durch die italienischen Behörden und versuchte, eine Intervention Österreichs für die Interessen der Südtiroler zu forcieren. Sein Appell blieb jedoch ohne Wirkung. Die SVP akzeptierte schließlich den Entwurf, wenngleich die Vorbehalte wegen des großen Kreises ausgeschlossener Personen nicht unerheblich waren. Nach der Unterzeichnung des Gruber-De Gasperi-Abkommens brachte Tinzl am 12. September 1946 in der Zentralausschusssitzung den Antrag ein, die Suspendierung des bereits beschlossenen Optantengesetzes in Rom zu beantragen. Er versuchte, da wohl auch er zu den ausgeschlossenen Personen gehört hätte, dieses Gesetz zu verhindern und trotz Gegenstimmen gelang ihm seine Aktion, denn maßgebliche Persönlichkeiten wie Erich Amonn und Kanonikus Gamper stimmten für seinen Antrag.[745]

Die Klärung der Optantenfrage zog sich über die folgenden Jahre hin. Die Südtiroler waren dabei weitgehend auf sich allein gestellt. Wie auch in der Autonomiefrage erhielten sie von der „Schutzmacht" Österreich wenig Unterstützung. Die italienische Seite hingegen setzte dieses Druckmittel immer wieder geschickt ein, um die Wiederangliederung Südtirols an Österreich zu verhindern.[746]

12.3. Kontaktmann in Wien

Auf internationaler Ebene begann ab Januar 1946 mit dem Beginn der Außenministerkonferenz in Paris der diplomatische Kampf um Südtirol. Der österreichische Außenminister Karl Gruber (ÖVP) wählte eine wenig Erfolg versprechende Strategie, betrachtete er doch eine Autonomie als „größte Gefahr für Südtirol".[747] Die im April und Mai 1946 in Südtirol gesammelten 150.000 Unterschriften für die Rückkehr zu Österreich änderten nichts am Entschluss der dritten Außenministerkonferenz in Paris (25. April-16. Mai 1946), Südtirol ohne Volksabstimmung bei Italien zu belassen. Wie schon nach dem ersten Weltkrieg hatten politische Überlegungen und diplomatische Rücksichten zu diesem Entschluss geführt. Für Tinzl war es schmerzhaft diese Entscheidung anzuerkennen, bis zuletzt hatte er auf eine Revision der Grenze gehofft. Lediglich „kleinere Grenzkorrekturen" sollten dennoch möglich sein.[748] Der österreichischen Außenminister nutzte die international günstige Stimmung in den folgenden Wochen nicht geschickt und brachte unterschiedliche, zum Teil widersprüchliche Optionen (Pustertallösung, Kondominiumslösung, Autonomie) vor, die von Seiten der Italiener leicht abzuwehren waren und zudem die Differenzen zwischen Wien und Innsbruck, wo die Situation realistischer eingeschätzt wurde, vergrößerten.[749]

Karl Tinzl wurde als Kontaktmann zu Gruber eingesetzt. Er sollte ihm die Haltung der Südtiroler übermitteln und eine Einbindung der Südtiroler in das österreichische Vorgehen garantieren. Einer Verkleinerung des Landes stand die Führungsspitze der SVP kritisch gegenüber, da die deutsche Volksgruppe durch die Option bereits große Einbußen erlitten hatte.[750] Tinzl persönlich erschien, sollte eine Minimierung nicht abzuwenden sein, noch die Variante der Teilung der Stadt Bozen am erträglichsten:

> „Von Südtiroler Seite wird als einzig tragbare Kompromisslösung eine Teilung der Stadt Bozen in ein tirolisches *Altbozen* mit dem nördlichen Teil der früheren Gemeinde Gries und ein italienisches *Neubozen* (Bolzano) mit den südlichen Vororten St. Jakob und Leifers (Laives). [...] Diese Lösung hätte den großen Vorteil für Österreich, dass sie auch die Angliederung des rein deutschsprachigen Vinschgaues (Val Venosta) mit Meran und dem ebenfalls deutschsprachigen Passeiertal, der Heimat Andreas Hofers, an Österreich ermöglichen würde. [...] Für die Italiener wäre diese Lösung gleichfalls annehmbar, weil sie sagen könnten, dass die von ihnen neu gebaute Stadt Bolzano für Italien gerettet wurde."[751]

Innerhalb der SVP wurden höchst unterschiedliche Lösungsvorschläge vertreten, ebenso forcierte man hinsichtlich der Kontakte mit Rom gegensätzliche politische Strategien. Bis zum Frühsommer 1946 vergrößerten sich die Divergenzen und führten fast zur Spaltung der Partei. Die bürgerlich-liberale, städtische Gruppierung um Obmann Erich Amonn – die alteingesessene Bozner Kaufmannsfamilie pflegte gute Kontakte zu den Italienern – und Parteisekretär Josef Raffeiner bemühten sich um eine Kooperation mit den Italienern, während der bäuerliche, katholisch-konservative Teil um Kanonikus Michael Gamper, Friedl Volgger und Toni Ebner eher die Konfrontation propagierten. Karl Tinzl versuchte wie immer zu vermitteln, stellte sich in diesem Konflikt meist auf der Seite von Gamper.[752] Die erfolglose Politik Grubers führte schließlich dazu, dass die SVP vom Standpunkt keine direkten Verhandlungen mit Italien zu führen abrückte. Die Spannungen innerhalb der Partei blieben jedoch weiterhin bestehen.[753]

In Nordtirol wurden vehement eine Änderung der Politik Wiens und die Aufnahme direkter Gespräche zwischen Wien und Rom gefordert. Diese Bestrebungen blieben zwar erfolglos, im Juni 1946 wurde jedoch die Einrichtung eines Südtiroler Rates in Innsbruck erreicht, den Gruber bei seinen Entscheidungen konsultieren musste. Die Südtiroler begannen sich von Wien zu emanzipieren und beanspruchten einen größeren Einfluss auf die Vorgangsweise. Als erste Maßnahme wurde Karl Tinzl, der „gewiegteste Fachmann" der SVP, im folgenden Monat als direkter und ständiger Kontaktmann der SVP nach Wien entsandt.[754]

Er sollte die Aktivität Grubers hinsichtlich der Südtirol-Autonomie abbremsen und klarstellen, dass die Südtiroler nun selbst die Verhandlungen führen wollten. Ein bemerkenswerter Wandel in den Beziehungen zu Wien vollzog sich.[755] In einem Schreiben vom 17. Juli 1946 informierte Eduard Reut-Nicolussi, Referent für Südtirol bei der Tiroler Landesregierung,[756] den Außenminister von dieser Entscheidung:

> „Lieber Freund,
> Abschluss der Friedenskonferenz als Experte zur Verfügung zu stehen. Er besitzt hiezu den Auftrag und die Vollmacht der SVP, welche, wie Du weißt, die erdrückende Mehrheit des Südtiroler Volkes vertritt. Da ich persönlich Dr. Tinzl seit seiner Studienzeit genau kenne, möchte ich Dir über seine Persönlichkeit folgende Einzelheiten bekannt geben:
> Dr. Tinzl ist wohl der beste Jurist, den Südtirol besitzt. Er hat seinerzeit seine juristische Ausbildung durch eine Promotion ‚sub auspiciis Imperatoris' als Auszeichnung für seine erstklassigen Erfolge abgeschlossen. Während des Weltkrieges 1914-1918 war er österreichischer Frontkämpfer, hernach durch 8 Jahre, nämlich von 1921-1929, Abgeordneter für Südtirol in der römischen Kammer. Von den Faschisten vielfach bedroht und behelligt, hat er sich auch nach 1929 doch immer für unsere Landsleute betätigt und genießt bei allen politischen Kreisen Südtirols größtes Vertrauen. Während des 2. Weltkrieges hat er zwar für Deutschland optiert, ist aber im Lande geblieben und wurde in der letzten Phase Präfekt von Bozen. Seiner Gesinnung nach ist er auf unserer Linie.
> Ich bitte Dich, auch von Gesichtspunkt der Landesstelle, ihm vollen Einblick in die Südtirol betreffenden Aktionen und die Gelegenheit zu geben, sich einerseits dazu zu äußern, andererseits auch unsere Landsleute zu orientieren.
> In technischer Beziehung ersuche ich dich, ihm im Amte einen seiner Persönlichkeit angemessenen Arbeitsraum zu verschaffen, und dafür zu sorgen, dass er gut untergebracht und verpflegt wird.

In der Überzeugung, dass Dir Dr. Tinzl wertvolle Dienste leisten wird, zeichne ich mit den herzlichsten Grüßen als
Dein ergebner
(Reut-Nicolussi)"[757]

Tinzl reiste am 16. Juli 1946 nach Wien. Zwei Tage benötigte er für die Reise. Außenminister Gruber empfing ihn am 20. Juli zu einer vorbereitenden Besprechung, um „technische Aspekte" zu regeln. Tinzl wurde ein Raum im Außenministerium zugewiesen und auch für seine Verpflegung wurde gesorgt. Ebenso wurden erste Entscheidungen über seine Tätigkeit getroffen.[758] Tinzl nutzte die Gelegenheit, die wichtigsten Anliegen der Südtiroler vorzubringen, wie er selbst in einem vertraulichen Bericht für die führenden Beamten der Landesstelle für Südtirol in Innsbruck berichtete:

„Meine Arbeit soll folgendermaßen aussehen: Ich arbeite mit Legationsrat Schöner, Referent für Südtirol, zusammen und bereite mit ihm Dinge vor, die der Minister benötigen könnte oder auf welche er [Gruber, Anm. d. V.] unserer Meinung nach aufmerksam gemacht werde sollte. Er stellte mich dem Generalsekretär Dr. Wildner und Legationsrat Schöner vor. Er erklärte, er wünsche die meritorischen Aspekte der Südtirolfrage am Montag oder Dienstag mit mir zu besprechen. Ich überreiche ihm das aus Innsbruck mitgebrachte Memorandum und nutzte die Gelegenheit, gewisse dringende und wichtige Probleme sofort zur Sprache zu bringen. Zuerst berichtete ich über unsere Verhandlungsarbeiten für die Friedenskonferenz (ein an die 21 Nationen gerichtetes Memorandum mit einem beigefügten Memorandum des Bischofs von Brixen, einen Brief an Smuts, weiters Dankesbriefe und Appelle an verschiedene Persönlichkeiten und Organisationen, die uns unterstützt hatten). Minister Gruber erklärte, dass die österreichische Regierung auch eine Note für die 21 Nationen vorbereitet hätte. Laut anschließender Information hat der österreichische Botschafter in Paris bestätigt, dass diese Noten den Sekretariaten der jeweiligen Delegation ausgehändigt wurden. […] Ich wies darauf hin, das Ziel aller von uns unternommenen Schritte sei ausschließlich die integrale Lösung (Selbstbestimmung). Trotzdem wäre das Eintreten einer anderen Macht für eine Kompromisslösung (internationales Statut, international abgesicherte Autonomie etc.) nützlich, sollte sich die integrale Lösung als undurchführbar erweisen."[759]

Er informierte Gruber auch über das Angebot Roms zu Gesprächen mit den Südtirolern:

„Ich berichtete Gruber, […] dass de Gasperi wünsche, ein Vertreter Südtirols solle nach Rom kommen. Gruber antwortete darauf entrüstet, nichts von solchen Verhandlungen zu wissen. Es gehe nicht an, dass Leute hinter unserem Rücken selbständig verhandelten. […] Laut Minister Gruber hatten in Wien bis heute keinerlei Gespräche mit Vertretern Italiens stattgefunden, auch wenn, nach Meinung Gruber, die Italiener den Beginn solcher Gespräche wünschten. Gruber machte auf die Tatsache aufmerksam, dass das Außenministerium offen und heimlich von den Alliierten kontrolliert wird. Folglich müsste man hinsichtlich meiner Anwesenheit und meiner Aktivitäten in Wien mit größter Vorsicht vorgehen."[760]

Das Gespräch mit dem Außenminister über die Südtirolfrage fand nach Angaben von Tinzl nicht statt, sodass Tinzl ein Memorandum über die dringendsten Anliegen der Südtiroler, insbesondere die gewünschte Teilnahme an der Friedenskonferenz, ausarbeitete und Legationsrat Josef Schöner überreichte.[761] Sein Einfluss auf die strategischen Entscheidungen Wiens blieb insgesamt begrenzt. Die Entsendung einer Südtiroler Delegation konnte erreicht werden, anders verhielt es sich hingegen mit der Aufnahme von direkten Gesprächen zwischen Österreich und Italien. In einem SSU-Bericht wurde festgehalten, dass Tinzl versucht habe, Gruber von der sofortigen Aufnahme der Verhandlungen mit Italien zu überzeugen.[762] Richtigerweise wies Tinzl darauf hin, dass die Italiener „zugänglicher" seien, solange die Südtirol-Frage nicht endgültig entschieden sei. Gruber war von diesem Standpunkt allerdings nicht zu überzeugen und entgegnete, dass „die Italiener, obgleich sie eifrig darum bemüht seien zu verhandeln, sich dessen bewusst seien, dass ihre Position in Bezug auf Österreich gestärkt würde, sollte die Friedenskonferenz die Entscheidung der vier Außenminister hinsichtlich Südtirols bestätigen".[763]

Durch den mangelnden Erfolg war Tinzl über den Besuch in Wien unzufrieden. Die meisten Gesprächspartner betrachtete er als „in der Bürokratie festgefahrene Beamte". Mit dem Außenminister persönlich schien Tinzl besser zu harmonieren, denn trotz unterschiedlicher Positionen erklärte er, Gruber sei „der einzige Mann am Ballhausplatz, den er respektiere", so Tinzl nach Aussagen des SSU-Berichts.[764]

Am 2. August 1946 kehrte er nach einem Zwischenstopp in Innsbruck nach Südtirol zurück und erstattete der Parteileitung Bericht über seine Aktivitäten in Wien.[765] In den folgenden Tagen wurden die Strategien der Südtiroler Delegation in Paris erörtert. Der Vorschlag eine Autonomie zu fordern wurde dabei am häufigsten diskutiert, er stand jedoch erst als dritte und letzte Alternative in den Strategiepapieren und, obwohl sie besonders in Nordtirol abgelehnt wurde, bezeichnete man sie als die realistischste und von den Alliierten favorisierte Lösung.[766] Neben der Vorbereitung der Verhandlungen wurde Tinzl auch mit der Aufgabe betraut zur Beruhigung der wegen der erfolglosen Politik aufgebrachten Bevölkerung beizutragen. Am 21. August 1946 fuhr Tinzl mit Erich Amonn ins Pustertal um dort eine Versammlung abzuhalten.[767]

An den Verhandlungen in Paris konnte Tinzl selbst nicht teilnehmen, er wurde aber von Guggenberg regelmäßig über die Beratungen informiert. Außerdem belegen Briefe von Otto von Guggenberg an „Cäsar", wie der Codename von Karl Tinzl lautete, dass Tinzl die Südtiroler Delegation durch Ausarbeitung von Entwürfen unterstütze.[768]

Die Strategie Grubers blieb von Erfolglosigkeit gekennzeichnet, durch eine britische Initiative handelten Österreich und Italien jedoch schließlich ein Übereinkommen aus, das die Südtirolpolitik in den folgenden Jahrzehnten nachhaltig prägte. Am 5. September 1946 unterzeichneten Gruber und de Gasperi das nach ihnen benannte Abkommen, das auch im Friedensvertrag verankert wurde.[769] Als die Nachricht darüber nach Südtirol gelangte, herrschte verständliche Aufregung. Tinzl sandte am 7. September 1946 sogleich folgende Nachricht an Otto von Guggenberg, der den Decknamen „Berner" trug:

„Lieber Berner!
Ich danke, und darf dies wohl im Namen aller Mitarbeiter der Zentralleitung tun, Euch beiden herzlichst für die Berichte und für die große Arbeit, die ihr in Paris leistet. Ihr könnt euch denken, dass uns alles mehr als brennend interessiert. Nach den heutigen Zeitungsnachrichten müsste schon irgendein Abkommen getroffen worden sein. Wir reißen uns die Haare aus, dass das Telefongespräch uns nicht erreicht hat, welches von Paris gestern an die Zentralleitung ankam, als niemand mehr im Amte war. Die beiden Herren Amonn sind nach Como wegen ihrer geschäftlichen Angelegenheiten und kommen morgen abends zurück. Die etwas überstürzt angetretene Reise von Dr. Raffeiner nach Rom, wegen Fertigstellung des Optionsdekretes, hat bis zum Augenblick unsere schweren Befürchtungen, wegen etwaiger verhängnisvoller Folgen gerade im gegenwärtigen Moment noch nicht bestätigt. Es ist davon bisher keinerlei publizistischer Gebrauch gemacht worden; das Dekret stand lediglich ohne weiteren Kommentar unter den Gegenständen, die bei der Ministerratssitzung vom 5. beschlossen werden sollten; [...] Die Zeitungshetze, besonders persönlicher Natur, in den verschiedenen hiesigen Deckblättern ist ziemlich heftig, doch sie lässt uns kalt.
[...] Der Text der österreichischen Eventualforderungen hat uns ebenso wenig begeistert wie Euch, insbesondere war die Erwähnung des Aosta-Statutes als Muster ein grober Fehler.
Der Chef [Karl Gruber, Anm. d. V.] sollte mehr auf Euch als auf seine direkten Angestellten hören! Hoffentlich entstand oder entsteht daraus kein Schaden. Ich vermute, dass Euer Verlangen wegen eines in wenigen Sätzen zusammengedrängten Autonomieprogrammes zur Einfügung in den Friedensvertrag überholt ist, oder Ihr Euch inzwischen mit den Schlussanträgen für die geplante Reise von Maier, die Ihr ja mithattet, behelfen konntet. Dieselben enthielten ja die Hauptpunkte unserer Autonomieforderung zur allfälligen Einfügung und Festlegung der wesentlichen Punkte im Friedensvertrag. Auf alle Fälle lege ich noch eine kurze Zusammenfassung bei.
Euer Cäsar[770]

Der Pariser Vertrag sicherte der deutschen Minderheit lediglich eine weitgehende Autonomie zu. Zudem wurde eine Revision, nicht eine Annullierung der Optionen innerhalb eines Jahres nach österreichisch-italienischen Verhandlungen zugesichert.[771] Nachdem dieses Ergebnis bekannt geworden war, zeigte sich Tinzl nicht unbedingt erfreut darüber und hoffte auf eine Revidierung der Entscheidung.[772] Im Rückblick betrachtete er das Pariser Abkommen nüchterner und sachlicher:

„Nach dem Zweiten Weltkrieg schien ein Zeitalter der Blüte anzubrechen, für alles was Autonomie hieß. Einerseits sollte, nach den unheilvollen Erfahrungen mit dem totalitären Zentralismus, der ganze italienische Staatsaufbau auf dieser Grundlage erneuert werden [...] Auf der anderen Seite wollte man durch das Versprechen oder Gewähren einer Autonomie in Südtirol [...] den Selbstständigkeitsbestrebungen zuvorkommen und den Wind aus den Segeln nehmen, die mehr oder weniger stark und mehr oder weniger offen in diesen Gebieten zu Tage getreten waren. Dieselben kamen am geschlossensten und klarsten zum Ausdruck in Südtirol (Sigmundskroner Kundgebung) und gaben, soweit sie mit den Bestrebungen Österreichs zusammenfielen, dass bei der Neuordnung Europas das Unrecht des Friedensvertrages von St. Germain wenigstens hinsichtlich Südtirol wieder gutgemacht werden sollte, den Anstoß zum Abschluss des Pariser Vertrages vom 5. September 1946 zwischen de Gasperi und Gruber, in welchem sich Italien zur Gewährung einer Autonomie verpflichtete. [...] Damit wurde von der theoretisch denkbaren dreifachen Rechtsgrundlage der Autonomie, [...] die erste und oberste, die Verpflichtung des italienischen Staates zur Gewährung einer Autonomie an die deutschsprachige Bevölkerung Südtirols geschaffen. Die zweite Stufe, die grundsätzliche verfassungsmäßige Statuierung der Autonomie durch [ein, Anm. d. V.] innerstaatliches Gesetz, erhielt Gestalt durch den Artikel 116 der neuen Verfassung [...] Die dritte Rechtsgrundlage [...] wurde zur Wirklichkeit durch das Sonderstatut für das Trentino – Tiroler Etschland, erlassen mit Verfassungsgesetz vom 26. Februar 1948 Nr. 5."[773]

Damit skizzierte er den weiteren Verhandlungsweg nach Abschluss des Pariser Abkommens. Die SVP besaß keine andere Wahl, als sich ab Herbst 1946 auf die Vorbreitung der Verhandlungen mit der italienischen Regierung zu konzentrieren, die sich als äußerst problematisch erweisen sollten. Nach Auffassung des Historikers Michael Gehler wären in Paris für Südtirol bedeutend größere Zugeständnisse als das vage formulierte Gruber-De Gasperi-Abkommen möglich gewesen, wahrscheinlich das Autonomiestatut aus dem Jahre 1972.[774]

12.4. Erstes Autonomieprojekt

Bereits im Winter 1945/46 existierte ein eigenes Autonomieprojekt der SVP, das eine weitreichende Autonomie für Südtirol vorsah. Als Voraussetzung für die Schutzbestimmungen wurde eine Modifikation der italienischen Verfassung betrachtet. Der Verfassungsentwurf der SVP basierte auf Dezentralisierung und lokaler Verwaltung. Die durch das föderalistische Grundkonzept dem Staat verbleibenden Rechte wurden taxativ aufgezählt, während alle übrigen Kompetenzen der autonomen Provinz bzw. Region zugestanden wurden. Die autonomen Rechte Südtirols sollten durch eine internationale Instanz abgesichert werden.[775]

Dieser Entwurf trägt die politische Handschrift von Karl Tinzl, der sich als Verfassungsrechtler und Abgeordneter bereits mit dieser Thematik befasst hatte. Vorgesehen war es für die Verbreitung innerhalb der SVP, es kam jedoch in andere Hände. Interessant wäre die Klärung der Frage, ob Tinzl diesen Vorschlag selbstständig initiierte oder, was wahrscheinlicher wäre, ob Erich Amonn und Josef Raffeiner hinter diesem Autonomieentwurf standen.[776]

Ebenso bemerkenswert war das Schicksal dieses Entwurfes, der nach Auffassung des Historikers Leopold Steurer bereits im Frühjahr 1946 ins „diplomatische Spiel" hätte eingebracht werden müssen, da er große Realisierungschancen besessen habe. Der von Tinzl ausgearbeitete Autonomieentwurf wurde jedoch nicht an den amerikanischen und britischen Außenminister weitergeleitet, sondern an de Gasperi. Otto Borin, der oppositionelle und kollaborationsbereite Parteien und Presseorgane in Bozen organisierte, erhielt den Entwurf möglicherweise durch eine Person aus dem Umkreis des Südtiroler Demokratischen Verbandes und sandte ihn Ende März 1946 nach Rom. Dadurch konnten die SVP-internen Spannungen weiterhin für die Interessen Roms genutzt werden und außerdem besaß man jetzt die Sicherheit, dass die Südtirolfrage im Rahmen der italienischen Innenpolitik gelöst würde. Auf der internationalen Bühne ereignete sich das Gegenteil des möglichen Szenarios und brachte einen Erfolg der Strategie von de Gasperi.[777] Am 7. August 1946 fasste die SVP-Parteileitung einstimmig den Entschluss, weiterhin das Selbstbestimmungsrecht zu fordern, erst als allerletzte Möglichkeit sollte der Autonomieplan von Tinzl eingebracht werden.[778]

Angesichts der Tatsache, dass sich Tinzl bereits vor Abschluss des Gruber-De Gasperi-Abkommens mit der Frage der Autonomie beschäftigt hatte, war für ihn persönlich das Abrücken vom Selbstbestimmungsrecht nicht besonders problematisch. Sein Sohn erinnerte sich:

„Sie sind zuerst mit einem Geschütz aufgefahren, das auch völkerrechtlich tragbar war, das war die Selbstbestimmung. Wohlwissend, dass sie diese sehr schwer durchsetzten konnten, haben sie aber zunächst sondieren wollen, ob sie vielleicht doch machbar war. Bestimmte Forderungen waren sicherlich überhaupt nicht zu realisieren, aber die Selbstbestimmung ist in den Bereich hineingeraten, wo man hat sagen können, vielleicht gibt es doch eine Möglichkeit dafür. Es war ja die Entscheidung der Alliierten und verschiedener Behörden. Vielleicht würde das Verhalten der Italiener maßgeblich eine Entscheidung beeinflussen. Sollte die Selbstbestimmung nicht machbar sein, dann wollten sie in einer zweiten Phase versuchen, zumindest ein Autonomiestatut durchzusetzen, das wesentliche Dinge garantierte. Diese konnten durch Verhandlungen noch ausgeweitet werden. Selbstbestimmung und Autonomie waren somit zwei Dinge, die in dieselbe Richtung gezielt haben, das eine war das Maximalprogramm und das andere das Minimalprogramm."[779]

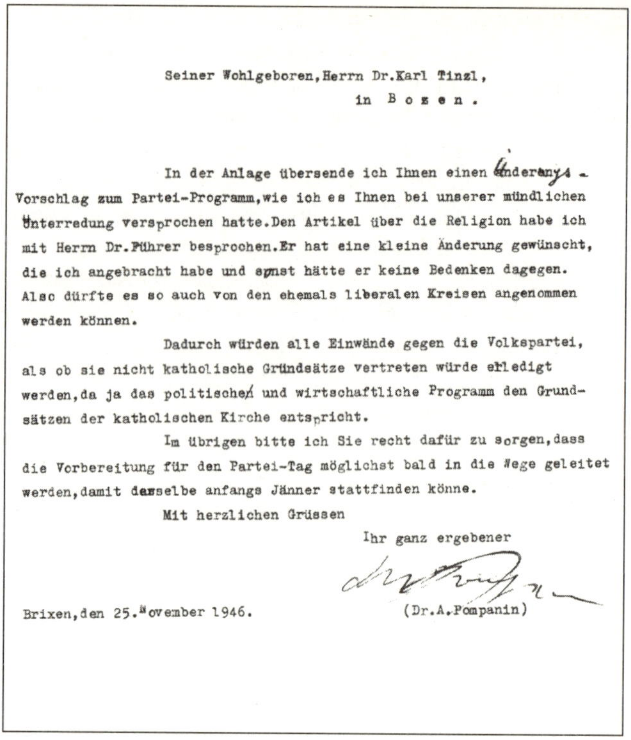

Seiner Wohlgeboren, Herrn Dr. Karl Tinzl,
in B o z e n .

In der Anlage übersende ich Ihnen einen Änderungs-Vorschlag zum Partei-Programm, wie ich es Ihnen bei unserer mündlichen Unterredung versprochen hatte. Den Artikel über die Religion habe ich mit Herrn Dr. Führer besprochen. Er hat eine kleine Änderung gewünscht, die ich angebracht habe und sonst hätte er keine Bedenken dagegen. Also dürfte es so auch von den ehemals liberalen Kreisen angenommen werden können.

Dadurch würden alle Einwände gegen die Volkspartei, als ob sie nicht katholische Grundsätze vertreten würde erledigt werden, da ja das politische und wirtschaftliche Programm den Grundsätzen der katholischen Kirche entspricht.

Im übrigen bitte ich Sie recht dafür zu sorgen, dass die Vorbereitung für den Partei-Tag möglichst bald in die Wege geleitet werden, damit dasselbe anfangs Jänner stattfinden könne.

Mit herzlichen Grüssen

Ihr ganz ergebener

Brixen, den 25. November 1946.

(Dr. A. Pompanin)

Abb. 34: Auf das Parteiprogramm der SVP nahm die Kirche maßgeblichen Einfluss, wie der Brief von Generalvikar Alois Pompanin belegt.[780]

12.5. Ein neues Programm für die SVP

Das Pariser Abkommen erforderte eine Modifikation des Parteiprogramms. Die Forderung nach Selbstbestimmung konnte nicht mehr aufrechterhalten werden. Im Herbst 1946 erhielt Karl Tinzl den Auftrag die neuen Zielsetzungen der Partei zu fixieren. Nachdem seine Reformvorschläge die Zustimmung der anderen Führungsmitglieder gefunden hatten, präsentierte er bei der ersten Landesversammlung am 9./10. Februar 1947 auf dem Reichsrieglerhof bei Bozen selbst dieses Programm den Parteimitgliedern, die es in einer anschließenden Abstimmung genehmigten.[781]

Im politischen Teil des Programms wurde erklärt, dass der Pariser Vertrag in „seinem Geist und Sinn" durchgeführt werden müsse, im zweiten Abschnitt wurde die notwendige organisatorische Umstrukturierung der Partei festgehalten.[782] Hinsichtlich der Zielsetzung der SVP hielt Tinzl fest:

> „Die Südtiroler Volkspartei setzt sich zum Ziele, innerhalb des italienischen Staatsverbandes das völkische, wirtschaftliche und kulturelle Leben des Südtiroler Volkes in seiner Eigenart zu sichern. […] Die Südtiroler Volkspartei wird tätig daran mitarbeiten, dass das italienisch-österreichische Abkommen vom 5.9.1946 seinem Geiste und seinem Sinne nach durchgeführt wird und seinen Zweck erfüllt, einerseits das Eigenleben der Südtiroler Bevölkerung

zu gewährleisten, andererseits das friedliche Zusammenleben der verschiedenen Volksgruppen anzubahnen und zu verwirklichen, eine Brücke zwischen Italien und Österreich herzustellen und dem Geiste der Völkerversöhnung zu dienen."[783]

Als unerlässliche Voraussetzung dafür wurde die Gewährung einer „wirklichen Autonomie für das Land Südtirol vom Brenner bis Salurn" betrachtet. In territorialer Hinsicht erhob Tinzl die Forderung, dass Cortina d'Ampezzo und Buchenstein an Südtirol angegliedert würden. Als besonders dringlich wurde die Regelung der Staatsbürgerschaftsfrage eingestuft, wobei der Standpunkt, von der Nichtigkeit des Umsiedlungsabkommens auszugehen, erneuert wurde.[784] In den Vordergrund rückte Tinzl nicht nur aufgrund seiner eigenen ideologischen Positionierung die katholische Komponente, verzichtet wurde hingegen auf die Berücksichtigung liberaler Ideen.[785] Er besaß einen engen persönlichen Kontakt zur Kirche, insbesondere zu Generalvikar Pompanin. Pompanin wurde von ihm bei der Ausarbeitung des Parteiprogramms konsultiert und brachte einige Änderungsvorschläge ein, die seines Erachtens wohl auch von den „ehemals liberalen Kreisen angenommen werden" könnten.[786] Selbstverständlich nahm auch Obmann Erich Amonn nachhaltigen Einfluss auf das Programm. Zwischen Amonn und Tinzl bestand ein weitreichender Konsens, besonders in wirtschaftlichen Fragen agierten sie auf der gleichen Linie.[787]

Das politische Programm der SVP, die Forderung nach Autonomie, war in den folgenden Jahrzehnten das dominierende Thema in der Politik Südtirols. Das von Tinzl ausgearbeitete Parteiprogramm blieb bis zum Jahre 1972 in Kraft.[788]

12.6. Autonomiestatut und Optantendekret

Konzepte für eine Autonomie wurden sowohl von der italienischen Regierung als auch von den Trentinern und selbstverständlich auch von der SVP ausgearbeitet. Bereits während der Verhandlungen in Paris hatte Staatsrat Innocenti einen Vorschlag erarbeitet. Am 8. September 1946, drei Tage nach der Unterzeichnung des Pariser Abkommens, präsentierte Innocenti den Regierungsentwurf für eine Autonomie der Region Tridentina. Als profunder Kenner des Völkerrechts verfasste Tinzl dazu einige kritische Bemerkungen. Er lehnte den Entwurf des Staatsrates zur Einführung einer Regionalautonomie, deren Kompetenzen zudem auf ein Mindestmaß reduziert wurden, dezidiert ab.[789]

Unter Berücksichtigung des Gruber-De Gasperi-Abkommens, an dessen „Geist" zu diesem Zeitpunkt noch kein Zweifel bestehen konnte, betrachtete er den Entwurf als überholt, da der „offenbare Zweck des Pariser Vertrages, eine Schutzbestimmung für die Südtiroler Bevölkerung deutscher (und ladinischer) Zunge zu schaffen, teilweise illusorisch gemacht wurde."[790] Erwähnenswert ist die parteiinterne Reaktion zu diesem Dokument. Josef Raffeiner und Toni Ebner arbeiteten Tinzls Vorschläge um. Anlass dafür war nicht der Inhalt des Memorandums, sondern die „fürchterliche Form". Raffeiner, in dessen Tagebüchern eine insgesamt kritische

Betrachtung von Tinzl dominierte, bemängelte Tinzls wörtliche Übersetzungen vom Deutschen ins Italienische sowie die „Phrasen, wie sie von Advokaten […] häufig gebraucht werden", aber abgedroschen klingen und wenig Sinn ergeben.[791] Tinzl blieb jedoch unbeeindruckt von Raffeiners Kritik und versuchte ihm auch seine Strategie zu erklären, allerdings mit wenig Erfolg, wie aus den Äußerungen des Parteisekretärs ersichtlich ist:

„Dr. Tinzl hat über den Gebrauch der Sprache merkwürdige Ansichten. Auf meine Vorhaltungen, dass er sich oft mehrdeutig ausdrücke oder dass sein Italienisch nicht anzuhören sei, pflegte er zu antworten: ‚Die Italiener sollen nur sehen, dass wir keine Italiener sind und uns in ihrer Sprache nicht richtig ausdrücken können' oder: ‚Es ist oft klüger, besonders in der Politik, sich nicht allzu deutlich auszudrücken. Mögen die anderen unsere Worte auslegen, wie es ihnen gefällt. Wichtig ist, dass wir selber später sagen können, dass es so, oder dass es anders gemeint war.' Gemeinsame Bekannte haben mir erzählt – ich will ihren Namen nicht nennen -, dass sie einmal dabei waren, wie die Frau Traudl Tinzl zu ihrem Mann, mit dem sie sich ansonsten gut vertrug, scherzhaft sagte: ‚Jetzt sag einmal die Wahrheit, du falscher Vinschger!' Nun, auch Scherze enthalten fast immer ein Körnchen Wahrheit."[792]

Ihm wurde, trotz seiner angeblichen Schwächen, im Sommer 1946 die Aufgabe übertragen einen eigenen Autonomieentwurf für die SVP auszuarbeiten.[793] Seine Vorschläge präsentierte er in regelmäßigen Abständen der Parteiführung, im Wesentlichen fertigte er diesen Entwurf jedoch selbstständig an und fällte die maßgebenden Entscheidungen. Insbesondere im Bereich der Autonomie- und Minderheitenfragen verfügte er über profunde Kenntnisse und verfolgte die internationale Diskussion dieser Bereiche zeitlebens äußerst intensiv. Hinzu kam seine politische Erfahrung, sodass er klarer als andere innerhalb der Partei das realpolitische Durchsetzbare abschätzen konnte.[794]

Tinzl stellte das Memorandum mit dem Titel „Fragen der künftigen Südtiroler Autonomie" bereits am 5. November 1946 fertig.[795] Die Parteiführung akzeptierte diesen Vorschlag und fixierte damit die zukünftigen Ziele.[796] In dem an die italienische Regierung weitergeleiteten Entwurf forderte Tinzl das Installieren eines Beratungsausschusses für die Ausarbeitung der Vorbereitungs- und Übergangsmaßnahmen, einen verwaltungsmäßigen Zusammenschluss des gesamten deutsch- und ladinischsprachigen Gebietes, die einvernehmliche Lösung der Optantenfrage, die Ausarbeitung eines Autonomiestatuts und die Abbremsung der italienischen Einwanderung.[797]

Zu den einzelnen Punkten hatte Tinzl detaillierte Vorschläge ausgearbeitet: In den einleitenden Bemerkungen wurde die Zusammensetzung und die Aufgaben des Beratungsausschusses ausgeführt. Dieses Gremium, dem Vertreter aller drei Volksgruppen angehören sollten, besaß die Aufgabe Vorbereitungen zum Übergang von der staatlichen zur autonomen Verwaltung zu treffen sowie die Wahlordnung für die ersten Landtagswahlen auszuarbeiten. In den Beilagen wurde die Frage der Eingliederung des Unterlandes und der Gemeinden am Nonsberg sowie des Fassatales in die Provinz Bozen erörtert. In Ampezzo und Buchenstein sollte eine Volksabstimmung durchgeführt werden, um über die Zugehörigkeit der Gemeinden zu entscheiden. Von großer Dringlichkeit war die Klärung des Optantenproblems, eine juridisch äußerst komplexe Thematik. Die im Gruber-De Gasperi-Abkommen vorgesehenen Beratungen sollten nach Auffassung von Tinzl baldmöglichst stattfinden.[798]

Hinsichtlich der Autonomie propagierte Tinzl, im Gegensatz zum Regierungsvorschlag, ein gemeinsames Statut für die beiden voneinander unabhängigen Regionen Südtirol und Trentino.[799] Punkt 14 des Entwurfs bestimmte, dass beide Regionen die gleichen legislativen und administrativen Befugnisse erhalten sollten. Für Südtirol sollten zudem noch Schutzbestimmungen für die Rechte der Minderheit gelten. Der Entwurf von Tinzl basierte auf der Gleichberechtigung aller drei Volksgruppen und dies sollte durch den ethnischen Proporz bei der Besetzung von öffentlichen Ämtern zum Ausdruck gebracht werden.[800] Zwei selbstständige Landtage sollten in den beiden Regionen die Gesetzgebung und zwei getrennte Regionalregierungen die Verwaltung im jeweiligen Gebiet ausführen.[801] Weiters sprach sich Tinzl dafür aus, dass sich die Landtage der beiden Regionen zu einem gemeinsamen Landtag vereinen könnten, um für beide Provinzen geltende Gesetze zu beschließen. Die Einberufung, der Tagungsort und der Vorsitz im gemeinsamen Landtag sollten jährlich zwischen dem Präsidenten des Landtages für Südtirol und jenem für das Trentino wechseln. Ein jährliches Zusammentreffen war obligatorisch, doch konnte die Zahl bei Bedarf erweitert werden.[802] Auch das Steuerwesen sollte dem Land übertragen werden, denn, so Tinzl, „die schönste Autonomie nützt uns nichts, wenn jemand anderer dafür den Geldbeutel hat."[803] Da er insgesamt das Konzept einer weitreichenden Autonomie propagierte, wurden lediglich die wenigen, dem Staat noch verbleibenden Rechte aufgelistet.[804]

Bei der Ausarbeitung des Entwurfs orientierte sich Tinzl an der Regionalautonomie Siziliens. Um die Akzeptanz seiner Vorschläge zusätzlich zu erhöhen, versuchte er neben der Sicherung der eigenen Belange, die Trentiner an den Autonomiebestrebungen zu beteiligen. Er kannte deren Bestrebungen und versuchte deren Interessen und damit auch jene von de Gasperi zu berücksichtigen. Eine kleine, aber gewichtige Minderheit in der Parteileitung und im Parteiausschuss stellte sich gegen den Entwurf. Sie vertraten die Ansicht, dass der Regierung keinesfalls Vorschläge unterbreitet werden sollten, die den Interessen der Trentiner so weit entgegen kamen.[805] Tinzl und mit ihm die Mehrheit der SVP-Führung glaubte, dass die mit gleichen Befugnissen ausgestatteten, selbstständigen Regionen die Vorstellung des Ministerpräsidenten von einer einheitlichen politischen Struktur des Gebietes zwischen Ala und dem Brenner ausreichend respektiere. De Gasperi, der selbst aus dem Trentino stammte, forderte eine Autonomie auch für Trient und musste daher zufrieden gestellt werden. Sein Einfluss innerhalb der DC, die im Parlament eine absolute Mehrheit besaß, war nicht zu unterschätzen. Dennoch wurde von der Gruppe um Tinzl eine Regionalautonomie mit dem Trentino dezidiert abgelehnt. Der „Geist des Pariser Abkommens" ließ eine solche Regelung nach Auffassung aller nicht zu.[806] Der Historiker Claus Gatterer bemerkte zum Entwurf von Tinzl:

„Es war auch dieser Entwurf bei weitem demokratischer als alles, was die zentralen italienischen Stellen später hervorgebracht haben: keine Spur von Arbeiterfeindlichkeit, keine Spur von Feindseligkeit gegenüber den Italienern. Man darf sich mit vollem Recht die Frage stellen, ob die Südtiroler Entwürfe nicht in der Tat eine auch für Italien und die Italiener Südtirols bessere Lösung dargestellt hätten als das schließlich von der Constituente beschlossene Statut oder das heute zur Diskussion stehende ‚Paket'."[807]

Im Vergleich zum Autonomieentwurf von 1920 waren die Forderungen wesentlich minimiert worden, realpolitisch nicht durchsetzbare Vorschläge, wie die Befreiung vom Militärdienst, wurden nicht erwähnt. Das Memorandum enthielt trotzdem die Idealvorstellung der Südtiroler, die den Optimismus jener Zeit unübersehbar demonstrierte.[808] Die Forderungen von Tinzl erinnern bereits an die 1969 im „Paket" vorgesehenen Maßnahmen, deren Realisierung sich bis 1992 hinzog. In Rom war man zu dieser Zeit jedoch keineswegs an großzügigen Lösungen interessiert.[809] De Gasperi bezeichnete diesen Vorschlag zwar als „brauchbare Grundlage zur Lösung der Frage", aber erreicht wurde letztlich nichts.[810] Im April 1947 installierte die italienische Regierung eine Kommission zur Ausarbeitung der verschiedenen Autonomien für Sizilien, Sardinien, Aosta und Trentino-Südtirol.[811] Von Österreich war nur eine marginale Unterstützung bei der Umsetzung des Abkommens zu erwarten, denn Außenminister Gruber und auch sein Nachfolger Leopold Figl betrachteten den Staatsvertrag als dringlichstes Ziel und erklärten daher die Autonomie zur inneritalienischen Angelegenheit.[812]

Zwischen dem Entwurf von Tinzl und jenem der Trentiner vom Mai 1947[813] bestanden weitgehende Übereinstimmungen. Dies war auf den Umstand zurückzuführen, dass beide bis 1918 dieselben autonomen Einrichtungen besessen und nach 1918 ähnliche Erfahrungen mit dem römischen Zentralismus gemacht hatten.[814] Der Vorschlag der Trentiner, der sich ebenfalls gegen der Regierungsentwurf richtete, beinhaltete weitreichende legislative und administrative Kompetenzen.[815] Vorgesehen waren eine weitreichende regionale Verwaltungsautonomie und die regionale Gliederung in Bezirkshauptmannschaften nach altösterreichischem Vorbild. Grundlegend andere Vorstellungen als die SVP vertraten die Trentiner hinsichtlich der territorialen Abgrenzung.[816]

Die Trentiner Autonomistenbewegung, die „Associazione Studi per l'Autonomia Regionale" (ASAR)[817], signalisierte der SVP ihre Bereitschaft zu Verhandlungen, um durch diese Zusammenarbeit Vorteile für die eigenen autonomen Bemühungen zu erzielen. Tinzl zeigte sich eher reserviert und erachtete diese Gespräche für strategisch nicht sinnvoll. Da jedoch die Befürworter innerhalb des Führungsausschusses der SVP immer mehr an Terrain gewannen, lenkte er schließlich ein und beteiligte sich selbst an den langwierigen Verhandlungen.[818] Raffeiner berichtet Folgendes von den Verhandlungen:

„Es brauchte wahrlich eine Eselsgeduld, um dabeizusitzen und zuzuhören. Dr. Tinzl und March [Vertreter der ASAR, Anm. d. V.] haben diese Geduld, denn sie sprachen stundenlang über dieselbe Sache (wie und von wem die direkten und indirekten Steuern eingehoben werden sollen), und jeder beharrte eigensinnig auf seine Meinung."[819]

Im Sommer 1947 schien nach langwierigen Gesprächen eine Einigung möglich. Im Juni 1947 wurde in Rom jedoch die Region Trentino – Südtirol verfassungsmäßig verankert. Nach einer Unterredung mit de Gasperi am 14. August 1947 verhärtete sich die Position der Trentiner. Sie hielten an der für sie vorteilhafteren Regionalautonomie fest, sodass die SVP die Verhandlungen am 2. Dezember 1947 abbrach. In den folgenden Jahren wurden die Trentiner zu den ärgsten Widersachern der Südtiroler Autonomie.[820]

In der ereignisreichen Phase bis zum ersten Autonomiestatut konnte sich die SVP auf ihren kompetentesten Juristen jederzeit verlassen. Karl Tinzl wurde meist mit Aufgaben in Wien und Innsbruck betraut, da er durch sein diplomatisches Geschick mit Außenminister Karl Gruber gut harmonierte und außerdem von den Italienern als „persona non grata" betrachtet wurde.[821] Jedes Passieren der Staatsgrenze war für ihn durch seine fehlende Staatsbürgerschaft mit erheblichen Vorbereitungen verbunden. Die Ausreise musste rechtzeitig beim Präfekten, bzw. bei der Quästur in Bozen beantragt werden.[822] Die italienischen Behörden zeigten sich natürlich wenig kooperativ und verzögerten oder untersagten, wenn möglich, seine Reise. Als Begründung für die Ausreiseverweigerung wurde erklärt, man handle aufgrund einer direkten Anweisung aus Rom.[823] Im August 1950 war die Quästur in Bozen bereit, einen „Staatenlosen-Pass" auszustellen.[824]

Waren alle Genehmigungen eingeholt, erlebte Tinzl an der Grenze selbst häufig unangenehme Situationen. Nicht weiter verwunderlich war, dass ihn die italienischen Grenzbeamten besonders genau kontrollierten. Doch berichtete er Erich Kneussl, dem Leiter der Außenstelle des Bundeskanzleramtes, von einem weiteren Zwischenfall:

„Lieber Kneussl!
Ich beeile mich dir mitzuteilen, dass ich mit allem glücklich hier gelandet bin. Die größten Schwierigkeiten hatte ich an der Grenze mit den Österreichern, sodass einem die Lust zu einer nochmaligen Ausreise wirklich vergehen konnte. Der österr. Zollbeamte verlangte meine Brieftasche. Ich hatte mein ital. Identitätskarte dem österr. Polizeibeamten abgegeben. Der Zöllner sagte, wieso ich dazu komme, neben den italienischen noch österr. Legitimationspapiere zu besitzen, rief den Polizeikommissär, der ebenfalls erklärte, dass dies gänzlich unzulässig sei und mir dieselben abnahm. Es war auch ein Carabinieri in der Nähe, ich konnte aber den Kommissär wenigstens mit ein paar Worten informieren und ersuchen, den Italienern gegenüber keinen Gebrauch zu machen. Derselbe zeigte sich im Übrigen verständnisvoll und höflich; ich gab ihm an, dass er die Papiere an Deine Adresse senden wolle."[825]

Die Papiere waren ihm durch Landesstelle ausgestellt worden. Davon zeigte sich der Zöllner unbeeindruckt:

„Der Zöllner gab sich aber damit nicht zufrieden, zunächst übergab ich ihm 60 Schilling, die noch in meiner Brieftasche waren zur Rücksendung an Deine Adresse. Er erklärte dann, er wolle die sämtlichen Papiere, die ich etwa mithabe, sehen und überprüfen. Ich gab ihm darüber allerdings möglichst wenig Auskunft, klärte ihn aber über meine Aufgabe auf. Er stellte sich auf den Standpunkt, wenn ich keinen Kurierausweis habe, habe er das Recht, die Herausgabe von allen Papieren von mir zu verlangen. Es waren Briefe von Trapp, Kripp, Gudenus. Die bewussten Protokollabschriften und einige andere, zum Teil umfangreiche Abschriften dabei. Er erklärte, er müsse alles mit einer Anzeige gegen mich der franz. Militärbehörde übergeben werden (ich bemerkte, dass bei der ganzen Szene kein Franzose zugegen war). Erst als er das Protokoll anschaute und ich ihm einigermaßen erregt erklärte, er sei dafür verantwortlich, wenn die Sachen in unrechte Hände kämen und daraus ein Skandal entstehe, entschloss er sich zur Zurückgabe."[826]

Er forderte von Kneussl umgehend Schritte, um die österreichischen Zöllner zu einem entgegenkommenderen Vorgehen zu veranlassen. Andernfalls, so Tinzl, werde der Verkehr unmöglich. „Das Risiko bei den Italienern übernimmt man, aber von österr. Seite kann man wohl eine andere Behandlung verlangen."[827], schloss Tinzl seinen Bericht.

Abb. 35: Jedes Überschreiten der Staatsgrenze war für Karl Tinzl mit bürokratischem Aufwand verbunden. Ein Entgegenkommen der italienischen Behörden war dabei nicht zu erwarten.[828]

In den zahlreichen Besprechungen intervenierte er in Wien immer wieder, um mit Nachdruck auf die prekäre Situation Südtirols aufmerksam zu machen. Er versuchte zu sondieren, inwieweit sich Österreich hinter Südtirol stellen würde. Entscheidend war, dass die von Außenminister Gruber immer wieder zugesagte Unterstützung ausblieb, sodass die Südtiroler auf sich allein gestellt waren, wenn es darum ging, ihre Rechte einzufordern.[829]

Bereits im Herbst 1946 beteiligte sich Tinzl an den ersten Zusammenkünften mit österreichischen Vertretern. Gemeinsam mit den Nordtirolern fanden Gespräche zur Vorbereitung der Besprechungen mit dem Außenminister statt. Am 30. November erklärte Tinzl bei einer Besprechung in der Landestelle für Innsbruck zur weiteren Vorgangsweise:

„Es herrscht in Südtirol eine allgemeine Ungeduld, die in den vielen Versammlungen schwer zu bekämpfen sei. Die Bevölkerung wolle das Schneckentempo kaum begreifen; unsere Versammlungen wirken sich für höchstens 8-14 Tage aus; auch dies trägt dazu bei, dass von italienischer Seite aus nichts geschieht. Die ital. Regierung wartet auf einen Schritt Österreichs, um etwas zu tun. Vordringlich sei vor allem die Erledigung der Optionsfrage. Die Bewegung unten ist eher rückläufig, als dass es vorwärts geht; die Italiener haben alle Akten beschlagnahmt, bearbeiten sie aber nicht. […] Durch diese Maßnamen wird die innere Position der deutschen Südtiroler geschwächt. Auch auf die Heimkehrer wirkt sich dies übel aus. Es wurden ca. 200 Stellen bei der Bahn ausgeschrieben, die Italiener verlangen aber den Nachweis der ital. Staatsbürgerschaft, den können die Optanten nicht erbringen.
So sei die Gleichbehandlung ein Schlag ins Wasser. Der SVP werde vorgeworfen, dass sie schuld daran wäre, dass die Optionsfrage nicht erledigt würde, weil sie gegen die Veröffentlichung des damals (vor dem Abkommen) schon vorbereiteten Optionsdekretes Protest erhoben habe. Vorschlag: Unterschied müsse gemacht werden bei der Behandlung der Frage zwischen den Bleiber-Optanten und denen, die bereits ausgewandert sind."[830]

Doch weder seine Verweise auf den Unmut der Südtiroler Bevölkerung noch die Argumentation, dass Italien auf einen Schritt Österreichs warte, veranlassten Gruber zu Interventionen.[831] Dieser vertrat den Standpunkt, dass es vorteilhafter sei, in der Autonomiefrage Zeit zu gewinnen, eine Fehleinschätzung, auf die noch weitere folgen sollten. Flexibler zeigte er sich in der Frage der Optanten, „die das wichtigste und schwerwiegendste Problem" darstelle.[832]

Um die Aufnahme der Beratungen in der Optantenfrage zwischen Österreich und Italien zu beschleunigen, reisten Tinzl und Volgger am 17. Dezember 1946 nach Rom. Dieser Reise war parteiintern eine heftige Diskussion vorangegangen. Der Obmann selbst äußerte angeblich nach Angaben von Raffeiner Bedenken gegen die Entsendung Tinzls, fand aber keine große Zustimmung.[833]

Die italienischen Regierungsstellen schienen, wie aus einem Bericht der österreichischen Gesandtschaft hervorgeht, „überrascht, dass die Südtiroler noch auf der Welt seien."[834] Die Unterredung mit dem Generalsekretär im Außenministerium, Botschafter Francesco Fransoni, und jene mit Unterstaatssekretär im Ministerratspräsidium, Paolo Cappa, verliefen wenig zufrieden stellend. Angesichts der Tatsache, dass es bereits einen unterschriftsreifen Gesetzesentwurf gegeben hatte, eine ernüchternde Erkenntnis. Große Divergenzen bestanden hinsichtlich der möglichen Ausschließungsgründe von der Staatsbürgerschaft. Tinzl und Volgger gewannen insgesamt den Eindruck, „dass die Südtiroler Frage in den Hintergrund getreten sei".[835] Am 19. Dezember traf sich Tinzl zu einer Unterredung mit Romani, dem Schwager de Gasperis, und erläuterte ihm die Anliegen Südtirols, besonders die Bedenken gegen Innocenti. Romani erklärte sich bereit diese Informationen an den Ministerpräsidenten weiterzuleiten und zu versuchen, doch noch eine Besprechung der Südtiroler mit de Gasperi zu arrangieren. Dieses Zusammentreffen wurde jedoch im letzten Augenblick abgesagt.[836]

Die Verhandlungen in der Optantenfrage zogen sich über das folgende Jahr hin. Für die SVP stand fest, dass eine Autonomie nur Sinn hatte, wenn es in Südtirol eine deutschsprachige Mehrheit geben würde, was 1947 nicht der Fall war.[837] Gleichzeitig zur Verzögerung der Verhandlungen wurde in Südtirol die italienische Zuwanderung forciert.[838] Dies blieb aufmerksamen Zeitgenossen nicht verborgen, wie folgende kurze Notiz für Karl Tinzl belegte:

> „Es wurde und wird beobachtet, dass sich seit einiger Zeit Lastkraftwagen mit Anhänger vollbesetzt mit italienischen Familien, Männer, Frauen und Kinder samt Gepäck aus dem Süden kommend in Bozen und Meran einfinden und dort Unterkunft nehmen, angeblich um sich anzusiedeln.
> Aufschriften auf diesen Lastkraftwagen waren bekannte kommunistische Partisanenbrigaden wie ‚brigata partigiani delle formazioni Matteoto' oder ‚figli dell'aqua'.
> Ausgehend kommen diese Familien um sich hier aus politischen Gründen anzusiedeln."[839]

Der Versuch der demographischen Majorisierung war bereits von den Faschisten angestrebt worden, nach dem Zweiten Weltkrieg wurde allerdings eine „behutsamere Entnationalisierungspolitik" verfolgt.[840] So besetzte man öffentliche Stellen zu über 90 Prozent mit Italienern. Baron von Sternbach wurde aus dem Landwirtschafts-Inspektorat entlassen, da seine Arbeit für die SVP als antiitalienische Tätigkeit angesehen wurde. Ebenso wurde Walther Amonn als Vizepräfekt abgelöst. Auf der anderen Seite waren die Italiener darauf bedacht, einen regen Geschäftsverkehr mit einzelnen Südtiroler Kaufmannsfamilien zu initiieren. Der psychische Druck auf die Bevölkerung wurde durch eine rigide Kontrolle des Polizeiapparats verstärkt. Als sich im Herbst 1946 die Ablehnung der Regionalautonomie manifestierte, wurde eine Verleumdungskampagne gegen die SVP initiiert, welche die SVP als Nazi-Partei klassifizierte und die Autonomie als unkalkulierbare Gefahr darstellte.[841] Ziel dieser und anderer Maßnahmen war, Südtirol restlos zu italianisieren.[842]

Im Februar 1947 verschärfte sich die politische Lage zusätzlich, da von italienischer Seite Tendenzen zu registrieren waren, die SVP bei der Durchführung des

Pariser Abkommens mit Hilfe der „Unione Democratica Sudtirolese" (UDS) zu übergehen.[843] Die BKA-Außenstelle in Innsbruck sprach sich dafür aus, unverzüglich Verhandlungen mit Italien einzuleiten. Am 5. März 1947 kam es im Außenamt zu einer kürzeren Besprechung mit Außenminister Gruber. Karl Tinzl bemühte sich die Aufnahme der offiziellen Gespräche in der Optantenfrage zu erreichen. Er schilderte die prekäre Situation in Südtirol, die Bevölkerung sei „hoffnungslos und resigniert". Durch die ungelöste Frage der staatsrechtlichen Position der in Südtirol verbliebenen Optanten und der Rückkehr der Umsiedler bestehe die Gefahr, dass sich die Südtiroler bei den nächsten Wahlen nicht beteiligen könnten.[844] Stichwortartig wurden seine Äußerungen festgehalten:

> „Verschärfte Auswanderungspraxis, Unmöglichkeit der Stellenbesetzung durch unsere Leute und daher einerseits Vordringen der Italiener, andererseits Unmöglichkeit der Unterbringung der Optanten, weiters Fortdauer des gegenwärtig bürokratisch-polizeilichen Systems in Folge der Unmöglichkeit Wahlen abzuhalten, […] als Folge davon fortwährende Schwächung unserer politischen Stellung, einerseits durch die Angst und zunehmende Hoffnungslosigkeit der Optanten andererseits dadurch, dass die Südtiroler Volkspartei als ohnmächtig zur Lösung dieser Frage hingestellt werde oder man ihr vorwirft, dass sie dazu keine Lust habe, kurz im ganzen eine Lage, die absolut unhaltbar ist und dringend sofortige Maßnahmen erheischt."[845]

Auch Schönfelder, vom Gesamtverband der Südtiroler in Österreich, unterstützte die Forderungen Tinzls.[846]

Diese Forderung wurde vom Vertreter des „Gesamtverbandes der Südtiroler" (GVS) in Österreich unterstützt. Tinzl appellierte eindringlich an den Außenminister, eine Note an die italienische Regierung zu richten, um die Aufnahme von Gesprächen anzuregen. Er hatte bereits einen dreiseitigen Entwurf vorbereitet und die zentralsten Forderungen der Südtiroler in diplomatisch-höflicher Form aufgelistet.[847] Die andauernde Zuwanderung mache auf die Bevölkerung Südtirols „einen ungünstigen Eindruck", erklärte Tinzl, „der eben dadurch, dass die großen und dringenden Fragen, wie jene der Optionsregelung und der Autonomie noch nicht in Angriff genommen werden konnten, noch verstärkt wird, sodass ihnen eine Bedeutung für die angebliche Einstellung der italienischen Regierung zu diesen Fragen beigemessen wird, die ihnen zweifellos nicht zukommt."[848] Er sprach sich für Beratungen mit den „wirklichen Vertretern der Südtiroler Bevölkerung" aus, um endlich die Grundlagen für ein von der Südtiroler Bevölkerung akzeptiertes Autonomiestatut zu schaffen. In der Optantenfrage forderte er unter Verweis auf die Wahlen ebenso eine rasche Aufnahme der Besprechungen zur Ausarbeitung von gesetzlichen Regelungen.[849]

Gruber lehnte diese Note ab, unter Verweis auf die noch ausstehende Ratifizierung des italienischen Friedensvertrags und andererseits wegen der Unabkömmlichkeit aller wichtigen Leute in Wien aufgrund der Vorbereitung des österreichischen Staatsvertrages. Tinzl insistierte und gab sich nicht mit vagen Versprechungen zufrieden. Er bat Gruber „fast flehentlich", öffentlich bekannt zu geben, dass mit Italien verhandelt werde. Durch eine österreichische Note werde Rom zu einer Stellungnahme genötigt. Außerdem wären die Italiener verhandlungsbereit, da sie selbst über die Situation in Südtirol beunruhigt seien. Schließlich erklärte sich Gruber bereit der italienischen Regierung schriftlich mitzuteilen, dass Österreich in absehbarer Zeit die Gespräche aufnehmen werde. Abgefasst wurde dieses Schreiben jedoch nicht. Dies legt die Vermutung nahe, dass die Haltung Grubers in Zusammenhang mit der angeblichen Zusage an de Gasperi, eine Autonomie für die Region Trentino-Südtirol zu installieren, stand. Später stand der Staatsvertrag im Mittelpunkt, sodass die „Schutzmacht Österreich" auch in der Folge die Südtiroler nur marginal unterstützte.[850]

Innerhalb der SVP verschlechterte sich die Stimmung zusehends. Otto von Guggenberg berichtete am 5. April 1947 an einen Nordtiroler Vertrauten:

„Habe mit dem Herrn [Tinzl] gesprochen, der erst von Wien zurückgekommen. Der Eindruck über die dortige Situation ist für uns sehr bedrückend. Viele verlieren das Vertrauen auf die einstigen so ‚kräftigen' Zusagen des Chefs [Gruber]. [...] Das nicht offene Spiel hat auch großen Nachteil, dass wir immer mit Voraussetzungen rechnen, die dann nicht eingetroffen sind. Unsere Situation an sich ist so schwer, dass dies doppelt ins Gewicht fällt. Am meisten irritiert absolutes Fehlen jedes zielbewussten Vorgehens und tastende Verhandlungen ohne vorheriges gründliches Studiums der Probleme. Was nutzen da alle Unterlagen und Aufklärungen. Vergeht einem Lust dazu, wie auch Herrn [Tinzl] zu Informationszwecken der Außenstelle in Innsbruck zur Verfügung zu stellen, der unter diesen Voraussetzungen hier viel wertvoller ist."[851]

Wegen der fehlenden Unterstützung aus Wien initiierte die SVP Beratungen mit der italienischen Regierung. Vom 14. bis 25. April 1947 fanden in Rom Gespräche zwischen der SVP und Vertretern der italienischen Regierung statt. Zentrales Gesprächsthema war die Autonomie- und die Optantenfrage. Die SVP brachte die von Karl Tinzl angefertigten „Grundzüge einer Autonomie für Südtirol" vom November 1946 ein. Die maßgeblichen Personen auf italienischer Seite, de Gasperi und Innocenti, forcierten im Gegensatz zu den Südtirolern eine, wenn auch getarnte, Regionalautonomie. Die Frage auf italienischer Seite drehte sich im Wesentlichen darum, inwieweit diese Einheit getrennt werden müsse um dem Pariser Abkommen gerecht zu werden. Nach der Besprechung mit der SVP überarbeitete Innocenti seinen Entwurf für eine Autonomie, für die Südtiroler war das Ergebnis jedoch keineswegs zufrieden stellend, da weiterhin eine gemeinsame Autonomie für Südtirol und das Trentino vorgesehen war. Der überarbeitete Entwurf von Innocenti sah drei juristische Körperschaften, nämlich Südtirol, Trentino und eine gemeinsame Organisation, vor, drei Landeshauptleute und ein gemeinsames Statut für die so genannte „Unione Regionale Trentino-Alto Adige".[852]

Uneinigkeit herrschte auch hinsichtlich der Wahlberechtigung. Staatsrat Innocenti stellte fest, dass die Optanten nicht als italienischen Staatsbürger betrachtet werden könnten. Die SVP ihrerseits bemühte sich, die Sanktionen gegen die

Optanten zu minimieren.[853] Tinzl hatte im Januar 1947 einen Entwurf zur Revision der Optionen verfasst, den das Außenamt in Wien mit geringen Modifikationen im März 1947 nach Rom übermittelt hatte. Die Anzahl der vom Ausschluss der Staatsbürgerschaft betroffenen Personen wurde im Gegensatz zu den italienischen Entwürfen wesentlich reduziert. Die Italiener zeigten sich davon unbeeindruckt und rückten in den Besprechungen im April keineswegs von ihrem Standpunkt ab.[854]

Der Aufenthalt in Rom wurde von der SVP-Delegation auch dazu genutzt, eine Reise Tinzls nach Rom vorzubereiten. Die Führungsspitze der SVP wollte ihren völkerrechtlich bewandertsten und politisch versierten Mann bei diesen wichtigen Verhandlungen auf jeden Fall einsetzen. In Gesprächen mit Staatsrat Innocenti am 19. und 22. April 1947 versuchen Raffeiner und Amonn Überzeugungsarbeit zu leisten, indem sie erklären, dass Tinzl ein rechtschaffener Mann von großen Fähigkeiten sei, der trotz seiner Tätigkeit als Präfekt nie mit dem Nationalsozialismus sympathisiert habe.[855] Innocenti zeigte sich ablehnend:

„Ihr könnt selbst entscheiden, was ihr tut. Aber wenn ihr mich um einen Rat bittet, dann kann ich euch nur davon abraten. Ihr habt einen großen Fehler begangen, Dr. Tinzl und Volgger vor einigen Monaten nach Rom zu entsenden. Tinzl war Präfekt von Bozen unter Franz Hofer und deshalb muss er derzeit noch im Hintergrund bleiben. Seine Zeit ist noch nicht gekommen. Im Übrigen wird es eine schwierige Sache die Frage seiner Staatsbürgerschaft zu klären. Man muss die öffentliche Meinung in Italien berücksichtigen."[856]

Die Reaktion des Staatsrates war eindeutig und verhinderte die Teilnahme von Tinzl an den Gesprächen über die Autonomie.

Ungeachtet der divergierenden Positionen dominierte bei den Südtirolern ein positiver Gesamteindruck nach den Besprechungen, sodass ein Abschluss der Autonomie im Juni 1947 für realistisch betrachtet wurde. Die Verhandlungen in Rom hatten jedoch erneut demonstriert, dass eine Unterstützung durch Österreich für die Autonomiefrage große Vorteile bieten würde. Deshalb reiste Tinzl erneut nach Wien, um am 8. und 9. Mai 1947 mit Gruber über ein „sofortiges Eingreifen" Österreichs zu verhandeln. Die Reise begann bereits in Bozen mit Problemen. Zunächst wurde Tinzl die Reiseerlaubnis verweigert. Als Ausgebürgerter musste er für Auslandsreisen das Einverständnis des Bozner Präfekten vorweisen. Erst eine Intervention von einflussreicher Stelle konnte den Präfekten dazu veranlassen, die Reisebewilligung zu erteilen.[857]

Bei der Besprechung in Wien gab Tinzl „dem dringenden Wunsche der Südtiroler Ausdruck, dass Gruber womöglich nach Italien kommen und sich mit de Gasperi treffen möge, um sichtbar zu machen, dass Österreich sich in die ganze Südtiroler Frage einschalte und dass bei dieser Zusammenkunft alle wesentlichen Probleme besprochen würden."[858] Der Außenminister verlangte Informationen über den aktuellen Stand der Verhandlungen mit Italien. Tinzl erklärte, dass in der grundsätzlichen Frage der Regional- oder Provinzialautonomie die wesentlichsten Differenzen bestehen würden. Die zur Ausarbeitung eines Autonomievorschlags eingesetzte Kommission habe noch keine Vorschläge bekannt gegeben, sodass darüber noch nichts gesagt werden könne. Dennoch bestehe die Tendenz, die Südtiroler einzuschränken.[859] Ein eigener Landtag und ein Landesausschuss für Südtirol schienen jedoch nach seiner Einschätzung sicher, worauf Gruber bemerkte, dass im Grunde die Verteilung der Kompetenzen wesentlich sei.[860] Tinzl erbat für die SVP eine „allgemeine Rückenstärkung" und dazu sollte eine österreichische Note, in der nicht auf einzelne Punkte der Autonomie eingegangen werde, abgefasst werden. Für den folgenden Tag arbeitete Tinzl einen Entwurf aus, in dem in diplomatisch-höflicher Form an das Pariser Abkommen erinnert und eine dauerhafte Lösung der Südtirolfrage gefordert wurde. Gruber erklärte sich mit dem Brief einverstanden. Ebenso konnten sie sich über die geheime Übergabe des Briefes durch Legationsrat Josef Kripp einigen.[861]

In der Optantenfrage besaß Tinzl eine einfachere Position, da Österreich in dieser Angelegenheit über ein eindeutiges Mandat verfügte. Der Außenminister ließ sich von Tinzls Strategie überzeugen, dass Österreich eine harte Linie propagieren müsse und kein Gesetz akzeptieren könne, das schlechter sei als jenes, das die Südtiroler selbst mit den Italienern ausgehandelt hatten. Bei einem Abbruch der Verhandlungen sollte Österreich an die Weltöffentlichkeit appellieren.[862]

Anders als besprochen, wurde das Schreiben des österreichischen Außenministers erst am 12. Juli 1947 an de Gasperi übergeben. Über die Motive Grubers, den von Tinzl entworfenen Brief so lange zurückzuhalten, kann lediglich spekuliert werden. Somit erwies sich die Note als wirkungslos. Am 27. Juni 1947 hatte die verfassungsgebende Nationalversammlung in Rom bereits den Artikel 108 (und späteren Artikel 116) der italienischen Verfassung beschlossen, der die „Region Trentino – Alto Adige" in ihrer territorialen Struktur verfassungsmäßig verankerte. Die Region stellte die tragende Verwaltungseinheit dar, die regionale Gesetzgebungs- und Vollzugsgewalt konnte nur gemeinsam mit Trient ausgeübt werden. Damit waren die Südtiroler institutionell majorisiert, da die Italiener innerhalb der Region die Mehrheit bildeten.[863] Die Südtiroler besaßen damit nur mehr die Möglichkeit, durch die Übertragung von Kompetenzen ihre Forderungen durchzusetzen. Unter dem Vorsitz des ehemaligen Ministerpräsidenten Ivanoe Bonomi wurde eine Siebenerkommission installiert, die das Autonomiestatut ausarbeiten sollte.[864] Südtiroler waren in dieser Kommission jedoch nicht vertreten und wurden auch über deren Tätigkeit nicht informiert. Die SVP verzichtete darauf, gegen diese Maßnahme zu protestieren. Sie setzte ihre Verhandlungen mit den Trentinern fort.[865]

In der Optantenfrage erzielten die Südtiroler größere Erfolge. Am 17. September 1947 verfasste Tinzl im Einvernehmen mit Erich Kneußl von der Tiroler Landesregierung und Rudolf Schlesinger vom GVS ein Strategiepapier für die weitere Vorgangsweise in der Optantenfrage. Österreich sollte Italien die Aufnahme der Verhandlungen vorschlagen, während von Südtiroler Seite in Rom gleichzeitig politische Aktionen gesetzt wurden. Sollte dieses Vorgehen ergebnislos bleiben, wäre eine persönliche Aussprache zwischen Gruber und de Gasperi angebracht.[866] Als Verhandlungsort wurde Rom festgelegt. In einem Schreiben an Gruber erläuterte Tinzl die Vorteile dieses Verhandlungsortes. Innocenti könne „neben dem dortigen Außenministerium nicht so selbstherrlich auftreten wie in Wien", außerdem sei Rom für die Südtiroler leichter erreichbar und Johannes Schwarzenberg, der österreichische Botschafter in Rom, könne Österreich unterstützen, der mit Innocenti und auch mit dem italienischen Außenamt gute Beziehungen pflege und über den aktuellen Verhandlungsstand informiert sei.[867] Karl Tinzl wurde gemeinsam mit Otto von Guggenberg für die Südtiroler als Experte zu diesen überaus schwierigen Gesprächen entsandt. Seiner Teilnahme gingen wiederum parteiinterne Diskussionen voraus. Eine geheime Abstimmung der Parteileitung entschied mit zehn gegen acht Stimmen, Tinzl nach Rom zu entsenden.[868] Noch vor der Aufnahme der entscheidenden Verhandlungen war er am 21. Oktober 1947 bei einer Besprechung der Tiroler Vertreter anwesend, um über den organisatorischen Ablauf und über inhaltliche Regelungen der Optantenfrage zu diskutieren. Man einigte sich darauf, die Verhandlungen abzubrechen, falls die Mindestforderungen nicht zu erreichen wären.[869]

Die Konsultationen zwischen Österreich und Italien traten am 13. November 1947 in die entscheidende Phase. Wiederholt standen die Gespräche vor dem Abbruch, schließlich lenkte die italienische Regierung unter der Bedingung einer österreichischen Erklärung, in der die Loyalität der Südtiroler zu Italien bestätigt wurde, ein. Die erreichten Konzessionen übertrafen die Erwartungen, sodass sich Tinzl ebenso wie Guggenberg und die Nordtiroler Experten Gschnitzer und Kunst äußerst zufrieden über das Ergebnis zeigten. Die Ausschließungsgründe des Artikel 5, die für Tinzl persönlich eine zentrale Rolle spielen sollten, konnten allerdings nicht abgeschwächt werden. Verabschiedet wurde das Optantendekret erst nach der Klärung der Autonomiefrage am 5. Februar 1948. In der Autonomiefrage wurde eine flexiblere Haltung eingenommen, sodass sich berechtigterweise die Frage aufdrängt, was wohl geschehen wäre, wenn auch dort ein ähnlich harter Kurs gewählt worden wäre.[870]

Der Entwurf der Siebnerkommission wurde den Parteien Südtirols und des Trentinos am 1. November 1947 zur Einsicht übergeben. Für die SVP war der italienische Vorschlag nicht annehmbar. Die Parteileitung beauftragte Raffeiner und Tinzl, die Einwände gegen dieses Statut zu formulieren, wobei sich Raffeiner mit den allgemeinen und Tinzl mit den speziellen Bemerkungen befasste.[871] In den „generellen Bemerkungen" wurde die Forderung einer eigenen Autonomie für Südtirol erneut bekräftigt. In den „speziellen Bemerkungen" erläuterte Tinzl detailliert die legislativen und administrativen Kompetenzen, die das Autonomiestatut umfassen sollte.[872] Am 15. November lehnte die SVP diesen Autonomieentwurf offiziell ab und forderte als Reaktion darauf die rasche Aufnahme der im Pariser Abkommen vorgesehen Konsultationen mit den Vertretern der deutschsprachigen Südtiroler.

Zur Überraschung der Südtiroler erklärte de Gasperis Südtirolberater Innocenti daraufhin, dass diese durch die schriftliche Stellungnahme der Südtiroler zum „Siebnerentwurf" bereits stattgefunden hätten. Im Abkommen seien keineswegs mündliche Beratungen vorgesehen. Deutlicher hätte die italienische Regierung ihren Standpunkt wohl nicht aufzeigen können. In Südtirol kam es zu Protesten und am 16. Dezember stürmten einige hundert Demonstranten die Bozner Präfektur.[873]

Karl Tinzl und Erich Amonn wurden beauftragt, erneut bei Gruber zu intervenieren und erzielten endlich einen Erfolg. Durch das Eingreifen Wiens wurden die Südtiroler zu Konsultationen mit der zuständigen Perassi-Kommission[874] eingeladen, wobei ihnen schon im Vorfeld Konzessionen in Aussicht gestellt wurden.⁸⁷⁵ Um die Gespräche in Rom vorzubereiten, fand am 3. und 4. Januar 1948 im Außenministerium in Wien unter dem Vorsitz von Karl Gruber eine Konferenz mit den Südtiroler Vertretern statt. Neben Erich Amonn und Karl Tinzl waren Vertreter der Tiroler Landesregierung, Franz Gschnitzer (ÖVP) und Karl Kunst (SPÖ), und hohe Funktionäre des Außenamtes anwesend. Gruber versuchte die Südtiroler davon zu überzeugen, nicht auf eine Landesautonomie zu bestehen, sondern sich um weitreichende Kompetenzen innerhalb der Region zu bemühen.⁸⁷⁶ Für Tinzl war es wesentlich, dass aus den „Konsultationen" diesmal wirkliche Beratungen würden. Zu den zentralsten Anliegen zählten nach seiner Auffassung, die Durchsetzung des Namens Südtirol, der als offizielle Bezeichnung noch immer verboten war, eine getrennte Verwaltung von Trient und Bozen und die eigene Budgethoheit, inhaltlich eine wenigstens dem sizilianischen Statut entsprechende Autonomie und einige Polizeibefugnisse ähnlich jenen des Präsidenten von Aosta. Genaueres sollte seiner Meinung nach erst während der Verhandlungen selbst festgelegt werden.⁸⁷⁷ Weitere Forderungen waren die Angliederung des Unterlandes an die Provinz Bozen, ein eigener Wahlkreis für Südtirol und die mehrjährige Sesshaftigkeitsklausel zur Ausübung des aktiven Wahlrechts, die Sicherung der Finanzierung um die übertragenen Kompetenzen ausüben zu können.⁸⁷⁸ Um diese zentralen Forderungen in Rom durchzusetzen, bedurfte es angesichts der knapp bemessenen Zeit großer Geschicklichkeit. Dessen war sich die Parteispitze vollkommen bewusst.⁸⁷⁹ Am 8. Januar 1948 wurde eine Delegation der SVP und der Sozialdemokratischen Partei in Rom bei der Achtzehner-Kommission vorstellig. Tinzl war trotz parteiinternen Diskussionen als Sachverständiger nach Rom entsandt worden.⁸⁸⁰ Besonders Raffeiner bemühte sich, Tinzl aus der Delegation auszuschließen. Ein Vertreter des „Hoferregimes" war für ihn nicht tragbar, er sei sich „zu gut, in dieser Begleitung nach Rom zu gehen".⁸⁸¹ Das Verhältnis zu Raffeiner blieb angespannt. Auch Magnago erinnerte sich: „Raffeiner war ein ungemütlicher Zeitgenosse, der den Tinzl nicht mochte. Er war so ein eingefleischter Dableiber, […] der die Vergangenheit nicht vergessen konnte."⁸⁸²

Da Tinzl offiziell nicht in Erscheinung treten durfte, wartete er meist vor der verschlossenen Tür auf Erich Amonn, Raffeiner, Guggenberg und Volgger.⁸⁸³ Über die Einstellung seines Vaters bemerkte Georg Tinzl:

> „Es hat ihn schon gestört, dass er nicht auch dabei sein konnte. Beunruhigt hat es ihn allerdings nicht, denn er war sich sicher, dass alles wie vorher besprochen laufen würde. Sie sind alles gemeinsam durchgegangen, ob so oder anders vorgegangen werden sollte, und deswegen hatte er eigentlich das Gefühl, dass alles so läuft, wie er es auch nicht viel besser hätte machen können."⁸⁸⁴

Bewusst hatten die Südtiroler ihr Quartier in einem der vornehmsten Hotels in Rom gewählt. Auf diese Weise sollte der Eindruck, die Südtiroler wären arme Bittsteller, auf jeden Fall vermieden werden.⁸⁸⁵

Tinzl agierte hinter den Kulissen als Berater und befasste sich vorwiegend mit Abänderungsanträgen. Den Leitfaden bildeten die in Wien ausgearbeiteten

Punkte. Abends im Hotel analysierte er mit seinen Parteikollegen den Verlauf der Verhandlungen. Er war nicht unzufrieden über die Entwicklungen, wie sein Sohn berichtete:

> „Es hat sich ungefähr so abgespielt, wie mein Vater es sich vorgestellt hatte. Er war ein Realist und verfolgte das Ziel der Autonomie, wie eben die Möglichkeiten sich reell angeboten haben. Er gab sich keinen Illusionen hin und hat gesagt, wenn wir jetzt um eine Autonomie kämpfen und wieder eine kleine Schlappe erleiden, dann müssen wir uns eben mit wenig zufrieden geben. Es ist nicht gesagt, dass das ewig so festgeschrieben ist, sondern es muss ein Statut sein, das soweit offen bleibt, dass man es nachher noch korrigieren kann."[886]

Allerdings propagierte er die Strategie, den Italienern mit weitreichenden Forderungen gegenüberzutreten. Die Delegation sollte seines Erachtens auf ihre Forderungen beharren, nur wenn die Südtiroler einiges verlangten, würden sie wenigstens einen kleinen Teil erhalten. Für andere politisch weniger versierte Delegationsmitglieder hingegen war die Konzentration auf das Wesentlichste der zielführende Weg.[887] Nach einer Woche in Rom notierte Raffeiner sichtlich angespannt: „Tinzl produziert immer wieder neue Bögen mit Abänderungsanträgen. [...] Ich war mit Tinzl auch nicht einig, weil er immer wieder unmögliche Dinge verlangt oder Gesetzesartikel so formuliert, dass sie von vornherein Widerspruch hervorrufen müssen."[888]

Überraschend erscheint der Stimmungswandel Raffeiners, als sich die Verhandlungen am 24. Januar 1948 bereits in der entscheidenden Phase befanden:

> „Tinzl ist mit dem Verlauf der Dinge zufrieden und ebenso mit allem, was Erich Amonn und ich tun. Er ist überhaupt recht gefügig, wenn er nicht unter dem Einfluss von Kanonikus Gamper steht. Obschon er als früherer Parlamentarier mehr politische Erfahrung besitzt als wir anderen, die Gesetze gut kennt und infolgedessen einer der besten, wenn nicht der beste technische Arbeiter in der Partei ist, hat er doch kein politisches Konzept und lässt sich von anderen führen. Im Gegensatz zu Amonn fehlt ihm jedes politische Fingerspitzengefühl. Auch hat er keinen Weitblick und auch kein Urteil darüber, was unter gegebenen Umständen politisch möglich oder unmöglich ist. Aber er lässt sich leicht führen und ist ein vorzüglicher technischer Berater und Mitarbeiter. Für eine leitenden Stellung ist er wenig geeignet, weil er sich zu leicht beeinflussen lässt."[889]

Da die Legislaturperiode der verfassungsgebenden Nationalversammlung bereits am 31. Januar endete, herrschte ein nicht zu unterschätzender Zeitdruck. Die Südtiroler Delegation wurde nach Aussagen von Tinzl „mehrfach angehört und verschiedene ihrer Vorschläge [wurden, Anm. d. V.] bei der Beschlussfassung berücksichtigt."[890] Im letzten Augenblick gelang es noch eine Klausel über das aktive Wahlrecht zum Regional- und Provinzialrat einzubauen. Die Voraussetzung einer dreijährigen Sesshaftigkeit erwies sich durch die Zuwanderungspolitik der italienischen Regierung als besonders wertvoll für die ersten Wahlen.[891]

Die SVP erreichte einige Verbesserungen, wohl auch aufgrund der wohlwollenden Haltung von Tommaso Perassi, dem Vorsitzenden der Achtzehner-Kommission. Der Kommission gehörten weiters der Trentiner Abgeordnete Conci an, der sich noch für Tinzl persönlich einsetzen sollte.[892] Das Unterland wurde vollständig an die Provinz Bozen angegliedert, Südtirol erhielt größere gesetzgeberische Befugnisse in kulturellen Belangen, und innerhalb der Region wurden zwei Klauseln eingebaut, um die Interessen der Südtiroler zu schützen. Der Artikel 14 besagte, dass die Verwaltung von Bereichen, in denen die Region Gesetzgebungsbefugnisse verfügte, „in der Regel" den Provinzen übertragen werde.[893] Italien gewährte Südtirol lediglich bescheidene autonome Befugnisse, eine eigene Regionalautonomie für Südtirol, wie sie Tinzl gefordert und wie sie den Südtirolern letztlich im Pariser Vertrag zugesichert worden war, konnte nicht realisiert werden.[894] Die Region Trentino – Alto Adige konstituierte sich aus drei juristischen Gebilden, aus der Provinz Bozen, der Provinz Trient und der den Provinzen übergeordneten Region „Trient – Oberetsch". Tragende Verwaltungseinheit war die Region, sie besaß alle grundlegenden Kompetenzen in der Gesetzgebungs- und Vollzugsgewalt. Die Doppelregion ermöglichte die Kontrolle der Südtiroler durch die italienische Mehrheit. Innerhalb der Region stellten die Italiener mit rund zwei Drittel die Mehrheit in der Bevölkerung dar. Angesichts dieser Kräfteverteilung waren die Südtiroler, deren Schutz eigentlich im Vordergrund hätte stehen sollen, völlig chancenlos.[895] Auf der anderen Seite erreichte de Gasperi damit sein Ziel, den Trentinern ebenfalls autonome Kompetenzen zu übertragen. Region und Provinz konnten ihre Tätigkeit erst aufnehmen, sobald die Regierung die entsprechenden Durchführungsbestimmungen erlassen hatte.[896] Da die Südtiroler einige Zugeständnisse erreicht hatten, stimmten sie diesem Statut, das ihre Forderungen keineswegs erfüllte, schließlich zu, wohl auch aufgrund der Haltung Österreichs und Englands.[897] Als Gegenleistung verlangte die italienische Seite eine Erklärung der Südtiroler, dass dieses Dekret ihre Forderungen erfülle. Nach Konsultationen mit dem österreichischen Botschafter in Rom, Johannes Schwarzenberg, verfasste Tinzl den später für heftige politische Unruhen sorgenden Brief an den Präsidenten der zuständigen Kommission, den so genannten „Perassi-Brief". Er änderte dabei den Vorschlag von Staatsrat Innocenti für das Schreiben und verfasste einen gemäßigteren Entwurf. Dieser wurde vor der Übergabe an den Kommissionspräsidenten noch Schwarzenberg vorgelegt.[898] Parteiintern sorgte dieser Brief für einen vorläufigen Höhepunkt der Kontroversen zwischen den Radikalen und den Gemäßigten.[899] Ungeachtet der zu erwartenden negativen Reaktionen schien der damaligen Führung der SVP das Risiko einer Weigerung zu groß, wollte man nicht alle erzielten Erfolge aufs Spiel setzen. Nach der Unterredung mit Schwarzenberg diskutierten die Südtiroler nochmals intern diese Frage.[900] Erich Amonn berichtete:

„Abends hielten wir im Hotel eine eingehende Beratung ab. Auch die anderen Herren, einschließlich Dr. Tinzl, waren der Meinung, dass wir dies nicht riskieren dürften. Selbstverständlich sollte eine solche Erklärung nur dann abgegeben werden, wenn der größere Teil unserer Wünsche von der Kommission erfüllt wird. [...] Man hat uns in der Folgezeit den so genannten ‚Perassi-Brief' auf das schwerste zum Vorwurf gemacht. Natürlich ist es leicht, hinterher darüber zu reden. Aber welche Macht hatten wir, ohne Konzessionen unsererseits, etwas zu erreichen?"[901]

Die Südtiroler erklärten in diesem Schreiben vom 28. Januar 1948, dass „das in Paris im September 1946 abgeschlossene Abkommen de Gasperi-Gruber, insoweit es sich auf die grundlegende Frage der Autonomie bezieht, nunmehr verwirklicht ist [è ormai tradotto in realtà]."[902]

Die Debatte über das Autonomiestatut im Parlament am 29. Januar 1948 verfolgte Tinzl von der für das Publikum bestimmten Tribüne aus. Höchst gespannt folgte er den Ausführungen, musste jedoch die Sitzung vorzeitig verlassen, um mit dem letzten Zug die Rückreise nach Bozen anzutreten.[903] Erst gegen 22.00 Uhr konnte sich die verfassungsgebende Nationalversammlung zur Genehmigung des Status durchringen. Dabei erlebte die Südtiroler eine besonders unangenehme Überraschung. Entgegen der Vereinbarung verlas Kommissionspräsident Perassi öffentlich das Dankesschreiben der SVP.

Die Delegationsmitglieder wurden bei ihrer Rückkehr von der Bevölkerung freudig empfangen, reservierter reagierte der Parteiausschuss. Die Spannungen zwischen der gemäßigten und der radikalen Richtung innerhalb der SVP erreichten einen neuerlichen Höhepunkt.[904] Zeigte man sich mit dem Erreichten auch weitgehend zufrieden, sorgte besonders die Loyalitätserklärung durch den Brief an Perassi für heftige Kritik. Kanonikus Gamper zeigte sich bestürzt über die Aussage, das Pariser Abkommen als nunmehr verwirklicht anzusehen. Dadurch hätten die Südtiroler ihr wichtigstes Argument, die Nichterfüllung des Abkommens, eingebüßt, erklärte er den Versammelten.[905] Diese Befürchtung wurde von Vertretern Nordtirols geteilt, wo man sich jedoch im Allgemeinen zufrieden über das Verhandlungsergebnis äußerte. Tinzl versuchte die Lage zu beruhigen und stellte sich gegen Gamper. Er empfahl seinem Freund, auf die „neue Linie" einzuschwenken. Dem Brief schrieb er damals noch keine allzu große Bedeutung zu, diese Einschätzung musste er jedoch in den folgenden Jahren revidieren.[906]

Ende der Fünfzigerjahre benutzten die Italiener dieses Schreiben, wie auch einen weiteren Brief von Amonn an de Gasperi, als wirkungsvolles Druckmittel, um die Autonomieforderungen der Südtiroler in Frage zu stellen.[907] Obwohl auf der Landesversammlung der SVP am 3. März 1956 der Antrag abgelehnt wurde, den Brief zu widerrufen, verstummten die Diskussionen nicht. Daher erklärte Tinzl in einer mit Amonn, Guggenberg und Raffeiner verfassten Aussendung am 15. Februar 1957, das Schreiben sei nur abgefasst worden, da man von der Einhaltung der im Autonomiestatut enthaltenen Zusagen ausgegangen sei.[908]

Zu keinem Zeitpunkt versuchte Tinzl seine Verantwortung zu schmälern, ebenso zog er einen Widerruf nicht in Betracht. Er übernahm die Verantwortung und wies nachdrücklich auf die Umstände der Entstehung hin. Der Brief sei wegen des massiven Drucks von italienischer Seite entstanden, erklärte er am 21. Oktober 1959 bei der Besprechung mit Nordtiroler Vertretern, denn das Optantendekret hätten die Italiener erst im Februar 1948 ratifiziert. Als zweites und entscheidendes Motiv führte er an, dass mit dieser Erklärung das Versprechen von Konzessionen verbunden gewesen sei, während eine Ablehnung jedes weitere Verhandeln ausgeschlossen hätte. Die SVP-Führung habe auf keinen Fall die Autonomie aufs Spiel setzen wollen. Den von Innocenti ausgearbeiteten Briefentwurf habe man abgelehnt und er habe einen eigenen, deutlich abgeschwächten, angefertigt.[909]

Weiters sprach sich Tinzl wohl mit Rücksicht auf Erich Amonn gegen einen Widerruf aus, weil dadurch die Existenz des Briefes nicht in Abrede gestellt und die juridische Sachlage nur unwesentlich modifiziert werde. Er stellte fest:

„Dass wir nicht zufrieden sind mit dieser Autonomie, ist in so vielen Tatsachen erwiesen, besonders durch die Vorlage des Autonomieentwurfes, den wir jetzt gemacht haben, dass man das durch einen Widerruf nur abschwächen würde. Abgesehen davon, dass dieser Widerruf gar keine Bedeutung hätte. Wir können nur sagen: Dieser Brief ist geschrieben worden unter Voraussetzung einerseits einer schon vollzogenen Tatsache – Schaffung der Region – und andererseits unter Voraussetzungen, die sich eben nicht erfüllt haben. Insbesondere hinsichtlich des Artikel 14. dass die Provinzialautonomie nicht diese Durchführung gehabt hat und auch nicht die Regionalautonomie, die wir uns zum Schutz unserer Volksgruppe aufgrund des Buchstabens erhofft haben und dass infolge dessen dieser Brief in keiner Weise als Argument verwendet werden kann. Ein Widerruf jetzt hätte keinen Wert und wäre nur ungeschickt. Wir widerrufen durch die Forderung nach Provinzialautonomie. Und wir können sagen, der Brief ist unter Voraussetzungen geschrieben worden, die sich nicht erfüllt haben."[910]

Die Einforderung der Zugeständnisse, so Tinzl, sei wesentlicher als ein Widerruf, man müsse die Sache „ehrlich und von Grund auf anpacken. Und ehrlich und von Grund auf packt man sie an, wenn man sagt, es ist eben alles nicht so geworden und deswegen hat diese Erklärung keinerlei rechtliche Bedeutung und moralische ebenso wenig."[911] Nicht alle Anwesenden teilten diese Einschätzung. Gschnitzer, der Staatssekretär im Außenministerium, beurteilte die rechtliche Bedeutung des Briefes anders, denn nur bei einer freiwilligen Zustimmung der Südtiroler könne sich Österreich mit dem Autonomiestatut einverstanden erklären.[912]

Die Polemik um dieses Schreiben sollte auch in den folgenden Jahren nicht verstummen. Die Nachwirkungen dieses Briefes erklären das lange Zögern bei der Zustimmung zum Paket im Jahre 1969, die viele in der SVP als zweiten Perassi-Brief betrachteten.[913]

Bei genauer Analyse der Umstände seiner Entstehung kann der Perassi-Brief, der für die Entwicklung in Südtirol von zentraler Bedeutung war, nicht als Zustimmung der Südtiroler zum ersten Autonomiestatut gewertet werden. An die Öffentlichkeit gelangten die Hintergründe der Entstehung erst im ersten Mailänder Sprengstoffskandal.[914] In einem anonymen Brief an Franz von Walther, dem Neffen von Erich Amonn, vom 28. Mai 1964 wurde bemerkt:

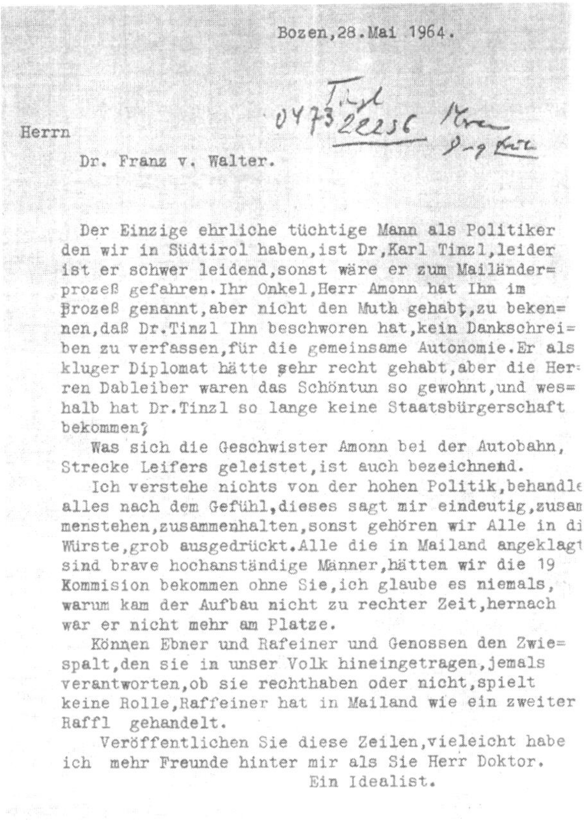

```
                        Bozen, 28. Mai 1964.

Herrn
  Dr. Franz v. Walter.

    Der Einzige ehrliche tüchtige Mann als Politiker
den wir in Südtirol haben, ist Dr. Karl Tinzl, leider
ist er schwer leidend, sonst wäre er zum Mailänder=
prozeß gefahren. Ihr Onkel, Herr Amonn hat Ihn im
Prozeß genannt, aber nicht den Muth gehabt, zu beken=
nen, daß Dr. Tinzl Ihn beschworen hat, kein Dankschrei=
ben zu verfassen, für die gemeinsame Autonomie. Er als
kluger Diplomat hätte sehr recht gehabt, aber die Her=
ren Dableiber waren das Schöntun so gewohnt, und wes=
halb hat Dr. Tinzl so lange keine Staatsbürgerschaft
bekommen?
    Was sich die Geschwister Amonn bei der Autobahn,
Strecke Leifers geleistet, ist auch bezeichnend.
    Ich verstehe nichts von der hohen Politik, behandle
alles nach dem Gefühl, dieses sagt mir eindeutig, zusam
menstehen, zusammenhalten, sonst gehören wir Alle in di
Würste, grob ausgedrückt. Alle die in Mailand angeklagt
sind brave hochanständige Männer, hätten wir die 19
Kommision bekommen ohne Sie, ich glaube es niemals,
warum kam der Aufbau nicht zu rechter Zeit, hernach
war er nicht mehr am Platze.
    Können Ebner und Rafeiner und Genossen den Zwie=
spalt, den sie in unser Volk hineingetragen, jemals
verantworten, ob sie rechthaben oder nicht, spielt
keine Rolle, Raffeiner hat in Mailand wie ein zweiter
Raffl gehandelt.
    Veröffentlichen Sie diese Zeilen, vieleicht habe
ich  mehr Freunde hinter mir als Sie Herr Doktor.
                    Ein Idealist.
```

Abb. 36: Im Nachlass von Karl Tinzl befindet sich ein anonymer Brief an von Walther, in dem die Umstände der Entstehung des Perassi-Briefes angesprochen werden.[915]

„Der einzige ehrliche tüchtige Mann als Politiker, den wir in Südtirol haben, ist Dr. Karl Tinzl, leider ist er schwer leidend, sonst wäre er zum Mailänder-Prozess gefahren. Ihr Onkel, Herr Amonn, hat ihn im Prozess genannt, aber nicht den Mut gehabt, zu bekennen, dass Dr. Tinzl Ihn beschworen hat, kein Dankesschreiben zu verfassen für die gemeinsame Autonomie. Er als kluger Diplomat hätte sehr recht gehabt, aber die Herren Dableiber waren das Schöntun so gewohnt, und weshalb hat Dr. Tinzl so lange keine Staatsbürgerschaft bekommen?"[916]

Erich Amonn verfasste am 4. Juni 1964 mit Tinzls Zustimmung ein Antwortschreiben auf diese Anschuldigungen, in dem er Tinzl als „tüchtigen und ehrlichen Politiker" beschrieb und bemerkte, dass auch dieser die Entscheidung mitgetragen habe, den Brief an Perassi zu verfassen und dafür stets die Verantwortung übernommen habe.[917] Amonn erklärte:

„Auch ich schätze Herrn Dr. Tinzl als tüchtigen und ehrlichen Politiker außerordentlich hoch ein und gerade deshalb wurde anlässlich unserer Reise nach Rom, zwecks Konsultation über das Autonomiestatut, Herr Dr. Tinzl

auch über meinen Vorschlag von der Parteileitung dazu bestimmt, die aus Dr. v. Guggenberg, Dr. Raffeiner, Dr. Volgger und mir bestehende Delegation zu begleiten, um ihr in jeder Beziehung mit Rat und Tat zur Seite zu stehen. Selbstverständlich wurde mit Herrn Dr. Tinzl auch die Frage des Perassi-Briefes besprochen und, angesichts der bestehenden Verhältnisse, die ich bei meiner Einvernahme in Mailand ziemlich genau geschildert habe, hat damals auch Dr. Tinzl dazu geraten, dass das in Frage stehende Schriftstück von uns unterschrieben werde.
Da sich der ‚Idealist' seine Auffassung, Dr. Tinzl habe mich beschworen das Dankesschreiben für die gemeinsame Autonomie nicht zu verfassen, nicht aus den Fingern gesogen haben kann, muss er von irgendeiner Seite in böswilliger Weise falsch informiert worden sein. Es wäre daher angezeigt, wenn der ‚Idealist' diesbezüglich Aufschluss geben könnte bzw. den Namen oder die Namen derjenigen nennen könnte, die ihm aus durchsichtigen Gründen einen Bären aufgebunden haben. Ich verlange nicht, das der ‚Idealist' seinen eigenen Namen nennt, denn er mag wohl ‚ein Idealist' sein, ein Held ist er bestimmt nicht, dafür aber ein Einfallspinsel.
Gleichzeitig bin ich ermächtigt mitzuteilen, dass Herr Dr. Tinzl über diese Erklärung informiert und vollinhaltlich damit einverstanden ist."[918]

XIII. Ringen um die Staatsbürgerschaft (1948-1953)

13.1. Kein Rückzug aus der Politik

Da ihm die Staatsbürgerschaft verweigert wurde, konnte Karl Tinzl bei den Wahlen im April 1948 nicht kandidieren. Er war weiterhin für die SVP tätig und prägte, obwohl er meist im Hintergrund agierte, die Arbeit der Partei nachhaltig.[919] Waren juridische Fragen zu klären, wurde er als der versierteste Ratgeber konsultiert. So wandte sich Friedrich Tessmann am 18. November 1949 an ihn, als das Regionalgesetz über die Neuregelung des Enteignungsverfahrens begutachtet werden sollte, ob er nicht einige Bemerkungen dazu verfassen könnte.[920]

Mit den Parlamentariern in Rom, vorwiegend mit Otto von Guggenberg und Toni Ebner, stand er ebenso in regem Kontakt. Distanzierter war, wenig überraschend, sein Verhältnis zu Josef Raffeiner, der gemeinsam mit Carl von Braitenberg als Senator nach Rom entsandt worden war.[921]

Besonders wegen der Verzögerung der Durchführungsbestimmungen wurde Tinzls Ratschlag häufig eingeholt. Die SVP versuchte in Rom und in Trient die Zusammenarbeit mit der DC, der einflussreichsten Partei Italiens, erreichte jedoch keine Änderung der Südtirolpolitik.[922] Tinzl befasste sich mit verschiedenen Teilbereichen, wie dem Problem der militärischen Enteignungen, der Ladinerfrage oder der Optantenfrage. Im Dezember 1950 wurde in Rom der von ihm angefertigte Antrag für die durch die Enteignungen Geschädigten eingebracht. Nachdem dieses Gesetz ratifiziert worden war, bearbeitete er die Ansuchen der betroffenen Südtiroler.[923]

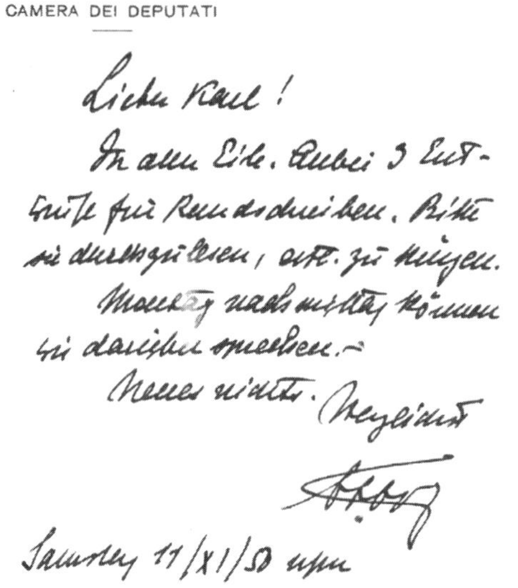

Abb. 37: Karl Tinzl unterstützte als der versierteste Jurist der SVP die Südtiroler Parlamentarier in Rom, besonders Otto von Guggenberg, bei ihrer Tätigkeit.[924]

Da die Ladiner im Pariser Vertrag als dritte Sprachgruppe unerwähnt geblieben waren, initiierte Rom Aktivitäten, die ladinische Schule zu italianisieren. Unmittelbar nach dem Krieg war erreicht worden, dass die Ladiner einen dreisprachigen Unterricht erhalten sollten. Schon aus wirtschaftlichen Motiven war für die Ladiner das Erlernen der deutschen Sprache von Vorteil. Die Schulen im Gadertal und in Gröden unterstellte man jedoch direkt einer italienischen Aufsichtsbehörde.[925] Tinzl beschäftigte sich intensiv mit dieser Frage und suchte nach Möglichkeiten, diesen Vorgängen Einhalt zu gebieten. Bereits am 6. November 1947 hatte der Parteiausschuss der SVP beschlossen, die Ladiner in ihrem Kampf gegen die Unterdrückung zu unterstützen. Da die Initiativen der SVP erfolglos blieben, brachte Tinzl am 3. August 1948 den Vorschlag in die Diskussion ein, dass prominente Persönlichkeiten die Anliegen der Ladiner unterstützen sollten.[926] Die italienische Regierung lehnte ungeachtet der Bemühungen der SVP auch im Schuljahr 1948/49 die Errichtung von Schulen mit deutscher und italienischer Unterrichtssprache in den ladinischen Gemeinden ab, sodass sich der Protest der dortigen Bevölkerung vergrößerte.[927] Am 11. Juli 1949 schrieb Tinzl an Alois Pupp, Lehrer am Realgymnasium in Brixen:

„Ich habe am Donnerstag nach der Sitzung der Landtagsabgeordneten noch eine längere Aussprache mit Dr. Magnago wegen der Frage der ladinischen Schule gehabt und ihm gesagt, dass ich Ihren Standpunkt teile, dass es notwendig wäre, einen Gesetzesentwurf einzubringen, und nicht die Sache einfach gehen zu lassen, oder abzuwarten, bis Gonnella das versprochene Regolamento erlässt; Letzteres schon deswegen nicht, weil wir doch an dem Standpunkt festhalten müssen, dass die Regelung dieser Sache Landeszuständigkeit und nicht Zuständigkeit des Ministeriums ist. Dr. Magnago war schließlich auch einverstanden, dass ein Gesetzentwurf eingebracht werde, doch erklärte er, es sei ausgeschlossen, dass man den Ladinern die Möglichkeit gebe, für die Schule mit deutscher Unterrichtssprache zu optieren und es seien diesbezüglich in Rom schon Abmachungen getroffen worden. Ich bin über diese Abmachungen nicht genauer unterrichtet, nur müsste der Gesetzentwurf dann entsprechend anders formuliert werden. Dass ein solcher eingebracht werde, halte ich nach wie vor für nötig.[928]

Schließlich einigte sich die SVP auf den Vorschlag, im italienischen Parlament einen Gesetzesentwurf einzubringen, der Schulen mit deutscher und italienischer Unterrichtssprache in den ladinischsprachigen Gebieten vorsah. Rom stimmte diesem Gesetzentwurf zu und damit konnte eine Italianisierung der ladinischen Sprachgruppe verhindert werden.[929]

Ebenso erfolgreich engagierte sich Tinzl in Bereich der Studientitelanerkennung. Er hatte die Aufnahme dieses Punktes in das Pariser Abkommen forciert und versuchte nach 1948 die Diskussion über dieses Thema voranzutreiben. Am 17. Oktober 1949 schrieb er an Guggenberg:

„Könnte man nicht die ganze Titelfrage zunächst unter den Gesichtspunkt der allgemeinen europäischen intellektuellen Zusammenarbeit bringen, von der

der betreffende Punkt des Pariser Abkommens lediglich ein der damaligen Zeit vorauseilender durch die besonderen Verhältnisse veranlasster Ausschnitt darstellt. In diesem Zusammenhang müsste wohl auch insbesondere auf das Moment der Gegenseitigkeit hingewiesen und ein kleines Lob der italienischen Universitäten gleich wie jenes der österreichischen eingestreut werden.

Ich würde auch Bemerkungen, die, wenn auch von Ferne, Zweifel an der Vertragstreue Italiens durchblicken lassen, lieber beiseite lassen und durch solche ersetzen, welche ein betontes Vertrauen gerade zum Außenministerium in dieser Richtung zum Ausdruck bringen (den stillschweigenden Gegensatz zu dem Amt, zu dem wir kein Vertrauen haben werden sich de Gasperi und Sforza dann von selbst herauslesen). Vielleicht müsste auch noch etwas ausführlicher erklärt werden, wie es zu dieser Situation in Südtirol, abgesehen von der Frage der Studenten, gekommen ist, da sehr viele keine Ahnung haben, und daher nicht begreifen werden, warum eigentlich Leute ihre Titel draußen erworben haben. Bei den Studenten würde ich vor allem die finanzielle Frage in den Vordergrund stellen und die anderen Gründe eher beiseite lassen oder nur nebenbei erwähnen. Speziell glaube ich, dass Erinnerungen an unsere Anschlussbestrebungen nicht opportun sind [...][930]

Die Bemühungen in diesem Bereich erstreckten sich noch über die folgenden Jahre, bis schließlich am 9. Mai 1956 das Abkommen zwischen Österreich und Italien über die Anerkennung der akademischen Grade unterzeichnet wurde.[931] Die strategischen Kompetenzen und den Arbeitseifer Tinzls honorierte die Partei unter anderem mit finanziellen Sonderzulagen. Am 4. Januar 1953 übermittelte ihm der Finanzausschuss der SVP eine Ehrengabe von 100.000 Lire wegen seiner „wertvollen Dienste".[932]

Bemühungen für die Rückoption und Rücksiedler

Ein besonders wichtiges Aufgabengebiet von Tinzl stellten die Optanten dar. Das am 5. Februar 1948 ratifizierte Optantendekret ermöglichte allen Betroffenen, um die Wiederverleihung der Staatsbürgerschaft anzusuchen. Sämtliche in Südtirol verbliebenen Optanten nahmen das Rückoptionsrecht in Anspruch. Nach offiziellen italienischen Angaben erhielten 201.305 Südtiroler die Staatsbürgerschaft sofort bestätigt, weitere 395 Gesuche wurden bis 1950 positiv erledigt. An den Wahlen zum Abgeordnetenhaus am 18. April 1948 konnten somit beinahe alle teilnehmen. 4.100 Südtirolern wurde die Rückoption von der gemischtsprachigen Optantenkommission in Bozen, deren Vorgangsweise von Südtiroler Seite vehement kritisiert wurde, verweigert – unter ihnen war auch Tinzl.[933] Von den abgewanderten Südtirolern kehrten bis 1950 nur 3.200 Südtiroler zurück. 70 Prozent der Heimgekehrten fanden in der Landwirtschaft eine Anstellung, obwohl der Großteil der Abgewanderten der städtischen Bevölkerung angehört hatte.[934]

Das Optantendekret sah besonders hinsichtlich der Ausschließungsgründe rigide Maßnahmen vor. Bereits im Vorfeld hatte Tinzl den Artikel 5 des geplanten Dekrets als „besonders ungünstig" bezeichnet.[935] Dieser sah vor, dass alle Personen, die in irgendeiner Verbindung mit dem nationalsozialistischen Regime standen, vom Wiedererwerb der Staatsbürgerschaft ausgeschlossen würden.[936] Dies bedeutete für Tinzl als ehemaliger Präfekt von Bozen keine Chance auf die Repatrierung zu besitzen. Außerdem ermöglichte die Ausschlussklausel des Artikel 5 eine weite Interpretation und konnte von der zuständigen Kommission willkürlich angewendet werden. Durch die Probleme bei der Durchführung des Optantengesetzes wandte sich die SVP an den österreichischen Außenminister Karl Gruber.[937]

> „Es ist von unserer Seite, wie Ihnen und den Herren im Außenministerium bekannt, immer wieder die Befürchtung ausgesprochen worden, dass eine Reihe von Klauseln des Optantendekretes sich sehr schädlich für unsere politische Gesamtlage auswirken könnten. Demgegenüber wurde stets auf die fortwährenden Versicherungen von italienischer Seite hingewiesen, dass die Anwendung des Optantendekretes eine derart weitherzige und großzügige sein werde, dass zu diesem Bedenken keinerlei Anlass bestehe. Wir müssen leider feststellen, dass die bisherige Anwendung des Optanendekretes unsere schlimmsten Befürchtungen noch übertrifft. […] Fürs Erste wurde das Optantendekret von den Behörden zu dem Versuche benützt, um in völlig willkürlicher und gänzlich ungesetzlicher Weise eine große Anzahl von Optanten (es handelt sich um mehrere Tausende) vom Wahlrecht auszuschließen; man wendete dazu den Art. 5 des Optantendekretes und überdies noch in demselben gar nicht vorgesehene Tatbestände an […] Es steht fest, dass das Innenministerium selbst in einem Schreiben an die Präfektur […] diese ungesetzliche Anwendung des Art. 5 nahe gelegt hat. Auf unsere Proteste bei der Präfektur wurde von derselben die Ungesetzlichkeit im Wesentlichen zugegeben, jedoch ausweichend erklärt, dass ein diesbezügliches Rundschreiben der Präfektur an die untergeordneten Stellen missverstanden worden sei. Ebenso wurden im weitesten Ausmaße Personen, die im Sinne des Art. 15 des Optantendekretes nicht als abgewandert anzusehen sind, als abgewandert von der Wahlberechtigung ausgeschlossen. […]"[938]

Österreich und Italien nahmen Gespräche über die Durchführung des Optantendekrets auf, die erst im März 1950 abgeschlossen wurden. Österreich verpflichtete sich mindestens 25 Prozent der Südtiroler Rückoptanten auf seinem Territorium einzubürgern.[939] Rasch stellte sich heraus, dass Wien diese Einbürgerungsverfahren äußerst zögerlich betrieb.[940] Ebenso wendete das Optionsrevisionsamt in Bozen weiterhin äußert restriktive Maßstäbe an. Die von der italienischen Regierung zugesagten Gesetze im Bereich der Renten, der Berufsausübung und der in Österreich und Deutschland erworbenen akademischen Grade ließen auf sich warten.[941]

Parallel zu den bilateralen Verhandlungen intervenierte die SVP in Rom, doch fand sie kaum Unterstützung. Karl Tinzl war den Parlamentarier bei ihren Bemühungen gegen die Auslegung des Dekrets vorzugehen behilflich. Am 29. März 1949 schrieb er an Guggenberg über einen zu verabschiedenden Gesetzesvorschlag:

> „Ich glaube […], dass unbedingt […] eine Abänderung des Gesetzes durchgesetzt werden oder eine solche Durchsetzung zumindest versucht werden

müsse. Die Schwierigkeit wird zunächst darin liegen, dass eine Änderung, durch welche das ganze bisherige Operat der Regierungsstellen aufgrund des Dekretes desavouiert und ihm der rechtliche Boden entzogen würde, bei der Regierung voraussichtlich auf heftigsten Widerstand stoßen dürfte. Ein Ausweg würde in dem Vorschlag liegen, welchen ich seinerzeit gemacht habe, nämlich, in einem ‚emendamento', welches den Art. 20 des Optionsdekretes, welcher den Art. 9. des Staatsbürgerschaftsgesetzes von 1912 für unanwendbar erklärt, abschafft, da eine solche Änderung lediglich für die Zukunft wirken würde. Gleichzeitig müsste in diesem Falle auch eine Bestimmung der ‚ragioni gravi' gesetzlich festgelegt werden, aus denen der Wiedererwerb ausgeschlossen werden kann, u.zw. selbstverständlich in einem anderen Sinne als der bisherige Art. 5, etwa derart, dass nur gerichtliche Verurteilungen gemäß Art. 5, Punkt 4, als solche Ausschließungsgründe in Betracht kämen. Interessant wäre es auch festzustellen, was für eine Stellung der Staatsrat in sede contenziosa zur ganzen Angelegenheit einnimmt, wenn sich ergeben würde, dass er auch nur einige der zahlreichen Beschwerdepunkte, die geltend gemacht wurden, für stichhältig erachtet, wäre die Regierung eigentlich gezwungen, wenn die bisherigen Entscheidungen nicht alle zusammenfallen sollen, in eine solche Änderung einzuwilligen und es wäre für sie immerhin noch eine Art ehrenvoller Rückzug. Ich lege Dir diesbez. ein Schreiben bei, richtiger eine Abschrift eines solche, das ich an Dr. v. Braitenberg gerichtet habe."[942]

Er vertrat in diesem Brief auch die Auffassung im Notfall eine internationale Instanz wegen der ungerechtfertigten Vorgänge in der Optantenfrage anzurufen, wenngleich man damit „lediglich einen moralischen Effekt" erzielten konnte. Die Situation in Südtirol war nach seiner Auffassung prekär:

„Die Tendenz, das Optionsdekret immer hemmungsloser ohne Rücksicht auf die bestehenden Bestimmungen anzuwenden, geht weiter. Es werden jetzt auch Angehörige der Sicherheitspolizei ausgeschlossen, obwohl sie im Gesetze gar nicht erwähnt und lediglich mit der Verfolgung der gewöhnlichen Verbrecher aber nichts mit Politik zu tun hatten. Ebenso werden bei den Abgewanderten, die ausgeschlossen wurden, von den Gemeinden ohne weiteres auch deren Frauen und Kinder als ausgeschlossen behandelt, offenbar aufgrund ergangener Weisungen."[943]

Angesichts dieser Vorgänge arbeitete er bis April 1949 ein Memorandum zur Optionsfrage aus, das den italienischen Parteien übermittelt wurde.[944] Durch seine Tätigkeit für die DAT und als Präfekt besaß er detaillierte Kenntnisse über Abläufe und Entscheidungen und konnte dadurch wichtige Informationen liefern. In den folgenden Jahren erwiesen sich diese Erfahrungen als vorteilhaft, um Verbesserungen zu erzielen. In einem Brief an Carl von Braitenberg erläuterte Tinzl beispielsweise den Vermögenstransfer der Nichtabgewanderten, um in Rom bei der Lösung finanzieller Fragen entsprechend argumentieren zu können:[945]

„[…] Der Betrag des transferierten und als Bankguthaben vorhandenen Vermögens der nichtabgewanderten Südtiroler finde ich durchaus den Betrag von 40 Millionen RM, umgewandelt in ebenso viele Sch. und durch das Währungsschutzgesetz auf 16 Millionen Sch. reduziert, angegeben. Dieser Betrag dürfte sich jedoch weiter vermindert haben, weil viele Optanten die 12%, welche als Sperrguthaben verblieben sind, verbraucht haben dürften. Über das anderweitige Vermögen, welches nicht abgewanderte Optanten in Österreich haben, besitzen wir keine genauen Daten. Die Feststellung desselben würde über die DUT in Innsbruck wohl möglich sein, da ja das transferierte Geld, mit dem diese Besitze gekauft wurden, zuerst bei der DUT landete. Jedenfalls dürfte der Wert dieser Anlagen nicht sehr bedeutend sein; ich glaube nicht, dass er 5 Millionen Sch. übersteigt, sondern eher darunter bleiben wird. Die Gelder der nichtabgewanderteten Optanten wurden ausschließlich durch die DUT (DAT) transferiert und befinden sich, mit ganz geringen Ausnahmen, bei der Creditanstalt-Bankverein Innsbruck."[946]

Neben der Intervention auf politischer Ebene zählte die Unterstützung der betroffenen Südtiroler zu den Hauptaufgaben von Tinzl. Besonders eingehend beschäftigte ihn der Fall von Josef Bendler, der allerdings ein wenig günstiges Licht auf Tinzl wirft. Während der deutschen Besatzung war Bendler, der aus Österreich stammte und nach seiner Heirat mit einer Südtirolerin im Jahre 1922 nach Meran übersiedelt war, bei der dortigen Preisüberwachung tätig gewesen und hatte sich dadurch die Missgunst einiger Italiener, die den illegalen Handel dominierten, zugezogen.[947] Hinzu kam, dass „verschiedene Sicherheitsorgane, die damals mit den Besetzungstruppen in übler Weise zusammengearbeitet haben", nach dem Krieg ein Alibi benötigten und Bendler belasteten.[948] „Die letzte Maßnahmen, die nach Angabe der hiesigen Quästur direkt von Rom ausgegangen sein soll, u.zw. vom Innenministerium, dürfte auf eine solche Anzeige zurückzuführen sein.",[949] erklärte Tinzl in einem vertraulichen Schreiben an Karl Buresch, dem Legationsrat der österreichischen Gesandtschaft in Rom. Unerwähnt blieb in der Korrespondenz ein wesentlicher Aspekt der Biographie von Josef Bendler. Für die Verhaftung waren noch andere Gründe ausschlaggebend. Bendler hatte sich maßgeblich an der Verfolgung und Deportation der Meraner Juden beteiligt.[950]

Im Spätsommer 1947 wurde Bendler trotz der Interventionen in ein Lager nach Le Fraschette Alatri, in der Provinz Frosinone deportiert und schließlich vor die Wahl gestellt, entweder nach Österreich oder nach Lippari verbannt zu werden.[951] Am 12. September 1947 kontaktierte Tinzl daher Hans Schöfl von der österreichischen Delegation in Rom.[952] Dieser berichtete am 17. September, dass er erneut beim Chef der Fremdenpolizei vorgesprochen habe, um die Entlassung Bendlers nach Meran zu erreichen.[953] Auch Buresch befasste sich weiterhin mit diesem Fall. Schließlich wurde erreicht, dass Bender nach Südtirol zurückkehren konnte.[954]

Am schwierigsten war die Situation der abgewanderten Südtiroler, die in die Heimat zurückkehren wollten. Diese Rücksiedler waren die großen Opfer der Option. Tinzl stand in Kontakt mit den Stellen der Südtiroler im Ausland, die ihn mit wichtigen Informationen versorgten. Angerer, Regierungsrat bei der niederösterreichischen Landesregierung, informierte ihn am 24. Juni 1947 in einem vertraulichen Brief über die Situation der ausgewanderten Südtiroler in Österreich. Trotz der offiziellen Entscheidung der österreichischen Regierung, die Südtiroler den österreichischen Staatsbürgern gleichzustellen, entsprach dies nicht der Realität.[955] In materieller und moralischer Hinsicht waren sie Benachteiligungen ausgesetzt:

> „Es handelt sich dabei um Angelegenheiten betreffend die rechtliche und wirtschaftliche Stellung von öffentlichen und privaten Angestellten und Pensionisten, um die Ausübung von Handels- und gewerblichen Berufen, um polizeiliche Behandlung, d.h. darum, dass Südtiroler keiner Aufenthaltsbewilligung bedürfen und der Registrierung zwecks Repartierung nicht unterworfen sind, um die Behandlung der Südtiroler Kinder in den Schulen, um die Behandlung der S.T. bei den Lebensmittelkartenstellen und andere. Auch weiterhin ergeben sich derartige Fälle und ist anzunehmen, dass es bis zur endgültigen Regelung der Südtiroler Frage auch so bleiben wird.[…] Ich werde weiterhin bemüht sein, den Landsleuten im Rahmen der gesetzlichen Möglichkeiten beizustehen und für die sehr geprüfte Heimat zu wirken."[956]

Aufgrund dieser Nachrichten wandte sich Tinzl an Erich Kneussl, den Leiter der Außenstelle des Bundeskanzleramtes. Die Südtiroler blieben, so Tinzl, „im Großen und Ganzen sich selbst überlassen" und würden in Innsbruck „lediglich darauf verwiesen, sich an die italienischen Zwischenstelle wegen der Einreisepapiere zu wenden". „Wir würden sehr dankbar sein, wenn die Außenstelle sich dieser armen Teufel annehmen […] würde, damit sie sich nicht ganz verlassen fühlen."[957], bat er seinen Bekannten. Kneussl reagierte rasch und sorgte für eine bessere Betreuung der Südtiroler.[958]

Im Allgemeinen war die Haltung Österreichs jedoch eine andere. Man übte Druck auf die Umsiedler aus, um ihre Rückkehr nach Südtirol zu forcieren – angesichts der ökonomischen Lage des Landes ein für die Regierung anzustrebendes Ziel.[959] Als Reaktion auf diese Politik verfügte Rom das Eigentum von Rückoptanten, deren Antrag auf Wiedereinbürgerung abgelehnt worden war, zu beschlagnahmen, mit der Begründung, es handle sich um deutsches Eigentum. Diese Bestimmung wurde erst im Oktober 1951 aufgehoben.[960]

Bereits vor dem Beschluss des Optantendekretes hatten Tinzl zudem zahlreiche Briefe ausgewanderter Südtiroler vorwiegend aus Deutschland, die sich hilfesuchend an die SVP und an Tinzl persönlich wandten, erreicht. Franz Mark von der bayrischen Landeszentralbank hatte sich am 26. Oktober 1947 an Karl Tinzl gewandt, um sich über den Verhandlungsstand und die beruflichen Möglichkeiten in Südtirol, die für die meisten Aussiedler ein zentrales Problem darstellten, zu informieren.[961] Ab Februar 1948 intensivierten sich die persönlichen Zuschriften an Tinzl, da die Gesuche für die Rückoption innerhalb eines Jahres eingereicht werden mussten. Von Beginn manifestierten sich massive Probleme bei der Anwendung des Gesetzes. Die Verzögerung der Verfahren durch die italienischen Behörden demonstrierte der Fall von Renato Weinberger. Dessen Vater, R. W., wandte sich am 25. April 1948 an Tinzl wegen der Rückwanderung seines Sohnes, der in Stuttgart als Lehrer tätig war. Das Gesuch über die Ungültigkeitserklärung war trotz Interventionen des Vaters bisher nicht behandelt worden.[962] Tinzl versuchte, sich nach Möglichkeit für diesen Fall einzusetzen, bestätigte in seiner Antwort am 10. Mai 1948 jedoch den Eindruck des Vaters:

„Wir werden gerne hier von der Partei aus die Sache betreiben. Leider geht die Sache bisher einen recht schleppenden Gang. Die Optionskommission ist in drei Unterkommissionen aufgeteilt worden, wobei die eine ihre Arbeit erst seit ca. 14 Tagen, die andere seit 3 Tagen und die dritte überhaupt noch nicht aufgenommen hat. Es ist noch nicht festgestellt, welche Unterkommission die Gesuche der Rückwanderer zu bearbeiten haben wird."[963]

In seinem Kontakt mit den Abgewanderten zeigte Tinzl Verständnis für deren schwierige Lage und bemühte sich um eine optimistische Haltung. Auf die Anfrage von P. P., einem abgewanderten Forstbeamten, entgegnete er am 23. Juli 1948, „dass an Forstleuten, sobald die Autonomie einmal in Kraft ist, was wohl mit Anfang nächsten Jahres sicher der Fall sein wird, zweifellos Bedarf ist […]".[964]

Ihn erreichten auch zahlreiche Briefe von seinen abgewanderten Bekannten, für die bei einer Rückkehr nach Südtirol entsprechende berufliche Möglichkeiten im Vordergrund standen. J. A., Landrat in Villingen im Schwarzwald, schrieb am 9. September 1948:

„Lieber Herr Dr. Tinzl!
Ein halbes Jahr der Rückoptionsfrist ist bereits verstrichen. Doch ist es nicht leichter geworden, die Frage, was nun getan werden muss zu entscheiden. Ich erlaube mir daher, Sie zu bitten, auch im Namen der übrigen Kollegen, die es nach Baden verschlagen hat, und offen Ihre Meinung zu sagen, was Sie für das Richtige halten. – Dass wir alle an S.T. hängen, es lieben und wieder daheim sein möchten, ist klar. Die Frage ist nur, ob es möglich sein wird uns wieder eine Lebensmöglichkeit zu schaffen. Wir haben hier unsere gesicherten Stellungen. […] Wir sind alle der Überzeugung, dass eine staatliche Anstellung in S.T. für uns nicht in Frage kommt. Wie ist es mit dem freien Beruf als Anwalt? Wir vermuten, dass da die Aussichten sehr gering sind, Kanzleien dürften schon übergenug vorhanden sein. Andere Möglichkeiten für einen Juristen wird es wohl kaum geben. Dazu kommen die Schwierigkeiten der Wohnraumbeschaffung, von denen uns geschrieben wird. Welche Auswirkungen könnte die Autonomie auf unsere Zukunft haben? Wie stellt sich die SVP zu all diesen Fragen? Ich habe den Eindruck, sie würde den Abgewanderten gern helfen und die Rückkehr ermöglichen, kann aber nur wenig tun. Sie wird also wohl oder übel sagen müssen, wer draußen einigermaßen zu leben hat, soll an eine Rückkehr nicht denken. Oder ist dem nicht so? Wird vielleicht erwartet, dass wir auch unter persönlichen Opfern, eine Rückkehr auf alle Fälle anstreben sollen? Wie wickeln sich die Rückoptionsgesuche ab, werden Schwierigkeiten gemacht? […]"[965]

Tinzl entgegnete hinsichtlich der Situation in Südtirol:

„Um nun gleich zur Beantwortung Ihrer Fragen zu kommen, möchte ich mit aller Offenheit sagen, dass dies heute einigermaßen schwierig ist. Wir haben selbstverständlich das größte Interesse, dass möglichst viele Südtiroler wieder heimkehren und sind der Meinung, dass die dabei auch ein bissel etwas riskieren müssen, denn es ist unmöglich, dass für alle Beschäftigung und Wohnung schon vorher vorbereitet ist, bevor sie zurückkommen. Es wird zwar bestimmt hier alles geschehen, um in der Richtung vorzubereiten was möglich ist, aber vieles kann erst dort geschehen, wenn die Leute selbst hier sind und der richtige Druck wird wohl erst, offen gesagt, dann dahinterkommen. Dies gilt im Allgemeinen insbesondere für Arbeiter, Handwerker, Geschäftsleute und ähnliche freie Berufe im weitesten Sinne des Wortes. Bei den Beamten und Angestellten (z.B. Post, Eisenbahn u. drgl.) ist die Sache meiner Meinung nach etwas anderes, weil sie, um eine Existenz zu haben, direkt darauf angewiesen sind, hier wieder in einem öffentlichen Dienst übernommen zu werden und sich nicht wie die Freiberufler eine Tätigkeit oder Stellung einfach selber schaffen können. Bei diesen bin ich daher der Meinung, dass man von ihnen eine Entscheidung erst verlangen kann, wenn die Frage ihrer Übernahme hier mit Einreihung anrechnender Dienstzeit usw. geklärt ist. Dies soll nach den Nachrichten, die wir haben, bis Ende Oktober spätestens geschehen. […] Der langen Rede kurzer Sinn lässt auch keine Wahl darin zusammenzufassen, dass Sie nach meiner Meinung mit einer Entscheidung bis gegen November oder Dezember noch zuwarten sollten, wobei dies nur, wie schon betont, keineswegs ein allgemeiner Rat sein soll."[966]

Diese Prognose musste rasch modifiziert werden. Der Ausbau der Autonomie erfolgte entgegen den Erwartungen nur zögerlich, die Durchführungsbestimmungen wurden nicht erlassen und die normale Verwaltungstätigkeit wurde behindert, sodass der Bedarf an gut ausgebildeten Rückoptanten gering war. Daher teilte Tinzl noch im Mai 1953 seinem Bekannten in Wien mit:

„Sie müssen vielmals verzeihen, dass ich Ihre Anfrage, die Sie mir durch Jörgl übermittelt haben, nicht früher beantworte. Ich hoffte immer, Ihnen doch eine konkrete und positive Auskunft geben zu können. Leider ist dies immer noch nicht möglich. Bei der Aufnahme in die autonomen Verwaltungen (Provinz und Region) ist ein fast vollständiger Stillstand eingetreten und zwar schon seit geraumer Zeit, wobei man sich bei den hauptsächlich auf den Mangel der Durchführungsbestimmungen bei uns, welcher auch die tatsächliche Übernahme der autonomen Verwaltungsbefugnisse vermindert, und die Provinz außerdem auf den Mangel an Raum berufen. Außerdem besteht ein bedeutendes Hindernis immer noch darin, dass das verwaltungsmäßige Verhältnis von Region und Provinz und die Frage nicht geklärt ist, wie weit die Region gezwungen werden kann, Beamte aus dem staatlichen Status zu übernehmen.

Was die Rückübernahme der Optanten in den öffentlichen Dienst angeht, (Staat, Gemeinden usw.) so ist das bezügliche Gesetz gegenwärtig vor dem Ministerrat und muss dann noch vor das Parlament kommen. Ich bin persönlich überzeugt, dass auf beiden Wegen eine rechtliche Möglichkeit sich ergeben würde, dass Sie hier eine entsprechende Stellung erhalten. Ob diese meine Überzeugung, dass dies an sich sicher ist, bei der Unsicherheit über das quando Ihnen eine genügend verlässliche Unterlage für Ihre Entschließungen bietet, wage ich freilich nicht zu hoffen, da schließlich jeder auch gegen sich selbst und seine Familie Verpflichtungen hat."[967]

Die SVP bemühte sich um eine große Zahl an Umsiedlern als Bestätigung ihres Einsatzes und intensivierte ihre Einflussnahme auf die italienischen Behörden.[968] Vordringlich behandelt sollten die Fälle jener Rücksiedler werden, die in Südtirol bereits eine Unterkunft und einen Arbeitsplatz besaßen.[969]

Die Arbeits- und Wohnungssituation in Südtirol verschlechterte sich rapide. Der größte Teil der Ausgewanderten stammte aus den unteren sozialen Schichten und besaß eine geringe Qualifikation. Bei ihrer Rücksiedlung waren sie neben den enormen psychischen Belastungen auch mit ökonomischen Problemen konfrontiert. Vom Staat war keine Unterstützung zu erwarten.[970] Um die demographische Majorisierung zu forcieren, wurden bei öffentlichen Bauvorhaben sogar die einheimischen italienischen Arbeitslosen abgelehnt. Bewusst beschäftigte sich die italienische Regierung nicht mit den finanziellen Fragen und so blieb offen, wer die Renten übernehmen sollte und ob die öffentlichen Bediensteten wieder eine Stelle erhalten würden.[971]

Daher forcierte Karl Tinzl die Errichtung des Rücksiedleramtes bei der Südtiroler Landesregierung. Ende April 1949, erst unmittelbar vor Eintreffen der ersten Rücksiedler, wurde ein entsprechender Beschluss vom Regionalausschuss der Region gefällt.[972] Tinzl überzeugte Wilfried Plangger, die Leitung zu übernehmen, der diese Tätigkeit bis 1957 ausübte. Die finanzielle Situation des Rücksiedleramtes war zwar bescheiden, aber dennoch wertvoll, um die Rückkehrer bei der Wiedereingliederung in die alte Heimat zu unterstützen.[973] Die meisten hatten ihre Wirtschaftsgüter verloren und die Vermögenswerte wurden nur in bescheidenem Umfang zurückgegeben. Da Rom für diese Zwecke kein Geld zur Verfügung stellte, musste die Rücksiedlung von der Provinz Bozen und der Region Trentino – Tiroler Etschland finanziell getragen werden.[974] Innerhalb der SVP existierten Überlegungen, ob ein „Rechtsanspruch auf Subvention zur Rückführung der Südtiroler" durchzusetzen sei. Guggenberg wandte sich am 19. Mai 1949 an Tinzl, der mit Landeshauptmann Erckert über diese Angelegenheit beraten sollte.[975]

Die finanzielle Situation der Rücksiedler versuchte Tinzl durch die Unterstützung der Banken zu erleichtern, da ein Großteil der Südtiroler durch die Umsiedlung zum Teil beträchtliche Vermögenseinbußen verzeichnen musste. Am 5. Dezember 1950 schrieb er an Plangger:

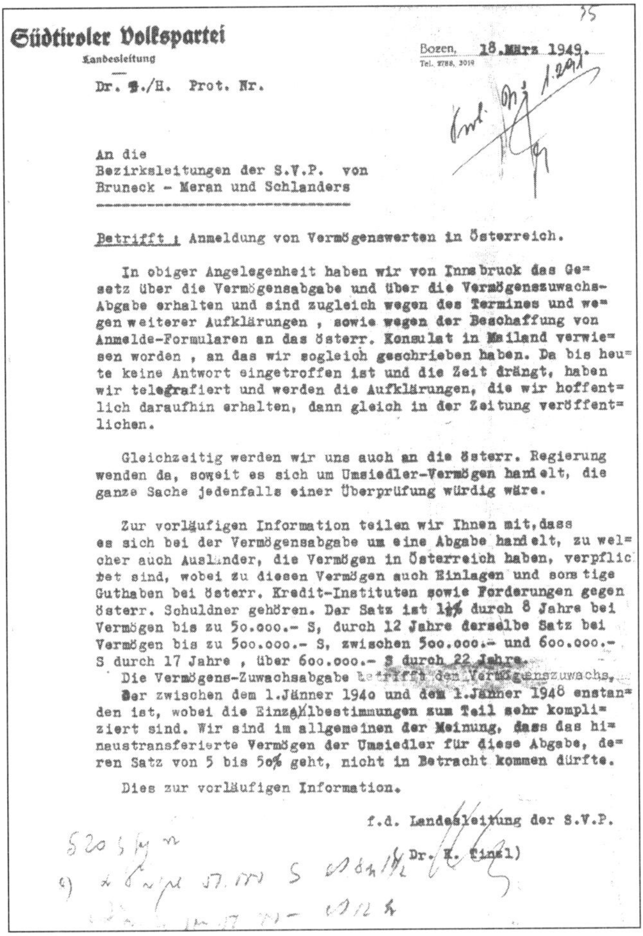

Südtiroler Volkspartei
Landesleitung

Bozen, 18. März 1949.
Tel. 2788, 3014

Dr. T./H. Prot. Nr.

An die
Bezirksleitungen der S.V.P. von
Bruneck – Meran und Schlanders

Betrifft : Anmeldung von Vermögenswerten in Österreich.

In obiger Angelegenheit haben wir von Innsbruck das Gesetz über die Vermögensabgabe und über die Vermögenszuwachs-Abgabe erhalten und sind zugleich wegen des Termines und wegen weiterer Aufklärungen, sowie wegen der Beschaffung von Anmelde-Formularen an das Österr. Konsulat in Mailand verwiesen worden, an das wir sogleich geschrieben haben. Da bis heute keine Antwort eingetroffen ist und die Zeit drängt, haben wir telegrafiert und werden die Aufklärungen, die wir hoffentlich daraufhin erhalten, dann gleich in der Zeitung veröffentlichen.

Gleichzeitig werden wir uns auch an die österr. Regierung wenden da, soweit es sich um Umsiedler-Vermögen handelt, die ganze Sache jedenfalls einer Überprüfung würdig wäre.

Zur vorläufigen Information teilen wir Ihnen mit, dass es sich bei der Vermögensabgabe um eine Abgabe handelt, zu welcher auch Ausländer, die Vermögen in Österreich haben, verpflichtet sind, wobei zu diesen Vermögen auch Einlagen und sonstige Guthaben bei österr. Kredit-Instituten sowie Forderungen gegen österr. Schuldner gehören. Der Satz ist 1% durch 8 Jahre bei Vermögen bis zu 50.000.– S, durch 12 Jahre derselbe Satz bei Vermögen bis zu 500.000.– S, zwischen 500.000.– und 600.000.– S durch 17 Jahre, über 600.000.– S durch 22 Jahre.

Die Vermögens-Zuwachsabgabe betrifft den Vermögenszuwachs, der zwischen dem 1. Jänner 1940 und dem 1. Jänner 1948 entstanden ist, wobei die Einzelbestimmungen zum Teil sehr kompliziert sind. Wir sind im allgemeinen der Meinung, dass das hinaustransferierte Vermögen der Umsiedler für diese Abgabe, deren Satz von 5 bis 50% geht, nicht in Betracht kommen dürfte.

Dies zur vorläufigen Information.

f.d. Landesleitung der S.V.P.

(Dr. K. Tinzl)

Abb. 38: Tinzl setzte sich für die Rücksiedler, die eigentlichen Opfer der Option, ein und forcierte die Errichtung des Rücksiedleramtes.[976]

„Gelegentlich einer Besprechung bei der Sparkasse wurde dort folgende Möglichkeit erörtert: Die Sparkasse könnte einen Betrag von ungefähr 200 Millionen Lire für die Rücksiedlerdarlehen zur Verfügung stellen und zwar zu einem bedeutend ermäßigten Zinsfuße, wenn die Provinz eine Zinsbeihilfe von etwa 3 – 4 % leisten würde. Dies würde für die Provinz eine Belastung von ungefähr 6 – 8 Millionen jährlich bedeuten und selbstverständlich müsste die Zeit begrenzt werden, vorläufig auf etwa zwei Jahre, die allenfalls, falls dann noch Bedarf bestehen sollte, um etwas verlängert werden könnten.
Diese Frist von zwei Jahren würde so zu verstehen sein, dass die Hilfe für Rücksiedlungsdarlehen gewährt würde, die innerhalb dieser Zeit aufgenommen werden. Die Zinshilfe selbst müsste sich selbstverständlich auf die Laufzeit der Darlehen erstrecken, die wohl amortisierbar gehalten werden und unter Umständen auch kurzfristig gehalten werden könnten, je nach Lage des Falles.

> Nachdem seitens der Sparkasse Geneigtheit bestehen scheint, dem Gedanken einer solchen Operation näher zu treten, wäre es wohl zweckmäßig, wenn der Rücksiedlungsausschuss sich mit dieser Angelegenheit befassen und bei der Provinz diesbezüglich unternehmen und die Einzelheiten solcher Kreditoptionen mit der Sparkasse besprechen würde."[977]

Tinzl wollte in geeigneter Weise die Folgeschäden der Umsiedlung lindern und propagierte eine Unterstützung in Notfällen und die Gewährung von Darlehen für die Gründung oder Festigung beruflicher Existenzen. Immer wieder wies er darauf hin, die Umstände der Option zu berücksichtigen und erklärte, dass diese „formell freiwillig erfolgte, sich jedoch unter einem sehr starken, in vielen Fällen fast unwiderstehlichen Druck vollzog".[978] Er fügte noch hinzu:

> „Dieser Druck bestand vor allem in der Gefahr der völligen völkischen Unterdrückung, oft auch in jenem des Verlustes oder der unerträglichen Erschwerung der wirtschaftlichen Existenz, wozu noch Gerüchte kamen, die sich keineswegs als haltlos erwiesen, dass man plane, diejenigen, welchen nicht abwanderten, südlich des Po anzusiedeln. Die Anerkennung der abgewanderten Südtiroler als Heimatvertriebene wäre daher gewiss ein gerechtfertigter Akt der Billigkeit."[979]

Seine Idealvorstellung war, dass jeder Betroffene eine Entschädigung erhalten würde. Aus diesem Grunde beteiligte er sich an der Vorbereitung von Gesprächen zwischen den zuständigen Stellen in der BRD und der Caritas Brixen, die „einige Freunde Südtirols", primär Ministerialdirektor Johannes Schauff, dem langjährigen Vizepräsidenten des International Catholic Migration Comitee in Genf, angeregt hatten. Gemeinsam mit Kaplan Josef Zingerle und Rudolf von Unterrichter, dem eigentlichen Motor des gesamten Unternehmens, von der Caritas Brixen begab sich Tinzl zu Gesprächen nach Bonn.[980] Zunächst stand die detaillierte Aufstellung der Vermögensschäden der Südtiroler Umsiedler im Vordergrund. Der Gegenwert war meist bei der Deutschen Umsiedlungstreuhand (DUT) in Innsbruck verblieben, diesen galt es nun zurückzufordern.[981] Am 8. März 1952 fand ein erstes Treffen der Südtiroler in Bad Homburg im Bundesausgleichsamt über die „Schäden und Geschädigte in Südtirol" mit Mindirig, Fauster, Oberregierungsrat Tröger, den Vertretern des Bundesfinanzministeriums, sowie Schaefer und von Samson vom Bundesausgleichsamte statt.[982] Diskutiert wurden Hilfsmaßnahmen für 10.000 – 15.000 absolut Bedürftige und rund 100.000 Geschädigte.

Nach seiner Wiederwahl bemühte sich Tinzl in den Fünfzigerjahren im Ministerium für Arbeit und Sozialfürsorge Maßnahmen zur Unterstützung der Südtiroler in Gang zu setzen.[983] Doch von Italien war in dieser Phase nicht viel zu erwarten. Aus dem Ausland kam Unterstützung für die Rücksiedler, wenn auch in einigen Fällen den Anliegen der Südtiroler eine Absage erteilt wurde. Im Juni 1955 wurde Tinzl beispielsweise von der deutschen Bundespost mitgeteilt, dass die Anfrage des Rücksiedleramtes abgelehnt worden sei und keine finanzielle Unterstützung der Rücksiedler erfolgen werde.[984]

Trotz dieser intensiven Bemühungen befanden sich im Jahre 1959 in Südtirol noch 678 Personen, denen die italienische Staatsbürgerschaft verweigert worden war. Deshalb bemühte sich Tinzl, die Optanten- und Staatsbürgerschaftsfragen in der Neunzehner-Kommission zu behandeln. Sie wurden als Maßnahmen 125 und 132 in das „Paket" einbezogen.[985] Diese Bestimmungen waren eher vage gehalten, da man noch keine klare Vorstellung hatte, wie das Problem endgültig zu lösen wäre. Sie stellten jedoch die Basis dar, um weitere Schritte zu veranlassen.[986]

Die deutsche Bundesregierung erweiterte Artikel 10 des 14. Änderungsgesetzes des Lastenausgleichsgesetzes, sodass ab 1963 auch Südtiroler Umsiedlungsgeschädigte berücksichtigt werden durften.[987]

In Südtirol wurde durch Tinzls Bemühungen eine Außenstelle der deutschen Lastenausgleichsbehörde eingerichtet.[988] Nachdem zwischen Deutschland und Italien eine grundsätzliche Einigung über die Organisation der deutschen Leistungsgewährung erzielt worden war, wurde am 9. März 1964 die Gründung des „Beratungsausschusses für Umsiedlungsgeschädigte Bozen" beschlossen.[989] Am 6. Juni 1964 trat der Beratungsausschuss zu seiner konstituierenden Sitzung zusammen. Tinzl wurde in den Ausschuss gewählt, doch aus gesundheitlichen Gründen war es ihm nicht mehr möglich, sich aktiv in die Tätigkeit des Gremiums einzubringen.[990] Rudolf von Unterrichter wurde zum geschäftsführenden Mitglied des Beratungsausschusses und zum Leiter der Beratungsstelle ernannt, den ehrenamtlichen Vorsitz übernahm Ministerialdirigent Schauff in Rom. Der Beratungsausschuss unterstützte die Rücksiedler bei Beihilfeanträgen, Darlehensbeiträgen, der Bewertung von Liegenschaften, Besitzansprüchen, Staatsbürgerschaftsangelegenheiten und Kriegsschädensanträgen. Die Anträge wurden nur zögernd gestellt, da viele Südtiroler wenig Vertrauen in das staatliche Handeln besaßen.[991]

Graun

Seine juridischen Kompetenzen stellte Tinzl in seinem Einsatz für die Bevölkerung von Graun unter Beweis. Bereits im Jahre 1939 erhielt die Gesellschaft Montecatini die Zustimmung zum Projekt, die Gebiete von Graun und Reschen aufzufluten, um den Bau des Staudammes für die Elektrizitätsgewinnung zu ermöglichen.[992] Der Bevölkerung wurde beinahe jede Möglichkeit verwehrt, gegen diese Pläne Einspruch zu erheben. Die Verlautbarung, den Reschen- und Graunersee zweiundzwanzig Meter aufzustauen, wurde in italienischer Sprache und möglichst unauffällig, fast verdeckt von anderen Kundgebungen, an der Gemeindetafel in Graun bekannt gemacht. Die Frist für einen Rekurs war auf nur acht Tage eingeschränkt worden, danach konnten keine wirksamen Mittel mehr eingeleitet werden.[993] Der Grund wurde unverzüglich enteignet. Tinzls Familie war selbst von dieser Maßnahme betroffen. Sein Schwiegervater hatte im Jahre 1909 in der Nähe des Reschensees eine Jagdhütte errichten lassen. Auch diese sollte schließlich in den Fluten untergehen, zunächst schien es jedoch noch anders.[994]

Durch den Zweiten Weltkrieg verlor das Projekt für einige Jahre an Bedeutung, erst im März 1947 wurden die Aktivitäten wieder aufgenommen. Die Bevölkerung hoffte indessen, dass von der Realisierung des Vorhabens abgesehen werde. Für die fast ausschließlich bäuerliche Bevölkerung bedeutete das Verlassen der Höfe die völlige Aufgabe der Existenz und die Zerstörung der historisch gewachsenen Gemeinschaft.[995] Ausgerüstet mit Sensen, Dreschflügeln und Mistgabeln versuchten sie, die Arbeiten an der Staumauer zum Stillstand zu bringen. Von dem Protest wurde auch das zuständige Ministerium in Rom informiert, das an der Realisierung angesichts der politischen Bedeutung des Projektes festhielt. So blieb als einzige Möglichkeit, mit dem Großkonzern Montecatini zu verhandeln.[996] Als 1948/49 über die Räumung des Ortes und die Entschädigungen der Bewohner verhandelt wurde, lebte die Grauner Bevölkerung noch in ihren Häusern und glaubte immer noch zu einem großen Teil, die Aufflutung noch stoppen zu können. Tinzl setzte sich für die Grauner in dieser auch psychologisch komplizierten Situation ein und leitete die Verhandlungen mit den Anwälten der Montecatini-Gesellschaft. Wer abwandern musste, sollte eine gerechte Ablöse und Entschädigung der Häuser und Liegenschaften erhalten, für die anderen sollte die Unterbringung und Neuansiedlung erreicht werden. Die Voraussetzungen dafür standen denkbar schlecht. Doch Tinzls überlegene Verhandlungsweise musste auch von der Gegenseite anerkannt werden. Das Wasserrecht bildete seine große Passion. Er beschäftigte sich zeitlebens eingehend mit diesem Gebiet und kannte auch die internationale Gesetzgebung.[997] In Südtirol bildete diese Materie ein zentrales Thema, deshalb wurde er häufig in Fachfragen konsultiert und beteiligte sich auch an der Ausarbeitung einer Gesetzesvorlage für Neuregelung dieses Bereiches.[998] Außerdem setzte er sich für die Sicherung der Wasserrechte für die einheimische Bevölkerung ein.[999] Gegen die Gesellschaft Montecatini brachte er daher weitere Rekurse ein, als es beispielsweise um die Wasserableitung aus dem Schlumsbach in der Gemeinde Kastelbell-Tschars ging.[1000]

In der Grauner Frage erreichte er einen Kompromiss, der die Basis für günstige Entschädigungen darstellte. Zufrieden waren die Grauner trotz dieses Erfolges nicht, wie auch die Julibäumschrift der Raiffeisenkasse Graun belegt, verständlicherweise war das Verlassen der angestammten Heimat ein schmerzlicher Einschnitt in das Leben der Menschen.[1001] Angesichts der Verhältnisse steht jedoch fest, dass das von Tinzl erreichte Ergebnis ein großer Erfolg war. Der Vinschgauer Rechtsanwalt J. Baldauf, der selbst an den Verhandlungen beteiligt war, bezeichnete den ausgearbeiteten Beschluss als „Meisterwerk nach Inhalt und Kürze" und weiter: „Tinzl war der spiritus rector, der Tragpfeiler in der damals einmaligen Katastrophe"[1002].

Im Jahre 1950 war das Projekt abgeschlossen, insgesamt 500 Hektar Land wurde unter Wasser gesetzt. Das gesamte Dorf Graun und mehr als drei Viertel von Reschen wurden überflutet. Ein Jahr lebten die Menschen, soweit sie nicht abgewandert waren, in notdürftig errichteten Baracken.[1003] Tinzl sorgte in dieser Zeit dafür, dass die Grauner Familien eine neue Heimat erhielten. Sie wurden in anderen Ortschaften Südtirols, Trentino und Nordtirols angesiedelt.[1004]

Die intensive Erschließung der Wasserkraft wurde in den Fünfzigerjahren weiter betrieben. Von der gewonnenen Energie profitierten vor allem die Betriebe der Bozner Industriezone und die Südtiroler Nachbarprovinzen. Die Südtiroler selbst hingegen, besonders die bäuerlichen Betriebe in abgelegenen Gegenden, hatten das Nachsehen.[1005] Wie die Korrespondenz von Tinzl belegt, sollte es noch Jahre dauern, bis in Südtirol eine ausreichende Stromversorgung sichergestellt war.[1006]

13.2. Verweigerung der italienischen Staatsbürgerschaft

Die vorliegende Untersuchung berücksichtigt primär die Jahre 1947 und 1948, während der restliche Zeitraum bis 1953 nur auszugsweise abgehandelt wird. Diese Schwerpunktsetzung ergab sich aus den einsehbaren Akten. Exemplarisch werden daran die maßgeblichen Faktoren, die auf den Fall Tinzl Einfluss genommen haben, aufgezeigt, es geht darum zu eruieren, inwieweit dieser Prozess durch Tinzl bzw. die SVP gesteuert wurde und wie letztlich eine Richtungsänderung erreicht wurde.

Ablehnung der Staatsbürgerschaft

Am 4. Oktober 1948 sandte die Parteiführung Karl Tinzl Glückwünsche zum sechzigsten Geburtstag. Darin brachte sie die Hoffnung zum Ausdruck, ihn im Jahre 1949 an der Spitze Südtirols zu sehen.[1007] Dieser Wunsch erwies sich als zu optimistisch, wie die folgenden Ausführungen zeigen werden.

Der Artikel 5 des Optantendekrets bestimmte, dass alle Personen, die in irgendeiner Verbindung mit dem nationalsozialistischen Regime gestanden hatten, vom Wiedererwerb der Staatsbürgerschaft ausgeschlossen würden. Dies minimierte die Chancen auf Repatrierung für Tinzl beträchtlich.[1008] Ungeachtet dieser Ausgangsbedingungen musste er entsprechende Versuche initiieren, wollte er ins politische und berufliche Leben wieder als vollwertiges Mitglied integriert werden und seine völlige Rehabilitierung erreichen.

Daher zählte er am 17. Februar 1948 zu den ersten Optanten, die um ihre Rückoption ansuchten. Als wichtigstes Argument für seine Rückoption führte er an, nicht ins Ausland abgewandert zu sein und daher die italienische Staatsbürgerschaft nie verloren zu haben.[1009] Knapp einen Monat später, am 13. März 1948 erhielt er von der Präfektur die Verständigung, dass gegen die Wiedererlangung seiner Staatsbürgerschaft Einspruch erhoben worden sei aufgrund des Artikel 5, Absatz 1 des Optantengesetzes mit der Begründung: „Hat hohe leitende Stellen mit Funktionen von beträchtlicher politischer Bedeutung bekleidet."[1010] Wie er sein Amt ausgeführt hatte, wurde nicht berücksichtigt. Ging man mit durch den Faschismus belasteten Persönlichkeiten äußerst großzügig um, konnte Tinzl kaum auf den Großmut der Italiener hoffen.[1011] Rasch häufte sich aufgrund dieser Vorgangsweise die Kritik an der Tätigkeit der Kommission. Einsicht in die Akten gewährte die Optantenkommission nicht, die Verfahren liefen geheim ab und Belastungszeugen sagten nicht im Beisein der Angeklagten aus. Außerdem musste die Kommission nicht die Schuld, sondern der Angeklagte seine Unschuld beweisen.[1012] Tinzl hatte als Präfekt eine leitende Stellung in der höheren Verwaltung besessen, eine weit reichende politische Einflussnahme bestritt nicht nur er selbst. Diese Auffassung wurde auch von vielen anderen geteilt. Max Prey, Rechtsanwalt und Vizeobmann der SVP, der sich im Auftrag der Partei mit den ungesetzmäßigen Entscheidungen der Optionskommission befasste, kam zum Schluss, Tinzl sei „wohl eine carica direttiva, jedoch nicht beim Obersten Kommissär und auch nicht importanza politica."[1013] Prey wollte mit den Mitgliedern anderer Kommissionen in Kontakt treten und weitere Fälle, in denen gesetzwidrig entschieden worden war, eruieren.[1014]

Tinzl seinerseits brachte am 8. April 1948 den Antrag ein, von der I. Sektion der Kommission für die Revision der Optionen angehört zu werden.[1015] Die Anhörung wurde für 3. Mai 1948 festgesetzt. Dabei stellte Tinzl sich auf den Standpunkt, dass er als Präfekt lediglich eine administrative Funktion ausgeübt habe, politische Aufgaben habe der Oberste Kommissar persönlich ausgeübt. Innerhalb der Kommission fanden diese Argumente wenig Gehör, besonders der Vorsitzende der Kommission, Brunelli, ließ deutlich erkennen, dass er eine Abweisung forcierte.[1016] Tinzl wurde als „pangermanista" bezeichnet, dessen Verhalten seit dem Anschluss Südtirols an Italien immer vehement antiitalienisch ausgerichtet gewesen sei.[1017] Deshalb habe er sich unter den ersten Deutschlandoptanten befunden und massiv für die Abwanderung geworben.[1018] Mit der Realität nahm es die italienische Seite anscheinend nicht so genau. Noch am 12. Mai 1948 wandte sich Tinzl an Erich Kerschbaumer, einem Mitglied der Optantenkommission, und bat diesen, bei den italienischen Mitgliedern, besonders bei Ing. Roncati, ein gutes Wort für ihn einzulegen.[1019] Zwei Tage später berichtete Erich Kerschbaumer, dass in der ersten Unterkommission Brunelli bereits gegen Tinzl entschieden worden war.[1020] Selbst die schriftliche Intervention aller Abgeordneten der Region hatte den negativen Ausgang des Verfahrens nicht vermeiden können. Brunelli war bemüht gewesen, das Verfahren eilig fortzusetzen und hatte ein ungünstiges Gutachten erstellt, das zur endgültigen Entscheidung nach Rom weitergeleitet wurde.[1021] Damit war eine richtungsweisende Vorentscheidung gefällt worden, wie sie von höchster Stelle gefordert worden war. Staatsrat Innocenti, der eine wichtige Vermittlungsfunktion in dieser Angelegenheit besaß, hatte nämlich einen negativen Ausgang des Verfahrens gefordert und seinen Einfluss auf die Kommission geltend gemacht.[1022] Ebenso verlangte er von seinen Vertrauensmännern in Südtirol genaueste Informationen über die Reaktionen auf diese Entscheidung.[1023]

Nach außen löste die Verweigerung der Staatsbürgerschaft keine besondere Wirkung aus.[1024] Auch Tinzl selbst hatte mit einer Ablehnung gerechnet, wenn auch auf eine konträre Entscheidung gehofft. Umso wertvoller waren für ihn die Unterstützungserklärungen, die ihm die Solidarität zeigen sollten. Silvio Flor, Sohn des früheren sozialistischen Parlamentsabgeordneten Silvio Flor und Mitbegründer der Sozialdemokratischen Partei Südtirols, wandte sich an ihn:

> „Mit diesem Brief möchte ich Ihnen eine kleine Episode in Erinnerung rufen, die alle Menschen, welche einen Sinn für Gerechtigkeit haben, bewegen muss, die entsprechenden Schlussfolgerungen zu ziehen. […] In meinem Besitz befindet sich noch die Kopie eines Briefes, den ich an Sie in Ihrer Funktion als kommissarischer Präfekt der Provinz Bozen am 10. Mai 1944 gerichtet habe, mit dem ich bei Ihnen angefragt habe, dass Sie sich für die

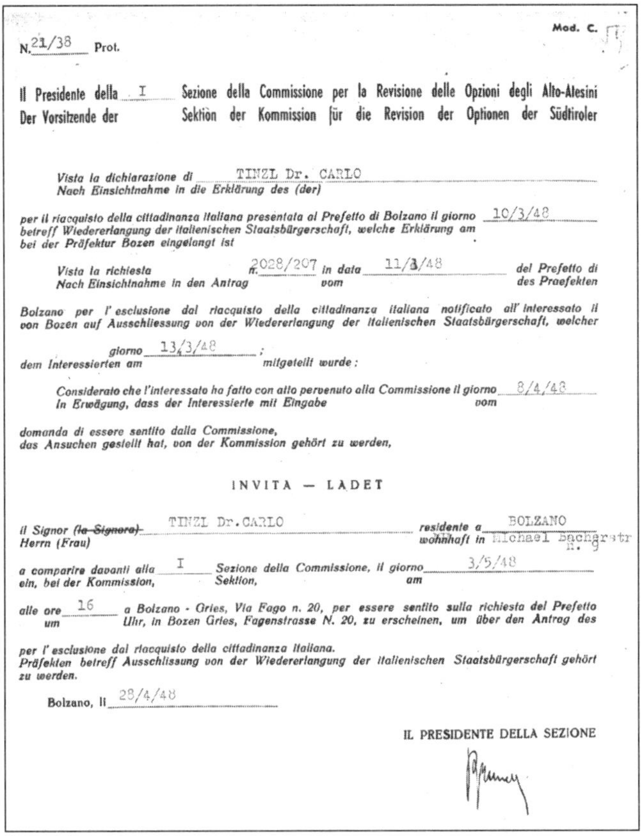
N. 21/38 Prot.

Mod. C.

Il Presidente della I Sezione della Commissione per la Revisione delle Opzioni degli Alto-Atesini
Der Vorsitzende der Sektion der Kommission für die Revision der Optionen der Südtiroler

Vista la dichiarazione di TINZL Dr. CARLO
Nach Einsichtnahme in die Erklärung des (der)

per il riacquisto della cittadinanza italiana presentata al Prefetto di Bolzano il giorno 10/3/48
betreff Wiedererlangung der italienischen Staatsbürgerschaft, welche Erklärung am
bei der Präfektur Bozen eingelangt ist

Vista la richiesta n. 2028/207 *in data* 11/3/48 *del Prefetto di*
Nach Einsichtnahme in den Antrag vom des Praefekten

Bolzano per l' esclusione dal riacquisto della cittadinanza italiana notificato all' interessato il
von Bozen auf Ausschliessung von der Wiedererlangung der italienischen Staatsbürgerschaft, welcher

giorno 13/3/48 ;
dem Interessierten am mitgeteilt wurde :

Considerato che l'interessato ha fatto con atto pervenuto alla Commissione il giorno 8/4/48
In Erwägung, dass der Interessierte mit Eingabe vom

domanda di essere sentito dalla Commissione,
das Ansuchen gestellt hat, von der Kommission gehört zu werden,

INVITA — LADET

il Signor ~~(la Signora)~~ TINZL Dr. CARLO *residente a* BOLZANO
Herrn (Frau) wohnhaft in Michael Bacherstr n. 9

a comparire davanti alla I *Sezione della Commissione, il giorno* 3/5/48
ein, bei der Kommission, Sektion, am

alle ore 16 *a Bolzano - Gries, Via Fago n. 20, per essere sentito sulla richiesta del Prefetto*
um Uhr, in Bozen Gries, Fagenstrasse N. 20, zu erscheinen, um über den Antrag des

per l' esclusione dal riacquisto della cittadinanza italiana.
Präfekten betreff Ausschlissung von der Wiedererlangung der italienischen Staatsbürgerschaft gehört zu werden.

Bolzano, li 28/4/48

IL PRESIDENTE DELLA SEZIONE

Abb. 39: Tinzl bemühte sich nach Kräften, die italienische Staatsbürgerschaft zu erhalten. Zunächst befasste sich die I. Sektion der Kommission für die Revision der Optionen in Bozen mit dem Fall.[1025]

Freilassung des bekannten Bergführers Tita Piaz einsetzen. In der Tat hatte ich noch am selben Abend die Zusage, dass Sie Schritte in dieser Angelegenheit eingeleitet hätten. Außerdem erhielt ich kurze Zeit später die Zusage, dass Ihre Intervention die provisorische Lösung ergeben hatte, Tita Piaz von der Zelle in den Krankentrakt zu verlegen und dass ihm der Zugang zur Lieferung der Nahrungsmittel von außen erleichtert worden war. Kurze Zeit später wurde mir seine Entlassung mitgeteilt. Ich denke, dass jeder schon aus dieser Tat erahnen kann, dass Sie niemals feindselige Aktionen gegen die Italiener ausgeführt haben. […] Schließlich möchte erklären, dass Sie im Umfeld des Obersten Kommissars in der Operationszone Alpenvorland nicht als Anhänger der nationalsozialistischen Ideologie galten, und es blieb mir nicht verborgen, dass Sie zum Präfekten der Provinz Bozen ernannt wurden, ausschließlich wegen Ihrer großen Kenntnis im österreichischen, italienischen und deutschen Recht, die während der Zeit der Besetzung aufgrund der Umstände von Bedeutung waren."[1026]

Tinzl zeigte sich sichtlich bewegt und dankte „aus aufrichtigem Herzen" für dieses Schreiben.[1027] „Es tut einem gerade in den schlechten Zeiten wahrhaftig wohl, solche Menschen wie Sie zu finden“,[1028] erklärte er Flor. Der Brief hatte ihn jedoch einige Tage zu spät erreicht:

> „Ich konnte von Ihrer Bestätigung allerdings derzeit aus einem doppelten Grunde keinen Gebrauch machen, einmal weil die Kommission ihr Gutachten schon am 11. oder 12.5. abgab und weil sie fürs Zweite irgend einen Beweis über mein Verhalten überhaupt nicht zuließ, sondern ihr mit Mehrheitsbeschluss gefasstes ungünstiges Gutachten einfach auf den rein formellen Standpunkt stützte, dass ich eine Stelle mit Funktionen von erheblicher politischer Bedeutung bekleidet hatte. Damit ist keineswegs gesagt, dass Ihre Bestätigung mir nicht doch einmal von Nutzen sein kann.“[1029]

Die Entscheidung der Brunelli-Kommission wurde nach Rom an das Innenministerium zur endgültigen Beschlussfassung weitergeleitet. Nach Anhörung des Staatsrates am 9. Juni 1948, traf Innenminister Mario Scelba eine negative Entscheidung und lehnte mit der Ministerialverordnung vom 20. August 1948 erwartungsgemäß den Antrag ab, „mit dem Effekt, dass Dr. Tinzl im Sinnes des Art. 5 des Gesetzes vom 2. Februar 1948 Nr. 23 vom Wiedererwerb der italienischen Staatsbürgerschaft ausgeschlossen“ wurde.[1030]

IL MINISTRO- DELL ' INTERNO

Vista la domanda in data 17 febbraio 1948, pervenuta alla Prefettura di Bolzano il lo marzo successivo, con la quale il dott. Carlo T i n z l fu Giuseppe, residente a Bolzano in Via Michel Pacher 9 ha dichiarato, ai sensi dell'art. 2 del Decreto Legislativo 2 febbraio 1948 N. 23 di revocare l'opzione per la cittadinanza germanica, effettuata a norma della legge 21.8.39 N. 1241 ed agli accordi italo-tedeschi del 1939 e degli anni seguenti, di rinunciare alla cittadinanza germanica e di voler riacquistare la cittadinanza italiana;

Vista la richiesta di esclusione dal riacquisto della cittadinanza, notificata al Dr.Tinzl, a cura del Prefetto di Bolzano, in data 13.3.1948 a mezzo del messo comunale di Bolzano;

Visto il parere contrario al riacquisto della cittadinanza italiana da parte del Dr.Tinzl, emesso dalla Commissione di cui all'art. 6 d D.L. 2 febbraio 1948 N. 23 nell'adunanza del 12 maggio 1948 e perveto a questo Ministero il 23 maggio 48;

Udito il parere del Consiglio di Stato - Sezione I - emesso nell'adunanza del 9 giugno 48, la cui motivazione si intende quì integralmete riportata;

Visto il decreto legislativo 2 febbraio 48 N. 23;

D E C R E T A

La domanda del Dr.Carlo Tinzl in data 17 febbraio 1948, di cui nell premesse, é respinta e, per l'effetto, il Dr.Tinzl é escluso dal riacquisto della cittadinanza italiana, ai sensi dell'art. 5 del decreto legislativo 2 febbraio 48 N. 23.

Il Prefetto di Bolzano é incaricato dell'esecuzione del presente Decreto.

IL MINISTRO
f.to Scelba

Roma, 2o agosto 48
P.c.c. :
f.to il Capo Divisione

Abb. 40: Mit dem Dekret des Innenministers vom 20. August 1948 wurde Tinzls Antrag auf Wiederverleihung der Staatsbürgerschaft abgelehnt.[1031]

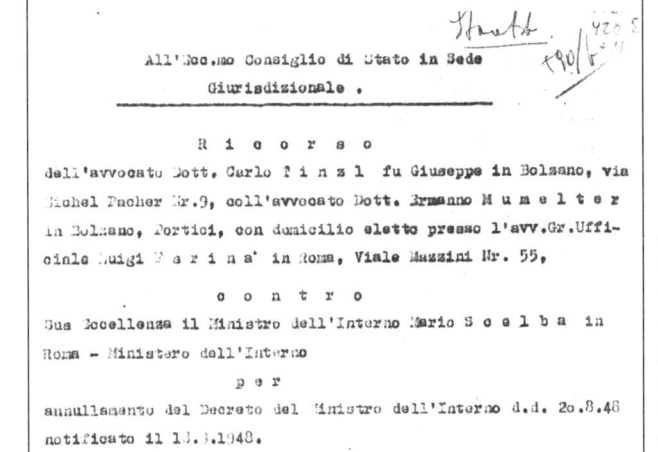

Abb. 41: Tinzl konnte sich mit der Ablehnung seiner Staatsbürgerschaft nicht zufrieden geben und brachte einen Rekurs gegen diese Entscheidung ein.[1032]

Durch die Rechtsanwälte Hermann Mumelter in Bozen und Luigi Farina in Rom legte Tinzl Einspruch gegen diese Entscheidung ein. Farina bemühte sich eine genaue Kenntnis des Falles zu erlangen und versuchte sämtliche juridischen Möglichkeiten auszuschöpfen. Mitte Dezember 1948 wurde der Rekurs gegen das Dekret des Innenministers eingereicht.[1033] Neben formalen Aspekten wurde erneut der Vorwurf zu entkräften versucht, dass Tinzl unter den Artikel 5 falle, wiederum mit der Begründung, dass er die Heimat nicht verlassen habe und dadurch automatisch italienischer Staatsbürger geblieben sei.[1034]

Interventionen in Rom

Neben den juridischen Schritten folgten Interventionen von verschiedenen Seiten, zunächst um ein Verfahren gegen Tinzl bereits im Vorfeld zu vermeiden, dann um die negative Entscheidung zu revidieren. Selbst kirchliche Kreise setzten sich für ihn ein. Bischof Geisler wandte sich in dieser Angelegenheit an höchste kirchliche Stellen. Am 18. Juni 1948 appellierte er in einem Brief an den Papst, dass Tinzl seine Staatsbürgerschaft wieder erlangen müsse, denn er sei ein absolut integerer Mann und für Südtirol in der augenblicklichen Situation unabkömmlich.[1035]

Weit wirkungsvoller war der Appell der SVP an den österreichischen Außenminister. Otto von Guggenberg verfasste im Auftrag der Landesleitung am 16. März 1948 ein Schreiben an Karl Gruber:

„Zu unserer größten Überraschung wurde Herrn Dr. Tinzl am 13. ds. seitens der Präfektur die Verständigung zuteil, dass gegen die Wiedererlangung seiner Staatsbürgerschaft Einspruch erhoben wird. […] Wir waren zufolge der Zusicherung, die wir seinerzeit Ihrerseits erhielten, bei der italienischen Regierung dahin zu intervenieren, das die Staatsbürgerschaft des Herrn Dr. Tinzl unter keinen Umständen bestritten werde, sowie durch die späteren wiederholten Versicherungen der Herrn Minister Dr. Leitmeyer und Dr. Schwarzenberg, die uns erklärten, dass diese Frage bereits der gewünsch-

ten Klärung zugeführt sei, der sicheren Annahme, dass dies keinem Zweifel mehr unterliege. Die Bestreitung durch die Präfektur bestärkt uns im Glauben, dass die italienische Regierung dem kaum irgendwelches Gewicht beilegt, obwohl es sich um eine verhältnismäßig geringfügige Sache handelt und höchstens eine Vermutung, der wir Herrn Minister gegenüber öfters Ausdruck gaben, sich letzten Endes vielleicht nicht ganz ablehnend verhalten werde, jedoch der Wiedererlangung der italienischen Staatsbürgerschaft des Herrn Dr. Tinzl die Form eines Gnadenaktes geben und daran die Bedingung knüpfen werde, dass sich Dr. Tinzl künftig in jeder politischen Tätigkeit erhalte.
Unser Bestreben ging, was wir klar zum Ausdruck brachten, stets dahin, dass die Ablehnung der Staatsbürgerschaft Dr. Tinzls überhaupt nicht in Frage komme, d.h. dass er vollwertiger Staatsbürger ohne jede Einschränkung werde. Dies dürfte Herrn Minister, der Sie ja Herrn Tinzl und seine außerordentlichen Fähigkeiten, mithin den Wert seiner Person für unser Land kennen, ohne weiteres klar sein."[1036]

Guggenberg brachte das tiefe Bedauern der Partei darüber zum Ausdruck, dass trotz der „nachhaltigen Vorstellungen" an Gruber, Minister Leitmeyer und Botschafter Schwarzenberg und trotz der „wiederholt erhaltenen beruhigenden Versicherungen" Tinzl die Staatsbürgerschaft nicht im Vorhinein gesichert worden sei. Nachdem das Verfahren gegen diesen bereits eingeleitet worden sei, könne es wohl kaum eingestellt werden. „Dass die Kommission Herrn Dr. Tinzl glatt freisprechen wird, ist wohl außer allem Zweifel. Genießt er doch, wie allgemein bekannt ist, zufolge seiner absolut integren und objektiven Amtswaltung die vollste Sympathie aller, auch der Italiener."[1037], bemerkte der Generalsekretär der Partei optimistisch. Für die SVP bedeutete das Verfahren gegen Tinzl, dass dieser bei den bevorstehenden Wahlen nicht als Kandidat nominiert werden konnte:

„Es ist sehr unangenehm, dass es soweit kommen musste, dass Dr. Tinzl diesem Verfahren unterworfen wird. Dies vor allem deshalb, weil aller Wahrscheinlichkeit nach sein Freispruch zeitlich erst nach den Regionalwahlen erfolgt, was ihn von seiner Wahl in unsere Provinz- bzw. Regionalkörperschaften ausschließen würde. […] Dies ist mehr als bedauerlich und würde in der Bevölkerung die größte Aufregung und Enttäuschung hervorrufen. Diese könnte sich des Eindruckes nicht erwehren, dass die Inkriminierung Dr. Tinzls seitens der Regierung lediglich zu dem Zwecke erfolgte, ihm gerade ob seiner hervorragenden Fähigkeiten und seiner langjährigen Verwaltungserfahrung von unserem politischen Leben auszuschließen."[1038]

Damit hatte Guggenberg deutlich ausgesprochen, welche Ziele die Verantwortlichen in Rom verfolgten. Die SVP forderte deshalb:

„Wir richten daher im Namen der gesamten Partei an Herrn Minister neuerdings das eindringliche Ersuchen, alles zu veranlassen, dass, falls dies noch möglich sein sollte, der Einspruch gegen Dr. Tinzl seitens der Regierung zurückgezogen wird oder diese zumindest die bindende Zusicherung gibt, dass das Verfahren gegen ihn zu einem Freispruch bzw. kompletter Rehabilitierung führen und an denselben keinerlei wie immer geartete Bedingungen, insbesondere hinsichtlich seiner künftigen politischen Tätigkeit geknüpft werden."[1039]

Die Reaktion vom Bundeskanzleramt für auswärtige Angelegenheiten brachte einige bemerkenswerte Klarstellungen:

„Von Äußerungen h.a. Funktionäre, dass die Frage der Staatsbürgerschaft Dr. Tinzls schon geklärt sei, ist h.a. nichts bekannt; es wurde in Rom lediglich die Versicherung gegeben, dass man im Bedarfsfalle für Dr. Tinzl intervenieren werde und wohl Aussicht auf günstigen Erfolg bestehe. Da diese Notwendigkeit jetzt gegeben ist, werden in nächster Zeit zweckdienliche Schritte eingeleitet."[1040]

Für die österreichische Seite existierte keine Abmachung mit der italienischen Regierung. Warum ging also die SVP von einer solchen aus? Eines verdeutlichte die Entgegnung unzweifelhaft: anders als in Südtirol angenommen war die Frage der Staatsbürgerschaft von Tinzl noch völlig ungeklärt. Die einzige positive Nachricht war die Zusage, dass man sich in Rom für ihn verwenden werde. Gruber war äußerst vorsichtig und fragte über die österreichische Gesandtschaft in Rom bei Erich Amonn nach, ob die SVP auch wirklich hinter einer Intervention für Tinzl stehe.[1041]

Die von der SVP angenommene Absprache wurde auch im italienischen Innenministerium thematisiert – und dementiert.[1042] Bestätigt wurden hingegen Bemühungen Österreichs, in der Causa Tinzl eine Änderung der italienischen Position zu erzielen. Man wusste selbstverständlich, dass diese auf persönliche Appelle Tinzls und der SVP zurückgingen.[1043] Maurilio Coppini, Botschaftsrat in Wien, telegrafierte bereits am 10. Januar 1947 an das italienische Außenministerium, dass Vertreter der österreichischen Regierung eine günstige Beurteilung der Staatsbürgerschaftsfrage von Tinzl forcierten. Dies hätte die „positivsten Rückwirkungen" auf die bilateralen Beziehungen der beiden Staaten, sei ihm erklärt worden.[1044] Die Nachricht sorgte für Diskussionen in Rom und so wandte sich am 17. Januar 1947 Botschafter Francesco Fransoni, der Generalsekretär im Außenministerium, an Staatsrat Innocenti. Tinzl wurde in diesem Schreiben als Experte der Südtirolfrage charakterisiert, der sich in seiner Zeit als Präfekt für die Germanisierung Südtirols eingesetzt habe. Fransoni erbat sich weitere Informationen über Karl Tinzl sowie Vorschläge über die weitere Vorgangsweise in dieser Angelegenheit.[1045] Die Position von Innocenti und der ihm übergeordneten Stellen war eindeutig und nicht von außen zu beeinflussen.[1046] Im April 1948, als das Verfahren gegen Tinzl vor dem Abschluss stand, meldete Giulio Andreotti, Unterstaatssekretär im Innenministerium, an das Außenministerium:

„All das vorausgesetzt soll die besondere Aufmerksamkeit dieses Ministeriums auf den in Frage kommenden Fall gelenkt werden, in dem entscheidende Interventionen unterschiedlichster Art nicht fehlen werden, die jedoch in keiner Weise einen Einfluss auf das gegen besagte Person eingeleitete Verfahren nehmen dürfen, die – sich stets vehement antiitalienisch zeigend – besonders gefährlich ist, da sie geschickt, intelligent und mit einer leidlichen Kenntnis der Verwaltung ausgestattet ist und diese Fähigkeiten in den Dienst ihrer austrophilen Gesinnung stellen kann, die in deutlichem Widerspruch zu unseren Interessen in Südtirol stehen."[1047]

Deutlicher hätte die italienische Position nicht ausgedrückt werden. Tinzl stand den italienischen Interessen in Südtirol entgegen, unter allen Umständen sollte verhindert werden, dass das „cervello della politica Alto Atesina" (Gehirn der Südtiroler Politik) – wie Tinzl häufig bezeichnet wurde – wieder Einfluss auf die Südtirolpolitik nehmen sollte.[1048] Der italienischen Seite ging es nicht primär darum, ihn für seine Funktion unter dem Nationalsozialismus zur Verantwortung zu ziehen, er stand den machtpolitischen Interessen in Südtirol entgegen und seine Tätigkeit als Präfekt bildete ein ideales Motiv ihn auszuschalten.[1049] An der Haltung der italienischen Regierung konnten auch sämtliche Interventionen nichts ändern. Die österreichische Einflussnahme musste daher ergebnislos bleiben.

Mit Argusaugen verfolgten italienische Stellen die politische Tätigkeit von Tinzl. Francesco Quaini, dem Präfekten von Bozen, berichtete dem Ministerratspräsidium und auch dem italienischen Außenministerium:

„Tinzl, der katholisch ausgerichtet ist und als Person in moralischer Hinsicht als rechtschaffen und unbescholten betrachtet wird, war in politischer Hinsicht stets gegen unser Land, er verhielt sich ebenfalls feindselig gegenüber den Italienern, mit denen er immer jede Verbindung und jeden Kontakt vermied. […] Tinzl ist eine Person, die einen maßgeblichen Einfluss und Popularität innerhalb der deutschen Bevölkerung Südtirols besitzt. […] Als Präfekt von Bozen zeigte er keine Animosität gegenüber den italienischen Beamten der Präfektur. Persönlich agierte er nicht in schikanöser Weise gegenüber der italienischen Bevölkerung und hielt sich diesbezüglich an die Weisungen, die ihm der Oberste Kommissar Franz Hofer erteilte, dessen ungetrübte Sympathie und Freundschaft er besaß. Während dieser Zeit zeigte sich Tinzl seiner Aufgabe gewachsen und er führte sie mit Geschick, Intelligenz und gleichzeitig doch seinen Prinzipien und nationalsozialistischen Gedanken die Treue haltend aus. […] Derselbe […], obwohl er kein offizielles Amt innerhalb der Partei hat, hält sich regelmäßig im Sitz der lokalen Volkspartei auf, als dessen graue Eminenz er betrachtet wird. Es ist ihm zuzuschreiben, dass das bekannte Projekt über die Revision der Optionen so lange Zeit von der Volkspartei nicht akzeptiert worden ist. Ihm ist auch der bekannte Autonomieentwurf zuzuschreiben, der von dieser Partei vorgelegt worden ist. […] Wenn Tinzl bisher keine Spitzenfunktion übernommen hat, ist das, neben seiner pangermanischen Vergangenheit, der Annahme der deutschen Staatsbürgerschaft durch die Option zuzuschreiben, die er nicht ablegen könnte – um die italienische Staatsbürgerschaft wieder zu erhalten – wenn nicht in Folge des Erlasses der vorher angesprochenen gesetzlichen Maßnahme, die allerdings, wie bekannt ist, den Ausschluss von durch den Nationalsozialismus Belasteten vorsieht."[1050]

Die Verantwortlichen in Rom waren über seine politische Aktivität und seine Kompetenzen genau unterrichtet, und wussten von der Wertschätzung, die ihm in Innsbruck und Wien entgegengebracht wurde. Daher bemühten sie sich, die angeblich vehement antiitalienische Haltung von Tinzl in den Vordergrund zu rücken, um so eine negative Beurteilung zu legitimieren.[1051] Von höchster italienischer Stelle wurde eine Ablehnung forciert. Aus einem Schreiben von Unterstaatssekretär Andreotti an das Außenministerium wird ersichtlich, dass die italienische Regierung den Ausschluss von Tinzl plante:

„Es ist jedoch notwendig, dass der Präsident der Kommission, möglicherweise in Absprache mit dem Präfekten, eine eingehende Analyse der Zusammensetzung der entscheidungsfällenden Sektion der Kommission durchführt, mit dem Ziel, sich zumindest der italienischen Vertretern, die der Kommission angehören, sicher zu sein."[1052]

Die Verantwortlichen in Rom vermochte der österreichische Druck zunächst nicht umzustimmen. Giuseppe Cosmelli, der italienische Gesandte in Wien, berichte in einem vertraulichen Schreiben am 18. April 1948, dass Gruber erneut in der Causa Tinzl bei ihm vorgesprochen und das „große Interesse" der österreichischen Bundesregierung an diesem Fall bekundet habe. Der Außenminister ersuchte in dem Gespräch, „dass der Fall Tinzl mit größtem Wohlwollen behandelt werde" und dass „das eingeleitete Verfahren unterbrochen oder auf jeden Fall in günstiger Weise abgeschlossen würde". Er fügte hinzu, dass dies der einzige Fall sei, in dem die österreichische Regierung intervenieren werde.[1053] Wenige Tage darauf wurde Cosmelli eine schriftliche österreichische Note überbracht, die an die entsprechenden italienischen Stellen weitergeleitet werden sollte. Wiederum bekräftigte Cosmelli, der die österreichische Intervention für nicht opportun hielt, den Standpunkt, dass die Tätigkeit von Tinzl als Präfekt, dadurch dass er kein Berufsbeamter gewesen sei, einen politischen Charakter besessen habe, der nicht unberücksichtigt bleiben könne. Zudem sei die juridische Sachlage äußerst delikat, da der Artikel 5 des Optantendekretes automatisch zu einem Ausschluss von Tinzl führe. Dieses Dekret, fügte Cosmelli hinzu, sei auch von der österreichischen Regierung akzeptiert worden und könne nun von Italien nicht einfach außer Kraft gesetzt werden.[1054]

Als Reaktion auf diese Interventionen wies Cosmelli eigenmächtig den Präfekten von Bozen an, das Verfahren gegen Tinzl vorerst nicht abzuschließen. De Gasperi empörte dieses Verhalten, auch da „der Fall Tinzl zum Bereich der allgemeinen Innenpolitik" zähle.[1055] Dies sei auch das Motiv dafür, weshalb eine „Einmischung, vor allem politischer Natur, von Seiten der österreichischen Regierung und von Personen, die direkt oder indirekt für Österreich Partei ergreifen, nicht toleriert werden kann."[1056] Der Ministerpräsident betrachtete die Intervention Österreichs als völlig unangebracht. Er räumte zwar ein, dass die österreichische Regierung in diplomatisch-konzilianter Form ihre Wünsche zum Ausdruck bringen könne, politischer Druck wie im Falle Tinzl sei jedoch nicht gestattet. Besonders betonte de Gasperi die Anwesenheit Tinzls bei den Beratungen zwischen Vertretern Österreichs und Südtirols.[1057] Der Ministerpräsident ließ deutlich erkennen, was er auch an anderer Stelle deutlich gesagt hatte: Tinzl sollte aus der Südtiroler Politik ausgeschaltet werden und seine Fähigkeiten nicht einsetzen können. Von dieser Auffassung geleitet sorgte de Gasperi dafür, dass die zuständigen Stellen eine negative Entscheidung fällten. Man besaß ein ideales Motiv dafür, das nun geschickt ausgespielt wurde.[1058]

Zu den von Gruber in der Note vorgebrachten Argumenten, dass Tinzl als Präfekt lediglich für die Administration zuständig gewesen sei und dass mit der Verweigerung der Staatsbürgerschaft lediglich dessen politische Tätigkeit verhindert werden sollte, wurde nicht Stellung genommen. Stattdessen sollte dem österreichischen Außenminister die Taktlosigkeit seiner Einmischung in inneritalienische Angelegenheiten deutlich aufgezeigt und eine Einflussnahme der italienischen Regierung in der Causa Tinzl ausgeschlossen werden:

„In Bezug auf den Fall Tinzl, ist das Ministerium bereits auf dem Laufenden über den Standpunkt dieser Präsidentschaft, der in verschiedenen der vorhergehenden Noten ausgeführt wurde. Die Antwort, die unser Botschafter in Wien dem österreichischen Vertreter mündlich überbrachte, […] scheint ausreichend. Auch diese Präsidentschaft teilt die Auffassung des Ministeriums hinsichtlich der Minister Gruber zu übermittelnden Antwort, im Sinne, dass die italienische Regierung keineswegs in das Verfahren zur Revision der Optionen einzugreifen beabsichtigt, weder in einem Sinne noch in einem anderen; noch weniger werden Gesetze erlassen um für einige Kategorien von Optanten und noch viel weniger für die in besonderer Weise Verantwortlichen die Bestimmungen des Dekretes, das mit gemeinsamer Zustimmung der beiden Regierungen im Geist der erkennbaren Liberalität erlassen wurde, abzuschwächen."[1059]

Eine Verzögerung des Verfahrens wurde als nicht sinnvoll erachtet, da dadurch nur weitere Interventionen von österreichischer und von Südtiroler Seite ermöglicht würden. Der zuständigen Kommission in Bozen teilte die Regierung mit, dass der Fall Tinzl möglichst „gemeinsam mit vielen anderen – darunter auch manche, die Personen mit einer gewissen Bedeutung beträfen – die einen günstigen Ausgang nehmen" entschieden werden sollte, damit bei einer negativen Entscheidung dem Fall Tinzl, und davon ging die italienische Seite aus, „keine enorme Bedeutung beigemessen werde."[1060]

Tinzl selbst schien durch die andauernde Erfolglosigkeit der Interventionen tief getroffen. Falsche Hoffnungen und der zu erwartende Ausschluss von der Staatsbürgerschaft hatten seinen Optimismus erschüttert. In der Parteileitungssitzung am 7. April 1948 wurde ein Brief von ihm verlesen, in dem er der Parteileitung in einem „ziemlich gekränkten Ton" mitteilte, für ihn keinerlei Schritte mehr zu initiieren.[1061] Es bestehe kaum Aussicht auf Erfolg und die Parteileitung werde lediglich in die Rolle eines „lästigen Bittstellers" gebracht, argumentierte er.[1062] Daher erklärte er:

„Ich bin der Parteileitung aufrichtig dankbar für den Beweis der Vertrauens, den sie mir durch den Schritt bei der österreichischen Regierung gegeben hat, möchte aber feststellen, dass ich schon damals gebeten habe, von einem solchen Schritt abzusehen. [...] Wie mir schon vor ungefähr einem halben Jahre von Herrn Dr. v. Guggenberg mitgeteilt wurde, hat Herr Staatsrat Innocenti sich verschiedentlich in drohendem Sinne geäußert, falls ich meine Tätigkeit in Wien, von der er behauptete genaue Kenntnis zu haben, fortsetzen würde. Nachdem diese Tätigkeit zum großen Teil auch über ausdrücklichen Wunsch des Wiener Außenamtes erfolgte, wäre es an sich vielleicht nahe liegend gewesen, dass dasselbe von sich aus Schritte unternommen hätte, damit diese Tätigkeit für mich keine nachteiligen Folgen habe; [...] Ich hatte bereits bei meiner letzten Anwesenheit in Wien Anfang Jänner dieses Jahres den Eindruck, mich durch meine Tätigkeit etwas unbequem und unbeliebt gemacht zu haben, wobei ich nicht fehlgehe, wenn ich dies auch Einflüssen von Rom her zuschreibe."[1063]

Die folgenden parteiinternen Diskussionen zeigten, dass er innerhalb der SVP keine unumstrittene Position besaß und die Beurteilungen seiner Vorgangsweise differierten. Josef Raffeiner hielt am 9. April 1948 in seinem Tagebuch fest, „dass in Brixen (Pompanin) und auch in jenen Kreisen, die an der Aufstellung unserer Kandidatenliste beteiligt waren, die Absicht bestehe, Herrn Dr. Tinzl nicht nur in den kommenden Landtag zu wählen, sondern auch zum Präsidenten der Provinzialregierung zu machen. (Dass eine solche Absicht besteht ist im Übrigen schon seit langem bekannt)."[1064] Raffeiner bemerkte sichtlich genervt:

„Die Sache wäre einfach, wenn Tinzl die nötige Einsicht hätte und erklären würde, bei den Regionalwahlen nicht als Kandidat aufzutreten oder wenigstens auf keinen Fall die Stelle des Präsidenten der Landesregierung anzustreben. Aber Dr. Tinzl hat diese Einsicht nicht, und Gamper und Pompanin sehen in ihm ihren Mann und wollen durch ihn entscheidenden Einfluss auf die zukünftige Landesregierung erlangen."[1065]

Die Gruppe um Erich Amonn und Raffeiner bezeichneten diesen Plan nicht zu Unrecht als Affront gegen die italienische Regierung und die Tatsache, dass Tinzl nicht versuchte, diese Gerüchte zu entkräften, wirkte sich negativ aus, denn die italienische Seite wollte eine politische Tätigkeit auf jeden Fall verhindern.[1066]

Tinzl selbst zeigte sich einigermaßen verwundert, dass eine mögliche Kandidatur bei den Regionalwahlen das Motiv dafür sein sollte, ihm die Staatsbürgerschaft zu verweigern:

„In der Sache selbst war ich über die Mitteilung überrascht, dass man von italienischer Seite die Wiedererlangung meiner Staatsbürgerschaft von der Voraussetzung abhängig machen wolle, dass ich auf eine allfällige Berufung als Präsident der Provinz oder des Provinziallandtages verzichte. Nach Äußerungen von ziemlich autoritativer italienischer Seite bestünde von dort keinerlei Hindernis. Hingegen werden solche von einzelnen deutschen Kreisen gemacht. Auch von dieser Bedingung war mir gegenüber schon einmal die Rede."[1067]

Zur Kandidatur selbst erklärte er:

„Ich kann nun nur erklären, dass ich an sich mit großem Vergnügen, auf eine derartige hipotätische Würde, die ich nie angestrebt habe, verzichten würde. Ich habe aber grundsätzlich nicht die Absicht, die Erlangung meiner Staatsbürgerschaft zum Gegenstand eines derartigen, mir unwürdig erscheinenden Kuhhandels zu machen. Entweder habe ich es durch mein Verhalten nicht verdient, die italienischen Staatsbürgerschaft wieder zu erlangen, dann kann man eben nichts machen, oder es liegt in meiner Tätigkeit bis zum Mai 1945 kein gesetzlicher Grund zu einem Ausschluss, dann müsste ich sie eben wiederbekommen und zwar nicht als Staatsbürger mit Hindernissen oder zweiten Ranges."[1068]

Er war sich seiner prekären Situation bewusst und schätzte seine Lage völlig richtig ein. Daher fügte er noch hinzu: „Ich habe allerdings den Eindruck, dass die Hindernisse, die geltend gemacht würden, hauptsächlich in meiner Tätigkeit s e i t Mai 1945 liegen, obwohl dies an sich keine Rolle spielen dürfe."[1069] Von seinem Bekannten erbat er sich Unterstützung:

„Wenn Sie, Hochverehrter Herr Graf, sich in der Lage fühlen, auch ohne einen solchen Verzicht meinerseits, einige Zeilen an de Gasperi zu schreiben, so werde ich Ihnen dafür sehr dankbar sein; wenn Sie jedoch der Meinung sind, es nicht tun zu können, so wird dies nicht einen Augenblick die aufrichtige und tiefe Verehrung vermindern, die ich Ihnen zum Ausdruck bringe."[1070]

Der Druck auf Tinzl verstärkte sich, je näher sein Verfahren einem Abschluss kam. Am 4. Mai 1948 wurde er zur Quästur in Bozen gerufen. Dort wurde ihm eine offizielle „Warnung" erteilt, „sich künftighin nicht mit Fragen allgemeinen Charakters zu befassen, also jede politische Tätigkeit einzustellen; dabei wurde ausdrücklich auf die Optionsangelegenheiten Bezug genommen".[1071] Der Quästor fügte hinzu, dass österreichische Interventionen in seiner Angelegenheit nicht erwünscht seien.[1072] Es galt die italienische Seite zu beruhigen, und so teilte Tinzl dem Parteiausschuss schriftlich mit:

„Wenn ich dem Parteiausschuss auch nur als Gast angehöre, so fühle ich mich doch verpflichtet, mein Fernbleiben ausdrücklich zu entschuldigen, damit es nicht zu irrigen Auslegungen Anlass gäbe.
Es ist durch den Stand meiner Staatbürgerschaftsfrage und das ausdrückliche Verbot, mich mit Fragen allgemeinen Charakters, d.h. wohl vor allem poli-

tischen Fragen zu befassen, begründet, das ich von der Quästur im Auftrag der Regierung erhalten habe. Ich muss dieser Aufforderung selbstverständlich nachkommen und bitte es daher nicht falsch auszulegen, wenn ich genötigt sein sollte, meine Mitarbeit im Schoße der SVP einzustellen."[1073]

Die deutliche Ansage, sich aus der Partei zurückzuziehen, mobilisierte die Parteileitung. Am 5. Mai 1948 fasste diese – ungeachtet der parteiinternen Divergenzen über die Haltung von Tinzl – den Beschluss, bei de Gasperi zu intervenieren. Dadurch sollte eine positive Entscheidung der Optantenkommission erreicht werden und auch die Ablöse von Staatsrat Innocenti, dessen ablehnende Haltung Tinzl gegenüber bekannt war, vorangetrieben werden. Zwei Tage nach dieser Sitzung traf eine Delegation der SVP in Rom mit Botschafter Schwarzenberg zusammen, der den Fall als „sehr ernst" ansah und die Ansicht vertrat, dass wohl eine persönliche Intervention von Gruber beim italienischen Ministerpräsidenten notwenig sein werde, um eine günstige Beurteilung durch die Optantenkommission zu erreichen. Auch Schwarzenberg vertrat die Auffassung, dass Innocenti maßgeblich auf die negative Entscheidung der Optantenkommission Einfluss genommen habe, sodass eine Vorsprache beim Staatsrat durchaus empfehlenswert sei. Raffeiner erklärte zur Position von Innocenti, die auch seine eigene Auffassung widerspiegelte, dass dieser die Meinung vertrete, Tinzl habe „mehrere große politische Fehler begangen". Er hätte sich im Mai 1945 von der Politik distanzieren, im Hintergrund bleiben und seine Zeit ruhig abwarten sollen. Ungünstig sei auch seine Ablehnung des Optantengesetzes im Herbst 1946 gewesen und seine Verhandlungstätigkeit mit Österreich. Außerdem sei die parteiinterne Positionierung Tinzls, der sich auf die Seite Gampers statt auf jene der Gemäßigten gestellt habe, negativ zu bewerten.[1074] Raffeiner urteilte über Tinzl: „Aber er tat immer das Verkehrte. Am meisten aber schadet ihm seine Freundschaft mit Gamper. Es ist schade um Dr. Tinzl, denn seine Arbeitskraft wäre uns sehr, sehr wertvoll."[1075]

Die Situation vereinfachte sich für Tinzl keineswegs. Nach Nordtirol wurde ein kurzer Lagebericht zum „Fall Cäsar" übermittelt. Die Angelegenheit sei in ein „akutes Stadium" getreten, erklärte die SVP.[1076] Noch vor der Möglichkeit einer Intervention sollte nach Ansicht der SVP der Fall zu einer „ungünstigen Regelung" gebracht werden, um Tinzl von jeder politischen Tätigkeit auszuschalten.[1077]

Am 11. Mai 1948, einen Tag vor der Beschlussfassung der Optantenkommission, traf Raffeiner mit dem Staatsrat zusammen. Innocenti bestritt jede Einflussnahme der Regierung auf die Optantenkommission im Fall Tinzl, merkte aber an, dass er Tinzl durch die Quästur Bozen hatte verwarnen lassen. Tinzl sei gegenwärtig ein Ausländer und die italienische Regierung könne es nicht dulden, wenn ein Ausländer sich in die innenpolitischen Angelegenheiten der Republik einmische oder ins Ausland (Österreich) fahre, um gegen Italien zu arbeiten. Tinzl agiere „a servizio del Don Gamper e della Curia di Bressanone", deshalb sei er ein Feind Italiens und werde nie ein guter Staatsbürger. Die Einwände der Südtiroler brachten Innocenti nicht von seiner Auffassung ab, dass Tinzl sich aus dem politischen Leben hätte zurückziehen sollen, um eine positive Entscheidung hinsichtlich seiner Staatsbürgerschaft zu erwirken, dann wäre ihm vielleicht nichts passiert. Die

Regierung werde keinen Einfluss auf die Kommission nehmen, aber seiner Ansicht nach müsse die Kommission den Antrag des ehemaligen Präfekten ablehnen. Tinzl wäre niemals zum Präfekten ernannt worden, wenn er nicht das Vertrauen der nationalsozialistischen Machthaber besessen hätte.[1078] Berücksichtigt man den Umgang der italienischen Regierung mit durch den Faschismus belasteten Personen, der durch eine großzügige Amnestie gekennzeichnet war, erscheint diese Argumentation von Innocenti recht fragwürdig.[1079]

Die SVP initiierte noch weitere Versuche den Staatsrat umzustimmen, zu eindeutig war aus seinen Äußerungen hervorgegangen, dass er, wenn auch nicht das einzige, aber doch „das treibende Element" war.[1080] Am 12. Mai 1948 suchte Braitenberg den Staatsrat auf, blieb aber erfolglos.[1081] Innocenti war für Argumente nicht zugänglich, wie auch Otto von Guggenberg dem österreichischen Außenminister berichtete:

„Wie sicher sich Staatsrat I. fühlt, geht aus einem zwischen ihm und dem Präfekten geführten und abgehorchten Telefongespräch hervor. In diesem machte Präfekt Quaini ihm von meiner Vorsprache zwecks Erteilung eines Lasciapassare Mitteilung und frug, ob er bei der ablehnenden Haltung bleiben sollte. Als er dabei auf eine evtl. mögliche Missstimmung in Wien anspielte, erklärte Staatsrat I: ‚Me n'infischio di Vienna' (Ich pfeife auf Wien!)"[1082]

Seine Sicherheit gewann er durch diese Rückendeckung von höchster Stelle nicht, denn Georg Tinzl erklärte die intransigente Haltung Innocentis folgendermaßen:

„Es war letztlich eine Intervention von de Gasperi zum Schutz seines nicht sehr hohen internationalen Images. Er hat das vermutlich nicht in erster Person machen können, aber durch seine Position hat es natürlich Leute gegeben, die seine Wünsche wohlwollend durchgeführt haben. Ich kann mir vorstellen, dass Innocenti eines dieser Sprachrohre war. Innocenti hat über meinen Vater einiges gewusst, aber nicht sehr viel."[1083]

Nach dem negativen Gutachten der Optantenkommission intervenierte Otto von Guggenberg privat beim österreichischen Außenminister. Am 21. Mai 1948 schrieb er an Gruber, dass „Staatsrat I. alles daran setze, Dr. T. um die italienische Staatsbürgerschaft zu bringen; hatte er doch mit der Einschaltung des letzen Satzes des Art. 5, Absatz 1, der in keinem der früheren Vorschläge der ital. Regierung enthalten war, eine Bestimmung aufgenommen, die in erster Linie, vielleicht ausschließlich auf Dr. T. zugeschnitten war [...]."[1084] Eindringlich appellierte er an Gruber, sich für Tinzl, der von unschätzbarem Wert für die Politik Südtirols sei, persönlich bei de Gasperi zu verwenden. Dies sei wohl die einzige Möglichkeit einen Erfolg zu erzielen.[1085] Guggenberg fuhr weiter fort:

„Ich selbst – verzeihen Sie Herr Minister, wenn ich offen spreche [...] – bin der Überzeugung, dass Staatsrat I. den Mut zu seinem Vorgehen aus der zögernden Haltung der österr. Regierung, wie auch aus dem unbestimmten, um nicht zu sagen zweideutigen Verhalten einiger Herren der Leitung der SVP schöpfte, welch letztere teils sachlichen Gründen, teils persönlichen entsprang. Ich führe lediglich an, dass man aus unseren Kreisen Herrn Dr. T. nahe legte, einen Revers zu unterschreiben, mit dem er als italienischer Staatsbürger gewissermaßen auf jede politische Tätigkeit verzichten sollte. […] Dass Dr. T. und wir keine politisch inopportunen Entschließungen hinsichtlich der Annahme politischer Stellungen fassen werden, können wir ruhig seinem wie unserem Verantwortungsbewusstsein überlassen."[1086]

Erneut intervenierte Außenminister Gruber im Juni 1948 in der Causa Tinzl schriftlich de Gasperi. Die Reaktion des Ministerpräsidenten war ernüchternd.[1087] Die italienische Seite ging sogar noch einen Schritt weiter und diskutierte den Vorschlag, neben Tinzl selbst auch dessen Frau und Sohn aufgrund des Artikel 17 des Optantengesetzes auszubürgern. Motiv dafür war die Gefährdung der legitimen italienischen Interessen in Südtirol durch antiitalienische Propaganda:

„Die Ausführung dieser Möglichkeit wird in Relation gesetzt zu den Ergebnissen der Anwendung des Gesetzes, das in liberaler Weise angewendet den Ausschluss vom Wiedererwerb der Staatsbürgerschaft von einer sehr eingeschränkten Zahl an Personen vorsieht. Es betrifft nur diejenigen, deren politische Vergangenheit eine solche Gravität besitzt, um ihnen den Ausschluss vom vorhergenannten Nutzen zum Schutz unserer legitimen Interessen in Südtirol aufzuerlegen. […] Die Präsidentschaft möchte die Aufmerksamkeit des Ministers auf die Notwendigkeit lenken, diese Erweiterung jedenfalls im Falle Tinzl anzuwenden, damit dieser vom Wiedererwerb der Staatsbürgerschaft ausgeschlossen werde. Wie Sie der Note vom 15. Mai, Nr. 1241 entnehmen können, deutet alles darauf hin, falls man nicht von dieser Erweiterung Gebrauch machen würde, dass besagte Person, die Wien und Innsbruck zu Recht als ‚das Gehirn der Südtiroler Politik' mit österreichfreundlichen Tendenzen definieren, die Gelegenheit besäße, seine zerstörende und erbitterte antiitalienische Aktivität mühelos fortzusetzen."[1088]

Die Ausführung dieses Vorschlags blieb aus, dennoch belegt er, wie weit mancher der Verantwortlichen zu gehen bereit war. Nach außen bemühte man sich Objektivität zu demonstrieren, doch diese entsprach keineswegs der Realität.

Da die bisherige Strategie erfolglos verlaufen war, wurden erste Versuche gestartet zu sondieren, inwieweit die Unterstützung italienischer Abgeordneter für Tinzl zu erreichen war. Durch das Weiterleiten des Falles nach Rom sollte dort durch geschicktes Lobbying ein positiver Entscheid erreicht werden. Guggenberg nahm mit dem Trentiner Senator Enrico Conci, der Tinzl seit Jahren kannte und große Wertschätzung für ihn hegte, Kontakt auf. Conci sollte seinen Einfluss auf de Gasperi geltend machen, um das Verfahren vor der Optantenkommission einem günstigen Abschluss zuzuführen.[1089] Am 26. Mai 1948 wandte sich Tinzl selbst an den Senator und bedankte sich für dessen Bemühungen in seiner Angelegenheit. „Bei einer negativen Entscheidung des Ministeriums ist auch ein vorhergehendes Ansuchen des Staatsrates notwendig, eine positiven Entscheidung hingegen kann ohne solches getroffen werden."[1090], bemerkte Tinzl. Eine Vorsprache der Südtiroler beim Ministerpräsidenten kam nicht zustande, daher traf Raffeiner am 11. Juni 1948 mit den Trentiner Senatoren Conci und Luigi Carbonari zusammen und versuchte erneut auszuloten, ob diese zu einem gemeinsamen Schritte für Tinzl bei de Gasperi bereit wären. Während sich Carbonari ablehnend zeigte, wartete Conci bereits am folgenden Tag mit Informationen auf. Er bestätigte die Vermutung der Südtiroler, dass die italienische Regierung sehr wohl auf den Ausschluss Tinzls Einfluss genommen hatte. Wie von Südtiroler Seite vermutet worden war, war de Gasperi persönlich gegen die Wiederverleihung der Staatsbürgerschaft eingetreten. Der Ministerpräsident schließe jedoch die prinzipielle Möglichkeit nicht aus, dass Tinzl diese später wieder erhalten werde. Die SVP betrachtete es jedoch nahezu unmöglich, auf diesen Vorschlag einzugehen. Conci sagte zu, in dieser Sache weiter aktiv zu bleiben und darüber auch mit seiner Tochter Elsa, einer Abgeordneten in der Deputiertenkammer, zu beraten. Möglicherweise werde er auch selbst in einer Unterredung mit de Gasperi dieses Thema erörtern.[1091]

Nachdem feststand, dass die Frage der Staatsbürgerschaft nur durch das Einlenken des Ministerpräsidenten zu lösen war, konzentrierte sich die SVP zunehmend auf diese Strategie. Tinzl erklärte sich damit einverstanden und stimmte am 21. Juni 1948 einer gemeinsamen Vorsprache der Senatoren und Abgeordneten der Region bei de Gasperi zu. Am 23. Juni trafen die Südtiroler Senatoren mit dem Ministerpräsidenten zusammen, um über die Causa Tinzl zu diskutieren.[1092] Bis 8. Juli 1948 wurde zudem eine Unterstützungserklärung für Tinzl von beinahe allen Senatoren und Abgeordneten der Region unterzeichnet und dem Ministerpräsidenten weitergeleitet.[1093] Carbonari verweigerte die Unterzeichnung mit dem fadenscheinigen Argument, Vertrauensleute in Südtirol hätten ihm mitgeteilt, dass nicht alle Südtiroler damit einverstanden wären, Tinzl die Staatsbürgerschaft wieder zu verleihen.[1094] In einem privaten Schreiben an Tinzl vom 28. Juli 1948 wurde über die Übergabe des von den Abgeordneten unterzeichneten Schreibens berichtet:

„Habe heute dem DG persönlich den Schrieb der Abgeordneten und Senatoren übergeben und ihn um Aussprache ersucht, da wir außer Deiner Sache noch andere dringenden Fragen zu besprächen hätten. Er sagte mir mit mehr als sauersüßem Gesicht für Freitag zu."[1095]

Der Verfasser des Schreibens, der nicht eruiert werden konnte, aber aus den Reihen der SVP stammen dürfte, äußerte sich zuversichtlich hinsichtlich der Repatrierung. Die Frage der Staatsbürgerschaft sei wohl bis zum Spätherbst geklärt, schrieb er an Tinzl.[1096]

Als de Gasperi am 18. September 1948 anlässlich der Messeeröffnung nach Südtirol reiste, thematisierten Braitenberg und Raffeiner den Fall Tinzl. Der Ministerpräsident zeigte sich von der Entscheidung gegen Tinzl völlig überrascht und versicherte, er persönlich sei geneigt, diesen zu unterstützen. Eine Unterstützung blieb jedoch aus den bereits aufgezeigten Motiven aus.[1097]

Tinzl musste zur Kenntnis nehmen, dass seine politische Betätigung die Frage der Staatsbürgerschaft äußerst ungünstig beeinflusste. Im Oktober 1948 verzichtete er an den Sitzungen des Parteiausschusses teilzunehmen, aus Vorsicht um die Frage seiner Staatsbürgerschaft nicht noch mehr zu präjudizieren.[1098] Am 30. Oktober 1948 wandte sich der Landesausschuss der SVP erneut an Gruber um der allgemeinen Erregung in Südtirol Ausdruck zu verleihen und die von italienischer Seite gegen Tinzl vorgebrachten Argumente zu entkräften:

„Im ganzen Südtiroler Volke hat der Ausschluss des Herrn Dr. Karl Tinzl von der italienischen Staatsbürgerschaft den schlechtesten Eindruck gemacht und allgemeine Erregung hervorgerufen.
Dies nicht nur deswegen, weil sich Herr Dr. Tinzl allgemeiner Hochachtung und Wertschätzung in der Südtiroler Bevölkerung erfreut, sondern, weil gerade auch sein Einsatz während der deutschen Besatzungszeit die Angehörigen der italienischen Volksgruppe, soweit es in seiner Macht stand, vor Ungerechtigkeiten und Verfolgungen zu schützen allgemein bekannt ist. Deswegen wurde diese Maßnahme auch in den italienischen Kreisen zum Teil mit offener Missbilligung aufgenommen, zum anderen Teil zumindest als unbegreiflich und vollkommen unbegründet bezeichnet.
Es herrscht allgemein die Überzeugung, welche sowohl durch die Begründung der gegen ihn gefällten Entscheidung, als auch durch Äußerungen hoher italienischer Amtsstellen bestätigt wird, dass für die gegen ihn getroffene Maßnahme das Optionsdekret nur ein Vorwand, der wirkliche Grund aber seine interne Mitarbeit im Schoße der Südtiroler Volkspartei zum Schutze der Südtiroler Interessen gelegen ist. Dies widerspricht aber nicht nur vollkommen dem Geist und Wortlaut des Optionsabkommens, sondern auch den Grundsätzen jener politischen Freiheit, die den Südtirolern zuerst von den Alliierten und dann von Italien selbst versprochen worden war. Die formelle, der Maßnahme gegebene Begründung ist den Tatsachen vollkommen widersprechend und jedem, der die Verhältnisse in Südtirol zur Zeit der deutschen Besetzung einigermaßen kennt und objektiv zu beurteilen gewillt ist, weiß, dass die politische Funktion von jenen der normalen Verwaltung vollkommen getrennt waren und die von draußen gekommenen Machthaber sich eifersüchtig alle Funktionen von irgendwelcher politischer Bedeutung selbst vorbehalten hatten, und die Stellung eines kommissarischen Präfekten von damals in gar keiner Weise mit der eines Präfekten im faschistischen und auch im demokratischen Italien gleichgesetzt werden kann. Es ist daher die Behauptung keineswegs richtig, dass gegen Herrn Dr. Tinzl nach dem Gesetze keine andere Entscheidung getroffen werden können, sondern bei richtiger und objektiver Würdigung des Sachverhaltes hätte eine gegenteilige Entscheidung getroffen werden müssen.
Es würde daher im Interesse einer Befriedung der Verhältnisse in Südtirol und damit auch in jenem des Verhältnisses zwischen Österreich und Italien liegen, wenn dieser Fall einer günstigen Erledigung zugeführt würde."[1099]

Die Südtiroler Proteste sowie jene von Nordtiroler Seite erreichten eine erneute österreichische Intervention. Karl Gruber plante einen Staatsbesuch in Italien, der vorwiegend dazu dienen sollte, in der Causa Tinzl Fortschritte zu erzielen. Die italienische Regierung stimmte dieser Reise zu, nachdem geklärt war, dass Südtirol als „politisches Thema" nicht tangiert werde.[1100]

Der österreichische Druck auf die italienische Regierung im Fall Tinzl setzte sich auch in den folgenden Jahren fort. Gegen Ende des Jahres 1948 wurde er jedoch für einige Monate nach dem bisherigen Forschungsstand äußerst ruhig in dieser Angelegenheit.[1101]

Wiederverleihung der Staatsbürgerschaft

Erst im Juli 1949 zeichnete sich eine Entscheidung über die Rekurse der abgewiesenen Optanten ab. Da er in Erfahrung gebracht hatte, dass in drei Fällen bezüglich der Option negativ entschieden worden war, kontaktierte Tinzl seinen Anwalt Luigi Farina und erbat sich weitere Auskünfte.[1102] Die ablehnende Haltung der Verantwortlichen in Rom war jedoch unvermindert bestehen geblieben. Wiederum erhob Tinzl Einspruch gegen die Entscheidung. Monate verstrichen bis der Einspruch ausgearbeitet und von den zuständigen Stellen behandelt worden war.

Erst im Juli 1950 beschäftigte sich die Staatsanwaltschaft wieder mit der Frage von Tinzls Staatsbürgerschaft. Da Anfang Oktober eine Anhörung zu erwarten war, erachtete Farina ein persönliches Treffen während seines Aufenthaltes in Südtirol Ende August für notwendig, um dabei die Verteidigungsstrategie zu diskutieren.[1103] Tinzl antwortete stets rasch auf die Briefe seines Rechtsanwaltes. Zu dessen Verwunderung reagierte Tinzl diesmal nicht auf den Vorschlag. Farina sandte eine weitere Nachricht nach Bozen, doch erst am 1. August erhielt er eine Verständigung von Tinzl, die das Ausbleiben einer Reaktion erklärte. Verantwortlich für das Schweigen war sein prekärer Gesundheitszustand. Anfang Juli hatte der mittlerweile Zweiundsechzigjährige einen Herzinfarkt erlitten. Die prekäre Lage, in der er sich seit Kriegsende befand, war für ihn wohl belastender als er nach außen gezeigt hatte. An eine längere Auszeit, wie sie aus ärztlicher Sicht angebracht gewesen wäre, konnte und wollte er sich nicht erlauben. Nach knapp einem Monat begann er wieder mit seiner Arbeit.[1104]

Die Eile, mit der man sich mit den Optionsangelegenheiten befasste, überraschte Tinzl und ließ ihn nichts Gutes erwarten.[1105] Besonders beschäftigte ihn die Frage, wer wohl diese Angelegenheit so massiv forcierte.[1106] Ein persönliches Gespräch mit Farina erachtet auch er für unerlässlich, besonders da sein Anwalt ihm Folgendes mitgeteilt hatte:

„Ich beeile mich Ihnen mitzuteilen, dass die Diskussion Ihres Rekurses vor dem Verwaltungsgerichtshof für die Option auf den 28. Oktober festgesetzt wurde. Voraussichtlich werde ich bei dieser Anhörung noch weitere drei oder vier andere Klienten zu vertreten haben und bitte Sie daher, einen anderen Verteidiger zu beauftragen. Wenn Sie keine Namen kennen, würde ich Ihnen Avv. Renato Malinverno, Präsident der IV Sektion, einen bewanderten

Juristen vorschlagen, der bei den Kollegen sehr beliebt ist und von unserem Standpunkt überzeugt ist."[1107]

Am 25. August trafen sich Farina und Tinzl in Bozen. Das Gespräch brachte für Tinzl „nichts Weltbewegendes".[1108] Sie kamen überein, dass Renato Malinverno seine Vertretung übernehmen sollte. Da er selbst nicht nach Rom reisen konnte, übernahm Farina die Aufgabe, Malinverno detaillierte Informationen zukommen zu lassen.[1109]

Nachdem er sich bis Mitte September 1950 in den Fall eingearbeitet hatte, vertrat Rechtsanwalt Malinverno die Ansicht, sich auf den Standpunkt zu stellen, dass Tinzl die italienische Staatsbürgerschaft nie verloren habe. Dem Consiglio di Stato, eine Art Verwaltungsgerichtshof, sollte eine offizielle Bestätigung der deutschen Regierung vorgelegt werden, dass Tinzl die deutsche Staatsbürgerschaft nie erhalten habe.[1110] Die Zeit dafür war denkbar knapp, denn die Verhandlung über den Rekurs war auf den 28. Oktober festgesetzt worden. Wie schon andere Südtiroler wandte sich Tinzl auf Empfehlung von Hans Stanek dafür an Rechtsanwalt Hamilkar Hofmann in München.[1111] Zum Zeitdruck kam erschwerend hinzu, dass seine Einbürgerungsurkunde seit 1945 nicht mehr auffindbar war, diese jedoch neben dem Aufenthaltsnachweis den deutschen Behörden zur Ausstellung der Erklärung vorzulegen war. Hofmann sandte ihm lediglich eine allgemeine Bestätigung, dass er gemäß dem Reichsstaatsangehörigkeitsgesetz vom 22. Juli 1913 die deutsche Staatsbürgerschaft nicht erhalten habe, da er nie in Deutschland gelebt hatte.[1112] Dies musste ausreichen, um die italienische Seite davon zu überzeugen, dass er die italienische Staatsbürgerschaft aufgrund seines Verbleibes in Südtirol nie verloren hatte. Der Verlust der italienischen Staatsbürgerschaft sei mit dem Erhalt einer ausländischen direkt verbunden, argumentierte Tinzl.[1113] Da mit einem Verweis der Italiener auf das Reichsgesetzblatt 1/40 zu rechnen war, das die Verleihung der deutschen Staatsbürgerschaft an Personen, die nicht in Deutschland wohnten, ermöglichte,[1114] sammelte Tinzl wiederum Beweise, wonach dieses Gesetz mit rückwirkender Kraft abgeschafft worden war.[1115]

Durch Formfehler und dank seiner erstklassigen Kontakte gelang es Malinverno die Verhandlung über den Rekurs auf den 19. Dezember zu verschieben, um Zeit neue Dokumente vorzulegen zu gewinnen.[1116] Zur besseren Koordinierung reiste Tinzl Anfang November nach Rom.[1117] Sein Anwalt empfahl ihm, eine Bestätigung beizulegen, in der von übergeordneter Stelle explizit bescheinigt wurde, dass er als Präfekt von politischen Funktionen ausgeschlossen war, über Genehmigungsansuchen nur nach Weisung entschieden hatte und dass er überhaupt gegen seinen Willen in diese Funktion berufen worden war. Über einen Bekannten wandte er sich deshalb an Egon Denz, der den Arbeitsbereich Inneres beim Obersten Kommissar geleitet hatte.[1118] Weitere Unterstützungserklärungen erhielt er von Carlo De Carli, Vizepräsident des Kaufleuteverbandes in Bozen, Edoardo Manfrini, Umberto und Enrico Ferrari und Rechtsanwalt Oscar de Vinschger, einem Mitarbeiter in der Präfektur.[1119] Zudem kontaktierte er Senator Conci, um eine Erklärung für seine Zeit als Präfekt zu erhalten.[1120]

Sofort nach dem Aufschub der Verhandlung wandte er sich auch an Rechtsanwalt Hofmann, damit dieser die Sache seiner Bestätigung, nicht deutscher Staats-

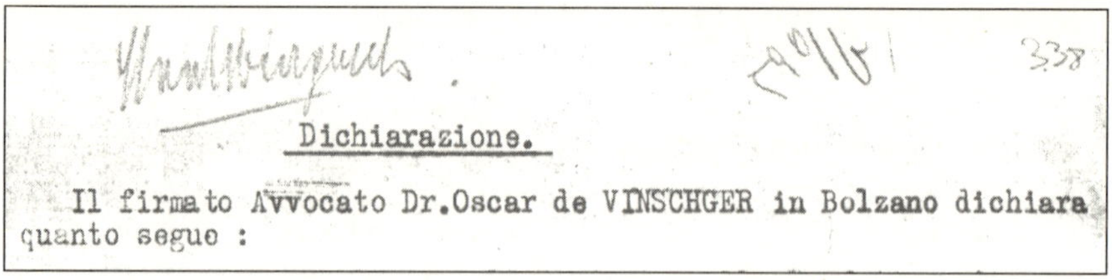

> Dichiarazione.
>
> Il firmato Avvocato Dr. Oscar de VINSCHGER in Bolzano dichiara quanto segue :

Abb. 42: Unterstützungserklärungen von bekannten Persönlichkeiten sollten die Entscheidung über seine Staatsbürgerschaft positiv beeinflussen.[1121]

bürger zu sein, eiligst vorantreibe.[1122] Die Erklärung, datiert mit 25. Oktober 1950, erreichte Tinzl kurze Zeit später.[1123]

Diese Dokumente wurden im November 1950 bei der IV. Sektion des Consiglio di Stato eingereicht.[1124] Karl Tinzl war zufrieden mit dem Vorgehen von Malinverno und schöpfte neue Zuversicht:

> „Der Rekurs erscheint mir sehr gut gemacht, vor allen Dingen der abschließende Teil, also dort, wo dargelegt wird, dass die Entscheidung des Innenministeriums nicht und ausschließlich auf dem Art. 5, Abs. 1 des Optantendekrets basierte, sondern auch auf einem anderen Motiv, das in der Realität nicht existierte weder in juridischer noch in tatsächlicher Hinsicht, wodurch der gesamte Beschluss des Ministeriums einen wesentlichen Teil seiner Begründung verliert."[1125]

Er hatte das Gefühl, dass alles Mögliche unternommen worden war und dass Malinverno wirklich eine exzellente Arbeit abgeliefert hatte, der Erfolg liege nun allein „in den Händen Gottes".[1126] Auch bei Malinvero überwog die Zuversicht. Besonders großen Eindruck hatten seiner Ansicht nach die Aussagen einflussreicher Personen zu Tinzls Gunsten und die Erklärung, Tinzl habe die deutsche Staatsbürgerschaft nie erhalten, gemacht. In seiner Berechnung zwischen ungünstigen und günstigen Einflüssen, habe er den letzteren Prozentsatz angehoben.[1127]

Die Ernüchterung folgte wenige Wochen später. Der Rekurs wurde am 19. Dezember 1950 von der IV. Kommission des Consiglio di Stato, wie jener der anderen Optanten, abgewiesen.[1128] „Mein lieber Dr. Tinzl", schrieb Malinverno noch am selben Tag, „nach vier Stunden [...] wurde ihr Rekurs und auch fast alle anderen der Südtiroler Optanten heute abgewiesen [...]."[1129]

Erneut stand fest: Nicht juridische Argumentation, sondern politische Interessen hatten zu dieser Entscheidung geführt. Gegenüber seinem Anwalt zeigte sich Tinzl vom Urteil nicht besonders überrascht, doch ist anzunehmen, dass es ein herber Rückschlag für ihn war.[1130] Rechtsanwalt Luigi Farina kontaktierte Tinzl am folgenden Tag nach dem „desaströsen Ausgang der Anhörung".[1131] Für das weitere Vorgehen schlug er vor:

> „Ich denke, dass das aufgrund der üblichen Intervention passiert ist, und ich denke, dass man versuchen könnte und sollte, noch bevor das Urteil

geschrieben und veröffentlicht wird, eine ernsthafte Intervention auf dem Wege und in der Form, die ich Ihnen bei unserem letzten Treffen im August angegeben hatte. Im Augenblick ist es notwendig vorzugeben, den Ausgang nicht zu kennen, und es wäre notwendig, dass Sie oder eine Person Ihres Vertrauens, gesetzt und ernsthaft, bei mir vorbeikommt um mich vorher zu informieren.

Normalerweise vergehen zwischen dem Urteil und der Niederschrift und der Veröffentlichung der Entscheidung ungefähr vierzehn Tage und in der Zwischenzeit kann man die Möglichkeit einer erneuten Überprüfung überprüfen."[1132]

Tinzl seinerseits setzte er sich mit anderen Optanten in Verbindung, die in einer ähnlichen Situation waren.[1133] Weiters kontaktierte er Benedetti, Senator und politischer Sekretär der DC für die Region Trentino-Südtirol, der seinen Einfluss auf die Regierung geltend machen sollte.[1134] Um einen Vertrauensmann in Rom, der wichtige Kontakte ausloten sollte, zu gewinnen, wandte sich Tinzl an Commendatore Ugo Ubaldi in Rom, den er bereits aus seiner früheren Tätigkeit in Rom kannte.[1135] Er hielt Ubaldi für absolut vertrauenswürdig, wenn er ihn auch gegenüber Farina als etwas oberflächlich charakterisierte.[1136]

Ubaldi wartete rasch mit Information auf und erklärte seine Bereitschaft, nach Bozen zu kommen, um in einem persönlichen Gespräch die neuen Erkenntnisse zu besprechen.[1137] Tinzl war davon wenig begeistert und bat Ubaldi mit der Planung der Reise vorerst noch zu warten, da „eine sehr einflussreiche Person energisch in dieser Sache intervenieren wollte".[1138] Die Einflussversuche von Senator Benedetti erzielten nicht den gewünschten Erfolg, ebenso konnten Farina und Malinverno wenig für ihren Mandanten erreichen.[1139]

Der Kontakt zu Ubaldi flaute in den folgenden Wochen ab. Davon zeigte sich dieser sichtlich getroffen und wandte sich gekränkt an Tinzl. Er habe seine Bemühungen weiter fortgesetzt, auch Informationen über die Möglichkeit, dass Tinzl um die Staatsbürgerschaft von San Marino ansuchen sollte, eingeholt, aber keine Reaktion darauf erhalten habe.[1140] Tinzl hielt von derart unrealistischen Vorschlägen wenig und bemerkte gegenüber Farina, Ubaldi habe in seiner Sache nichts mehr erreichen können. Ebenso habe ihm Benedetti keine Nachricht mehr zukommen lassen.[1141] Senator Benedetti hatte jedoch auf die Kontaktierung durch einen Vertrauensmann von Tinzl gewartet, die aufgrund eines Missverständnisses ausgeblieben war. Daher war also „faktisch offenbar nicht geschehen".[1142]

Farina brachte wieder Bewegung in die Angelegenheit und erklärte, dass er sich mit Guggenberg, nach dessen Rückkehr aus Wien, besprechen werde. Gemeinsam mit Malinverno wollte er versuchen, noch vor der Publikation der Ablehnung des Staatsrates, die Frage in der Plenarsitzung des Parlaments zu erörtern, wo er sich Unterstützung für Tinzl erhoffte.[1143] Tinzl seinerseits bat Guggenberg, er solle baldmöglichst an Benedetti herantreten, damit dieser sich mit Farina ins Einvernehmen setze.[1144] Zur Verwunderung aller übermittelte Benedetti Tinzl die Nachricht, die Entscheidung in der Optantensache entspräche nicht den Ansichten de Gasperis. Der Ministerpräsident werde daher alles in seiner Macht stehende tun, um eine Revision zu erreichen.[1145] Dass das Gegenteil der Fall war, bestätigen die weiteren Ereignisse.

Im Mai 1951 wurde der Antrag Tinzls zur Wiedereinbürgerung von der IV. Kommission abgelehnt.[1146] Die Südtiroler Parlamentarier versuchten noch vor der Publikation des Gesetzes sich mit einigen Abgeordneten der DC zu verständigen, um in letzter Minute noch eine Modifikation des Gesetzes zu erreichen. Damit die Intervention größere Wirkung erhielt, bat Tinzl zusätzlich Farina um Unterstützung.[1147]

Das Urteil der Ablehnung war trotzdem nicht mehr aufzuhalten und wurde am 30. August 1951 veröffentlicht. Gleichzeitig erreichte Tinzl die Aufforderung, die Kosten des Verfahrens zu begleichen.[1148] Hinzu kamen noch die Honorare für seine Rechtsanwälte.[1149] So belasteten ihn abgesehen von der Ablehnung der Wiedereinbürgerung zudem noch nicht unerhebliche finanzielle Sorgen.

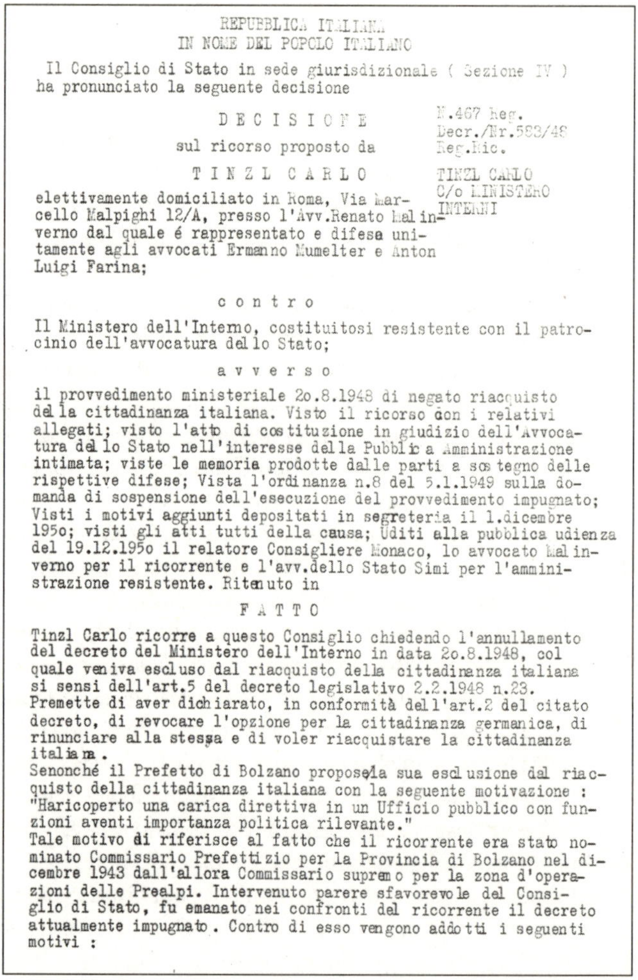

REPUBBLICA ITALIANA
IN NOME DEL POPOLO ITALIANO

Il Consiglio di Stato in sede giurisdizionale (Sezione IV)
ha pronunciato la seguente decisione

D E C I S I O N E

N.467 Reg.
Decr./Nr.583/48
Reg.Ric.

sul ricorso proposto da

T I N Z L C A R L O

TINZL CARLO
C/o MINISTERO
INTERNI

elettivamente domiciliato in Roma, Via Marcello Malpighi 12/A, presso l'Avv.Renato Malinverno dal quale é rappresentato e difesa unitamente agli avvocati Ermanno Mumelter e Anton Luigi Farina;

c o n t r o

Il Ministero dell'Interno, costituitosi resistente con il patrocinio dell'avvocatura dello Stato;

a v v e r s o

il provvedimento ministeriale 2o.8.1948 di negato riacquisto della cittadinanza italiana. Visto il ricorso con i relativi allegati; visto l'atto di costituzione in giudizio dell'Avvocatura dello Stato nell'interesse della Pubblica Amministrazione intimata; viste le memoria prodotte dalle parti a sostegno delle rispettive difese; Vista l'ordinanza n.8 del 5.1.1949 sulla domanda di sospensione dell'esecuzione del provvedimento impugnato; Visti i motivi aggiunti depositati in segreteria il 1.dicembre 195o; visti gli atti tutti della causa; Uditi alla pubblica udienza del 19.12.195o il relatore Consigliere Monaco, lo avvocato Malinverno per il ricorrente e l'avv.dello Stato Simi per l'amministrazione resistente. Ritenuto in

F A T T O

Tinzl Carlo ricorre a questo Consiglio chiedendo l'annullamento del decreto del Ministero dell'Interno in data 2o.8.1948, col quale veniva escluso dal riacquisto della cittadinanza italiana si sensi dell'art.5 del decreto legislativo 2.2.1948 n.23.
Premette di aver dichiarato, in conformità dell'art.2 del citato decreto, di revocare l'opzione per la cittadinanza germanica, di rinunciare alla stessa e di voler riacquistare la cittadinanza italiana.
Senonché il Prefetto di Bolzano propose la sua esclusione dal riacquisto della cittadinanza italiana con la seguente motivazione : "Haricoperto una carica direttiva in un Ufficio pubblico con funzioni aventi importanza politica rilevante."
Tale motivo di riferisce al fatto che il ricorrente era stato nominato Commissario Prefettizio per la Provincia di Bolzano nel dicembre 1943 dall'allora Commissario supremo per la zona d'operazioni delle Prealpi. Intervenuto parere sfavorevole del Consiglio di Stato, fu emanato nei confronti del ricorrente il decreto attualmente impugnato. Contro di esso vengono addotti i seguenti motivi :

Abb. 43: Im Sommer 1951 erreichte Tinzl die Nachricht, dass in der Staatsbürgerschaftsfrage wiederum gegen ihn entschieden worden war.[1150]

Trotzdem musste er seine Bemühungen, die Staatsbürgerschaft zu erlangen, weiter fortsetzen. Bis Juli 1952 arbeiteten Tinzl und Malinverno einen neuerlichen Rekurs aus, der sich vor allem auf den Artikel 4 des Staatsbürgerschaftsgesetzes aus dem Jahre 1912 stützte.[1151] Karl Tinzl forderte dafür beim Generalkonsulat der Bundesrepublik Deutschland in Mailand die notwendigen Unterlagen an, welche bestätigen sollten, dass er die deutsche Staatsbürgerschaft nie besessen hatte.[1152] Diese musste wiederum von Regierungskommissär in Trient geprüft und beglaubigt werden. Dies erwies sich weit schwieriger als vorher angenommen.[1153] Das aufwändige Prozedere, vor allem aber die seit Jahren wiederkehrenden Rückschläge belasteten Tinzl zusehends. So schrieb er an Malinverno am 16. September 1952:

„Ich danke Ihnen herzlich für Ihren andauernden Einsatz in meinen Fall und für die gute Nachricht, die Sie mir übermittelt haben und die mir neue Hoffnung gegeben hat. In Wahrheit war ich ein wenig entmutigt wegen der Komplikationen, die hier beim Vize-Kommissär entstanden sind, der Schwierigkeiten dabei hatte, die Beglaubigung der Unterschrift des Stellvertreters des deutschen Generalkonsuls in Mailand auf einer der verlangten Erklärungen anzuerkennen und der sogar eine Bewilligung der Advokatenkammer einholen will, welche weder von einer gesetzlichen noch administrativen Vorschrift für dieses Verfahren vorgesehen ist."[1154]

Die Zuversicht erwies sich erstmals als nicht unbegründet. In Rom stand man der Wiedereinbürgerung weniger ablehnend als in den vergangenen Jahren gegenüber. Georg Tinzl erinnerte sich:

„Da ist hinter den Kulissen sehr, sehr viel gelaufen, um das Placet von einer ganzen Menge von Leuten einzuholen. Es scheint letztlich nie mehr jemand ernstlich opponiert zu haben. So hat es einfach einen gewissen Reifeprozess in der italienischen Regierung gebraucht, bis sie sich mit diesen Themen hat näher befassen können, weil sie ja andere Sorgen als Südtirol auch noch hatte."[1155]

Bis zur Wiedereinbürgerung waren es nur noch wenige Monate. Von österreichischer Seite gab es Interventionen, die den positiven Ausgang in der Causa forcieren sollten.[1156] Nach Angaben von Ludwig W. Regele und Franz Widmann verwendeten sich neben Minister Gruber und der SVP auch hohe italienische politische Funktionäre, die zum Freundeskreis von Tinzl zählen, für ihn.[1157] Walther Amonn berichtete, dass der Bozner Bürgermeister Lino Ziller und der italienische Christdemokrat Berloffa sich für Tinzl in Rom einsetzten.[1158] Die Zeichen für Tinzl standen günstig. Innerhalb der italienischen Regierung fand sich durch geschicktes Taktieren endlich eine Mehrheit, die für eine positive Entscheidung eintrat.[1159] Die Interessen der Italiener in Südtirol schienen so weit abgesichert, dass diesen nun auch Tinzl nicht mehr gefährlich werden konnte. Ende des Jahres 1952 stand schließlich fest: Tinzl würde seine Staatsbürgerschaft wieder erhalten.[1160]

Nach langen und intensiven Bemühen erlangte Karl Tinzl aufgrund des Artikel 12 der italienischen Verfassung mit dem Dekret des Präsidenten der Republik vom 18. Dezember 1952 wieder die italienische Staatsbürgerschaft.[1161] Damit war die wichtigste Entscheidung gefällt worden. Bis zur Veröffentlichung der Verordnung vergingen noch einige Monate. In dieser Zeit sollte der Beschluss geheim gehalten werden, um kein öffentliches Aufsehen zu erregen. Der Vizekommissär der Regierung in Bozen, Oscar Benussi, hatte Tinzl angeboten, ihm bereits vor der Übersendung des Dekrets die entsprechenden Bestätigungen auszustellen, die für seine Wiedereintragung ins Berufsalbum der Anwälte notwendig waren. Nachdem Tinzl von diesem Angebot Gebrauch gemacht hatte, kamen ihm doch Zweifel an der Loyalität von italienischen Beamten und er wandte sich an Malinverno:

„Ich glaube, dass es keine Probleme geben wird, aber aus verschiedenen Anzeichen habe ich gesehen, dass diese Sache als etwas außerhalb des Normalen angesehen wird, und daher meine Bitte, denn ich habe ein verständliches Interesse, mich vollständig an die Regeln zu halten."[1162]

Malinverno sicherte ihm seine Unterstützung zu und versuchte die Veröffentlichung zu beschleunigen.[1163]

Mit der Verordnung vom 21. März 1953 wurde er in die entsprechenden Register der Staatsbürgerakte der Gemeinde Bozen eingetragen und erst damit war er in allen Bereichen wieder voll handlungsfähig.[1164] Er konnte sich wieder in die Wählerlisten eintragen, seinem Beruf als Rechtsanwalt wieder ausüben und wieder ein offizielles politisches Amt übernehmen.[1165] Für die Verantwortlichen in Rom blieb er jedoch auch weiterhin eine „diskutable Person", die ihre „Loyalität zu Italien" erst demonstrieren musste.[1166]

Fazit

Die Causa Tinzl war, anders als vordergründig behauptet, eine Angelegenheit von höchster politischer Brisanz. Leitende Regierungsstellen in Rom, allen voran der italienische Ministerpräsident nahmen Einfluss auf diesen Fall und sorgten für negative Entscheidungen. Eine Schlüsselrolle fiel dabei Staatsrat Innocenti zu, der die Vorgaben von de Gasperi mit größter Loyalität ausführte. Ungeachtet aller Interventionen wurde das Ziel verfolgt, das „Gehirn der Südtiroler Politik" auszuschalten. Seine Tätigkeit als Präfekt bot dafür den idealen Anlass, nicht mehr und nicht weniger. Im Vordergrund stand nicht, ihn dafür, sich in den Dienst eines verbrecherischen Regimes gestellt zu haben, zur Verantwortung zu ziehen, die italienische Seite wollte vermeiden, dass er auf die Südtiroler Politik nach 1945 in erster Position Einfluss nehmen konnte. Erst als Italien seine Interessen gesichert glaubte und das Druckmittel „Tinzl" nicht mehr benötigt wurde, war man bereit, ihn wieder in das öffentliche politische Leben eintreten zu lassen. Das bestätigte auch Georg Tinzl:

„Mein Gefühl ist nicht gewesen, dass man darauf abzielte, ihn irgendwie zu bestrafen. Mein Vater hat Freunde gehabt, die ihn in erster Position sehen wollten. Die Italiener haben gewusst, dass er bei den Parlamentswahlen wieder gewählt würde, und dann wäre unten in Rom natürlich jemand gewesen, der das Ganze von A bis Z sehr gut gekannt hat. Deswegen hat man es vorgezogen, ihn einmal stillzulegen, obwohl man gewusst hat, dass er schon trotzdem mitmischen würde. Es hat dann einfach einen gewissen Reifeprozess in der italienischen Regierung gebraucht, wie es auch eine Rolle spielte, dass mein Vater bereits fünfundsechzig Jahre alt war."[1167]

Tinzl sollte sich nach Möglichkeit freiwillig aus der Politik zurückziehen. Doch selbst massiver Druck führte nicht dazu, dass er seine politische Aktivität einstellte.

Die SVP hielt an ihm unvermindert fest, man wollte auf den juridisch versiertesten Mann unter keinen Umständen verzichten. Anfangs glaubten Tinzl und die Parteileitung noch, die Angelegenheit rasch und ohne gerichtliches Verfahren lösen zu können. Das erwies sich als undurchführbar.

Nachdem der Versuch, Tinzl ohne Verfahren die Staatsbürgerschaft zu verleihen, gescheitert war, versuchte man durch geschicktes Lobbying in Rom, eine Änderung der italienischen Haltung zu erreichen. Außerdem setzte man auf die Unterstützung in Innsbruck und Wien. So avancierte die Causa Tinzl zu einem bilateralen Thema zwischen Österreich und Italien. Österreich, insbesondere Außenminister Gruber, besaß große Wertschätzung für Tinzl und versucht alle Möglichkeiten der Einflussnahme auszuschöpfen. Je länger sich die Angelegenheit hinzog, umso schwieriger war es, die österreichischen Interessen zu negieren.

Die Bedeutung der juridischen Interventionen war begrenzt. Es war notwendig zu insistieren, die Aussichten auf Erfolg waren jedoch gering. Die Entscheidungen wurden von anderer Stelle gesteuert.

Erst nach jahrelangen Diskussionen war de Gasperi zum Einlenken bereit und dadurch wurde es möglich, die Causa einer Lösung zuzuführen. Tinzl war mittlerweile bereits zweiundsechzig Jahre alt, allzu lange sollte seine politische Tätigkeit nach Auffassung der Italiener nicht mehr hinziehen. So willigte der Ministerpräsident schließlich in die Rückgabe der italienischen Staatsbürgerschaft ein.

Hatte Tinzl selbst in den acht Jahren bis zu seiner Wiedereinbürgerung einer Ablehnung gerechnet? Georg Tinzl fand eine eindeutige Antwort:

„Ich glaube, er hat nicht im Geringsten damit gerechnet, dass er die Staatsbürgerschaft nicht zurückbekommt. Er hat sich wohl auch über die Dauer des Verfahrens nicht gewundert. Es war seine Vorstellung, dass es nicht viel schneller geht. Aufgrund seiner völkerrechtlichen Kenntnisse zu diesem Thema war ihm das klar. Selbst wenn ihm alle wohl gesonnen gewesen wären, hätte seiner Ansicht nach die Sache nicht sehr viel mehr beschleunigt werden können, ohne dass er eindeutig bereit gewesen wäre, der Politik den Rücken zu kehren."[1168]

13.3. Streichung aus dem Album für Rechtsanwälte

Wie oben erwähnt, wurde Tinzl durch seine fehlende Staatsbürgerschaft die Ausübung seines Berufes untersagt. Nachdem am 6. August 1947 die Advokatenkammer in Bozen seine Streichung aus dem Berufsverzeichnis beschlossen hatte, legte er Protest gegen diese Entscheidung ein. Eine Revision des Urteils war nur schwerlich zu erreichen, primär ging es darum, eine Verzögerung der Durchführung des Beschlusses erreichen. Durch seinen Einspruch wurde der Fall an die nationale Advokatenkammer in Rom weitergeleitet.[1169] Die Kommunikation zwischen Tinzl in Bozen und seinem Anwalt Luigi Farina in Rom stellte dabei eine nicht unwesentliche Schwierigkeit dar. Beinahe wäre der Rekurs nicht fristgerecht eingereicht worden, wie folgendes Schreiben von Otto Vinatzer, Rechtsanwalt und Sekretär der Rechtshilfestelle für Optanten, vom 18. Dezember 1947 belegt:

„Ich erhielt von S.E. Farina folgende Zuschrift.
‚[…] Vergangenes Monat war Rechtsanwalt Tinzl Karl hier bei mir wegen seines Rekurses bei der Advokatenkammer gegen die Entscheidung dieses Ordnungsrates, der ihn aus dem Berufsregister gestrichen hatte, da er kein italienischer Staatsbürger mehr war. Wir gingen zusammen in das Sekretariat der nationalen Advokatenkammer und stellten fest, dass die originale Entscheidung und die Empfangsbestätigung der Steuer fehlten und er hinterließ mir das Geld, um die Steuer zu bezahlen und sagte zu, sobald er nach Hause zurückgekehrt sei, die original zugestellte Entscheidung zu schicken. Er erklärte, dass es meine Aufgabe sei, zu versuchen die Anfrage bei der Advokatenkammer einzureichen, ob wirklich der Verlust der Staatsbürgerschaft eingetreten sei, weil er sich nicht ins Ausland begeben habe und er, schien mir, teilte meine Auffassung, aber dann sandte er mir keine zugestellte Kopie der angefochtenen Entscheidung, und bald, wenn er sich nicht meldet, wird das Risiko eingegangen, dass der Rekurs wegen Verfristung abgelehnt wird. Würden Sie mir den Gefallen tun, ihn in meinem Namen zu informieren. Ich kann das nicht machen, da ich die Adresse nicht kenne.'"[1170]

Vinatzer leitete das Schreiben an Tinzl weiter, sodass der Antrag noch rechtzeitig eingebracht werden konnte. Luigi Farina, ein versierte Jurist, beschäftigte sich eingehend mit dem Fall und bemühte sich Tinzl in Rom nach Kräften zu unterstützen. Er überzeugte Tinzl davon, unter Verweis auf das Wiedereinbürgerungsverfahren für eine Verzögerung des Verfahrens vor der Rechtsanwaltskammer zu plädieren. Es müsse versucht werden, ein derartiges Ansuchen rechtzeitig an zuständiger Stelle zu deponieren. Könnten keine Zweifel am Verlust der Staatsbürgerschaft geltend gemacht werden, erklärte Farina seinem Mandanten, müsse er wohl davon ausgehen, dass der Rekurs abgelehnt werde.[1171] Gemäß der vorgeschlagenen Linie agierte Tinzl und forderte die vorläufige Einstellung des Verfahrens.[1172] Bereits am 7. Juli 1948 wurde er von Farina informiert, dass die nationale Advokatenkammer die Entscheidung in seinem Verfahren vertagt worden hatte.[1173]

Am 20. August 1948 entschied Innenminister Scelba, Tinzl vom Wiedererwerb der Staatsbürgerschaft auszuschließen.[1174] In den folgenden Monaten bestand nun eine wesentliche Aufgabe darin, sich auf die Wiederaufnahme des Verfahrens vorzubereiten und eine möglichst stichhaltige Beweisführung aufzubauen, um die Einstellung des Verfahrens zu erreichen. Tinzl gab sich gegenüber Farina keinen Illusionen hin und wusste, dass er sich einer deutlich schwächeren Position befand.[1175] Es blieb ihm lediglich die Möglichkeit sich auf den Standpunkt zu stellen, die fehlende Staatsbürgerschaft beraubte ihn der Möglichkeit, seinen Beruf auszuüben und damit seiner Existenzgrundlage.[1176] Am 15. Januar 1949 traf Farina mit dem Staatsrat zusammen, um über die Aufschiebung seines Rekurses zu verhandeln.[1177] Beim Staatsrat konnte Tinzl auf wenig Wohlwollen hoffen. Ungeachtet dessen insistierte er und schöpfte sämtliche juridischen Möglichkeiten aus, um die Diskussion über seinen Fall nicht abbrechen lassen und möglicherweise die negative Entscheidung zu revidieren. Über seinen Anwalt Luigi Farina erreichte er eine Anhörung vor dem höchsten Rat der Advokatenkammer.[1178] Er bemerkte zu den Erfolgsaussichten:

> „[…] Entweder ist die Advokatenkammer offiziell über die Entscheidung des Ministers in meiner Angelegenheit informiert. In diesem Fall fürchte ich, dass nicht viel zu erreichen sein wird, denn der Staatsrat hat meine Anfrage auf Suspendierung zurückgewiesen und der Nationalrat stellt sich möglicherweise auf den Standpunkt, dass er nicht die Entscheidung des Rekurses abzuwarten braucht.
> Oder der Nationalrat hat noch keine offizielle Kenntnis von der Entscheidung, dann würde er möglicherweise einem weiteren Aufschub zustimmen."[1179]

Ein Aufschub wurde nicht erreicht. Dennoch bestätigte die nationale Rechtsanwaltskammer zwei Jahre später das in Bozen gefällte Urteil.[1180]

Am 14. Oktober 1949 richtete er an den Präsidenten der Rechtsanwaltskammer, Giuseppe Bertagniolli, in Bozen eine Anfrage zur Anhörung vor der Kommission, damit seine Angelegenheit erneut debattiert würde.[1181] Da in der Kommission neben den italienischen Vertretern Leone Ventrella, Alberto Guelmi, Antonio Fiorio und Giuseppe Bertagniolli auch namhafte Südtiroler Anwälte, wie Hugo Perathoner, Rudolf Straudi, August Pichler oder Ernst Vinatzer, dem Sekretär der Kommission, vertreten waren, erhoffte er sich eine positive Reaktion auf seinen Antrag.[1182] Recht selbstbewusst hatte er diese Anfrage noch in deutscher Sprache verfasst, davon ging er jedoch rasch ab und zeichnete sogar mit „Carlo Tinzl", denn es galt, seine Loyalität zum italienischen Staat in jeder Hinsicht zu demonstrieren. Bereits im Dezember, als er sich erneut an die Rechtsanwaltskammer in Bozen wandte, verfasste er den Brief in italienischer Sprache. Sein Antrag auf Anhörung war bis dahin unbeantwortet geblieben. Im Gegenzug hatte ihm die Kommission allerdings mitgeteilt, er werde im Rahmen des gegen ihn einzuleitenden Disziplinarverfahrens von der Kommission vorgeladen. Tinzl war weder über diese Bestrebungen noch über die genauen Anklagepunkte unterrichtet worden und forderte eindringlich eine Stellungnahme.[1183] Die Kommission reagierte rasch und bereits am 9. Januar 1950 fand eine Anhörung statt. Tinzl argumentierte, dass zunächst die Entscheidung über seinen Rekurs bezüglich seiner Staatsbürgerschaft abgewartet werden müsse, bevor eine Streichung aus dem Album erfolgen könnte.[1184] Die Kommission zeigte sich von seinen Ausführungen unbeeindruckt und entschied am 11. Januar 1950, dass ein Disziplinarverfahren gegen ihn eröffnet werden sollte.[1185] Am folgenden Tag wandte sich Rechtsanwalt Rudolf Straudi an Tinzl, der selbst Mitglied des Ausschusses der Advokatenkammer war und ihn unterstützen wollte. Straudi berichtete:

> „Es wurde gestern einstimmig beschlossen, gegen Sie und gegen die anderen Kollegen, die sich in derselben Position befinden (Happacher, Stanek, Marchesani) das regelrechte Verfahren einzuleiten, das sich also wie ein Disziplinarverfahren abwickeln wird, anstatt einfach die Streichung mangels der Erfordernisses der Staatsbürgerschaft vorzunehmen. Sie werden zur Sitzung des Ausschusses vom 15. Februar d. J. 18 Uhr vorgeladen werden. Hernach wird der Ausschuss Beschluss zu fassen haben, was zu geschehen hat, und es steht die Frage offen, wie und in welcher Form, ob mit Beschluss oder regelrechtem Urteil, zu entscheiden sein wird."[1186]

Da für die Kommission nur die Tatsache zählte, ob Tinzl die italienische Staatsbürgerschaft besaß oder nicht, war nach Auffassung von Straudi ein Aufschub nur durch die Argumentation zu erreichen, dass Tinzl diese nie verloren habe.[1187] Darum empfahl er ihm:

> „Bestehen Sie daher darauf, dass es sich nicht darum handeln könnte, ob Sie heute in der Lage sind, die Staatsbürgerschaft zu dokumentieren (denn das können Sie nicht), sondern ausschließlich darum, ob Sie derselben verlustig gegangen sind, ob Sie sie heute noch haben oder ob Sie sie heute bereits nicht mehr haben."[1188]

Weiters schlug er vor:

> „Weisen Sie auf folgende Möglichkeit hin: [...] die irrevocabilitá des Min. Dekrets, die mit der definitivitá absolut nicht gleichbedeutend ist, sondern etwas wesentlich anderes ist, ist durchaus nicht gegeben und solange das nicht der Fall ist, kann nicht behauptet werden, dass Sie die Staatsbürgerschaft bereits irrevocabilmente verloren hätten.
> Ich werde auf diesem Standpunkt stehen. Wenn er durchgeht, entsteht die weitere Frage, ob wir mit Urteil oder mit Beschluss entscheiden. D.h. ob wir die Möglichkeit haben, die Suspendierung des Verfahrens zu beschließen, woran Ihnen sehr gelegen sein müsste, um zu verhindern, dass die Sache über den sicher zu erwartenden Rekurs des P. M [Pubblico Ministero, Staatsanwaltschaft, Anm. d. V.], an den Nationale Advokatenkammer komme."[1189]

Tinzl sollte nach der Vorladung zur Anhörung seine Rechtsausführungen eingeben und auf eine mündliche Diskussion seines Falles bestehen. Das Ziel müsse die von Tinzl von Beginn an angestrebte Suspendierung sein, anstelle einer Streichung aus dem Album der Rechtsanwälte.[1190] Es ging darum, Zeit zu gewinnen und das Verfahren zu verzögern, denn, so Straudi, in zwei – drei Jahren würde Tinzl wohl seine Staatsbürgerschaft erhalten und damit automatisch wieder in das Album eingetragen werden.[1191]

Tinzl überzeugte die von Straudi vorgeschlagene Linie und agierte entsprechend. Zudem besprach er sich mit jenen Rechtsanwälten, wie beispielsweise Hans Stanek, die sich in einer ähnlichen Lage befanden.[1192]

Einen Tag vor seiner Anhörung, am 14. Februar 1950, brachte Tinzl beim Präsidenten der Advokatenkammer Giuseppe Bertagniolli den Antrag ein, seine Anhörung aus dringenden privaten Gründen zu verschieben.[1193] Am 20. Februar erschien er vor der Kommission, zwei Tage später wurde die Entscheidung gefällt. Die Kommission hatte in seinem Sinne entschieden und das Verfahren zeitweilig eingestellt. Bis zum 30. November erhielt er die Möglichkeit das Ansuchen beim Staatsrat einzubringen, um die Frage seiner Staatsbürgerschaft zu verhandeln.[1194]

Nachdem ihm im Dezember 1950 die nationale Advokatenkammer seine Wiedereinbürgerung untersagte, versuchte Tinzl, das Verfahren vor der Advokaten- und Prokuratoren-Kammer in Bozen erneut aufzuschieben.[1195] Diese jedoch stellte sich gegen eine weitere Verzögerung. Am 21. September 1951 wurde er vom neuen Präsidenten Leone Ventrella informiert, dass er im Rahmen des gegen ihn laufenden Disziplinarverfahrens am 24. Oktober angehört werde.[1196] Seine Chancen minimierten sich beträchtlich und er musste sich damit abfinden, bis zur Wiedererlangung seiner Staatsbürgerschaft, seinen Beruf offiziell nicht mehr ausüben zu dürfen.

Immer wieder versuchten auch einflussreiche Persönlichkeiten, sich für Tinzl zu verwenden. Gianni de Luca, Kabinettschef des Vizekommissärs der Regierung in Bozen, bemühte sich ihn zu unterstützen. Tinzl forderte ihn jedoch zu einem vorsichtigen Vorgehen auf, um seine Angelegenheit nicht unnötig zu komplizieren und um auf jeden Fall zu vermeiden, dass seine Angelegenheit wieder nach Rom weitergeleitet würde.[1197]

Mit dem Dekret vom 18. Dezember 1952 erlangte Tinzl seine Staatsbürgerschaft wieder. Damit schien auch der erneuten Eintragung ins Album der Rechtsanwälte nichts mehr im Wege zu stehen. Um mit dem Fall Tinzl keine besondere öffentliche Debatte zu erregen, war mit Innocenti vereinbart worden, dieses Dekret gemeinsam mit anderen Wiedereinbürgerungen zu veröffentlichen.[1198] Da Tinzl natürlich sofort nach dem Einlenken der italienischen Seite informiert worden war, stellte er am 26. Januar 1953 bei der Rechtsanwaltskammer in Bozen den Antrag auf „Wiedereintragung in die Liste der Advokaten und Prokuratoren".[1199] Die Konsequenz davon war allerdings, dass die Information über seine Repatriierung an die Öffentlichkeit gelangte. Der Plan der Geheimhaltung war damit gescheitert. Hinzu kam noch, dass der Ausschuss zwar seiner Aufnahme ins Album zustimmte, allerdings mit der Auflage das offizielle Dekret über die Verleihung der italienischen Staatsbürgerschaft vorzulegen. Selbst nach dem positiven Bescheid fanden die Schikanen kein Ende. Am 20. Februar 1953 wandte sich Tinzl an seinen Anwalt Renato Malinverno in Rom, um eine Beschleunigung der Veröffentlichung des Gesetzes durch ihn zu erwirken.[1200] Am 21. März 1953 wurde das Dekret veröffentlicht. Damit besaß Tinzl offiziell wieder die italienische Staatsbürgerschaft und somit auch die Erlaubnis, wieder als Rechtsanwalt tätig zu sein.[1201]

> An den
> AUSSCHUSS DER ADVOKATEN-UND PROKURATORENKAMMER
>
> B O Z E N
>
> **Betrifft:** Ansuchen des Dr.Karl T i n z l nach Josef in Bozen, Michael Pacherstrasse 9 um Wiedereintragung in die Liste der Advokaten und Prokuratoren.
>
> Der Gefertigte Dr.Karl T i n z l wurde aus der Liste der Advokaten und Prokuratoren gestrichen, weil ihm das gesetzlich vorgeschriebene Erfordernis der italienischen Staatsbürgerschaft fehlte. Diese Frage wurde nun erledigt und dem Gefertigten mit Dekret des Präsidenten der Republik vom 18.Dezember 1952 die Staatsbürgerschaft wiederverliehen. Dem Gefertigten wurde zwar das Dekret über die Wiederverleihung der italienischen Staatsbürgerschaft noch nicht zugestellt, jedoch ist die offizielle Mitteilung hievon beim Herrn Vize-Regierungskommissär Exzellenz Benussi bereits eingelangt.
>
> Da der Gefertigte begreiflicherweise ein Interesse daran hat, möglichst bald wieder in die Liste der Avokaten und Prokuratoren eingetragen zu werden, um seinen Beruf ausüben zu können,
>
> e r s u c h t
>
> der Gefertigte auf Grund der untenstehenden Bestätigung des Herrn Vize-Regierungskommissärs um die Wiedereintragung in die Liste der Advokaten und Prokuratoren.
>
> Bozen, am 26.Januar 1953.

Abb. 44: Sofort nach Bekanntwerden der Nachricht, dass er die italienische Staatsbürgerschaft wieder erhalten werde, brachte Tinzl am 26. Januar 1953 den Antrag auf Wiedereintragung ins Berufsalbum der Rechtsanwälte ein.[1202]

XIV. Dritte Amtszeit in Rom (1953-1958)

14.1. Ein überwältigender Wahlsieg

Wenige Wochen nach seiner Wiedereinbürgerung initiierte Karl Tinzl eine erneute offizielle politische Tätigkeit. Obwohl sich seine Frau von dieser Entscheidung wenig angetan zeigte, entschloss er sich, bei den Parlamentswahlen zu kandidieren. Sein Sohn Georg Tinzl erinnerte sich:

> „Er ist, wie so viele, von der Politik nicht mehr losgekommen. Selbstverständlich hat er auch diese Verpflichtung gefühlt, nachdem er die Staatsbürgerschaft zurückgekriegt hatte, etwas Politisches für das Land zu tun, obwohl für ihn nach der Wahl diese Auf- und Abfahrerei nach Rom mühsam war. Aber damals war eben diese Gruppe von Freunden beisammen und die haben gesagt: ‚Karl, du musst!' Meine Mutter hat es sehr verärgert, dass er wieder in die Politik gegangen ist und sich nicht seiner Anwaltstätigkeit gewidmet hat. Sie hat immer gesagt: ‚Jetzt wo du die Staatsbürgerschaft hast, geh doch wieder deiner Anwaltstätigkeit nach.' Er hatte ja eine kleine Kanzlei unter den Lauben. Aber mein Vater hat sich doch anders entschieden."[1203]

Abb. 45: Karl Tinzl war die Nummer 6 auf der SVP-Liste zugewiesen worden. Besonders unterstützt wurde er im Wahlkampf durch den Bauernbund.[1204]

Bei den Wahlen am 7. Juli 1953 erhielt er mehr als 60.000 Vorzugstimmen. Dies stellt ein signifikantes Indiz für sein großes Ansehen in der Südtiroler Bevölkerung dar, denn eine gleiche Anzahl hatte bis dahin noch kein Südtiroler Kandidat erreicht. Kanonikus Gamper beglückwünschte ihn zu diesem Erfolg und betitelte ihn sogar als den „erkorenen Führer der südtirolerischen Volksgemeinschaft".[1205]

In seinen Ausführungen über die politische Tätigkeit verzichtete er darauf, diesen bemerkenswerten persönlichen Erfolg zu erwähnen. Vielmehr betonte er die sich im allgemeinen Wahlergebnis abzeichnenden Veränderungen in Südtirol, insbesondere die forcierte Zuwanderung:

> „Bei den Wahlen des 6. Juni 1953 [sic!] erhielt die Südtiroler Volkspartei 117.000 Stimmen, alle italienischen Parteien in Südtirol zusammen 79.000 Stimmen. Schon bei dem ähnlichen Stimmenverhältnis im April 1948, wo die Südtiroler zum ersten Mal wieder ihre Vertreter frei wählen konnten, kam dieser tief greifende und erschütternde Wandel gegenüber 1921 bis 1924 zum Ausdruck, der vor allem durch die faschistische Unterwanderungspolitik und in zweiter Linie durch die Abwanderung im Gefolge der Optionen verursacht worden war."[1206]

Die italienische Zuwanderung nach Südtirol nahm in den Fünfziger- und Sechzigerjahren weiterhin zu, während auf der Seite der Deutschen und Ladiner eine empfindliche Abwanderungswelle vor allem ins benachbarte Ausland, nach Österreich, Deutschland und in die Schweiz einsetzte.[1207] Diesen Tendenzen entgegenzuwirken zählte zu den dringlichsten Aufgaben der politischen Vertretung der Südtiroler.

Über seine Rückkehr in den Montecitorio bemerkte Tinzl im Rückblick:

> „Als ich so nach fünfundzwanzig Jahren [den, Anm. d. V.] Montecitorio wieder betrat, hatte ich den Eindruck, dass es sich in wesentlichen Zügen, in seinem

Abb. 46: Mit einer enormen Anzahl an Vorzugsstimmen wurde Tinzl im Jahre 1953 wieder als Südtiroler Vertreter nach Rom entsandt.[1208]

äußeren Bilde und in jenem seiner Ämter kaum geändert hatte. Von den Abgeordneten der vorfaschistischen Periode waren freilich nur mehr recht wenige wieder zu sehen; […]"[1209]

Wesentlich verändert hatten sich jedoch die Machtverhältnisse im Parlament:

„Das Antlitz des Parlaments in seiner lebendigen Zusammensetzung war freilich ein ganz anderes geworden. […] Das Heer der Liberalen, das in den Jahren von 1921 bis 1924 die mittleren Sektoren beherrscht hatte, war auf ein kleines Häuflein von 13 Mann zusammengeschrumpft. An ihrer Stelle breitete sich die Christdemokratische Partei mit 263 von 590 Sitzen aus. […] Eine wesentliche Änderung gegenüber der Zeit vor 1924 bestand vor allem darin, dass nicht nur jene Parteien heute beherrschend sind, die im Gegensatz zur alten liberalen Masse eine schärfer ausgeprägte Physiognomie und entsprechende Organisation besitzen, sondern auch darin, dass diese Parteien, auch ohne Rechtspersönlichkeiten zu sein, als solche, in ihrer Geschlossenheit, nicht nur das Parlament tatsächlich im Wege des Parteiapparates beherrschen, sondern dass ihnen auch direkt bestimmte Rechte und Aufgaben zugewiesen sind. Die Rechte des einzelnen Abgeordneten und seine Stellung erfahren dadurch eine gewisse Schmälerung."[1210]

Gemeinsam mit Tinzl zogen Toni Ebner und Otto von Guggenberg ins Parlament ein. Aufgrund der geringen Zahl an Abgeordneten schloss sich die SVP der „gemischten Gruppe" an, die „lediglich in rein formalen Belangen, welche die Geschäftsordnung als Aufgabe der Gruppen" ausdrücklich vorsah, gemeinsam auftraten, „nicht aber bei irgendwelchen politischen Entscheidungen."[1211] Innerhalb der gemischten Gruppe fanden die Anliegen der Südtiroler nach Auffassung von Tinzl „immer bereitwilliges Gehör", völlig konträr verhielt es sich bei den italienischen Mehrheitsparteien.[1212] Benachteiligt waren die Südtiroler auch in formaler Hinsicht. Für das Einbringen von Beschlussanträgen war meist eine Mindestanzahl von Unterschriften erforderlich, die von der SVP nicht aufgebracht werden konnten. Die einzige Möglichkeit, die sich Tinzl in seiner Funktion als Abgeordneter somit bot, war, den Interessen der Südtiroler zumindest verbal Gehör zu verschaffen, wann immer sich die Gelegenheit dazu bot, sowie zu versuchen, möglichst rasch einen Kreis an Unterstützern aufzubauen.[1213]

Am 16. Juli 1953 erläuterte de Gasperi seine Regierungserklärung für sein neues, achtes Kabinett. Die anschließende Debatte über das Programm des Ministerpräsidenten nutzte Karl Tinzl, um seinen Standpunkt zu erläutern. Er verwies auf die von den Südtiroler Abgeordneten am 21. Juni 1921 ins italienische Parlament eingebrachte förmliche Rechtsverwahrung und betonte, dass sich an der Haltung Italiens seither keine wesentliche Änderung konstatieren lasse. Die Südtirolfrage werde weiterhin von der Regierung beharrlich totgeschwiegen. Ungeachtet dieser Vorgangsweise würden die Südtiroler Abgeordneten jedoch weiterhin auf die Probleme, die „aus der Eingliederung einer Bevölkerung anderen Stammes und anderer Sprache in die Grenzen Italiens erwuchsen" hinweisen und nicht „das

Stillschweigen der Regierung mit ebensolchem Stillschweigen übergehen."[1214] Tinzl bezog sich zudem auf de Gasperis unrühmliche Äußerungen im Wahlkampf über Südtirol. Diese hätten die Südtiroler „Bevölkerung außerordentlich verblüfft [...], insbesondere soweit mit denselben ausdrücklich ein Programm Mussolinis gebilligt wurde, welches auf die Entnationalisierung der Staatsbürger deutscher Zunge hinzielt."[1215] Zu Recht hätten diese Äußerungen in Südtirol heftige Reaktionen hervorgerufen, die auch dem Ministerpräsidenten nicht verborgen geblieben seien. Die Südtiroler Bevölkerung habe „wenigstens ein Wort der Aufklärung erwartet, das uns hätte beruhigen können, aber wir haben vergeblich gewartet und auch mit der Regierungserklärung ist es nicht gekommen."[1216]

Nach dieser allgemeinen Stellungnahme zur Haltung der italienischen Führung thematisierte Tinzl einige dringliche Sachfragen. Die noch ungelöste Frage der Südtiroler Kriegsinvaliden und die Maßnahmen zugunsten der Familienangehörigen der Gefallenen sollten nach seiner Auffassung rasch einer Lösung zugeführt werden. Es solle, so Tinzl weiter, eine „Beschleunigung" in der Abwicklung all jener Maßnahmen zugunsten der Südtiroler Invaliden und Familienangehörigen der Gefallenen, die der „Deutschen Wehrmacht angehörten und die nunmehr seit acht Jahren auf jenen Beweis der Gerechtigkeit und menschlichem Gemeinschaftsgefühl warten, der auch in den anderen Staaten gegeben wurde und endlich den Hass überwinden soll", geben. Außerdem sei es nunmehr an der Zeit jene Fragen, die mit der Revision der Optionen zusammenhängen, anzugehen. Zwar könnte man diesbezüglich „in vielen Verwaltungszweigen ... absolute Objektivität und volles Verständnis" finden, „aber leider gibt es auch Fälle, in denen wir den Eindruck haben, vor einer Mauer zu stehen, hinter welcher wir – wenn sich ein Spalt öffnet – wenn nicht gerade eine stumpfe Feindseligkeit, so mindestens ... eine irrige Einschätzung gewahren, indem die italienischen Staatsbürger deutscher Zunge nicht als solche gleichen Ranges und gleichberechtigt mit allen übrigen behandelt werden, sonder als solche zweiten oder auch minderen Grades."[1217] Es sei darum „sicher das wenigste, was wir das Recht haben zu verlangen, ... dass diese geistige

Abb. 47: Die Debatte über das Programm des Ministerpräsidenten nutzte Karl Tinzl dazu, die dringlichsten Anliegen der Südtiroler zu thematisieren.[1218]

Einstellung, wo sie sich noch vorfindet, erforderlichenfalls von oben herab richtig gestellt werde", schloss er seine Ausführungen.[1219]

14.2. Interventionen gegen die italienische Majorisierungspolitik

Am 28. Juli 1953 erklärte de Gasperi seinen Rücktritt. Wie sich rasch herausstellte, bedeutete dies keine Erleichterung für Südtirol.[1220] Zum neuen italienischen Ministerpräsidenten wurde Giuseppe Pella (DC), ein ehemaliger faschistischer Podestá, ernannt. Dessen Pläne, Triest an Italien anzugliedern, hatten im Frühjahr 1953 der Diskussion über das Selbstbestimmungsrecht für Südtirol erneut Auftrieb verliehen und dadurch die öffentliche Aufmerksamkeit wieder auf Südtirol gelenkt.[1221] Tinzl wandte sich am 30. September 1953 gemeinsam mit Guggenberg in einem Schreiben an den österreichischen Außenminister. Sie versuchten Gruber davon zu überzeugen, dass die Forderung einer Volksabstimmung in Triest angesichts des Agierens der römischen Regierung und der Trentiner in den letzten Jahren ein wahrlich „historischer Augenblick sei, das Wort zu ergreifen".[1222] Gleichzeitig bemerkten die beiden Parlamentarier:

> „Wir geben uns andererseits, sehr geehrter Herr Minister, keinen Illusionen hin in der Hoffnung, dass das Selbstbestimmungsrecht jetzt erreicht werden könnte. Dies umso mehr, als wir auch nicht glauben, dass es in Triest zum Durchbruch kommen wird. Aber das eine können wir hoffen: Dass wir durch Aufrollung dieser Frage und deren geschickte Ausnutzung, besonders wenn von außen her ein moralischer Druck kommt, unsere Lage stark verbessern und endlich einmal den Geist brechen können, der bisher bei der Regierung sowohl wie überhaupt bei einem Großteil der italienischen Bevölkerung gegen unsere Autonomie herrscht."[1223]

Diese Erwartungen erfüllten sich nicht, die Unterstützung Österreichs blieb aus. Von den Schwierigkeiten, Südtirol ins internationale diplomatische Spiel wieder einzubringen, drang nur wenig nach außen. Die Stimmung innerhalb der Bevölkerung war gereizt und das Vertrauen in die Führung der SVP minimierte sich.[1224] Dennoch bemühte sich die SVP, die Verbindung nach Innsbruck und Wien aufrechtzuerhalten und durch geschicktes Verhandeln eine österreichische Intervention zu erreichen. Eine zentrale Aufgabe fiel dabei Karl Tinzl zu. Er fungierte als Kontaktperson für die SVP, wie Guggenberg in einem Schreiben an Legationssekretär Steiner festhielt:

> „Über Auftrag der Parteileitung erlaube ich mir Ihnen mitzuteilen, dass, um in Zukunft eine engere und einheitliche Zusammenarbeit zwischen dem österr. Außenamt und der SVP in Fragen, die eine einverständliche Stellungnahme erfordern, herbeizuführen, Herr Dr. Karl Tinzl designiert ist, unsererseits die hiezu nötige Verbindung aufrechtzuerhalten.

Wir ersuchen Sie, dies dem österr. Außenamt gefl. zur Kenntnis bringen zu wollen, mit der Bitte, dasselbe möge in Zukunft sich in Entscheidungen über solche Fragen auf die seitens des Genannten ihm zukommenden Informationen stützen."[1225]

Bis Österreich zu einer Intervention bereit war, sollten noch einige Monate vergehen. Ebenso musste Tinzl erkennen, dass der Protest der Südtiroler Abgeordneten gegen die Haltung der italienischen Regierung nur geringe Wirkung zeigte.

Am 23. Oktober 1953 traf er erstmals mit dem italienischen Ministerpräsidenten Pella zusammen. Da er zum Wortführer der Südtiroler Delegation bestimmt worden war, erläuterte er dem Ministerpräsidenten die dringendsten, in elf Punkten zusammengefassten Anliegen des Landes.[1226] Er forderte eine rasche Regelung der Optanten- und Kriegsopferfrage, eine Klärung der mit der „Ente per le Tre Venezie" zusammenhängenden Fragen, eine Verteilung der öffentlichen Stellen in Südtirol nach dem Proporz und damit die Aufnahme von Südtirolern in den öffentlichen Dienst, sowie die Verwendung von Südtiroler Beamten in Südtirol, die Gleichstellung der deutschen Sprache als Amtssprache, keine weiteren Versuche die Provinzialautonomie einzuschränken, Änderungen in Kindergarten- und Schulbereich, die Anerkennung der Studientitel, sowie die Rückgabe der unter dem Faschismus enteigneten Besitztümer.[1227] Konkrete Zusagen des Ministerpräsidenten wurden nicht erreicht. Pella verlangte als Reaktion auf diese Darstellung detaillierte schriftliche Ausführungen über die Forderungen und dies, so Tinzl, „bildete dann für uns den Anlass zur Verfassung des Memorandums, das auf mehr als hundert Seiten alle diese Fragen ausführlicher auseinander setzte und das die Grundlage für unsere Verhandlungen mit den aufeinander folgenden Regierungen und auch für die Forderungen bildete, die wir im Parlament erhoben."[1228] Die instabile innenpolitische Situation Italiens führte dazu, dass das von Pella geforderte Memorandum nach seiner Fertigstellung am 9. April 1954 bereits dem neuen Ministerpräsidenten Mario Scelba (DC) übermittelt wurde.

In der Unterredung mit Pella hatte Tinzl bewusst darauf verzichtet, den Wunsch nach einem Plebiszit zu erwähnen. Diese Forderung wollte er einerseits als „Reservepfeil im Köcher" behalten, auf der anderen Seite vertrat er die Auffassung, dass Österreich diese Maximalforderung gegenüber Italien vertreten sollte. Während Pella diese Strategie mit Befriedigung registrierte, wurde sie von Guggenberg und auch von Botschafter Schwarzenberg kritisiert. Außerdem fehlte im Programm der SVP der Hinweis auf das wohl dringendste und schwerwiegendste Problem in Südtirol: die italienische Zuwanderung.[1229] Der Zuzug von Italienern, der Mangel an Durchführungsbestimmungen zum Volkswohnbau stellten eine Fortsetzung der Entnationalisierungspolitik der Faschisten und eine ernsthafte Bedrohung für die Südtiroler Bevölkerung dar. Kanonikus Michael Gamper verfasste am 28. Oktober 1953 in den „Dolomiten" in seinem berühmten Artikel über den „Todesmarsch" der Südtiroler, in dem er diese Gefahr deutlich aufzeigte.[1230]

Im März 1954 übernahm Mario Scelba (DC) das Amt des Ministerpräsidenten. In seiner Antrittsrede betonte er, dass Italien bestrebt sei das Pariser Abkommen einzuhalten, ein Versprechen, dessen Einlösung noch länger auf sich warten ließ.[1231]

Wie bereits unter den vorhergehenden Regierungen propagierte die SVP weiterhin die Strategie durch die Unterstützung der regierenden DC, Verbesserungen für Südtirol zu erzielen. Ausschlaggebend für die Unterstützung von Scelba war die Zusage des Ministerpräsidenten, das Südtiroler Höfegesetz zu ratifizieren. Bei der Vertrauensabstimmung im Parlament erklärte Tinzl, die SVP stimme für die Regierung Scelba, wenn auch mit Vorbehalt aufgrund der italienischen Vorgangsweise in Südtirol.[1232] In seiner Rede betonte er:

> „Wir haben das vom Ministerpräsidenten verkündete Regierungsprogramm für den Teil, der sich auf uns bezieht, als den Ausdruck des guten Willens der Regierung ausgelegt, sich in ernster und objektiver Weise mit dem Problem zu befassen, die uns am Herzen liegen. […] Unsere Erklärung zur Stimmabgabe ist von dem höchsten Gefühl der Verantwortung geleitet, welches uns gegenüber der europäischen christlichen Gemeinschaft, gegenüber dem Staat und gegenüber der Volksgruppe, die wir vertreten, obliegt. Wenn wir die Regierung deutlich gewarnt haben, in ihrer Politik eine Richtung zu verfolgen, die schließlich auf nichts anderes abzielt als auf die Unterdrückung unseres nationalen Lebens, so haben wir es getan, weil mit solchen Systemen das Problem einer Minderheit und jenes des freien und friedlichen Zusammenlebens verschiedener Volksgruppen nicht gelöst werden kann. Unsere Volkgruppe stellt keine beliebige politische Partei dar, sie schöpft vielmehr ihre Kraft aus den tiefen Quellen, die das unzerstörbare Leben eines Volkes speisen."[1233]

In seinen Ausführungen deutete er bereits die Möglichkeit an, dass Südtirol bei einer weiteren Unterdrückung seiner legitimen Rechte ein internationales Schiedsgericht anrufen werde.[1234] Dass dieser Vorschlag in wenigen Jahren Teil der Realpolitik werden würde, davon ging zu diesem Zeitpunkt wohl kaum jemand aus. Die Bedenken Tinzls erwiesen sich als berechtigt, denn die Anliegen der Südtiroler fanden auch unter der Regierung Scelba wenig Beachtung, wie auch insgesamt die Unterstützungspolitik der SVP für die DC keineswegs die erhofften Resultate brachte.

Die Politik Italiens war auf die Unterdrückung der Südtiroler ausgerichtet: Der Amtsverkehr wurde immer noch in italienischer Sprache abgewickelt, die Südtiroler blieben weiterhin von Arbeitsplätzen in öffentlichen Institutionen ausgeschlossen. Im Herbst 1953 waren die faschistische Sondergesetze über die militärische Genehmigungspflicht bei Eigentumsübertragungen in 37 Gemeinden in Südtirol wieder eingeführt worden, im April 1954 war das Kindergartengesetz des Südtiroler Landtages abgelehnt worden, weil es nicht faschistischen Gesetzen entsprach.[1235] Am 10. Februar 1955 erließ die italienische Regierung das Gesetz, dass Kinder italienischer Staatsangehöriger keine fremdsprachigen, d.h. deutschen Vornamen erhalten durften.[1236]

Trotz der intransigenten Haltung der Regierung trat Tinzl unentwegt für die Interessen der Südtiroler ein und bemühte sich, eine Änderung in der Südtirolpolitik Italiens zu erreichen. Täglich saß er, im Gegensatz zu anderen Abgeordneten, spätestens um 8.00 Uhr morgens an seinem Schreibtisch, arbeitete unzählige Eingaben und Denkschriften aus und bemühte sich, Möglichkeiten und Strategien zu entwickeln, um die Situation der Südtiroler zu verbessern. Karl Mitterdorfer, ehemaliger Parlamentarier und persönlicher Freund von Karl Tinzl, erinnerte sich an dessen großen Arbeitseinsatz. Nach seiner Auffassung resultierte das unermüdliche Bemühen aus dem Pflichtbewusstsein von Tinzl, der sich für Südtirol wirklich verantwortlich gefühlt habe.[1237]

Neben den zentralen Anliegen, die es in Rom zu vertreten galt, beschäftigte sich Tinzl ebenso mit Detailfragen, meist juridischer Art. In der Diskussion über ein neues Notariatsgesetz protestierte er gegen diesen Gesetzesentwurf und versuchte dessen Ratifizierung zu verhindern.[1238] Ebenso unterstützte er einzelne Südtiroler Gemeinden und Vereine in jenen Angelegenheiten, wo eine Intervention an zentraler Stelle notwendig war, wie etwa die Gemeinde Schlanders in der Frage der Einstufung nach Katastralreinerträgen,[1239] die Saatbaugenossenschaft bei der Gewährung einer Einführbewilligung für Saatware[1240] oder die Trambahngesellschaft Lana-Burgstall-Oberlana in der Frage der rückständigen Sozialbeiträge der Bahngesellschaften.[1241] Zudem gelang es, einzelne Aspekte von besonders ungünstigen Dekreten zu modifizieren, wie das Abwenden einer erhöhten Steuerbelastung für die Milchbauern.[1242]

Das im April 1954 an den Ministerpräsidenten übermittelte Memorandum mit den zentralen Forderungen, den Pariser Vertrag vollständig zu verwirklichen und eine wirkliche Provinzial-Autonomie für Südtirol zu realisieren, blieb unbeantwortet.[1243] Tinzl bemerkte zum Stimmungswandel innerhalb der SVP-Führung:

„Wir mussten immer mehr zur Überzeugung kommen, dass die Regional-Autonomie, in der wir notwendigerweise gegenüber dem Trentino eine Minderheit sind, und der Versuch, das Wenige in der Provinzial-Autonomie, das wir besitzen, in seiner Bedeutung und Wirksamkeit herabzudrücken, den Sinn und Zweck des Pariser Vertrages nicht erfüllen. Dieser Zweck konnte und kann nur der eine sein, dass, wenn Südtirol und seine angestammte deutsche Bevölkerung schon bei einem andersnationalen Staate belassen wurden, diesem Land und Volk der Bestand in seiner kulturellen, nationalen und wirtschaftlichen Eigenart gesichert werde."[1244]

Erneut nahm Tinzl Kontakt zum Außenamt in Wien auf. Mit großem Verhandlungsgeschick erreichte er eine diplomatische Intervention der „Schutzmacht". Am 31. Juli 1954 wandte sich der neue österreichische Außenminister Leopold Figl an seinen italienischen Amtskollegen Attilo Piccioni, um auf die Erfüllung des Pariser Vertrages hinzuweisen.[1245] Besonders die Hardliner innerhalb der SVP stellten die Ergebnisse dieses Vorgehens nicht zufrieden und so weitete sich die innere Krise der Partei immer weiter aus. Tinzl, der im Mai zum Obmann der SVP avanciert war, äußerte seinen Unmut über die Vorgänge in der Partei und die mangelnde Kooperation. In einem Schreiben vom 15. Oktober 1954 an seinen Parteikollegen Alfons Benedikter bemerkte er:

„Kurz darauf ließ er [Scalfaro, Name handschriftlich eingefügt, Anm. d. V.] mich zu sich bitten; da Dr. Ebner gerade bei mir war, gingen wir mitsammen hin. Ich verhalte nicht mein Missvergnügen über die Vorgänge der letzten Zeit, aber bevor ich es noch ausführlicher zum Ausdruck bringen konnte, unterbrach er mich und sagte, er wundere sich über die Nachricht in den ‚Dolomiten', er habe doch schon vor zehn Tagen mit Dr. Raffeiner vereinbart, dass am 18. die nächste längere Aussprache über das Memorandum stattfinden solle, und er habe dies gerade mit Rücksicht darauf getan, dass die Aussprache mit den Trentinern schon in Aussicht genommen war und er keineswegs den Eindruck erwecken wollte, als ob er mit diesen gewissermaßen hinter unserem Rücken verhandle und mit uns nicht rede. Ich musste vollständig verneinen von Dr. Raffeiner irgendeine diesbezügliche Mitteilung erhalten zu haben."[1246]

Am 18. Oktober 1954 wurden Tinzl, Guggenberg, Ebner und Raffeiner von Unterstaatssekretär im Ministerpräsidium Oscar Luigi Scalfaro, dem späteren Innenminister und Staatspräsidenten, empfangen.[1247] Scalfaro war auf Drängen der Südtiroler Abgeordneten im Frühsommer mit dem Sonderauftrag betraut worden, sich mit den Anliegen der Südtiroler auseinander zu setzen. In der Sommerpause der Regierung war Scalfaro nach Bozen gereist, um einen genaueren Einblick in die Thematik zu gewinnen. Die erste längere Aussprache mit den Abgeordneten aus Südtirol fand schließlich im Oktober statt.[1248]

Tinzl führte die Delegation der SVP an und erinnerte Scalfaro an das im April dem Ministerpräsidenten überreichte Memorandum, da eine Reaktion bisher ausgeblieben war. Die darin erörterten Probleme waren Scalfaro nur oberflächlich bekannt, sodass Tinzl zunächst die zentralen Anliegen der Südtiroler thematisierte.[1249] Besonders eindringlich wies er auf das Problem der italienischen Zuwanderung hin. Um der Majorisierungspolitik Einhalt zu gebieten, forderte er die Einsetzung einer besonderen ständigen Kommission für das Verfahren bei der Behandlung der Minderheiten. Unter Verweis auf die Gesetzgebung zum Schutz von Minderheiten anderer Staaten, wie etwa die Aland-Inseln, forcierte er die Übertragung von Befugnissen im Bereich des Arbeitsrechtes an die Provinz oder die Region, sowie die verhältnismäßige Vertretung der Südtiroler bei den Kommissionen und Ämtern im Bereich der Arbeits- und Wohnungsbeschaffung, von denen die Südtiroler völlig ausgeschlossen waren. Trotz Einwänden schien Scalfaro den Südtirolern in einigen Punkten, wie der Vertretung in Ämtern und Kommissionen und der endgültigen Regelung der Optanten- und Kriegsinvalidenfrage, zuzustimmen. Da bei dieser ersten Besprechung noch einiges offen geblieben war, vereinbarte der Unterstaatssekretär eine weitere Besprechung.[1250] Bis Dezember 1954 kam es zu zwei weiteren Zusammentreffen mit dem Unterstaatssekretär.[1251]

Tinzl persönlich gewann aus dieser Unterredung, wie aus jener mit Scelba den Eindruck, dass diese den Anliegen der Südtiroler verständnisvoll gegenüberstünden.[1252] Bei Scalfaro, so Tinzl, bestehe „Bereitschaft und guter Wille" zum Verständnis für Anliegen der Südtiroler, dennoch fehle „die Vorbereitung von der andere Seite, die nötig gewesen wäre, damit diese Besprechungen zu greifbaren und wirklichen Ergebnissen hätten führen können".[1253]

Unterstützung durch Innsbruck und Wien

Weit konstruktiver erwies sich die Unterstützung durch Nordtirol. Im Herbst 1954 übernahm die Tiroler Landesregierung die Initiative in der Südtirolfrage und leistete einen wesentlichen Beitrag, damit Südtirol wieder ein Thema in der österreichischen Außenpolitik wurde. Am 2. November 1954 nahm Tinzl an einer Südtirolbesprechung in Lans bei Innsbruck teil, die vom Tiroler Landeshauptmann Alois Grauß einberufen worden war. Verhandelt wurde über eine mögliche Unterstützung durch Österreich. Tinzl vertrat die Auffassung, dass Scelba und Scalfaro, trotz ihrer keineswegs ablehnenden Haltung, nicht die realpolitischen Möglichkeiten besäßen, um in grundsätzlichen und entscheidenden Fragen eine Verbesserung für die Südtiroler durchzusetzen. Dennoch rechnete er mit konkreten positiven Zusagen bis Jahresende. Danach wäre eine österreichische Intervention bei den Verhandlungen wünschenswert. Geprüft werden müsse auch die Legitimation Österreichs internationale Gremien in den Konflikt einzuschalten, ein Vorschlag, der von den anwesenden Regierungsvertretern angezweifelt wurde.[1254]

Die Hoffnung auf Konzessionen erfüllte sich nicht. Trotz mündlicher und schriftlicher Interventionen, auch beim Ministerpräsidenten selbst, war es nicht möglich, nach Dezember 1954 eine Fortsetzung der Gespräche mit dem beauftragten Unterstaatssekretär zu erreichen. Tinzl führte dies einerseits auf die politische Krise und den zunehmenden Machtverlust Scelbas zurück, der im Juni 1955 als Ministerpräsident abgelöst wurde. Andererseits stand für ihn fest, dass „man trotz alledem Zeit zur Behandlung unserer Fragen gefunden hätte, wenn man denselben die gebührende Wichtigkeit beigemessen hätte, und dass daher in dieser Verschleppung auch eine gewisse Geringschätzung der Probleme zum Ausdruck kam, die für uns von lebenswichtiger Bedeutung sind."[1255]

Die Lage in Südtirol blieb weiter prekär, denn Italien initiierte weitere Maßnamen, um die Bevölkerung unter Druck zu setzen. Im März 1955 wurden sogar die Enteignungsbefugnisse der Ente per le Tre Venezie reaktiviert. Im April 1955 stellte

Abb. 48: Eindringlich forderte Karl Tinzl im Parlament die Realisierung der Autonomie. Sieben Jahre nach Abschluss des Autonomiestatus bedrohe Südtirol der „Frieden des Todes".[1256]

Rom rund eine Million Euro für Wohnbauzwecke zur Verfügung, doch von etwa 2.000 Wohnungen wurden nur 100 an Südtiroler vergeben.[1257] Für Karl Tinzl war rasch einsichtig, dass ein neuer Italianisierungsangriff bevorstand. Daher hatte er in der Parteiausschusssitzung am 15. Januar 1955 bereits davor gewarnt und darauf hingewiesen, dass im Vinschgau neue Enteignungsverfahren im Stile der Faschisten durchgeführt würden.[1258] In einem Bericht des deutschen Nachrichtenmagazins „Der Spiegel" über die Situation in Südtirol wurde eine Erklärung Tinzls im italienischen Parlament festgehalten:

> „Dieser Zustand [...] über dessen Unzulässigkeit in einem Staate, der ein Rechtsstaat sein will, keinerlei Zweifel bestehen dürfte, ist nicht bloß bis zum heutigen Tage beibehalten worden, sondern das ‚Ente' hat aufs Neue begonnen, von jenem Gesetz Gebrauch zu machen, indem es sogar zu solchen Enteignungen schreitet, die selbst Mussolini eingestellt hatte – und das, ohne darauf zu achten, dass wenigstens das Verfahren für die Festsetzung der Entschädigung abgeändert wird."[1259]

Hinzu kam, dass die Durchführungsbestimmungen nicht erlassen wurden und somit selbst die geringfügigen autonomen Rechte nicht ausgeübt werden konnten. Tinzl war nach intensiven Bemühungen als einziger deutscher Vertreter in die beratende Kommission für die Durchführungsbestimmungen des Autonomiestatuts aufgenommen worden. Die Tätigkeit der Kommission ging äußerst schleppend voran, nur selten wurde getagt und Tinzl war wohl der Einzige, der eine Verwirklichung der Autonomie anstrebte.[1260]

Negativ für die Situation der Minderheiten wirkte sich zudem die allgemein instabile innenpolitische Situation Italiens aus. Im Juni 1955 übernahm Antonio Segni (DC) die Regierung. Noch vor der Vertrauensabstimmung im Parlament wurden die Südtiroler Abgeordneten von ihm empfangen. Segni erklärte, dass er als Sarde ein Anhänger des Autonomiegedanken sei und durch seine bisherige Tätigkeit als Minister mit den Problemen der Südtiroler vertraut sei. Am Tag nach dem Zusammentreffen ernannte er Brusasca zum Beauftragten der Regierung für die Anliegen der Südtiroler, wobei er die wichtigsten Fragen weiterhin selbst bearbeiten wollte.[1261] Trotz dieser positiven Signale des Ministerpräsidenten, erwartete sich Tinzl aufgrund der bisherigen Erfahrungen keine wesentlichen Veränderungen in der Südtirolpolitik.[1262] Die Vertrauensdebatte im Parlament diente ihm dazu, erneut die Anliegen der Südtiroler zu thematisieren, die ein „Friede des Todes" bedrohe:

> „Dass es für den Erlass der Vorschriften und der Durchführungsbestimmungen für die Verwirklichung des Autonomiestatuts Zeit braucht und nicht alles sozusagen an einem Tag gemacht werden kann, dafür hatten wir Verständnis und statteten uns mit viel Geduld aus. Aber wie ist dies uns gelohnt worden? Wenn wir heute endlich und mit Nachdruck auf die Verwirklichung dessen drängen, was uns an Rechten zusteht und zugesichert worden ist, beschuldigten uns die Nationalisten aller Färbungen als Streitsüchtige, ewig Unzufriedene."[1263]

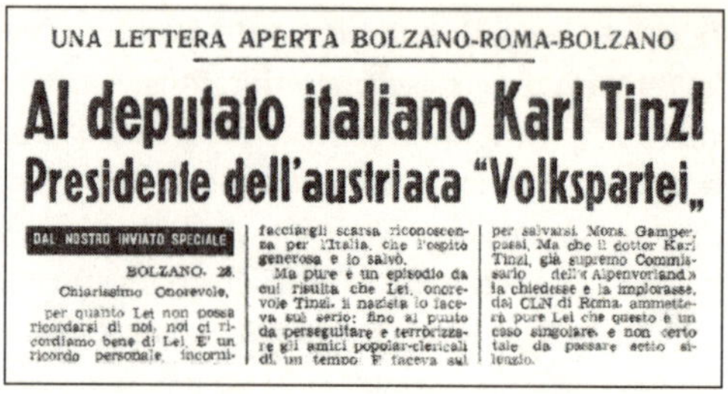
UNA LETTERA APERTA BOLZANO-ROMA-BOLZANO

Al deputato italiano Karl Tinzl Presidente dell'austriaca "Volkspartei„

DAL NOSTRO INVIATO SPECIALE

BOLZANO, 28.

Chiarissimo Onorevole,

per quanto Lei non possa ricordarsi di noi, noi ci ricordiamo bene di Lei. E' un ricordo personale, incomi- facciargli scarsa riconoscenza per l'Italia, che l'ospitò generosa e lo salvò.

Ma pure è un episodio da cui risulta che Lei, onorevole Tinzl, il nazista lo faceva sul serio: fino al punto da perseguitare e terrorizzare gli amici popolar-clericali di un tempo. E faceva sul per salvarsi. Mons. Gamper, passi. Ma che il dottor Karl Tinzl, già supremo Commissario dell'«Alpenvorland» la chiedesse e la implorasse dal CLN di Roma, ammetterà pure Lei che questo è un caso singolare, e non certo tale da passare sotto silenzio.

Abb. 49: Der Besuch bei Bundeskanzler Raab wurde im MSI-gesteuerten Blatt „Il secolo" zum Anlass genommen, Tinzl heftig zu attackieren.[1264]

Er forderte, dass die Autonomie „voll und zur Gänze" realisiert werde, nachdem „bereits neun Jahre verflossen sind seit Abschluss des Vertrages und sieben Jahre nach Abschluss des Autonomiestatutes."[1265] Die Versäumnisse der italienischen Regierung würden von der Reaktivierung der Ente per le tre Venezie, über die mangelnden Durchführungsbestimmungen reichen, erklärte er.[1266] Angesichts dieser Vorgangsweise wäre ein Vertrauensvotum für die Regierung nicht möglich. Er schloss mit den Worten: „Auch wir haben keinen anderen Wunsch als nach dem Frieden und der Ruhe, aber nicht nach der Ruhe des Todes, sondern nach jener, die wir in der Freiheit von der Furcht um die eigene Existenz finden."[1267]

Wegen des bisher ausbleibenden Erfolges der Unterstützungspolitik und dem ständig steigenden Vertrauensverlust innerhalb der Südtiroler Bevölkerung änderte die SVP ihre Strategie und verweigerte der neuen Regierung ihre Zustimmung.[1268] Symptomatisch für die Stimmung in Südtirol waren die in dieser Zeit einsetzenden Sprengstoffattentate der Gruppe um Franz Stieler. Zur Einschüchterung der Bevölkerung wurde die Zahl der italienischen Sicherheitskräfte merklich angehoben.[1269] Wesentlich für die Haltung der SVP-Führung war auch das intensivere Bemühen Österreichs zur Lösung des Südtirolproblems. Die Unterstützung Nordtirols und das steigende Interesse Wiens nach Abschluss des Staatsvertrags am 15. Mai 1955 führten dazu, dass die SVP einen weniger konzilianten Kurs einschlug.[1270] Zunächst versuchte Wien durch höfliche diplomatische Anfragen der Missachtung des Pariser Vertrages entgegenzutreten.[1271]

Anfang Mai trafen, wie oben berichtet, Tinzl, Guggenberg und Ebner mit dem österreichischen Bundeskanzler Julius Raab zusammen, um über die Lage in Südtirol zu beraten. Die MSI erstattete daraufhin Anzeige gegen die Südtiroler Parlamentarier wegen des „Anschlags auf die Einheit und Integrität des italienischen Staates nach Artikel 241 des Strafgesetzbuches", auf eine Anklage wurde jedoch verzichtet.[1272] Um unnötige Komplikationen zu verhindern, verweigerte Tinzl gegenüber der italienischen Presse bewusst detaillierte Informationen, verfasste aber eine grundsätzliche Erklärung, welche die Rechtmäßigkeit eines eventuellen Zusammentreffens zwischen Politikern Südtirols und Österreichs aufzeigen sollte.[1273] Die italienische Presse verhielt sich den Südtirolern gegenüber meist ablehnend. Auch Tinzl hatte bereits erfahren müssen, dass zumeist nicht eine objektive Darstellung dominierte und seine eigene Position verzerrt wiedergegeben wurde.[1274] In dem MSI gesteuerten Blatt „Il Secolo" wurde er heftig attackiert, als Nazi beschimpft, der nun, nach seiner Zeit als „Supremo Commissario di Hitler" (sic!), wieder als

Abgeordneter im italienischen Parlament sitze und lediglich darauf ziele, Südtirol nach der Gewährung einer Autonomie von Italien abzutrennen und wieder mit Österreich zu vereinen.[1275] Als Höhepunkt seines antiitalienischen Vorgehens wurde das Treffen mit Raab hochgespielt:

„Und heute, nachdem Sie versucht haben von Kanzler Raab empfangen zu werden und ihm als Geschenk dafür Südtirol anzubieten, heute nachdem die Verantwortlichen des MSI von Bozen – mit der vollkommen Unterstützung von allen nationalen Kräften, und in erster Linie von den Monarchisten – Sie entlarvt und wegen Hochverrats angezeigt haben, verteidigen Sie sich."[1276]

Im Juni 1955 äußerte sich Außenminister Figl öffentlich zur Lage in Südtirol und forderte die Durchführung des Pariser Vertrages.[1277] Er vertrat die Auffassung, dass das Südtirolproblem zwischen Italien und Österreich gelöst werden müsse, eine Internationalisierung lehnte er ab.[1278] Im direkten diplomatischen Kontakt mit italienischen Stellen war der Außenminister recht vorsichtig und zurückhaltend. Dennoch fand sein Vorgehen bei Tinzl und den übrigen der gemäßigten Gruppe innerhalb der SVP weitgehende Zustimmung. Für seinen Einsatz bedankte sich Tinzl, der seit 1954 der Partei als Obmann vorstand, persönlich beim Minister:

„Wir erlauben uns, Ihnen herzlichst für die klare und öffentliche Stellungnahme zu danken, dass Österreich jederzeit für die Erfüllung des Pariser Vertrages eintreten wird und insbesondere dafür, dass Sie mit Recht das entscheidende Gewicht darauf gelegt haben, in welchem Geiste diese Erfüllung erfolgen müsse. Letzteres scheint auch uns ein entscheidender Punkt zu sein."[1279]

In Österreich selbst war der konziliante Kurs Figls nicht unumstritten und erhöhte das Interesse der SPÖ am Südtirolthema. Bruno Kreisky, der zu diesem Zeitpunkt das Amt des SPÖ-Staatssekretärs für Äußeres bekleidete, vertrat die Auffassung, dass Figl zu viele Rücksichten auf die italienische Bruderpartei nehme. Daher engagierte sich Kreisky stärker in der Südtirolfrage.[1280]

Den Besprechungen mit Vertretern Österreichs entnahm Tinzl, dass es zu geheimen Gesprächen zwischen Österreich und Italien kommen würde. Daher entwarf er im Juni 1955 zwei Memoranden. Am 1. Juni stellte er die „Vorschläge für die Besprechung zwischen Österreich und Italien in der Südtiroler Frage" fertig, am 30. Juni 1955 schloss Tinzl seine Arbeit am Memorandum „Einige Gedanken zu einer verbindlichen Heimatplanung" ab.[1281] Für ihn war entscheidend, in der Autonomiefrage, in der Sprachengleichstellung und Gleichstellung hinsichtlich der öffentlichen Stellenbesetzung sowie im Schulwesen und in der Zuwanderungsfrage Verbesserungen zu erzielen. Zur Lösung der Südtirolfrage propagierte er die Installation einer bilateralen Schiedskommission, wobei das Pariser Abkommen als „Streitfall zwischen Österreich und Italien aufzuzäumen" sei und vor die vier Botschafter der Alliierten in Rom gebracht werden solle. Diese Memoranden wurden an Außenminister Figl und Bundeskanzler Raab weitergeleitet und mit geringen Modifikationen ins Südtirolmemorandum der Bundesregierung vom Oktober 1956 übernommen.[1282]

Anfang November 1955 wurde Tinzl zu einer Unterredung mit Außenminister Figl empfangen, um mit ihm die weitere Vorgangsweise zu beraten. Unterstützt von Vertretern Nordtirols forderte er eine Intervention in Rom, um die Bildung einer österreichisch-italienischen Kommission anzuregen und die Beschwerden der SVP zu thematisieren. Figl zeigte sich zurückhaltend.[1283]

Die ausbleibenden Fortschritte in grundsätzlichen Fragen vergrößerten die massiven Spannungen innerhalb der SVP. Tinzl, der eine gemäßigte Vorgangsweise propagierte, versuchte vergeblich die Argumente der radikalen Richtung zu entkräften. Er war nicht unzufrieden mit der Situation und vertrat die Auffassung, dass Österreich das Mögliche angesichts der innenpolitischen Situation unternehme. Von dieser Meinung rückte er auch in den folgenden Monaten nicht ab. Im Februar 1956 äußerte er in einer Besprechung mit Vertretern Österreichs die Auffassung, dass die innenpolitische Konstellation in Italien konkrete Resultate „nur in aller Stille" zuließ, „die junge Generation wolle das aber nicht immer begreifen."[1284]

In Rom betrieb Tinzl seine Aktivitäten, um Verbesserungen für seine Landsleute zu erzielen, mit unverminderter Intensität. Am 21. Juli 1955 schrieb er dem Parteisekretär der SVP, Ivo Perathoner: „Es wäre von hier einiges zu berichten, insbesondere hinsichtlich der Beschäftigung von Segni und Brusasca mit unseren Angelegenheiten; letzterer möchte die von uns im Memorandum vorgeschlagene Kommission aktivieren."[1285] Er hatte den Eindruck, dass Segni und Brusasca zu Zugeständnissen bereit waren, doch zweifelte er an der politischen Machbarkeit angesichts der innenpolitischen Stimmung in Italien. Brusasca hatte erklärt, die Forcierung der Unterwanderung einzustellen und deutsche Beamte an leitende Positionen in den Arbeits- und Wohnungsämtern einzusetzen. Weiters werde er versuchen, die Wohnbaupolitik in die Zuständigkeit der Provinz zu übergeben. Konzession werde es auch im Bereich der abgewiesenen Provinzialgesetze geben.[1286]

Mit seinen Bemühungen erzielte er jedoch keineswegs die gewünschten Erfolge. Als sich der Parteiausschuss der SVP am 19. September 1955 zu einer außerordentlichen Sitzung traf, konnte er nur von den positiven Ergebnissen der Gespräche mit Vertretern Österreichs berichten, während sich die Situation in Rom problematischer gestaltete.[1287] Man kam überein, neuerlich an den Ministerpräsidenten heranzutreten und auf die Erfüllung des Memorandums über Lage in Südtirol zu bestehen. Am 15. Dezember 1955 wurde Segni dieses Schreiben der SVP übermittelt.[1288] Vor Weihnachten fand noch eine Besprechung mit dem Ministerpräsidenten statt, konkrete Zusagen wurden jedoch nicht erreicht.[1289] Nachteilig wirkte sich auch die Ablöse von Brusasca aus. Ihm folgte Unterstaatssekretär Russo nach, mit dem die Südtiroler Abgeordneten Mitte Januar 1956 erstmals Kontakt aufnahmen. Es folgten mehrere Besprechungen, die wiederum in grundsätzlichen Fragen keinen Fortschritt brachten.[1290] Im März 1956 bemerkte Tinzl zu den vergangen Monaten unter der Regierung Segni:

„Es wiederholte sich nun leider ziemlich genau dasselbe, was wir schon unter der Regierung Scelba beklagt hatten. Wir erkennen gerne an, dass sich der

Unterstaatssekretär Brusasca mit Eifer und Verständnisbereitschaft anschickte, sich unserer Angelegenheiten anzunehmen und dass es als Frucht derselben anzusehen ist, dass unsere beiden Provinzgesetze über das Berufsschulwesen und die Studienhilfen endlich von der Regierung genehmigt wurden. Doch auch hier trat schon bald eine Stockung ein [...]."[1291]

Der Staatsbesuch von Außenminister Figl in Rom im März 1956 ließ die SVP-Führung hoffen, dass auch ihre Anliegen thematisiert würden. Am 13. März trafen Tinzl, Ebner, Guggenberg, Braitenberg und Raffeiner mit Figl zusammen, der sie darüber informierte, im Gespräch mit dem Staatssekretär im Außenministerium, nicht jedoch mit dem Ministerpräsidenten, auch die Südtirolfrage diskutiert zu haben. Die Südtiroler Parlamentarier zeigten sich erfreut über diese Nachrichten und regten erneut die Bildung einer gemischten Kommission zur Kontrolle und Durchführung des Pariser Vertrages an.[1292]

In den folgenden Monaten manifestierte sich eine Änderung in der Vorgangsweise Österreichs. Besonders der Tiroler Franz Gschnitzer[1293], der zum Staatssekretär im Außenamt ernannt wurde, engagierte sich für die Interessen der Südtiroler und leistete einen wesentlichen Beitrag zur Kursänderung Wiens.[1294] Am 8. Oktober 1956 übermittelte die österreichische Bundesregierung dem italienischen Botschafter in Wien eine Note, in der die Anwendung und restlose Durchführung des Pariser Abkommens sowie die Installation einer Expertenkommission gefordert wurde. Die Wende in der österreichischen Südtirolpolitik war nicht mehr zu übersehen.[1295]

Italien lehnte diese erste Intervention Wiens seit zehn Jahren ab und bemühte sich nachzuweisen, dass alle Verpflichtungen gegenüber Südtirol erfüllt worden seien. Als Beilage wurden der Brief an Perassi sowie auch der Brief, den Erich Amonn an den Kommissionspräsidenten verfasst hatte, beigelegt. Tinzl, Amonn, Guggenberg und Raffeiner veröffentlichten am 15. Februar 1957 eine Erklärung, in der sie bekräftigten, der Perassi-Brief habe die Einhaltung der 1948 versprochenen Zusagen impliziert.[1296]

Trotz dieser ablehnenden Haltung der italienischen Regierung ging für die Südtiroler Parlamentarier die politische Kleinarbeit in Rom weiter. Das im Februar 1955 erlassene Fürsorgegesetz zugunsten der Kriegsversehrten und Angehörigen von Gefallenen benachteiligte die Südtiroler, da ihnen kein Anrecht auf den Bezug von Pensionen gewährt wurde. Anfang Dezember 1956 nahm Tinzl im Parlament zur Frage der Kriegsopfer Stellung und forderte die Gleichstellung der Frontkämpfer für die deutsche Wehrmacht mit denen, die für Italien in den Krieg gezogen waren.[1297] Er erklärte:

„Die Frage der gerechten Behandlung unserer Kriegsopfer ist neuerdings aktuell geworden und zwar durch zwei Gesetzesentwürfe: Der eine, welcher vom neufaschistischen Abgeordneten Infantino und Parteigenossen desselben eingebracht wurde, bezweckt die Gleichstellung der Angehörigen der ehemaligen faschistischen Sozialen Republik mit den Kriegsopfern der italienischen Wehrmacht überhaupt, der zweite, welcher von dem christdemokratischen Abgeordneten Viller und anderen Abgeordneten derselben Partei vorgelegt wurde, betrifft die Frage der Widerrufbarkeit bereits zuerkannter Pensionen. [...] Bei seiner Behandlung wird sich die Gelegenheit ergeben, auch die völlige Gleichstellung der Kriegsopfer der ehemaligen Deutschen Wehrmacht zu verlangen und wir werden nicht versäumen, dieselbe wahrzunehmen. [...]"[1298]

Er forderte, dass die in einigen Fällen noch bestehenden Unterscheidungen aufgehoben würden. Erst im März 1958 lenkte die italienische Regierung ein und erkannte die Forderungen der Südtiroler an.[1299]

Gestärkt durch die Unterstützung Österreichs rückte die SVP von ihrer Unterstützungspolitik für die DC ab. Bei der Vertrauensabstimmung über die Regierung Segni enthielten sich die Südtiroler Abgeordneten der Stimme. Da ein knappes Ergebnis zu erwarten war und im Hinblick auf die laufenden Gespräche mit Österreich, versuchte Segni bereits im Vorfeld, die Entscheidung der Südtiroler zu eruieren und von seiner Position zu überzeugen.[1300] Doch die Entscheidung der Südtiroler Abgeordneten stand fest, wie Tinzl am 2. März 1957 in den „Dolomiten" bemerkte:

„Die Regierung hatte die Vertrauensfrage mit der Abstimmung über eine Einzelfrage, die allgemeine Stellungnahme zum Gesetz über die landwirtschaftlichen Pachtverträge verbunden und dadurch ein rechtlich verworrene Lage hervorgerufen. [...] Nach dem Wandel, der in der Haltung der Regierung seit Sommer uns gegenüber eingetreten war und auf dessen einzelne ihn beweisende Tatsachen hier nicht eingegangen werden braucht, konnte für uns keine Rede davon sein, derselben unser Vertrauen auszusprechen [...]. Doch ließen wir darüber bei niemandem einen Zweifel.
Von Seite der Regierungsparteien wurde uns dem gegenüber geltend gemacht, dass eine Krise im gegenwärtigen Augenblick v.a. die schleunige Genehmigung der Abmachungen über den Gemeinsamen Europäischen Markt durch Italien, die wenigstens den Beginn zu dessen Verwirklichung darstellen sollen und an denen wir zweifellos ein außerordentlich großes Interesse haben, auf unbestimmte Zeit verzögern oder überhaupt in Frage stellen könnte. Auch auf die österreichisch-italienischen Verhandlungen über den Pariser Vertrag, die im Gange sind und durch eine Krise gefährdet werden könnten, wurde verweisen, obwohl, nachdem was über italienische Abgeordnete bekannt geworden ist, diesbezüglich keinerlei Anlass zum Optimismus für uns besteht. Alle diese Gründe konnten uns daher von unserer grundsätzlichen Stellungnahme nicht abbringen, der Regierung nicht das Vertrauen auszusprechen, weil dafür viele und tief greifende Gründe vorliegen."[1301]

14.3. Ein aussagekräftiges „Familientreffen"

Auf internationaler Ebene wurden die Vorgänge in Italien, und damit auch in Südtirol mit Interesse verfolgt. Bei den Westmächten bestanden angesichts des starken kommunistischen Lagers und der prekären ökonomischen Situation Italiens, begleitet von einer hohen Arbeitslosenrate, Befürchtungen, das für Verteidigungszwecke bedeutende Italien könnte dem westlichen Lager entgleiten. Sehr früh wurde in den USA das Konfliktpotential erkannt, das von der ungelösten Südtirolfrage ausging.[1302] Daher baute man Verbindungen zu führenden Politikern in Südtirol auf. Karl Tinzl zählte auch zu den Informanten der Amerikaner, der Kontakt kam wohl durch die Familie seiner Frau zustande. Ein Gesprächsmemorandum aus dem Department of State, datiert mit 6. Februar 1957, belegt die Kontakte zu Tinzl. In seiner Bozner Villa war es zu einem Zusammentreffen mit einem amerikanischen Diplomaten gekommen. Wie die Liste der Anwesenden belegt, war es „nur" ein Familientreffen. Beteiligt waren Peter Semler, der Neffe von Frau Tinzl, deren Schwester und das Ehepaar Tinzl. Hauptsächlich wurden die Äußerungen des Ehepaars Tinzl wiedergeben. Karl Tinzl berichtete ausführlich über die geschichtliche Entwicklung des Südtirolproblems, sowie über den Protest der Südtiroler wegen der nicht eingehaltenen internationalen Abmachungen. Eine besondere Gefahr resultiere aus den Wohnbauprogrammen und der Industriepolitik der italienischen Regierung, erklärte er und beklagte weiter, dass „sie (die Südtiroler) Beiträge für die Hebung der Lebensbedingungen der verarmten südlichen Provinzen Italiens auf Kosten ihres eigenen Landes zahlen müssten, das wahrlich genug eigene Härtefälle aufweist."[1303] Als Folge davon keime das Aggressionspotential innerhalb der Südtiroler Bevölkerung immer heftiger auf:

„Dr. Tinzl berichtete auch über eine Gruppe Bozner Jugendlicher, die zu ihm mit Plänen für eine Geheimorganisation gekommen seien, welche terroristische Aktionen gegen die italienische Regierung auszuführen gedenke. Er fuhr fort, dass er diesen jungen Männern den Kopf gewaschen habe und dass die SVP unter keinen Umständen solche Aktivitäten in ihrem Nahmen dulden würde. Er sagte auch, dass die SVP einstimmig der Ansicht sei, dass der Südtirol-Streit eine Auseinandersetzung zwischen vernünftigen Leuten sei, und dass die Bedingungen in Algier und Zypern absolut nicht auf Südtirol anwendbar seien."[1304]

Ob es noch weitere „Familientreffen" dieser Art gab, konnte nicht eruiert werden. Doch hielt das Interesse des Department of State an den Vorgängen in Südtirol weiter an, worüber sich Rom wenig erfreut zeigte.[1305]

14.4. Juridische Erfolge

Das Höfegesetz

Im Auftrag italienischer Regierungskreise verfasste Tinzl bereits im Jahre 1947 ein umfassendes Rechtsgutachten zur Frage des geschlossenen Hofes mit dem Titel „Die Erbhöfe". Er versuchte damit jene Strategien, die sich zur Erhaltung des Bauernstandes und der Strukturen im ländlichen Raum bewährt hatten, erneut gesetzlich zu legitimieren.[1306] Der geschlossene Hof war im Jahre 1929 durch die Faschisten de iure beseitigt worden. In der Praxis hatten die Südtiroler Bauern jedoch an ihrer jahrhundertlangen Tradition festgehalten. Tinzls wissenschaftliche Anhandlung fand in Expertenkreisen große Anerkennung und überzeugte auch die Verantwortlichen in Rom. Besonders Staatspräsident Einaudi zeigte sich von der wissenschaftlich breit fundierten Studie beeindruckt.[1307]

Durch das Autonomiestatut von 1948 erhielt Südtirol die Kompetenz die zivilrechtlichen Fragen der Erbfolge auf solchen Höfen autonom zu regeln.[1308] Trotz der Ablehnung des Gesetzesentwurfes im Südtiroler Landtag am 3. Oktober 1949 wurden die Aktivitäten in diesem Bereich weitergeführt.[1309]

Neben dem Höfegesetz beschäftigte sich Tinzl im agrarpolitischen Bereich auch mit einem anderen Thema. Im Jahre 1950 arbeitete er einen Entwurf für das Saatgutgesetz aus. In einem Brief vom 20. April 1950 an seinen Freund Friedrich Tessmann, damaliger Landwirtschaftsassessor der Südtiroler Landesregierung, berichtete er:

„Lieber Freund!
Beigeschlossen der Entwurf für das Saatgutgesetz. Ich habe demselben im Wesentlichen die Vorschläge der Pustertaler Genossenschaft zu Grunde gelegt, wenn auch mit verschiedenen Änderungen. Augenblicklich scheint mir aber praktisch ein weiter reichendes Gesetz kaum durchsetzbar. Ich habe vorläufig nur den deutschen Text gemacht, in der Erwartung, das derselbe mehrfache Änderungen erfahren wird und zwar schon im vorbereiteten Stadium; aber selbstverständlich bin ich gerne bereit, auch die Übersetzung anzufertigen.
Mit herzlichen Grüßen
Dein
Karl Tinzl"[1310]

Anfang 1951 verfasste er im Auftrag von Staatsrat Innocenti eine detaillierte Studie über den geschlossenen Hof. In dieser über 400 Seiten umfassenden Arbeit befasste er sich nicht nur mit der geschichtlichen Entwicklung des geschlossenen Hofes und der juridischen Situation in Südtirol bzw. Tirol, er stellte auch das Höferecht innerhalb der europäischen Rechtsordnungen in rechtsgeschichtlicher und rechtsvergleichender Hinsicht dar. Die dafür notwendigen intensiven Recherchen dokumentieren die umfangreichen Unterlagen im Parteiarchiv.[1311] Die wichtigsten Punkte der Arbeit fasste er in dem 1960 publizierten Aufsatz

„Der Gedanke vom geschlossenen Hof in seiner geschichtlichen Entwicklung" zusammen.[1312] Bei diesen und anderen Veröffentlichungen war er bestrebt, den publizistischen und praktischen Zweck Genüge zu tun, die wissenschaftliche und historische Begründung dominierte jedoch.[1313]

Durch den europäischen Vergleich wies er nach, dass die gesetzliche Bindung des bäuerlichen Besitzes an Grund und Boden eindeutig überwog. Er unterzog auch das Anerbenrecht in den einzelnen europäischen Staaten einer genauen Analyse und erörterte die historischen Voraussetzungen für diese gesetzlichen Regelungen. Den Schwerpunkt der Arbeit bildete jedoch die Darstellung der Entwicklung in Tirol.[1314] In einem 1959 publizierten Aufsatz, der sich ebenfalls mit diesem

Thema auseinandersetzte, skizzierte er, ausgehend von den Siedlungsformen der Bajuwaren und den Regelungen über das Sippen- und Familieneigentum, die historische Entwicklung der gesetzlichen Situation in diesem Bereich von den Anfängen bis zur Gegenwart, um die materiellen und ideologischen Grundgedanken des Tiroler Höferechts aufzuzeigen. Der Vergleich mit anderen europäischen Ländern demonstrierte Folgendes: „[I]m Großen und Ganzen ist der Grundgedanke, der unser Höferecht beseelt, nicht auf uns beschränkt gewesen oder geblieben, sondern er hat sich in allen Ländern, nicht nur germanischer Zunge, sondern fast überall dort, wo ein gedankliches oder materielles Erbgut dieser Art vorhanden war, irgendwie durchgesetzt." Es entwickelte sich aus dem „alten urgermanischen Recht" und „aus der Art unserer Siedelungen […], aus dem Hofsystem, das uns durch die Natur in unseren Berggegenden aufgezwungen wurde".[1315] Tinzl argumentierte weiter:

„Und abgesehen von der Überlieferung war das Höfegesetz auch die Folge der Einsicht, dass eine zweckmäßige Bewirtschaftung des Grundbesitzes und die Erhaltung des Bauernstandes nur dann möglich ist, wenn man vom Gedanken der völligen Freiheit von allen Bindungen beim landwirtschaftlichen Grundbesitz absieht und gewisse Beschränkungen einführt. Und diese Beschränkungen haben ihren Ausdruck im Höfegesetz gefunden."[1316]

Anhand des Tiroler Höferechts demonstrierte er eindrucksvoll, dass das Höferecht von 1900 nicht im Widerspruch zum italienischen Staats- und Verwaltungsrecht stand. Außerdem wies er nach, dass es für die Bodenbesitzordnung und für die Schaffung dauerhafter und widerstandsfähiger Besitzverhältnisse im Gebirgsland notwendig war.[1317] Er bemerkte zur Bedeutung des Höfegesetzes:

„Wir können also behaupten, dass unser Höfegesetz das Ergebnis und der Ausdruck einerseits eines überlieferten Erbgutes und andererseits der wirtschaftlichen Erfahrung ist, die es als berechtigt und begründet, und nicht nur als lebensfähig, sondern auch als lebensnotwenig für die Erhaltung unseres Bauernstandes erwiesen hat."[1318]

Das Tiroler Höferecht konstituierte sich aus drei wesentlichen Elementen, „erstens die Unteilbarkeit unter Lebenden, zweitens die Vererbung an einen einzigen Erben, so dass auch im Erbgang keine Teilung stattfindet und drittens, dass dieser Erbe einen gewissen Vorteil habe in der Art, dass er das Gut zu einem Preis übernehmen kann, dass er auf dem Gute wohl bestehen kann."[1319] Das Gesetz schrieb die Unteilbarkeit der Südtiroler Höfe eindeutig fest und regelte die Auszahlung der weichenden Erben in einem Zeitraum von 20 Jahren.[1320]

Der Erfolg der Untersuchung veranlasste den Südtiroler Bauernbund, Karl Tinzl mit dem Entwurf für ein Höfegesetz in Südtirol zu beauftragen. Im Juni 1951 wurde eine Gesetzesvorlage in den Landtag eingebracht, eine überarbeitete Fassung fand am 17. Juni 1952 schließlich die erforderliche Mehrheit.[1321] Dieser Gesetzesentwurf bildete schließlich die Grundlage für das gegen starke italienische Widerstände eingeführte Landesgesetz über die geschlossenen Höfe aus dem Jahre 1954. Tinzl war an der Textierung des Gesetzes maßgeblich beteiligt.[1322] Dabei profitierte er von der Unterstützung durch Alberto Trabucchi, einem sehr bekannten und unumstrittenen Juristen und Universitätsprofessor aus Padua. Nach der wichtigen Vorarbeit kam Tinzl schließlich, wie öfters bei wichtigen Entscheidungen in der Geschichte Südtirols, eine römische Regierungskrise zu Hilfe. Mario Scelba, der neue Ministerpräsident Italiens, besaß im Parlament beim Vertrauensvotum nur eine knappe Mehrheit und bemühte sich daher um die Stimmen der Südtiroler Abgeordneten. Im Gegenzug für die Unterstützung sicherten sich die Südtiroler die Genehmigung des Höfegesetzes. Am 1. April 1954 trat das Höfegesetz endgültig in Kraft.[1323]

Die Anerkennung der Sonderstellung des geschlossenen Hofes und der Verfassungsmäßigkeit des Gesetzes, das ihn regelte, zählte zu den wohl größten persönlichen Erfolgen von Karl Tinzl.[1324] Das bestätigte auch Georg Tinzl:

„Er wird sicherlich viel größere Dinge erreicht haben auf anderer Basis, aber innerlich hat es ihm schon eine große Genugtuung bereitet. Eines der Kulturgüter, die ihn immer sehr interessiert und persönlich nahe gestanden haben, war der Hof und der Bauer. Er hat den Untergang der Bauernhöfe durch die Zersplitterung vorausgesehen, sodass es für ihn persönlich sicherlich die größte Befriedigung darstellte als das Gesetz über den ‚maso chiuso' ratifiziert worden ist."[1325]

Erfolge vor dem Verfassungsgerichtshof

Der italienische Verfassungsgerichtshof nahm im Dezember 1955 seine Tätigkeit auf. Karl Tinzl erkannte rasch die Bedeutung dieses obersten, über die Verfassungsmäßigkeit der Gesetze befindenden Organs für die weiteren Bemühungen um autonome Befugnisse.

In den folgenden Jahren vertrat er die Provinz Bozen mehrfach als Anwalt vor diesem Gremium. Die dabei erzielten Erfolge belegen, dass er zu Recht als „Kronjurist" der SVP galt. In den meisten Fällen übernahm er allein, ohne Unterstützung durch Kollegen, die Aufgabe die Provinz oder, wenn die Provinz nicht selbst legitimiert war, die Region zu vertreten. Im Alleingang erzielte er in zahlreichen Fragen wesentliche Verbesserungen für Südtirol. Der Kompetenzkonflikt zwischen Staat und Provinz im Jahre 1957 wurde zugunsten der Provinz entschieden (Urteil Nr. 56), ebenso die Frage des Bilanzgesetzes (Urteil Nr. 57, 1957) sowie der Konflikt über den Sprachgebrauch (Urteil Nr. 32, 1960) und den Pariser Vertrag (Urteil Nr.1, 1961). Seine einmaligen juristischen Kompetenzen verschafften ihm nicht nur bei seinen Kollegen und Staatsrechtsprofessoren hohes Ansehen.[1326] Auch die italienischen Verfassungsrichter schätzten Tinzls einmalige Fähigkeiten. Der bekannte Verfassungsrichter Nicola Jaeger bemerkte über ihn:

„Es war nicht nur ich allein – unter uns Verfassungsrichtern – der seine Verdienste anerkannte: ich habe oft meine Kollegen, jene aus dem Süden eingeschlossen (die eine andere Mentalität besitzen), analoge Auffassungen

vertreten gehört, nachdem sie seine Verteidigung in einem Fall gehört hatten
– mit dem effizientesten und elegantesten Stil, wie er Tinzl zu eigen war."[1327]

Interpretation des Artikel 14 des Regionalstatuts

„Die Region übt ihre Verwaltungsfunktion in der Regel in der Weise aus, dass sie dieselben den Provinzen, den Gemeinden und anderen örtlichen Körperschaften überträgt, oder sich deren Ämter bedient. Die Provinzen können einige ihrer Verwaltungsfunktionen den Gemeinden oder anderen örtlichen Körperschaften übertragen oder sich deren Ämter bedienen."[1328]

Tinzl erkannte, dass der Artikel 14 des Regionalstatuts, der auf Verlangen der Südtiroler als Schutzklausel in das Autonomiestatut eingefügt worden war, eine Möglichkeit darstellte, um trotz der ablehnenden Haltung der Region und der Regierung Verbesserungen für Südtirol zu erreichen. Diese Regelung sah eine partielle Realisierung der Provinzialautonomie vor und bestimmte die Delegierung der Verwaltung auf die Provinz und der lokalen Körperschaften auch in den Sachgebieten, in denen die Gesetzgebung der Region vorbehalten war. Italien torpedierte die Dezentralisierung der Funktionen durch die restriktive Interpretation des Artikel 14.[1329]

Seine Auslegung des Artikels erörterte Tinzl, der gute Kontakte zum Athesia-Verlag besaß, ausführlich in der Artikelserie „Der Artikel 14 des Autonomiestatutes" in den „Dolomiten" im Frühjahr 1955.[1330] Zeitgleich intensivierten sich die parteiinternen Diskussionen über die Linie der SVP und die Verwirklichung des Artikel 14.

Die Artikelserie basierte auf seinem Manuskript „Erläuterungen zum Autonomiestatut für das Trentino – Tiroler Etschland".[1331] Seinen Ausführungen schickte er voraus:

„Im Folgenden wird der Versuch gemacht, unsere Autonomie darzustellen, nicht wie jemand nach seinem Wunsch möchte, dass sie sei oder nicht sei; auch nicht wie der tatsächliche Zustand ihrer Verwirklichung heute ist; sondern wie er nach positivem, geltenden Recht sein sollte."[1332]

Im ersten Abschnitt „Allgemeines" standen grundlegende Feststellungen im Vordergrund. Für ihn stand unzweifelhaft fest, dass mit dem Artikel 14 die Dezentralisierung von Aufgaben an die Provinz vorgesehen war, nur in Ausnahmefällen könnte davon abgegangen werden. Die Regelung würde weder durch die Verfassung noch durch den Artikel 13 und 38 des Autonomiestatutes eingeschränkt:

„Was zunächst den Art. 13 des Autonomiestatutes betrifft, so bestimmt er den Umfang der Verwaltungsmacht der Region, und zwar setzt er denselben grundsätzlich in derselben Ausdehnung fest, wie deren Gesetzgebungsmacht. Dies ist nicht selbstverständlich und daher war eine positive Bestimmung darüber notwendig. Weder in der Verfassung von Deutschland (sowohl in der Weimarer Verfassung als jetziges Grundgesetz), noch in Österreich, noch in der Schweiz fällt die Verwaltungsmacht der Länder oder Kantone mit der

Gesetzgebungsgewalt derselben zusammen, sondern bleibt ihr gegenüber zum Teil zurück und reicht andererseits zum Teil über sie hinaus. Der Art. 13 ist daher der erste und grundlegende Akt, indem er ihren Umfang und Inhalt bestimmt. Der Art. 14 ist, wie auch die Artikelfolge selbst klar aufzeigt, der zweite Akt, indem er festsetzt, in welcher Weise die Region die Verwaltungsmacht auszuüben hat, die ihr durch den Art. 13 zugewiesen ist. Beide Artikel behandeln daher zwei vollkommen verschiedene Fragen: der Art. 13 ist die Voraussetzung zum Art. 14, bedeutet aber weder eine Einschränkung desselben, noch steht er im Widerspruch zu ihm."[1333]

Als dritte Stufe charakterisierte er den Artikel 38, „welcher wiederum eine Stufe tiefer steht, indem er das Organ benennt, welches die Verwaltungsmacht auszuüben hat, die der Region selbst aufgrund des Art. 14 zur eigenen Ausübung verbleibt".[1334]

Der Artikel 14 war nach seiner Auffassung eine grundsätzliche Norm, welche die Dezentralisierung der Verwaltung auf eine Außenstelle, in diesem Fall die Provinz vorsah. Die Nichtbefolgung dieser Norm stellt eine Verletzung des Autonomiestatus dar, die mit den vorgeschriebenen Maßnahmen zu sanktionieren sei.[1335] Wie die Übergabe der Verwaltung auf die Provinz zu erfolgen habe, erläuterte Tinzl im zweiten Abschnitt „Delegierung" genauer. Als Delegierung betrachtet er nicht nur die Übertragung der Ausübung von Funktionen, sondern die Übertragung der Funktionen selbst. Er analysierte dazu den Wortlaut des Artikel 14/I:

„Was sagt nun der Art.14/I wörtlich? [...] ,La Regione esercita normalmente le funzioni amministrative delegandole ...'. Das Statut sagt also nicht, dass die Region die Ausübung der Funktion delegiert (,delega l'esercito delle funzioni'), sondern, dass sie dieselben ausübt, indem sie sie delegiert (,esercita delegandole'). Was delegiert sie also? Die Funktionen selbst (delegando **l e**), und nicht ihre bloße Ausübung. Die gesamte Ausübung der Verwaltungsfunktion durch die Region besteht daher in diesem Falle in der ,Delegierung', die Ausübung erschöpft sich in derselben."[1336]

Diese Auslegung untermauerte er durch den Vergleich mit dem „Wesen der Delegierung in der allgemeinen Regionalverfassung". Er verwies darauf, dass der Artikel 14/I die fast wörtliche Wiedergabe des Artikel 118/III der Verfassung sei. Die Delegierung von Verwaltungsfunktionen in Regionen ohne Sonderstatut erfolge gemäß Art. 118/III der Verfassung mittels Gesetz der Region, wobei die Funktionen selbst und nicht bloß ihre Ausübung gemeint seien. Dies müsse wohl auch für die Regionen mit Sonderstatut gelten.[1337]

Im Folgenden setzte er sich mit der Frage auseinander, ob die Delegierung nach Artikel 118 der Verfassung verschieden von jener nach dem Artikel 14 sei. Die Eigenart der Autonomie bestand nach seiner Auffassung darin, dass die Provinz Südtirol durch das Sonderstatut eine Stufe höher stehe, als die übrigen Provinzen im Staatsverband und daher eine gestärkte Position gegenüber der Region hinsichtlich der Delegierung besitze. Häufiger wurde von italienischer Seite jedoch anders argumentiert:

„Man hat im Gegensatz zu dem hier Ausgeführten geltend zu machen versucht, dass in der Verfassung unserer Region die Provinzen an sich schon eine selbstständigere autonome Stellung haben als in den übrigen Regionen; denn was mit dem Art. 118 für die Provinzen im Allgemeinen erreicht werden solle, besäßen unsere Provinzen ja ohnehin schon zum größten Teile. Es müsse daher der Art. 14 des Statutes im Vergleiche zum Art. 118 der Verfassung einschränkend ausgelegt werden. Mit der Logik scheint uns diese Argumentation wenig zu tun zu haben. Der Grundgedanke des Art. 118 der Verfassung ist jener der Verwaltungsdezentralisation auf allen der Region zugewiesenen Sachgebieten. Es muss angenommen werden, dass dieser Grundsatz aufgestellt wurde, weil man ihn als im öffentlichen Interesse, in jenem einer zweckmäßigen Verwaltung liegen sah. Dies muss für unsere Provinzen mindestens genauso gelten wie für alle anderen."[1338]

Die Provinz besitze auf gewissen Gebieten eine Autonomie mit gesetzgebender Gewalt, erklärte Tinzl weiter, und verwies auf die Entstehungsgeschichte des Autonomiestatuts. Da eine Provinzialautonomie nicht zu erreichen war, sollte zumindest eine möglichst vollständige Verwaltungsautonomie realisiert werden und aus diesem Grund sei der Artikel 14 zum besonderen Schutz der Südtiroler eingefügt worden. Zusammenfassend hielt er fest:

„Die ‚Delegierung' des Art. 14 ist ebenso wie jene des Art. 118 der Verfassung eine Form der Dezentralisierung der Funktionen (decentramento istituzionale). Und in Anlehnung an die Begriffsbestimmung, welche Ambrosini a.a.O. von dem „decentramento istituzionale" gibt, kann die ‚Delegierung' des Art. 14/I bestimmt werden als die Übertragung von Funktionen der Region auf die Provinzen (Gemeinden oder andere örtliche Körperschaften), welche diese Funktionen als nunmehr als ihre eigenen und zu ihren eigenen Zwecken gehörig übernehmen und sohin in ihren eigenen Organen, mit Mitteln, die ihre eigenen sind oder ihre eigenen werden, frei unter eigener Verantwortlichkeit durchführen."[1339]

Verordnungsgewalt, Informationsrecht und Beratungsbefugnis der Region bestanden nach Meinung von Tinzl darin, dass die Region die allgemeinen Durchführungs- und Verwaltungsverordnungen auch für jene Sachgebiete erlassen könnte, welche sie an die Provinzen delegiert hatte. Durch die Delegierung wurde nur die aktive Verwaltungstätigkeit an die Provinzen übertragen, nicht jedoch die kontrollierende und die beratende Verwaltungstätigkeit. Somit besaß die Region ein Kontrollrecht und konnte der Provinz durchaus Ratschläge für die Ausübung der Verwaltung erteilen.[1340] Erfolgte nun also die Delegierung mit Vorbehalten? Dazu stellte Tinzl fest:

„Daraufhin wäre als erstes zu sagen, dass die Region aufgrund des Art. 14 nicht die unbedingte Freiheit hat, ob sie überhaupt eine Delegation vornehmen will oder nicht; sie hat normalerweise nur eine Wahl zwischen einer Delegation und der mittelbaren Regionalverwaltung. […] Daraufhin könnte eingewendet werden: wenn die Region schon die Möglichkeit hat auf der viel stärkeren Machtstellung zu verbleiben, welche sie bei der mittelbaren Regionalverwaltung besitzt, kann es ihr nicht verwehrt werden, sich ein geringeres Maß an Verwaltungsmacht vorzubehalten als sie durch die Statuierung der mittelbaren Regionalverwaltung zu sichern berechtigt wäre, indem sie ihre Verwaltungsmacht an die Provinzen delegiert, wenn auch unter Einschränkungen oder Bedingungen, bei denen aber die Stellung des Delegierten immer noch eine stärkere ist, als bei der mittelbaren Regionalverwaltung. […] Die Region hat nicht die Wahl, ob sie die Delegation ganz oder nur teilweise vornimmt. Davon ist im Art. 14 keine Rede. […] Man wird daher den Satz aufstellen dürfen, dass die Region im Akte der Delegation nur solche Vorbehalten machen kann, welche mit deren Wesen selbst, wie es vorher bestimmt wurde, nicht in Widerspruch stehen."[1341]

Im dritten Abschnitt der Artikelserie stand die „mittelbare Regionalverwaltung" im Vordergrund. Untersucht wurde ihr Wesen, die Befugnisse der Region und der Provinzen, der Grundsatz der Rechtshilfe und die Rekursrechte, sowie der Übergang staatlicher Ämter auf die Provinzen und der Übergang der Regionalämter an die Provinzen.[1342]

Die Region könnte sich für die Ausübung ihrer Verwaltung der Ämter der Provinzen bedienen, erklärte Tinzl, wobei aber keine Übertragung der Verwaltungszuständigkeit und der Verwaltungsfunktion stattfinde. Eine Beschränkung liege jedoch darin, dass sich die Region der Tätigkeit von Ämtern bedient, die ihr nicht angehören und ihr gradmäßig nicht unterstehen.[1343] „An sich ist dies etwas Anormales", stellte Tinzl fest, „[…] Aber diese Anomalie ist eben durch das Statut ausdrücklich vorgesehen."[1344] Bei der mittelbaren Verwaltung gehe die aktive Verwaltung von den Provinzialämtern, die Leitung aber von der Region aus, daraus resultiere ein allgemeines und besonderes Weisungsrecht der Region, sowie ein Aufsichtsrecht über die Ausführung und gegebenenfalls eine Sanktionierung bei Unregelmäßigkeiten.[1345] Eingeschränkt wurde die Einflussnahme der Region dadurch, dass die Weisungen nicht direkt an die Provinzialämter gegeben werden konnten, sondern über das Haupt der Provinzalregierung. Da die Provinz eine gleichrangige Institution darstelle, könnte sie nur von Seiten der Region „ersucht" werden, die Weisungen weiterzugeben.[1346] Selbstverständlich galt für die Provinzialverwaltung nach Meinung von Tinzl der Gedanke der Rechtshilfe, sodass nur die Ungesetzlichkeit der Weisung eine Weigerung seitens der Provinz legitimierte. Die Ämter der Provinz blieben immer der Provinz untergeordnet, auch wenn sie für die Region tätig waren, hielt Tinzl fest, und daher könnten die Bürger ihre Einsprüche gegen Vorgänge bei der mittelbaren Regionalverwaltung bei der nächsthöheren Verwaltungsstelle der Provinz einbringen.[1347]

Er beschäftigte sich auch mit der Frage, wie der Übergang von Ämtern des Staates auf die Provinz vor sich gehe. Für ihn stand außer Zweifel, dass dies über die Region laufen müsse, ein direkter Übergang vom Staat zur Region war seines Erachtens nicht möglich.[1348] Gerade beim Übergang von der Region auf die Provinz kamen Einwände von italienischer Seite:

„Man hat gegen diesen Übergang von Ämtern, welche vom Staat auf die Region übergegangen sind, eingewendet, dass ein weiterer Übergang von der Region auf die Provinzen nicht in Betracht kommen könne. Aber es ist nicht der mindeste Grund einzusehen, warum dies nicht der Fall sein sollte. Wir haben soeben bemerkt, dass ein Übergang als erster Schritt zur Verwirklichung der regionalen Verwaltungszuständigkeit ist und dass ein anderer Weg, als die Übertragung der Ämter vom Staat auf die Region nicht möglich ist."[1349]

Die Übertragung sei als ein wesentlicher Schritt zu betrachten, bemerkte Tinzl, finde dieser nicht statt, würden wesentliche Teile von Artikel 14 illusorisch gemacht. Einzige Alternative sei die Schaffung neuer Provinzialämter mit gleichen Aufgaben und Kompetenzen, sowie die gleichzeitige Aushöhlung der Regionalämter.[1350] Es werde vielfach der Versuch unternommen, so Tinzl, den Provinzalämtern lediglich Verwaltungsaufgaben zur Erledigung und Entscheidung „vorzubereiten", während die Entscheidung selbst bei der Region verblieb. Dies widerspreche dem Artikel 14 und verkehre seine Wirkung geradezu in das Gegenteil.[1351]

Im vierten und letzten Teil behandelte Tinzl die „gemeinsamen Grundsätze für die Delegierung und die mittelbare Regionalverwaltung". Die Wahl habe auf jeden Fall durch Gesetz zu erfolgen, stellte er fest. Aufgrund von objektiven juridischen Argumenten müsste unter Berücksichtigung der Entstehungsgeschichte des Artikel 14 die Delegierung favorisiert werden, schloss er seine Ausführungen.[1352]

Trotz seiner juridischen Kompetenzen stieß Tinzl bei seinen Bemühungen um eine weitgehende Autonomie bekanntermaßen auf Ablehnung. Im Oktober 1956 gelang es, im Regionalrat einen Beschluss zu erreichen, der die Übertragung von Befugnissen in der Land- und Forstwirtschaft auf die Provinzen vorsah. Als Reaktion darauf wandte sich jedoch die Zentralregierung an den Verfassungsgerichtshof, um eine Aufhebung dieser Entscheidung zu erreichen. Im VfGH-Urteil vom 9. März 1957 Nr. 39 wurde bestimmt, dass nur die Ausübung der Befugnisse auf die Provinzen übertragen werde, eine sehr einschränkende Auslegung des Artikel 14.[1353] Bis zum neuen Autonomiestatut von 1972 stellte die Auslegung des Artikel 14 und der ersten beiden Artikel des Pariser Abkommens die wesentlichen Konstanten der Auseinandersetzung in der Südtirolfrage dar.[1354]

14.5. Obmann der SVP

Die Krise in der SVP im Mai 1954 führte zur Demission von Otto von Guggenberg als Parteiobmann. Die SVP stellte von Beginn an und trotz der großen Wahlerfolge keinen homogenen Block dar.[1355] Als Kandidaten galten neben Karl Tinzl auch Friedl Volgger und Alfons Benedikter, die wegen ihrer „Leidenschaftlichkeit und Streitsucht" von den SVP-Parlamentariern jedoch abgelehnt wurden. Am 22. Mai 1954 fand die siebte Landesversammlung am Reichrieglerhof statt. Mit Tinzl präsentierte die gemäßigte Richtung innerhalb der SVP einen Kandidaten, der auf Konsens ausgerichtet war. Tinzl hatte als Vermittler bereits Erfolge erzielt, da er davon überzeugt war, dass nur durch ein gemeinsames Vorgehen Verbesserungen zu erzielen waren.

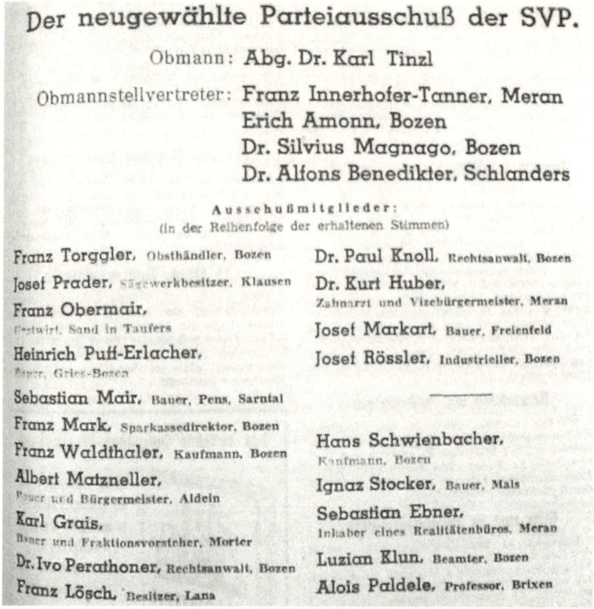

Der neugewählte Parteiausschuß der SVP.

Obmann: Abg. Dr. Karl Tinzl

Obmannstellvertreter: Franz Innerhofer-Tanner, Meran
Erich Amonn, Bozen
Dr. Silvius Magnago, Bozen
Dr. Alfons Benedikter, Schlanders

Ausschußmitglieder:
(in der Reihenfolge der erhaltenen Stimmen)

Franz Torggler, Obsthändler, Bozen
Josef Prader, Sägewerksbesitzer, Klausen
Franz Obermair, Gastwirt, Sand in Taufers
Heinrich Puff-Erlacher, Bauer, Gries-Bozen
Sebastian Mair, Bauer, Pens, Sarntal
Franz Mark, Sparkassedirektor, Bozen
Franz Waldthaler, Kaufmann, Bozen
Albert Matzneller, Bauer und Bürgermeister, Aldein
Karl Grais, Bauer und Fraktionsvorsteher, Morter
Dr. Ivo Perathoner, Rechtsanwalt, Bozen
Franz Lösch, Besitzer, Lana

Dr. Paul Knoll, Rechtsanwalt, Bozen
Dr. Kurt Huber, Zahnarzt und Vizebürgermeister, Meran
Josef Markart, Bauer, Freienfeld
Josef Rössler, Industrieller, Bozen

Hans Schwienbacher, Kaufmann, Bozen
Ignaz Stocker, Bauer, Mals
Sebastian Ebner, Inhaber eines Realitätenbüros, Meran
Luzian Klun, Beamter, Bozen
Alois Paldele, Professor, Brixen

Abb. 50: Am 22. Mai 1954 wurde Karl Tinzl auf der siebten Landesversammlung der SVP zum Obmann der Partei gewählt.[1356]

Als hervorragender Jurist besaß er das Fundament, seine Position überzeugend einzubringen, und dadurch konnte er die Mehrheit für sich gewinnen.[1357] Daher stimmten die 700 Delegierten auf der Landesversammlung mehrheitlich für ihn und wählten ihn zum Obmann der Pertei.[1358] Auf seinen Wunsch wurden ihm zur optimaleren Delegierung von Aufgaben vier Obmannstellvertreter, Franz Innerhofer-Tanner, Erich Amonn, Silvius Magnago und Alfons Benedikter, zur Seite gestellt.[1359]

In seiner Ansprache als neu gewählter Obmann betonte Tinzl:

„Meine lieben Landsleute, man erwartet mitunter, wenn ein neuer Obmann gewählt wird, dass auch ein neues Programm verkündet werde. Das trifft bei uns nicht zu: Unser Programm ist und bleibt jenes, das wir 1946 auf der Landesversammlung aufgestellt und verkündet haben und das sich in zwei Worten zusammenfassen lässt: Kampf um die Aufrechterhaltung und Sicherung unserer Volksrechte und zum anderen Kampf um die Wahrung des Volkscharakters unseres deutschen Südtirols! In der Wahl der Mittel, die diesen Kampf zu einem erfolgreichen Ende führen, kann man verschiedener Meinung sein, aber im Ziele gibt es keine Meinungsverschiedenheiten, da sind und bleiben wir alle eines Herzens. […]"[1360]

Mit diesen eindringlichen Worten versuchte er, die Parteibasis für sich zu gewinnen und sie trotz unterschiedlicher Positionen zur Einigkeit aufzurufen.

„Man spricht heute soviel von geheimnisvollen mächtigen Naturkräften. Wenn ich hier die Auslese Südtirols am Reichrieglerhof versammelt sehe, ist es mir, als ströme auch hier eine Kraft heraus, die uns alle erfasst. Es ist der Geist der Zusammengehörigkeit, der diese geheimnisvolle Macht ausmacht und keiner von uns allen kann sich ihr verschließen. Vom Reschen bis hinüber zum Toblacher Feld und vom Brenner bis Salurn sind wir darin alle einer Auffassung und einer Überzeugung. Wollen Sie mich bitte in meiner Aufgabe unterstützen und in diesem gleichen Geiste wie bisher weiterarbeiten an unserer gemeinsamen Aufgabe, die da heißt, das Wohl unserer Heimat Südtirol."[1361]

Im Zentrum der Diskussion stand bei dieser Landesversammlung die italienische Unterwanderungspolitik. Diese thematisierte darum auch der neu gewählte Obmann in seiner Ansprache. Seine zum Teil emotional gefärbte Rede wurde von begeistertem Jubel begleitet. Nach Auffassung von Franz Widmann „galt der Applaus zugleich auch einem Politiker der ersten Stunde, der ‚auf lange Jahre eines bewegten und von Enttäuschungen und allerlei persönlichem Ungemach nicht verschonten politischen Lebens' zurückblicken konnte."[1362] Tinzls Wahl zum Parteiobmann muss sicherlich als letzter Schritt zur Rehabilitierung einer Symbolfigur des Widerstands gegen die faschistische Unterdrückungspolitik interpretiert werden.[1363]

Mit dem Führungswechsel an der Spitze nahm das Vertrauen in die Partei wieder zu und die parteiinternen Divergenzen minimierten sich vorübergehend.[1364] Tinzl propagierte, wie auch sein Vorgänger, eine moderate Linie und erzielte durch seine ausgleichende Haltung für kurze Zeit auch Erfolge.[1365] Georg Tinzl bemerkte zur Position seines Vaters:

„Er hat sich immer in die Situation von einem anderen hineinversetzen können und sich gefragt, wie dem zu Mute ist. Wenn man siegt und das Unzumutbare vom Unterlegenen verlangt, dann geht es immer schlecht aus. Er hat immer gesagt, man muss irgendwie versuchen ein Verständnis für andere zu haben und nur das Zumutbare fordern. Da hat er es natürlich mit den Hardlinern schon zu tun gekriegt."[1366]

Die intensiven Bemühungen um eine wirkliche Autonomie für Südtirol kennzeichneten die Phase seiner Obmannschaft.[1367] In einem Bericht über Karl Tinzl in der „Frankfurter Allgemeinen Zeitung" wurde treffend festgestellt:

„Die Forderung, das Abkommen möge in dem Geist erfüllt werden, in dem es geschlossen wurde, kommt in jedem Gespräch mit Südtiroler Politikern zum Ausdruck. An ihrer Spitze in der parlamentarisch-politischen Vertretung steht heute der Obmann (Vorsitzende) der Südtiroler Volkspartei (SVP), Dr. Karl Tinzl, ein 67 Jahre alter Anwalt. Er repräsentiert die gemäßigte Mitte dieser Partei, die für sich beanspruchen kann, die Südtiroler Bevölkerung allein zu vertreten, da die schwache sozialdemokratische Gruppe und eine Handvoll der italienischen KP angeschlossenen Kommunisten keine Rolle spielen. Die Volkspartei stellt die drei Südtiroler Abgeordneten für die italienische Kammer, ebenfalls die beiden Senatoren im Senat und alle Deputierten im Bozner Landtag."[1368]

Abb. 51: Als Obmann bemühte sich Tinzl, wie es seiner Grundhaltung entsprach, um eine gemäßigte, auf Ausgleich bedachte Vorgangsweise.[1369]

Hinsichtlich der Position der SVP wurde, basierend auf den Aussagen von Tinzl, festgehalten:

„Für die Volkspartei präzisiert sich die Durchführung des erwähnten Abkommens, die nur durch österreichisch-italienische Vereinbarungen erzielt werden kann, in einigen konkreten Hoffnungen, die allerdings nur schrittweise zu verwirklichen sind. Sie gruppieren sich um den Gedanken: Wir wollen nicht Gäste in fremdem Land sein, sondern unsere Volksgruppe in geschichtlicher, kultureller und wirtschaftlicher Hinsicht erhalten. Dazu sei es notwendig, trotz der grundsätzlichen Anerkennung der Freizügigkeit der Zuwanderung von Italienern in natürlichen Grenzen zu halten. Die Organe der Provinz Bozen müssten daher zuständig werden für die „Sesshaftigkeit", die Arbeitsgesetzgebung und die Arbeitsvermittlung und den Volkswohnbau. Gerade die beiden letztgenannten Sachgebiete, fast ausschließlich von Italienern verwaltet, würden bislang als Instrumente der Zuwanderung aus dem Süden einseitig gehandhabt. Schließlich müsste es gesetzlich sichergestellt werden, dass nur der Erziehungsberechtigte über die Volkstumszugehörigkeit seiner Kinder entscheiden könnte."[1370]

In seiner Funktion als Obmann war Tinzl für die Organisation der Partei zuständig. Diese befand sich in den Fünfzigerjahren durch eine ökonomisch prekäre Situation in einem ziemlich desolaten Zustand. Ausgelöst wurde die Krise durch die sinkenden Mitgliederzahlen, viele Ortsgruppen existierten nur mehr auf dem Papier, sodass viele Parteiangestellte entlassen werden mussten.[1371] Tinzl versuchte bestmöglich zu reagieren und setzte sich unter anderem dafür ein, dass die Angestellten zumindest die Lohnrückstände erhielten. In den Bezirken bemühte er sich vorrangig um eine Beruhigung der Lage. Am 5. Dezember 1954 nahm er beispielsweise an einer offenen Aussprache mit dem Bezirksobmann von Brixen teil und versuchte diesen, von seiner Linie zu überzeugen.[1372] In Partschings intervenierte Tinzl, um den amtierenden Obmann von seinem Rücktrittsgedanken abzubringen.[1373] Hinzu kamen die Schikanen von Seiten der Sicherheitsorgane. Tinzl wies deshalb die Bezirksleitungen an:

> „Wie wir gestern erfahren haben, sind in zwei Ortschaften die Carabinieri bei den Ortsobmännern der SVP vorstellig geworden und haben die Bekanntgabe der Mitglieder verlangt. Wir bitten Sie daher, unsere Ortsobmänner darauf aufmerksam zu machen, dass sie bei Wiederholung solcher Versuche die Carabinieri an die Landesleitung der SVP in Bozen mit der Begründung

Abb. 52: Die finanzielle Situation der Partei nötigte SVP-Obmann Karl Tinzl, einen Spendenaufruf zu starten.[1374]

verweisen sollen, dass nur diese in der Lage ist, Auskünfte im obigen Sinne zu erteilen. Im Übrigen werden wir auch von hier aus Schritte unternehmen, auf dass dergleichen Belästigungen unserer Leute künftighin unterblieben."[1375]

Eine weitere Schwierigkeit bildeten die Konflikte innerhalb der Parteispitze zwischen den auf Zusammenarbeit mit Trient und Rom Ausgerichteten, denen Tinzl nahe stand, und der Gruppe um Peter Brugger und Alfons Benedikter, die einen kompromisslosen Kurs forcierten und für die eine Zusammenarbeit mit der DC nicht einsichtig war.[1376] Angesichts des breiten Rahmens der Sammelpartei scheint es wenig überraschend, dass Dissonanzen existierten und die Führung immer wieder von der einen oder anderen Richtung dominiert wurde. Entfacht wurde der interne Konflikt in dieser Phase durch unterschiedliche Standpunkte in autonomiepolitischen Fragen.[1377]

Die Vorschläge einer radikaleren, kompromisslosen Vorgangsweise fanden bei Tinzl wenig Gehör. Damit distanzierte er sich zunehmend von Kanonikus Gamper, mit dem er lange Jahre eng zusammengearbeitet hatte.[1378] Er vertrat die Auffassung, nur durch eine Politik der kleinen Schritte und in Zusammenarbeit mit Österreich seien Verbesserungen zu erzielen, der Kanonikus hingegen forderte eine härtere Linie gegenüber Rom mit einer aktiven Unterstützung durch Österreich. Mit dem vorsichtigen Kurs von Figl ging er völlig konform. In den immer wieder auftretenden Diskussionen bemühte er sich, die Einwände der Radikalen zu entkräften und die Einheit der Partei in den Vordergrund zu rücken. Ab 1955 manifestierte sich erstmals, dass die Gemäßigten ihren dominierenden Einfluss innerhalb der Partei verloren. Die Taktik des „Heißlaufenlassens" der Opposition, wie Tinzls Strategie in einem Bericht für den Tiroler Landeshauptmann Alois Grauß vom Februar 1957 bezeichnet wurde, erwies sich als nicht mehr durchführbar.[1379] Nach Auffassung des Historikers Rolf Steininger führte diese Haltung von Tinzl dazu, dass er klärende Aussprachen und Entscheidungen hinausschob:

„Tinzl, der einhellig als der geistig fähigste Kopf der Südtiroler angesehen wurde, war in seinem Bestreben, es allen recht zu machen, einen Weg gegangen, der die radikale Richtung vor den Kopf gestoßen hatte. Er hatte alle klärenden Aussprachen und Entscheidungen hinausgeschoben und dann doch für sich alleine das getan, was ihm richtig erschien. Die Probleme hatten sich im Jahr 1955 derart gehäuft, dass sie Tinzl über den Kopf gewachsen waren […]"[1380]

Auch Franz Widmann attestierte Tinzl, dass er „ein sehr fähiger Mann war, aber leider nicht entscheidungsfreudig". Er habe immer viele Möglichkeiten gesehen, aber nicht gewusst, wofür er sich entscheiden sollte. Der „Mann für große geschichtliche Entscheidungen" sei er wohl nicht gewesen.[1381] Die radikale Gruppierung respektierte ab 1955 die Entscheidungen des Obmanns nicht mehr, organisierte Versammlungen, um gegen die Parteiführung aufzutreten und forderte sogar öffentlich Tinzls Rücktritt.[1382] Durch Zusammenkünfte mit den Ortsobmännern versuchte Tinzl die Parteibasis für seine Linie zu gewinnen und die Konflikte auszugleichen. Ende August 1955 traf er zu diesem Zweck mit den Obmännern aus dem Ultental zusammen.[1383]

Exemplarisch für die angespannte Stimmung erscheint folgender Vorfall, über den Tinzl in einem Schreiben an Franz Innerhofer-Tanner, dem Obmann des Bauernbundes, der sich Tinzl gegenüber völlig loyal zeigte, berichtete:

„Ich fühle mich verpflichtet, Folgendes zur Kenntnis der Leitung des Bauernbundes zu bringen:
Bei einer Versammlung, welche am 8. Jänner Nachmittag in Brixen stattfand, und die vom Regionalassessorat für Landwirtschaft – Inspektorat Brixen einberufen war, erschien, wenn auch nicht eingeladen, Johann Prosch von St. Andrä. Nachdem es ich um landw. Angelegenheiten handelte und verschiedene Vertrauensmänner des Bauernbundes zu den Eingeladenen gehörten und der Gefertigte auch zumindest teilweise in seiner Eigenschaft als Obmannstellvertreter des Bauernbundes zum Vorsitzenden der Versammlung bestimmt wurde, wurde gegen die Anwesenheit von Prosch und auch dagegen, dass er das Wort ergriff, keine Einwendung erhoben. Er benützte jedoch die Gelegenheit, um außer gegen die anwesenden Assessoren für Landwirtschaft Dr. Brugger und Dietl alle möglichen Vorwürfe zu erheben, auch ganz unqualifizierbare persönliche Angriffe gegen Abwesende, Senatoren und Abgeordnete unserer Partei und den früheren Assessor für Landwirtschaft Dr. Tessmann zu erheben. Ich habe diese Angriffe gegen Abwesende sowohl wegen ihrer absolut unzulässigen Form wie auch ihres Inhaltes entschieden zurückgewiesen und haben dem Prosch, als er noch einmal gegen Dr. v. Guggenberg ausfällig werden wollte, das Wort abgeschnitten. Es ist aber die allgemeine Meinung, nachdem gerade bei dieser Versammlung die Untrennbarkeit von Politik und Wirtschaft für unsere Lage von allen besonders hervorgehoben wurde, dass es nicht angeht, wenn ein immerhin hervorragendes Mitglied des Bauernbundes in dieser Weise gegen gewählte Vertreter der Partei auftritt. Wir müssen daher dem Bauernbund zur Erwägung stellen, ob das Weiterverbleiben des Herrn Prosch in demselben mit einer gedeihlichen Arbeit für unsere gemeinsamen Ziele verträglich ist."[1384]

Den Höhepunkt erreichten die parteiinternen Querelen im Mai 1955. Am 6. Mai 1955 trat Hans Dietl ohne Rücksprache mit der Parteiführung als Regionalassessor zurück, aus Protest gegen die ungerechten Mehrheitsverhältnisse in der Regionalregierung.[1385]

Nach einem Brief von Dietl am 17. Januar 1955 hatte Tinzl versucht, den geplanten Austritt zu verhindern und stattdessen in Rom eine Lösung der Südtirolfrage zu forcieren. Aus einem Schreiben des Parteisekretärs Ivo Perathoner an Tinzl vom 16. März 1955 ist ersichtlich, dass zeitgleich die Bemühungen in Trient die Durchführung des Artikel 14 des Regionalstatuts voranzutreiben intensiviert wurden, begleitet von einer Artikelserie in den „Dolomiten":

„Hinsichtlich des Briefes, der an die D.C. zu schreiben ist […]; ‚La firmata direzione della S.V.P. ha sottoposto ad un'esame approfondito il piano del presidente Dott. Albertini in merito all'art. 14 dello statuto, ed è venuto alla conclusione che nessun progetto è discutabile per la S.V.P., se non vi e previsto il trapasso degli relativi uffici alla provincia.' Da Herr Ass. Dietl, der zwar weder unser Schreiben in der Ladinerfrage, noch in der Frage der Sammlung bei den Genossenschaften bis jetzt beantwortet hat, heute sich schon erkundigt, ob das gestern beschlossene Schreiben an die D.C. bereits abgegangen ist, scheint die Sache sehr dringend zu sein."[1386]

Der Rücktritt von Dietl brachte Tinzl in eine prekäre Lage. Dennoch blieb er, wie es seiner Art entsprach, auch in dieser Situation meist ruhig. Nur selten war er so aufgebracht, dass er seine Stimme erhob, um gegen Argumente zu protestieren, die nicht seinen Vorstellungen entsprachen.[1387] Im Parteiausschuss erklärte er:

„Es ist nun die Frage, ob man durch Opposition etwas erreicht. Wenn man Opposition macht, darf man nicht groß reden und dann betteln. Die Bevölkerung müsse man rechtzeitig vorbereiten und ihr reinen Wein einschenken. Opposition ist Opfer, man darf dabei nicht eine Doppelpolitik machen."[1388]

Auch andere der gemäßigten Gruppe innerhalb der SVP, die diesen Schritt als nicht zielführend betrachteten, bemühten sich gemeinsam mit Tinzl um Schadensbegrenzung und versuchten zunächst, den Rücktritt der übrigen SVP-Assessoren zu verhindern. Tinzl argumentierte, dass die Unterstützung des Auslandes nicht überschätzt werden dürfe und darum sei eine zeitliche Koordinierung der Aktionen wesentlich. Der Rücktritt der beiden anderen Assessoren in der Regionalregierung sei die „letzte Waffe", die es gezielt einzusetzen gelte. Tinzl gelang es, die radikale Richtung davon zu überzeugen, diesen Schritt nur in Absprache mit der Bundesregierung in Wien auszuführen. Trotz unterschiedlicher Positionen stellte er sich nicht gegen den radikalen Flügel, sondern versuchte, die Einheit der Partei in den Vordergrund zu rücken und die weitere Vorgangsweise zu planen. Er sprach sich dafür aus, der kommenden Regierung das Vertrauen zu verweigern, falls ihr Vorgehen in Bezug auf Südtirol nicht verändert werde. Wesentlich seien die Minimierung der Zuwanderung und die Übergabe von Konzessionen an die Provinz.[1389]

Gelang es Tinzl auch, den Rücktritt der anderen Assessoren abzuwenden, musste er doch erkennen, dass der Richtungswandel innerhalb der Partei bereits eingeleitet war.[1390] Der radikale Flügel hatte an Einfluss gewonnen, die Positionen hinsichtlich der weiteren Vorgangsweise standen sich diametral entgegen und auch ihm sollte es nicht möglich sein, diese Divergenzen dauerhaft zu lösen. Eine sachliche Diskussion innerhalb der Partei war kaum mehr möglich. Immer deutlicher manifestierte sich, dass ein Entgegenkommen hinsichtlich des Artikel 14 für notwendig erachtet wurde, um einen Gesamtrücktritt der SVP aus dem Regionalrat zu verhindern.[1391]

Aufgrund der schwierigen parteiinternen Lage und der bevorstehenden Regierungsumbildung in Rom, verschob die Parteileitung trotz des zehnjährigen Gründungsjubiläums die Abhaltung der Landesversammlung. Zunächst plante Tinzl, diese nur vom Frühjahr auf den Herbst zu verschieben, letztlich wurde sie erst im März 1956 einberufen.[1392] Die Gründe für die zeitliche Verzögerung umschrieb Tinzl recht vage:

„Nun befanden sich im Mai/Juni 1955 die politischen Ereignisse, auf die wir noch zu sprechen kommen werden, derart in Fluss, dass der Parteiausschuss der Meinung war, es sei nicht zweckmäßig die Landesversammlung in einem Augenblicke einzuberufen, wo das Vergangene noch nicht abgeschlossen, das Zukünftige aber noch lange nicht gereift war;"[1393]

Am 3. März 1956 eröffnete er als Obmann die Landesversammlung der SVP.[1394] Angesichts der vergangenen Ereignisse war seine Ablöse als Parteiobmann vorherzusehen. In seiner großen Abschiedsrede erläuterte er die wichtigsten Stationen des Einsatzes für die Rechte der Südtiroler, seine Tätigkeit im Parlament und als Obmann der Partei und proklamierte die noch offenen Grundfragen der Autonomie zum Programm für die Zukunft.[1395]

Er bezog sich auf das an die Regierung im April 1954 übergebene Memorandum und stellte fest, dass in den seither vergangen zwei Jahren „zwar die teilweise Erledigung einiger Einzelfragen und die Anbahnung der Lösung anderer" erreicht werden konnte, man „im Ganzen gesehen und insbesondere in den Grundfragen aber sehr wenig weit gekommen" sei.[1396] Der Erfolg im Bereich der Anerkennung der Studientitel und das Entgegenkommen in der Kriegsopferfrage betrachtete er als kaum ausreichend.[1397]

In seiner Rede sprach er auch die Auseinandersetzungen über die Auslegung des Artikel 14 an.[1398] Den Austritt Dietls aus dem Regionalrat stellte er folgendermaßen dar:

„Sie wissen, dass unser Assessor für Landwirtschaft in der Region, Hans Dietl, wiederholt darauf aufmerksam machte, dass ohne befriedigende Lösung dieser Frage [des Artikel 14, Anm. d. V.] eine wirklich nutzbringende Arbeit in seinem Assessorate nicht möglich sei und dass er schließlich daraus die Konsequenzen zog, und seine Assessorenstelle niederlegte. Unser Parteiausschuss hat diesen Schritt gebilligt und durch diesen Austritt wurde die breiteste Öffentlichkeit auf den Kampf aufmerksam gemacht, den wir um die Verwirklichung dieses Artikels und damit eines wesentlichen Teiles der Provinzialautonomie zu führen hatten."[1399]

Von italienischer Seite, so fuhr er weiter fort, werde die Verwirklichung der Provinzialautonomie boykottiert. Lediglich drei der zahlreichen Gesetzesvorschläge der Provinz, das Abänderungsgesetz zum Höfegesetz, das Berufsschulgesetz und das Studienbeihilfegesetz, waren seit Mai 1954 von der Regierung gebilligt worden.[1400] Der schwerste Angriff auf die Südtiroler war nach seiner Auffassung jedoch die unkontrollierte und von staatlicher Seite forcierte Zuwanderung, die an die Methoden der Faschisten erinnere:

> „Den schwersten Angriff dieser Art müssen wird nach wie vor in der ungeregelten Zuwanderung erblicken. auf diese tödliche Gefahr haben wir immer und immer wieder eindringlichst hingewiesen, in der Presse, bei den Landesversammlungen, im Parlament, zuletzt wieder anlässlich des Amtsantrittes der gegenwärtigen Regierung, und wir haben sie in unserem Memorandum als einer der Grundfragen unseres völkischen Daseins vorangestellt. Man erwidert uns darauf in der Presse mit dem üblichen Vorwurf der Italienerfeindlichkeit, dem Hinweis auf die verfassungsmäßig gewährleistete Freizügigkeit oder leugnet diese Zuwanderung einfach ab. Aber man lese nur Berichte über Versammlungen und Kundgebungen in der Provinz Varese, im Bergamaskischen und in anderen Teilen Norditaliens, wo gegen die Zuwanderung in einer Tonart Stellung genommen wurde, die wir uns nie erlauben könnten und die gewiss nicht von Antiitalianität getragen ist."[1401]

Hinzu komme die Förderung der unwirtschaftlichen Industrien in Südtirol und die Wohnbaupolitik der italienischen Regierung, die als Mittel zur Förderung der Zuwanderung diene, erklärte Tinzl.[1402] Daher war es seines Erachtens notwendig, dass sich der „Geist" der italienischen Regierung grundlegend wandele und die Autonomie rasch verwirklicht werde.[1403] Zu den Rückschlägen vor dem Verfassungsgerichtshof in der Frage der Autonomie bemerkte er:

> „Nehmen wir an, wir würden in all den Punkten, die ich vorhin angeführt habe, Unrecht bekommen; d.h. das Autonomiestatut müsste so ausgelegt werden, wie es die staatlichen Organe in ihrer Anfechtung behaupten. Nun möchte ich einen Vergleich gebrauchen: Wir haben das Autonomiestatut keineswegs für Gold, aber immerhin wenigstens für ein echtes und einigermaßen haltbares Metall gehalten. Nun wird durch die berufenen Sachverständigen unanfechtbar festgestellt, dass es, wenigstens in jenen Punkten, nichts anderes ist, als wertloses Blech. Müssen wir nun vielleicht erklären, ja da kann man eben nichts machen, dann müssen wir uns eben mit diesem Blech zufrieden geben. Nein, meine lieben Landsleute, das brauchen und das werden wir nicht tun, denn was uns gebührt, ist nicht etwas, was von höchster Stelle als wertlos festgestellt wurde, sondern eine wirkliche und haltbare Autonomie, und wenn die bestehenden Gesetze sie uns nach dieser Auslegung nicht geben, so müssen eben andere und neue erlassen werden, in denen unsere Autonomie wirklich aus solidem und haltbarem Metall geschmiedet ist."[1404]

Das „Befremdliche und geradezu Unbegreifliche" bestand für ihn eben darin, dass „gerade der Staat, der uns eine wirkliche Autonomie hätte geben sollen, sich durch seine Organe mit allen Kräften um den Nachweis bemüht, dass er uns in Wirklichkeit nur einen Schein, eben wertloses Blech, gegeben hat."[1405]

Nach seinen detaillierten Ausführungen wurde auf der Landesversammlung eine Resolution verabschiedet, in der dezidiert die Erfüllung des Pariser Vertrages und des Autonomiestatuts, der Stopp der Überfremdung und der Erlass der Durchführungsbestimmungen gefordert wurde.[1406] Mit dem neuen Parteiobmann Toni

Abb. 53: Karl Tinzl blieb auch nach seiner Zeit als Obmann der SVP in der Parteiführung tätig.[1407]

Ebner und der Wahl von Dietl zum Obmann des Bauernbundes schlug die SVP endgültig einen radikalern Kurs ein. Den Politkern der älteren Generation bis auf Kanonikus Gamper wurde „politische Passivität" und volkstumspolitisches Versagen vorgeworfen.[1408] Kanonikus Gamper war auf der Landesversammlung im März 1956 nicht mehr anwesend.[1409] Tinzl richtete einige Dankesworte an den Kanonikus, der ihn bei seiner Tätigkeit nach Kräften unterstützt hatte, wenn sie auch zum Teil divergierende Standpunkte vertraten.[1410]

14.6. Ehrenamtliche Tätigkeiten

Zusätzlich zu seiner politischen Tätigkeit war Tinzl Mitglied in verschiedenen Gremien, Ausschüssen und Verbänden. Neben seinem Engagement für die Umsiedlungsgeschädigten, war er Gründungsmitglied und Berater der Talgemeinschaft Vinschgau sowie Mitbegründer des Südtiroler Gemeindenverbandes.[1411] Gemeinsam mit Carl von Braitenberg, Alfons Benedikter, Alois Pupp und Diego Eyrl gehörte Tinzl dem Promotorenkomitee für die Gründung des Südtiroler Gemeindenverbandes an und wurde nach der konstituierenden Versammlung am 16. Juni 1954 in den Vorstand der Vereinigung gewählt.[1412] Er befasste sich im Zuge seiner Auseinandersetzung mit der Südtiroler Landesautonomie mit der Position der Gemeinden. Bei der Studientagung des Rates der Gemeinden Europas hielt er im April 1961 ein viel beachtetes Referat über die „Allgemeinen Probleme der Gemeindeautonomie". In überzeugender Weise legte er die historische und gesetzmäßige Legitimation der Gemeindeautonomie dar.[1413]

Ehrenamtliche Tätigkeiten übte er beim Bauernbund, bei der Genossenschaft des Wassereinzugsgebietes und zahlreichen anderen Körperschaften aus.[1414] Außerdem war er Präsident der INADEL, wodurch auch seine enge Bindung in wirtschaftlicher Hinsicht zu Erich und Walther Amonn belegt wird.[1415]

Besonders setzte er sich für das Michael-Gamper-Werk ein. Am 15. April 1956 war Kanonikus Gamper seinem Leiden erlegen.[1416] In einer ergreifenden Abschiedsrede hatte Karl Tinzl die Verdienste seines langjährigen Freundes gewürdigt:

> „Mein lieber alter Freund! […] Was du für Südtirol warst, steht mit ehernen Lettern unauslöschbar eingeschrieben im Buch der Geschichte. Dein Werk, ausgeprägt vor allem in Deinem machtvollen Wort, liegt heute offen vor der Welt, aber es drängt mich noch einmal, an jene langen und dunklen Jahre zu erinnern, wo wir im geheimen den verzweifelten Kampf um die Erhaltung unseres Volkstums führen mussten, gerade in jenen Zeiten höchster Not, aber auch höchster Bewährung warst Du die tragende Säule und der Mittelpunkt, von dem die ganze Tätigkeit ausging und in dem sie wieder zusammenströmte. Und wer weiß, was Südtirol heute wäre ohne Dich! Wenn ich Dir heute danken möchte – nicht im Namen der Partei als einer ihrer Vertreter, nicht im Namen des Südtiroler Volkes, sondern im Namen aller, die unbeirrbar arbeiten für eine höhere Gemeinschaft, die aufgebaut ist auf dem Boden wahren Christentums und der Gerechtigkeit – so sind die Worte zu arm, um Dir diesen Dank würdig zum Ausdruck zu bringen. Wer dich gekannt hat, weiß, dass Du vor allem Priester warst und alles andere zurückstelltest, wenn es galt, eine Seele zu retten. Nun hast Du uns verlassen, nicht um in die Verbannung, sondern um in die ewige Heimat zu gehen. Wenn wir heute der Erde übergeben, was an Dir sterblich ist, so bitten wir Dich, segnend vom Himmel aus, auf uns herunterzuschauen, damit dein Geist in uns und in denen, die nach uns kommen, weiterlebe auf immerdar."[1417]

Um das Andenken an den Kanonikus zu wahren, bemühte sich Tinzl um die Gründung des Michael-Gamper-Werkes, das sich für die Errichtung von Studentenheimen einsetzte. Er wurde zum ersten Obmann des Vereins ernannt.[1418] Anlässlich der Einweihung des Schülerheims „Kanonikus Michael Gamper" in Bozen am 25. Mai 1960 berichtete Karl Tinzl ein alarmierendes Ergebnis aus dem Schulsektor, die auch sein Engagement in diesem Bereich erklären. Der überwiegenden Teil, rund 72 Prozent, der deutschen und ladinischen Kinder, schließe mit der Volksschule ihre Ausbildung ab, erklärte er, aber im Vergleich dazu nur 9 Prozent der italienischen Schüler.[1419] Bis zu seinem Tode blieb er an der Spitze des Michael-Gamper-Werkes.[1420] Walther Amonn erinnerte an die Verdienste Tinzls für die studierende Jugend in Südtirol:

> „Lieber Dr. Tinzl!
> Wer hätte, als Du Deinen Freunden Kanonikus Michael Gamper und Karl Erckert, der auf diesem Friedhof begraben liegt, die Grabrede hieltest, daran gedacht, dass wir schon nach so wenigen Jahren an Deinem Grab stehen müssen?

Wohl haben wir bewundernd Deinen Einsatz bis zum Letzten erlebt, immer aber hatten wir noch die Hoffnung, dass ein gütiges Schicksal Dich Deiner Familie und uns noch lange erhalten würde.

Als ich die Ehre hatte, im Südtiroler Landtag den Nachruf für Kanonikus Gamper zu halten und im besonderen auf seine Verdienste um die Schule hinzuweisen, da war uns allen klar, dass sein Name am besten durch die Erbauung von Studentenheimen geehrt werden könnte. Wir wussten aber auch, dass, wenn Du die Obmannstelle des neugegründeten Unternehmens übernimmst, das große Werk gelingen würde. So kam es, dass wir die Vollendung Deines 75. Lebensjahres mit Deiner lieben Frau im Kanonikus-Gamper-Heim in Gries feiern konnten; uns allen schien, dass diese Geburtstagsfeier nach Deinem Herzen war. Als die Augen der jungen Studenten Dir in Dankbarkeit entgegenleuchteten und Du ihren aufmunternde Worte zuriefst, da hatten wir alle das Bewusstsein, dass durch Dein Vorbild gerade die Jugend der Weg in die Zukunft gewiesen wird.

Liebend und betreut von Deiner Gattin und umgeben von der Liebe Deines Sohnes Jörgl, widmest Du auch noch nach der Niederlegung aller öffentlichen Ämter Deine letzten Kräfte diesem für die Jugend bestimmten Werke.

Wir danken Dir im Namen des Ausschusses, aber auch im Namen der Jugend, die in den Kanonikus-Gamper-Heimen studiert und studieren wird, dass das große Werk geschaffen werden konnte. Wir danken Dir, dass Du in vielen Sitzungen und fast bis zum letzten Tage die Aufgaben des Kanonikus-Gamper-Werkes so wirkungsvoll leitetest.

Auf diesem Friedhof sagtest Du, Dr. Erckert verabschiedend: ‚Wir Christen glauben an ein Wiedersehen, aber darüber hinaus glauben wir auch, dass das Wirken eines Menschen im Erdenleben oft bestimmend auf seine Heimat sein kann.' Südtirol hatte in schweren Zeiten immer große Männer und einer darunter warst du."[1421]

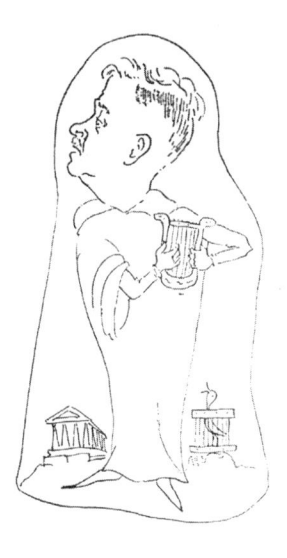

Abb. 54: Tinzl fand auch Eingang in die „Brillenschlange", dem Faschingsblatt der Südtiroler Hochschülerschaft.[1422]

Da im kulturellen Bereich im Allgemeinen großer Handlungsbedarf bestand, engagierte sich Tinzl auch für das Studienwesen in Südtirol. Er war die Triebkraft in der Neuordnung des Studienwesens und beteiligte sich maßgeblich an der Gründung der Südtiroler Hochschülerschaft.[1423] Zudem bemühte er sich um das Südtiroler Stipendienwesen und das Studientitelabkommen zwischen Österreich und Italien.[1424]

14.7. Richtungswechsel in der SVP

Innerhalb der SVP manifestierten sich die Divergenzen immer deutlicher und wirkten sich lähmend auf die Arbeit der Partei aus. Die innerparteiliche Opposition war durch die ablehnende Haltung der Parteiführung in ihren Auffassungen bestärkt worden und forderte eine stärkere Betonung des Tiroler Standpunktes, ein aktives Engagement Österreichs, eine harte Linie gegenüber Rom und die Internationalisierung der Südtirolfrage. Tinzl beurteilte die Situation prinzipiell anders und forcierte wie Ebner, Guggenberg, Raffeiner und Amonn weiterhin die bisherige Strategie. Nur durch eine Zusammenarbeit mit Rom und durch Kleinarbeit auf lange Sicht schien der gemäßigten Richtung ein Erfolg für Südtirol möglich. Österreich sollte diese Linie als Partner des Pariser Abkommens unterstützen.[1425] Hinzu kam, dass innerhalb der Südtiroler Bevölkerungen gravierende ökonomische Veränderungen zu registrieren waren, die zu einer Intensivierung des ethnischen Konflikts führten. Die in der Landwirtschaft frei werdenden deutschsprachigen Arbeitskräfte wanderten aufgrund des ethnisch geteilten Arbeitsmarktes und des im ländlichen Raum unterentwickelten Industriesektors ab.[1426] Dies wurde nicht selten als Bestätigung der „Todesmarschparole" von Kanonikus Gamper interpretiert. Seit November 1956 gab es in Südtirol erste Sprengstoffanschläge, die sich in den folgenden Jahren ausweiteten und maßgeblich zur Verschärfung der Lage beitrugen.[1427]

Am 25. Mai 1957 kam es auf der Landesversammlung der SVP zu einem folgenreichen Wechsel der Führungsgremien, womit eine nachhaltige Änderung der Parteilinie einherging.[1428] Vierzehn von zwanzig Ausschussmitgliedern kamen neu hinzu. An die Spitze der Partei wurde der damals dreiundvierzigjährige Silvius Magnago gestellt, der nach dem Krieg zum ersten deutschen Vize-Bürgermeister von Bozen ernannt worden war und seit 1949 Präsident des Südtiroler Landtages war. Der Wechsel war absolut legal erfolgt, denn der Wahlmodus erlaubte auch nicht vorgeschlagene Kandidaten auf den Stimmzettel zu setzen. Diesen gut organisierten, vor der Parteiführung geheim gehaltenen personellen Wechsel initiierte der Bozner Franz Widmann, der bisher keine Funktion innerhalb der SVP ausgeübt hatte. Er hatte sich im Herbst 1956 mit Dietl in Verbindung gesetzt und im engsten Kreis – mit Rückendeckung von Staatssekretär Gschnitzer – Vorbereitungen für einen Führungswechsel innerhalb der Partei unternommen.[1429]

„Was sollen wir jetzt mit so einem Ausschuss anfangen?", soll sich Tinzl nach der Bekanntgabe des Wahlergebnisses zutiefst getroffen gefragt haben. Diese unerwartete Wende erschütterte ihn zutiefst und er erlitt, zum Schrecken aller Anwesenden, unmittelbar danach einen Kreislaufkollaps.[1430]

Die so genannte „Palastrevolution" markierte eine Zäsur in der Politik Südtirols, die Tradition der SVP, einflussreiche Positionen von Honoratioren vorwiegend städtisch-bürgerlicher Herkunft zu besetzen, wurde eingeschränkt. Den inneritalienischen Dialog lehnte man nun ab, stattdessen sollte mit Unterstützung Wiens und Innsbrucks ein kompromissloser Kurs gegenüber Rom eingeschlagen und die Provinzialautonomie realisiert werden.[1431] Einige „Utopisten" traten in den folgenden Jahren für die Selbstbestimmung ein, ein Konflikt mit den „Realisten", die eine Landesautonomie forcierten, schien vorprogrammiert.

Die abgesetzte SVP-Führung opponierte vorerst vehement gegen die neue Linie. Ihr Widerstand reichte so weit, dass sie am 29. November 1957 ohne Wissen der Parteileitung nach Wien reisten. Sie zeigten sich mit den Ereignissen in Südtirol wenig zufrieden, hielten den Richtungswechsel für kontraproduktiv. Von Bundeskanzler Raab erbaten sie eine offizielle Erklärung gegen die Einreichung des Autonomie-Entwurfs im Parlament, dieses Vorhaben scheiterte jedoch.[1432]

Die Radikalen unter der Führung von Silvius Magnago, der sich bald zur charismatischen Führungspersönlichkeit der Partei etablierte, setzten ihren Siegeszug auf der Landesversammlung 1958 fort. Im Jahre 1958 saßen im Parteiausschuss nur mehr vier von zwanzig Mitgliedern, die vor 1957 und nur mehr zwei, die vor 1956 im Ausschuss gewesen waren. Innerhalb von zwei Jahren wurde der Parteiausschuss fast vollständig ausgewechselt.[1433]

Tinzl zählte zu den wenigen der „alten Garde", die diese Wende in der Partei überlebten. Auf der Landesversammlung im Jahre 1957 wurde er neben drei weiteren zum stellvertretenden Obmann gewählt, eine „rein ehrenamtliche Tätigkeit", wie Franz Widmann betonte, ohne besonderen Einfluss.[1434] Auch der Historiker Claus Gatterer vertrat die Auffassung, dass sich der politische Einfluss von Tinzl minimierte.[1435] Tinzls „politischer Ziehsohn", Karl Mitterdorfer, hingegen schränkte den Machtverlust auf eine zeitlich begrenzte Zeitspanne ein.[1436] Unbestritten ist, dass die Generation der Parteigründer ab 1957 in den Hintergrund gedrängt wurde und Tinzl auch nie ein Abrücken von dieser Fraktion signalisierte. Er äußerte sich in einigen Fragen kritisch gegenüber der neuen Führung, forcierte jedoch im Allgemeinen eher Kompromisslösungen. Somit wurde er zum Vermittler zwischen den beiden Lagern und damit verschaffte er sich wiederum eine gewichtige Position innerhalb der Partei.[1437] Seine Bereitschaft sich auf neue Machtverhältnisse einzustellen und seine pragmatische Orientierung ermöglichten es ihm, sich auf die neuen Machtverhältnisse einzustellen und auch in den folgenden Jahren die Südtirolpolitik zu beeinflussen, wenngleich in geringerem Ausmaß, als es bis dahin der Fall gewesen war. Er wurde zum „großen alten Herrn in der Partei", der von allen respektiert wurde.[1438] Die neue Führungsriege der SVP erkannte rasch, dass sie auf die herausragenden juridischen Kompetenzen, insbesondere auf die völkerrechtlichen Kenntnisse von Tinzl nicht verzichten konnte. Er blieb für die Partei und die Durchsetzung der politischen Ziele weiterhin ein unentbehrlicher Mitarbeiter. So beurteilte ihn auch Franz Widmann, trotz einer zum Teil kritischen Sicht, als „vornehmen Menschen vom Charakter her, der überhaupt nicht gehässig war".[1439] Er habe zur alten Führung gehalten, besonderen Einfluss übte Erich Amonn auf ihn aus, bemerkte Widmann. Tinzl habe die Einheit der Partei stets als primäres Ziel verfolgt, auch in Situationen, in denen eine Vermittlung unmöglich war:

> „Tinzl hat seine Vorsätze gehabt, er wollte unter allen Umständen und um jeden Preis die Einheit der Partei erhalten. Er hat versucht zu vermitteln, auch wenn nichts mehr zu vermitteln war. Er blieb der alten Generation stets verbunden, aber im Gegensatz zu Erich Amonn hat er nicht an der Regionalautonomie festgehalten. Die alte Generation war in Rom nach dem Pariser Vertrag, bei den Verhandlungen über die Ausgestaltung des Vertrages, ohne Hilfe von außen, den italienischen Regierungsstellen ausgeliefert gewesen, die nach außen freundlich, aber in der Sache hart waren. Das hat sie einfach geprägt."[1440]

In seiner Äußerung spielte Widmann auf die Richtung „Aufbau" an, die am 30. September 1961 in den „Dolomiten" ihr Manifest veröffentlichte und die den virulenten Antagonismus innerhalb der Partei wiederum explizit an die Oberfläche brachte.[1441] Die Konflikte in der SVP setzten sich nach der „Palastrevolution" unvermindert fort und Tinzl initiierte unermüdlich Vermittlungsversuche, so auch Anfang der Sechzigerjahre, als die Krise in der SVP offen ausbrach.[1442] Der Partei gelang es diesen gravierenden Konflikt zu überwinden und damit gingen die positiven Effekte einher, dass die interne Diskussion wieder ermöglicht und die Radikalisierung der SVP abgeschwächt wurde.[1443]

14.8. Koordiniertes Vorgehen mit Österreich

Die Regierungsübernahme von Adone Zoli (DC) im Juni 1957 bot Tinzl Gelegenheit, die Unzufriedenheit der Südtiroler an der bestehenden Situation und hinsichtlich der Position des designierten Ministerpräsidenten erneut im Parlament zu thematisieren. Das „Leben der deutschen Volksgruppe, und neben ihr jenes der ladinischen, auf deren angestammten Boden, in deren natürlichem und wirtschaftlichem Gewicht und Bestande, in ihrer nationalen und kulturellen Eigenart zu gewährleisten" müsse das Ziel der Regierung sein, nicht die einseitige Auslegung des Pariser Abkommens, das für die Regierung im Wesentlichen in der Anwendung des Autonomiestatuts bestehe, argumentierte Tinzl.[1444] In seiner Rede bemerkte er weiters:

> „Man müsste endlich einmal erkennen, dass das Pariser Abkommen, wie sich auch aus seiner Entstehungsgeschichte ergibt, den Sinn und den Zweck hat, das Leben der deutschen Volksgruppe, und neben ihr jenes der ladinischen, auf ihrem angestammten Boden, in deren natürlichem und angestammtem Boden, in deren natürlichem und wirtschaftlichem Gewicht und Bestande, in ihrer nationalen und kulturellen Eigenart zu gewährleisten und dass nach einer elementaren Forderung der Gerechtigkeit die Verletzungen dieses heiligen

Lebensrechtes, welche durch mehr als 20 Jahre begangen wurden, soweit als möglich gutgemacht werden.[…]. On. Zoli erklärt jedoch, dass er keine Auslegungen des Abkommens annimmt, welche über die angegebenen Verpflichtungen hinausgehen. Schon diese Art Einschränkung berechtigt zur Annahme, dass man sich nicht an den Geist, sondern nur streng an das halten will, und noch dazu nach der einseitigen Auslegung der Regierung, was sich genau als deren juristische Verpflichtung aus dem kurzen, allgemein gehaltenen Wortlaute des Abkommens ergibt."[1445]

Die Position von Zoli sei aus zwei Gründen nicht akzeptabel, fuhr er fort, denn im Pariser Abkommen sei „ausdrücklich von einer Autonomie für die Provinz Bozen und ihre Bevölkerung" die Rede und die Gewährung einer Autonomie sei nur eine von mehreren Verpflichtungen zum Schutze der deutschen Minderheit in Italien.[1446] Außerdem, so Tinzl, gebe es „natürliche und heilige Rechte, die mit oder ohne Vertrag" anerkannt werden müssten.[1447] Mit einer knappen Mehrheit von zwei Stimmen gelang es Zoli zum Ministerpräsidenten gewählt zu werden, die Südtiroler stimmten gegen die Regierung.[1448]

Die Situation in Rom blieb unverändert problematisch. Durch die Richtungsänderung in der SVP, mit der eine Konzentration auf Österreich einherging, reiste Tinzl gemeinsam mit Magnago, Benedikter, Stanek und Dietl am 20. Juli 1957 nach Innsbruck, um mit Vertretern des Außenamts und der Tiroler Landesregierung das weitere Vorgehen von Österreich und Südtirol zu besprechen, da sich klar abzeichnete, dass es zu Gesprächen mit Italien kommen würde. „Getrennt marschieren, gemeinsam schlagen", war die Strategie auf die man sich einigte.[1449] Dies entsprach auch den Vorstellungen von Tinzl. Seit dem Führungswechsel in der SVP erachtete er direkte Verhandlungen mit Rom als unmöglich, wodurch eine koordinierte Vorgangsweise mit Österreich notwendig wurde. Seine strategischen Kompetenzen zeigten sich auch in der Frage, ob eine Änderung des Verfassungsgesetzes oder der Verfassung selbst angestrebt werden solle. Er plädierte dafür, auf jeden Fall einen Antrag auf Änderung des Autonomiestatus einzubringen. Dies sei lediglich als demonstrativer Akt zu betrachten, der nicht überbewertet werden dürfe, denn vor den Wahlen sei in Italien nichts mehr zu erreichen.[1450] Schließlich wurde beschlossen, unmittelbar vor Beginn der Verhandlungen zwischen Österreich und Italien einen verfassungsändernden Entwurf in Rom einzubringen. In der Frage der Aufhebung oder Aushöhlung der Region erklärte Tinzl gemäß seiner häufig vertretenen Strategie, möglichst viel zu verlangen um einen kleinen Teil zu erhalten. Daher solle auf jeden Fall die Auflösung angestrebt werden, im Laufe der Gespräche könnten Konzessionen gemacht werden: „Aber der Entwurf muss betr. Auflösung der Region gemacht werden, sonst steht die ganze Prozedur gar nicht dafür."[1451]

Die Parteileitung stimmte den in Innsbruck gefassten Entscheidungen zu und gab der Anfrage Tinzls statt, bis Ende September im Alleingang den entsprechenden Gesetzesantrag auszuarbeiten. Damit initiierte Tinzl, der erfolgreiche Staatsrechtler und „Kronjurist der SVP", seine bedeutendste Aufgabe, den Gesetzesentwurf für eine eigene Region Südtirol auszuarbeiten.[1452] Motiv dafür war nach Auffassung von Widmann, die Einheit der Partei zu erhalten, persönlich überzeugt war Tinzl davon nicht restlos, denn er intervenierte in Wien mit der alten Führung gegen das Einbringen des Entwurfs. Er befand sich in keiner einfachen Situation, auf der einen Seite fühlte er sich der alten Führung verbunden und wurde von dieser auch unter Druck gesetzt, auf der anderen Seite erkannte er wohl die Erfordernisse der damaligen Zeit.[1453] Am 27. Juli 1957 wandte sich Franz Gschnitzer an Tinzl:

„Lieber Freund Tinzl!
Gemäß unserer Abmachung habe ich mit dem Herrn Außenminister am Mittwoch dem 24.dM über unsere Zusammenkunft am 20.dM berichtet.
Wie ich nicht anders erwartet hatte, hat auch der Herr Minister als Verhandlungsziel die volle Autonomie für Südtirol allein nochmals ausdrücklich gebilligt. Ebenso, dass ein Gesetzesantrag von Euch vor Beginn der Verhandlungen Eure Position klarstellt und unsre dadurch unterstützt. Da wir nicht genau wissen, wann es zu österreich.-italienischen Verhandlungen kommt, sollte Euer Antrag möglichst bald im Herbst eingebracht werden. Lieber zu früh als zu spät!
Wie die Verhandlungen ausgehen, wissen wir alle nicht. Aber man muss mit einem klaren Petit in sie eintreten.
Ich bitte Dich also herzlich, so wie wir es besprochen haben, vorzugehn und grüße Dich
Stets als Dein
Franz Gschnitzer“[1454]

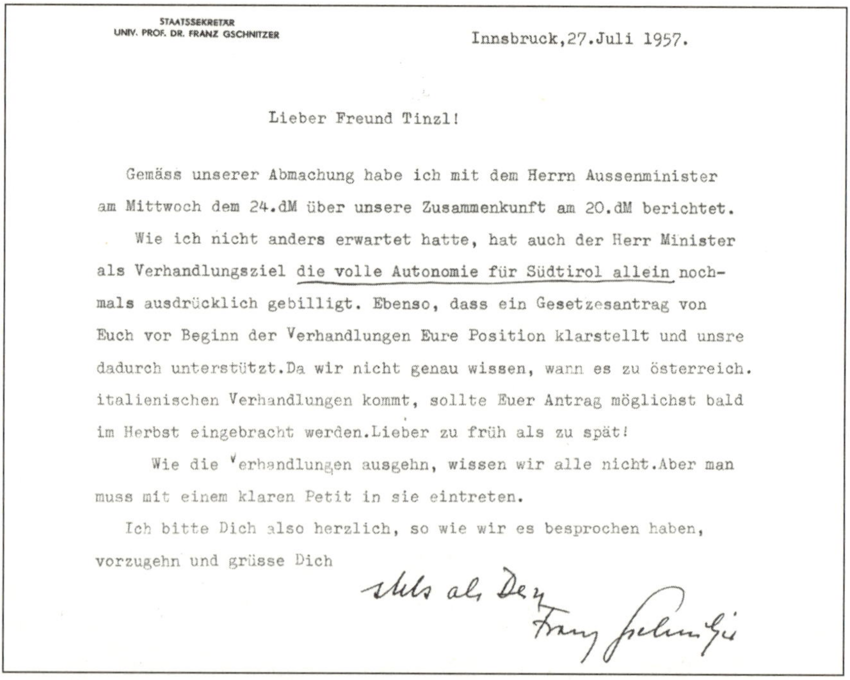
STAATSSEKRETÄR
UNIV. PROF. DR. FRANZ GSCHNITZER

Innsbruck,27.Juli 1957.

Lieber Freund Tinzl!

Gemäss unserer Abmachung habe ich mit dem Herrn Aussenminister am Mittwoch dem 24.dM über unsere Zusammenkunft am 20.dM berichtet.

Wie ich nicht anders erwartet hatte, hat auch der Herr Minister als Verhandlungsziel die volle Autonomie für Südtirol allein nochmals ausdrücklich gebilligt. Ebenso, dass ein Gesetzesantrag von Euch vor Beginn der Verhandlungen Eure Position klarstellt und unsre dadurch unterstützt.Da wir nicht genau wissen, wann es zu österreich. italienischen Verhandlungen kommt, sollte Euer Antrag möglichst bald im Herbst eingebracht werden.Lieber zu früh als zu spät!

Wie die Verhandlungen ausgehn, wissen wir alle nicht.Aber man muss mit einem klaren Petit in sie eintreten.

Ich bitte Dich also herzlich, so wie wir es besprochen haben, vorzugehn und grüsse Dich

stets als Dein
Franz Gschnitzer

Abb. 55: Tinzl pflegte gute Kontakte zu Franz Gschnitzer. Dieser bestärkte ihn, den Antrag auf Autonomie rasch ins Parlament einzubringen.[1455]

Die Lage in Südtirol verschärfte sich durch die sozialen Probleme. Die italienische Regierung beschloss im Oktober 1957 von rund 48 Millionen Euro für das gesamtstaatliche Wohnbauprogramm 1,6 Millionen Euro für Südtirol zur Verfügung zu stellen. Dies wurde in Südtirol als neuer Italianisierungsversuch gewertet. Daher protestierten 35.000 Südtiroler am 17. November 1957 auf Schloss Sigmundskron bei Bozen gegen diese Unterdrückungspolitik. Einhellig wurde das „Los von Trient" proklamiert und die Schaffung einer eigenen Landesautonomie, wie Tinzl sie schon 1948 konzipiert hatte, gefordert.[1456]

XV. Auf dem Weg zum „Paket": Tinzls erfolgreicher Autonomieentwurf

15.1. Reflexionen zu den „formellen Grundlagen der Südtiroler Autonomie"

Im Jahre 1955 publizierte Tinzl seine Überlegungen zu den „formellen Grundlagen der Südtiroler Autonomie".[1457] In diesen Ausführungen erörterte er sowohl die juridischen Aspekte dieser Frage als auch die politisch-historischen Grundlagen der Autonomie. Einer näheren Untersuchung unterzog er den Aspekt der formellen Grundlagen der Autonomie für Südtirol. Zunächst beleuchtete er den Begriff und dessen Definition innerhalb der Rechtswissenschaften:

> „Man bescheidet sich in der Rechtswissenschaft immer mehr damit, nicht von vorneherein einen bestimmten abstrakten Begriff der Autonomie festzulegen, sondern festzustellen, dass im tatsächlichen Leben der Staaten und Völker eine Fülle verschiedenartiger Erscheinungen auftritt, die mit diesem Ausdrucke bezeichnet werden, angefangen von der Autonomie der Gemeinden, anderer örtlicher Körperschaften, Wirtschafts- und Berufsgruppen, bis hinauf zur Stellung der einzelnen Mitglieder oder Gliedstaaten eines Bundesstaates. Das gemeinsame Merkmal ist, dass die Autonomieträger öffentliche Aufgaben mit einer gewissen Selbstständigkeit innerhalb eines höheren Organismus erfüllen. Der Grad dieser Selbstständigkeit kann ein sehr verschiedener sein."[1458]

Damit eine Autonomie zu einer rechtlichen Einrichtung wird, erklärte Tinzl weiter, bedürfe es positiver Normen in Form von Verfassungs- oder ordentlichen Gesetzen.[1459] Die Verpflichtung eines Staates zur Schaffung positiver Normen resultiere aus „politisch-historischen Grundlagen", d.h. die „gesamten Tatsachen der geschichtlichen Entwicklung, jene soziologischer, wirtschaftlicher, kultureller, politischer Natur".[1460] Dies treffe für Südtirol unzweifelhaft zu, ebenso wie die Südtiroler keine Möglichkeit erhalten hätten, über die Angliederung an Italien abzustimmen oder offiziell auf die weitgehenden autonomen Einrichtungen, welche sie vor dem Anschluss an Italien besessen hatten, zu verzichten.[1461] Waren die Hoffnungen auf eine Autonomie unter dem faschistischen Regime nicht erfüllt worden, glaubten die Südtiroler nach 1945, dass ihre Rechte endlich respektiert würden:

> „Nach dem Zweiten Weltkrieg schein ein Zeitalter der Blüte anzubrechen, für alles was Autonomie hieß. Einerseits sollte, nach den unheilvollen Erfahrungen mit dem totalitären Zentralismus, der ganze italienische Staatsaufbau auf dieser Grundlage erneuert werden […]. Auf der anderen Seite wollte man durch das Versprechen oder Gewähren einer Autonomie in Südtirol, dem Aostatal, in Sizilien und Sardinien sowie Friaul und im Julischen Venetien

den Selbstständigkeitsbestrebungen zuvorkommen und den Wind aus den Segeln nehmen, die mehr oder weniger stark und mehr oder weniger offen in diesen Gebieten zu Tage getreten waren."[1462]

Mit dem Abschluss des Abkommens zwischen Gruber und de Gasperi hatte sich Italien zudem offiziell zur Gewährung einer Autonomie verpflichtet. Im Artikel 116 der italienischen Verfassung wurde für die Region Trentino – Tiroler Etschland ein Sonderstatut vorgesehen, welches am 26. Februar 1948 erlassen wurde.[1463] Nach Tinzls Interpretation beruhte die Südtiroler Autonomie damit „auf der dreifachen untereinander abgestuften Rechtsgrundlage einer internationalen Verpflichtung des italienischen Staates, einer grundsätzlichen Norm der italienischen Verfassung und deren Ausführung durch ein Verfassungsgesetz."[1464] Er argumentierte, dass eine „vollgültige Verpflichtung des italienischen Staates zu dessen Erfüllung" bestehe", wobei das Pariser Abkommen keine Regionalautonomie vorsehe und Österreich dadurch zur Intervention vor internationalen Instanzen legitimiert sei.[1465] Weiters betonte er, dass zwischen den Zugeständnissen des Pariser Vertrages und dem Autonomiestatut nicht unerhebliche Diskrepanzen bestehen würden und Südtirol eine eigene Provinzialautonomie durch den Pariser Vertrag zustehe:

„Der Pariser Vertrag sichert die Autonomie der Bevölkerung der heutigen Provinz Bozen zu […]. Sie sollte also keine Regionalautonomie im heutigen Sinne dieses Wortes sein, bei welcher durch die Einfügung der Provinz Bozen in die Regionalautonomie mit starker italienischer Mehrheit Kraft und Inhalt der Autonomie für die Bevölkerung dieser Provinz wesentlich abgeschwächt und der offenbare Zweck des Pariser Vertrages, eine Schutzbestimmung für die Südtiroler Bevölkerung deutscher (und ladinischer) Zunge zu schaffen, teilweise illusorisch gemacht wurde."[1466]

Er betrachtete die Gewährung einer umfassenden Autonomie als politische Verpflichtung Italiens, mit deren Verletzung auch rechtliche Konsequenzen einhergehen würden. Ausführlich erörterte er die juridische Stellung des Pariser Vertrages, die daraus resultierenden Zugeständnisse und die möglichen Vorgangsweisen, um dessen Erfüllung einzufordern, wobei für ihn Österreich unzweifelhaft legitimiert war, die Auslegung und Anwendung des Pariser Vertrages durch die Anrufung internationaler Instanzen einzufordern.[1467]

15.2. Autonomieentwurf

Die Ausarbeitung des Autonomiestatuts stellte den Höhepunkt der politischen Karriere von Karl Tinzl dar. Es wurde zur Grundlage aller nationalen und internationalen Verhandlungen über die Südtirolfrage und fand seine Realisierung im so genannten „Paket" aus dem Jahre 1969.

Tinzl besaß profunde völkerrechtliche Kenntnisse und hatte bereits mehrfach Autonomieentwürfe angefertigt. Entsprechend der im Juli 1957 festgelegten Strategie, initiierte er im September 1957 die Vorarbeiten für die Ausarbeitung eines Autonomieentwurfs. Obwohl er politisch und persönlich der alten Führung der Partei verbunden war, setzte er sich für den innerparteilich umstrittenen Gesetzesvorschlag ein.[1468] Er beschäftigte sich intensiv mit bereits bestehenden Regionalstatuten, analysierte die Regelungen im Tessin, in Graubünden und für die Alandinseln und formulierte auf dieser Grundlage ein den Verhältnissen entsprechendes neues Statut.[1469] Für Franz Widmann war dieser Autonomieentwurf ein „großer Wurf, diktiert auf der einen Seite von den enttäuschenden Erfahrungen mit dem ersten Statut und getragen von der neuen Vision einer Landesautonomie"[1470].

Gemäß der Absprache mit Österreich brachte Tinzl mit Toni Ebner und Otto von Guggenberg am 4. Februar 1958 seinen historischen Gesetzesentwurf ein. Der Beginn der bilateralen Gespräche zwischen Österreich und Italien in Wien stand unmittelbar bevor.[1471] Aus Solidarität mit der alten Führung hatten Raffeiner und Braitenberg die Einreichung des Autonomieentwurfs in Rom verweigert. Nach Ansicht von Mitterdorfer bereuten sie später diese Entscheidung.[1472]

In der Begründung wurde festgehalten:

> „Vor allem lässt der Zehnjahrestag der Verabschiedung der Verfassung, mit der die anderen Verfassungsgesetze verbunden sind, die Prüfung nützlich und notwendig erscheinen, inwieweit die Erfahrung dieser zehn Jahre eine Revision der Verfassungsbestimmungen ratsam oder sogar unerlässlich gemacht hat. Die Möglichkeit einer solchen Revision ist im Art. 138 der Verfassung selbst ausdrücklich vorgesehen […] Der vorliegende Gesetzesentwurf geht also nicht über den Rahmen der Bestrebungen für die Revision oder für die tatsächliche Anwendung einiger Verfassungsbestimmungen hinaus, sondern fügt sich vollständig in diese geistigen und gesetzgeberischen Bestrebungen ein."[1473]

Tinzl zählte alle mit der Durchführung des ersten Autonomiestatuts und gesammelten Erfahrungen auf und stellte resümierend in „unwiderlegbarer Weise" fest, dass mit dem Autonomiestatut aus dem Jahre 1948, „dass das Schicksal der deutschsprachigen Bevölkerung auf dem Gebiet der Autonomie bestimmt", die Intention des Pariser Abkommens in der Praxis „nicht verwirklicht" worden sei.[1474] Besonders betonte er die im Artikel 14 des Autonomiestatuts enthaltenen Zusagen:

> „Es wird nicht geleugnet, und dies wurde ausdrücklich von den Vertretern unserer Partei anerkannt, dass die ‚Kommission der Achtzehn' verschiedene für uns günstige Abänderungen am Statutentwurf vorgenommen hat, der ihr durch die Regierung vorgelegt worden war. Die wichtigste Änderung betraf die Einfügung der Bestimmung des Art. 14, die, wie bereits im Art. 118 der Verfassung enthalten, im Sonderstatut eine besondere Bedeutung hätte annehmen sollen, indem sie wenigstens die Möglichkeit einer Art Verwaltungsautonomie für die Provinz Bozen auch auf jenen Sachgebieten schaffen sollte, für die die Region die gesetzgebende Kompetenz besitzt."[1475]

In Südtirol bestehe, erklärte Tinzl, keine „Autonomie im eigentlichen Sinn des Wortes, die ein Self Government ist".[1476] Daher sei es ein „gerechter und rechtmäßiger Wunsch" der Südtiroler, dass im Gebiet der Provinz Bozen. wie im Pariser Abkommen festgelegt, eine „wahre und wirkliche Autonomie" realisiert werde.[1477]

Zu den wichtigsten Punkten des Gesetzentwurfes von 1958 zählte Tinzl die Schaffung einer eigenen autonomen Region mit Sonderstatut, den Schutz des Volkscharakters und der kulturellen und wirtschaftlichen Entwicklung der deutschsprachigen Bevölkerung, das Zugeständnis autonomer gesetzgebender Befugnisse, die absolute Gleichheit der Volksgruppen und die Verteilung der öffentlichen Stellen nach einem Proporzsystem.[1478]

Im Artikel 1 des „Südtiroler Entwurfs eines Autonomiestatuts für die Region Südtirol – Tirolo del Sud" beantragte Tinzl deshalb eine Änderung der Art. 116 und 131 der Verfassung um zwei autonome Regionen „Trentino" und „Südtirol – Tirolo del Sud" zu schaffen, die ein voneinander unabhängiges Sonderstatut besitzen sollten.[1479] Mit der Bezeichnung „Südtirol", dem historischen und der Sprache der Mehrheit der Bevölkerung dieses Gebietes entsprechenden Namen, sollte der Terminus „Alto Adige" abgeschafft werden, einer „napoleonischen Erfindung, womit endlich die Erinnerung an das faschistische Verbot, den Namen ‚Südtirol' zu gebrauchen, ausgemerzt" werde.[1480] Das Verfassungsgesetz vom 26. Februar 1948 sollte, das sah Artikel 2 vor, durch ein neues mit dem Titel „Autonomiestatut für die Region Südtirol – Sud-Tirolo", das dem vorliegenden Gesetz beilag, ersetzt werden.[1481] In vierzig Gesetzesartikeln wurden anschließend die autonomen Befugnisse der zukünftigen Region Südtirol aufgelistet.[1482] Tinzl forderte nach dem Muster Siziliens die Übertragung der öffentlichen Sicherheit auf die Region. Die deutsche Sprache sollte nach aostanischem Vorbild der italienischen ausnahmslos gleichstellt werden.[1483] Festgelegt wurde im Entwurf auch, dass die im Pariser Vertrag enthaltenen Rechte für alle Volksgruppen (Art. 3-5) in gleicher Weise anzuwenden seien. Tinzl erklärte die Volksgruppen an sich und nicht lediglich ihre Angehörigen zu den Trägern der Rechte. Ein Schutz wäre nämlich nicht möglich, würde man nicht die Verbundenheit der Bevölkerung mit dem von ihr bewohnten Gebiet in Betracht ziehen. Weiters wurde, wie schon im Entwurf von 1946, die absolute Gleichheit der einzelnen Sprachgruppen in der öffentlichen Verwaltung festgelegt: „Dieses Prinzip findet Ausdruck in den Bestimmungen, die die Vertretung der einzelnen Volksgruppen im Verhältnis zu ihrer numerischen Stärke in den Organen der öffentlichen Verwaltung sichern sollen."[1484] Durch die staatlich forcierte Zuwanderung von Italienern nach Südtirol forderte der Entwurf die Anerkennung des Prinzips, dass die ethnische Zusammensetzung der Bevölkerung auf dem Boden, der die Grundlage ihrer natürlichen und historischen Existenz bildet, nicht verändert werden dürfe und dass die aus der Region stammenden das absolute Vorrecht bei der Aufnahme in die öffentliche Verwaltung.[1485] Damit gelang Tinzl eine Synthese von demokratischen Erfordernissen und der Notwendigkeit der Sicherung für Minderheitenrechte. Er hielt fest:

> „Es wurde die absolute Gleichheit der Rechte für die Volksgruppen und ihrer Angehörigen im Wesentlichen und nicht nur im formalen Sinn festgelegt. Unter

wesentlicher Gleichheit verstehen wir die gleichen materiellen Möglichkeiten für alle, ihre … Interessen und Bedürfnisse zu befriedigen … Dieses Prinzip findet Ausdruck in den Bestimmungen, welche die Vertretung der einzelnen Volksgruppen im Verhältnis zu ihrer numerischen Stärke in den Organen der öffentlichen Verwaltung sichern sollen, das Prinzip dieser absoluten Gleichheit wird die Zurückweisung der … geradezu absurden Behauptung überflüssig machen, dass mit einer Autonomie die Provinz Bozen die dort lebende italienische Volksgruppe in den Zustand einer Unterlegenheit versetzt werde."[1486]

Detailliert erörterte Tinzl in den Artikeln 6 bis 9 die gesetzgebenden und verwaltungstechnischen Funktionen der Region. Die Region sollte selbst für die Einrichtung und Tätigkeit der Verwaltung auf regionaler und auf Ebene der Gemeinden zuständig sein. Für Südtirol wurde die ausschließliche Zuständigkeit über das Sesshaftigkeitsrecht und den Wohnbau beansprucht. Weitreichende Kompetenzen forderte Tinzl auch im Bereich Landwirtschaft, Gesundheitswesen, Industrie und Handel und Tourismus.[1487] Zentral war auch die Regelung über den „Gebrauch der Sprachen". In den Artikeln 10 und 11 hielt Tinzl fest:

„In der Region ist die deutsche Sprache der italienischen gleichgestellt. Das Recht auf freien Gebrauch der Muttersprache im privaten und öffentlichen Leben wird garantiert, insbesondere in allen Ämtern und Anstalten, von wem immer sie abhängen mögen, die öffentliche Funktionen oder Aufgaben besitzen. Die Bearbeitung aller Amtsvorgänge, mündlicher und schriftlicher Art, bei den obgenannten Ämtern muss in derselben Sprache erfolgen, in der sie eingereicht wurden"[1488]

Die Organe der Region, die Versammlung, der Ausschuss, der Präsident und die Regionalassessoren, und deren Kompetenzen listete Tinzl im Einzelnen auf (Art. 12-34). Durch die weitereichenden autonomen Kompetenzen in legislativen und exekutiven Bereich sollte der neue Landtag auf vierzig Mitglieder erhöht werden. Nach den Vorstellungen Tinzls sollte eine paritätisch zusammengesetzte Kommission aus vier Mitgliedern die Überleitung des Staatspersonals zum Land organisieren (Art. 38).[1489]

Im kulturellen Bereich propagierte er angesichts der Übergriffe durch den italienischen Schulamtsleiter unter anderem eine Vollautonomie im Schulsektor und eine getrennte Verwaltung. Außerdem sollte Südtirol eine Steuer- und Finanzautonomie (Art.34-37) zugesprochen werden, neun Zehntel aller direkten Steuern sollten dem Land zufließen.[1490]

Der als „Tinzl-Entwurf" bekannt gewordene Vorschlag für ein Verfassungsgesetz war weit weniger föderalistisch akzentuiert als die früheren Vorschläge der SVP, denn er teilte nicht von der Peripherie des Bundeslandes her dem Staat Kompetenzen zu, sondern von der Zentrale aus der neu zu schaffenden Region Südtirol. Durch diese Annäherung an die Position Roms erhielt der Entwurf nach Auffassung des Historikers Claus Gatterer realpolitischen Charakter.[1491]

Abb. 56: Am 4. Februar 1958 wurde das von Tinzl ausgearbeitete Autonomiestatut ins Parlament eingebracht. Es wurde zur Grundlage aller nationalen und internationalen Verhandlungen über die Südtirolfrage und fand seine Realisierung im so genannten „Paket" aus dem Jahre 1969. Einmal mehr wurde Tinzl dem Ruf als „Kronjurist" der SVP gerecht.[1492]

Bereits bei der Einbringung der „Abänderung der Artikel 116 und 131 der Verfassung und Sonderstatut für Südtirol – Tirolo del Sud", so der offizielle Titel des Entwurfs, war sich Tinzl bewusst, dass die Änderung des Verfassungsgesetzes ein besonders langwieriges Verfahren darstellen würde, da dafür besondere Mehrheiten notwendig waren:

„Es wäre unnütz sich darüber zu täuschen, dass bei dem größten Teil der italienischen Parlamentarier eine vollkommene Gesinnungsänderung eintreten muss, damit unser Ziel erreicht werden kann. Aber wir zweifeln nicht daran, dass es zu einer solchen, sei es auch unter dem Druck und im Zuge einer größeren europäischen Entwicklung, kommen kann. Recht muss Recht bleiben und an ihm muss man unbeirrbar festhalten, auch wenn seine Verwirklichung nicht in greifbarer Nähe erhofft werden kann."[1493]

Der Entwurf verfiel, wie bereits im Vorfeld erwartet, in beiden Häusern ohne behandelt zu werden. Der Gesetzesantrag dokumentierte offiziell, dass das bestehende Autonomiestatut der 1948 garantierten Autonomie nicht gerecht wurde und dass die Südtiroler die Einhaltung des Pariser Abkommens forderten.[1494] Er signalisierte, dass die Südtiroler auf allen Ebenen für ihre Rechte eintreten wollten. Sämtliche politischen und diplomatischen Aktionen richteten sich auf die Erfüllung dieses Entwurfes. Nach den Parlamentswahlen vom 25./26. Mai 1958 legte Tinzl am 12. Dezember 1958 dem Senat den Autonomieentwurf in der zweiten Fassung vor. Am 20. Mai 1959 wurde der Gesetzesvorschlag in der Abgeordnetenkammer eingebracht.[1495] Tinzl beschrieb die Vorgänge in Rom bei einer Südtirolbesprechung am 20. Januar 1960 folgendermaßen:

„Ich habe mehrfach betrieben, dass der in Senat und Kammer eingebrachte Autonomieentwurf der SVP diskutiert wird und habe während der Weihnachtsferien die Zusicherung vom Präsidenten der zuständigen Kommission bekommen, dass die Kommission sofort nach Wiederaufnahme der parlamentarischen Tätigkeit den Entwurf behandeln wird. Es hätte das in diesen Tagen geschehen sollen, aber mit Rücksicht auf die Nachricht von der heutigen Besprechung habe ich nicht darauf bestanden, dass die Behandlung in dieser Woche geschieht, weil dann praktisch von uns niemand hätte anwesend sein können. Aber auf alle Fälle wird diese Behandlung stattfinden."[1496]

Tinzl persönlich selbst nahm diese Vorgänge gelassen auf, er war nicht davon ausgegangen, dass der Zeitpunkt gekommen sei, der eine Autonomie realpolitisch möglich machte.[1497] Das bestätigte auch Georg Tinzl:

„Er hat schon erwartet, dass mit dem Entwurf nicht viel erreicht wird. Mein Vater hat bestimmte Dinge, die alle als Misserfolg gesehen haben, wo alle enttäuscht darüber waren, dass es nicht durchgegangen ist, gelassen aufgenommen und gesagt: ‚Ja, hast du das denn erwartet? Hast nicht verstanden, dass das wieder einmal ein taktischer Schritt ist und dass es von vornherein klar war, dass es nicht durchgeht?' So hat er die Dinge nicht nur beim Autonomieentwurf, sondern auch bei anderen Angelegenheiten immer gesehen."[1498]

Wirkungslos war Tinzls Entwurf dennoch nicht, denn er bildete die Basis für die politischen und diplomatischen Verhandlungen in den folgenden Jahren, auch wenn die SVP ihre Strategie änderte und die Aushöhlung der Region zugunsten zweier autonomer Provinzen anstrebte.[1499] Für Österreich und auch vor der UNO im Jahre 1960 war der „Tinzl-Entwurf" der Maßstab für die Verhandlungen.[1500] Somit war er „Startpaket und Marschgepäck zugleich" und bildete die „eigentliche Krönung von Tinzls Einsatz für Südtirol".[1501] Als Höhepunkt seiner Karriere betrachtete er selbst das Autonomieprojekt verständlicherweise nicht. Vielmehr sah er darin eine realpolitische Notwendigkeit. Er vermied es nach Angaben seines Sohnes stets, große Erwartungen mit seinen Projekten zu verknüpfen:

Abb. 57: Karl Tinzl führte den Vorsitz bei der 11. Landesversammlung der SVP am 12. Juli 1958, bei der die Frage der Landesautonomie im Mittelpunkt stand. Er erläuterte selbst seinen Autonomieentwurf, der am 5. Februar 1958 im Parlament eingebracht worden war.[1502]

„Mir ist er immer vorgekommen wie ein Arzt, der eine Situation analysiert hat und dann geschaut hat, ob man sie irgendwie verbessern kann. Er hat mit allen Mitteln gekämpft um eine Veränderung zu erzielten, er war kein Fatalist, aber wenn es nicht funktioniert hat, war er nie frustriert."[1503]

Die Diskussionen über die Erfüllung des Pariser Vertrages führten dazu, dass sich Italien 1958 zur Aufnahme von Verhandlungen bereit erklärte. Am 22. Februar 1958 wurden in Wien die „Konsultationen" – Italien lehnte das Wort Verhandlungen ab – eröffnet. Die wirkliche Aufnahme der Gespräche startete im Herbst, als das Gesprächsthema festgelegt worden war.[1504]

XVI. Vierte Amtszeit in Rom (1958-1963)

16.1. Erfolgreiche Kandidatur für den Senat

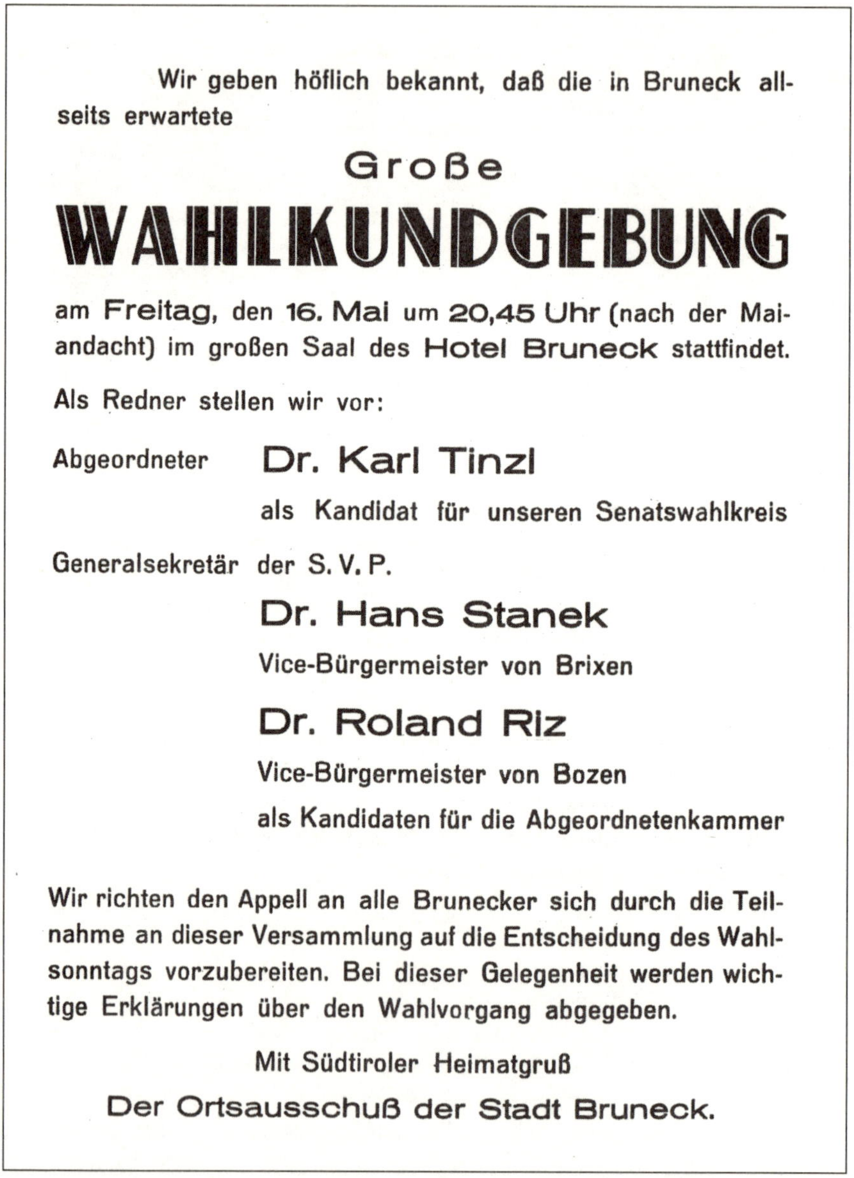

> Wir geben höflich bekannt, daß die in Bruneck allseits erwartete
>
> ## Große
> # WAHLKUNDGEBUNG
>
> am Freitag, den 16. Mai um 20,45 Uhr (nach der Maiandacht) im großen Saal des Hotel Bruneck stattfindet.
>
> Als Redner stellen wir vor:
>
> Abgeordneter **Dr. Karl Tinzl**
> als Kandidat für unseren Senatswahlkreis
>
> Generalsekretär der S. V. P.
> **Dr. Hans Stanek**
> Vice-Bürgermeister von Brixen
>
> **Dr. Roland Riz**
> Vice-Bürgermeister von Bozen
> als Kandidaten für die Abgeordnetenkammer
>
> Wir richten den Appell an alle Brunecker sich durch die Teilnahme an dieser Versammlung auf die Entscheidung des Wahlsonntags vorzubereiten. Bei dieser Gelegenheit werden wichtige Erklärungen über den Wahlvorgang abgegeben.
>
> Mit Südtiroler Heimatgruß
> Der Ortsausschuß der Stadt Bruneck.

Abb. 58: Im Jahre 1958 kandidierte Tinzl erstmals für den Senat. Die Einteilung der Wahlkreise stellte dabei eine nicht unwesentliche Gefahr dar und rief große Empörung hervor.[1505]

Bei den Wahlen am 25./26. Mai 1958 kandidierte Tinzl erstmals in seiner langjährigen Laufbahn als Abgeordneter für den Senat. Zum ersten Mal verzichtete die SVP auch auf ein Wahlabkommen mit der DC.[1506] Zu diesen Wahlen bemerkte Tinzl in einem 1958 erschienen Artikel:

„Südtirol hatte sowohl im Jahre 1948 wie im Jahre 1953 fünf Parlamentarier nach Rom entsandt, zwei in den Senat und drei in die Abgeordnetenkammer. Es gab pessimistisch angehauchte Gemüter in Südtirol, welche fürchteten, dass wir diesmal diese Zahl nicht mehr erreichen könnten. Die Gründe für diese Befürchtung lagen in Folgendem: Was den Senat anlangt, so gilt für die Wahlen zu demselben ein System einer Art von Einmannwahlkreis. Bei der Einteilung dieser Wahlkreise wurde Südtirol seinerzeit in doppelter Weise benachteiligt. Es wurden im Trentino vier, in Südtirol bloß zwei Senatswahlkreise gebildet, obwohl das Bevölkerungsverhältnis ein solches von kaum drei Fünftel zu reichlich zwei Fünftel ist. Außerdem wurde eine ganz willkürliche, künstliche Wahlgeometrie bei der Einteilung der beiden Südtiroler Wahlkreise angewendet, zu dem offensichtlichen Zweck, einen Wahlkreis mit ausgesprochen italienischer Mehrheit zu schaffen und so auch von diesen beiden Wahlkreisen nur einen den Deutschen zu überlassen."[1507]

Die Südtiroler durchkreuzten diese Absichten und ließen „diese Bedenken in alle Winde verwehen".[1508] Tinzl erhielt in seinem Wahlkreis Brixen 84 Prozent der Stimmen und überschritt damit deutlich das nötige Quorum von 65 Prozent. Mit ihm wurde der Strafverteidiger Luis Sand in den Senat entsandt.[1509] Über die Erwartungen für die bevorstehende Amtszeit bemerkte Tinzl im Jahre 1958:

„Nach alle dem ist es nicht übertrieben zu sagen, dass der Kampf der Südtiroler um ihre Selbstbehauptung in eine neue Phase getreten ist. Mit immer größerer Klarheit dringt es durch, dass die tiefen und grundsätzlichen Fundamente geschaffen werden müssen, auf denen sich die Selbstbehauptung in Frieden und Sicherheit, ohne den täglichen Kampf um jede Einzelheit, aufbauen kann."[1510]

Zu den Hauptaufgaben in der bevorstehenden Legislatur, die seine letzte werden sollte, erklärte er:

„Wir mussten immer mehr zur Überzeugung kommen, dass die Regional-Autonomie, in der wir notwendigerweise gegenüber dem Trentino eine Minderheit sind, und der Versuch, das Wenige in der Provinzial-Autonomie, das wir besitzen, in seiner Bedeutung und Wirksamkeit herabzurücken, den Sinn und Zweck des Pariser Vertrages nicht erfüllen. Dieser Zweck konnte und kann nur der eine sein, dass, wenn Südtirol und seine angestammte deutsche Bevölkerung schon bei einem andersnationalen Staat belassen wurden, diesem Land und Volk der Bestand in seiner kulturellen, nationalen und wirtschaftlichen Eigenart gesichert werde. Diese Sicherung zu erlangen, wird einerseits auf internationaler Ebene der Gegenstand der bevorstehenden Verhandlungen zwischen Österreich und Italien sein und andererseits den Hauptgegenstand unserer Tätigkeit und jener unserer Nachfolger im italienischen Parlamente darstellen, bis dieses Ziel erreicht ist."[1511]

Neben der zentralen Frage der Autonomie betrachtete Tinzl besonders die Durchführung der im Autonomiestatut von 1948 verankerten Bestimmungen im kulturellen Bereich, im Verwaltungsbereich und im Bereich des Volkswohnbaues als die wichtigste Aufgabe. Außerdem forcierte er die „wirkliche Durchführung der Doppelsprachigkeit" und die Gleichstellung der Südtiroler bei Stellenbesetzungen.[1512] Allgemein formulierte er sein Bestreben der Südtiroler in Rom:

„Es handelt sich nun darum, ob das neue italienische Parlament und die Regierung, die aus demselben hervorgeht, sich zur Erkenntnis durchringen werden, dass auch ihre Politik sich diesem unwiderstehlichen Zuge der Zeit nicht entziehen kann und es nur in ihrem eigenen Interesse ist, sich diesem Strome nicht entgegenzustemmen, sondern ihn durch eine wahrhaft freiheitliche und weitschauende Politik in das Bett ihres eigenen Staatswohls zu lenken, und ob sie auch den Mut aufbringen werden, diese Erkenntnis gegen das Geschrei der Ewig-Rückständigen zur Tat werden zu lassen."[1513]

Als Maßstab für die Haltung der italienischen Regierung werde der Umgang mit dem bereits vor den Wahlen eingebrachten Autonomieentwurf betrachtet, erklärte er:

„Die erste und wichtigste Probe hierfür wird sich ergeben, sobald die Südtiroler Parlamentarier den Gesetzentwurf über die Schaffung einer selbständigen Provinzial-Autonomie für Südtirol, getrennt vom Trentino, einbringen. Derselbe wurde bekanntlich schon in der letzten Legislaturperiode dem Parlament vorgelegt, gelangte aber in Folge der Auflösung desselben nicht mehr zur Behandlung. Die Südtiroler gehen dabei von dem nach unserer Ansicht unanfechtbaren Standpunkte aus, dass ihnen sowohl nach dem Wortlaute als auch nach dem Sinn und Zweck des Pariser Abkommens diese reine und selbstständige Provinzial-Autonomie gebührt; nach dem Wortlaut, weil dort ausdrücklich die Autonomie für das Gebiet der jetzigen Provinz Bozen, mit dem Südtirol umschrieben ist, und für deren Bewohner zugesichert wurde, und nach dem Sinn und Zweck, weil derselbe, wenn man den Südtirolern schon die Ausübung des Selbstbestimmungsrechtes nicht zugeben wollte, als Ersatz wenigstens die vollständige Sicherung des Bestandes der Südtiroler Volksgruppe unter jedem Gesichtspunkte auf ihrem angestammten Boden gewährleisten sollte."[1514]

In der Debatte über das Vertrauensvotum für das Kabinett von Amintore Fanfani (DC) ergriff Tinzl am 11. Juli das Wort im Senat und bekräftigte erneut die Position der Südtiroler. Den vorangegangen Anschuldigungen der nationalistischen Abgeordneten hielt er entgegen:

„Für die Stellungnahme von uns zwei Südtiroler Senatoren wird bestimmt die Polemik einer gewissen Presse nicht maßgebend sein, die uns bei ihrem Vorhergesagten und bei Ihren Berechnungen der Mehrheit für eine neue Regierung manchmal als eine Rasse von „Unerwünschten", gleich den „Parias" von Indien bezeichnet hat, wenn nicht gar als eine Art von Aussätzigen, deren Berührung gefährlicher ist und vermieden werden muss. [...] Wir werden uns bei unserem Urteile hingegen von einer klaren Abwägung der programmatischen Rede des Herrn Ministerpräsidenten leiten lassen [...] Was die vom Ministerpräsidenten in programmatischer Form dargelegten Detailmaßnahmen betrifft, müssen wir unbedingt darauf hinweisen, dass dieselben der lokalen wirtschaftlichen Struktur und den lokalen sozialen Verhältnissen werden Rechnung tragen müssen [...] Was wir verlangen, sind nicht Privilegien, wie manchmal behauptet wird, sondern Maßnahmen, die im Stande sind, eine wesentliche und wirkliche und nicht nur formelle Gleichberechtigung der Staatsbürger, die einer Minderheit angehören, zu schaffen und zu garantieren: für eine besondere Lage sind auch besondere Maßnahmen notwendig."[1515]

Der Verweis auf das gute Funktionieren der Autonomie in Südtirol, argumentierte er weiter, würde nicht im Widerspruch zur Forderung einer eigenen Südtiroler Autonomie stehen.[1516] Als Übergangslösung forderte er:

„Aber auch ehe dieses Ziel erreicht wird, müsste das Funktionieren der schon bestehenden autonomen Einrichtungen durch die rasche Erlassung von Durchführungsbestimmungen besonders auf dem schulischen und kulturellen Sektor entwickelt werden. Es müsste auch dafür gesorgt werden, dass die von den autonomen gesetzgebenden Körperschaften besonders dem Südtiroler Provinziallandtag beschlossenen Gesetze von den Zentralbehörden mit Verständnis und Achtung vor der Autonomie geprüft und bestätigt werden."[1517]

Als Beispiel dafür führte er das Gesetz des Bozner Landtages über den sozialen Wohnbau an, das rasch genehmigt werden sollte, da es eindeutig in die Zuständigkeit des Landes falle. Ebenso müsse die Forderung nach einem „Schutz vor Überflutung durch eine unkontrollierte und bedrückende Einwanderung" erfüllt werden. Der „sehnlichste Wunsch" der Südtiroler sei jedoch die Erfüllung des Gruber-De Gasperi-Abkommens und das Installieren einer eigenen Landesautonomie. Er hoffte, dass die bilateralen Verhandlungen zwischen Österreich und Italien rasch mit einem positiven Ergebnis abgeschlossen würden.[1518]

Die Versprechungen des angehenden Ministerpräsidenten waren für Tinzl nicht mehr ausreichend, um der Regierung das Vertrauen auszusprechen. Daher hatte er mit seinen Parteikollegen beschlossen, sich beim Vertrauensvotum der Stimme zu enthalten.[1519]

Abb. 59: Tinzl nutzte jede Gelegenheit, um im italienischen Parlament auf die unerfüllten Forderungen der Südtiroler aufmerksam zu machen.[1520]

Unterstützung der jungen Parlamentarier

Für Karl Mitterdorfer begann mit den Wahlen im Jahre 1958 die parlamentarische Tätigkeit in Rom. Durch seine Tätigkeit als Leiter der Sparkasse in Schlanders kannte er Tinzl von einer dort abgehaltenen Wahlversammlung, nach seinem eigenen Einstieg in die Politik intensivierte sich der Kontakt und es entstand rasch ein freundschaftliches Verhältnis zwischen den beiden. Tinzl unterstützte den jungen Parlamentarier und versuchte ihm dadurch, seine politische Tätigkeit zu erleichtern. Er habe ihm einen wichtigen Rückhalt geboten und dafür sei er stets äußerst dankbar gewesen, bekräftigte Mitterdorfer. Er habe ihn bei Unterredungen mit Ministern und anderen einflussreichen Persönlichkeiten mitgenommen und ihm dadurch geholfen, Kontakte aufzubauen, die ihm für seine gesamte parlamentarische Tätigkeit von großem Nutzen gewesen seien. Unter anderem sei auf diese Weise der Kontakt zu Guiseppe Trabucchi, dem späteren Finanzminister, zustande gekommen. Aus der engen gemeinsamen beruflichen Tätigkeit entwickelte sich auch eine private Freundschaft. In Erinnerung blieben Mitterdorfer besonders die gemeinsam Ausflüge in die Umgebung von Rom, vielfach wurden sie dabei von ihren Frauen begleitet.[1521]

Abb. 60: Karl Tinzl, hier mit Karl Mitterdorfer, unterstützte die jungen Südtiroler Abgeordneten in Rom.[1522]

Neben Mitterdorfer fanden auch die anderen jüngeren Parlamentarier der SVP, wie Roland Riz, in Tinzl einen wertvollen Ratgeber. Georg Tinzl erinnert sich:

> „Mitterhofer hat sich [...] an meinen Vater irgendwie angelehnt, ebenso wie Roland Riz. Die haben keinen Prestigeverlust darin gesehen, wenn sie meinem Vater Recht gegeben und seine Linie verfolgt haben. Sie haben von ihm auch Ratschläge angenommen, weil mein Vater alles, was die zum ersten Mal getan haben, schon dutzende Male vorher getan hatte und deswegen war da immer eine Art väterliches Freundschaftsverhältnis. Mit Mitterdorfer hat er sich auch persönlich bis zum Schluss gut verstanden."[1523]

Auftritt vor einem internationalen Gremium

Im Juli 1958 unternahm Tinzl in seiner Funktion als Senator eine längere Auslandsreise nach Rio de Janeiro zum 47. Kongress der Interparlamentarischen Union, um die internationalen Kontakte nicht völlig abbrechen zu lassen. Bereits in den Zwanzigerjahren hatte Tinzl internationale Kongresse dazu genutzt, um die Weltöffentlichkeit auf die Probleme Südtirols aufmerksam zu machen. Er erhielt am 31. Juli die Möglichkeit eine kurze Rede zu halten, die am 7. August 1958 in den „Dolomiten" publiziert wurde. In seiner Rede warnte er davor, Volksgruppen, die geschichtlich und kulturell wesentliche Unterschiede aufweisen, gegen ihren Willen in ein einziges Herrschaftsgebiet einzugliedern. Sollte dennoch ein Zusammenschluss erfolgen, seien Regelungen, die jeder Volksgruppe das Erhalten ihres Charakters ermöglichen, unverzichtbar.[1524] Besonders betonte er:

> „Ein wesentlicher Punkt ist hier folgender: Bei der Schaffung der Selbstregierung, welche Formen immer sie annehmen mag, ist darauf Bedacht zu nehmen, dass bei der räumlichen Bestimmung und Abgrenzung des Gebietes, für welche sie gelten soll, nicht Bevölkerungsgruppen gegen ihren Willen unter eine Herrschaft zusammengefasst werden, welche nach ihrer Geschichte, ihrem ethnischen Charakter und ihrer Sprache, in ihrer wirtschaftlichen und sozialen Besonderheit von einander wesentlich verschieden sind."[1525]

Einer Minderheit müsse in einem demokratischen Staat die Erhaltung ihres besonderen Charakters garantiert werden, sie dürfe nicht dem Willen einer Mehrheit ausgeliefert und rechtlos sein. Die Folgen eines solchen Vorgehens seien fatal, bemerkte Tinzl:

> „Denn sonst wird das Gefühl der Ungleichheit, um nicht zu sagen der Unterdrückung, bei den betroffenen Volksgruppen weiterleben, einen ständigen Herd der Unzufriedenheit bilden, und das hohe Ziel, das sich die Union gesteckt hat, ein Zusammenleben der Völker in Frieden und Freiheit zu gewährleisten, könnte nicht erreicht werden."[1526]

Abb. 61: Tinzl nahm am 47. Kongress der Interparlamentarischen Union in Rio de Janeiro teil. Hier im Gespräch mit anderen Abgeordneten.[1527]

Nach seiner Rückkehr verfasste Tinzl einen längeren Bericht über diese Reise, die ihn persönlich sehr beeindruckt hatte.[1528] In der „Momentaufnahme aus Brasilien" schilderte er neben historischen und geographischen Ausführungen auch seine persönlichen Gedanken über diese Reise:

„Die Welt ist klein geworden. Vielleicht wird sie mit den Düsenflugzeugen noch kleiner, aber vorläufig macht es auf den, der an solche Dinge nicht gewöhnt ist, wohl einen tiefen Eindruck, wenn er um 11 Uhr Vormittag in Rom das Flugzeug besteigt und nach drei Zwischenlandungen in Mailand, Lissabon und auf den Kapverdischen Inseln (Ilha do Sal) gegen drei Uhr nachmittags des nächsten Tages, also nach einem Flug von nicht ganz 28 Stunden, in Rio de Janeiro landet. […] Der erste Eindruck von Rio de Janeiro, der „wunderbaren Stadt", wie sie von den Einheimischen mit Recht genannt wird, ist verwirrend und überwältigend zugleich. […] Eine wunderbare und neue Welt hatte sich vor unseren Augen aufgetan. Aber ich musste doch immer an die Worte denken, die Gottfried Keller seinen heimatlichen Schweizer Bergen zurief und bezog sie auf die Berge der Heimat.

„Als ich arm, doch froh
Fremdes Land durchstrich,
Königsglanz mit den Bergen maß,
Thronenglitter bald ob der vergaß
Wie war da der Bettler stolz auf dich!"[1529]

Zwei Jahre später, am 5. Juni 1960, wurde er eingeladen auf dem zehnten Kongress der Föderalistischen Union der europäischen Volksgruppen die Südtirolfrage zu thematisieren. In seinem Referat skizzierte er die Geschichte Südtirols nach dem Ersten Weltkrieg. Abschließend verweis er auf die zukünftigen Aktionen, denn im

Herbst desselben Jahres stand die Erörterung der Südtirolfrage bei der Vollversammlung der Vereinten Nationen bevor.[1530]

Wiederholte Proteste gegen die Majorisierungspolitik

Der heftige Protest gegen die bisherige Haltung Italiens in der Südtirolfrage beeindruckte die Verantwortlichen in Rom kaum. Am 12. November 1958 tagte in Rom die paritätische Kommission für die Durchführungsbestimmungen zum Volkswohnbaugesetz. Tinzl war als einziger Südtiroler in diesem achtköpfigen Gremium vertreten, das die zentralste und lebensnotwendige Frage für die Südtiroler behandelte. Mehrfach war von Tinzl und den übrigen Südtiroler Parlamentariern bereits betont worden, dass das Vorgehen in diesem Punkt als Test für die wahren Absichten Roms angesehen würde.[1531] Erreichen konnte er trotz einer siebenstündigen Beratung nicht viel, denn er befand sich in einer defensiven Position, die ihn dazu nötigte, sogar einige Punkte des für Südtirol ohnehin nachteiligen Regierungsentwurfs zu verteidigen. Die Vorschläge der Kommission, die eine Verschlechterung des Regierungsentwurfs darstellten und Südtirol nur einige bedeutungslose Kompetenzen überantworteten, wurden an den Ministerrat weitergereicht. In Anbetracht dieser Vorgangsweise konzentrierte sich die SVP auf die Ergebnisse der Verhandlungen zwischen Österreich und Italien, wo nach Auffassung von Tinzl auch die Autonomiefrage thematisiert werden sollte. Am 13. November 1958 erstattete er dem SVP-Präsidium Bericht über die Verhandlung in Rom und legte mit den anderen die weitere Vorgangsweise fest. Österreich sollte nach seiner Auffassung, nachdem die Wiener Besprechungen über Sprache und Stellenbesetzung als abgeschlossen betrachtet werden konnten, in den bilateralen Gesprächen nun die Autonomiefrage thematisieren.[1532]

Am 16. Januar 1959 wurden die Durchführungsbestimmungen für den Volkswohnbau ratifiziert, die für Südtirol eine ernste Bedrohung darstellten. Die Krise in der SVP brach offen aus. Am 31. Januar 1959 debattierte der Parteiausschuss über den Rückzug aus der Regionalregierung. Tinzl, der stets für den Dialog mit allen eintrat, hielt diese Strategie nicht für zielführend und enthielt sich deshalb, wie weitere sechs Angehörige der innerparteilichen Opposition, der Stimme. In Absprache mit Österreich traten die Südtiroler am 2. Februar 1959 aus der Regionalregierung aus und erwirkten damit deren Handlungsunfähigkeit.[1533]

Diese Reaktion der Südtiroler bewirkte in Rom eine Verschärfung der Lage – ebenso wie der Regierungswechsel, der als Indiz für die gesamtstaatliche Krise betrachtet werden kann. Der designierte Ministerpräsident Antonio Segni (DC) benötigte im Gegensatz zu den vorhergehenden Regierungen die Zustimmung der Südtiroler Abgeordneten nicht mehr.[1534] Beim Zusammentreffen mit den Vertretern der Südtiroler sprach er diese Frage erst gar nicht an, und erklärte auf die Forderungen der Südtiroler, er müsse ihre Anliegen erst eingehend prüfen. Tinzl und Ebner hatten, wie auch in den vergangenen Jahren, die Erfüllung einer „allgemeinen und grundlegenden Landesautonomie auf der Grundlage des im Parlament bereits eingebrachten Gesetzentwurfes" verlangt und als „unmittelbar brennende" Frage die Durchführungsbestimmungen zum Volkswohnbau angeführt.[1535]

In der Regierungsdebatte ergriff Tinzl das Wort um die Notwendigkeit einer Internationalisierung des Südtirolproblems aufzuzeigen:

> „Italien kann in Vertragsfragen nicht sein eigener höchster Richter sein. Neben dem Volksmord als physische und materielle Vernichtung, der vom internationalen Recht verurteilt wird, kann es auch eine feinere, schlauere, sozusagen geistige oder seelische Art von Vernichtung geben. Viele und vielfältig sind die Quellen, von denen das Leben einer Volksgruppe gespeist wird und die ihr das Gepräge und die Gestalt einer eigenen Volksgruppe verleihen. Wenn man diese Quellen des Lebens eine nach der anderen abschneidet oder verdorren lässt, ist auch die Volksgruppe früher oder später zum Erlöschen verurteilt. […] Wenn die Erfüllung eines internationalen Vertrages nur eine innere Angelegenheit des italienischen Staates sein soll, der also frei wäre ihn anzuwenden oder auch nicht, und so der einzige und höchste Richter ist, ob er ihn anwenden will oder nicht, dann sind internationale Verträge nur ein Fetzen Papier."[1536]

Trotz einer möglichen Internationalisierung zeigte sich die Regierung nicht bereit, die Forderungen der Südtiroler zu respektieren. Der erneut eingebrachte Autonomieentwurf für Südtirol verfiel erneut ohne behandelt zu werden.[1537] In einem zufälligen Gespräch in den Wandelgängen der Kammer thematisierten die Südtiroler nach Aussagen von Tinzl das Memorandum aus dem Jahre 1954 und brachten ihren Unmut darüber zum Ausdruck, nicht von der Regierung empfangen zu werden. Als Reaktion darauf bat Segni die Südtiroler zu einer Unterredung und diskutierte die einzelnen Punkte. Konkrete Ergebnisse blieben allerdings aus.[1538]

Tinzl versuchte trotz der gespannten politischen Lage in Rom unermüdlich, die Anliegen der Südtiroler in unterschiedlichen Bereichen zu thematisieren. Das bestätigte auch Franz Widmann:

> „Er war jemand, der seine Aufgabe ernst genommen hat und war außerordentlich tüchtig in der Formulierung von Beschlüssen. Das hat seinen Erfolg auch wesentlich begründet. Er war außerdem immer ehrlich meinend und, im Gegensatz zu anderen, aufrichtig. Das war auch sehr wichtig und hat zusätzlich seinem Erfolg beigetragen."[1539]

Am 18. Juni 1959 trat Tinzl im Senat für die Durchführung der ausstehenden Angliederung des Bezirksgerichts von Neumarkt an den Gerichtssprengel von Bozen ein.[1540] Anlässlich der Budgetdebatte des Justizministeriums forderte er die Anerkennung des Deutschen als Gerichtssprache in Südtirol. Bereits in den vorhergehenden Jahren waren vergeblich entsprechende Gesetzesvorschläge eingebracht worden, wie ein Brief von Otto von Guggenberg vom 26. Januar 1949 belegt.[1541] Tinzl verwies auf seine erfolgreiche Intervention 1922 und argumentierte:

> „Wenn dies, in allgemeiner Hinsicht, von dem damaligen Parlament als gerecht anerkannt wurde, müsste dieser Grundgedanke noch mehr heute, bei der An-

wendung des Gesetzes auf den einzelnen Fall, Geltung und Wert haben. Und das einfache, aber grundlegende Prinzip, auf dem diese Einzelregelung aufgebaut sein muss, ist in unserem Entwurf des Autonomiestatuts enthalten und lautet: Im Strafprozess ist die Muttersprache des Angeklagten zu gebrauchen und die Verletzung dieses Grundsatzes hat die Nichtigkeit des Verfahrens zur Folge."[1542]

Ein Dolmetschsystem wies er als ungenügend aus, insbesondere im Strafprozess müsse der Angeklagte seine Muttersprache verwenden dürfen. Die Zeit für ein Einlenken der italienischen Regierung war noch nicht gekommen und somit blieb dieses Thema auch in den folgenden Jahrzehnten ein Konfliktpunkt zwischen Bozen und Rom.[1543] Erst in den Neunzigerjahren war die italienische Regierung zum Einlenken bereit.[1544]

Die Vorgangsweise der Italiener demonstrierte auch die Tatsache, dass das Filmmaterial für eine Dokumentation über Südtirol am 29. Juni 1959 in Sterzing beschlagnahmt wurde. Der Südwestfunk Baden-Baden versuchte vergeblich die Freigabe, sodass am 14. Juli 1959 keine Dokumentation, sondern eine Diskussion gesendet wurde an der Tinzl, Magnago, Fioreschy und Brugger teilnahmen. Durch die Turbulenzen im Vorfeld wurde die Diskussion mit besonderer Aufmerksamkeit und großem Interesse verfolgt.[1545]

Abb. 62: Tinzl versuchte im römischen Senat unermüdlich für die Anliegen der Südtiroler einzutreten. Sein Verantwortungsgefühl für seine Landsleute und sein Arbeitseifer wurden von allen geschätzt.[1546]

16.2. Internationalisierung der Südtirolfrage

Ein Jahr nach dem Einbringen des Tinzl-Entwurfs waren die Konsultationen zwischen Österreich und Italien weiterhin ergebnislos verlaufen. In Südtirol und Österreich setzte sich die Überzeugung durch, dass nur eine Änderung der Strategie durch eine Internationalisierung des Südtirolproblems erfolgversprechend sei. Tinzl beteiligte sich an den „Südtirolbesprechungen" Ende der Fünfzigerjahre und Anfang der Sechzigerjahre zwischen Vertretern Nord- und Südtirols, dem jeweiligen österreichischen Außenminister und mehrfach auch dem Bundeskanzler, in denen die Vorgangsweise diskutiert wurde.[1547]

Am 1. August 1959 fand ein Treffen in Innsbruck mit dem neuen österreichischen Außenminister Bruno Kreisky (SPÖ), einem Mann mit großen politischen Fähigkeiten, statt.[1548] Verhandelt wurde über die Anrufung der Vereinten Nationen wegen der prekären Situation in Südtirol. Da sich Kreisky ablehnend zeigte, versuchte ihn Tinzl von einem Stufenplan zu überzeugen, der erst bei einer weiterhin intransigenten Haltung Italiens die Konsultation der UNO vorsah. Schließlich konnten sich alle Delegierten darauf einigen, bei der Generalversammlung der Vereinten Nationen Italien zur endgültigen Klärung der Südtirolfrage aufzufordern, andernfalls werde Österreich dieses Thema vor den Vereinten Nationen erörtern.[1549] Neben den bilateralen Gesprächen forcierte Tinzl, wie auch die österreichischen Vertreter, den inneritalienischen Dialog. Nach seiner Einschätzung barg dies zwar die Gefahr in sich, dass Italien versuchen könnte Österreich und Südtirol gegeneinander auszuspielen. Trotzdem schien ihm die Weiterführung der Verhandlungen zielführend.[1550]

Bei dieser denkwürdigen Sitzung wurden grundlegende Entscheidungen gefällt, wobei deutlich wurde, dass auf der Seite der Südtiroler und auch auf österreichischer Seite noch manche Unklarheit über die Strategie und die anzustrebenden Zielsetzungen herrschte. Offen war auch die Frage, welches internationale Gremium mit dem Südtirolproblem betraut werden sollte.[1551] In einer weiteren Besprechung am 5. August 1959 äußerte sich Tinzl zur konkreten Auflistung der Ziele: „Das ist natürlich etwas schwer. Man kann sagen, was die Südtiroler verlangen, haben sie in dem Autonomieentwurf, den sie vorgelegt haben, dem italienischen Parlament klar zum Ausdruck gebracht."[1552] Die Südtiroler sollten nach seinen Vorstellungen die Provinzialautonomie mit Gesetzgebung und Verwaltung fordern, wobei die Kompetenzverteilung entscheidend war.[1553] Er vertrat die Auffassung, dass Italien die prinzipielle Bereitschaft zur Diskussion über die grundlegende Forderung nach Provinzialautonomie signalisieren müsse, andernfalls sei es nicht produktiv die Gespräche wieder aufzunehmen. In der Frage, ob bei einer Internationalisierung der Rechtsweg oder der politische Weg eingeschlagen werden sollte, nahm Tinzl den Standpunkt ein, dass sich diese beiden Möglichkeiten nicht gegenseitig ausschließen würden. Der politische Weg zur UNO könnte dazu führen, dass weitere Verhandlungen zwischen Österreich und Italien empfohlen würden. In dieser Situation plädierte er für eine Vermittlung durch die USA:

„Und dann möchte ich mir erlauben, aufmerksam zu machen, dass man doch auch ein Argument hat, auf die Vereinigten Staaten einzuwirken. Vielleicht! Nämlich die Schuld, die sie an dem Friedensvertrag von St. Germain uns gegenüber haben. Und die Wilson zugegeben hat. Also es besteht kein Zweifel, dass die Amerikaner eine gewisse moralische Verantwortung für dieses Schicksal, das uns getroffen hat, haben. Die Hauptverantwortung. Und dazu gehört auch eine gewisse moralische Pflicht, uns da, soweit es wenigstens möglich ist, wieder herauszuhelfen. Ich glaube, dieses Argument sollte und könnte man unbedingt verwenden. Noch mehr als die Drohung von Unruhen, die dann vielleicht nicht stattfinden und die sie nur als ein Theater betrachten würden."[1554]

Mit dem Verweis auf die wichtige Vermittlerrolle der USA argumentierte er auf der Linie von Kreisky, der, wie sich noch zeigte sollte, vergeblich auf eine amerikanische Unterstützung hoffte. Bei der Sitzung am 5. August verabschiedete Tinzl den Außenminister im Namen der Südtiroler und wünschte für New York „von Herzen im Interesse Österreichs und von uns allen alles, alles Beste und besten Erfolg". Die Erwartungen der Südtiroler waren groß und gespannt wurden die Vorgänge verfolgt.[1555] Am 21. September 1959 thematisierte Bruno Kreisky vor der UNO-Vollversammlung die Südtirolfrage und damit wurde Südtirol wieder ein Thema der Weltöffentlichkeit.[1556] Die Italiener waren allarmiert und versuchten, eine erneute Intervention vor den Vereinten Nationen zu verhindern. Die bilateralen Geheimverhandlungen zwischen Österreich und Italien wurden fortgesetzt, konkrete Ergebnisse konnten jedoch nicht erzielt werden.[1557] Am 21. Oktober 1959 trafen sich Vertreter Österreichs und Südtirols in Innsbruck wieder zu einer Besprechung. Kreisky äußerte sich zufrieden über die Reaktionen auf seine Rede und zeigte sich kämpferisch. Uneinigkeit herrschte, wie auch bei der Unterredung am 21. Dezember 1959, über die weitere Vorgangsweise und die Forderungen der Südtiroler. Für Tinzl war es im Gegensatz zu den Radikalen in der SVP einsichtig, dass die Forderung nach Selbstbestimmung zu diesem Zeitpunkt undurchführbar sei, sodass die Durchführung des Pariser Vertrages angestrebt werden solle:

„Von der UNO erwarte ich nichts anderes als ein starkes moralisches Gewicht, das sie in irgendeiner Form in die Waagschale wirft, um Italien zu überzeugen, dass es uns diese Konzessionen, die wir verlangen, machen muss. Mehr erhoffe ich von der UNO nicht, das sage ich ganz offen. Aber das ist schon sehr viel und ich glaube, dass auch nach Worten vom Herrn Minister eine Aussicht dafür besteht, dass Gewicht in die Waagschale geworfen wird."[1558]

Diesem realpolitisch durchführbaren Standpunkt schloss sich neben Nationalrat Rupert Zechtl auch Kreisky an, der erklärte, dass Österreich eine Autonomie für Südtirol fordern werde, alles andere sei überzogen und undurchführbar.[1559] Innerhalb der SVP existierte eine einflussreiche Gruppierung, die angesichts der ergebnislosen Verhandlungen die Anwendung des Selbstbestimmungsrechtes forderte. Diese Dissonanzen bestanden auch bei der zwölften Landesversammlung der SVP am 7. November 1959 in Bozen. Bei dieser Versammlung wurde Tinzl neben Volgger, Benedikter und Dietl als einer der vier Obmannstellvertreter von Silvius

Magnago wieder bestätigt.[1560] Den Gemäßigten gelang es letztlich sich durchzusetzen. Die UNO sollte mit dem Südtirolproblem betraut werden, wobei die Erfüllung des Pariser Vertrages und die Schaffung einer Autonomie für die Provinz Bozen gefordert werden müssten.[1561]

Die internationalen Proteste zeigten Wirkung auf die Italiener. Am 1. Dezember 1959 übermittelte Italien den politischen Vertretern Österreichs ein Memorandum über die Verwendung der deutschen und italienischen Sprache im Bereich der inneren Verwaltung. Unerwähnt blieb, dass dieses Dekret auf Initiative Tinzls im Regionalrat am 30. September 1959 beim Verfassungsgerichtshof angefochten worden war, da es ursprünglich vorgesehen hatte, bei allen Akten und Verwaltungsmaßnahmen beide Sprachen nebeneinander zu verwenden. Dies entsprach nicht der im Pariser Abkommen vorgesehenen Gleichberechtigung. Am 14. Dezember 1959 forderten die Italiener die Weiterführung der Verhandlungen, bis ein positives Ergebnis erzielt werden würde.[1562] Eine Woche später nahm Tinzl an einer erneuten Besprechung mit Kreisky im Innsbrucker Landhaus teil, bei der der Außenminister über den bevorstehenden Abbruch der Verhandlungen mit Italien berichtete. Damit war die Konsultation einer internationalen Instanz unausweichlich.[1563]

Bei der Südtirolbesprechung in Innsbruck am 20. Januar 1960, an der Bundeskanzler Raab persönlich teilnahm, wurde über die Reaktion auf den Vorschlag des italienischen Ministerpräsidenten Segni diskutiert, die bilateralen Gespräche fortzusetzen. Tinzl war mit dem Beschluss zufrieden, das italienische Angebot anzunehmen. Er betrachtete diese Gespräche nicht als Hindernis für die Internationalisierung der Südtirolfrage. Österreich könne nur die Erfüllung des Pariser Vertrages einfordern, zu allem anderen besitze es keine Legitimation. Auf keinen Fall dürfe jedoch trotz der bilateralen Verhandlungen der Termin für die Anmeldung bei der UNO versäumt werden, erklärte Tinzl.[1564] Er sprach sich dafür aus, eine Autonomie für Südtirol zu fordern und in weitern Verhandlungen und Briefwechseln zu eruieren, wie Italien zu dieser Frage stand. Wurde kein Ergebnis mit Italien erzielt, sollte eine Internationalisierung der Südtirolfrage abgestrebt werden. Seine Auffassung entsprach auch den Absichten von Raab und Kreisky und sollte sich letztlich durchsetzen.[1565]

Die Einschätzung von Tinzl basierte auch auf seinen Sondierungsgesprächen mit italienischen Parlamentariern. In der Südtirolbesprechung berichtete er:

„Es gibt zwei Grundgedanken, wenn man mit Leuten in Italien spricht (Parlamentariern). Die einen wären bereit, direkt eine Provinzialautonomie zuzugestehen. Wenn auch vielleicht nicht mit dem Gesamtinhalt, den wir vorgeschlagen haben. Die anderen möchten gern die gegenwärtige Autonomieform, also die Fassadentheorie aufrechterhalten, aber das gegenwärtige Statut gegen die Region aushöhlen. Und wahrscheinlich dürften sich die praktischen Verhandlungen, die sich vielleicht anbahnen könnten, auf dieser Grundlage bewegen. Man kann natürlich heute nicht sagen, was das Endergebnis sein wird; dies ist nur so zur Orientierung über das, was nach meiner Meinung für Möglichkeiten in Aussicht sind."[1566]

Er sollte damit Recht behalten, denn die Aushöhlung des Regionalstatus wurde in den folgenden Jahren Bestandteil der Realpolitik.

Zunächst blieb die Lage in Südtirol unverändert prekär. Durch die Sprengstoffanschläge herrschte ein Versammlungsverbot und in Rom verschärften sich die Auseinandersetzungen mit den Südtiroler Abgeordneten. Am 21. Februar 1960 fand in Bozen ein Gottesdienst zum Abschluss der Andreas-Hofer-Feiern statt. Bei der Kranzniederlegung am Peter-Mayr-Denkmal erklang das Lied „Zu Mantua in Banden …“, als eine Sondertruppe der Polizei mit Gummiknüppeln bewaffnet über die 2.000 versammelten Südtiroler herfiel und Verhaftungen vornahm. Der „Knüppelsonntag“ führte zu einer Anklage der verhafteten Südtiroler, die jedoch freigesprochen wurden. Die Polizisten wurden nicht belangt.[1567]

Die Regierungsübernahme von Fernando Tambroni (DC) Ende März 1960 bewirkte keine wesentliche Änderung der Situation Südtirols.[1568] Die DC suchte das Einvernehmen mit den Südtirolern und stellten die vollständige Anwendung des Artikel 14 in Aussicht. Damit gab sich die SVP nicht mehr zufrieden.[1569] Es gebe kein Vertrauen mehr auf Vorschuss, erklärten Tinzl und Ebner im Zuge der Sondierungsgespräche gegenüber Vertretern der DC.[1570]

Am 1. Juni 1960 trafen sich Vertreter der österreichischen Regierung, Nordtirols und Südtirols zu einer weiteren Besprechung in Innsbruck. Diskutiert wurde über die von Italien forcierten Geheimverhandlungen mit Österreich. Tinzl, der verspätet zu dieser Sitzung kam, trat für einen Kompromiss zwischen den divergierenden Standpunkten der Tiroler und des Außenministers ein. Als Einziger der Südtiroler stimmte er mit Kreisky überein, die Verhandlungen mit Italien nicht zu verweigern, wobei allerdings über eine Provinzialautonomie verhandelt werden müsse. Lehnten die Italiener ab, dann würden „diese Besprechungen indirekt von den Italienern selbst abgelehnt“ und dadurch wäre „rein taktisch das Argument der Ablehnung von uns genommen“.[1571] Durch die geplanten Gespräche sollte keinesfalls die Frist zur Anmeldung bei den Vereinten Nationen versäumt werden.

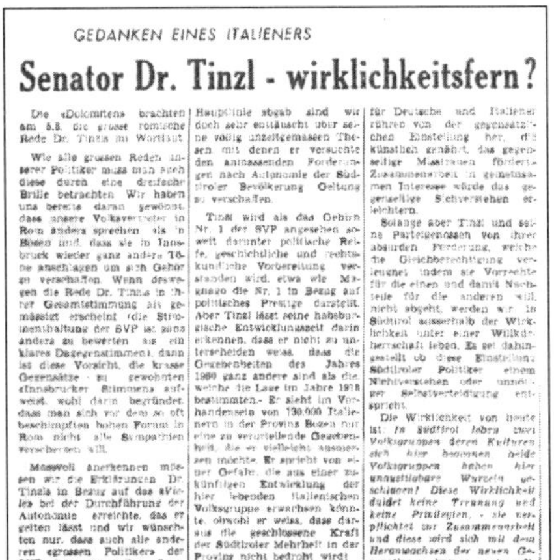

GEDANKEN EINES ITALIENERS

Senator Dr. Tinzl - wirklichkeitsfern?

Die «Dolomiten» brachten am 5.8. die grosse romische Rede Dr. Tinzls im Wortlaut.

Wie alle grossen Reden unserer Politiker muss man auch diese durch eine dreifache Brille betrachten. Wir haben uns bereits daran gewöhnt, dass unsere Volksvertreter in Rom anders sprechen als in Bozen und, dass sie in Innsbruck wieder ganz andere Töne anschlagen um sich Gehör zu verschaffen. Wenn deswegen die Rede Dr. Tinzls in ihrer Gesamtstimmung als gemässigt erscheint (die Stimmenthaltung der SVP ist ganz anders zu bewerten als ein klares Dagegenstimmen), dann ist diese Vorsicht, die krasse Gegensätze zu gewohnten «Innsbrucker Stimmen» aufweist, wohl darin begründet, dass man sich vor dem so oft beschimpften hohen Forum in Rom nicht alle Sympathien verscherzen will.

Massvoll anerkennen müssen wir die Erklärungen Dr. Tinzls in Bezug auf das «Viele» bei der Durchführung der Autonomie erreichte, das er gelten lässt und wir wünschten nur, dass auch alle anderen «grossen Politiker» der SVP etwas massvoller wären. Nur «Halbdeppen» dürfen es sich erlauben Südtiroler Verhältnisse mit denen in Cypern und Algerien zu vergleichen.

Aber bei aller Anerkennung der Gelassenheit, mit der Dr. Tinzl seine Erklärungen in Hauptlinie abgab sind wir doch sehr enttäuscht über seine völlig unzeitgemässen Thesen, mit denen er versuchte den anmassenden Forderungen nach Autonomie der Südtiroler Bevölkerung Geltung zu verschaffen.

Tinzl wird als das Gehirn Nr. 1 der SVP angesehen soweit darunter politische Reife, geschichtliche und rechtskundliche Vorbereitung verstanden wird, etwa wie Magnago die Nr. 1 in Bezug auf politisches Prestige darstellt. Aber Tinzl lässt seine habsburgische Entwicklungszeit darin erkennen, dass er nicht zu unterscheiden weiss, dass die Gegebenheiten des Jahres 1960 ganz andere sind als die, welche die Lage im Jahre 1918 bestimmten.- Er sieht im Vorhandensein von 130.000 Italienern in der Provinz Bozen nur eine zu verurteilende Gegebenheit, die er vielleicht ausmerzen möchte. Er spricht von einer Gefahr, die aus einer zukünftigen Entwicklung der hier lebenden italienischen Volksgruppe erwachsen könnte, obwohl er weiss, dass daraus die geschlossene Kraft der Südtiroler Mehrheit in der Provinz nicht bedroht wird!

Statistiken beweisen zur Genüge, dass die Südtiroler Bevölkerung ziffernmässig dauernd zunimmt, während sich die italienische Volksgruppe mehr oder weniger demografisch statisch verhält für Deutsche und Italiener rühren von der gegensätzlichen Einstellung her, die künstlich genährt, das gegenseitige Misstrauen fördert. Zusammenarbeit in gemeinsamen Interesse würde das gegenseitige Sichverstehen erleichtern.

Solange aber Tinzl und seine Parteigenossen von ihrer absurden Forderung, welche die Gleichberechtigung verleugnet, indem sie Vorrechte für die einen und damit Nachteile für die anderen will, nicht abgeht, werden wir in Südtirol ausserhalb der Wirklichkeit unter einer Willkürherrschaft leben. Es sei dahingestellt ob diese Einstellung Südtiroler Politiker einem Nichtverstehen oder unnötiger Selbstverteidigung entspricht.

Die Wirklichkeit von heute ist: *In Südtirol leben zwei Volksgruppen deren Kulturen sich hier begegnen, beide Volksgruppen haben hier unausrottbare Wurzeln geschlagen! Diese Wirklichkeit duldet keine Trennung und keine Privilegien, - sie verpflichtet zur Zusammenarbeit und diese wird sich mit dem Heranwachsen der neuen Generationen immer notwendiger erweisen, um eine bessere Zukunft für das Land aufbauen zu können.*

(Obiger Artikel gibt in freier Uebersetzung die Gedanken eines Italieners zur Rede des Sen. Dr. Tinzls a. d. …

Abb. 63: Die italienische Tageszeitung „Alto Adige“ reagierte heftig auf die Rede Tinzls im Senat am 3. August 1960.[1572]

Kreisky war von der allgemein ablehnenden Haltung der Tiroler empört, konnte sie jedoch nicht von seiner Position überzeugen. Verhindert wurden diese Gespräche letztlich jedoch nicht durch die Ablehnung der Tiroler Delegierten, sondern durch eine gezielte Indiskretion in Wien.[1573]

In Rom fand im Sommer 1960 eine erneute Regierungsumbildung statt. Das Amt des Ministerpräsidenten übernahm Fanfani, Tinzl und Sand enthielten sich bei der Vertrauensabstimmung über die Regierung der Stimme, nachdem der designierte Ministerpräsident erklärt hatte, dass bereits nachhaltige Maßnahmen zum Schutz der deutschen Minderheit verwirklicht worden seien.[1574] Als Sprecher der Südtiroler erklärte Tinzl am 3. August im Senat, dass die Südtiroler seit zwölf Jahren auf die Realisierung des Autonomiestatus warteten und sich über die Erklärungen des Ministerpräsidenten „schwer enttäuscht" gezeigt hatten. Die italienische Seite versuche, da sie Reue über das Zugestandene empfinde, die Sonderbestimmungen zu verhindern oder einzuschränken, wann immer sich dazu die Möglichkeit biete, dabei wollten sich die Südtiroler nicht durch Sondergesetze von der anderssprachigen Bevölkerung abkapseln. Ein friedliches Zusammenleben sei nur möglich, wenn dieses nicht den Untergang der zahlenmäßig kleineren Bevölkerungsgruppe bedeute.[1575] „Dieses Haus ist noch nicht gebaut und diese Sicherheit ist uns bis heute nicht gegeben worden und wir fügen gleich hinzu, dass beides nur in der Sonderautonomie für die Provinz Bozen allein bestehen kann."[1576], stellte Tinzl fest und fügte noch hinzu:

„Es ist daher unsere Pflicht und unser Recht, uns vor allem mit diesen Sonderproblemen zu befassen, die für uns von erstrangiger und lebenswichtiger Bedeutung sind. Wenn dieselben aber in erster Linie uns angelegen sind, ist damit keineswegs gesagt, dass sie nur uns interessieren sollen, denn vom Augenblick an, da der italienische Staat, in welchem sich bis dahin Staat und Nation im völkischen Sinn identifiziert hatten, sich ein Gebiet annektierte, das von einer anderen Volksgruppe – deren Willen er im übrigen keineswegs Rechnung trug – bewohnt wird, sind für den Staat und seine Bevölkerung neue Problem entstanden und damit die Verpflichtung, sich derselben anzunehmen und in einem der heutigen Zeit entsprechendem Geiste zu lösen."[1577]

Dafür war es nach seiner Auffassung notwendig, in einem ersten Schritt endlich die Durchführungsbestimmungen im Bereich Schule, Kultur und Volkswohnbau zu erlassen.[1578]

Die italienische Presse in Südtirol reagierte heftig auf diese Rede Tinzls im Senat. In der italienischsprachigen Tageszeitung „Alto Adige" erschien folgender Artikel:

„Wie alle großen Reden unserer Politiker muss man auch diese durch eine dreifache Brille betrachten. Wir haben uns bereits daran gewöhnt, dass unsere Volksvertreter in Rom anders sprechen als in Bozen und, dass sie in Innsbruck wieder ganz andere Töne anschlagen, um sich Gehör zu verschaffen. […] Maßvoll anerkennen müssen wir die Erklärungen Dr. Tinzls

in Bezug auf das ‚Viele‘ bei der Durchführung der Autonomie erreichte, das er gelten lässt, und wir wünschten, dass auch alle anderen ‚großen Politiker‘ der SVP etwas maßvoller wären. Nur ‚Halbdeppen‘ dürfen es sich erlauben, Südtiroler Verhältnisse mit denen in Zypern und Algerien zu vergleichen.
Aber bei aller Anerkennung der Gelassenheit mit der Dr. Tinzl seine Erklärungen in Bezug auf die rein politische Hauptlinie abgab, sind wir doch sehr enttäuscht über seine völlig unzeitgemäßen Thesen, mit denen er versuchte den anmaßenden Forderungen nach Autonomie der Südtiroler Bevölkerung Geltung zu verschaffen.
Tinzl wird als das Gehirn Nr. 1 der SVP angesehen, soweit darunter politische Reife, geschichtliche und rechtskundliche Vorbereitung verstanden wird. [...]
Aber Tinzl lässt seine habsburgische Entwicklungszeit darin erkennen, dass er nicht zu unterscheiden weiß, dass die Gegebenheiten des Jahres 1960 ganz andere sind als die, welche die Lage im Jahre 1918 bestimmten. Er sieht im Vorhandensein von 130.000 Italienern in der Provinz Bozen nur eine zu verurteilende Gegebenheit, die er vielleicht ausmerzen möchte. Er spricht von einer Gefahr, die aus einer zukünftigen Entwicklung der hier lebenden italienischen Volksgruppe erwachsen könnte, obwohl er weiß, dass daraus die geschlossene Kraft der Südtiroler Mehrheit in der Provinz nicht bedroht wird! [...]
Solange aber Tinzl und seine Parteigenossen von ihrer absurden Forderung, welche die Gleichberechtigung verleugnet, indem sie Vorrechte für die einen und damit Nachteile für die anderen will, nicht abgeht, werden wir in Südtirol außerhalb der Wirklichkeit unter einer Willkürherrschaft leben."[1579]

Die Position der italienischen Seite war eindeutig. Am 28. Juni 1960 beschloss die österreichische Bundesregierung daher den Antrag über „das Problem der österreichischen Minderheit in Italien“ auf die Tagesordnung der Vollversammlung der Vereinten Nationen zu setzen.[1580] Am 7. September fand eine vorbereitende Besprechung zwischen Vertretern aus Wien, Innsbruck und Bozen statt. Tinzl nahm an dieser Aussprache über die einzuschlagende Strategie teil, denn auf seine Kompetenzen wollte man nicht verzichten.[1581]

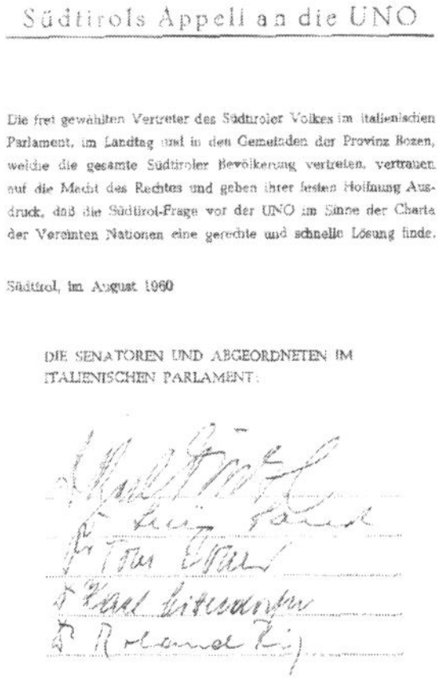
Südtirols Appell an die UNO

Die frei gewählten Vertreter des Südtiroler Volkes im italienischen Parlament, im Landtag und in den Gemeinden der Provinz Bozen, welche die gesamte Südtiroler Bevölkerung vertreten, vertrauen auf die Macht des Rechtes und geben ihrer festen Hoffnung Ausdruck, daß die Südtirol-Frage vor der UNO im Sinne der Charta der Vereinten Nationen eine gerechte und schnelle Lösung finde.

Südtirol, im August 1960

DIE SENATOREN UND ABGEORDNETEN IM ITALIENISCHEN PARLAMENT:

Abb. 64: Im August 1960 sandten die Südtiroler Abgeordneten im Landtag und im italienischen Parlament einen Appell an die UNO.[1582]

Auf Kreisky wurde von Seiten der Westmächte massiv Druck ausgeübt, das Thema nicht auf die Tagesordnung zu setzen. Auf keinen Fall sollten die Sowjets von einem Streit innerhalb der Westmächte profitieren.[1583] Nachdem die Schwierigkeiten die Südtirolfrage auf die Tagesordnung zu setzen überwunden waren, begann am 18. Oktober 1960 die Südtiroldebatte vor der UNO.[1584] Österreich verlangte dabei von Italien, dass der Gesetzesentwurf vom 4. Februar 1958 erfüllte werden müsse. Die Westmächte versuchten die Besprechung der Südtirolfrage zu verhindern, vor allem die Briten drängten zu einer bilateralen Lösung des Südtirolproblems. Die Debatte dauerte bis 27. Oktober und demonstrierte, dass Interesse für dieses Problem bestand.[1585] Nach verschiedenen Entwürfen beschloss die UNO-Vollversammlung am 31. Oktober einstimmig die Resolution „VII Res. 1497/XV", die beide Staaten zur Fortsetzung der Verhandlungen aufforderte, um die Meinungsverschiedenheiten über das Pariser Abkommen zu bereinigen und die Möglichkeit einräumte die UNO erneut zu konsultieren, falls keine Einigung erzielt werden konnte.[1586]

Außenministertreffen in Mailand, Klagenfurt und Zürich

Die UNO-Resolution stellte eine ideale Ergänzung des Pariser Abkommens dar. Mit Beginn des Jahres 1961 initiierten Österreich und Italien ihre bilateralen Verhandlungen durch die Außenministerkonferenz in Mailand (27./28. Januar 1961). Eine neue Anschlagsserie in Südtirol führte jedoch gleichzeitig zu einem Tiefpunkt der diplomatischen Beziehungen.[1587] Hinzu kamen die konvergierenden Ausgangspositionen. Während Österreich eine Provinzialautonomie für Südtirol forderte, vertrat Italien den Standpunkt den Pariser Vertrag vollständig erfüllt zu haben.[1588] Die gespannte Situation wirkte sich auf die Lage der SVP aus. Auf der Landesversammlung am 25. März 1961 gelang es nur mit Mühe, die Radikalen zurückzuhalten und damit die Forderung nach Selbstbestimmung nicht zu stellen.[1589] Tinzl war immer dagegen die Forderung nach Selbstbestimmung zu stellen, er wollte „keinen Kuhhandel mit dieser Sache".[1590]

Bereits bei der Vorbereitung des zweiten Außenministertreffens in Klagenfurt (24./25. Mai 1961) herrschte auf österreichischer Seite eine pessimistische Sicht vor.[1591] Tinzl und den anderen Südtiroler Delegierten wurde in einer Besprechung mitgeteilt, dass die Gespräche mit Italien wohl scheitern würden, da die geforderten Schutzbestimmungen nicht zu realisieren waren. Unmittelbar nach dem Abbruch der Verhandlungen sollte deshalb geklärt werden, welche Instanz zur Schlichtung des Streitfalles angerufen werde.[1592] Dieser Besprechung im Kanzleramt nutzte Tinzl, um den in Rom diskutierten Gesetzesentwurf zu thematisieren, der die Ausbürgerung aller „italienischen Staatsbürger, die sich der Republik gegenüber untreu verhalten" hatten, vorsah. Nach seiner Auffassung sollte Österreich in Klagenfurt unter allen Umständen versuchen, diesen Entwurf, der als Reaktion auf die Anschläge in Südtirol eingebracht worden war, zu verhindern, wobei Tinzl sich auch im Klaren darüber war, dass ein Protest allein zur Blockierung dieses Vorschlags nicht ausreichen würde. Außerdem sollte jeder Hinweis, dass die Südtiroler Österreich von diesem Gesetz informiert hätten, vermieden werden.[1593] Die österreichische Intervention erwies sich als erfolglos. Am 15. Juli 1961 wurde im Senat ein Gesetzesentwurf eingebracht, der jenen Personen die Staatsbürgerschaft entziehen sollte, die „eine Tätigkeit ausübten, die mit der Treuepflicht gegenüber dem Staate und seinen Institutionen nicht vereinbar" war. Tinzl protestierte bei der Abstimmung vehement gegen diesen Entwurf, erklärte ihn als verfassungswidrig und menschenrechtsfeindlich. Trotzdem wurde das Gesetz im Senat angenommen, lediglich die glückliche Entwicklung in Südtirol verhinderte die Ratifizierung in der Abgeordnetenkammer.[1594]

Die Vorbereitungsphase der zweiten Konferenz der Außenminister nutzen die Südtiroler Parlamentarier dazu, in Rom Befürworter ihrer Forderungen zu gewinnen. Am 17. Mai 1961 sprach Tinzl gemeinsam mit Sand und Mitterdorfer bei Finanzminister Guiseppe Trabucchi vor. Der Minister vertrat die Ansicht, dass in Klagenfurt über konkrete Einzelforderungen, nicht über Grundsätzliches diskutiert werden sollte. Tinzl entgegnete, dass dieser Weg nur zielführend sein könnte, wenn Italien sich im Laufe der Verhandlungen zu einer Revision des Regionalstatuts bereit erklären würde, wobei die legislativen Kompetenzen der Provinz erweitert werden müssten.[1595]

Die Verhandlungen in Klagenfurt im Mai 1961 verliefen weniger turbulent als erwartet. Die italienische Seite signalisierte erstmals Interesse daran, die Anliegen der Südtiroler zu diskutieren, sodass Kreisky einem erneuten Treffen in Zürich und der Einrichtung einer Unterkommission zustimmte.[1596] Trotz dieser positiven Anzeichen auf diplomatischer Ebene drohte die Situation in Südtirol zu eskalieren. Nachdem bereits seit Mitte der Fünfzigerjahre Sprengstoffattentate in Südtirol verübt wurden, trat diese Anschlagswelle im Jahre 1961 in eine neue, radikalere Phase.[1597] Auf die so genannte „Feuernacht" am 11. Juni 1961 folgte eine Verhaftungswelle.[1598] Trotz des rigiden Vorgehens der italienischen Justiz wurden die Anschläge in den folgenden Jahren fortgesetzt, wobei der Grundsatz, keine Menschenleben zu gefährden, zunehmend missachtet wurde. Die SVP-Führung distanzierte sich von den Anschlägen und veröffentlichte sofort eine Erklärung, in der die Attentate vehement verurteilt wurden – sie besaßen politisch keine andere Chance, wenn auch einige SVP-Politiker über die Vorgänge im BAS informiert waren.[1599] Innenminister Mario Scelba beorderte den Parteiobmann und die Südtiroler Parlamentarier zu sich. Tinzl bemühte sich wie seine Parteikameraden um Schadensbegrenzung, denn es stand viel auf dem Spiel, im schlimmsten Fall drohte die Auflösung der Partei.[1600] Seiner Rede im Senat nutzte er dazu, die Anschläge nachdrücklich zu verurteilen und sein großes Bedauern über diese Aktionen zum Ausdruck zu bringen. Jeder Verdacht, dass zwischen den Anschlägen und der Partei eine Verbindung bestand, musste unbedingt entkräftet werden.[1601]

In der Parteiausschusssitzung am 17. Juni 1961 wurden die Anschläge bewusst nur am Rande diskutiert. Primär wurde über die Resolution für die Landesversammlung debattiert und die von mehreren Seiten vorgebrachte Idee, im Falle eines Scheiterns der bilateralen Verhandlungen das Selbstbestimmungsrecht zu fordern.[1602] Tinzl machte aus seiner Position keinen Hehl und bemerkte:

„Ich muss sagen, bei dieser Resolution sind eine Reihe von Dingen dabei, die ich nicht unterschreibe. Wenn wir wollen, dass wir in das komplette Chaos stürzen, dann können wir den Beschluss mit dem Selbstbestimmungsrecht so annehmen, wie er vorgeschlagen wurde. Wer diese Verantwortung tragen will, soll sie übernehmen, ich übernehme sie nicht, weil ich nicht die Absicht habe, das Südtiroler Volk in einer so schweren Stunde mit einem derartigen Unsinn ins Unglück zu stürzen."[1603]

Selten finden sich derart ablehnende Äußerungen, Tinzl schien angesichts der jüngsten Vorgänge ernsthaft besorgt. Nach einer heftigen Kontroverse gelang es wiederum, die Befürworter des Selbstbestimmungsrechts zu überstimmen.[1604]

Die Expertengespräche in Zürich (13. bis 17. Juni 1961) verliefen ergebnislos.[1605] Tinzl nahm mit Magnago, Brugger, Dietl und Benedikter an einer internen Sitzung mit Außenminister Kreisky teil. Kreisky erklärte, dass weitere Verhandlungen wohl überflüssig seien und die UNO um Hilfe gebeten werden sollte.[1606] Am 24. Juni 1961 trafen sich die Außenminister und auch bei dieser Besprechung wurden keine Fortschritte erzielt. In der anschließenden internen Unterredung vertrat Tinzl, der Stratege, die Auffassung, der italienischen Delegation vorzuschlagen, jene Probleme, die nicht das Kernproblem beträfen, direkt mit den Südtirolern zu verhandeln. Kreisky war von der Idee, nur die Verwirklichung des Pariser

> ✱ TINZL, ex-prefetto nazista di Bolzano: fuori per il Decreto Legge del 1948
> ✱ EBNER, direttore del *Dolomiten*: fuori per attivismo antirepubblicano
> ✱ BRUGGER, già nazimarxista, consigliere regionale: fuori per sovversivismo
> ✱ VOLGGER, responsabile del *Dolomiten* e dinamitardo: fuori per furore antitaliano
> ✱ MAGNAGO, presidente del SVP: fuori per essere il capo del partito del tritolo
> ✱ STANEK, già commissario nazista: fuori per la legge del 1948
> ✱ BENEDIKTER, disertore del R. Esercito, assessore regionale: fuori per zelo irredentistico
> ✱ PUPP, ex-generale degli "Schützen": fuori per la legge antinazista del 1948
> ✱ MITTERDOFER, Gran capo degli "Schützen": fuori per congiura contro lo Stato
> ✱ SAND, il mite dell'oltranzismo: fuori per connivenza coi precedenti

Abb. 65: Im Juni 1961 bot die satirische italienische Wochenzeitung „Candido" einen Lösungsvorschlag für das Südtirolproblem an. Folgende Personen sollten ausgewiesen werden: TINZL, ehemaliger Präfekt unter den Nazis, Ausweisung aufgrund des Gesetzes von 1948; EBNER, Direktor der Dolomiten, Ausweisung aufgrund antirepublikanischer Aktivitäten, BRUGGER, Nazimarxist, Regionalratsabgeordneter, Ausweisung wegen subversiver Aktivität, VOLGGER, Verantwortlicher der Dolomiten und Sprengstoffattentäter, Ausweisung wegen antiitalienischer Umtriebe, MAGNAGO, SVP-Obmann, Ausweisung wegen seiner Tätigkeit als Parteiobmann, STANEK, ehemaliger Präfekt unter den Nazis, Ausweisung aufgrund des Gesetzes von 1948, BENEDIKTER, Deserteur aus dem königlichen Heer, Regionalassessor, Ausweisung wegen irredentistischer Umtriebe, PUPP, ehemaliger Schützengeneral, Ausweisung aufgrund des Gesetzes von 1948, MITTERDORFER, Schützenhauptmann, Ausweisung wegen der Verschwörung gegen den Staat, SAND, der Urheber des Chauvinismus, Ausweisung wegen des stillschweigenden Einverständnisses mit den oben Genannten.[1607]

Abkommens in den Ministerratsbesprechungen zu thematisieren, äußerst angetan. Wenig später bat er Tinzl und ein Mitglied der österreichischen Delegation, jene Details zu formulieren, die Südtirol direkt mit Italien verhandeln wolle. Die Besprechung mit den Italienern wurde anschließend weitergeführt, aber schließlich ohne Ergebnis abgebrochen.[1608]

16.3. Rom lenkt ein: die „Neunzehner-Kommission"

Im August 1961 unterbreitete Innenminister Scelba den Südtirolern den Vorschlag eine Parlamentskommission einzusetzen, um eine erneute Erörterung vor der UNO, die Österreich bereits plante, zu vermeiden und die Frage wieder auf die innenpolitische Ebene zu verlagern. Welchen Einfluss die Anschläge auf diese Entscheidung besaßen, wird äußerst kontrovers beantwortet. Bereits am 13. Juli hatte Tinzl den Antrag einbringen lassen, eine Parlamentskommission zur Südtirolfrage zu installieren.[1609] Scelba erklärte, Italien sei zu weitreichenden Zugeständnissen bereit und wolle die gesamte Südtirolmaterie, auch den Autonomieentwurf von Tinzl aus dem Jahre 1958, diskutieren. Im Gegenzug dazu müssten sich die Südtiroler verpflichten, für die Dauer der Kommissionsarbeit keinerlei internationale Aktivitäten zu initiieren.[1610] Am 31. Juli 1961 diskutierte die SVP-Parteileitung diesen Vorschlag. Tinzl vertrat die Ansicht, dass das italienische Angebot nicht abgelehnt werden könne. Diese Position wurde von der Mehrheit der Parteiführung geteilt. So einigten sie sich darauf, die UNO als Druckmittel weiter aufrechtzuerhalten und das Ergebnis der Besprechungen einer internationalen Garantie zu unterwerfen.[1611]

Am 14. August 1961 trafen Tinzl und Mitterdorfer mit Scelba zu zwei Besprechungen zusammen, um über dieses Vorhaben zu verhandeln. Die Besprechung zeigte, dass der Innenminister als Reaktion auf die anhaltenden Anschläge nicht mehr an eine Parlamentskommission, sondern nur mehr an eine „Studienkommission für die Probleme Südtirols" mit beratendem Charakter und ohne vorbereitende Entscheidungsmöglichkeiten dachte.[1612] Nachdem Tinzl und Mitterdorfer sich damit einverstanden erklärt hatten, sorgte die Zusammensetzung wiederum für Diskussionen. Schließlich einigten sich beide Seiten darauf, elf Italiener und acht Südtirolern in die Kommission zu entsenden. Die Mitglieder dieses Gremiums konstituierten sich aus den Präsidenten der Landesregierungen, den in der Region gewählten Vertretern und anderen politischen Vertretern. Für Italien besaß diese Kommission den Vorteil, dass Österreich damit erfolgreich aus der Diskussion über Südtirol ausgeschlossen wurde. Trotz der Modifikationen bezeichnete Tinzl die Neunzehner-Kommission, wie sie wegen der Zahl ihrer Mitglieder bezeichnet wurde, richtigerweise als beachtlichen Erfolg.[1613] Die positive Beurteilung täuschte Tinzl nicht über die zu erwartenden komplexen Verhandlungen hinweg:

„Wir betrachten [...] die Einrichtung dieser Kommission als Zeichen eines neuen Geistes, der auf die Lösung der völkischen Minderheitenprobleme hinzielt. Aber um dies vollständig zu tun, ist es notwendig, dass die Vertreter dieser Minderheiten gehört werden und dass die verschiedenen Probleme mit ihrer freien Zustimmung gelöst werden. Wir erkennen daher die Einrichtung dieser Kommission als etwas Positives an, auch wenn man dieser Kommission nicht eine Zusammensetzung und jene Zuständigkeit gegeben hat, welche anfangs vorgesehen war."[1614]

Im Senat erhoben nationalistische Kreise gegen die Errichtung der Kommission ihre Stimme und beklagten das Los der Italiener in Südtirol. Besonders eindringlich warnte Senator Piasenti vor den Gefahren.[1615] Tinzl reagierte darauf und es entstand eine hitzige Debatte. Er erklärte in seiner Entgegnung:

„Ich messe diesen Erklärungen keinerlei besonderen Wert oder Bedeutung zu. […] Wenn man das, was insbesondere vom Senator Piasenti gesagt wurde, glaubt, müsste man wahrhaftig sagen, ‚lasst alle Hoffnung fahren', weil in jener Rede nicht nur das Verständnis für die Grundfrage des Daseins der deutschsprachigen Volksgruppe fehlt, sondern weil man darin auch vergeblich nach einer hinreichenden Kenntnis der wichtigsten Einzelfragen sucht, welche mit diesem Problem zusammenhängen. Offensichtlich hatte der Redner seine Informationen aus gewissen Zeitungen geschöpft, welche nichts anderes tun, als Hass und Verleumdung gegen die Bevölkerung deutscher Sprache und ihre Vertreter zu säen."[1616]

An dieser Stelle wurde er von Piasenti unterbrochen: „Und die Bomben, wer sät die?"[1617]

Tinzl vermied es darauf einzugehen, eine Antwort hätte nur eine Angriffsfläche für neue Anschuldigungen geboten, und setze seine Ausführungen fort. Zur Einsetzung der Südtirolkommission stellte er fest:

„Wie betrachten die Einsetzung der Südtirolkommission als ein Zeichen für die Änderung […]. Die Einrichtung der Kommission wurde seitens der früheren Redner offenbar nur missgünstig beurteilt, weil sie Furcht haben, dass aus den Arbeiten der Kommission Lösungen herauskommen könnten, welche nicht im nationalistischen Sinne sind."[1618]

Erneut unterbrach ihn Piasenti: „Es ist nicht nationalistisch, sondern europäisch. Wenn man von Europa spricht, sagt ihr, dass es Faschismus ist. Erinnern Sie sich, dass Sie Gauleiter von Bozen waren!"[1619] Ein Ordnungsruf des Präsidenten brachte Piasenti nicht zum Schweigen, er fügte hinzu: „Ein Mann mit ihrer Vergangenheit …".[1620] Tinzl reagierte knapp: „Ich übernehme die volle Verantwortung für meine Vergangenheit!" und setzte seine Rede fort.[1621] Zu den Anschlägen erklärte er:

„Es sind in Südtirol und außerhalb desselben terroristische Akte verübt worden, welche wir öffentlich wiederholt und streng bedauert und verurteilt haben. Diese Akte sind – ich möchte nicht geradezu sagen als Vorwand – aber auf alle Fälle als Grund genommen worden für Maßnahmen, welche teils über die notwendigen Grenzen der Unterdrückung des Verbrechens als solches hinausgehen und welche stattdessen den Anschein von Repressalien gegen die ganze unschuldige Volksgruppe haben, an der man, wie es scheint, den berüchtigten Grundsatz der Kollektivschuld eines Volkes verwirklichen wollte."[1622]

Am 1. September 1961 trat die paritätisch zusammengesetzte Neunzehner-Kommission zu ihrer konstituierenden Sitzung zusammen. Karl Tinzl zählte zu den Südtiroler Vertretern in dieser Kommission und sein Gesetzesentwurf vom 4. Februar 1958 wurde als Basis für die Besprechungen herangezogen. Damit signalisierte die italienische Regierung nach den langen vergeblichen Bemühungen erstmals die Bereitschaft zur Änderung des Autonomiestatuts. Tinzl beteiligte sich an den entscheidenden Verhandlungen der ersten Phase des langen Weges zum späteren „Paket".[1623]

Als Sprecher der Südtiroler bedauerte Tinzl in der konstituierenden Sitzung, dass die Kommission nicht paritätisch zusammengesetzt sei. Daher würden die Südtiroler jene Beschlüsse, die nicht einstimmig gefasst würden, als nicht bindend betrachten.[1624] Für die Tätigkeit der Kommission war ein Zeitraum von drei Monaten vorgesehen, der jedoch rasch überschritten wurde.[1625] Anfangs gestaltete sich die Arbeit der Kommission konstruktiv. Im Oktober 1961 bemerkte Tinzl:

„Ich kann jetzt hinzufügen, dass sich ihre Arbeiten unter der Präsidentschaft des On. Paolo Rossi bis jetzt in vollkommenem Ernst und in voller Objektivität abgewickelt haben. Man kann keine Voraussagen über den Ausgang dieser Arbeiten machen, aber wenn, wie wir wünschen, die Arbeiten

Abb. 66: Karl Tinzl bei einer Sitzung der Neunzehner-Kommission. Sein gesundheitlicher Zustand ermöglichte es ihm nicht mehr, an der Abschlusssitzung der Kommission teilzunehmen.[1626]

der Kommission mit positiven Ergebnissen abschließen, müssen diese auch mit demselben Geiste der Unparteilichkeit und des Ernstes genehmigt und respektiert werden, welcher bis jetzt die Arbeiten der Kommission beseelt hat. Dieser Geist wird dann die wahre Garantie für das friedliche Zusammenleben der beiden Volksgruppen in unserem Gebiete sein."[1627]

Die Neunzehner-Kommission entwickelte bereits in den ersten Wochen ihrer Tätigkeit eine Eigendynamik, die von der Regierung keineswegs beabsichtigt war. Scelba plante nach Auffassung von Mitterdorfer ursprünglich, die Ergebnisse „in der Schublade verschwinden zu lassen".[1628] Da es sich um keine Regierungskommission handelte, blieb sie während ihrer Tätigkeit von den Regierungswechseln weitgehend unbelastet. Die Kommission tagte sowohl in der Hauptstadt als auch in der Provinz Bozen. Tinzl nahm an den Sitzungen, die anfangs mindestens einmal pro Woche stattfanden, in den ersten Monaten regelmäßig teil.[1629]

Die Südtiroler teilten von Beginn an die Aufgaben in der Kommission auf. Tinzl trat dafür ein, in den Verhandlungen der Neunzehner-Kommission auch die Problematik der Optanten sowie die Staatsbürgerschaftsfragen zu erörtern. Optanten und Abwanderer bildeten einen Schwerpunkt seiner politischen Tätigkeit, wohl auch weil er selbst die Konsequenzen dieser Entscheidung erfahren hatte. Entsprechende Regelungen fanden als Maßnahmen 125 und 132 Eingang in das Paket.[1630]

Parallel zur Neunzehner-Kommission führten Italien und Österreich die bilateralen Verhandlungen weiter. Wegen der Ergebnislosigkeit intervenierte Österreich im November 1961 erneut bei den Vereinten Nationen, die am 28. November ihre Resolution vom Vorjahr erneuerte.[1631] Tinzl hatte sich im Vorfeld gegen diese österreichische Aktion ausgesprochen, bis die Tätigkeit der Kommission abgeschlossen sei. Geschickt hatten die Italiener die Arbeit der Kommission in die Debatte eingebracht und gefordert, deren Ergebnisse vorerst abzuwarten.[1632] Mit der UNO-Resolution wurde nach Auffassung von Tinzl nicht mehr als eine „moralische Stärkung unserer Position in der 19er Kommission" erreicht.[1633]

Italien zeigte sich in der Folge nicht bereit, mit Österreich zu verhandeln und verwies auf die noch laufenden innerstaatlichen Gespräche. Mit Verweis auf negative Konsequenzen für die Neunzehner-Kommission versuchte Rom den Kontakt zwischen Wien und Bozen, besonders jedoch jenen zwischen Innsbruck und Bozen, zu unterbinden und Österreich aus der Südtirolfrage auszuschließen.[1634]

Tinzl nahm mit Magnago, Sand, Brugger, Dietl und Volgger am 22. Januar 1962 in Wien an einer Südtirolbesprechung teil, die unter dem Vorsitz von Alfons Gorbach, dem neuen österreichischen Bundeskanzler, abgehalten wurde. Mit Vertretern der österreichischen Regierung und den Vertretern Nordtirols wurde über die Tätigkeit der Neunzehner-Kommission, wo der zentrale Punkt, die Autonomie, noch nicht behandelt worden war, debattiert. Zudem wurde bekräftigt, dass Österreich unter Bezugnahme auf die UNO-Resolution die Aufnahme der Gespräche mit Italien fordern werde.[1635]

Nachdem im Frühjahr 1962 kein Abschluss der Neunzehner-Kommission absehbar war, begann Österreich die Italiener verstärkt mit dem Verweis auf eine erneute Konsultierung der UNO zur Aufnahme der Verhandlungen zu drängen. Die Kommission war in der Zwischenzeit zu bemerkenswerten Ergebnissen gelangt: Deutsch war zur zweiten Amtssprache erklärt worden, die 200 abgewiesenen Einbürgerungsansuchen von Reoptanten sollten einer nochmaligen Überprüfung unterzogen werden, die Vergabe von staatlichen und halbstaatlichen Stellen sollte nach dem ethnischen Proporz erfolgen, die in faschistischer Zeit zwangsweise italianisierten Vornamen sollten wiederhergestellt werden und der Provinz wurde die volle Gesetzgebungsbefugnis in den Bereichen Volkswohnbau und Kulturautonomie zugesprochen. Ab April 1962 trat eine Wende in den Verhandlungen ein, Fortschritte waren nur mehr zögerlich zu erreichen und bei der Schulfrage und bei der Frage der Arbeitsvermittlung wurden die Südtiroler sogar erstmals überstimmt. In den Bereichen Wirtschaft, Landwirtschaft, Fremdenverkehr und Handel nahmen die Trentiner eine intransigentere Haltung ein, als die Südtiroler prognostiziert hatten.[1636] Unvermittelt standen die Südtiroler Vorstellungen zur Auflösung der Region der italienischen Auffassung zur Beibehaltung der bisherigen Organisation gegenüber. Bis Juli 1962 war die italienische Regierung zur Auffassung gelangt, dass die gemeinsame Region weiter bestehen müsse, sodass die Südtiroler lediglich eine Aushöhlung der Region mit dem Zugeständnis möglichst umfassender Kompetenzen anstreben konnten. Dadurch erhielt die Frage einer internationalen Garantie der Zugeständnisse an die Südtiroler einen immer größeren Stellenwert.[1637] Die Lage war insgesamt komplex und nur Kommissionspräsident Rossi, der den Anliegen der Südtiroler positiv gegenüberstand, war dafür verantwortlich, dass sich überhaupt noch etwas bewegte. Mitte Juli überreichte er den Südtirolern schriftliche Vorschläge für mögliche Konzessionen, die auf Tinzls Autonomieentwurf von 1958 basierten. Dieses „Paket" an Maßnahmen, wie es bereits damals bezeichnet wurde, betraf die primäre Gesetzgebung für das Gastgewerbe, für öffentliche Arbeiten, für Transportwesen, Teilbereiche der Landwirtschaft und Wasserbauten 4. und 5. Ordnung. In den Bereichen Industrie, Handel, Kreditwesen, Tourismus, Forstwirtschaft und öffentliche Wohlfahrtswesen wurden die Forderungen der Südtiroler nach Konzessionen nicht erfüllt.[1638] Die SVP wollte den gesamten Tinzl-Entwurf verwirklicht wissen. Tinzl glaubte in dieser Phase, dass die Regierung die Kommission auffliegen lassen wollte, und diese Vermutung war wohl aufgrund der grundlegend divergierenden Standpunkte nicht völlig unbegründet. Erstmals nach drei Monaten Unterbrechung fand am 17. Januar 1963 wiederum eine Sitzung statt. Diskutiert wurde die grundsätzliche Frage, ob weiterverhandelt oder das Scheitern der Kommission erklärt werden sollte. Schließlich einigten sich die Delegierten auf eine Fortsetzung der Arbeit. In zwei Unterkommissionen wurden die Verhandlungen fortgesetzt.[1639]

Da sich die erste Unterkommission mit der Autonomiefrage beschäftigte, wurde Tinzl in diese entsandt. Nach Auffassung von Rossi sollte ein Kompromiss zwischen den Vorstellungen der Südtiroler und dem Kommissionsvorschlag vom Juli 1962 angestrebt werden. Die zweite Unterkommission debattierte über Nebenfragen und erzielte bis 15. Mai 1963 konkrete Ergebnisse. In der Autonomiefrage bestanden nach zwölf Sitzungen immer noch Divergenzen im Bereich Gesundheitswesen, Kreditwesen, Wasserbauten, Industrie, Feuerwehrwesen, Gemeindeordnung und Statistik. Bis zum Sommer gelangte auch die erste Unterkommission zu einer

Einigung. Die Südtiroler zeigten sich weitgehend zufrieden mit den Ergebnissen. Am 23. Juli 1963 beendete die Neunzehner-Kommission nach 200 Arbeitsstunden ihre Tätigkeit.[1640] Der Bericht der Kommission wurde nach langen Diskussionen am 10. April 1964 fertig gestellt.[1641] Tinzl konnte nur mit Mühe davon abgehalten werden, an der Abschlusssitzung der Neunzehner-Kommission persönlich teilzunehmen.[1642] Seine Krankheit war in der Zwischenzeit so weit fortgeschritten, dass diese Anstrengung nicht mehr verantwortet werden konnte. Sein langjähriger Freund Franz Huter berichtete über die Arbeit in der Kommission:

„Sein ausgebreitetes Fachwissen auf vielen Gebieten, seine große Erfahrung und die Ausgeglichenheit seines Wesens waren für Südtirol gerade in diesem Gremium unentbehrlich, und Tinzl hat sich bis zuletzt, als er schon sein Ende nahen sah, dieser Aufgabe hingegeben. Ausgenommen von der Entlastung war auch die Vertretung des Landes Südtirol durch Karl Tinzl beim römischen Verfassungsgerichtshof, die er seit 1953 [sic!] mit dem ganzen Gewicht seiner Persönlichkeit wahrnahm."[1643]

Da der Bericht nicht auf alle Aspekte des Südtirolproblems einging, erklärte Magnago im Namen aller Südtiroler Mitglieder, Bezug nehmend auf die Stellungnahme Tinzl in der Eröffnungssitzung, dass die nicht einstimmig gefassten Abschlussergebnisse von den Südtirolern als nicht bindend betrachtet würden.[1644] Die Südtiroler hatten in einigen Fragen Sondervoten angemeldet, als etwa die Zweisprachigkeit nur auf Urteile und Verfügungen angewendet werden sollte, alle anderen Erklärungen aber einsprachig abgefasst werden sollten. Der Abschlussbericht wurde anschließend der Regierung in Rom präsentiert und veröffentlicht. Er gliederte sich in Maßnahmen zugunsten der sprachlichen Minderheiten, in die Ordnung der Regional- und Provinzialautonomie und in Maßnahmen, die sich mit dem Schutz der Rechte der Sprachgruppen und Garantien auf Gebiet der Gerichtsbarkeit befassten.[1645] Im Wesentlichen enthielt der Bericht 41 der 54 von der SVP zur Diskussion gestellten Fragen und diese Vorschläge bildeten die Basis für die weiteren italienisch-österreichischen Verhandlungen. 1969 wurde das „Paket" offiziell von der SVP-Landesversammlung akzeptiert und mit der Verabschiedung des neuen Autonomiestatuts am 31. August 1972 erhielt es seine juridische Gültigkeit. Insofern kommt der Neunzehner-Kommission eine enorme Bedeutung zu.[1646] Eine eigene Landesautonomie, wie sie Tinzl in seinem Entwurf gefordert hatte, war nicht durchgesetzt worden. Die Politik der Südtiroler musste sich auf eine „Aushöhlung" der Region beschränken.[1647] Südtirol erhielt eine Reihe von autonomen Wirkungsbereichen zugesprochen, die den Schutz der deutschen und ladinischen Volksgruppe garantierten, und im Gegensatz zum ersten Autonomiestatut aus dem Jahre 1948 wurde ein genauer Zeitplan für die Realisierung, der so genannte „Operationskalender" festgelegt, dessen Umsetzung bis zum Jahre 1992 dauerte.[1648]

16.4. Ehrungen für den „Senator Südtirols"

In den letzten Lebensjahren wurde Tinzl mit Auszeichnungen und Ehrungen bedacht. Damit wurde einerseits sein langjähriges und erfolgreiches Bemühen um die Südtiroler Politik honoriert, auf der anderen Seite war dies wohl ein Versuch der politischen Rehabilitation von Tinzl. Am 20. Februar 1958 wurde Tinzl vom amtierenden Tiroler Landeshauptmann Hans Tschiggfrey als erster Südtiroler das Ehrenzeichen des Landes Tirol verliehen. Damit sollte die besondere Verbundenheit der Nordtiroler mit den Südtirolern demonstriert, aber auch die Verdienste von Tinzl gewürdigt werden. Mit Tinzl wurde auch sein langjähriger Vertrauter, Generalvikar Alois Pompanin, geehrt.[1649] Die Leistungen von Tinzl im Bereich der Rechtswissenschaften – er verfasste einige gründliche öffentlich rechtliche Studien – würdigte seine Heimatuniversität durch die Verleihung des Ehrensenators.[1650] Am 4. Februar 1959 beschloss das Professorenkollegium der juristischen Fakultät beim Senat der Universität den Antrag auf Ernennung Tinzls zum Ehrensenator einzubringen.[1651] Zur Begründung wurde angeführt:

> „Senator Dr. Tinzl entspricht nicht nur einer, sondern beiden der alternativ geforderten Bedingungen. Den wissenschaftlichen Zielen dient seine wissenschaftliche Arbeit im Dienste Südtirols. Das Hauptwerk ist die umfangreiche, leider bis jetzt nur in Maschinschrift vorliegende Studie ‚Der geschlossene Hof' (Il maso chiuso) – ein Rechtsgutachten historischer und dogmatischer Natur, das er nach 1947 im Auftrag höchster italienischer Stellen erstattete. […] Die kulturellen Ziele hat Senator Tinzl vor allem durch eine enge Bindung zum Südtiroler Studienwesen gefördert. […]"[1652]

Nach der Genehmigung im Senat erteilte am 22. April 1959 auch der Bundesminister für Unterricht seine Einwilligung, am 30. April informierte Rektor Hans Kinzl den zu Ehrenden.[1653] Tinzl zeigte sich „tief bewegt" von dieser Ehre und nahm die Auszeichnung dankend an.[1654]

Den Festakt am 27. Juni 1959 eröffnete Rektor Kinzl.[1655] In der Laudatio wurde auf die wissenschaftlichen Erfolge Tinzls verwiesen, besonders auf seine Studie über den Geschlossenen Hof und zur Autonomiefrage sowie auch auf andere rechtshistorische und agrarpolitische Arbeiten (Wasserrechte, Gemeindenutzungsrechte), deren Ergebnisse er häufig auch in Sammelwerken, Zeitschriften und Zeitungen publiziert hatte. Die kulturellen Ziele förderte er durch sein Engagement für das Südtiroler Studienwesen, unter anderem als Obmann des „Michael-Gamper-Werkes".[1656] Dritter Punkt der Begründung war die „unermüdliche und aufreibende politische Tätigkeit" von Tinzl, „welche seit Jahren auf die Sicherung des Südtiroler Volkstums" zielte.[1657]

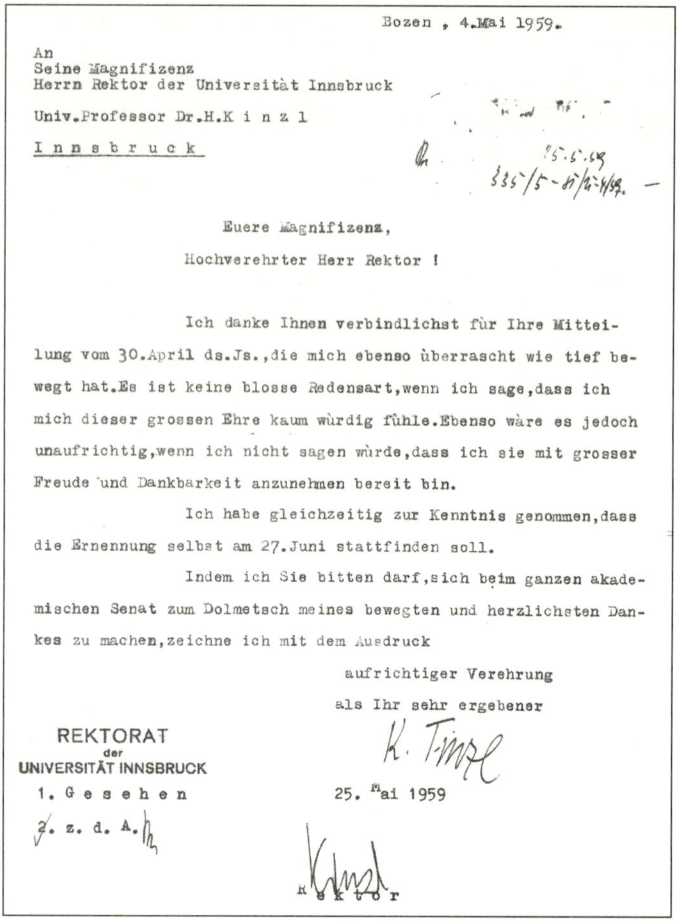

Bozen , 4.Mai 1959.

An
Seine Magnifizenz
Herrn Rektor der Universität Innsbruck

Univ.Professor Dr.H.K i n z l

I n n s b r u c k

Euere Magnifizenz,

Hochverehrter Herr Rektor !

Ich danke Ihnen verbindlichst für Ihre Mitteilung vom 30.April ds.Js.,die mich ebenso überrascht wie tief bewegt hat.Es ist keine blosse Redensart,wenn ich sage,dass ich mich dieser grossen Ehre kaum würdig fühle.Ebenso wäre es jedoch unaufrichtig,wenn ich nicht sagen würde,dass ich sie mit grosser Freude und Dankbarkeit anzunehmen bereit bin.

Ich habe gleichzeitig zur Kenntnis genommen,dass die Ernennung selbst am 27.Juni stattfinden soll.

Indem ich Sie bitten darf,sich beim ganzen akademischen Senat zum Dolmetsch meines bewegten und herzlichsten Dankes zu machen,zeichne ich mit dem Ausdruck

aufrichtiger Verehrung

als Ihr sehr ergebener

K. Tinzl

REKTORAT
der
UNIVERSITÄT INNSBRUCK

1. G e s e h e n 25. Mai 1959

2. z. d. A.

R e k t o r

Abb. 67: Karl Tinzl nahm die Ernennung zum Ehrensenator dankend an.[1658]

Im Oktober 1963 ehrte Tinzl die Partei anlässlich seines 75. Geburtstages für die vier Jahrzehnte, in denen er „mit Fleiß, Geschick und großer Sachkenntnis, in guten und bösen Tagen, die Rechte und Interessen der Südtiroler vertreten“ hatte.[1659] In zahlreichen Tischreden wurde die Wertschätzung „seiner großen, unvergänglichen Verdienste um Volk und Heimat“ zum Ausdruck gebracht.[1660] Obmann Silvius Magnago gab in seiner Rede einen kurzen Rückblick über die gesamte politische Karriere von Tinzl, wobei er besonders dessen gemäßigtes Agieren in allen Abschnitten seiner Tätigkeit betonte und seinen unermüdlichen Einsatz für die Interessen des Landes hervorhob.[1661] Weiters unterstrich Magnago:

„Die Eigenschaften, für die Dr. Tinzl so viel Achtung und Verehrung von seinen engeren Mitarbeitern und von seinem Volke erfährt, sind sein großes und reiches Wissen auf allen Gebieten, seine langjährige Erfahrung, seine Ruhe und Ausgeglichenheit, die ihm stets einen klaren Blick für die Wirklichkeit gegeben haben; zugleich vertritt er immer mit Festigkeit eine klare Haltung und Linie. Demagogisches oder theatralisches Auftreten kennt er

Abb. 68: Der Ehrensenator Rector magnificus der Leopold-Franzens-Universität Innsbruck, Univ.-Prof. Hans Kinzl (rechts), legte Dr. Karl Tinzl die goldene Senatorenkette um und überreichte ihm die Ehrenurkunde. In der Mitte ist das prunkvolle Szepter der Universität Innsbruck sichtbar.[1662]

nicht, dafür schätzen ihn alle wegen seiner Sachlichkeit, aber auch – und das nicht zuletzt – wegen seiner Bescheidenheit, Hilfsbereitschaft und großen Güte. Wie oft haben wir ihn immer wieder neu schätzen gelernt, wenn er es meisterhaft verstand, die geäußerten Meinungen und Gedanken in treffenden Formulierungen festzuhalten. Seine große innere Ausgeglichenheit und die Achtung, die er sich durch sein Wissen und seine Erfahrung verschafft hat, haben es Herrn Dr. Tinzl stets aufs Neue ermöglicht, und dies war auch immer sein Bestreben, Gegensätze wieder zu versöhnen und einen Ausweg und eine Formel zu finden, zu der sich alle wieder in Einigkeit bekennen konnten."[1663]

Tinzl war von dieser Würdigung sichtlich bewegt und versicherte den Anwesenden: „Diesem Volk von Südtirol, diesem Land Südtirol gehört mein Herz auf immer". Worauf seine Frau ihm scherzhaft zurief: „Aber mir auch!" Dies zeigte, dass Tinzl „über die Politik hinaus, stets Menschen aus Fleisch und Blut an seiner Seite hatte".[1664]

Am 24. November 1963 ernannte ihn seine Heimatgemeinde Schlanders zu ihrem ersten Ehrenbürger. Den Antrag dazu hatte der damalige Schlanderser Bürgermeister Erich Müller eingebracht. In der Tageszeitung „Dolomiten" wurde über die feierliche Veranstaltung mit Vertretern aller Vinschgauer Gemeinden im Gasthof „Goldener Löwe", bei der Tinzl neben einer Urkunde auch das Gemälde „Schlandersberg" von Weber überreicht wurde, ausführlich berichtet.[1665] In seinen Dankesworten brachte Tinzl wieder seine Bescheidenheit zum Ausdruck:

„Aufs tiefste und innigste bewegt, dankte Dr. Tinzl dem Bürgermeister und allen anderen Anwesenden für die nach seiner Auffassung unverdiente Ehrung. Er sei aber trotzdem dankbar dafür, weil sie ihm Gelegenheit gegeben habe, die tiefe Verbundenheit mit seinen engeren Landsleuten zu erleben und zu fühlen. Vinschgau und Schlanders seien eben sein persönliches Erlebnis in der Heimat und im Alter lebe man ja in der Vergangenheit. Er sei tief gerührt durch diesen neuerlichen Beweis der Verbundenheit und dankte allen von Herzen."[1666]

XVII. Abschied von Karl Tinzl

Im Frühjahr 1963 verzichtete Tinzl auf eine weitere Kandidatur für den Senat. Sein Amt als Obmannstellvertreter hatte er bereits einige Monate vorher zurückgelegt.[1667] Der Rückzug aus der Politik, die sein ganzes Leben bestimmt hatte, fiel ihm verständlicherweise nicht leicht. Doch sein gesundheitlicher Zustand machte eine weitere Amtszeit unmöglich. Seine Kanzlei unter den Bozner Lauben löste er auf und widmete die letzten Lebensmonate vorwiegend seiner Familie, die ihn besonders in den schwierigen Jahren nach 1945 unterstützt hatte. Gemeinsam mit seiner Frau unternahm er noch im Jahre 1963 eine längere Auslandsreise nach Marokko. Gesundheitlich lädiert kehrte er nach Südtirol zurück. Kaum hatte er sich etwas erholt, wurde seine tödliche Krankheit diagnostiziert.[1668]

Abb. 69: Seine politische Tätigkeit ließ Karl Tinzl nur selten Zeit für private Urlaubsreisen mit seiner Frau.[1669]

281

In seinen letzten Lebensmonaten versuchten die Ärzte in Südtirol und an der Universitätsklinik in Innsbruck alles, um sein Leben zu retten. Sogar Ministerpräsident Aldo Moro (DC) wurde von Karl Mitterdorfer kontaktiert, damit ein neu entwickeltes, noch nicht zugelassenes Medikament aus Japan importiert werden konnte.[1670] Die Öffentlichkeit erfuhr erst spät von seinem Leiden. Am 13. Juni 1964 teilte Tinzl seinen Parteifreunden bei der Landesversammlung mit, dass seine Krankheit wohl nicht mehr eingedämmt werden könne. Sichtbare Erschütterung war unter den 600 Anwesenden zu bemerken.[1671]

Seine Frau brachte ihn in den folgenden Tagen noch einmal hinauf zum Karerpass, damit er seine geliebten Berge ein letztes Mal betrachten konnte. Am 11. Juli 1964 erlag er in seinem Heim in Gries seinem Leiden. Trauernde aus allen Teilen des Landes kamen am 14. Juli 1964 zur Trauerfeier am Obermaiser Friedhof.[1672] Parteiobmann Magnago hielt die Grabrede:

„Lieber Dr. Tinzl! Lieber Freund!
Die Heimat, die du so innigst geliebt und für die du ein halbes Jahrhundert gearbeitet, gesorgt und geopfert hast, steht heute in tiefer Trauer vor deiner Bahre, um von dir Abschied zu nehmen. Durch deinen Tod hat Südtirol einen großen Sohn verloren. Du hast in der Tat dem Lande in Bescheidenheit, jedoch stets erfolgreich mit unermüdlicher Tatkraft treu gedient.
Nach deiner Promovierung zum Doktor der Rechte, die mit Auszeichnung und ‚sub auspiciis imperatoris' dank deines hervorragenden Studiums 1912 in Innsbruck vollzogen wurde, hast du die Heimat im Ersten Weltkrieg an der Front verteidigt. Nach dem unglücklichen Ausgang dieses Krieges hast du dein Volk mit Hingabe, Energie und Unerschrockenheit im damaligen römischen Parlamente vom Jahre 1921 bis zu dessen Auflösung würdig vertreten und dies in einer schwierigen Zeit, in der bereits die Diktatur immer mehr an die Macht gekommen war. Aber auch nachher, wenn auch ohne formelles Mandat, fühltest du dich deinen Landsleuten während der schweren faschistischen Unterdrückung als Rechtsanwalt und Ratgeber gegenüber verpflichtet und unzähligen Südtirolern hast du in dieser Zeit deine bereitwillige Hilfe angedeihen lassen: immer freundlich mit allen, geduldig und helfend. Während des Zweiten Weltkrieges wurde dir in der Heimat eine Verantwortung übertragen, der du unter hundert Schwierigkeiten gerecht geworden bist, und dies in einer Weise, dass deine Tätigkeit nicht allein von deinen Landsleuten Anerkennung fand. Das Südtiroler Volk hat seine große Wertschätzung, seine Liebe und sein Vertrauen dir gegenüber zum Ausdruck gebracht, als es dich im Jahre 1953 in die Kammer wählte, mit einer Stimmenanzahl, die noch von niemandem erreicht wurde.
In den Jahren 1954 bis 1956 hast du als Obmann die Südtiroler Volkspartei geführt und als Senator hast du Südtirol im römischen Senat bis zum Frühjahr des vorigen Jahres vertreten. Als Mitglied der Neunzehner-Kommission warst du maßgebend und entscheidend beteiligt an dem Zustandekommen der Vorschläge, die einen Fortschritt zur Lösung unserer Fragen bedeuten. Wie sehr dir auch die Jugend Südtirols am Herzen lag, hast du gezeigt, indem

du die Obmannschaft des Michael-Gamper-Werkes bis zu deinem Tode innehattest. Die Gemeinde Schlanders hat dir die Ehrenbürgerschaft verliehen. Du wurdest ausgezeichnet mit dem Ehrenzeichen des Landes Tirol. Die Universität Innsbruck verlieh dir die hohe Würde eines Ehrensenators. Aus deiner Feder stammen zahlreiche Gutachten und Artikel, die mit großer Fachkenntnis die Probleme der Verwaltung, der Landwirtschaft und anderer Sachgebiete behandelten. Wie oft wurde in unseren Reihen gesagt: ‚Fragen wir Dr. Tinzl!' Und du hast nicht gespart mit Ratschlägen und wenn deine so sehr geachtete Meinung auch nicht immer mit der Meinung anderer übereinstimmte, so hast du sie immer in einer Weise vorgebracht, dass derjenige, dem widersprochen wurde, es kaum fühlte.

Die große Achtung und Ehrung, die dir seitens deiner engern Mitarbeiter und von deinem Volke entgegengebracht wird, verdankst du deinem reichen Wissen auf allen Gebieten, deiner langjährigen Erfahrung, deiner Ruhe und Ausgeglichenheit, die dir immer einen klaren Blick für die Wirklichkeit gegeben hatten. Du vertratst immer mit Festigkeit und klarer Linie deine Meinung; demagogisches oder theatralisches Auftreten kanntest du nicht. Dafür schätzten wir dich um so mehr wegen deiner Sachlichkeit, deiner Bescheidenheit, Hilfsbereitschaft und großen Güte. Wie oft haben wir dich immer neu bewundert, wie du es souverän verstanden hast, die geäußerten Meinungen und Gedanken in treffenden Formulierungen festzuhalten. Die große Achtung, die dir entgegengebracht wurde, hat es dir immer wieder ermöglicht – und das war stets dein Bestreben – Gegensätze wieder zu versöhnen und einen Ausweg und eine Form zu finden, zu der sich alle wieder in Einigkeit bekennen konnten.

Lieber Karl, als du mir vor einigen Jahren das ‚Du' angeboten hattest, so fühlte ich mich dadurch so geehrt, dass ich selten in meinem Leben eine so große Freude empfunden habe wie damals. Im Frühjahr, als deine Gesundheit schon stark angegriffen war, wolltest du noch unbedingt zur Abschlusssitzung der Neunzehner-Kommission nach Rom fahren. Dein Pflichtbewusstsein war in dir so stark ausgeprägt, dass ich große Mühe hatte, dich davon abzuhalten. Deine um dich so besorgte Frau Traudl hatte mich darum gebeten. Ihr und dem Sohne Jörgl bringen wir unser ganzes Mitgefühl entgegen.

Wir haben dich im vergangen Oktober zur Vollendung deines 75. Lebensjahres hier in Meran im engeren Kreise geehrt und gefeiert. Leider sind unsere Wünsche, die wir dir damals entgegengebracht haben, nicht in Erfüllung gegangen. Du hast uns damals gedankt, indem du gesagt hast: ‚Diesem Volke von Südtirol, diesem Lande Südtirol gehört mein Herz auf immer!'

Lieber Karl, heute steht an Deinem offenen Grabe das ganze Südtiroler Volk, mit dem du so verbunden warst, das Dich so geliebt und geschätzt und dem Du so edel vorgelebt hast. Es nimmt heute von deiner sterblichen Hülle Abschied, indem es dir seinen heißen Dank ausspricht für all dein Mühen und Wirken und dir verspricht, dein Andenken in Ehren zu bewahren und zu versuchen, nach deinem Vorbild zu leben. Wir können dir nicht das vergelten, was du uns Gutes und Liebes geschenkt hast: wir sind aber sicher, dass Gott, der Allmächtige, es tun wird."[1673]

Abb. 70: Karl Tinzl erlag am 11. Juli 1964 seinem Leiden. An seiner Beerdigung am 14. Juli 1964 in Obermais nahmen Südtiroler aus allen Teilen des Landes teil.[1674]

Beileidsbekundungen aus dem In- und Ausland, u.a. von Leopold Figl und Bruno Kreisky, Hans Steinacher und Karl Kunst, Staatspräsident Antonio Segni und Ministerpräsident Aldo Moro bestätigten das allgemeine Ansehen von Tinzl. Die österreichischen Südtirolexperten waren in Genf versammelt.[1675] Franz Gschnitzer sandte von dort Beileidsworte:

„Er, der sein Volk durch die Wüste geführt, durfte das gelobte Land nicht betreten. Während wir in Genf in (seinem) Sinne arbeiteten, konnten wir zum ersten Mal das Gefühl haben, uns dem Ziel zu nähern, das er sich gesetzt, als er den Entwurf für das Autonomiegesetz ... beibrachte ... Es ist alles also doch nicht umsonst gewesen."[1676]

In der römischen Kammer würdigten Ministerpräsident Aldo Moro und die Abgeordnete Elisabetta Conci den Verstorbenen. Karl Mitterdorfer verfasste einen ausführlichen Nachruf für seinen verstorbenen Parteikollegen und langjährigen Freund.[1677] Der Präsident der Anwaltskammer von Bozen, Ventrella, äußerte sich sehr positiv über Karl Tinzl, wie in den „Dolomiten" berichtet wurde:

„Er schilderte ihn als einen Ehrenmann vom Scheitel bis zur Sohle, der seinem Berufe auch in schwerer Krankheit noch treu geblieben sei. Dr. Tinzl war ein Verfechter seiner Ideen; er hatte nur das Gemeinwohl im Auge. In den schweren Jahren des letzten Krieges, fuhr Dr. Ventrella fort, als Dr. Tinzl auf einem der verantwortungsvollsten Posten stand, diente er nicht nur dem geschriebenen Gesetz, sondern vor allem dem Gesetze der Menschlichkeit. Er war ein Beispiel der Gerechtigkeit und Objektivität jedermann gegenüber."[1678]

Heute erinnert in Südtirol nur mehr wenig an Karl Tinzl, wenngleich seine Arbeit bis in die Gegenwart fortwirkt. Im Jahre 1973 wurde in Schlanders ein Schülerheim des Gamperwerkes nach ihm benannt. Ein Portraitkopf von Maria Delago soll ihn „als äußeres Zeichen dauernder Erinnerung auch der Jugend lebendig erhalten".[1679] Zudem trägt die Straße zum Schlanderser Krankenhaus seinen Namen, ebenso wie eine enge Gasse in Laas, die zum Hof seines Verwandten Josef Tinzl führt.[1680]

Abb. 71: Das Grab von Karl Tinzl – in einer versteckten Ecke des Obermaiser Friedhofs.[1681]

XVIII. Schlussbetrachtung

Karl Tinzl stellte eine vielschichtige Persönlichkeit dar und übte durch seine über vierzigjährige politische Tätigkeit nachhaltigen Einfluss auf die Politik in Südtirol aus. Obwohl seine Aktivitäten nach außen nicht immer sichtbar waren, zählte er zur Führungsschicht des Deutschen Verbandes und dessen Nachfolgeorganisation, der SVP. Zu Recht wird er daher vielfach als „graue Eminenz" und „Kronjurist der SVP" bezeichnet. Wie kaum ein anderer besaß er feine Sensoren für die zukünftigen Entwicklungen, vermochte es in Verhandlungen geschickt seine Vorstellungen einzubringen und verfügte über detaillierte juridische Kenntnisse, die es ihm ermöglichten seinen Standpunkt zu untermauern.

Seine Sozialisation erfuhr Tinzl, der überdurchschnittlich begabte Jurist, in der Endphase der Habsburgermonarchie. Verwurzelt in einer gesamttirolerischen Denkweise und geprägt von einer katholisch-konservativen Grundhaltung, fasste er nach dem Ersten Weltkrieg den Entschluss sich politisch zu engagieren. Die Politik ließ ihn nicht mehr los. Bis kurz vor seinem Tode setzte er sich beharrlich für die Rechte der Südtiroler und den Schutz der deutschen Sprache und Kultur in einem (über-) mächtigen italienischen Staat ein. In Rom versuchte er in zwei äußerst schwierigen Amtszeiten als Parlamentarier, die faschistische Unterdrückungspolitik in Südtirol einzudämmen. Unmittelbar erlebte der die Demontage der demokratischen Strukturen mit. Als erfolgreichste Strategie erschienen ihm Loyalitätsbekundungen für den Duce, allerdings war dieser daran wenig interessiert. Tinzl bemühte sich zudem um eine Internationalisierung der Südtirolfrage, fand jedoch keine Verbündeten. Es blieb nur das Forcieren des illegalen Widerstandes durch den Aufbau des geheimen Notschulwesens in Südtirol.

Die rigiden Maßnahmen des faschistischen Regimes und die Ohnmacht der eigenen politischen Vertreter gegen diese Unterdrückungspolitik lösten bei der Südtiroler Bevölkerung einen Vertrauensverlust aus. Als Konsequenz davon wandten sich viele vom Deutschen Verband ab und den nationalsozialistisch ausgerichteten Bewegungen zu. Tinzl erkannte den Machtverlust der eigenen Partei und bemühte sich um Schadensbegrenzung. In der Einheit der Südtiroler sah er die einzige Möglichkeit, ihr Überleben zu sichern und versuchte zwischen den unterschiedlichen Positionen zu vermitteln. Er stand in Kontakt mit der Führungsspitze des VKS und leistete durch seine Vermittlungsarbeit einen Beitrag dazu, dass die Zusammenarbeit trotz ideologischer Kontroversen versucht wurde.

Besonders in dieser Phase, wie auch in der Zeit der deutschen Besetzung Südtirols, manifestierte sich die ihn kennzeichnende pragmatische Ausrichtung. Er verstand es, sich rasch auf veränderte Systeme und Machthaber einzustellen und immer wieder einflussreiche Positionen einzunehmen. Im Jahre 1939 optierte er im Gegensatz zur übrigen Führungsspitze des Deutschen Verbandes für Deutschland. Zunehmend näherte er sich den Nationalsozialisten an, die – im Gegensatz zu den Faschisten – seine Dienste bereitwillig annahmen. Er geriet immer weiter ins so genannte „braune Fahrwasser" und kollaborierte schließlich offen mit den Nationalsozialisten, indem er nach seiner Tätigkeit als Leiter der DAT auch die Stelle als kommissarischer Präfekt von Bozen bekleidete. Bis in die Endphase agierte er systemkonform und dafür ist ihm die Verantwortung zuzusprechen.

Betrachtet man sein Vorgehen als Präfekt, so ist festzustellen, dass er seine Tätigkeit mit Umsicht und Weitblick ausführte. Auch die Italiener mussten nach 1945 zu dieser Einschätzung gelangen. Seine beinahe makellose Amtsführung ließ alle Versuche, ihn vor Gericht zu stellen, scheitern.

Bereits während seiner Tätigkeit als Präfekt stand er in Kontakt mit Erich Amonn und dem AHB. Für Amonn stellte er eine wichtige Informationsquelle dar, er schätzte die Kompetenzen Tinzls und fand nach dem Krieg in ihm einen fähigen Mitarbeiter, der ihn beim Aufbau der neuen Partei tatkräftig unterstützte.

So wurde Tinzl das Fortsetzen seiner politischen Karriere ermöglicht. In den ersten Nachkriegsjahren blieb er weitgehend im Hintergrund, die Italiener betrachteten ihn als persona non grata und daher war eine vorsichtige Vorgangsweise angebracht. Doch war er es, der die unzähligen Memoranden für die SVP, vor allem in der Autonomiefrage verfasste. Darin liegen auch seine größten Leistungen. Mehrere Autonomieentwürfe tragen seine Handschrift, auch jener aus dem Jahre 1958, der am 5. Februar 1958 erstmals im Parlament eingebracht wurde, aber, wie auch bei späteren Eingaben, unbehandelt verfiel. Wirkungslos war er dennoch nicht, denn er bildete die Grundlage für alle weiteren Verhandlungen über Südtirol, für die Diskussion vor der UNO ebenso wie für die Debatten innerhalb der Neunzehner-Kommission. In den schwierigen Verhandlungen mit den Vertretern Österreichs erwies er sich als einer der versiertesten Fachmänner der Südtiroler. Nach Abschluss des Gruber-De Gasperi-Abkommens erzielte Tinzl durch seine diplomatischen Kompetenzen einige wichtige Erfolge bei Außenminister Karl Gruber. Als sich Österreich nach der Unterzeichnung des Staatsvertrages wieder eingehender mit Südtirol beschäftigte, war Tinzl einer der wichtigsten Verhandlungspartner der Südtiroler. In den Fünfzigerjahren kam es zu einer vollständigen politischen Rehabilitierung von Tinzl. Nach der Verleihung der italienischen Staatsbürgerschaft wurde er 1953 bei den Parlamentswahlen mit einer enormen Anzahl an Vorzugstimmen wieder als Vertreter nach Rom entsandt, im folgenden Jahr wählte man ihn zum Obmann der Partei und ehrte ihn in der zweiten Hälfte der Fünfzigerjahre mehrfach für seine wertvollen Verdienste um Südtirol. Am Ende seines politischen Wirkens dominierte ein einhellig positives Bild von Karl Tinzl.

Seine Vorgangsweise war während seiner gesamten politischen Laufbahn geprägt von einer auf Konsens und Kompromisse ausgerichteten Position. Seine Kompetenz als Vermittler war maßgeblich für seinen langjährigen politischen Erfolg verantwortlich. Ebenso trugen seine außergewöhnlichen juridischen und seine strategischen Fähigkeiten dazu bei. Gefestigt wurde seine gemäßigte Haltung durch das persönliche Erleben von zwei Weltkriegen und zwei Diktaturen, die er auf verschiedenen Seiten stehend, miterlebte. Bereits in den Zwanzigerjahren erwies sich dies als besondere Stärke, ebenso in seiner Funktion als Präfekt und schließlich auch in den Fünfzigerjahren, als die internen Spannungen innerhalb der SVP ihren Höhepunkt erreichten. In seinem Vorgehen als Obmann der Partei zeigte sich diese Haltung allerdings als zu wenig effizient, um die Dissonanzen innerhalb der Partei dauerhaft zu beseitigen. Dennoch überlebte er als einer von wenigen der „alten Garde" den Richtungswechsel innerhalb der SVP. Auch dies ist einerseits auf seine kompromissbereite Haltung zurückzuführen, auf der anderen Seite spielten seine herausragenden völkerrechtlichen Kenntnisse eine nicht zu unterschätzende Rolle. Als kompetenter Vermittler und zäher Verhandler wurde Tinzl schließlich auch dazu bestimmt, die Verhandlungen mit Innenminister Segni, die zur Installation der Neunzehner-Kommission führten, zu leiten. Die Tätigkeit dieser Kommission bildete die Basis für das spätere „Paket".

Mit seiner politischen Aktivität verfolgte er das Ziel, einen wirkungsvollen Schutz der Rechte der Südtiroler zu erreichen. Zu Recht wurde in einem 1957 von offizieller österreichischer Seite verfassten Bericht über ihn bemerkt, dass in ihm „einer der ‚Pfeiler' des Südtiroler Volkstums und Selbstbehauptungswillens geehrt werden" sollte.[1682] Er ging dabei mit einer klaren und präzisen Betrachtungsweise vor, die seine Memoranden, Gesetzesentwürfe und Aufsätze mit vorwiegend juridischen Inhalten auszeichnete. Trotz unzähliger Rückschläge versuchte er nicht nur im italienischen Parlament, sondern auch vor dem Verfassungsgerichtshof unermüdlich auf die Probleme Südtirols aufmerksam zu machen. Ein großer persönlicher Erfolg stellte für ihn, nach jahrelangen vergeblichen Bemühungen, die Genehmigung des Höferechts 1954 dar. Der „Meister der Formulierungen" vermied stets polemische Äußerungen und fiel vielmehr durch seine äußere Ruhe und innere Ausgeglichenheit auf.[1683] Im Kontakt mit den italienischen Vertretern zeigte er sich stets „[f]est und unbeugsam in der Sache, in der Form entgegenkommend und liebenswürdig".[1684] Seine besondere Bedeutung liegt nicht zuletzt darin, dass er die nach wie vor andauernde „Tradition" der SVP, Juristen in ihren engeren Führungskreis einzubinden und möglichst mit Aufgaben in Rom zu betrauen, begründete. Aktuelle Beispiele müssen nicht lange gesucht werden. Auf der anderen Seite leistete er aufgrund seiner herausragenden juridischen Kompetenzen einen wesentlichen Beitrag dazu, dass die Frage der Südtiroler Autonomie auf eine internationale Ebene verlagert und diskutiert wurde. Vieles wäre ohne diese Internationalisierung nicht möglich gewesen.

Im Frühjahr 1963 zwangen gesundheitliche Motive den mittlerweile Fünfundsiebzigjährigen sich aus seinen politischen und ehrenamtlichen Funktionen weitgehend zurückzuziehen. Bei einem seiner letzten öffentlichen Auftritte bemerkte er zu den Beweggründen für sein langjähriges politisches Wirken in wie immer knappen, aber treffenden Worten:

„Diesem Volk von Südtirol, diesem Land Südtirol gehört mein Herz."[1685]

XIX. Anmerkungen

1 Interview mit Georg Tinzl am 11.2.2002 in Bozen (Tonbandprotokoll), Transkript, S. 23.
2 Ludwig Walter Regele, Karl Tinzl (1888-1964), in: Der Schlern (1978), Heft 52, S. 467-488.
3 Michael Forcher, Tirols Geschichte in Wort und Bild. Innsbruck 1984, S. 159-165.
4 Josef Fontana, Vom Neubau bis zum Untergang der Habsburgermonarchie (1848-1918), in: Josef Riedmann u.a. (Hg.), Geschichte des Landes Tirol, Bd. 3, Bozen 1987, S. 310ff.
5 Hans Heiss, Bürgertum in Südtirol. Umrisse eines verkannten Phänomens, in: Ernst Bruckmüller/ Ulrike Döcker/Hannes Stekl/Peter Urbanitsch (Hg.), Bürgertum in der Habsburger-Monarchie, Wien 1991, S. 299-317, hier S. 308.
6 Vgl. ebd., S. 311.
7 Martha Dietl Mahlknecht, Die geschichtliche und kulturelle Entwicklung von Schlanders von 1850 bis 1914, Diss., Padua 1981, S. 25f.
8 Antonia Würtz wurde am 18.5.1867 in Wels geboren und starb am 14.11.1949 in Schlanders. GAS, Register der Gemeinde Schlanders.
9 Josef Tinzl wurde am 19.2.1856 in Laas geboren und starb am 2.8.1939, GAS, Register der Gemeinde Schlanders.
10 Dietl Mahlknecht, Schlanders, S. 61.
11 Siehe ausführlich dazu: Heiss, Bürgertum, S. 308.
12 Dietl Mahlknecht, Schlanders, S. 48.
13 Ebd., S. 74.
14 Ebd., S. 31.
15 Regele, Karl Tinzl, S. 467.
16 Dietl Mahlknecht, Schlanders, S. 88.
17 Ebd., S. 88f.
18 Aufnahme im Besitz der Verfasserin.
19 Josef Tinzl wurde am 18.12.1886 in Schlanders geboren. Er studierte Medizin und wurde Lungenfacharzt. Einen Großteil seines Lebens verbrachte er in Salzburg, wo er einige Zeit in einer Klinik als Primar tätig war. Interview mit Georg Tinzl, S. 1.
20 Antonia Tinzl, geboren am 20.2.1909, lebte später in Nordtirol. Sie heiratete einen Ingenieur Hassenteufel, der nach 1945 Leiter der Wildbachverbauung in Innsbruck wurde. Ebd., S. 1.
21 Gottfried Solderer, Silvius Magnago. Eine Biografie Südtirols, Bozen 1996, S. 55.
22 Dr. Karl Tinzl – ein Sechziger, in: Volksbote, Nr. 41, 7.10.1948, S. 2. Im Gutachten zur Promotion wird der Besuch des Gymnasiums fälschlicherweise mit den den Jahren 1889/90-1905/06 angegeben. Gutachten und Antrag zur Promotion, Innsbruck, 16.1.1912, UAI, Ehrungsakten, Ehrungsakt Dr. Karl Tinzl.
23 Gutachten und Antrag zur Promotion, Innsbruck, 16.1.1912, UAI, Ehrungsakten, Ehrungsakt Dr. Karl Tinzl.
24 Nachlass Karl Tinzl, Bozen.
25 Vorlesungsverzeichnis, Wintersemester 1908/09, UAI, V/91, 1908/09, S. 40.
26 Interview mit Georg Tinzl, S. 1.
27 Hauptkatalog, Sommersemester 1910, UAI, HK. 142, Nr. 232.
28 Siehe ausführlich dazu: Gerhard Oberkofler, Die Rechtslehre in italienischer Sprache an der Universität Innsbruck (1864-1904). Innsbruck 1975 (Forschungen zur Innsbrucker Universitätsgeschichte 11), S. 11ff.
29 Ebd., S. 15f.
30 Die italienische Fakultät befand sich im Innsbrucker Stadtteil Wilten, dem heutigen Standort der pädagogischen Fakultät. Ebd., S. 9.
31 Fontana, Habsburgermonarchie, S. 260f.
32 Vgl. Eduard Reut-Nicolussi, Tirol unterm Beil. München 1928, S. 35.
33 Josef Gasser, Dr. Karl Tinzl zum Gedenken, in: Der Schlern (1964), Heft 9+10, S. 275.
34 UAI, Ehrungsakten, Ehrungsakt Dr. Karl Tinzl.

35 Schiffner wurde 1882 zum Ordinarius des römischen und österreichischen Zivilrechts in Innsbruck ernannt. Oberkofler, Rechtslehre, S. 62f.
36 Der aus Prag stammende Romanist wurde 1896 nach Innsbruck berufen. Mitglied der rechtshistorischen und judiziellen Staatsprüfungs-Kommission, Professor für römisches Recht, Rektor 1906/07. Er galt als Deutschnationaler, der den Konflikt mit den italienischen Dozenten verschärfte.
37 Nationale für Karl Tinzl, Wintersemester 1906/07, UAI, Juridische Nationalien, 1906/07.
38 Promotionen sub auspiciis imperatoris, in: Neue Tiroler Stimmen, Nr. 111, 15.5.1912, S. 3.
39 Gutachten und Antrag zur Promotion, Innsbruck, 16.1.1912, UAI, Sub-Auspiciis-Akt Karl Tinzl aus 1912.
40 Zit. n. ebd., Sub-Auspiciis-Akt Karl Tinzls aus 1912.
41 Er war Mitglied der staatswissenschaftlichen Staatsprüfungs-Kommission und 1900/01 Rektor der Universiät, sowie 1895/96, 1899/1900 und 1906/07 Dekan der Fakultät.
42 Danscher war ordentliches Mitglied der „American Academy of Political an Social Science" in Philadelphia, Ehrenmitglied des militär-wissenschaftlichen und Kasino-Vereins Innsbruck, Vizepräsident der staatswissenschaftlichen Staatsprüfungskommission. 1892/93 war er als Dekan der Fakultät tätig.
43 Nationale für Karl Tinzl, Sommersemester 1909, UAI, Juridische Nationalien, 1909.
44 Hörmann war Professor für Kirchenrecht und Mitglied der rechtshistorischen Staatsprüfungskommission. In Czernowitz war er 1903/04 als Rektor tätig. Vorlesungsverzeichnis, Wintersemester 1908/09, UAI, V/91, 1908/09, S. 10. Der Kirchenrechtler Hörmann hielt auch italienische Vorträge über das kanonische Recht. Dies erwies sich als wenig karriereförderlich, denn als 1896 die Lehrkanzel des Kirchenrechts frei wurde, wurde Wahrmund aus Czernowitz berufen. Oberkofler, Rechtslehre, S. 43.
45 Hauptkatalog, Sommersemester 1910, UAI, HK. 142, Nr. 232.
46 Regele, Karl Tinzl, S. 467.
47 Nationale für Karl Tinzl, Wintersemester 1906/07, UAI, Juridische Nationalien, 1906/07.
48 Karl Tinzl, Erich Mair. Die Psychologie der nationalen Minderheit, in: Der Schlern (1947), Heft 11, S. 348f.
49 Ders., Franz Gschnitzer. Tirol – Geschichtliche Einheit, in: Der Schlern (1957), Heft 11+12, S. 509.
50 Ders., Die Laureiner wollen einen deutschen Kaplan, in: Südtirol in Not und Bewährung. Festschrift für Michael Gamper, hg. v. Toni Ebner, Bozen-Brixen 1955, S. 164-167.
51 Ders., Aus drei Abschnitten meiner parlamentarischen Tätigkeit in Rom, in: Wolfgang Pfaundeler (Hg.), Südtirol. Versprechen und Wirklichkeit, Wien 1958, S. 68-84, hier S. 68.
52 Sepp Tinzl praktizierte nach dem Studium als Arzt im Ötztal. Regele, Karl Tinzl, S. 468.
53 Nachlass Karl Tinzl.
54 Siehe ausführlich dazu: Gerhard Oberkofler, Franz Huter (1899-1997). Soldat und Historiker Tirols, Innsbruck-Wien 1999, S. 67.
55 Regele, Karl Tinzl, S. 468.
56 Zit. Karl Tinzl an den Bundesminister für Unterricht Ernst Kolb, Bozen, 17.8.1954, SLA, SVP-Archiv, Kart. 182, Fasz. 245 „Wien: Diverse", Bl. 31.
57 Ebd., Fasz. 245 „Wien: Diverse", Bl. 32.
58 Siehe ausführlich dazu: Oberkofler, Huter, S. 67.
59 Zit. b. ebd., S. 109.
60 Pater Thomas Wieser (1872-1918) war von 1901 bis 1911 Lehrer am Gymnasium in Meran. Er beschäftigte sich mit der Neuordnung des Marienberger Archivs und rezensierte die Arbeiten von Hermann Wopfner. Regele, Karl Tinzl, S. 468.
61 Ebd., S. 468.
62 Zit. b. ebd., S. 468.
63 Ein großes Leben für Südtirols Recht, in: Dolomiten, Nr. 246, 22./23.10.1988, S. 31.
64 Karl Tinzl, „Worte sind zu arm, um zu danken ...", in: Dolomiten, Nr. 92, 20.4.1956, S. 3.
65 UAI, Sub-Auspiciis-Akt Karl Tinzl aus 1912.
66 Gutachten und Antrag zur Promotion, Innsbruck, 16.1.1912, UAI, Ehrungsakten, Ehrungsakt Dr. Karl Tinzl.
67 Zit. n. ebd, Ehrungsakt Dr. Karl Tinzl.

68 UAI, Ehrungsakten, Ehrungsakt Dr. Karl Tinzl.
69 Solderer, Magnago, S. 55.
70 Gutachten und Antrag zur Promotion, Innsbruck, 16.1.1912, UAI, Ehrungsakten, Ehrungsakt Dr. Karl Tinzl.
71 Als Statthalter wurde oft ein Mitglied der Habsburger eingesetzt. Er repräsentierte den Kaiser in einem autonomen Gebiet des Reiches.
72 Karl Tinzl – ein Sechziger, in: Volksbote, Nr. 41, 7.10.1948, S. 2.
73 Interview mit Georg Tinzl am 1.5.2004.
74 Zit. n. Promotionen sub auspiciis imperatoris, in: Neue Tiroler Stimmen, Nr.111, 15.5.1912, S. 3.
75 Zit. n. ebd., S. 3.
76 Regele, Karl Tinzl, S. 467f.
77 Ebd., S. 468.
78 Nachlass Karl Tinzl.
79 Gasser, Karl Tinzl, S. 275.
80 Franz Hieronymus Riedl, Ein mutiges Leben für Südtirols Recht. Vor hundert Jahren wurde Dr. Karl Tinzl geboren, in: Südtirol in Wort und Bild (1988), Heft 4, S. 28f, hier S. 28.
81 Regele, Karl Tinzl, S. 468.
82 Solderer, Magnago, S. 55.
83 Nachlass Karl Tinzl.
84 Vgl. Solderer, Magnago, S. 55.
85 Ansuchen zur Ernennung zum Fähnrich der Reserve, Mai 1915, Nachlass Karl Tinzl.
86 Ernennungsurkunde zum Leutnant der Reserve, 1.8.1916, Nachlass Karl Tinzl.
87 Anna und Berta Tinzl waren Cousinen von Karl Tinzl. Sie lebten in Laas und beschäftigten sich zeitlebens mit der Tätigkeit von Karl Tinzl. Interview mit Georg Tinzl, S. 1.
88 Bestätigung des Commissario Civile, 25.1.1920, Nachlass Karl Tinzl.
89 Karl Tinzl – ein Sechziger, in: Volksbote, Nr. 41, 7.10.1948, S. 2.
90 Nachlass Karl Tinzl.
91 Rolf Steininger, Südtirol im 20. Jahrhundert. Vom Leben und Überleben einer Minderheit, Innsbruck-Wien 1997, S. 17-21.
92 Zit. b. Solderer, Magnago, S. 55.
93 Nachlass Karl Tinzl.
94 Interview mit Georg Tinzl, S. 1.
95 Regele, Karl Tinzl, S. 469.
96 Zit. n. Karl Tinzl, Vierzig Jahre von Saint Germain, in: Südtirol in Wort und Bild (1959), Heft 4, S. 3-5, hier S. 3.
97 Zit. n. ders., Vom Friedensvertrag von St. Germain bis zum Ende des Zweiten Weltkrieges, in: Der fahrende Skolast (1958), Sondernummer zur Studientagung der SH 1957, S. 12-18, hier S. 13.
98 Zit. n. ebd., S. 13.
99 Ders., Vierzig Jahre von Saint Germain, S. 3f.
100 Zit. n. ebd., S. 3.
101 Hans Haas, Südtirol 1919, in: Anton Pelinka/Andreas Maislinger (Hg.), Handbuch zur neueren Geschichte Tirols, Bd. 1: Politische Geschichte, Innsbruck 1993, S. 95-130, hier S. 118.
102 Zit. n. ebd., S. 117f.
103 Zit. n. Tinzl, Vierzig Jahre von Saint Germain, S. 4. Walther Amonn vertrat die Ansicht, dass Tinzl „als Obmann der Katholischen Tiroler Volkspartei wesentlich an der Einigung der Parteien beteiligt" gewesen sei. Diese Annahme konnte jedoch nicht verifiziert werden und da Tinzl erst 1923 Obmann des Deutschen Verbandes wurde, kann man wohl davon ausgehen, dass Tinzl als Neuling in der Politik noch keine allzu große Rolle gespielt hat. Zit. n. Walther Amonn, Die Optionszeit erlebt, Bozen 1982, S. 107.
104 Othmar Parteli, Südtirol (1918-1970), in: Josef Riedmann u.a. (Hg.), Geschichte des Landes Tirol, Bd. 4/1, Bozen-Wien 1988, S. 60.
105 Anton Holzer, Die Südtiroler Volkspartei, Thaur/Tirol 1991, S. 46ff.
106 Die Südtiroler Sozialdemokraten konstituierten sich im Herbst 1919 als eigene Partei. Sie besaßen gute Kontakte zu den gemäßigten italienischen Sozialdemokraten unter der Führung von Filippo Turati und erreichten, dass diese mehrmals die Forderung nach Selbstbestimmung für Südtirol

einbrachten. Obwohl sie ihre Eigenständigkeit als Partei behaupteten, unterzeichneten die Sozialdemokraten zahlreiche gemeinsame Erklärungen der Südtiroler Parteien. Ludwig W. Regele, Episoden der Südtiroler Geschichte XVII, in: ff (1984), Heft 43, 1984, S. 42f, hier S. 42.
107 Holzer, Südtiroler Volkspartei, S. 46f.
108 Regele, Episoden XVII, S. 42.
109 Umberto Corsini/Rudolf Lill, Südtirol 1918-1946, Bozen 1988, S. 79.
110 Steininger, Südtirol im 20. Jahrhundert, S. 41.
111 Im Oktober traf eine Südtiroler Delegation mit den Kardinälen Frühwit und De Lai zusammen, schließlich wurde sogar eine Audienz beim Papst arrangiert. Sämtliche Vertreter sicherten ihren wohlwollenden Einsatz zum Schutz der Südtiroler zu. Regele, Episoden XVII, S. 43.
112 Brigitte Öttl, Die Entwicklung der politischen Parteien in Südtirol seit 1918, Dipl., Innsbruck 1981, S. 27ff.
113 Zit. n. Tinzl, Friedensvertrag, S. 14.
114 Vgl. Leopold Steurer, Die Südtirolfrage und die deutsch-italienischen Beziehungen vom Anschluss (1919) bis den Optionen (1939), in: Jahrbuch des italienisch-deutschen historischen Instituts in Trient (1978), Heft 4, S. 387-418, hier S. 392.
115 Steininger, Südtirol im 20. Jahrhundert, S. 45f.
116 Vgl. Claus Gatterer, Im Kampf gegen Rom. Bürger, Minderheiten und Autonomien in Italien, Wien 1968, S. 353.
117 Steininger, Südtirol im 20. Jahrhundert, S. 49.
118 Doktor Karl Tinzl (1888-1964). Er war der getreue Anwalt der Rechte Südtirols, in: Dolomiten, Nr. 162, 13.7.1984, S. 8.
119 Parteli, Südtirol, S. 92.
120 Zit. n. Tinzl, Friedensvertrag, S. 14.
121 Parteli, Südtirol, S. 92.
122 Zit. n. Reut-Nicolussi, Tirol unterm Beil, S. 87.
123 Nachlass Karl Tinzl.
124 Zit. n. Unsere Kandidaten für das Parlament, in: Volksbote, Nr. 18, 4.5.1921, S. 2.
125 Riedl, Leben, S. 28.
126 Zit. n. Interview mit Georg Tinzl, S. 3.
127 Ein großes Leben für Südtirols Recht, in: Dolomiten, Nr.246, 22./23.10.1988, S. 31.
128 Der aus Lusern stammende Eduard Reut-Nicolussi hatte gleichzeitig mit Tinzl in Innsbruck studiert. Vor dem endgültigen Ausscheiden der Südtiroler aus dem Wiener Nationalrat hielt er dort im September 1919 die Abschiedsrede. Seine vehemente Ablehnung des faschistischen Regimes, wie auch später des nationalsozialistischen, führte dazu, dass er in den Zwanzigerjahren nach Innsbruck übersiedeln musste. Dort arbeitete er als Universitätsprofessor. Nach 1945 wurde er wieder für Südtirol tätig und leitete die Landesstelle für Südtirol und Innsbruck. Gottfried Solderer, Das 20. Jahrhundert in Südtirol, Bd. 2: Faschistenbeil und Hakenkreuz. 1920-1939, Bozen 2000, S. 31.
129 Nachlass Karl Tinzl.
130 Tinzl, Aus drei Abschnitten, S. 68.
131 Solderer, Faschistenbeil, S. 34.
132 Da rund 45 Prozent der italienischen Bevölkerung Analphabeten waren, musste jede Partei ein graphisches Kennzeichen besitzen. Der Deutsche Verband hatte das Edelweiß gewählt. Parteli, Südtirol, S. 93.
133 Paul Herre, Die Südtiroler Frage. Entstehung und Entwicklung eines europäischen Problems der Kriegs – und Nachkriegszeit, München 1927, S. 190.
134 Holzer, Südtiroler Volkspartei, S. 48.
135 Felix Ermacora, Südtirol und das Vaterland Österreich, Wien 1984, S. 26ff.
136 Zit. n. Tinzl, Friedensvertrag, S. 14.
137 Zit. n. ebd., S. 14.
138 Zit. n. ders., Aus drei Abschnitten, S. 69.
139 Reut-Nicolussi, Tirol unterm Beil, S. 90.
140 Zit. n. Tinzl, Aus drei Abschnitten, S. 69.
141 Zit. n. ebd., S. 69.
142 Ebd., S. 70f.

143 Tinzl, Aus drei Abschnitten., S. 71.
144 Zit. n. ebd., S. 71.
145 Interview mit Georg Tinzl, S. 4.
146 Phoebe Wood Busch, Baron von Sternbach and the struggle for South Tirol, Diss., Denver 1996, S. 280.
147 Regele, Karl Tinzl, S. 470.
148 Parteli, Südtirol, S. 95.
149 Vgl. Tinzl, Vierzig Jahre von Saint Germain, S. 4.
150 Parteli, Südtirol, S. 96f.
151 Regele, Karl Tinzl, S. 470.
152 Tinzl, Aus drei Abschnitten, S. 71.
153 Heiss, Bürgertum, S. 311.
154 Corsini/Lill, Südtirol, S. 85f.
155 Leopold Steurer, Südtirol zwischen Rom und Berlin 1919-1939, Wien-München-Zürich 1980, S. 61.
156 Vgl. Tinzl, Friedensvertrag, S. 14.
157 Ebd., S. 15.
158 Öttl, Parteien in Südtirol seit 1918, S. 30.
159 Zit. n. Interview mit Georg Tinzl, S. 3.
160 Steininger, Südtirol im 20. Jahrhundert, S. 59.
161 Zit. n. Tinzl, Friedensvertrag, S. 15.
162 Herre, Südtiroler Frage, S. 231.
163 Maria Villgrater, Katakombenschule. Faschismus und Schule in Südtirol, Bozen 1984 (Schriftenreihe des Südtiroler Kulturinstituts 11), S. 25-28.
164 Zit. n. Tinzl, Friedensvertrag, S. 14.
165 Steininger, Südtirol im 20. Jahrhundert, S. 61.
166 Vgl. Sunto dei discorsi tenuti del deputato dott. Carlo Tinzl nella Camera tra il 1921 ed il 1928, SLA, SVP-Archiv, Fasz. 455 „Staatsbürgerschaft", Bl. 316.
167 Zit. n. Tinzl, Friedensvertrag, S. 15.
168 „In tutto il discorso non c'era nessuna parola di ostilitá contro gli italiani, ma qualsiasi deputato di lingua italiana avrebbe potuto tenere lo stesso discorso." Zit. n. Sunto dei discorsi tenuti del deputato dott. Carlo Tinzl nella Camera tra il 1921 ed il 1928, SLA, SVP-Archiv, Fasz. 455 „Staatsbürgerschaft", Bl. 316.
169 Vgl. Corsini/Lill, Südtirol, S. 128.
170 Zit. n. Herre, Südtiroler Frage, S. 127ff.
171 Solderer, Faschistenbeil, S. 47.
172 Tinzl, Friedensvertrag, S. 15.
173 Zit. n. Tinzl, Aus drei Abschnitten, S. 74.
174 Gatterer, Kampf, S. 441.
175 Zit. n. Tinzl, Vierzig Jahre Vertrag von St. Germain, S. 5.
176 Ders., Aus drei Abschnitten, S. 75.
177 Vgl. Corsini/Lill, Südtirol, S. 124ff.
178 Tinzl, Aus drei Abschnitten, S. 75.
179 Zit. n. Rede des Abgeordneten Dr. Tinzl über die Gesetzesreform, in: Der Tiroler, Nr. 124, 2.6.1923, S. 1f, hier S. 1.
180 Zustimmung zur Rede Tinzls, in: Der Tiroler, Nr. 124, 2.6.1923, S. 2.
181 Alcide de Gasperi stammte aus Tesino und war bereits vor 1918 österreichischer Reichratsabgeordneter, nach dem 1. Weltkrieg wurde er als Vertreter der Trentiner ins italienische Parlament entsandt. Unter den Faschisten ging er ins Exil in die Schweiz, nach seiner Rückkehr wurde er 1944 zum Mitbegründer der DC. 1946 wurde er als Spitzenkandidat der DC zum Ministerpräsidenten der neu proklamierten Republik Italien und behielt diese Position bis zum 28.7.1953. Karl Mittermaier, Südtirol. Geschichte, Politik und Gesellschaft, Wien 1986, S. 63-65.
182 Steininger, Südtirol im 20. Jahrhundert, S. 75.
183 Alfons Gruber, Südtirol unter dem Faschismus, Bozen 1974 (Schriftenreihe des Südtiroler Kulturinstituts 1), S. 21.
184 Parteli, Südtirol, S. 125f.

185 Vgl. Corsini/Lill, Südtirol, S. 123.
186 Zit. n. Tinzl, Friedensvertrag, S. 15.
187 Steurer, Südtirol zwischen Rom und Berlin, S. 197.
188 Reut-Nicolussi, Tirol unterm Beil, S. 122.
189 Steurer, Südtirol zwischen Rom und Berlin, S. 71.
190 Steininger, Südtirol im 20. Jahrhundert, S. 75.
191 Forcher, Tirols Geschichte, S. 220.
192 Vierter Parteitag der Tiroler Volkspartei, in: Der Tiroler, Nr. 122, 30.5.1923, S. 1f, hier S. 1.
193 Doktor Karl Tinzl (1888-1964). Er war der getreue Anwalt der Rechte Südtirols, in: Dolomiten, Nr. 162, 13.7.1984, S. 8.
194 Regele, Karl Tinzl, S. 470.
195 Hans Heiss/Gustav Pfeifer (Hg.), Südtirol-Stunde Null?. Kriegsende 1945-1946, Innsbruck 2000 (Veröffentlichungen des Südtiroler Landesarchivs 10), S. 174.
196 Zit. n. Karl Trafojer, Die innenpolitische Lage in Südtirol 1918-1925, Diss. masch., Wien 1971, S. 159f.
197 Walter Freiberg, Südtirol und der italienische Nationalismus. Entstehung und Entwicklung einer europäischen Minderheitenfrage, Innsbruck 1994 (Schlern-Schriften 282/2), S. 704-709.
198 Corsini/Lill, Südtirol, S. 128.
199 Steininger, Südtirol im 20. Jahrhundert, S. 78.
200 Gatterer, Kampf, S. 437f.
201 Steininger, Südtirol im 20. Jahrhundert, S. 82f.
202 Solderer, Faschistenbeil, S. 77.
203 Gruber, Südtirol, S. 24.
204 Der Landsmann, Nr. 254, 6.11.1923, S. 1f.
205 Zit. n. Karl Tinzl, Die Ungesetzlichkeit der neuen Sprachenerlässe des Präfekten in Trient, in: Der Landsmann, Nr. 251, 3.11.1923, S. 1f, hier S. 1.
206 Karl Tinzl, Die Ungesetzlichkeit der neuen Sprachenerlässe des Präfekten in Trient, in: Der Landsmann, Nr. 254, 6.11.1923, S. 1f.
207 Zit. n. ders., Die Ungesetzlichkeit der neuen Sprachenerlässe des Präfekten in Trient, in: Der Landsmann, Nr. 256, 9.11.1923, S. 1f.
208 Auch Tinzl unterzeichnete das „Memorandum der Südtiroler Abgeordneten an den Völkerbund, 1918-1924". Freiberg, Südtirol, Nr. 282/2, S. 109ff.
209 Ders., Südtirol und der italienische Nationalismus. Entstehung und Entwicklung einer europäischen Minderheitenfrage, Innsbruck 1994 (Schlern-Schriften 282/1), S. 297.
210 Ebd., S. 288f.
211 Parteli, Südtirol, S. 127.
212 Ludwig W. Regele, Episoden der Südtiroler Geschichte XXXXII, in: ff (1984), Heft 3, S. 46f, hier S. 46.
213 Viele Oppositionsparteien verzichteten in Italien auf die Teilnahme an den Wahlen, was sich als schwerwiegender Fehler herausstellte. Vgl. Tinzl, Aus drei Abschnitten, S. 76.
214 Öttl, Parteien in Südtirol seit 1918, S. 34.
215 Busch, Sternbach, S. 264.
216 Die anderen Parteien benutzen auch Symbole: die Faschisten das Liktorenbündel, das Kreuz mit dem Wort Libertas verwendeten die Popolari, Hammer, Sichel und Buch standen für die Sozialisten, Hammer und Sichel für die Kommunisten.
217 Parteli, Südtirol, S. 128.
218 Zit. n. Reut-Nicolussi, Tirol unterm Beil, S. 35ff.
219 Zit. n. Interview mit Georg Tinzl, S. 5f.
220 Parteli, Südtirol, S. 128.
221 Busch, Sternbach, S. 265.
222 Zit. n. Tinzl, Aus drei Abschnitten, S. 76.
223 Solderer, Faschistenbeil, S. 52.
224 Reut-Nicolussi, Tirol unterm Beil, S. 201.
225 Siehe ausführlich dazu: Busch, Sternbach, S. 268ff.
226 Regele, Episoden XXXXII, S. 47.

227 Solderer, Faschistenbeil, S. 52f.
228 Rede Dr. Tinzls am 9.März in der Wählerversammlung in Sterzing, in: Meraner Zeitung, Nr. 59, 10.3.1924, S. 2.
229 Cäcilia Alber, Südtiroler Landesgeschichte im Spiegel der liberalen Meraner Zeitung (1900-1926), Dipl., Innsbruck 1989, S. 141.
230 Rede Tinzls am 9.März in der Wählerversammlung in Sterzing, in: Meraner Zeitung, Nr. 59, 10.3.1924, S. 2.
231 Herre, Südtiroler Frage, S. 304.
232 Zit. n. Glänzender Erfolg der Edelweißliste, in: Der Landsmann, Nr. 82, 9.4.1924, S. 1.
233 Zit. n. Tinzl, Aus drei Abschnitten, S. 76.
234 Zit. n. Interview mit Georg Tinzl, S. 5.
235 Regele, Karl Tinzl, S. 473.
236 Zit. b. Busch, Sternbach, S. 20.
237 Riedl, Leben, S. 28.
238 Solderer, Faschistenbeil, S. 53.
239 Zit. b. Regele, Karl Tinzl, S. 473f.
240 SLA, SVP-Archiv, Kart. 460, Fasz. 592/b „Baron Paul von Sternbach".
241 Busch, Sternbach, S. 3.
242 Zit. n. Grabrede des Dr. Tinzl, in: Volksbote, Nr. 44, 28.10.1948, S. 2.
243 Corsini/Lill, Südtirol, S. 131.
244 Tinzl, Aus drei Abschnitten, S. 76.
245 Busch, Sternbach, S. 280.
246 Ebd., S. 275f.
247 Unsere Abgeordneten bei Mussolini, in: Der Volksbote, Nr. 134, 12.6.1924, S. 1.
248 Zit. b. Busch, Sternbach, S. 277f.
249 Vgl. Sunto dei discorsi tenuti del deputato dott. Carlo Tinzl nella Camera tra il 1921 ed il 1928, SLA, SVP-Archiv, Fasz. 455 „Staatsbürgerschaft", Bl. 316.
250 Corsini/Lill, Südtirol, S. 132.
251 Zit. n. Unsere Abgeordneten bei Mussolini, in: Der Volksbote, Nr. 134, 12.6.1924, S. 1.
252 Busch, Sternbach, S. 281.
253 Zit. n. Unsere Abgeordneten bei Mussolini, in: Der Volksbote, Nr. 134, 12.6.1924, S. 1.
254 Zit. n. Tinzl, Aus drei Abschnitten, S. 76.
255 Ebd., S. 76.
256 Ders., Friedensvertrag, S. 16.
257 Zit. n. ders., Aus drei Abschnitten, S. 76.
258 Regele, Karl Tinzl, S. 471.
259 Corsini/Lill, Südtirol, S. 115.
260 Ebd., S. 138.
261 Busch, Sternbach, S. 290.
262 Tinzl, Vierzig Jahre von St.Germain, S. 5.
263 Zit. n. Regele, Karl Tinzl, S. 472
264 Steininger, Südtirol Südtirol im 20. Jahrhundert, S. 86.
265 Ludwig W. Regele, Episoden der Südtiroler Geschichte XXXXVI, in: ff (1984), Nr. 11, S. 46f, hier S. 46.
266 Zit. b. Reut-Nicolussi, Tirol unterm Beil, S. 188f.
267 Vgl. Regele, Episoden XXXXVI, S. 47.
268 Zit. b. ebd., S. 47.
269 Reut-Nicolussi, Tirol unterm Beil, S. 185.
270 Zit. b. Villgrater, Katakombenschule, S. 41.
271 Vgl. Sunto dei discorsi tenuti del deputato dott. Carlo Tinzl nella Camera tra il 1921 ed il 1928, SLA, SVP-Archiv, Fasz. 455 „Staatsbürgerschaft", Bl. 316.
272 Zit. b. Gruber, Südtirol, S. 58.
273 Zit. b. Villgrater, Katakombenschule, S. 45f.
274 Vgl. Sunto dei discorsi tenuti del deputato dott. Carlo Tinzl nella Camera tra il 1921 ed il 1928, SLA, SVP-Archiv, Fasz. 455 „Staatsbürgerschaft", Bl. 316.

275 Zit. b. Ehrung für Sen. Dr. Karl Tinzl und Würdigung seiner Verdienste, in: Dolomiten, Nr. 238, 16.10.1963, S. 7.
276 Öttl, Parteien in Südtirol seit 1918, S. 35.
277 Herre, Südtiroler Frage, S. 326.
278 Steininger, Südtirol im 20. Jahrhundert, S. 82f.
279 Zit. n. Gruber, Südtirol, S. 37.
280 Tinzl, Aus drei Abschnitten, S. 78.
281 Regele, Karl Tinzl, S. 472.
282 Vgl. Tinzl, Aus drei Abschnitten, S. 79.
283 Interview mit Georg Tinzl, S. 4.
284 Zit. b. Reut-Nicolussi, Tirol unterm Beil, S. 189.
285 Zit. b. ebd., S. 189.
286 Zit. n. Regele, Karl Tinzl, S. 472
287 Reut-Nicolussi, Tirol unterm Beil, S. 203.
288 Zit. n. Tinzl, Aus drei Abschnitten, S. 78f.
289 Corsini/Lill, Südtirol, S. 133.
290 Busch, Sternbach, S. 299.
291 Gruber, Südtirol, S. 60.
292 Reut-Nicolussi, Tirol unterm Beil, S. 203.
293 Zit. n. Tinzl, Friedensvertrag, S. 16.
294 Die Grundvoraussetzung für jede echte Selbstregierung, in: Dolomiten, Nr. 178, 5.8.1958, S. 1.
295 Busch, Sternbach, S. 367.
296 Zit. n. Karl Tinzl an seine Eltern, Washington, 3.10. 1925, Nachlass Karl Tinzl.
297 Franz Huter (Hg.), Südtirol. Eine Frage des europäischen Gewissens, München 1965, S. 314.
298 Nachlass Karl Tinzl.
299 Zit. n. Karl Heinz Ritschel, Diplomatie um Südtirol. Politische Hintergründe eines europäischen Versagens, Stuttgart 1966, S. 115
300 Zit. n. Tinzl, Friedensvertrag, S. 17.
301 Zit. n. ebd., S. 16.
302 Reut-Nicolussi, Tirol unterm Beil, S. 203.
303 Herre, Südtiroler Frage, S. 360.
304 Nachlass Karl Tinzl.
305 Freiberg, Südtirol, Nr. 282/1, S. 297.
306 Corsini/Lill, Südtirol, S. 130.
307 Freiberg, Südtirol, Nr. 282/2, S. 178.
308 Corsini/Lill, Südtirol, S. 130
309 Zit. n. Freiberg, Südtirol, Nr. 282/2, S. 194.
310 Zit. b. ebd., Nr. 282/1, S. 178.
311 Steininger, Südtirol im 20. Jahrhundert, S. 88.
312 Kanonikus Michael Gamper (1885-1956) stammte aus Prissian/Tisens und wurde nach dem Studium der Theologie in Innsbruck und Trient 1908 zum Priester geweiht. 1921 übernahm er die Leitung der Verlagsanstalt „Tyrolia", nachdem er bereits als Chefredakteur des „Volksboten" tätig gewesen war. Im Kampf gegen den Faschismus fiehl ihm eine Schlüsselrolle zu. Er zählte zu den massivsten Kritikern der Option und musste im September 1943 vor den Nazis fliehen. Nach dem Krieg baute er die Verlagsanstalt „Athesia" wieder auf und arbeitete eng mit der SVP zusammen. Bis zu seinem Tod setzte er sich für die Rechte der Südtiroler ein. Eduard Widmoser, Südtirol A-Z. Bd. 2, Innsbruck 1983, S. 21.
313 Walter Marzari, Kanonikus Michael Gamper. Ein Kämpfer für Glauben und Heimat gegen Faschistenbeil und Hakenkreuz in Südtirol, Wien 1974, S. 40.
314 Villgrater, Katakombenschule, S. 110.
315 Zit. b. Regele, Karl Tinzl, S. 474.
316 Villgrater, Katakombenschule, S. 110.
317 Mazari, Gamper, S. 41.
318 Zit. n. Interview mit Georg Tinzl, S. 8.
319 Amonn, Optionszeit, S. 107.

320 Regele, Karl Tinzl, S. 474.
321 Zit. b. Villgrater, Katakombenschule, S. 219.
322 Zit. n. Tinzl, Friedensvertrag, S. 17.
323 Regele, Karl Tinzl, S. 475.
324 Zit. n. Interview mit Georg Tinzl, S. 5.
325 Solderer, Faschistenbeil, S. 67.
326 Steurer, Südtirol zwischen Rom und Berlin, S. 189.
327 Tinzl, Vierzig Jahre Vertrag von Saint Germain, S. 5.
328 Zit. n. ders., Friedensvertrag, S. 17.
329 Busch, Sternbach, S. 301.
330 Ebd., S. 298-301.
331 Amonn, Optionszeit, S. 35.
332 Benedikt Erhard, Option Heimat – Opzioni. Eine Geschichte Südtirols vom Gehen und Bleiben, Katalog zur Ausstellung des Tiroler Geschichtsvereines, hg. v. Tiroler Geschichtsverein-Sektion Bozen, Bozen 1989, S. 113.
333 Holzer, Südtiroler Volkspartei, S. 50.
334 Heiss, Bürgertum, S. 311.
335 Regele, Karl Tinzl, S. 473.
336 Zit. b. Gruber, Südtirol, S. 73.
337 Zit. b. ebd., S. 75.
338 Leopold Steurer, Südtirol 1918-1945, in: Anton Pelinka/Andreas Maislinger (Hg.), Handbuch zur neueren Geschichte Tirols, Bd. 1: Politische Geschichte, Innsbruck 1993, S. 179-311, hier S. 205.
339 Zit. n. Tinzl, Friedensvertrag, S. 17.
340 Zit. b. Freiberg, Südtirol, Nr. 282/1, S. 297f.
341 Gruber, Südtirol, S.84f. Das von Mussolini als Beleg angeführten Dokument, das sog. Messgerichts-privileg aus dem Jahre 1718, wurde erst im Mai 2003 an die Stadt Bozen zurückgegeben. Lange Zeit galt es als verschollen. Wichtige Urkunde wiedergefunden, in: Dolomiten, Nr. 123, 30.5.2003, S. 19.
342 Zit. b. Memorandum an Mussolini, Innsbrucker Nachrichten, Nr. 174, 1.8.1927, S. 6.
343 Freiberg, Südtirol, Nr. 282/2., S. 420-426.
344 Memorandum an Mussolini, Innsbrucker Nachrichten, Nr. 174, 1.8.1927, S. 6.
345 Gruber, Südtirol, S. 86.
346 Corsini/Lill, Südtirol, S. 175.
347 Freiberg, Südtirol, Nr. 282/2, S. 718.
348 Zit. n. Tinzl, Aus drei Abschnitten, S. 79
349 Regele, Karl Tinzl, S. 473.
350 Busch, Sternbach, S. 389.
351 Vgl. Gruber, Südtirol, S. 98.
352 Zit. b. ebd., S. 88.
353 Reut-Nicolussi, Tirol unterm Beil, S. 203.
354 Corsini/Lill, Südtirol, S. 175.
355 Zit. b. Gruber, Südtirol, S. 90.
356 Ebd., S. 91.
357 Steurer, Südtirol 1918-1945, S. 202-205.
358 Steininger, Südtirol im 20. Jahrhundert, S. 100-102.
359 Forcher, Tirols Geschichte, S. 225f.
360 Zit. n. Tinzl, Friedensvertrag, S. 17.
361 Steininger, Südtirol im 20. Jahrhundert, S. 109ff.
362 Parteli, Südtirol, S. 295f.
363 Siehe ausführlich dazu: Solderer, Faschistenbeil, S. 219ff.
364 Steininger, Südtirol im 20. Jahrhundert, S. 102-104.
365 Solderer, Faschistenbeil, S. 219-223.
366 Busch, Sternbach, S. 395.
367 Corsini/Lill, Südtirol, S. 188.
368 Zit. n. Tinzl, Friedensvertrag, S. 17.
369 Riedl, Leben, S. 28.

370 Podestá von Schlanders an Präfekt von Bozen, Schlanders, 16.1.1928, GAS, Überwachung der politischen Tätigkeit des Abg. Dr. Tinzl, VI, C-11.
371 Podestá von Schlanders an Präfekt von Bozen, Schlanders, 11.8.1928, GAS, Überwachung der politischen Tätigkeit des Abg. Dr. Tinzl, VI, C-11.
372 Podestá von Schlanders an Unterpräfekt von Meran, Schlanders, September 1925, GAS, Überwachung der politischen Tätigkeit des Abg. Dr. Tinzl, VI, C-11.
373 Podestá von Schlanders an Podestá von Innichen, Schlanders, 9.9.1926, GAS, Überwachung der politischen Tätigkeit des Abg. Dr. Tinzl, VI, C-11.
374 Unterpräfekt von Meran an Podestá von Schlanders, Meran, 21.8.1926, GAS, Überwachung der politischen Tätigkeit des Abg. Dr. Tinzl, VI, C-11.
375 Podestá von Schlanders an Podestá von Brenner, Schlanders, 29.8.1926, GAS, Überwachung der politischen Tätigkeit des Abg. Dr. Tinzl, VI, C-11.
376 Podestá von Innichen an Podestá von Schlanders, Innichen, 7.9.1926, GAS, Überwachung der politischen Tätigkeit des Abg. Dr. Tinzl, VI, C-11.
377 Podestá von Schlanders an Unterpräfekt von Meran, Schlanders, 28.8.1926, GAS, Überwachung der politischen Tätigkeit des Abg. Dr. Tinzl, VI, C-11.
378 Unterpräfekt von Meran an Podestá von Schlanders, Meran, 22.9.1926, GAS, Überwachung der politischen Tätigkeit des Abg. Dr. Tinzl, VI, C-11.
379 Podestá von Schlanders an Unterpräfekten von Meran, Schlanders, 28.9.1926, Podestá von Schlanders an Präfekten von Brenner und Innichen, Schlanders, 3.10.1926, Kommissar von Brenner an Podestá von Schlandres, Brenner, 11.10.1926, GAS, Überwachung der politischen Tätigkeit des Abg. Dr. Tinzl, VI, C-11.
380 Podestá von Innichen an Podestá von Schlanders, Innichen, 8.10.1926, GAS, Überwachung der politischen Tätigkeit des Abg. Dr. Tinzl, VI, C-11.
381 Kommissar von Brenner an Quästur von Bozen und Präfekt von Schlanders, Brenner, 5.7.1927, GAS, Überwachung der politischen Tätigkeit des Abg. Dr. Tinzl, VI, C-11.
382 Kommissar von Brenner an Präfekten von Schlanders, Schlanders, 21.6.1927, GAS, Überwachung der politischen Tätigkeit des Abg. Dr. Tinzl, VI, C-11.
383 Präfekt von Bozen an Podestá von Schlanders, Bozen, 20.10.1927, GAS, Überwachung der politischen Tätigkeit des Abg. Dr. Tinzl, VI, C-11.
384 Podestá von Schlanders an Präfekt von Bozen, Schlanders, 1.1.1928, GAS, Überwachung der politischen Tätigkeit des Abg. Dr. Tinzl, VI, C-11.
385 Podestá von Schlanders an Präfekt von Bozen, Schlanders, 16.1.1928, GAS, Überwachung der politischen Tätigkeit des Abg. Dr. Tinzl, VI, C-11.
386 Regele, Karl Tinzl, S. 475.
387 Er veröffentlichte unter dem Pseudonym Ernst Meran Novellen, u.a. „Edelweiß und Tannengrün. Tiroler Jagdbilder" (Klagenfurt 1901). Regele, Karl Tinzl, S. 475.
388 Interview mit Georg Tinzl am 1.5.2004 in Meran.
389 Nachlass Karl Tinzl.
390 Nachlass Karl Tinzl.
391 Gespräch mit Lothar von Sternbach am 2.4.2003 in Bruneck.
392 Zit. n. Interview mit Georg Tinzl, S. 8.
393 Optionserklärung von Karl Tinzl, GAS, Registro delle persone che hanno optato per la cittadinanza germanica.
394 Karl Tinzl an Oberregierungsrat Dr. Ungerer, Bozen, 28.5.1952, SLA, SVP-Archiv, Fasz. 465 „Stellenbewerber".
395 Im Gedenken an Traudi Semler-Tinzl, in: Dolomiten, 28.5.1994, Elektronisches Dolomiten Archiv, Allgemein, S. 99.
396 Ebd., S. 99.
397 Regele, Karl Tinzl, S. 475.
398 Zit. n. Interview mit Georg Tinzl, S. 5f.
399 Franz Huter, Dem Andenken Dr. Karl Tinzls, in: Tiroler Heimat. Jahrbuch für Geschichte und Volkskunde (1963/64), Heft 27/28, S. 140-143, hier S. 141.
400 Zit. n. Karl Tinzl, Die Stellung des Südtiroler Akademikers im öffentlichen Leben, in: Der fahrende Skolast (1961), Sondernummer, S. 50-54, hier S. 51.

401 Zit. n. Regele, Karl Tinzl, S. 475.
402 Vgl. Solderer. Magnago, S. 55.
403 Doktor Karl Tinzl (1888-1964). Er war der getreue Anwalt der Rechte Südtirols, in: Dolomiten, Nr. 162, 13.7.1984, S. 8.
404 Zit. n. Interview mit Georg Tinzl, S. 6.
405 Gespräch mit Karl Mitterdorfer am 16.4.2002 in Bozen.
406 Solderer. Magnago, S. 55.
407 Interview mit Georg Tinzl am 1.5.2004.
408 Interview mit Georg Tinzl, S. 8.
409 Regele, Karl Tinzl, S. 475.
410 Zit. n. Interview mit Georg Tinzl, S. 6.
411 Holzer, Südtiroler Volkspartei, S. 49.
412 Ebd., S. 49.
413 Steurer, Südtirol 1918-1945, S. 232.
414 Ders., Südtirol zwischen Rom und Berlin, S. 206.
415 Die Zusammenarbeit der Jugendvertreter aus dem GJR mit dem Deutschen Verband war aufgrund von persönlichen und politischen Differenzen gescheitert. Den Aufbau einer umfassenden Jugendorganisation lehnte Tinzl und Sternbach ab. Das Risiko dafür erachteten sie als zu hoch. Trotzdem stellte die Heranbildung „vorzüglich geschulter, aber volkspolitisch verlässlicher Leute" ein wichtiges Ziel dar. Weitere Ziele waren „eine dem Selbstbestimmungsrecht gemäße Form staatlicher Gestaltung für Südtirol zu erreichen." Bis zu diesem Zeitpunkt sollte durch „moralische und materielle Unterstützung der Willen zur Aufrechterhaltung des Fortbestandes" anerkannt werden. Im Sommer 1932 Tinzl und Sternbach und Felix Kraus diese Richtlinien erlassen, aber nicht mehr von praktischer Bedeutung. Ebd., S. 194f.
416 Ebd., S. 206.
417 Ders., Südtirolfrage, S. 400.
418 Corsini/Lill, Südtirol, S. 303.
419 Zit. n. Interview mit Georg Tinzl, S. 10f.
420 Amonn, Optionszeit, S. 108. Walther Amonn leitete nach seinem Studium gemeinsam mit seinem Bruder die Firma Amonn in Bozen. Er engagierte sich politisch, wirkte am Zusammenschluss der Parteien zum DV mit, besaß intensive Kontakte zu Kanonikus Gamper und unterstützte den Aufbau der SVP. Von Mai bis Dezember 1945 war er Vizepräfekt der Provinz Bozen. 1948 bis 1952 war er im Bozner Stadtrat Finanzassessor, bis 1956 war er Abgeordneter im Südtiroler Landtag und Mitglied des Regionalausschusses. Neben seiner politischen Tätigkeit engagierte er sich aktiv im kulturellen Bereich. Eduard Widmoser, Südtirol A-Z, Bd. 1, Innsbruck 1982, S. 54.
421 Zit. n. Doktor Karl Tinzl (1888-1964). Er war der getreue Anwalt der Rechte Südtirols, in: Dolomiten, Nr. 162, 13.7.1984, S. 8.
422 Der VKS schlug vor, dass beide Organisationen gleichberechtigt sein sollten. Dem Deutschen Verband sollte keine nationalsozialistische Linie aufgezwungen werden, als Gegenleistung sollte auch der VKS Zugang zu den Geldmitteln des VDA erhalten, bzw. über deren Verwendung mitbestimmen dürfen. Steurer, Südtirol zwischen Rom und Berlin, S. 264.
423 Ebd., S. 264.
424 Ebd., S. 264f.
425 Ders., Südtirolfrage, S. 397.
426 Regele, Karl Tinzl, S. 475.
427 Steurer, Südtirolfrage, S. 397.
428 Corsini/Lill, Südtirol, S. 257.
429 Steininger, Südtirol im 20. Jahrhundert, S. 147f.
430 Zit. n. Tinzl, Friedensvertrag, S. 17.
431 Erhard, Option, S. 121.
432 Steininger, Südtirol im 20. Jahrhundert, S. 156.
433 Vgl. Erhard, Option, S. 138.
434 Zit. n. Tinzl, Friedensvertrag, S. 17.
435 Vgl. Steininger, Südtirol im 20. Jahrhundert, S. 160.
436 Zit. n. Gruber, Südtirol, S. 214.

437 Corsini/Lill, Südtirol, S. 304.
438 Steininger, Südtirol im 20. Jahrhundert, S. 148.
439 Corsini/Lill, Südtirol, S. 269.
440 Ebd., S. 280.
441 Steininger, Südtirol im 20. Jahrhundert, S. 160f.
442 Riedl, Leben, S. 29.
443 Busch, Sternbach, S. 517.
444 Parteli, Südtirol, S. 340.
445 Steurer, Südtirol zwischen Rom und Berlin, S. 286f.
446 Ebd., S. 288f.
447 Vgl. Klaus Eisterer/Rolf Steininger, Die Option. Südtirol zwischen Faschismus und Natinalsozialismus, Innsbruck 1989 (Innsbrucker Forschungen zur Zeitgeschichte 5), S. 21.
448 Corsini/Lill, Südtirol, S. 304.
449 Josef Franceschini war ein aus Bozen stammender Kaufmann. Er war Mitglied des Deutschen Verbandes, besaß jedoch die deutsche Staatsbürgerschaft und lebte im Jahre 1939 schon in Wien. Amonn, Optionszeit, S. 108.
450 Steurer, Südtirol 1918-1945, S. 249.
451 Ulrich von Hassell (1881-1944) wurde wegen seiner Opposition gegen den außenpolitischen Kurs Hitlers entlassen. Er war eine Zentralfigur der deutschen Widerstandsbewegung gegen den Nationalsozialismus und beteiligte sich auch am 20.7.1944. Wolfgang Benz/Hermann Graml/Hermann Weiß (Hg.), Enzyklopädie des Nationalsozialismus, München 1998, S. 843.
452 Zit. n. Ulrich von Hassell, Die Hassell-Tagebücher 1938-1944. Aufzeichnungen vom anderen Deutschland, hg. v. Friedrich Frhr. Hiller von Gaertringen, Berlin 1988, S. 96f.
453 Zit. n. ebd., S. 476f.
454 Zit. n. ebd., S. 476f.
455 Vgl. Steininger, Südtirol im 20. Jahrhundert, S. 161f.
456 Eisterer/Steininger, Option, S. 163.
457 Zit. b. Hassell, Hassell-Tagebücher, S. 96.
458 Steurer, Südtirol zwischen Rom und Berlin, S. 337.
459 Hermann Behrendes war 1933 der Erste Leiter der SD in Berlin. Er war ein Vertrauter Heydrichs und stieg zum Stellvertreter von Lorenz in der VOMI auf. Im Jahre 1943 wurde er Polizeichef in Serbien. 1946 wurde er in Jugoslawien gehängt. Regele, Karl Tinzl, S. 477.
460 Ebd., S. 476f.
461 Riedl, Leben, S. 29.
462 Die Vereinbarung über die Umsiedlung, 23.6.1939 (Dokument 17), in: Steininger, Südtirol im 20. Jahrhundert. Dokumente, Innsbruck-Wien 1999, S. 61-69.
463 Corsini/Lill, Südtirol, S. 322f.
464 Vgl. Steininger, Südtirol im 20. Jahrhundert, S. 159.
465 Vgl. Erhard, Option, S. 151.
466 Steurer, Südtirol zwischen Rom und Berlin, S. 337.
467 Amonn, Optionszeit, S. 108.
468 Erhard, Option, S. 154.
469 Parteli, Südtirol, S. 355.
470 Zit. n. Tinzl, Friedensvertrag, S. 17.
471 Forcher, Tirols Geschichte, S. 229.
472 Erhard, Option, S. 164.
473 Eisterer/Steininger, Option, S. 23.
474 Interview mit Georg Tinzl, S. 7.
475 Friedl Volgger, Mit Südtirol am Scheideweg. Innsbruck 1984, S. 37f.
476 Erklärung der Gemeinde Schlanders, Nachlass Tinzl. Riedl spricht in seinem Aufsatz fälschlicherweise vom 29.12.1939 als Tag der Optionserklärung. Riedl, Leben, S. 29. Die Einbürgerung erfolgte am 19.7.1940. Erlass des Innenministers, Rom, 20.8.1948, SLA, SVP-Archiv, Fasz. 455 „Staatsbürgerschaft".
477 Heiss/Pfeifer, Südtirol-Stunde Null, S. 49.
478 Corsini/Lill, Südtirol, S. 359f.

479 Zit. n. Interview mit Georg Tinzl, S. 10.
480 Gespräch mit Ludwig W. Regele am 9.1.2002 in Bozen.
481 Zit. n. Interview mit Georg Tinzl, S. 10f.
482 Gatterer, Kampf, S. 617.
483 Gespräch mit Ludwig W. Regele.
484 Zit. n. Interview mit Georg Tinzl, S. 7.
485 Diese Information stammt von Gertrud Tinzl. Bei dem Besucher dürfte es sich nach Auffassung von Regele entweder um SS-Obergruppenführer Lorenz oder um SS-Obergruppenführer Dr. Behrends gehandelt haben. Dr. Luig kommt nach Auskunft von Dr. H. Altpeter, Stuttgart, nicht in Frage. Regele, Karl Tinzl, S. 477
486 Interview mit Georg Tinzl, S. 7.
487 Steurer, Südtirol 1918-1945, S. 268.
488 Eine genaue Zahl lässt sich auf Grund der ständig stattfindenden Um- und Doppeloptionen nur schwer festlegen. Zudem gab es Ausnahmeregelungen für einen Teil der Bevölkerung, z.B. die Geistlichen. Insgesamt dürften nach den Untersuchungen von Rolf Steininger aber 86 Prozent für Deutschland optiert haben. Steininger, Südtirol im 20. Jahrhundert, S. 171.
489 Tinzl, Friedensvertrag, S. 18.
490 Volgger behauptete dies in einer Äußerung gegenüber Ludwig W. Regele. Gespräch mit Ludwig W. Regele und auch Regele, Karl Tinzl, S. 478.
491 Scheda individuale, GAS, Meldeamt.
492 Interview mit Georg Tinzl am 1.5. 2004.
493 Dr. Former verstarb im Februar 1944, worauf die Kanzlei von Dr. Gasser übernommen wurde. Karl Tinzl an Josef Astfäller, Bozen, 13.9.1948, SLA, SVP-Archiv, 541/a „Anfragen abgewanderter Südtiroler" (alte Katalogisierung).
494 Scheda individuale, GAS, Meldeamt.
495 F. Quaini an Ministerratspräsidium, Bozen,15.2.1948, Archiv des IfZ, Bestand: ASDMAE, AP-Italia, Fasz. 182 „Alto Adige" (1946-50).
496 Regele, Karl Tinzl, S. 478.
497 Steininger, Südtirol im 20. Jahrhundert, S. 178.
498 Erhard, Option, S. 264.
499 Eisterer/Steininger, Option, S. 101.
500 Steurer, Südtirol 1918-1945, S. 275.
501 Regele, Karl Tinzl, S. 478.
502 Erhard, Option, S. 160f.
503 Ebd., S. 270.
504 Kukla galt als Vertrauter von SS-Brigadeführer Ulrich Greifelt, dem Stellvertreter Himmlers im Reichskommissariat. Regele, Karl Tinzl, S. 479.
505 Zit. b. ebd., S. 478.
506 Ebd., S. 478f.
507 Ebd., S. 479.
508 Zit. n. Interview mit Georg Tinzl, S. 12f.
509 Zit. n. Regele, Tinzl, S. 479.
510 Erhard, Option, S. 270.
511 Solderer, Magnago, S. 55.
512 Vgl. ebd., S. 55.
513 Vgl. Regele, Karl Tinzl, S. 479.
514 Forcher, Tirols Geschichte, S. 233.
515 Trotz Namensgleichheit ist Franz Hofer mit Präfekt Peter Hofer nicht verwandt. Gottfried Solderer (Hg.), Das 20. Jahrhundert in Südtirol, Bd. 3: Totaler Krieg und schwerer Neubeginn. 1940-1959, Bozen 2001, S. 52.
516 Forcher, Tirols Geschichte, S. 237.
517 Josef Fontana, Südtirol unter Gauleiter Franz Hofer (1943-1945), in: Der Schlern (1964), Heft 8/9, S. 476-494, hier S. 479.
518 Karl Stuhlpfarrer, Die Operationszonen „Alpenvorland" und „Adriatisches Küstenland" 1943-1945, Diss. masch., Wien 1967, S. 139f.

519 Über den Aufbau der Zivil- und Militärverwaltung, bzw. über die personelle Besetzung der Stellen informiert ein Dienstreisebericht des deutschen Hauptmannes Wolfgang Cartellieri (6.-12.3.1944), der als Sachbearbeiter zu einer Inspektion in die Operationszonen entsandt worden war, äußerst präzise. Margareth Lun, Südtirol in der Operationszone Alpenvorland 1943-1945, Dipl., Innsbruck 1993, S. 58.
520 Ebd., S. 69.
521 Solderer, Totaler Krieg, S. 52f.
522 Siehe ausführlich dazu: Gerald Steinacher (Hg.), Südtirol im Dritten Reich. NS-Herrschaft im Norden Italiens, 1943-1945, Innsbruck 2003 (Veröffentlichungen des Südtiroler Landesarchivs 18), S. 72-79.
523 Lun, Südtirol in der Operationszone Alpenvorland, S. 151-158.
524 Karl Tinzl an alle Bürgermeister, Rundschreiben Nr. 360/44, 18.12.1944, GAT, Kat. 8-15 „1944", Fasz. 9.
525 In der Operationszone „Alpenvorland" wie auch in der Operationszone „Adriatisches Küstenland" unterstanden die Präfekten dem Obersten Kommissar, im restlichen besetzten Gebiet entschied der Reichsbevollmächtigte für Italien über deren Einsetzung. Lun, Südtirol in der Operationszone Alpenvorland, S. 69.
526 Verordnung Nr. 3, 16.9.1943, in: Verordnungsblatt Nr. 1, 27.9.1943. Tinzl hatte nach dem Ersten Weltkrieg ein Praktikum in der Trientner Anwaltskanzlei von de Bertolini absolviert. Regele, Tinzl, S. 469.
527 Kurt Heinricher am 21.5. 1977, Nachlass Karl Tinzl.
528 Lun, Südtirol in der Operationszone Alpenvorland, S. 71.
529 Verordnung Nr. 7, 20.9. 1943 in: Verordnungsblatt Nr. 1, 27.9.1943. Bereits am 1.11.1943 wurde Foschi jedoch sein Amt wieder entzogen und durch den Vize-Präfekten Carlo Silvetti ersetzt. Stuhlpfarrer, Operationszonen, S. 136.
530 Siehe ausführlicher dazu: Gerald Steinacher, Das Trentino in der Operationszone Alpenvorland. 1943-45, Dipl., Innsbruck 1994, S. 21ff.
531 Verordnung Nr. 8, 21.9. 1943 in: Verordnungsblatt Nr. 1, 27.9.1943.
532 Vgl. Lun, Südtirol in der Operationszone Alpenvorland, S. 72.
533 Dr. Karl Tinzl, Präfekt von Bozen, in: Bozner Tagblatt, Nr. 71, 4.12.1943, S. 3.
534 Ebd., S. 3.
535 Mararet Lun, NS-Herrschaft in Südtirol. Die Operationszone Alpenvorland, Innsbruck 2004 (Innsbrucker Forschungen zur Zeitgeschichte 22), S. 104.
536 Stuhlpfarrer, Operationszonen, S. 140f.
537 Interview Georg Tinzl, S. 6f.
538 In Florenz besaßen die Chorherren von Neustift ein Studienhaus. Gamper hatte durch die vorauszusehende deutsche Besetzung Südtirols bereits im Sommer 1943 geplant, nach Florenz zu gehen und entsprechende Vorbereitungen getroffen. Marzari, Gamper, S. 148ff.
539 Erhard, Option, S. 284.
540 Interview mit Georg Tinzl am 1.5. 2004.
541 Regele, Karl Tinzl, S. 480.
542 Lun, Südtirol in der Operationszone Alpenvorland, S. 72.
543 Verordnung Nr. 39, 3.12.1943, in: Verordnungsblatt des Obersten Kommissars, Nr. 7, 3.12.1943.
544 Steurer, Südtirol 1943-1946: Von der Operationszone Alpenvorland zum Pariser Vertrag, in: Hans Heiss/Gustav Pfeifer (Hg.), Südtirol-Stunde Null? Kriegsende 1945-1946, Innsbruck 2000 (Veröffentlichungen des Südtiroler Landesarchivs 10), S. 48-106, hier S. 49.
545 Vgl. Gatterer, Kampf, S. 776.
546 Bozner Tagblatt, 4.12.1943, S. 3.
547 Gespräch mit Ludwig W. Regele.
548 Steurer, Südtirol 1918-1945, S. 296.
549 Verordnung Nr. 6, 20.9.1943 in: Verordnungsblatt des Obersten Kommissars, Nr. 1, 27.9.1943. Das Südtiroler Unterland und der Nonsberg waren 1926 von den Faschisten an das Trentino angeschlossen worden, Ampezzo und Buchenstein an die Provinz Belluno. Ebd., S. 296.
550 Zit. n. Vermerk Karl Tinzl an Toni Ebner, Bozen, 3.7.1945, SLA, SVP-Archiv, Kart. 56, Fasz. 73 „Dr. Karl Tinzl", Bl. 1.

551 Zit. b. Solderer, Magnago, S. 260.
552 Zit. n. Johannes Geisler an Karl Tinzl, Brixen, 5.12.1943, Nachlass Karl Tinzl.
553 Ebd., Nachlass Karl Tinzl.
554 Steinacher, Südtirol im Dritten Reich, S. 104-109.
555 Lun, NS-Herrschaft, S. 245.
556 Karl Tinzl an Fb. Kurie in Brixen, Bozen, 17.10.1944, BAB, R 83, Fasz. 4, Bl. 12. Freundlicherweise von Gerald Steinacher zur Verfügung gestellt.
557 Zit. n. Alois Pompanin an den Obersten Kommissar für die Operationszone Alpenvorland, Brixen, 28.10.1944, BAB, R 83, Fasz. 4, Bl. 10.
558 Alois Pompanin an Präfektur in Bozen, Brixen, 28.10.1944, BAB, R 83, Fasz. 4, Bl. 2-9.
559 Wendelin Pflauder an Karl Tinzl, Bozen, 30.10.1944, BAB, R 83, Fasz. 4, Bl. 11.
560 Karl Tinzl an Obersten Kommissar für die Operationszone Alpenvorland, Bozen, 3.11.1944, BAB, R 83, Fasz. 4, Bl. 1.
561 Amonn, Optionszeit, S. 108.
562 Siehe ausführlich dazu: Busch, Sternbach, S. 561-575.
563 Regele, Karl Tinzl, S. 480.
564 Solderer, Magnago, S. 260.
565 Lun, NS-Herrschaft, S. 107.
566 Riedl, Leben, S. 29.
567 Gasser, Karl Tinzl, S. 275.
568 Zit. n. Tinzl, Friedensvertrag, S. 18.
569 Vgl. Lun, NS-Herrschaft, S. 107f.
570 Pflauder erlebte seine Sozialisation während des Krieges und der Nachkriegszeit. Bis zu seiner Ernennung zum Landrat war er als Rechtsanwalt tätig. Für seine Berufung war nicht seine Qualifikation, sondern seine ideologische Ausrichtung maßgeblich. Wie auch andere leitende Beamte war er ein verlässlicher Nationalsozialist, der den ideologischen Einfluss auf die Verwaltung garantierte und ein ungestörtes Verhältnis zwischen Partei und unterer Verwaltungsebene sichern sollte. 1932 war Pflauder Ortsgruppenleiter von Kufstein gewesen und hatte illegal für den SD gearbeitet. Von Mai 1938 bis zu seiner Ernennung als Bezirkshauptmann von Kufstein im Juli, beteiligte er sich an der Organisation des SD in Kufstein. Er war ein besonders fanatischer Nationalsozialist. Seine Gesinnung zeigte sich daran, dass er als Landrat von Feldkirch (5.12.1943) noch gegen Kriegsende 15-jährige Kinder als Flakhelfer in den Krieg hetzte. Horst Schreiber, Die Machtübernahme. Die Nationalsozialisten in Tirol 1938/39, Innsbruck 1994 (Innsbrucker Forschungen zur Zeitgeschichte 10), S. 185-187.
571 Regele, Karl Tinzl, S. 481.
572 Zit. n. Schreiber, Machtübernahme, S. 185.
573 Regele, Karl Tinzl, S. 481.
574 Zit. n. Gatterer, Kampf, S. 774.
575 Karl Tinzl an Josef-Anton Sanoner, Bozen, 14.8.1944, GASt, Amministrazione, Fasz. Cl.5 „1942-45". An dieser Stelle möchte ich Gerald Steinacher für den Hinweis auf den Archivbestand danken.
576 Karl Tinzl an alle Bürgermeister, Rundschreiben Nr. 26/43, 3.12.1943, GASt, Amministrazione, Fasz. Cl.5 „1942-45".
577 Karl Tinzl an alle Bürgermeister, Rundschreiben Nr. 105/44, 26.4.1944, GAT, Kat. 8-15 „1944", Fasz. 9.
578 Karl Tinzl an Johann Masoner, Bozen, 17.6.1944, GAT, Kat. 7-11 „1943", Fasz. 8.
579 Siehe ausführlich dazu: Veronika Mittermayr, Bruchlose Karrieren? Zum Werdegang der Südtiroler Politikerschicht bis zur „Stunde Null" in: Hans Heiss/Gustav Pfeifer, Südtirol-Stunde Null? Kriegsende 1945-1946, Innsbruck 2000 (Veröffentlichungen des Südtiroler Landesarchivs 10), S. 194.
580 Zit. n. Karl Tinzl an alle Bürgermeister, Rundschreiben Nr. 35, 22.12.1943, GASt, Amministrazione, Fasz. Cl.7 „1942-45".
581 Karl Tinzl an alle Bürgermeister, Rundschreiben Nr. 15/44, 22.1.1944, GASt, Amministrazione, Fasz. Cl.6 „1942-45".
582 Lun, NS-Herrschaft, S. 108.

583 Karl Tinzl an alle Bürgermeister, Rundschreiben Nr. 35/44, 8.2.1944, Nr. 100/44, 25.4.1944, GASt, Amministrazione, Fasz. Cl.3 „1942-45".
584 Verordnung Nr. 2, 19.9.1943, in: Verordnungsblatt des Obersten Kommissars, Nr. 1, 27.9.1943.
585 Karl Tinzl an alle Bürgermeister, Rundschreiben Nr. 18/44, 28.1.1944, GAT, Kat. 1-8 „1944", Fasz. 1, Karl Tinzl an alle Bürgermeister, Rundschreiben Nr. 35/44, 8.2.1944, GASt, Amministrazione, Fasz. Cl.5 „1942-45".
586 Karl Tinzl an alle Bürgermeister, Rundschreiben Nr. 115/44, 4.5.1944, Nr. 134/44, 1.6.1944, Nr. 346/44, 7.12.1944, GASt, Amministrazione, Fasz. Cl.3 „1942-45".
587 Verordnung Nr. 30, 6.11.1943, in Verordnungsblatt des Obersten Kommissars, Nr. 5, 6.11.1943.
588 Karl Tinzl an alle Bürgermeister, Rundschreiben Nr. 244/44, 5.9.1944, GAT, Kat. 8-11 „1944", Fasz. 8.
589 Steininger, Südtirol im 20. Jahrhundert, S. 190f.
590 Karl Tinzl an alle Bürgermeister, Rundschreiben Nr. 34/43, 27.12.1943, GASt, Leva e truppe, Fasz. Cl.1 „1944".
591 Verordnung Nr. 41, 6.1.1944, in: Verordnungsblatt des Obersten Kommissars, Nr. 8, 7.1.1944.
592 Verordnung Nr. 52, 10.4.1944, Verordnungsblatt des Obersten Kommissars, Nr. 11, 24.4.1944.
593 Karl Tinzl an alle Bürgermeister, Rundschreiben Nr. 358/44, 15.12.1944, GAT, Kat. 8-11 „1944", Fasz. 8.
594 Christoph von Hartungen, Zur Lage der Südtiroler in der Operationszone Alpenvorland (1943-45), in: Arbeitsgruppe Regionalgeschichte Bozen (Hg.), 8.9.1943. Italien und Südtirol 1943-1945, Bozen-Wien 1994, S. 119-134, hier S. 129.
595 Lun, NS-Herrschaft, S. 173.
596 Karl Tinzl an alle Bürgermeister, Rundschreiben Nr. 34/44, 9.2.1944, GASt, Leva e truppe, Fasz. Cl.1 „1944". Karl Tinzl an alle Bürgermeister, Rundschreiben Nr. 56/44, 29.2.1944, GAT, Kat. 8-11 „1944", Fasz. 8.
597 Karl Tinzl an alle Bürgermeister, Rundschreiben Nr. 67/44, 14.3.1944, GAT, Kat. 8-11 „1944", Fasz. 8.
598 Karl Tinzl an alle Bürgermeister, Rundschreiben Nr. 113/44, 5.5.1944, GAT, Kat. 8-11 „1944", Fasz. 8.
599 Martha Verdorfer, Zweierlei Faschismus. Alltagserfahrungen in Südtirol 1918-1945, Wien 1990 (Österreichische Texte zur Gesellschaftskritik 47), S. 228.
600 Ausführlich dazu: Gerald Steinacher, Südtirol und die Geheimdienste 1943-1945, Innsbruck-Wien-München 2000 (Innsbrucker Forschungen zur Zeitgeschichte 15), S. 187-220.
601 Karl Tinzl an alle Bürgermeister, Rundschreiben Nr. 25/43, 3.12.1943, GASt, Amministrazione, Fasz. Cl.6 „1942-45".
602 Karl Tinzl an alle Bürgermeister, Rundschreiben Nr. 341/44, 2.12.1944, GASt, Amministrazione, Fasz. Cl.6 „1942-45".
603 Vgl. Operationszone Alpenvorland, in: Foehn (1980), Heft 6/7, S. 123-125, hier S. 123.
604 Karl Tinzl an alle Bürgermeister, Rundschreiben Nr. 133/44, 30.5.1944, GASt, Leva e truppe, Fasz. Cl.1 „1944".
605 Karl Tinzl an alle Bürgermeister, Rundschreiben Nr. 227/44, 18.8.1944, GASt, Leva e truppe, Fasz. Cl.2 „1944".
606 Karl Tinzl an alle Bürgermeister, Rundschreiben Nr. 125/44, GAT, Kat. 1-8 „1944", Fasz. 2.
607 Karl Tinzl an Bürgermeister von Tiers, 10.5.1944, GAT, Kat. 1-8 „1944", Fasz. 2.
608 Lun, NS-Herrschaft, S. 299.
609 Karl Tinzl an alle Bürgermeister, Rundschreiben Nr. 67/44, 14.3.1944, GAT, Kat. 8-11 „1944", Fasz. 10.
610 Lun, NS-Herrschaft, S. 297.
611 Gatterer, Kampf, S. 781.
612 Karl Tinzl an alle Bürgermeister, Rundschreiben Nr. 32/43, 9.12.1943, GASt, Agricultura, Industria, Commercio, Fasz. Cl.3 „1943".
613 Karl Tinzl an alle Bürgermeister, Rundschreiben Nr. 342/44, 1.12.1944, GAT, Kat. 1-8 „1944", Fasz. 2.
614 Karl Tinzl an alle Bürgermeister, Rundschreiben Nr. 338/44, 30.11.1944, GAT, Kat. 1-8 „1944", Fasz. 2.

615 Karl Tinzl an alle Bürgermeister, Rundschreiben Nr. 25/44, 3.2.1944, GASt, Leva e truppe, Fasz. Cl.3 „1944".
616 Karl Tinzl an alle Bürgermeister, Rundschreiben Nr. 331/44, 27.11.1944, Nr. 49/45, 5.3.1945, GASt, Leva e truppe, Fasz. Cl.4 „1945-47".
617 Steininger, Südtirol im 20. Jahrhundert, S. 202f.
618 Lun, NS-Herrschaft, S. 266.
619 Regele, Karl Tinzl, S. 481.
620 Steininger, Südtirol im 20. Jahrhundert, S. 201ff.
621 Karl Tinzl an alle Bürgermeister, Rundschreiben Nr. 86/45, 6.4.1945, GASt, Amministrazione, Fasz. Cl.6 „1942-45".
622 Karl Tinzl an alle Bürgermeister, Rundschreiben Nr. 18/45, 25.1.1945, GASt, Agricultura, Industria, Commercio, Fasz. Cl.3 „1944-45".
623 Karl Tinzl an alle Bürgermeister, Rundschreiben Nr. 24/45, 31.1.1945, GASt, Leva e truppe, Fasz. Cl.4 „1945-47", Rundschreiben Nr. 165/44, 23.6.1944, Nr. 155/44, 16.6.1944, GASt, Leva e truppe, Fasz. Cl.2 „1943-44".
624 Karl Tinzl an alle Bürgermeister, Rundschreiben Nr. 82/45, 3.4.1945, GASt, Leva e truppe, Fasz. Cl.4 „1945-47".
625 Verdorfer, Faschismus, S. 275.
626 Karl Tinzl an alle Bürgermeister, Rundschreiben Nr. 26/44, 5.2.1944, GASt, Leva e truppe, Fasz. Cl.3 „1944".
627 Karl Tinzl an alle Bürgermeister, Rundschreiben Nr. 100/45, 13.4.1945, GAT, Kat. 12-15 „1945", Fasz. 15.
628 Würdigung des Senators Dr. Karl Tinzl in der römischen Kammer, in: Dolomiten, Nr. 178, 6.8.1964, S. 2.
629 Gatterer, Kampf, S. 792.
630 Bozner Tagblatt, 15.3.1944, S. 3
631 Gatterer, Kampf, S. 792.
632 Regele, Karl Tinzl, S. 481.
633 Solderer, Totaler Krieg, S. 59.
634 Erich Amonn (1896-1970) stammte aus einer Bozner Kaufmannsfamilie. Nach dem Ersten Weltkrieg, wo er zum Kriegsdienst einberufen wurde, übernahm er mit seinem Bruder Walther die Firma Amonn. Bei der Option entschied er sich für den Verbleib in der Heimat und arbeitete in der Zeit der Operationszone Alpenvorland aktiv im Südtiroler Widerstand mit. Nach dem Zweiten Weltkrieg wurde unter seiner Führung die SVP gegründet, deren erster Obmann er wurde. 1948 legte er sein Amt als Obmann nieder und war für eine Amtszeit als Abgeordneter im Regionalrat tätig. Er prägte die Politik Südtirols im ersten Jahrzehnt nach Kriegsende nachhaltig, mit der „Palastrevolution" im Jahre 1957 nahm sein Einfluss deutlich ab. Widmoser, Südtirol A-Z, Bd. 1, S. 53.
635 Siehe ausführlich dazu: Steinacher, Südtirol im Dritten Reich, S. 244f.
636 Gatterer, Kampf, S. 792.
637 Interview mit Silvius Magnago am 20.5.2003 in Bozen.
638 Zit. n. Erich Amonn, Nach den Jahren der Unterdrückung wieder ein freies Wort, in: Südtirol in Wort und Bild (1965), Heft 2, S. 1-4, hier S. 2.
639 Steininger, Südtirol im 20. Jahrhundert, S. 204f.
640 Steinacher, Geheimdienste, S. 247.
641 Interview mit Georg Tinzl, S. 14.
642 Zit. n. ebd., S. 14.
643 Lun, NS-Herrschaft, S. 411f.
644 Ders., Südtirol in der Operationszone Alpenvorland, S. 222.
645 Interview mit Georg Tinzl, S. 15.
646 Herbert Thalhammer war Geograph und Wirtschaftsexperte. Er arbeitete für die Dienststelle Umsiedlung Südtirol in Innsbruck in den Jahren 1939-1943 und ab 1945 war er für die Landesstelle für Südtirol tätig. 1946 war er Tiroler Delegationsmitglied auf der Pariser Außenminister- und Friedenskonferenz 1946. Michael Gehler, Verspielte Selbstbestimmung?, Die Südtirolfrage 1945/46 in US-Geheimdienstberichten und österreichischen Akten, Innsbruck 1996 (Schlern-Schriften 302), S. 639.

647 Heiss/Pfeifer, Südtirol-Stunde Null, S. 123f.
648 Zit. b. Gatterer, Kampf, S. 802.
649 Amonn, Nach den Jahren der Unterdrückung, S. 2.
650 Heiss/Pfeifer, Südtirol-Stunde Null, S. 129f.
651 Henri Clairval, alias „Cavailler", leitete zwei Aktionen des französischen Geheimdienstes in Südtirol. Angeblich verschwand er mit der Amtskasse des Obersten Kommissars. Dadurch wurde er auf Drängen der Amerikaner abgelöst. Siehe ausführlich dazu: Steinacher, Geheimdienste, S. 100-106.
652 Im Allgemeinen übergaben die Amerikaner das sichergestellte Geld an die Banca d'Italia. Ein Teil des täglich beschlagnahmten Bargeldes verwendeten die Offiziere auch dafür, um die Rechnungen der Krankenhäuser in Meran zu begleichen. Eva Pfanzelter, Südtirol unterm Sternbanner. Die amerikanische Besatzung Mai-Juni 1945, Bozen 2005, S. 115-117.
653 Nachlass Karl Tinzl.
654 Steinacher, Geheimdienste, S. 181.
655 Lun, NS-Herrschaft, S. 432.
656 Steininger, Südtirol im 20. Jahrhundert, S. 207f.
657 Zit. n. Tinzl, Friedensvertrag, S. 18.
658 Parteli, Südtirol, S. 394.
659 Ermacora, Südtirol und das Vaterland Österreich, S. 382.
660 Pfanzelter, Südtirol unterm Sternenbanner, S. 142.
661 Ermacora, Südtirol und das Vaterland Österreich, S. 382.
662 Zit. n. Wolfgang Steinacker, Bericht „Eindrücke und Erlebnisse zur Zeit des Zusammenbruchs in Südtirol (April/Mai 1945)", Kramsach, 12.6.1945, (Dokument 2), in: Gehler, Verspielte Selbstbestimmung, S. 96.
663 Wolfgang Steinacker an Karl Tinzl, o.O., 13.5.1945, SVP-Archiv, Verschiedenes (alte Katalogisierung).
664 Nachlass Karl Tinzl.
665 Pfanzelter, Südtirol unterm Sternenbanner, S. 69.
666 Ebd., S. 160.
667 Bericht mit Beilagen von Dr. Guido Jakoncig, 11.7.1945 (Dokument 4), in: Gehler, Verspielte Selbstbestimmung, S. 106.
668 Vgl. Amonn, Optionszeit, S. 89.
669 Ein großes Leben für Südtirols Recht, in: Dolomiten, Nr. 246, 22./23.10. 1988, S. 31.
670 Amonn, Optionszeit, S. 109.
671 Zit. n. Interview mit Georg Tinzl, S. 14.
672 Dr. Karl Tinzl ein Sechziger, in: Dolomiten, Nr. 229, 4.10.1948, S. 2.
673 Gespräch mit Ludwig W. Regele.
674 Dell'Antonio selbst entging der „Säuberung" nach dem Krieg, wahrscheinlich weil er von Josef Raffeiner unterstützt wurde. Er übte seine Tätigkeit als Staatsanwalt weiter aus. Heiss/Pfeifer, Südtirol-Stunde Null, S. 269.
675 Steinacher, Südtirol im Dritten Reich, S. 253.
676 Solderer, Totaler Krieg, S. 92.
677 Steininger, Südtirol im 20. Jahrhundert, S. 209.
678 Siehe ausführlich dazu: Heiss/Pfeifer, Stunde Null, S. 169-202.
679 Holzer, Südtiroler Volkspartei, S. 61f.
680 Der Mythos einer von Dableibern gegründeten Partei wurde jedoch auch noch Jahrzehnte nach der Gründung aufrechterhalten. Über die Mitglieder der Gründungsversammlung existieren divergierende Angaben. Die SVP gibt an, dass vier Optanten zu den Gründungsmitgliedern der Partei zählten. Südtiroler Volkspartei (Hg.), Südtiroler Volkspartei. 40 Jahre, Bozen 1985, S. 57. Anton Holzer weist in seinen Untersuchungen nach, dass acht Optanten an der Gründung beteiligt waren. Dies entspricht einem Drittel der Anwesenden. Holzer, Südtiroler Volkspartei, S. 105.
681 Heiss/Pfeifer, Südtirol-Stunde Null, S. 196.
682 Holzer, Südtiroler Volkspartei, S. 66.
683 Heiss/Pfeifer, Südtirol-Stunde Null, S. 169.
684 Holzer, Südtiroler Volkspartei, S. 61f.

685 Steinacher, Südtirol im Dritten Reich, S. 253.
686 Wolfgang Steinacker, Bericht „Eindrücke und Erlebnisse zur Zeit des Zusammenbruchs in Südtirol (April/Mai 1945)", Kramsach, 12.6.1945, (Dokument 2), in: Gehler, Verspielte Selbstbestimmung, S. 96.
687 Zit. b. Holzer, Südtiroler Volkspartei, S. 63.
688 Öttl, Parteien in Südtirol seit 1918, S. 46.
689 Südtiroler Volkspartei, 40 Jahre, S. 5.
690 Aufruf der Südtiroler Volkspartei, in: Dolomiten, Nr. 1, 19.5.1945, S. 1.
691 Alfons Gruber, Auf dem langen Weg zur erweiterten Autonomie-Südtirol 1945 bis 1989, in: Meinrad Pizzinini (Hg.), Zeitgeschichte Tirols, Innsbruck-Wien-Bozen 1990, S. 166-191, hier S. 166.
692 Heiss/Pfeifer, Südtirol-Stunde Null, S. 11.
693 Rischel, Diplomatie, S. 204.
694 Gruber, Auf dem langen Weg, S. 166.
695 Helmut Alexander/Stefan Lechner/Adolf Leidlmair: Heimatlos. Die Umsiedlung der Südtiroler, Wien 1993, S. 193.
696 Heiss/Pfeifer, Südtirol-Stunde Null, S. 11.
697 Holzer, Südtiroler Volkspartei, S. 64.
698 Steininger, Südtirol im 20. Jahrhundert, S. 217.
699 Heiss/Pfeifer, Südtirol-Stunde Null, S. 13.
700 Regele, Karl Tinzl, S. 483.
701 Amonn, Nach den Jahren der Unterdrückung, S. 3.
702 Zit. n. Interview mit Silvius Magnago.
703 Regele, Karl Tinzl, S. 483.
704 Zit. n. Amonn, Nach den Jahren der Unterdrückung, S. 2.
705 Zit. n. Erich Amonn, Wie es zum Autonomiestatut für die Region Trentino-Südtirol kam, in: Südtirol in Wort und Bild (1967), Heft 2, S. 1-7, hier S. 7.
706 Volgger, Südtirol am Scheideweg, S. 142.
707 Zit. n. Interview mit Georg Tinzl, S. 16.
708 Interview mit Silvius Magnago.
709 Heiss/Pfeifer, Südtirol-Stunde Null, S. 14.
710 Interview mit Silvius Magnago.
711 Zit. n. ebd.
712 Zit. n. Silvio Innocenti an Außenministerium, Rom, 6.8.1945, Archiv des IfZ, Bestand: ASDMAE, AP-Italia, Fasz. 185 „Alto Adige (1946-50)".
713 „L'Avv. Tinzl, sotto la parvenza bonaria e di comprensione, si è molto adoperato per la sollecita e totalitaria nazificazione dell' Alto Adige, con una caccia continua, spietata e talvolta feroce di tutto ciò che era o sapeva italiano. [...] Tanto il Tinzl quanto il Furcher erano due fascisti nazisti, che hanno dato alla guerra tedesca tutto il loro entusiasmo e la lora opera, quanto mai nefasta, divenendo uomini di fiducia delle maggiori gerarchie della ... grande Germania." Zit. n. ebd., Fasz. 185 „Alto Adige (1946-50)".
714 Zit. n. Franz Widmann, Es stand nicht gut um Südtirol 1945-1972. Von der Resignation zur Selbstbehauptung, Aufzeichnungen einer politischen Wende, Bozen 1998, S. 63.
715 Steininger, Südtirol im 20. Jahrhundert, S. 451.
716 Regele, Karl Tinzl, S. 483.
717 Interview mit Silvius Magnago.
718 Regele, Karl Tinzl, S. 483.
719 Nachlass Karl Tinzl.
720 Interview Georg Tinzl, S. 9f.
721 Zit. n. ebd., S. 10.
722 Rekurs Karl Tinzl, 9.4. 1948, SLA, SVP-Archiv, Fasz. 455 „Staatsbürgerschaft". Dabei passierte ihm ein Missgeschick, denn er legte die drei notwenigen Kopien dem Rekurs nicht bei. Vier Tage später reichte er diese nach. Tinzl an Berufungsgericht Corte d'Apello in Trient, Bozen, 13.4.1948, SLA, SVP-Archiv, Fasz. 455 „Staatsbürgerschaft".
723 „Non possedevo prima del 3.1.1925, né dopo quella data, né adesso, beni immobili di questa sorta. Nell'anno 1934-35 se non erro, comperavo per un incarico di una cliente un piccolo prato a Laces

per un'importo di L-1.000 [...]. Il fondo della parola rimase poi iscitto al mio nome per qualche tempo, benché venisse goduto ed usufruito esclusivamente della mia cliente.[...] Quanto ai beni mobili, dalla data della mia nomina a commissario Prefetto di Bolzano (2.12.1943) non ne ho comprato niente, ma ne ha venduto parecchio di quanto avevo acquistato col mio lavoro professionale di avvocato per poter vivere." Zit. n. Karl Tinzl an Ufficio Distrettuale delle Imposte Dirette in Bozen, Bozen, 30.4.1948, SLA, SVP-Archiv, Fasz. 455 „Staatsbürgerschaft".

724 Urteil des Vizekommissars, 15.11.1949, SLA, SVP-Archiv, Fasz. 455 „Staatsbürgerschaft".
725 Anton Sotiffer an Karl Tinzl, St.Ulrich, 30.6.1950, SLA, SVP-Archiv, Fasz. 455 „Staatsbürgerschaft".
726 Friedl Volgger an Karl Tinzl, Rom, 14.7.1949, SLA, SVP-Archiv, Fasz. 513/e „Parlamentskorrespondenz" (alte Katalogisierung).
727 Regele, Karl Tinzl, S. 483
728 Zit. n. Karl Tinzl, „Worte sind zu arm, um zu danken ...", in: Dolomiten, Nr. 92, 20.4.1956, S. 3.
729 Karl Tinzl an Giulio Dell'Aira, Bozen, 3.7.1945, SLA, SVP-Archiv, Kart. 56, Fasz. 73 „Dr. Karl Tinzl", Bl. 6.
730 1. A differenza delle altre Provincie, rette da Mussolini, l'amministrazione e i suoi organi qui non avevano da fare nulla cogli affari di polizia e pubblica sicurezza nel senso proprio della parola. La polizia e tutti i rispettivi affari dipendevano direttamente del Commissario Supremo rispettivamente da altri organi Superiori del Reich.
2. L'amministrazione della Provincia era nettamente separata da ogni attività politica d di partito e le personi le quali vennero commandate a fare il servizio amministrativo, erano scelte non in base all'appartenenza ad un partito, ma con riguardo alle loro capacità tecnico-amministrative; non erano dunque funzionari con una veste e con carattere politico, ma esclusivamente amministrativo.
3. Atti amministrativi tendenti ad eliminare malefatti del Regime Fascista non erano già per questi atti „Nazisti".
Zit. n. ebd., Fasz. 73 „Dr. Karl Tinzl", Bl. 6.
731 Regele, Karl Tinzl, S. 483.
732 Gatterer, Kampf, S. 868.
733 Nachlass Karl Tinzl.
734 „Non ho mancato di interessarmi presso il Ministero degli interni per i prigionieri di guerra altoatesini tuttora in campi dei concentramento in Italia. Il Ministerero dell'interno è di avvisto che i prigionieri altoatesini, i quali a suo tempo hanno optato per la germania e vi si sono trasferiti diventando cittadini germanici, non possono esser posti in libertà. Il ministero gli ha messi perció a dispositione delle autorità alleate per il loro trasferimento in Germania. Sta a vedere ora che cosa risponderanno le autoritá alleate. Appena avvró ulteriori notizie glile parteciperó." Zit. n. Erasto E. Margerdeo an Karl Tinzl, Rom, 12.1.1947, Nachlass Karl Tinzl.
735 Zit. n. Angerer an Karl Tinzl, 24.6.1947, Wien, SLA, SVP-Archiv, Fasz. 533/b „Materialien zur Optionsfrage" (alte Katalogisierung).
736 Alexander/Lechner/Leidlmair, Heimatlos, S. 193.
737 Steininger, Südtirol im 20. Jahrhundert, S. 452.
738 Ritschel, Diplomatie, S. 207.
739 Im Dezember 1945 (bis August 1953) wurde Alcide de Gasperi, ein gebürtiger Trentiner, von der konservativen DC zum italienischen Ministerpräsidenten. Er forcierte einen energischeren Führungsstil und eine restaurative und zentralistisch orientierten Politik. Heiss/Pfeifer, Südtirol-Stunde Null, S. 71.
740 Ebd., S. 13.
741 Alexander/Lechner/Leidlmair, Heimatlos, S. 193.
742 Zit. n. Josef Raffeiner, Tagebücher 1945-1948, hg. v. Wolfgang Raffeiner, Bozen 1998, S. 137.
743 Zit. n. Interview mit Georg Tinzl, S. 17.
744 Zit. b. Sitzung des Südtiroler Rates, 16.7.1946 (Dokument 150), in: Gehler, Verspielte Selbstbestimmung, S. 403.
745 Rolf Steininger, Südtirol zwischen Diplomatie und Terror. 1947-1969, Darstellung in drei Bänden, Bd. 1, Bozen 1999 (Veröffentlichungen des Südtiroler Landesarchivs 6)., S. 100ff.
746 Alexander/Lechner/Leidlmair, Heimatlos, S. 194.
747 Heiss/Pfeifer, Südtirol-Stunde Null, S. 73.
748 Parteli, Südtirol, S. 438.

749 Gehler, Verspielte Selbstbestimmung, S. 562ff.
750 Walther Amonn, Wege des Wirkens. Aus gedruckten und ungedruckten Stellungnahmen und Schriften, Bozen 1986, S. 204.
751 Zit. n. Wolfgang Steinacker, Bericht „Beurteilung der französichen Haltung in Südtirol, 15.5.1946 (Dokument 112), in: Gehler, Verspielte Selbstbestimmung, S. 312.
752 Bericht der Landesstelle für Südtirol in Innsbruck, in: Gehler, Verspielte Selbstbestimmung, S. 297.
753 Heiss/Pfeifer, Südtirol-Stunde Null, S. 82f.
754 Ebd., S. 84.
755 Gehler, Verspielte Selbstbestimmung, S. 62.
756 Reut-Nicolussi war noch unter dem faschistischen Regime nach Innsbruck übersiedelt und zwischen 1934 und 1958 als Professor für Völkerrecht und Rechtsphilosophie an der Universität Innsbruck tätig. Neben seinem Engagement als Referent für Südtirol bei der Tiroler Landesregierung war er auch faktisch der Leiter der Landesstelle für Südtirol und Obmann des „Verbandes der Südtiroler" (ÖVP). Ebd., S. 635.
757 Zit. n. Eduard Reut-Nicolussi an Karl Gruber, 17.7.1946, (Dokument 152), in: Gehler, Verspielte Selbstbestimmung, S. 405ff.
758 SSU-Bericht, Thema: „Aktivitäten eines Vertreters Südtirols in Wien", 14.8.1946 (Dokument 163), in: Gehler, Verspielte Selbstbestimmung, S. 423.
759 Zit. n. ebd., S. 423.
760 Zit. b. ebd., S. 423.
761 Ebd., S. 297.
762 Zit. n. ebd., S. 422.
763 Zit. n. ebd., S. 422.
764 Zit. n. ebd., S. 422.
765 Ebd., S. 422.
766 Heiss/Pfeifer, Südtirol-Stunde Null, S. 94f.
767 Raffeiner, Tagebücher, S. 148.
768 Otto von Guggenberg an Karl Tinzl, 27.8.1946, (Dokument 34), in: Rolf Steininger, Los von Rom? Die Südtirolfrage 1945/46 und das Gruber-De Gasperi-Abkommen, Innsbruck 1987 (Innsbrucker Forschungen zur Zeitgeschichte 2), S. 299f.
769 Solderer, Totaler Krieg, S. 110ff.
770 Karl Tinzl an Otto von Guggenberg, Bozen, 7.9.1946, SLA, SVP-Archiv, Fasz. 407 „Amt der Tiroler Landesregierung".
771 Ermacora, Südtirol und das Vaterland Österreich, S. 52f.
772 Gehler, Verspielte Selbstbestimmung, S. 297.
773 Zit. n. Karl Tinzl, Die formellen Grundlagen der Südtiroler Autonomie, in: R. Klebelsberg (Hg.), Südtirol. Land europäischer Bewährung, Kanonikus Gamper zum 70. Geburtstag, Innsbruck 1955 (Schlern-Schriften 140), S. 189-205, hier S. 193f.
774 Gehler, Verspielte Selbstbestimmung, S. 562-570.
775 Anlage Nr. 1 zum Telegramm Nr. 1721 der amerikanischen Gesandtschaft, 18.9.1946, Wien (Dokument 164) in: Gehler, Verspielte Selbstbestimmung, S. 431.
776 Heiss/Pfeifer, Südtirol-Stunde Null, S. 92.
777 Vgl. ebd., S. 92f.
778 Gehler, Verspielte Selbstbestimmung, S. 48.
779 Zit. n. Interview mit Georg Tinzl, S. 18f.
780 Alois Pompanin an Karl Tinzl, Brixen, 25.11.1946, SLA, SVP-Archiv, Fasz. 531/b „Parteiprogramm" (alte Katalogisierung).
781 Raffeiner, Tagebücher, S. 207.
782 Südtiroler Volkspartei, 40 Jahre, S. 21.
783 Zit. b. Ermacora, Südtirol und das Vaterland Österreich, S. 67f.
784 Südtiroler Volkspartei, 40 Jahre, S. 21.
785 Öttl, Parteien in Südtirol seit 1918, S. 66.
786 Zit. n. Alois Pompanin an Karl Tinzl, Brixen, 25.11.1946, SLA, SVP-Archiv, Fasz. 531/b „Parteiprogramm" (alte Katalogisierung).
787 Steininger, Südtirol zwischen Diplomatie und Terror, Bd. 1, S. 354.

788 Öttl, Parteien in Südtirol seit 1918, S. 56.
789 Parteli, Südtirol, S. 460.
790 Zit. n. Tinzl, Grundlagen, S. 196.
791 Zit. n. Raffeiner, Tagebücher, S. 165.
792 Zit. n. ebd., S. 165.
793 Widmann, Es stand nicht gut um Südtirol, S. 63.
794 Interview mit Georg Tinzl, S. 17.
795 Grundzüge einer Autonomie für Südtirol, 5.11. 1946, SLA, SVP-Archiv, Fasz. 1254 „Autonomie".
796 http://zis.uibk.ac.at/stirol_doku/welcome_chronik.phtml, Stand: 21.1.2005.
797 Vgl. Steininger, Südtirol im 20. Jahrhundert, S. 395.
798 Ders., Südtirol zwischen Diplomatie und Terror, Bd. 1, S. 20.
799 Parteli, Südtirol, S. 460.
800 Widmann, Es stand nicht gut um Südtirol, S. 63.
801 Regele, Karl Tinzl, S. 483.
802 Amonn, Wie es zum Autonomiestatut für die Region Trentino-Südtirol kam, S. 2.
803 Zit. b. Widmann, Es stand nicht gut um Südtirol, S. 63.
804 Regele, Karl Tinzl, S. 483.
805 Amonn, Wie es zum Autonomiestatut für die Region Trentino-Südtirol kam, S. 2.
806 Parteli, Südtirol, S. 460.
807 Zit. n. Gatterer, Kampf, S. 964.
808 Ebd., S. 962.
809 Rischel, Diplomatie, S. 256.
810 Parteli, Südtirol, S. 462.
811 Amonn, Wie es zum Autonomiestatut für die Region Trentino-Südtirol kam, S. 2.
812 Steininger, Südtirol im 20. Jahrhundert, S. 396.
813 Der Trentiner Entwurf vom Mai 1947 war eine Umarbeitung des dritten Entwurfes der ASAR vom Dezember 1946. Er war mit Zustimmung aller Parteien und Verbände im Trentino genehmigt worden. Eine Änderung erforderte damit auch die Konsultation aller, die diesen Autonomieentwurf genehmigt hatten. Ders., Südtirol zwischen Diplomatie und Terror, Bd. 1, S. 59.
814 Vgl. ebd., S. 59.
815 Parteli, Südtirol, S. 462.
816 Regele, Karl Tinzl, S. 483.
817 Aus der ASAR ging die Partito Popolare Trentino Tirolese (PPTT) hervor. In der ersten Legislaturperiode des Regionalrats konnte sie fünf Abgeordnete entsenden. Amonn, Wie es zum Autonomiestatut für die Region Trentino-Südtirol kam, S. 1.
818 Raffeiner, Tagebücher, S. 155-161.
819 Zit. n. ebd., S. 275.
820 Siehe ausführlich dazu: Steininger, Südtirol zwischen Diplomatie und Terror, Bd. 1, S. 58-62.
821 Ebd., Bd. 1, S. 25.
822 Antrag von Karl Tinzl an Quästur Bozen, Bozen, 15.11.1950, SLA, SVP-Archiv, Fasz. 455 „Staatsbürgerschaft".
823 Otto von Guggenberg an Karl Gruber, Bozen, 21.5.1948, SLA, SVP-Archiv, Fasz. 455 „Staatsbürgerschaft".
824 Karl Tinzl an Hans Stanek, Bozen, 26.8.1950, SLA, SVP-Archiv, Fasz. 455 „Staatsbürgerschaft".
825 Zit. n. Cäsar an Erich Kneussl, o.O., 8.3.1948, SLA, SVP-Archiv, Fasz. 407 „Amt der Tiroler Landesregierung".
826 Zit. n. ebd., Fasz. 407 „Amt der Tiroler Landesregierung".
827 Zit. n. ebd., Fasz. 407 „Amt der Tiroler Landesregierung".
828 Antrag von Karl Tinzl an Quästur Bozen, Bozen, 15.11.1950, SLA, SVP-Archiv, Fasz. 455 „Staatsbürgerschaft".
829 Steininger, Südtirol zwischen Diplomatie und Terror, Bd. 1, S. 25.
830 Zit. n. Randnotizen zu einer Besprechung, 30.11.1946 (Dokument 212), in: Gehler, Verspielte Selbstbestimmung, S. 531f.
831 Zit. n. Randnotizen zu einer Besprechung, 30.11.1946 (Dokument 212), in: Gehler, Verspielte Selbstbestimmung, S. 531.

832 Zit. b. Notiz über die Unterredung des Herrn Bundesministers mit den Delegierten der Südtiroler Volkspartei, 3.12.1946 (Dokument 214), in: Gehler, Verspielte Selbstbestimmung, S. 533.
833 Raffeiner, Tagebücher, S. 183
834 Zit. n. Bericht „Südtirol" von Rotter an Gruber, 20.12.1946 (Dokument 220), in: Gehler, Verspielte Selbstbestimmung, S. 543.
835 Zit. b. Steininger, Südtirol im 20. Jahrhundert, S. 399f.
836 Beilage Bericht „Südtirol" von Rotter an Gruber, 21.12.1946 (Dokument 220), in: Gehler, Verspielte Selbstbestimmung, S. 543.
837 Erhard, Option, S. 318f
838 Steininger, Südtirol im 20. Jahrhundert, S. 400.
839 Zit. n. Notiz für Dr. Tinzl, o.O., o.D., SLA, SVP-Archiv, Verschiedenes, (alte Katalogisierung).
840 Zit. n. König Laurins Rückkehr, in: Der Spiegel (1955), Nr. 41, S. 29-38, hier S. 29.
841 Widmann, Es stand nicht gut um Südtirol, S. 59.
842 König Laurins Rückkehr, in: Der Spiegel (1955), Nr. 41, S. 29.
843 Der UDS war im 6. 1946 gegründet worden mit dem Ziel die Aktivitäten der SVP zu stören. Diese rechtsbürgerliche – liberale Gruppierung stand unter der Führung von Alexander von Tabarelli. Ein wichtiges Instrument des UDS war das bis Frühjahr 1948 erscheinende „Südtiroler Wochenblatt". Mit dem Strategiewandel Roms und der Festlegung auf die Zusammenarbeit mit der SVP wurde der UDS noch vor den Parlamentswahlen 1948 aufgelöst. Siehe ausführlich dazu: Steininger, Südtirol zwischen Diplomatie und Terror, Bd. 1, S. 37-40.
844 Besprechung im BKA, AA, 5.3.1947 (Dokument 31), in: Ders., Dokumente, S. 101.
845 Zit. b. Alexander/Lechner/Leidlmair, Heimatlos, S. 205
846 Ebd., S. 205.
847 Steininger, Südtirol zwischen Diplomatie und Terror, Bd. 1, S. 33.
848 Zit. n. Entwurf der SVP-Führung für eine Note Karl Grubers an Alcide de Gasperi, 1.3.1947 (Dokument 31), in: Ders., Dokumente, S. 99.
849 Ebd., S. 99f.
850 Ders., Südtirol im 20. Jahrhundert, S. 406.
851 Ders., Südtirol zwischen Diplomatie und Terror, Bd. 1, S. 37.
852 Widmann, Es stand nicht gut um Südtirol, S. 66f.
853 Steininger, Südtirol im 20. Jahrhundert, S. 457.
854 Alexander/Lechner/Leidlmair, Heimatlos, S. 206ff.
855 Raffeiner, Tagebücher, S. 224ff.
856 „Voi siete padroni di fare ciò che volete. Ma se mi chiedete un consiglio, non posso che sconsigliar Vi. Voi avete commesso un grande errore di mandare, mesi fa, il dott. Tinzl e Volgger a Roma. Tinzl era prefetto di Bolzano sotto Francesco Hofer e perciò deve ancora restare all'ombra. Il suo tempo non è ancora venuto. Del resto sarà un osso duro risolvere la questione della sua cittadinanza. Bisogna tener conto della pubblica opinione in Italia." Zit. b. Raffeiner, Tagebücher, S. 224.
857 Ebd., S. 226-230.
858 Zit. b. Besprechungsprotokoll vom 8./9.5.1947, SLA, SVP-Archiv, Fasz. 533/b „Materialien zur Optionsfrage" (alte Katalogisierung).
859 Besprechung Karl Grubers mit Karl Tinzl und Erich Kneuß im BKA, AA, 8./9.5.1947 (Dokument 38), in: Steininger, Dokumente, S. 117.
860 Ders., Südtirol zwischen Diplomatie und Terror, Bd. 1, S. 50.
861 Ders., Südtirol im 20. Jahrhundert, S. 413f.
862 Alexander/Lechner/Leidlmair, Heimatlos, S. 211.
863 Ermacora, Südtirol und das Vaterland Österreich, S. 68.
864 Neben Bonomi waren Einaudi, Ambrosini, Perassi, Umberti, und als Experten Sorrentino und Innocenti in der Kommission vertreten.
865 Ritschel, Diplomatie, S. 256ff.
866 Vorschlag der Tiroler Delegation für die weitere Vorgangsweise in der Optatenfrage, Wien, 17.9.1947, SLA, SVP-Archiv, Fasz. 533/b „Materialien zur Optionsfrage" (alte Katalogisierung).
867 Zit. n. Karl Tinzl an Karl Gruber, Bozen, 3.10.1947, SLA, SVP-Archiv, Fasz. 533/b „Materialien zur Optionsfrage" (alte Katalogisierung).

868 Raffeiner, Tagebücher, S. 240
869 Besprechung der Südtiroler Vertreter zu den Verhandlungen in der Reoptionsfrage, Innsbruck, 21.Oktober 1947, SLA, SVP-Archiv, Fasz. 533/b „Materialien zur Optionsfrage" (alte Katalogisierung).
870 Vgl. Steininger, Südtirol zwischen Diplomatie und Terror, Bd. 1, S. 110-114.
871 Ders., Dokumente, S. 131.
872 Amonn, Wie es zum Autonomiestatut für die Region Trentino-Südtirol kam, S. 3.
873 Gruber, Auf dem langen Weg, S. 172.
874 Die parlamentarische Unterkommission der verfassungsgebenden Nationalversammlung wurde nach dem Präsidenten der Achzehner-Kommission, Tommaso Perassi, benannt. Ihre offizielle Bezeichnung lautete „Verfassungskommission für die Regionalautonomie". Sie ersetzte die Siebner-Kommission und hatte die Aufgabe, alle Autonomieprojekte zu überprüfen. Steininger, Südtirol im 20. Jahrhundert, S. 446.
875 Ebd., S. 423ff.
876 Gatterer, Kampf, S. 958.
877 Tinzl äußerte sich dazu am 3. und 4.1.1948 bei der Besprechung im Außenministerium in Wien. Steininger, Südtirol im 20. Jahrhundert, S. 430.
878 Amonn, Wie es zum Autonomiestatut für die Region Trentino-Südtirol kam, S. 7.
879 Erich Amonn, Das letzte Ringen um das Autonomiestatut der Region Trentino-Südtirol, in: Südtirol in Wort und Bild (1967), Heft 3, S. 1-8, hier S. 2.
880 Raffeiner, Tagebücher, S. 301.
881 Zit. n. ebd., S. 241.
882 Interview mit Silvius Magnago.
883 Südtiroler Volkspartei, 40 Jahre, S. 23.
884 Zit. n. Interview mit Georg Tinzl, S. 18.
885 Amonn, Ringen um das Autonomiestatut, S. 1.
886 Zit. n. Interview mit Georg Tinzl, S. 19.
887 Raffeiner, Tagebücher, S. 308f.
888 Zit. n. ebd., S. 314f.
889 Zit. n. ebd., S. 319.
890 Zit. n. Tinzl, Grundlagen, S. 195.
891 Amonn, Ringen um das Autonomiestatut, S. 5.
892 Ebd., S. 1.
893 Steininger, Südtirol im 20. Jahrhundert, S. 433.
894 Ermacora, Südtirol und das Vaterland Österreich, S. 70.
895 Ebd., S. 68f.
896 Öttl, Parteien in Südtirol seit 1918, S. 57.
897 Ermacora, Südtirol und das Vaterland Österreich, S. 68.
898 Amonn, Ringen um das Autonomiestatut, S. 3.
899 Holzer, Südtiroler Volkspartei, S. 76.
900 Amonn, Ringen um das Autonomiestatut, S. 3.
901 Zit. n. Amonn, Ringen um das Autonomiestatut, S. 4.
902 Zit. b. Steininger, Südtirol im 20. Jahrhundert, S. 434.
903 Raffeiner, Tagebücher, S. 325f.
904 Holzer, Südtiroler Volkspartei, S. 76.
905 Parteli, Südtirol, S. 478.
906 Steininger, Südtirol zwischen Diplomatie und Terror, Bd. 1, S. 92.
907 Ermacora, Südtirol und das Vaterland Österreich, S. 69.
908 Steininger, Südtirol zwischen Diplomatie und Terror, Bd. 1, S. 94.
909 Gatterer, Kampf, S. 1014.
910 Zit. b. Steininger, Südtirol im 20. Jahrhundert, S. 440f.
911 Zit. b. ders., Südtirol zwischen Diplomatie und Terror, Bd. 1, S. 95.
912 Ebd., S. 96ff.
913 Ders., Südtirol im 20. Jahrhundert, S. 443ff.
914 Ermacora, Südtirol und das Vaterland Österreich, S. 69.

915 Nachlass Karl Tinzl.
916 Zit. n. Brief an Franz von Walther, Bozen, 28.5.1964, Nachlass Karl Tinzl.
917 Brief von Erich Amonn, Bozen, 2.6.1964, Nachlass Karl Tinzl.
918 Zit. n. ebd.
919 Widmann, Es stand nicht gut um Südtirol, S. 101.
920 Friedrich Tessmann an Karl Tinzl, o.O., 18.11.1949, SLA, SVP-Archiv, Fasz. 1254 „Autonomie".
921 SLA, SVP-Archiv, Fasz. 513/e „Parlamentskorrespondenz" (alte Katalogisierung).
922 Ritschel, Diplomatie, S. 270.
923 SLA, SVP-Archiv, Fasz. 579 „Militärische Enteignungen" (alte Katalogisierung).
924 Otto von Guggenberg an Karl Tinzl, Rom, 11.11.1950, SLA, SVP-Archiv, Fasz. 455 „Staatsbürgerschaft", Bl. 283.
925 Amonn, Autonomiestatut, S. 6.
926 SLA, SVP-Archiv, Fasz. 534/a „Ladinerfrage" (alte Katalogisierung).
927 Widmann, Es stand nicht gut um Südtirol, S. 106ff.
928 Zit. n. Karl Tinzl an Alois Pupp, Bozen, 11.7.1949, SLA, SVP-Archiv, Fasz. 534/a „Ladinerfrage" (alte Katalogisierung).
929 Widmann, Es stand nicht gut um Südtirol, S. 108.
930 Zit. n. Karl Tinzl an Otto von Guggenberg, Bozen, 17.10.1949, SLA, SVP-Archiv, Fasz. 513/e „Parlamentskorrespondenz" (alte Katalogisierung).
931 http://zis.uibk.ac.at/stirol_doku/welcome_chronik.phtml, Stand: 21.1.2005.
932 Zit. n. Finanzausschuss der SVP an Karl Tinzl, Bozen, 4.1.1953, SLA, SVP-Archiv, Kart. 56, Fasz. 73 „Dr. Karl Tinzl", Bl. 10.
933 Parteli, Südtirol, S. 481. Gatterer, Kampf, S. 981.
934 Steininger, Südtirol zwischen Diplomatie und Terror, Bd. 1, S. 128.
935 Zit. b. Raffeiner, Tagebücher, S. 274.
936 Alexander/Lechner/Leidlmair, Heimatlos, S. 216.
937 Otto von Guggenberg an Karl Gruber, Bozen, 18.3.1948, SLA, SVP-Archiv, Kart. 182, Fasz. 245 „Wien: Diverse", Bl. 4-7.
938 Zit. n. ebd., Bl. 6f.
939 Alexander/Lechner/Leidlmair, Heimatlos, S. 189.
940 Solderer, Totaler Krieg, S. 115.
941 Steininger, Südtirol zwischen Diplomatie und Terror, Bd. 1., S. 127f.
942 Zit. n. Karl Tinzl an Otto von Guggenberg, Rom, 29.3.1949, SLA, SVP-Archiv, Fasz. 533/b „Materialien zur Optionsfrage" (alte Katalogisierung).
943 Zit. n. ebd., Fasz. 533/b „Materialien zur Optionsfrage" (alte Katalogisierung).
944 Karl Tinzl an Silvius Magnago, Bozen, 5.4.1949, SLA, SVP-Archiv, Fasz. 533/b „Materialien zur Optionsfrage" (alte Katalogisierung).
945 Karl Tinzl an Carl von Braitenberg, Bozen, 20.2.1951, SLA, SVP-Archiv, Fasz. 513/e „Parlamentskorrespondenz" (alte Katalogisierung).
946 Ebd., Fasz. 513/e „Parlamentskorrespondenz" (alte Katalogisierung).
947 Karl Tinzl an Karl Buresch, Bozen, 3.8.1947, SLA, SVP-Archiv, Fasz. 513/b „Österreichische Gesandtschaft in Rom" (alte Katalogisierung).
948 Zit. n. ebd., Fasz. 513/b „Österreichische Gesandtschaft in Rom" (alte Katalogisierung).
949 Ebd., Fasz. 513/b „Österreichische Gesandtschaft in Rom" (alte Katalogisierung).
950 Federico Steinhaus, Ebrei/Juden. Gli ebrei dell'Alto Adige negli anni trenta e quaranta, Florenz 1994, S. 96.
951 Karl Tinzl an Hans Schöfl, Bozen, 12.9.1947, SLA, SVP-Archiv, Fasz. 513/b „Österreichische Gesandtschaft in Rom" (alte Katalogisierung).
952 Ebd., Fasz. 513/b „Österreichische Gesandtschaft in Rom" (alte Katalogisierung).
953 Hans Schoefl an Karl Tinzl, Bozen, 17.9.1947, SLA, SVP-Archiv, Fasz. 513/b „Österreichische Gesandtschaft in Rom" (alte Katalogisierung).
954 Trotz dieser positiven Wendung beschäftigte der Fall Bendler Tinzl weiterhin und es waren weitere Eingaben über die österreichische Botschaft in Rom notwendig um einen endgültigen positiven Abschluss zu erzielen. Karl Tinzl an Johannes Schwarzenberg, Bozen, 18.10.1947, SLA, SVP-Archiv, Fasz. 513/b „Österreichische Gesandtschaft in Rom" (alte Katalogisierung).

955 Angerer an Karl Tinzl, Wien, 24.6.1947, SLA, SVP-Archiv, Fasz. 533/b „Materialien zur Optionsfrage" (alte Katalogisierung).
956 Zit. n. ebd., Fasz. 533/b „Materialien zur Optionsfrage" (alte Katalogisierung).
957 Karl Tinzl an Erich Kneussl, Bozen, 6.10.1947, SLA, SVP-Archiv, Fasz. 407 „Amt der Tiroler Landesregierung".
958 Erich Kneussl an Karl Tinzl, Innsbruck, 10.10.1947, SLA, SVP-Archiv, Fasz. 407 „Amt der Tiroler Landesregierung".
959 Erhard, Option, S. 324.
960 Alexander/Lechner/Leidlmair, Heimatlos, S. 187.
961 F. M. an Karl Tinzl, Wörishofen, 26.10.1947, SLA, SVP-Archiv, Fasz. 541/a „Anfragen abgewanderter Südtiroler" (alte Katalogisierung).
962 R. W. an Karl Tinzl, Mailand, 25.4.1948, SLA, SVP-Archiv, Fasz. 541/a „Anfragen abgewanderter Südtiroler" (alte Katalogisierung).
963 Zit. n. Karl Tinzl an R. W., Bozen, 10.5.1948, SLA, SVP-Archiv, Fasz. 541/a „Anfragen abgewanderter Südtiroler" (alte Katalogisierung).
964 Zit. n. Karl Tinzl an P. P., Bozen, 23.7.1948, SLA, SVP-Archiv, Fasz. 541/a „Anfragen abgewanderter Südtiroler" (alte Katalogisierung).
965 J. A. an Karl Tinzl, Villingen, 9.9.1948, SLA, SVP-Archiv, Fasz. 541/a „Anfragen abgewanderter Südtiroler" (alte Katalogisierung).
966 Zit. n. Karl Tinzl an J. A., Bozen, 13.9.1948, SLA, SVP-Archiv, Fasz. 541/a „Anfragen abgewanderter Südtiroler" (alte Katalogisierung).
967 Karl Tinzl an Dr. Ungerer, Bozen, 28.5.1952, SLA, SVP-Archiv, Fasz. 465 „Stellenbewerber".
968 Alexander/Lechner/Leidlmair, Heimatlos, S. 219.
969 Karl Tinzl an J. A., Bozen, 30.9.1948, SLA, SVP-Archiv, Fasz. 541/a „Anfragen abgewanderter Südtiroler" (alte Katalogisierung).
970 Steininger, Südtirol im 20. Jahrhundert, S. 466.
971 Erhard, Option, S. 323.
972 Ein großes Leben für Südtirols Recht, in: Dolomiten, Nr. 246, 22./23.10.1988, S. 31.
973 Riedl, Leben, S. 29.
974 Steininger, Südtirol zwischen Diplomatie und Terror, Bd. 1, S. 128.
975 Otto von Guggenberg an Karl Tinzl, Rom, 19.5.1949, SLA, SVP-Archiv, Fasz. 513/e „Parlamentskorrespondenz" (alte Katalogisierung).
976 Karl Tinzl an die Bezirksleitung der SVP von Bruneck, Meran und Schlanders, Bozen, 18.3.1949, SLA, SVP-Archiv, Bezirk Meran, Fasz. 115, Bl. 189f, hier 190.
977 Zit. n. Karl Tinzl an W. P., Bozen, 5.12.1950, SLA, SVP-Archiv, Fasz. 541/a „Anfragen abgewanderter Südtiroler" (alte Katalogisierung).
978 Zit. n. Karl Tinzl an Ivo Perathoner, Rom, 29.9.1955, SVP-Archiv, Kart. 56, Fasz. 73 „Dr. Karl Tinzl", Bl. 83.
979 Zit. n. ebd., Fasz. 73 „Dr. Karl Tinzl", Bl. 83.
980 Südtiroler Kulturinstitut (Hg.), Der Beratungsausschuss für Umsiedlungsgeschädigte Bozen. 1964-1999, Bozen 2002, S. 64.
981 Ebd., S. 59.
982 Ebd., S. 59.
983 Ebd., S. 51.
984 Ivo Perathoner an Karl Tinzl, Bozen, 30.6.1955, SVP-Archiv, Kart. 188, Fasz. 252 „Abgeordnete in Rom und Senatoren", Bl. 222.
985 Alexander/Lechner/Leidlmair, Heimatlos, S. 226.
986 Südtiroler Kulturinstitut, Beratungsausschuss, S. 51.
987 Ein erstes Informationsgespräch fand am 8.3.1962 statt. Südtiroler Kulturinstitut, Beratungsausschuss, S. 64.
988 Regele, Karl Tinzl, S. 487.
989 Um die deutsche Leistungsgewährung zu organisieren, initiierte die deutsche Botschaft in Rom Gespräche mit dem italienischen Außenministerium. Diese verliefen äußerst schwierig, doch am 25. März 1964 genehmigte das italienische Außenministerium unter Bezugnahme auf das Promemoria vom 6. November 1963, dass im Rahmen der amtlich zugelassenen Fürsorgestelle

Katholischer Verband der Werktätigen (KVW) / Associazioni Cristiane Lavoratori Italiani (ACLI) in der Provinz Bozen ein Komitee errichtet werden könne, wenn auch unter großen Bedenken. Als die Einigung mit der italienischen Seite feststand, wurde bereits vorher mit Anordnung vom 9. März 1964 des Präsidenten des Bundesausgleichsamtes der „Beratungsausschuss für Umsiedlungsgeschädigte Bozen" als zwischenstaatliches Gremium gegründet. Südtiroler Kulturinstitut, Beratungsausschuss, S. 59.

990 Als Tinzl am 11.7.1964 vorzeitig starb, trat Karl Mitterdorfer seine Nachfolge an. Ebd., S. 63.
991 Ebd., S. 67.
992 Erste Versuche den Reschen- und Graunersee durch Stauung für das Gewinnen von Energie zu nutzen stammten bereits aus dem Jahr 1920. Diese Pläne der italienischen Konzerne scheiterten jedoch. Johann Prenner versuchte die wechselvolle Geschichte beiden Dörfer im oberen Vinschgau zu rekonstruieren. Ein Schwerpunkt stellt die Überflutung des Gebiets dar, wobei er sich auf die einzelnen Gebäude konzentriert, die in den Fluten versanken. Die Betroffenen und deren Schicksal hingegen wird nur ansatzweise angedeutet. Es überwiegt, wohl auch aufgrund der eigenen Biografie des Autors eine sehr emotional gefärbte Darstellungsweise. Johann Prenner, Erinnerungen an Alt-Reschen. Der Versuch einer Rekonstruktion des alten in den Fluten des Stausees versunkenen Dorfteils von Reschen, Schlanders 1997, S. 11.
993 Ebd., S. 11.
994 Interview mit Georg Tinzl am 1.5.2004.
995 Interview mit Georg Tinzl, S. 1.
996 Prenner, Erinnerungen, S. 12.
997 Interview mit Georg Tinzl, S. 1.
998 SLA, SVP-Archiv, Fasz. 552 „Ablage Dr. Tinzl".
999 Sen. Dr. Karl Tinzl erster Ehrenbürger von Schlanders, in: Dolomiten, Nr. 270, 25.11.1963, S. 5.
1000 Karl Tinzl an Ministerium für öffentliche Arbeiten, Bozen, 12.12.1951, SLA, SVP-Archiv, Fasz. 551 „Bewässerung Vinschgau".
1001 Hans Bachmann, Graun – Die Geschichte der Raiffeisenkasse und des Dorfes. Festschrift aus Anlass der Einweihung des neuen Verwaltungssitzes in St. Valentin, hg. v. Raiffeisenkasse Obervinschgau, Bozen 1983, S. 10.
1002 Zit. n. Regele, Karl Tinzl, S. 486.
1003 Prenner, Erinnerungen, S. 13.
1004 Ebd., S. 486. Eine Liste der abgewanderten Familien ist bei Prenner zu finden. Diese zeigt, dass die Menschen vorwiegend in anderen Dörfern des Vinschgaus angesiedelt wurden. Einzelne Familien wanderten ins Pustertal, ins Ultental, ins Passeiertal, an den Nonsberg, nach Meran und Brixen, nach Nordtirol oder in das Val Sugana ab. Nach Neu-Graun kehrte nur eine Familie zurück. Ebd., S. 212ff.
1005 Solderer, Totaler Krieg, S. 182f.
1006 SLA, SVP-Archiv, Fasz. 552 „Ablage Dr. Tinzl".
1007 Parteileitung an Karl Tinzl, Bozen, 4.10.1948, SLA, SVP-Archiv, Kart. 56, Fasz. 73 „Dr. Karl Tinzl", Bl. 8.
1008 Alexander/Lechner/Leidlmair, Heimatlos, S. 216.
1009 Otto Vinatzer an Karl Tinzl, Klausen, 18.12.1947, SLA, SVP-Archiv, Fasz. 533/b „Materialien zur Optionsfrage" (alte Katalogisierung).
1010 Vgl. Otto von Guggenberg an Karl Gruber, Bozen, 16.3.1948, SLA, SVP-Archiv, Kart. 182, Fasz. 245 „Wien: Diverse", Bl. 3. Raffeiner spricht in seinen Aufzeichnungen davon, dass Tinzl bereits am 12. März 1948 von der Aufnahme eines Verfahrens gegen ihn informiert worden sei. Raffeiner, Tagebücher, S. 356.
1011 Steininger, Südtirol im 20. Jahrhundert, S. 452.
1012 Alexander/Lechner/Leidlmair, Heimatlos, S. 224.
1013 Zit. n. Max Prey an die Landesleitung der SVP, Brixen, 1.7.1948, SLA, SVP-Archiv, Kart. 188, Fasz. 252 „Abgeordnete in Rom und Senatoren", Bl. 24.
1014 Ebd., Fasz. 252 „Abgeordnete in Rom und Senatoren", Bl. 24.
1015 Vorladung vor die Optantenkommission, Bozen, 28.4.1948, SLA, SVP-Archiv, Fasz. 455 „Staatsbürgerschaft", Bl. 16.
1016 Fall Cäsar, o.D., SLA, SVP-Archiv, Fasz. 407 „Amt der Tiroler Landesregierung".

1017 Zit. n. Erlass des Innenministers, Rom, 20.8.1948, SLA, SVP-Archiv, Fasz. 455 „Staatsbürgerschaft".
1018 Ebd., Fasz. 455 „Staatsbürgerschaft".
1019 Karl Tinzl an Erich Kerschbaumer, Bozen, 12.5.1948, SLA, SVP-Archiv, Fasz. 455 „Staatsbürgerschaft".
1020 Raffeiner, Tagebücher, S. 390ff.
1021 Otto von Guggenberg an Karl Gruber, Bozen, 21.5.1948, SLA, SVP-Archiv, Fasz. 455 „Staatsbürgerschaft".
1022 Ebd., Fasz. 455 „Staatsbürgerschaft".
1023 Bisia an Präsident des Grenzzonenamtes, Bozen, 22.9.1948, Archiv des IfZ, Bestand: ASDMAE, AP-Italia, Fasz. 185 „Alto Adige (1946-50)".
1024 Bisia an Präsident des Grenzzonenamtes, Bozen, 22.9.1948, Archiv des IfZ, Bestand: ASDMAE, AP-Italia, Fasz. 185 „Alto Adige (1946-50)".
1025 Vorladung vor die Optantenkommission, Bozen, 28.4.1948, SLA, SVP-Archiv, Fasz. 455 „Staatsbürgerschaft".
1026 „Con la presente mi permetto di ricordare alla di Lei memoria un piccolo fatto, ma che deve indurre tutti gli uomini che hanno un senso di giustizia a tirare le debite conclusioni. […] É ancora in mio possesso copia della lettera che indirizai a Lei nella qualitá di kommissarischer Präfekt der Provinz Bozen in data 10 maggio 1944, con la quale chiedevo a Lei di fare il possibile per la messa in libertá della nota guida alpina Tita Piaz. Difatti ebbi conferma nella stessa sera che Lei ebbe fatto dei passi in tal senso. Inoltre poco tempo dopo ebbi conferma che il di Lei intervento portó alla soluzione provvisoria di passare Tita Piaz dalla detenzione in cella a quella in infermeria e che gli fu facilitato di ricevere furniture di cibi dall'esterno. Poco tempo dopo ebbi comunicazione del suo rilascio. […] Infine voglio dichiarare che negli ambienti dell'Altio Commissario per la zona delle Prealpi Lei non era considerato come un ortodosso alla ideologia nazista, e non mi si nascose che Lei fu nominato prefetto della provincia di Bolzano esclusivamente per le grandi cognizioni legali del diritto austriaco, italiano e germanico che durante il periodo d'occupazione ebbero valore secondo le circostanze." Zit. n. Silvio Flor an Karl Tinzl, Bozen, 13.5.1948, SLA, SVP-Archiv, Fasz. 455 „Staatsbürgerschaft".
1027 Karl Tinzl an Silvio Flor, Bozen, 19.5.1948, SLA, SVP-Archiv, Fasz. 455 „Staatsbürgerschaft".
1028 Ebd., Fasz. 455 „Staatsbürgerschaft".
1029 Ebd., Fasz. 455 „Staatsbürgerschaft".
1030 Erlass des Innenministers, Rom, 20.8.1948, SLA, SVP-Archiv, Fasz. 455 „Staatsbürgerschaft".
1031 Ebd., Fasz. 455 „Staatsbürgerschaft".
1032 Ebd., Fasz. 455 „Staatsbürgerschaft".
1033 Rekurs Karl Tinzl gegen das Dekret vom 20.8.1948, SLA, SVP-Archiv, Erster Rekurs Dr. Karl Tinzl (alte Katalogisierung).
1034 Rekurs gegen das Innenministerium, November 1948, SLA, SVP-Archiv, Fasz. 455 „Staatsbürgerschaft".
1035 Siehe ausführlich dazu: Josef Gelmi, Fürstbischof Johannes Geisler (1882-1952), Brixen 2003, S. 384-387.
1036 Zit. n. Otto von Guggenberg an Karl Gruber, Bozen, 16.3.1948, SLA, SVP-Archiv, Kart. 182, Fasz. 245 „Wien: Diverse", Bl. 1ff.
1037 Zit. n. ebd., Fasz. 245 „Wien: Diverse", Bl. 1ff.
1038 Zit. n. ebd., Fasz. 245 „Wien: Diverse", Bl. 1ff.
1039 Zit. n. ebd., Fasz. 245 „Wien: Diverse", Bl. 1ff.
1040 Zit. n. Leitmayer an Landesleitung der SVP, Wien, 31.3.1948, SLA, SVP-Archiv, Kart. 182, Fasz. 245 „Wien: Diverse", Bl. 11.
1041 Raffeiner, Tagebücher, S. 376.
1042 Giulio Andreotti an Außenministerium, Rom, 17.4.1948, Archiv des IfZ, Bestand: ASDMAE, AP-Italia, Fasz. 182 „Alto Adige (1946-50)".
1043 G. Biondelli an Außenministerium, Innsbruck, 10.5.1948, Archiv des IfZ, Bestand: ASDMAE, AP-Italia, Fasz. 185 „Alto Adige (1946-50)".
1044 Zit. n. Maurilio Coppini an italienische Außenamt, Wien, 10.1.1947, Archiv des IfZ, Bestand: ASDMAE, AP-Italia, Fasz. 185 „Alto Adige (1946-50)".
1045 Francesco Fransoni an Silvio Innocenti, Rom, 17.1.1947, Archiv des IfZ, Bestand: ASDMAE, AP-Italia, Fasz. 185 „Alto Adige (1946-50)".

1046 Soardi an Ministerratspräsidium, Rom, 7.4.1948, Archiv des IfZ, Bestand: ASDMAE, AP-Italia, Fasz. 185 „Alto Adige (1946-50)".

1047 „Tutto ció premesso si richiama la particolare attenzione di codesto Ministero sul caso in questione il quale non mancherá di determinare interferenze di varia natura ma che non debbano in alcun modo aver alcuna influenza sulla procedura iniziata a carico di detto individuo il quale, dimostratosi sempre acceso antiitaliano, è particolarmente pericoloso in quanto, abile, intelligente e dotato di una discreta conoscenza dell'amministrazione, puó mettere queste sue doti a servizio dei suoi sentimenti austrofili in netto contrasto sui nostri interessi in Alto Adige." Zit. n. Giulio Andreotti an Außenministerium, Rom, 17.4.1948, Archiv des IfZ, Bestand: ASDMAE, AP-Italia, Fasz. 182 „Alto Adige (1946-50)".

1048 G. Biondelli an Außenministerium, Innsbruck, 10.5.1948, Archiv des IfZ, Bestand: ASDMAE, AP-Italia, Fasz. 185 „Alto Adige (1946-50)".

1049 Alcide de Gasperi an Außenministerium, Rom, 22.4.1948, Archiv des IfZ, Bestand: ASDMAE, AP-Italia, Fasz. 185 „Alto Adige (1946-50)".

1050 „Il Tinzl, che é elemento di tendenza cattoliche ed è considerato come persona moralmente proba ed incensurabile, in linea politica fu sempre contrario al nostro paese, dimostrandosi altresí ostile verso l'elemento italiano col quale evitó sempre qualunque relazione o contatto. [...] Il Tinzl è persona che gode di un indiscusso ascendente e popolaritá tra la popolazione del gruppo etnico tedesco dell'Alto Adige. [...] Quale commissario prefetto di Bolzano, egli non dimostró animosità verso il personale italiano della Prefettura. Personalmente non agí in maniera vessatoria verso la popolazione italiana e si attenne a tale riguardo, alle istruzioni che gli impertiva il commisssario supremo Franz Hofer, del quale godeva una indiscussa simpatia ed amicizia. Durante tale periodo il Tinzl si dimostró all'altezza del suo compito e lo asselse con capacità, intelligenza e tatto pur mantenendo fede, nel contempo, ai suoi principi e sentimenti nazisti. [...] Il medesimo [...] pur non avendo alcuna carica in seno al partito, frequenta la seda del Volkspartei locale del quale viene considerato l'eminenza grigia. Si deve a lui, se il noto progetto per la revisione delle opzioni, incontró per tanto tempo delle ostilitá negli ambienti del Volkspartei. Come è a lui da attribuirsi il noto progetto di autonomia predisposto dal predetto partito. [...] Se il Tinzl finora non ha assunto posizioni di primo piano ció è dovuto, oltre al suo passato pangermanista, alla sua qualità di naturalizzato germanico per le opzioni, dalla quale non potrebbe liberarsi – per il riaquisto della cittadinanza italiana – se non in seguito all'emanazione del preannunciato provvedimento legislativo, il quale peraltro, come è noto, prevede delle esclusioni per i compromessi per attività nazista." Zit. n. Francesco Quaini an Ministerratspräsidium, Bozen, 15.2.1948, Archiv des IfZ, Bestand: ASDMAE, AP-Italia, Fasz. 182 „Alto Adige (1946-50)".

1051 G. Biondelli an Außenministerium, Innsbruck, 10.5.1948, Archiv des IfZ, Bestand: ASDMAE, AP-Italia, Fasz. 185 „Alto Adige (1946-50)".

1052 „E' peró opportuno che il presidente della Commissione, magari d'accordo col Prefetto, faccia una cauta valutazione degli elementi costituenti la sezione della Commissione chiamata a pronunciarsi, e ció allo scopo di essere almeno sicuro degli elemtenti di lingua italiana che costituiscono il collegio." Zit. n. Giulio Andreotti an Außenministerium, Rom, 17.4.1948, Archiv des IfZ, Bestand: ASDMAE, AP-Italia, Fasz. 182 „Alto Adige (1946-50)".

1053 Zit. n. Giuseppe Cosmelli an Außenministerium, Wien, 18.4.1948, Archiv des IfZ, Bestand: ASDMAE, AP-Italia, Fasz. 182 „Alto Adige (1946-50)".

1054 Vgl. ebd., Fasz. 182 „Alto Adige (1946-50)".

1055 Zit. n. Alcide de Gasperi an Außenministerium, Rom, 22.4.1948, Archiv des IfZ, Bestand: ASDMAE, AP-Italia, Fasz. 185 „Alto Adige (1946-50)".

1056 Zit. n. ebd., Fasz. 185 „Alto Adige (1946-50)".

1057 Ebd., Fasz. 185 „Alto Adige (1946-50)".

1058 Ebd., Fasz. 185 „Alto Adige (1946-50)".

1059 „Nel merito del caso Tinzl, codesto Ministero è giá al corrente del punto di vista di questa Presidenza, illustrato in varie sue percedenti note. La risposta data verbalmente das nostro Ministro a Vienna al funzionario austriaco [...] sembra esauriente. Come pure questa Presidenza condivide il pensiero di codesto Ministero per la risposta da dare al Ministro Gruber, nel senso cioè che il Governo italiano non intende menomamente interferire, né in un senso né in un altro, nella procedura della revisione delle opzioni; tanto meno poi emanare norme dirette ad attenuare, per alcune categorie di optanti ed ancor meno per o piú imputabili, le disposizioni della legge redatta di comune accordo fra i due Governi con spirito di riconosciuta liberalitá." Zit. n. Giulio Andreotti an Außenministerium, Rom, 7.5.1948, Archiv des IfZ, Bestand: ASDMAE, AP-Italia, Fasz. 185 „Alto Adige (1946-50)".

1060 Zit. n. ebd., Fasz. 185 „Alto Adige (1946-50)".
1061 Raffeiner, Tagebücher, S. 376.
1062 Karl Tinzl an dieParteileitung, Bozen, 7.4.1948, SLA, SVP-Archiv, Fasz. 456 „Staatsangehörigkeit".
1063 Zit. n. ebd., Fasz. 456 „Staatsangehörigkeit".
1064 Raffeiner, Tagebücher, S. 377f.
1065 Zit. n. ebd., S. 377ff.
1066 Ebd., S. 377f.
1067 Zit. n. Karl Tinzl an Herrn Graf, Bozen, 27.4.1948, SLA, SVP-Archiv, Fasz. 455 „Staatsbürgerschaft".
1068 Zit. n. ebd., Fasz. 455 „Staatsbürgerschaft".
1069 Zit. n. ebd., Fasz. 455 „Staatsbürgerschaft".
1070 Zit. n. ebd., Fasz. 455 „Staatsbürgerschaft".
1071 Zit. n. Otto von Guggenberg an Karl Gruber, Bozen, 21.5.1948, SLA, SVP-Archiv, Fasz. 455 „Staatsbürgerschaft".
1072 Fall Cäsar, o.D., SLA, SVP-Archiv, Fasz. 407 „Amt der Tiroler Landesregierung".
1073 Karl Tinzl an den Parteiausschuss, Bozen, 23.5.1948, SLA, SVP-Archiv, Fasz. 455 „Staatsbürgerschaft".
1074 Raffeiner, Tagebücher, S. 387f.
1075 Zit. n. ebd., S. 388.
1076 Zit. n. Fall Cäsar, o.D., SLA, SVP-Archiv, Fasz. 407 „Amt der Tiroler Landesregierung".
1077 Zit. n. ebd., Fasz. 407 „Amt der Tiroler Landesregierung".
1078 Raffeiner, Tagebücher, S. 389f.
1079 Steininger, Südtirol im 20. Jahrhundert, S. 452.
1080 Otto von Guggenberg an Karl Gruber, Bozen, 21.5.1948, SLA, SVP-Archiv, Fasz. 455 „Staatsbürgerschaft", Bl. 33.
1081 Raffeiner, Tagebücher, S. 389f.
1082 Zit. n. Otto von Guggenberg an Karl Gruber, Bozen, 21.5.1948, SLA, SVP-Archiv, Fasz. 455 „Staatsbürgerschaft", Bl. 30.
1083 Zit. n. Interview mit Georg Tinzl, S. 20.
1084 Zit. n. Otto von Guggenberg an Karl Gruber, Bozen, 21.5.1948, SLA, SVP-Archiv, Fasz. 455 „Staatsbürgerschaft", Bl. 35.
1085 Ebd., Fasz. 455 „Staatsbürgerschaft", Bl. 35.
1086 Zit. n. ebd., Fasz. 455 „Staatsbürgerschaft", Bl. 32.
1087 Raffeiner, Tagebücher, S. 395.
1088 „L'esercizio di detta facoltá va posto in relazione ai risultati dell'applicazione della legge che, attrata con spirito liberale, riserva l'esclusione dal riaquisto della cittadinanza italiana ad un numero molto ristretto di individui. A quelli cioè i cui precedenti politici sono di una tale gravitá da imporre la esclusione dall'anzidetto beneficio a tutela dei nostri leggittimi interessi in Alto Adige. […] [Q]uesta Presidenza richiama l'attenzione di codesto On. Ministero sulla neccesitá che a tale estensione si faccia, comunque, luogo nel caso Tinzl qualora questi venga escluso dal riaquisto della cittadinanza italiana. E come puó desumersi dalla Persidenziale del 15 maggio n.1241 tutto fa ritenere che ove non si facesse luogo a tale estensione, detto individuo che Vienna ed Innsbruck definiscono a ragione ,il cervello della politica Alto Atesina' filo austriaca, avrebbe modi di continuare agevolmente nella sua deleteria ed irriducibile attivitá antiitaliana." Zit. n. Giulio Andreotti an Außenministerium, Rom, 9.6.1948, Archiv des IfZ, Bestand: ASDMAE, AP-Italia, Fasz. 185 „Alto Adige (1946-50)".
1089 Otto von Guggenberg an Karl Gruber, Bozen, 21.5.1948, SLA, SVP-Archiv, Fasz. 455 „Staatsbürgerschaft".
1090 Zit. n. Karl Tinzl an Enrico Conci, Bozen, 26.5.1948, SLA, SVP-Archiv, Fasz. 455 „Staatsbürgerschaft".

1091 Raffeiner, Tagebücher, S. 396.
1092 Ebd., S. 399.
1093 Ebd., S. 398f.
1094 Ebd., S. 403.
1095 Zit. n. Brief an Karl Tinzl, Rom, 28.7.1948, Nachlass Karl Tinzl.
1096 Ebd.
1097 Raffeiner, Tagebücher, S. 417f.
1098 Ebd., S. 425.
1099 Zit. n. Otto von Guggenberg an Karl Gruber, Bozen, 30.10.1948, SLA, SVP-Archiv, Kart. 182, Fasz. 245 „Wien: Diverse".
1100 Giulio Andreotti an Außenministerium, Rom, 12.10.1948, Archiv des IfZ, Bestand: ASDMAE, AP Italia, Fasz. 185 „Alto Adige (1946-50)".
1101 Karl Tinzl an Johannes Schwarzenberg, Bozen, 20.9.1952, SLA, SVP-Archiv, Fasz. 456 „Staatsangehörigkeit".
1102 Karl Tinzl an Luigi Farina, Bozen, 28.7.1949, SLA, SVP-Archiv, Fasz. 455 „Staatsbürgerschaft".
1103 Luigi Farina an Karl Tinzl, Rom, 5.7.1950, SLA, SVP-Archiv, Fasz. 455 „Staatsbürgerschaft".
1104 Karl Tinzl an Luigi Farina, Bozen, 1.8.1950, SLA, SVP-Archiv, Fasz. 455 „Staatsbürgerschaft".
1105 Karl Tinzl an Hans Stanek, Bozen, 1.8.1950, SLA, SVP-Archiv, Fasz. 455 „Staatsbürgerschaft".
1106 Karl Tinzl an Luigi Farina, Bozen, 1.8.1950, SLA, SVP-Archiv, Fasz. 455 „Staatsbürgerschaft".
1107 „Mi affretto ad informarLa che la discussione del suo ricorso al Consiglio di Stato per l'opzione è fissato per l'udienza del 28 ottobre prossimo. Io credo che in quella udienza ne avró altri tre o quattro e La prego di vedere nominare altro difensore. Se non avesse altri nomi io Le proporrei l'avv. Renato Malinverno, giá presidente della IV Sezione, valente guirista e molto benvoluto dai colleghi, giá convinto della bontá delle nostre tesi." Zit. n. Luigi Farina an Karl Tinzl, Rom, 29.7.1950, SLA, SVP-Archiv, Fasz. 455 „Staatsbürgerschaft".
1108 Zit. n. Karl Tinzl an Hans Stanek, Bozen, 26.8.1950, SLA, SVP-Archiv, Fasz. 455 „Staatsbürgerschaft".
1109 Karl Tinzl an Renato Malinverno, Bozen, 5.9.1950, SLA, SVP-Archiv, Fasz. 455 „Staatsbürgerschaft".
1110 Renato Malinverno an Karl Tinzl, Rom, 21.9.1950, SLA, SVP-Archiv, Fasz. 455 „Staatsbürgerschaft".
1111 Karl Tinzl an Hamilkar Hofmann, Bozen, 5.9.1950, SLA, SVP-Archiv, Fasz. 455 „Staatsbürgerschaft".
1112 Karl Tinzl an Renato Malinverno, Bozen, 25.9.1950, SLA, SVP-Archiv, Fasz. 455 „Staatsbürgerschaft".
1113 Karl Tinzl an Renato Malinverno, Bozen, 28.11.1950, SLA, SVP-Archiv, Fasz. 455 „Staatsbürgerschaft".
1114 Karl Tinzl an Hamilkar Hofmann, Bozen, 1.12.1950, SLA, SVP-Archiv, Fasz. 455 „Staatsbürgerschaft".
1115 Karl Tinzl an Sebastian Ebner, Bozen, 12.12.1950, SLA, SVP-Archiv, Fasz. 455 „Staatsbürgerschaft".
1116 Renato Malinverno an Karl Tinzl, Rom, 17.10.1950, SLA, SVP-Archiv, Fasz. 455 „Staatsbürgerschaft".
1117 Karl Tinzl an Renato Malinverno, Bozen, 30.10.1950. Karl Tinzl an Luigi Farina, Bozen, 30.10.1950, SLA, SVP-Archiv, Fasz. 455 „Staatsbürgerschaft".
1118 Renato Malinverno an Karl Tinzl, Rom, 17.11.1950, SLA, SVP-Archiv, Fasz. 455 „Staatsbürgerschaft".
1119 Karl Tinzl an Renato Malinverno, Bozen, 17.11.1950, SLA, SVP-Archiv, Fasz. 455 „Staatsbürgerschaft".
1120 Karl Tinzl an Enrico Conci, Bozen, 13.11.1950, SLA, SVP-Archiv, Fasz. 455 „Staatsbürgerschaft".
1121 SLA, SVP-Archiv, Fasz. 455 „Staatsbürgerschaft".
1122 Karl Tinzl an Hamilkar Hofmann, Bozen, 23.10.1950, SLA, SVP-Archiv, Fasz. 455 „Staatsbürgerschaft".
1123 Bestätigung des deutschen Innenministeriums, Bonn, 25.10.1950, SLA, SVP-Archiv, Fasz. 455 „Staatsbürgerschaft".

1124 Rekurs von Karl Tinzl, November 1950, SLA, SVP-Archiv, Fasz. 455 „Staatsbürgerschaft".

1125 „Il ricorso mi pare molto ben fatto, specialmente nella parte conclusiva, cioé dove si dimostra che la decisione del Ministero degli Interni non era basata tanto ed ad ogni modo non soltanto sull'art.5, Nr. 1 del decreto sulle opzioni, ma anche su un altro motivo il quale in realtá non esiste né in liniea di diritto né in linea di fatto, di modo che tutta la decisione del Ministero perde una parte essenziale della sua motivazione." Zit. n. Karl Tinzl an Renato Malinverno, Bozen, 28.11.1950, SLA, SVP-Archiv, Fasz. 455 „Staatsbürgerschaft".

1126 Zit. n. Karl Tinzl an Renato Malinverno, Bozen, 13.12.1950, SLA, SVP-Archiv, Fasz. 455 „Staatsbürgerschaft".

1127 Vgl. Karl Tinzl an Hans Stanek, Bozen, 28.11.1950, SLA, SVP-Archiv, Fasz. 455 „Staatsbürgerschaft".

1128 Renato Malinverno an Karl Tinzl, Rom, 19.12.1950, SLA, SVP-Archiv, Fasz. 456 „Staatsangehörigkeit".

1129 „Mio caro Dr. Tinzl, dopo quattro ore [...] il suo ricorso è quasi tutti gli altri degli alto atesini optanti sono stati oggi respinti [...]", Zit. n. ebd., Fasz. 456 „Staatsangehörigkeit".

1130 Karl Tinzl an Renato Malinverno, Bozen, 21.12.1950, SLA, SVP-Archiv, Fasz. 456 „Staatsangehörigkeit".

1131 Zit. n. Luigi Farina an Karl Tinzl, Rom, 20.12.1950, SLA, SVP-Archiv, Fasz. 456 „Staatsangehörigkeit".

1132 „Credo che ció sia dovuto al solito intervento, e credo che si possa e debba tentare, prima che la sentenza sia scritta e pubblicata, un serio intervento per le vie e nella forma che Le avevo indicato quando ci siamo visti costí lo scorso agosto. Bisogna per ora fingere di non sapere affatto dell'esito e bisognerebbe che Lei o una persona di Sua fiducia, matura e seria, facesse una corsa quí da me preavvisandomi. Di solito fra l'udienza e la scrittura e pubblicazione della decisione passano uns quindicina di giorni e nel fratempo si puo verificare la possibilitá di un resame." Zit. n. ebd., Fasz. 456 „Staatsangehörigkeit".

1133 Karl Tinzl an Luigi Farina, Bozen, 21.12.1950, SLA, SVP-Archiv, Fasz. 456 „Staatsangehörigkeit".

1134 Ebd., Fasz. 456 „Staatsangehörigkeit".

1135 Karl Tinzl an Ugo Ubaldi, Bozen 21.12.1950, SLA, SVP-Archiv, Fasz. 456 „Staatsangehörigkeit".

1136 Karl Tinzl an Luigi Farina, Bozen, 21.12.1950, SLA, SVP-Archiv, Fasz. 456 „Staatsangehörigkeit".

1137 Ugo Ubaldi an Karl Tinzl, Rom, 24.12.1950, SLA, SVP-Archiv, Fasz. 456 „Staatsangehörigkeit".

1138 Zit. n. Karl Tinzl an Ugo Ubaldi, Bozen, 28.12.1950, SLA, SVP-Archiv, Fasz. 456 „Staatsangehörigkeit".

1139 Ugo Ubaldi an Karl Tinzl, Rom, 9.1.1951, SLA, SVP-Archiv, Fasz. 456 „Staatsangehörigkeit".

1140 Ugo Ubaldi an Karl Tinzl, Rom, Februar 1951, SLA, SVP-Archiv, Fasz. 456 „Staatsangehörigkeit".

1141 Karl Tinzl an Luigi Farina, Bozen, 13.2.1951, SLA, SVP-Archiv, Fasz. 456 „Staatsangehörigkeit".

1142 Zit. n. Karl Tinzl an Otto von Guggenberg, Bozen, 21.2.1951, SLA, SVP-Archiv, Fasz. 456 „Staatsangehörigkeit".

1143 Luigi Farina an Karl Tinzl, Rom, 15.2.1951, SLA, SVP-Archiv, Fasz. 456 „Staatsangehörigkeit".

1144 Karl Tinzl an Otto von Guggenberg, Bozen, 21.2.1951, SLA, SVP-Archiv, Fasz. 456 „Staatsangehörigkeit".

1145 Ebd., Fasz. 456 „Staatsangehörigkeit".

1146 Ugo Ubaldi an Sebastian Ebner, Rom, Mai 1951, Fasz. 456 „Staatsangehörigkeit".

1147 Karl Tinzl an Luigi Farina, Bozen, 21.5.1951, SLA, SVP-Archiv, Fasz. 456 „Staatsangehörigkeit".

1148 Karl Tinzl an Renato Malinverno, Bozen, 20.8.1951, SLA, SVP-Archiv, Fasz. 456 „Staatsangehörigkeit".

1149 Karl Tinzl an Renato Malinverno, Bozen, 16.3.1951, SLA, SVP-Archiv, Fasz. 456 „Staatsangehörigkeit".

1150 SLA, SVP-Archiv, Fasz. 456 „Staatsangehörigkeit".

1151 Karl Tinzl an Renato Malinverno, Bozen, 8.7.1952, SLA, SVP-Archiv, Fasz. 456 „Staatsangehörigkeit".

1152 Karl Tinzl an Generalkonsulat der BRD in Mailand, Bozen, 8.8.1952, SLA, SVP-Archiv, Fasz. 456 „Staatsangehörigkeit".

1153 Karl Tinzl an Eduardo Bisina, Bozen, 18.8.1952, SLA, SVP-Archiv, Fasz. 456 „Staatsangehörigkeit".

1154 „La ringrazio di cuore del Suo continuo interessamtento per il mio caso e della buona notizia datami, che mi ha dato nuova speranza. Ero in realtá un pó scoraggiato per le complicazioni sorte quá presso il Vice-Commissariato che aveva trovato delle difficoltá per la legalizzazione della firma del sostituto del Console Generale Germanico di Milano su una delle dichiarazioni richieste e che vuole addiritura ritirare un nullaosta del Consiglio degli Avvocati, il quale non è prescritto da nessuna disposizione di legge o amministrativa per la pratica in parola." Zit. n. Karl Tinzl an Renato Malinverno, Bozen, 16.9.1952, SLA, SVP-Archiv, Fasz. 456 „Staatsangehörigkeit".

1155 Interview mit Georg Tinzl, S. 20.

1156 Karl Tinzl an Johannes Schwarzenberg, Bozen, 20.9.1952, SLA, SVP-Archiv, Fasz. 456 „Staatsangehörigkeit".

1157 Interview mit Franz Widmann am 23.4.2002 in Oberbozen (Tonbandprotokoll), Transkript, S. 6.

1158 Amonn, Optionszeit, S. 109.

1159 Zit. n. Interview mit Georg Tinzl, S. 19.

1160 Senator Dr. Karl Tinzl in die ewige Heimat abberufen, in: Dolomiten, Nr. 159, 13.7.1964, S. 1.

1161 Scheda individuale, Archiv der Gemeinde Schlanders, Meldeamt.

1162 „Non credo che si faranno delle difficoltá, ma ho visto da diversi indizi che la cosa viene considerata un pó come fuori dell'uso normale e da questo la mia preghiera, perché avrei un interesse comprensibile di mettermi completamente in regola." Zit. n. Karl Tinzl an Renato Malinverno, Bozen, 11.2.1953, SLA, SVP-Archiv, Fasz. 456 „Staatsangehörigkeit".

1163 Karl Tinzl an Renato Malinverno, Bozen, 20.2.1953, SLA, SVP-Archiv, Fasz. 456 „Staatsangehörigkeit".

1164 Auskunft der Gemeinde Schlanders, Nachlass Karl Tinzl.

1165 Karl Tinzl an Wahlkommission, Bozen, 13.3.1953, SLA, SVP-Archiv, Fasz. 456 „Staatsangehörigkeit".

1166 Zit. n. Mario Paulucci an Außenministerium, 15.12.1954, Innsbruck, Archiv des IfZ, Bestand: ASDMAE, AP-Italia, Fasz. 34 „Alto Adige (1950-57)".

1167 Zit. n. Interview mit Georg Tinzl, S. 20.

1168 Interview mit Georg Tinzl, S. 21.

1169 Urteil der italienischen Advokatenkammer, Rom, 29.8.1949, SLA, SVP-Archiv, Fasz. 455 „Staatsbürgerschaft". Ludwig W. Regele geht in seinen Untersuchungen davon aus, dass Tinzl 1942 aus dem Berufsalbum gestrichen wurde. Dies kann aufgrund der vorliegenden Dokumente nicht bestätigt werden. Regele, Karl Tinzl, S. 483.

1170 „Il mese scorso è stato qui da me L'avv. Tinzl Carlo per il suo ricorso al Consiglio Nazionale Forense contro la decisione di codesto Consiglio dell'Ordine che lo aveva cancellato dall'Albo perché non più cittadino italiano.
Andammo insieme alla Segreteria del Consiglio Nazionale e constatammo che mancava la decisione originale e la bolletta di ricevuta della tassa ed egli mi lasciò il denaro per pagar la tassa e si riservò di spedirmi, appena tornato in sede, la decisione originale notificatagli. Suggerí, come cosa mia, il tentativo di portare al Consiglio Nazionale la questione se effettivamente fosse avvenuta la perdita della cittadinanza perché non si è transferito all'estero ed egli, mi è parso, condividesse il mio pensiero, ma poi non sí è visto la copia notificatogli della decisione impugnata, e presto, se no, si corre rischio di veder rigettato il ricorso come inammissibile. Mi faccia la cortesia di informarlo in mia voce e a mio nome. Io non lo posso fare, perché non conosco l'indirizzo." Zit. n. Otto Vinatzer an Karl Tinzl, Klausen, 18.12.1947, SLA, SVP-Archiv, Fasz. 533/b „Materialien zur Optionsfrage" (alte Katalogisierung).

1171 Luigi Farina an Karl Tinzl, Rom, 26.6.1948, SLA, SVP-Archiv, Fasz. 455 „Staatsbürgerschaft".

1172 Karl Tinzl an Luigi Farina, Bozen, 30.6.1948, SLA, SVP-Archiv, Fasz. 455 „Staatsbürgerschaft".

1173 Luigi Farina an Karl Tinzl, Rom, 7.7.1948, SLA, SVP-Archiv, Fasz. 455 „Staatsbürgerschaft".

1174 Erlass des Innenministers, Rom, 20.8.1948, SLA, SVP-Archiv, Fasz. 455 „Staatsbürgerschaft".

1175 Karl Tinzl an Luigi Farina, Bozen, 12.12.1948, SLA, SVP-Archiv, Fasz. 455 „Staatsbürgerschaft".

1176 Karl Tinzl an Luigi Farina, Bozen, 12.1.1949, SLA, SVP-Archiv, Fasz. 455 „Staatsbürgerschaft".

1177 Karl Tinzl an Hermann Mumelter, Bozen, 11.1.1949, SLA, SVP-Archiv, Fasz. 455 „Staatsbürgerschaft".

1178 Karl Tinzl an Luigi Farina, Bozen, 7.7.1949, SLA, SVP-Archiv, Fasz. 455 „Staatsbürgerschaft".

1179 „[…] O il Consiglio è ufficialmente a conscenza della decisione prese a mio riguardo dal Ministero. In questo caso temo che ci sará poco da fare, preché il Consiglio di Stato ha respinto la mia domanda di sospensione e il Consiglio superiore si metterá probabilmente sul punto di vista che non ha bisogno di attendere la decisione sul ricorso in merito. O il consiglio Superire non ha ancora conoscenza ufficiale della decisione, poi probabilmente concederebbe un ulteriore rinvio." Zit. n. Karl Tinzl an Luigi Farina, Bozen, 22.6.1949, SLA, SVP-Archiv, Fasz. 455 „Staatsbürgerschaft".

1180 Urteil der italienischen Advokatenkammer, Rom, 29.8.1949, SLA, SVP-Archiv, Fasz. 455 „Staatsbürgerschaft".
1181 Karl Tinzl an Giuseppe Bertagniolli, Bozen, 14.10.1949, SLA, SVP-Archiv, Fasz. 455 „Staatsbürgerschaft".
1182 Urteil der Advokatenkammer, Bozen, 22.2.1950, SLA, SVP-Archiv, Fasz. 455 „Staatsbürgerschaft".
1183 Karl Tinzl an die Advokatenkammer Bozen, 19.12.1949, SLA, SVP-Archiv, Fasz. 455 „Staatsbürgerschaft".
1184 Urteil der Advokatenkammer, Bozen, 16.3.1950, SLA, SVP-Archiv, Fasz. 455 „Staatsbürgerschaft".
1185 Beschluss der Advokatenkammer, Bozen, 11.1.1950, SLA, SVP-Archiv, Fasz. 455 „Staatsbürgerschaft".
1186 Zit. n. Rudolf Straudi an Karl Tinzl, Bozen, 12.1.1950, SLA, SVP-Archiv, Fasz. 456 „Staatsangehörigkeit".
1187 Anders konnte Tinzl vor dem Staatsrat bezüglich seiner Staatsbürgerschaft argumentieren. Dort konnte über „motivi di legittimitá" oder über „motivi di merito" diskutiert werden, ob Tinzl die Staatsbürgerschaft legitimerweise oder nicht legitimerweise verweigert wurde. Ebd., Fasz. 456 „Staatsangehörigkeit".
1188 Zit. n. ebd., Fasz. 456 „Staatsangehörigkeit".
1189 Zit. n. ebd., Fasz. 456 „Staatsangehörigkeit".
1190 Ebd., Fasz. 456 „Staatsangehörigkeit".
1191 Ebd., Fasz. 456 „Staatsangehörigkeit".
1192 Karl Tinzl an Hans Stanek, 10.2.1950, Bozen, SLA, SVP-Archiv, Fasz. 455 „Staatsbürgerschaft".
1193 Karl Tinzl an Giuseppe Bertagniolli, 14.2.1950, Bozen, SLA, SVP-Archiv, Fasz. 455 „Staatsbürgerschaft".
1194 Urteil der Advokatenkammer, Bozen, 22.2.1950, SLA, SVP-Archiv, Fasz. 455 „Staatsbürgerschaft".
1195 Karl Tinzl an die Advokaten und Prokuratoren-Kammer, Bozen, 8.5.1951, SVP-Archiv, Fasz. 456 „Staatsangehörigkeit".
1196 Anhörung vor der Advokatenkammer, Bozen, 21.9.1951, SLA, SVP-Archiv, Fasz. 456 „Staatsangehörigkeit".
1197 Karl Tinzl an Gianni de Luca, Bozen, 16.9.1952, SLA, SVP-Archiv, Fasz. 456 „Staatsangehörigkeit".
1198 Karl Tinzl an Renato Malinverno, Bozen, 20.2.1953, SLA, SVP-Archiv, Fasz. 456 „Staatsangehörigkeit".
1199 Zit. n. Ansuchen an die Advokaten- und Prokuratorenkammer, Bozen, 26.1.1953, SLA, SVP-Archiv, Staatsangehörigkeit, Fasz. 456 „Staatsangehörigkeit".
1200 Karl Tinzl an Renato Malinverno, Bozen, 20.2.1953, SLA, SVP-Archiv, Staatsangehörigkeit, Fasz. 456 „Staatsangehörigkeit".
1201 Auskunft der Gemeinde Schlanders, Nachlass Karl Tinzl.
1202 Ansuchen an die Advokaten- und Prokuratorenkammer, Bozen, 26.1.1953, SLA, SVP-Archiv, Fasz. 456 „Staatsangehörigkeit".
1203 Zit. n. Interview mit Georg Tinzl, S. 1f.
1204 SLA, SVP-Archiv, SVP-Bezirk Bruneck, Fasz. 21, Bl. 120 + 125.
1205 Zit. n. Gasser, Karl Tinzl, S. 275.
1206 Zit. n. Tinzl, Aus drei Abschnitten, S. 79.
1207 Parteli, Südtirol, S. 645.
1208 Nachlass Karl Tinzl.
1209 Zit. n. Tinzl, Aus drei Abschnitten, S. 80f.

1210 Zit. n. Tinzl, Aus drei Abschnitten, S. 80f.
1211 Zit. n. ebd., S. 81.
1212 Zit. n. ebd., S. 81.
1213 Ebd., S. 82.
1214 Zit. b. Karl Tinzl zur Regierungserklärung, in: Dolomiten, Nr. 173, 30.7.2003, S. 13.
1215 Zit. n. Abg. Dr. Tinzl zur Regierungserklärung, in: Dolomiten, Nr. 168, 24.7.1953, S. 1.
1216 Zit. n. ebd, S. 1.
1217 Zit. b. Karl Tinzl zur Regierungserklärung, in: Dolomiten, Nr. 173, 30.7.2003, S. 13.
1218 Abg. Dr. Tinzl zur Regierungserklärung, in: Dolomiten, Nr. 168, 24.7.1953, S. 1.
1219 Zit. b. ebd., S. 13.
1220 Steininger, Südtirol im 20. Jahrhundert, S. 476f.
1221 Ritschel, Diplomatie, S. 271f.
1222 Zit. n. Solderer, Totaler Krieg, S. 117.
1223 Zit. b. ebd., S. 118.
1224 Elisabeth Baumgartner/Hans Mayr/Gerhard Mumelter, Feuernacht. Südtirols Bombenjahre, Ein zeitgeschichtliches Lesebuch, Bozen 1992, S. 16f.
1225 Zit. n. Otto von Guggenberg an Legationssekretär Ludwig Steiner, Bozen, 8.4.1953, SLA, SVP-Archiv, Kart. 182, Fasz. 245 „Wien: Diverse", Bl. 27.
1226 http://zis.uibk.ac.at/stirol_doku/welcome_chronik.phtml, Stand: 21.1.2005.
1227 Vgl. Steininger, Südtirol zwischen Diplomatie und Terror, Bd. 1, S. 154.
1228 Zit. n. Tinzl, Aus drei Abschnitten, S. 82.
1229 Vgl. Steininger, Südtirol zwischen Diplomatie und Terror, Bd. 1, S. 154f.
1230 Parteli, Südtirol, S. 502f.
1231 Gruber, Auf dem langen Weg, S. 174.
1232 Abg. Dr. Tinzl über Bedeutung und Vorbehalt des Vertrauensvotums unserer Abgeordneten, in: Dolomiten, Nr. 58, 11.3.1954, S. 1.
1233 Zit. n. ebd, S. 1.
1234 Ebd., S. 1.
1235 Steininger, Südtirol im 20. Jahrhundert, S. 476f.
1236 Solderer, Totaler Krieg, S. 119.
1237 Gespräch mit Karl Mitterdorfer.
1238 Schreiben von Karl Tinzl, o.D., o.O., SLA, SVP-Archiv, Kart. 56, Fasz. 73 „Dr. Karl Tinzl", Bl. 22-25.
1239 Karl Tinzl an Josef Benedikter, Bozen, 26.11.1954, SLA, SVP-Archiv, Fasz. 552 „Ablage Dr. Tinzl".
1240 Rudolf von Unterrichter an Karl Tinzl, Brixen, 25.10.1955, SLA, SVP-Archiv, Fasz. 552 „Ablage Dr. Tinzl".
1241 Karl Tinzl an Mathias Gasser, Rom, 21.7.1955, SLA, SVP-Archiv, Fasz. 552 „Ablage Dr. Tinzl".
1242 Karl Tinzl an den Landesverband der Südtiroler Landwirtschaftlichen Genossenschaften, Rom, 18.11.1955, SLA, SVP-Archiv, Fasz. 552 „Ablage Dr. Tinzl".
1243 Parteli, Südtirol, S. 506ff.
1244 Zit. n. Tinzl, Aus drei Abschnitten, S. 83f.
1245 Ritschel, Diplomatie, S. 273.
1246 Zit. n. Karl Tinzl an Alfons Benedikter, Rom, 15.10.1954, SLA, SVP-Archiv, Kart. 56, Fasz. 73 „Dr. Karl Tinzl", Bl. 26.
1247 http://zis.uibk.ac.at/stirol_doku/welcome_chronik.phtml, Stand: 21.1.2005.
1248 Der Parteiobmann enrollt das Bild der Lage, in: Dolomiten, Nr. 54, 5.3.1956, S. 1-4, hier S. 2.
1249 Widmann, Es stand nicht gut um Südtirol, S. 205.
1250 Johannes Schwarzenberg an Leopold Figl, 18.11.1954 (Dokument 60), in: Steininger, Dokumente, S. 180ff.
1251 Der Parteiobmann enrollt das Bild der Lage, in: Dolomiten, Nr. 54, 5.3.1956, S. 2.
1252 Steininger, Südtirol zwischen Diplomatie und Terror, Bd. 1, S. 193.
1253 Zit. b. Der Parteiobmann enrollt das Bild der Lage, in: Dolomiten, Nr. 54, 5.3.1956, S. 2.
1254 Steininger, Südtirol zwischen Diplomatie und Terror, Bd. 1, S. 193.
1255 Zit. b. Der Parteiobmann enrollt das Bild der Lage, in: Dolomiten, Nr. 54, 5.3.1956, S. 2.
1256 Dolomiten, Nr. 161, 18.7.1955, S. 1.
1257 Steininger, Südtirol im 20. Jahrhundert, S. 476f.

1258 Widmann, Es stand nicht gut um Südtirol, S. 215.
1259 Zit. b. König Laurins Rückkehr, in: Der Spiegel (1955), Nr. 41, hier S. 38.
1260 Karl Tinzl an Franz Innerhofer-Tanner, Bozen, 15.2.1955, SLA, SVP-Archiv, Fasz. 51 „Landwirte-Verband".
1261 Der Parteiobmann entrollt das Bild der Lage, in: Dolomiten, Nr. 54, 5.3.1956, S. 2.
1262 Tinzl, Aus drei Abschnitten, S. 83.
1263 Zit. n. Karl Tinzl, Frieden – aber nicht den Frieden des Todes, in: Dolomiten, Nr. 161, 18.7.1955, S. 1f, hier S. 1f.
1264 Al deputato italiano Karl Tinzl, Presidente dell' austriaca „Volkspartei", in: Il secolo, 28. August 1955, S. 2.
1265 Zit. n. Karl Tinzl, Frieden – aber nicht den Frieden des Todes, in: Dolomiten, Nr. 161, 18.7.1955, S. 1.
1266 Ebd., S. 1f.
1267 Zit. n. ebd., S. 1f.
1268 Steininger, Südtirol im 20. Jahrhundert, S. 476.
1269 Siehe ausführlich dazu: Baumgartner/Mayr/Mumelter, Feuernacht, S. 11.
1270 Günther Pallaver, Südtirol 1943-1955. Internationale Aspekte, in: Anton Pelinka/Andreas Maislinger (Hg.), Handbuch zur neueren Geschichte Tirols, Bd. 1: Politische Geschichte, Innsbruck 1993, S. 423-448, hier S. 448.
1271 Ermacora, Südtirol und das Vaterland Österreich, S. 64.
1272 Heiss/Pfeifer, Südtirol-Stunde Null, S. 269.
1273 Widmann, Es stand nicht gut um Südtirol, S. 233.
1274 Brugger, Oktavia (Hg.), Peter Brugger. Eine politische und persönliche Biographie, Bozen 1996, S. 46.
1275 Al deputato italiano Karl Tinzl, Presidente dell' austriaca „Volkspartei", in: Il secolo, 28. August, 1955, S1f.
1276 „Ed oggi, che Lei ha tentato di farsi ricevere dal Concelliere Raab e di offrire in dono l'Alto Adige, oggi che i dirigenti del MSI di Bolzano - appoggiati in pieno da tutte le forze nazionali, e in primo luogo dai monarchici - l'hanno smascherato e denunciato per alto tradimento, Lei si difende." Zit. n. ebd, S. 2.
1277 Parteli, Südtirol, S. 506.
1278 Steininger, Südtirol zwischen Diplomatie und Terror, Bd. 1, S. 204.
1279 Zit. b. ebd., S. 205.
1280 Solderer, Totaler Krieg, S. 122.
1281 http://zis.uibk.ac.at/stirol_doku/welcome_chronik.phtml, Stand: 21.1.2005.
1282 Steininger, Südtirol zwischen Diplomatie und Terror, Bd. 1, S. 211.
1283 Ebd., S. 228.
1284 Zit. n. ebd., S. 230.
1285 Zit. n. Karl Tinzl an Ivo Perathoner, Rom, 21.7.1955, SLA, SVP-Archiv, Kart. 56, Fasz. 73 „Dr. Karl Tinzl", Bl. 75.
1286 Steininger, Südtirol zwischen Diplomatie und Terror, Bd. 1, S. 214f.
1287 Giorgio Delle Donne, Die Südtirolfrage 1955-1972, in: Anton Pelinka/Andreas Maislinger (Hg.), Handbuch zur neueren Geschichte Tirols, Bd. 1: Politische Geschichte, Innsbruck 1993, S. 449-466, hier S. 453.
1288 Ebd., S. 453.
1289 Der Parteiobmann entrollt das Bild der Lage, in: Dolomiten, Nr. 54, 5.3.1956, S. 2.
1290 Ebd., S. 2.
1291 Zit. b. ebd., S. 2.
1292 Steininger, Südtirol zwischen Diplomatie und Terror, Bd. 1, S. 236.
1293 Franz Gschnitzer war Universitätsprofessor für Staats- und Privatrecht und Obmann des Berg-Isel-Bundes. In den Jahren 1945-1965 war er Abgeordneter im Nationalrat. 1956 wurde er zum Staatssekretär für Südtirol (ÖVP) ernannt. Diese Tätigkeit übte er bis 1961 aus. Gehler, Verspielte Selbstbestimmung, S. 624.
1294 Pallaver, Südtirol 1943-1955, S. 448.
1295 Steininger, Südtirol zwischen Diplomatie und Terror, Bd. 1, S. 268.
1296 Südtiroler Volkspartei, 40 Jahre, S. 25.

1297 Karl Tinzl, Gerechtigkeit für unsere Kriegsopfer, in: Dolomiten, Nr. 280, 6.12.1956, S. 5.
1298 Zit. n. ebd., S. 5.
1299 Steininger, Südtirol zwischen Diplomatie und Terror, Bd. 1, S. 586.
1300 Stellungnahme unserer Abgeordneten zur Vertrauensfrage der Regierung, in: Dolomiten, Nr. 52, 2.3.1957, S. 1.
1301 Zit. n. ebd., S. 1.
1302 Siegfried Stuffer konzentrierte sich bei seinen Nachforschungen im National Archiv und in der Library of Congress in Washington auf Akten bis zum Jahre 1964. Baumgarnter/Mayr/Mumelter, Feuernacht, S. 332.
1303 Zit. b. ebd., S. 334.
1304 Zit. b. ebd., S. 334.
1305 Siehe ausführlich dazu: ebd., S. 335f.
1306 Ermacora, Südtirol und das Vaterland Österreich, S. 382.
1307 Huter, Andenken (Tiroler Heimat), S. 142.
1308 Ermacora, Südtirol und das Vaterland Österreich, S. 382.
1309 Brugger, Brugger, S. 304.
1310 Zit. n. Karl Tinzl an Friedrich Tessmann, Bozen, 20.4.1950, SLA, SVP-Archiv, Fasz. 538 „Saatgutgesetz" (alte Katalogisierung).
1311 SLA, SVP-Archiv, Fasz. 537 „Tiroler Höferecht" (alte Katalogisierung).
1312 Karl Tinzl, Der Gedanke vom geschlossenen Hof in seiner geschichtlichen Entwicklung, in: Der fahrende Skolast (1960), Sondernummer, S. 26-30.
1313 Huter, Andenken (Tiroler Heimat), S. 142f.
1314 Franz Huter, Dem Andenken Dr. Karl Tinzls, in: Nachrichtenblatt der Universität Innsbruck (1963/64), S. 102-104, hier S. 103.
1315 Zit. n. Tinzl, Gedanke, S. 29f.
1316 Zit. n. ebd., S. 30.
1317 Vgl. Die Tiroler Landesuniversität ehrte Dr. Karl Tinzl, in: Dolomiten, Nr. 147, 2.7.1959, S. 5.
1318 Zit. n. Tinzl, Gedanke, S. 30.
1319 Zit. n. ebd., S. 30.
1320 Brugger, Brugger, S. 23ff
1321 Ebd., S. 305.
1322 Ermacora, Südtirol und das Vaterland Österreich, S. 382.
1323 Brugger, Brugger, S. 305.
1324 Huter, Andenken (Tiroler Heimat), S. 142.
1325 Zit. n. Interview mit Georg Tinzl, S. 21.
1326 Interview mit Silvius Magnago.
1327 „Non ero io soltanto – fra noi Giudici della Corte – a riconoscere i suoi meriti: ho udito spesso i miei colleghi, compresi quelli meridionali (più lontani come mentalità) esprimere pareri analoghi dopo avere udito difendere una causa – con lo stile più efficace e più signorile – dell'avv. Tinzl." Jaeger Nicola war ein Schüler Calamandreis und Universitätsprofessor für Zivilprozessrecht. Er wandte sich am 22.12.1964 in einem persönlichen Schreiben an Gertrud Tinzl. Zit. n Regele, Karl Tinzl, S. 485.
1328 Zit. b. Karl Tinzl, Der Artikel 14 des Autonomiestatuts, in: Dolomiten, Nr. 85, 14.4.1955, S. 3.
1329 Regele, Karl Tinzl, S. 485.
1330 Karl Tinzl, Der Artikel 14 des Autonomiestatuts, in: Dolomiten, Nr. 85, 14.4.1955, S. 3.
1331 Ebd., S. 3.
1332 Zit. n. ebd., S. 3.
1333 Zit. n. ebd., S. 3.
1334 Zit. n. ebd., S. 3.
1335 Ebd., S. 3.
1336 Zit. n. ebd., S. 3.
1337 Zit. n. Ders, Der Artikel 14 des Autonomiestatuts, in: Dolomiten, Nr. 87, 16.4.1955, S. 4.
1338 Zit. n. ebd., S. 4.
1339 Zit. n. ebd., S. 4.
1340 Ebd., S. 4.

1341 Zit. n. Tinzl, Der Artikel 14 des Autonomiestatuts, in: Dolomiten, Nr. 91, 21.4.1955, S. 4.
1342 Ebd., S. 4.
1343 Ebd., S. 4.
1344 Zit. n. ebd., S. 4.
1345 Ebd., S. 4.
1346 Ders., Der Artikel 14 des Autonomiestatuts, in: Dolomiten, Nr. 95, 27.4.1955, S. 3f, hier S. 3.
1347 Ebd., S. 3.
1348 Ebd., S. 3f.
1349 Ebd., S. 3f.
1350 Ebd., S. 3.
1351 Ebd., S. 4.
1352 Ebd., S 4.
1353 Regele, Karl Tinzl, S. 485.
1354 Delle Donne, Südtirolfrage 1955-1972, S. 453.
1355 Holzer, Südtiroler Volkspartei, S. 74.
1356 Der neu gewählte Parteiausschuss der SVP, in: Dolomiten, Nr. 119, 24.5.1954, S. 5.
1357 Interview mit Silvius Magnago.
1358 Zuwanderung gefährdet die völkische Existenz Südtirols, in: Dolomiten, Nr. 119, 24.5.1954, S. 1.
1359 Siebente Landesversammlung der SVP, in Dolomiten, Nr. 126, 1./2.6.2003, S. 8.
1360 Zit. n. Karl Tinzl, Unser Programm bleibt das alte, in: Dolomiten, Nr. 119, 24.5.1954, S. 4.
1361 Zit. n. ebd., S. 4.
1362 Zit. n. Widmann, Es stand nicht gut um Südtirol, S. 195f.
1363 Ebd., S. 196.
1364 Brugger, Brugger, S. 29.
1365 Interview mit Franz Widmann, S. 7.
1366 Zit. n. Interview mit Georg Tinzl, S. 22.
1367 Regele, Karl Tinzl, S. 485.
1368 Zit. b. Wein und Käs bei Dr. Tinzl, in: Frankfurter Allgemeine, 5.12.1955, S. 2.
1369 Steininger, Südtirol zwischen Diplomatie und Terror, Bd. 1, S. 416.
1370 Zit. b. Wein und Käs bei Dr. Tinzl, in: Frankfurter Allgemeine, 5.12.1955, S. 2.
1371 Holzer, Südtiroler Volkspartei, S. 61.
1372 Ivo Perathoner an Karl Tinzl, Bozen, 5.12.1954, SLA, SVP-Archiv, Kart. 56, Fasz. 73 „Dr. Karl Tinzl", Bl. 31.
1373 Ivo Perathoner an Karl Tinzl, Bozen, 1.3.1955, SLA, SVP-Archiv, Kart. 56, Fasz. 73 „Dr. Karl Tinzl", Bl. 50.
1374 SVP-Archiv, Bezirk Meran, Fasz. 115, Bl. 668.
1375 Karl Tinzl an Bezirksleitung der SVP, Bozen, 20.8.1954, SVP-Archiv, Bezirk Meran, Fasz. 115, Bl. 557.
1376 Holzer, Südtiroler Volkspartei, S. 76.
1377 Solderer, Totaler Krieg, S. 98.
1378 Steininger, Südtirol zwischen Diplomatie und Terror, Bd. 1, S. 357.
1379 Ebd., S. 207.
1380 Zit. n. ebd., S. 207.
1381 Zit. n. Interview Franz Widmann, S. 5.
1382 Steininger, Südtirol zwischen Diplomatie und Terror, Bd. 1, S. 207f.
1383 SVP an Bezirksleitung der SVP, Bozen, 17.8.1955, SLA, SVP-Archiv, Bezirk Meran, Fasz. 115, Bl. 683.
1384 Zit. n. Karl Tinzl an Franz Innerhofer-Tanner, Bozen, 15.1.1955, SLA, SVP-Archiv, Landwirte-Verband, Fasz. 51, Bl. 122.
1385 Delle Donne, Südtirolfrage 1955-1972, S. 456.
1386 „[…] Die Führung der SVP hat den Plan des Präsidenten Dr. Albertini einer eingehenden Prüfung hinsichtlich des Art.14 unterzogen und ist zum Schluss gekommen, dass kein Projekt für die SVP annehmbar ist, wenn nicht die Übergabe der entsprechenden Ämter an die Provinz vorgesehen wird. […]" Zit. n. Ivo Perathoner an Karl Tinzl, 16.3.1955, Bozen, SLA, SVP-Archiv, Kart. 56, Fasz. 73 „Dr. Karl Tinzl", Bl. 56.

1387 Gespräch mit Karl Mitterdorfer.
1388 Zit. b. Widmann, Es stand nicht gut um Südtirol, S. 237.
1389 Ebd., S. 237.
1390 Steininger, Südtirol zwischen Diplomatie und Terror, Bd. 1, S. 241.
1391 Widmann, Es stand nicht gut um Südtirol, S. 271.
1392 Der Parteiobmann entrollt das Bild der Lage, in: Dolomiten, Nr. 54, 5.3.1956, S. 1-4, hier S. 1.
1393 Ebd., S. 1f.
1394 http://svpartei.org, Stand: 21.1.2005.
1395 Widmann, Es stand nicht gut um Südtirol, S. 283.
1396 Zit. b. Der Parteiobmann entrollt das Bild der Lage, in: Dolomiten, Nr. 54, 5.3.1956, S. 2.
1397 Ebd., S. 2.
1398 Ebd., S. 2.
1399 Zit. b. ebd., S. 3.
1400 Ebd., S. 3.
1401 Ebd., S. 3.
1402 Zit. b. ebd., S. 3.
1403 Ebd., S. 3.
1404 Zit. b. ebd., S. 4.
1405 Zit. b. ebd., S. 4.
1406 Delle Donne, Südtirolfrage 1955-1972, S. 454.
1407 Nachlass Karl Tinzl.
1408 Baumgarnter/Mayr/Mumelter, Feuernacht, S. 108.
1409 Widmann, Es stand nicht gut um Südtirol, S. 289.
1410 Der Parteiobmann entrollt das Bild der Lage, in: Dolomiten, Nr. 54, 5.3.1956, S. 4.
1411 Dolomiten, Nr. 160, 14.7.1964, S. 12f.
1412 Siehe ausführlich dazu: Südtiroler Gemeindenverband (Hg.), 50 Jahre Südtiroler Gemeindenverband. 1954-2005, Bozen 2005, S. 50ff.
1413 Allgemeine Probleme der Gemeindeautonomie, in: Dolomiten, Nr. 98, 27.4.1961, S. 4.
1414 Senator Dr. Karl Tinzl in die ewige Heimat abberufen, in: Dolomiten, Nr. 159, 13.7.1964, S. 1.
1415 Steininger, Südtirol zwischen Diplomatie und Terror, Bd. 1, S. 354.
1416 Marzari, Gamper, S. 214.
1417 Zit. b. ebd., S. 214.
1418 Huter, Andenken (Tiroler Heimat), S. 143.
1419 Otto Scrinzi (Hg.), Chronik Südtirol 1959-1969. Von der Kolonie Alto Adige zur Autonomen Provinz Bozen, Graz-Stuttgart 1996, S. 155.
1420 Zit. n. Amonn, Wege des Wirkens, S. 109.
1421 Zit. n. ebd., S. 109.
1422 Der Fahrende Skolast (1960), Sondernummer: Die Brillenschlange, S. 1.
1423 Ermacora, Südtirol und das Vaterland Österreich, S. 382.
1424 Huter, Andenken (Tiroler Heimat), S. 143.
1425 Steininger, Südtirol im 20. Jahrhundert, S. 478f.
1426 Solderer, Totaler Krieg, S. 100f.
1427 Holzer, Südtiroler Volkspartei, S. 79.
1428 Ebd., S. 71.
1429 Baumgarnter/Mayr/Mumelter, Feuernacht, S. 17.
1430 Zit. n. Interview mit Franz Widmann, S. 5.
1431 Steininger, Südtirol zwischen Diplomatie und Terror, Bd. 1., S. 360.
1432 Interview mit Franz Widmann, S. 2.
1433 Holzer, Südtiroler Volkspartei, S. 81.
1434 Zit. n. Interview Franz Widmann, S. 3.
1435 Gatterer, Kampf, S. 983ff.
1436 Gespräch mit Karl Mitterdorfer.
1437 Interview mit Georg Tinzl, S. 21.
1438 Zit. n. Gespräch mit Karl Mitterdorfer.
1439 Zit. n. Interview mit Franz Widmann, S. 1.

1440 Zit. n. Interview mit Franz Widmann, S. 1.
1441 Vgl. Öttl, Parteien in Südtirol seit 1918, S. 51.
1442 Zit. n. Interview mit Franz Widmann, S. 3.
1443 Steininger, Südtirol zwischen Diplomatie und Terror. 1947-1969. Darstellung in drei Bänden, Bd. 2, Bozen 1999 (Veröffentlichungen des Südtiroler Landesarchivs 7), S. 597.
1444 Zit. b. Karl Tinzl, Es gibt natürliche und heilige Rechte, in: Dolomiten, Nr. 132, 8.6.1957, S. 1.
1445 Zit. b. ebd., S. 1.
1446 Zit. b. ebd., S. 1.
1447 Zit. b. ebd., S. 1.
1448 Ebd., S. 1.
1449 Steininger, Südtirol im 20. Jahrhundert, S. 480.
1450 Ders., Südtirol zwischen Diplomatie und Terror, Bd. 1., S. 365.
1451 Zit. b. Ders., Südtirol im 20. Jahrhundert, S. 481.
1452 Doktor Karl Tinzl (1888-1964). Er war der getreue Anwalt der Rechte Südtirols, in: Dolomiten, Nr. 162, 13.7.1984, S. 8.
1453 Interview mit Franz Widmann, S. 2.
1454 Zit. n. Franz Gschnitzer an Karl Tinzl, Innsbruck, 27.7.1957, Nachlass Karl Tinzl.
1455 Nachlass Karl Tinzl.
1456 Delle Donne, Südtirolfrage 1955-1972, S. 456.
1457 Karl Tinzl, Die formellen Grundlagen der Südtiroler Autonomie, in: Südtirol. Land europäischer Bewährung, Kanonikus Gamper zum 70. Geburtstag, A. v. Klebelsberg (Hg.), Innsbruck 1955, (Schlern-Schriften 140), S. 189-205.
1458 Zit. n. Tinzl, Grundlagen, S. 189.
1459 Ebd., S. 189f.
1460 Zit. n. ebd., S. 191.
1461 Ebd., S. 192f.
1462 Zit. n. ebd., S. 193.
1463 Ebd., S. 194.
1464 Zit. n. ebd., S. 195.
1465 Ebd., S. 201ff.
1466 Zit. n. ebd., S. 196.
1467 Ebd., S. 198-205.
1468 Widmann, Es stand nicht gut um Südtirol, S. 412.
1469 Gatterer, Kampf, S. 1025.
1470 Zit. n. Widmann, Es stand nicht gut um Südtirol, S. 411.
1471 Ein großes Leben für Südtirols Recht, in: Dolomiten, Nr. 246, 22./23.10.1988, S. 31.
1472 Gespräch mit Karl Mitterdorfer.
1473 Zit. b. Ritschel, Diplomatie, S. 681.
1474 Vgl. Steininger, Südtirol im 20. Jahrhundert, S. 483.
1475 Zit. b. Ritschel, Diplomatie, S. 682.
1476 Zit. b. ebd., S. 682.
1477 Zit. b. Ermacora, Südtirol und das Vaterland Österreich, S. 75.
1478 Ritschel, Diplomatie, S. 683f.
1479 Ebd., S. 684.
1480 Zit. b. Steininger, Südtirol im 20. Jahrhundert, S. 483.
1481 Ritschel, Diplomatie, S. 684.
1482 Ebd., S. 292.
1483 Öttl, Parteien in Südtirol seit 1918, S. 61.
1484 Zit. n. Ritschel, Diplomatie, S. 683.
1485 Regele, Karl Tinzl, S. 486.
1486 Zit. b. Gatterer, Kampf, S. 1025ff.
1487 Ritschel, Diplomatie, S. 686f.
1488 Zit. n. ebd., S. 687f.
1489 Widmann, Es stand nicht gut um Südtirol, S. 411.
1490 Ritschel, Diplomatie, S. 692f.

1491 Vgl. Gatterer, Kampf, S. 1025.
1492 Landesbibliothek Tessmann, Bozen.
1493 Zit. n. Karl Tinzl, Südtirol nach den Wahlen, in: Südtirol in Wort und Bild (1958), Heft 3, S. 3-5, hier S. 5.
1494 Ritschel, Diplomatie, S. 292f.
1495 Scrinzi, Chronik, S. 108.
1496 Zit. b. Steininger, Südtirol zwischen Diplomatie und Terror, Bd. 2, S. 69f.
1497 Gespräch mit Karl Mitterdorfer.
1498 Zit. n. Interview mit Georg Tinzl, S. 22.
1499 Regele, Karl Tinzl, S. 486.
1500 Ermacora, Südtirol und das Vaterland Österreich, S. 382
1501 Zit. n. Doktor Karl Tinzl (1888-1964). Er war der getreue Anwalt der Rechte Südtirols, in: Dolomiten, Nr. 162, 13.7.1984, S. 8.
1502 Steininger, Südtirol zwischen Diplomatie und Terror, Bd. 1, S. 511.
1503 Zit. n. Interview mit Georg Tinzl, S. 22.
1504 Ritschel, Diplomatie, S. 291f.
1505 SLA, SVP-Archiv, SVP-Bezirk Bruneck, Fasz. 22, Bl. 103.
1506 Der Kandidat für den Wahlkreis Brixen, in: Dolomiten, Nr. 119, 27.5.1958, S. 1.
1507 Zit. n. Tinzl, Südtirol nach den Wahlen, S. 3.
1508 Zit. n. ebd., S. 3.
1509 Der Kandidat für den Wahlkreis Brixen, in: Tiroler Nachrichten, Nr. 120, 28.5.1958, S. 2.
1510 Zit. n. Tinzl, Südtirol nach den Wahlen, S. 5.
1511 Zit. n. ebd., S. 83f.
1512 Ebd., S. 5.
1513 Zit. n. ebd., S. 4.
1514 Zit. n. ebd., S. 4.
1515 Zit. n. Karl Tinzl, Südtirol verlangt seine eigenen Landesautonomie, in: Dolomiten, Nr. 158, 12.7.1958, S. 1.
1516 Tinzl fordert die volle Landesautonomie für Südtirol, in: Tiroler Nachrichten, Nr. 158, 12.7.1958, S. 1.
1517 Zit. b. ebd., S. 1.
1518 Zit. n. Karl Tinzl, Feierlicher Appell an die Regierung, in: Volksbote, Nr. 30, 24.7.1958, S. 1.
1519 Ebd., S. 1.
1520 Ders., Südtirol verlangt seine eigenen Landesautonomie, in: Dolomiten, Nr. 158, 12.7.1958, S. 1.
1521 Gespräch mit Karl Mitterdorfer.
1522 Nachlass Karl Tinzl.
1523 Interview mit Georg Tinzl, S. 22.
1524 Karl Tinzl, Die Grundvoraussetzung für jede echte Selbstregierung, in: Dolomiten, Nr. 178, 5.8.1958, S. 1.
1525 Zit. n. ebd., S. 1.
1526 Zit. n. ebd., S. 1.
1527 Nachlass Karl Tinzl.
1528 Karl Tinzl, Momentaufnahme aus Brasilien, in: Dolomiten, Nr. 184+188, 12.+16.8.1958, S. 5+S. 4.
1529 Zit. n. ebd., S. 5.
1530 Scrinzi, Chronik, S. 155.
1531 Steininger, Südtirol zwischen Diplomatie und Terror, Bd. 1, S. 610f.
1532 Ebd., S. 616f.
1533 Delle Donne, Südtirolfrage 1955-1972, S. 457.
1534 Steininger, Südtirol zwischen Diplomatie und Terror, Bd. 1, S. 627.
1535 Zit. n. Südtirols Vertreter bei Segni, in: Dolomiten, Nr. 37, 14.2.1959, S. 1.
1536 Zit. b. Widmann, Es stand nicht gut um Südtirol, S. 451.
1537 http://zis.uibk.ac.at/stirol_doku/welcome_chronik.phtml, Stand: 21.1.2005.
1538 Steininger, Südtirol zwischen Diplomatie und Terror, Bd. 1, S. 700f.
1539 Zit. n. Interview mit Franz Widmann, S. 3.

1540 Widmann, Es stand nicht gut um Südtirol, S. 464.
1541 Otto von Guggenberg an Karl Tinzl, Rom, 26.1.1949, SLA, SVP-Archiv, Fasz. 513/e „Österreichische Gesandtschaft in Rom" (alte Katalogisierung).
1542 Zit. b. Karl Tinzl, Deutsch muss endlich Gerichtssprache werden, in: Dolomiten, Nr. 138, 20.6.1959, S. 1.
1543 Scrinzi, Chronik, S. 126.
1544 Steininger, Südtirol im 20. Jahrhundert, S. 82.
1545 Brugger, Brugger, S. 60.
1546 Nachlass Karl Tinzl.
1547 Ermacora, Südtirol und das Vaterland Österreich, S. 83.
1548 Steininger Südtirol zwischen Diplomatie und Terror, Bd. 1, S. 686f.
1549 Ders., Südtirol im 20. Jahrhundert, S. 487ff.
1550 Ders., Südtirol zwischen Diplomatie und Terror, Bd. 1, S. 700f.
1551 Ebd., S. 701.
1552 Zit. b. ebd., S. 723.
1553 Ebd., S. 722f.
1554 Zit. b. ebd., S. 722.
1555 Ebd., S. 724f.
1556 Ritschel, Diplomatie, S. 307.
1557 Ermacora, Südtirol und das Vaterland Österreich, S. 75.
1558 Zit. b. Steininger, Südtirol zwischen Diplomatie und Terror, Bd. 1, S. 742.
1559 Ebd., S. 747.
1560 Der neue Vorstand der SVP, in: Dolomiten, Nr. 257, 9.11.1959, S. 4.
1561 Ritschel, Diplomatie, S. 316f.
1562 Ebd., S. 318.
1563 Steininger, Südtirol zwischen Diplomatie und Terror, Bd. 1, S. 778f.
1564 Ebd., Bd. 2, S. 58-61.
1565 Ebd., Bd. 2, S. 67.
1566 Zit. b. ebd., Bd. 2, S. 60.
1567 Parteli, Südtirol, S. 576ff.
1568 Ebd., S. 579.
1569 Ebd., S. 579f.
1570 Vgl. Kein Vertrauen mehr auf Vorschuss, in: Dolomiten, Nr. 56, 8.3.1960, S. 1.
1571 Zit. b. Steininger, Südtirol zwischen Diplomatie und Terror, Bd. 2, S. 146.
1572 Ebd., Bd. 2, S. 146.
1573 http://zis.uibk.ac.at/stirol_doku/welcome_chronik.phtml, Stand: 21.1.2005.
1574 Starke Mehrheit für die Regierung Fanfani, in: Dolomiten, Nr. 177, 4.8.1960, S. 1.
1575 Karl Tinzl, Nur Sonderautonomie kann Südtirol schützen, in: Dolomiten, Nr. 178, 5.8.1960, S. 1.
1576 Zit. n. ebd., S. 1.
1577 Zit. n. ebd., S. 1.
1578 Ebd., S. 1.
1579 Senator Dr. Tinzl – wirklichkeitsfern?, Archiv Dr. Toni Ebner.
1580 Ritschel, Diplomatie, S. 329.
1581 Steininger, Südtirol im 20. Jahrhundert, S. 487.
1582 Ritschel, Diplomatie, S. 339.
1583 Steininger, Südtirol im 20. Jahrhundert, S. 487.
1584 Gruber, Auf dem langen Weg, S. 178f.
1585 Ermacora, Südtirol und das Vaterland Österreich, S. 88-91.
1586 Gottfried Solderer, Das 20. Jahrhundert in Südtirol. Bd. 4: Autonomie und Aufbruch. 1960-1979, Bozen 2002, S. 17.
1587 Ritschel, Diplomatie, S. 363.
1588 Delle Donne, Südtirolfrage 1955-1972, S. 459.
1589 Ritschel, Diplomatie, S. 368.
1590 Steininger, Südtirol zwischen Diplomatie und Terror, Bd. 2, S. 214.
1591 Parteli, Südtirol, S. 598.

1592 Steininger, Südtirol zwischen Diplomatie und Terror, Bd. 2, S. 433.
1593 Ebd., Bd. 2, S. 447ff.
1594 Scrinzi, Chronik, S. 199.
1595 Steininger, Südtirol zwischen Diplomatie und Terror, Bd. 2, S. 435.
1596 Parteli, Südtirol, S. 598f.
1597 Siehe ausführlich dazu: Baumgarnter/Mayr/Mumelter, Feuernacht, S. 33ff.
1598 Solderer, Autonomie, S. 18f.
1599 Baumgarnter/Mayr/Mumelter, Feuernacht, S. 53.
1600 Steininger, Südtirol zwischen Diplomatie und Terror, Bd. 2, S. 486.
1601 Südtirolkommission-Zeichen des neuen Geistes, in: Dolomiten, Nr. 233, 11.10.1961, S. 1.
1602 Widmann, Es stand nicht gut um Südtirol, S. 564.
1603 Zit. n. ebd., S. 564.
1604 Ebd., S. 564.
1605 Parteli, Südtirol, S. 606.
1606 Ermacora, Südtirol und das Vaterland Österreich, S. 96.
1607 Vgl. Steininger, Südtirol zwischen Diplomatie und Terror, Bd. 2, S. 518.
1608 Ebd., Bd. 2. S. 521ff.
1609 Solderer, Autonomie, S. 33.
1610 Steininger, Südtirol zwischen Diplomatie und Terror, Bd. 2, S. 549.
1611 Widmann, Es stand nicht gut um Südtirol, S. 590ff.
1612 Solderer, Autonomie, S. 33.
1613 Ritschel, Diplomatie, S. 390.
1614 Zit. b. Südtirolkommission – Zeichen des neuen Geistes, in: Dolomiten, Nr. 233, 11.10.1961, S. 1.
1615 Ebd., S. 1.
1616 Zit. b. ebd., S. 1.
1617 Zit. b. ebd., S. 1.
1618 Zit. b. ebd., S. 1.
1619 Zit. b. ebd., S. 1.
1620 Zit. b. ebd., S. 1.
1621 Zit. b. ebd., S. 1.
1622 Zit. b. ebd., S. 1.
1623 Regele, Karl Tinzl, S. 486.
1624 Steininger, Südtirol zwischen Diplomatie und Terror, Bd. 2. S. 556f.
1625 Ritschel, Diplomatie, S. 390.
1626 Hermann Frass, Bozen.
1627 Zit. b. Südtirolkommission – Zeichen des neuen Geistes, in: Dolomiten, Nr. 233, 11.10.1961, S. 1.
1628 Zit. n. Gespräch mit Karl Mitterdorfer.
1629 Steininger, Südtirol zwischen Diplomatie und Terror. 1947-1969, Darstellung in drei Bänden, Bd. 3, Bozen 1999 (Veröffentlichungen des Südtiroler Landesarchivs 8), S. 35f.
1630 Regele, Karl Tinzl, S. 487
1631 Parteli, Südtirol, S. 606f.
1632 Eduard Widmoser, Autonomie für Südtirol. Der lange Weg, Innsbruck 1971, S. 20.
1633 Zit. n. ebd., S. 643.
1634 Parteli, Südtirol, S. 609.
1635 Steininger, Südtirol zwischen Diplomatie und Terror, Bd. 3, S. 27.
1636 Ebd., Bd. 3, S. 29-39.
1637 Ritschel, Diplomatie, S. 405.
1638 Steininger, Südtirol zwischen Diplomatie und Terror, Bd. 3, S. 79f.
1639 Ebd., Bd. 3, S. 35f.
1640 Ermacora, Südtirol und das Vaterland Österreich, S. 110.
1641 Parteli, Südtirol, S. 609.
1642 Regele, Karl Tinzl, S. 487.
1643 Zit. n. Huter, Andenken (Tiroler Heimat), S. 142.
1644 Solderer, Autonomie, S. 33.
1645 Ermacora, Südtirol und das Vaterland Österreich, S. 110f.

1646 Forcher, Tirols Geschichte, S. 254.
1647 Delle Donne, Südtirolfrage 1955-1972, S. 466.
1648 Solderer, Autonomie, S. 44f.
1649 26 neue Träger des Ehrenzeichens Tirol, in: Tiroler Tageszeitung, Nr. 43, 21.2.1958, S. 3.
1650 Riedl, Leben, S. 29.
1651 Dekan der Rechts- und Staatswissenschaftlichen Fakultät an Akademischern Senat, Innsbruck, 10.2.1959, UAI, Ehrungsakten, Ehrungsakt Dr. Tinzl.
1652 Zit. n. ebd., Ehrungsakt Dr. Tinzl.
1653 Hans Kinzl an Karl Tinzl, Innsbruck, 30.4.1959, UAI, Ehrungsakten, Ehrungsakt Dr. Tinzl.
1654 Karl Tinzl an Hans Kinzl, Bozen, 4.5.1959, UAI, Ehrungsakten, Ehrungsakt Dr. Tinzl.
1655 Programm Akademischer Festakt, 27.6.1959, UAI, Ehrungsakten, Ehrungsakt Dr. Tinzl.
1656 Huter, Andenken (Tiroler Heimat), S. 142f.
1657 Zit. n. Dekan der Rechts- und Staatswissenschaftlichen Fakultät an Akademischern Senat, Innsbruck, 10.2.1959, UAI, Ehrungsakten, Ehrungsakt Dr. Tinzl.
1658 UAI, Ehrungsakten, Ehrungsakt Dr. Tinzl.
1659 Zit. n. Dolomiten, Nr. 160, 14.7.1964, S. 13.
1660 Zit. n. Ehrung für Sen. Dr. Tinzl und Würdigung seiner Verdienste, in: Dolomiten, Nr. 238, 16.10.1963, S. 7f, hier S. 7.
1661 Ebd., S. 7.
1662 Nachlass Karl Tinzl.
1663 Zit. b. Ehrung für Sen. Dr. Tinzl und Würdigung seiner Verdienste, in: Dolomiten, Nr. 238, 16.10.1963, S. 7.
1664 Zit. n. Ermacora, Südtirol und das Vaterland Österreich, S. 382.
1665 Beschlussprotokoll des Gemeinderates, Schlanders, 29.10.1963, GAS, Beschlussprotokolle, 1963.
1666 Zit. n. Sen. Dr. Karl Tinzl erster Ehrenbürger von Schlanders, in: Dolomiten, Nr. 270, 25.11.1963, S. 5.
1667 Ehrung für Sen. Dr. Tinzl und Würdigung seiner Verdienste, in: Dolomiten, Nr. 238, 16.10.1963, S. 7.
1668 Mitteilung von Karl Mitterdorfer.
1669 Nachlass Karl Tinzl.
1670 Senator Dr. Karl Tinzl in die ewige Heimat abberufen, in: Dolomiten, Nr. 159, 13.7.1964, S. 1f.
1671 Regele, Karl Tinzl, S. 487f.
1672 Gasser, Karl Tinzl, S. 275.
1673 Zit. b. Die Heimat steht in tiefer Trauer vor deiner Bahre, in: Dolomiten, Nr. 161, 15.7.1964, S. 1+5, hier S. 1+5.
1674 Dolomiten, Nr. 160, 14.7.1964, S. 7.
1675 Ermacora, Südtirol und das Vaterland Österreich, S. 382.
1676 Zit. b. Sein ganzes Leben galt seinem Land und seinen Leuten, in: Dolomiten, Nr. 108, 25.7.1964, S. 3.
1677 Würdigung des Senators Dr. Karl Tinzl in der römischen Kammer, in: Dolomiten, Nr. 178, 6.8.1964, S. 2.
1678 Zit. n. Dolomiten, Nr. 160, 14.7.1964, S. 7.
1679 Zit. n. Dietl Mahlknecht, Schlanders, S. 252.
1680 Interview mit Georg Tinzl am 1.5.2004.
1681 Foto im Besitz der Verfasserin.
1682 Zit. n. Steininger, Südtirol zwischen Diplomatie und Terror, Bd. 3, S. 179.
1683 Huter, Andenken (Nachrichtenblatt), S. 103.
1684 Zit. n. Unsere Männer für das Parlament, in: Volksbote, Nr. 29, 28.2.1924, S. 1.
1685 Zit. b. Ehrung für Sen. Dr. Tinzl und Würdigung seiner Verdienste, in: Dolomiten, Nr. 238, 16.10.1963, S. 7.

XX. Zeittafel

4.10.1888	Karl Tinzl wird in Schlanders geboren.
1898-1906	Benediktinergymnasium in Meran
1.10.1906	Studienbeginn an der Rechts- und Staatswissenschaftlichen Fakultät an der Universität Innsbruck
14.5.1912	Promotion „sub auspiciis imperatoris" zum Doktor der Rechte
1912-1914	Habilitationsstudium in Leipzig und Berlin
28.7.1914	Kriegserklärung Österreich-Ungarns an Serbien: Ausbruch des 1. Weltkrieges
Januar 1915	Einberufung zum Kriegsdienst
23.5.1915	Kriegserklärung Italiens an Österreich-Ungarn
Oktober 1918	Entlassung aus dem Militärdienst
10.9.1919	Friedensvertrag von St. Germain-en-Laye: Teilung Tirols
Dezember 1919	Autonomieentwurf des DV
16.-21.4.1920	Autonomieverhandlungen in Rom
15.5.1921	1. Amtszeit: Abgeordneter im italienischen Parlament
28.10.1922	Marsch auf Rom: Faschistische Machtübernahme in Italien
November 1922	Vertreter der Südtiroler in der „Kommission zur Beratung der Landes- und Gemeindeautonomie"
26.2.1923	„Burgfrieden" zwischen den Bozner Faschisten und dem DV
31.5.1923	Obmann des DV
15.7.1923	Maßnahmenkatalog zur Entnationalisierung Südtirols
Juli 1923	Verbot der Teilnahme an der Tagung der Union der Völkerbundligen
6.4.1924	2. Amtszeit: Abgeordneter im italienischen Parlament
5.6.1924	Denkschrift gegen die Italianisierung der Schule in Südtirol durch das „Lex Gentile"
Juli 1924	Teilnahme an der Lyoner Tagung der Minderheitenkommission
19.12.1924	Schulrede im Parlament
Sommer 1925	Ausbildungskurs für Notschullehrerinnen
Oktober 1925	Teilnahme an den Konferenzen der Interparlamentarischen Union in Ottawa und Washington
14.5.1926	Parlamentsrede über die Zulassung des deutschen Privatunterrichts
9.11.1926	Parteienverbot in Südtirol
1.1.1927	Errichtung der Provinz Bozen: Majorisierungspolitik
9.7.1927	Memorandum über das Bozner Merkantilgericht
August 1927	Hausdurchsuchungen bei den Südtiroler Abgeordneten

10.-12.10.1927	Teilnahme an der Tagung der Minderheitenkommission der Völkerbundligen in Sofia
30.7.1928	Heirat mit Gertraud Semler in Obermais
November 1928	Reise durch Italien
1.1.1929	Italienische Zivilgesetzgebung für Südtirol
März 1929	Anwalt in Schlanders
1.7.1929	Abschaffung des Tiroler Höferechts
31.1.1933	Hitler wird Reichskanzler
1.1.1934	Gründung des VKS
24.10.1936	Die Achse Berlin – Rom wird gegründet.
24.3.1937	Zusammenschluss von DV und VKS zum Bündnis „Deutsche Volksgruppe Südtirol"
April 1938	Internierung im Gefängnis von Schlanders
19.-22.6.1939	Reise nach München und Berlin: Intervention gegen das Optionsabkommen
23.6.1939	Abkommen über die Aussiedlung der Südtiroler
29.6.1939	VKS propagiert die Umsiedlung: Spaltung in Optanten und Dableiber
20.11.1939	Gründung des AHB
19.12.1939	Optionsentscheidung für Deutschland
1.1.1940	Rund 86 Prozent der Südtiroler entschieden sich für die Abwanderung
30.1.1940	Gründung der ADO unter der Führung von Peter Hofer
19.7.1940	Verleihung der deutschen Staatsbürgerschaft
18.-24.7.1940	Besichtigungsreise des neuen Siedlungsgebietes in Burgund
Februar 1941	Ernennung zum Rechtsberater der DAT
10.9.1943	Errichtung der „Operationszone Alpenvorland"
6.11.1943	Allgemeine Wehrpflicht in der Operationszone
3.12.1943	Kommissarischer Präfekt der Provinz Bozen.
1.5.1945	Befreiungsaktion der prominenten Geiseln im Pustertal Übergabe der Amtskasse des Obersten Kommissars an Henry Clairval
2.5.1945	Kapitulation der deutschen Streitkräfte in Italien
3.5.1945	Regierungsübernahme durch den CLN
8.5.1945	Gründungsmitglied der SVP
16.5.1945	Ablöse als Vizepräfekt und Beginn der Tätigkeit für die SVP
25.4.-16.5.1946	3. Außenministerkonferenz in Paris: Südtirol bleibt bei Italien
16.7.-2.8.1946	Kontaktmann der Südtiroler in Wien.
5.9.1946	Gruber-De Gasperi-Abkommen: Schutz der deutschsprachigen Südtiroler durch eine Autonomie
5.11.1946	Memorandum „Fragen der künftigen Südtiroler Autonomie"

9./10.2.1947	1. Landesversammlung der SVP: Präsentation des von Tinzl ausgearbeiteten Parteiprogramms
27.6.1947	Verfassungsmäßige Verankerung der „Region Trentino-Tiroler Etschland"
15.7.1947	Treffen zwischen Vertretern der SVP und der ASAR
6.8.1947	Streichung aus dem Album für Rechtsanwälte
1948/49	Verhandlungen mit der Montecatini-Gesellschaft über Entschädigungen für die Grauner Familien
9.-30.1.1948	Mitglied der SVP-Delegation in Rom
28.1.1948	Dankesbrief an Perassi
29.1.1948	1. Autonomiestatut für die Region Trentino – Südtirol
5.2.1948	Optantendekret
20.8.1948	1. Ablehnung des Antrags zur Wiederverleihung der italienischen Staatsbürgerschaft
April 1949	Treibende Kraft bei der Errichtung des Rücksiedleramtes
18.12.1952	Dekret des Präsidenten der Republik zur Wiederverleihung der Staatsbürgerschaft an Karl Tinzl
21.3.1953	Wiedereintragung in die Register der Staatsbürgerakte der Gemeinde Bozen
7.7.1953	3. Amtszeit: Abgeordneter im italienischen Parlament
23.10.1953	Unterredung mit Ministerpräsident Pella: 11-Punkte-Programm der Südtiroler
1.4.1954	Südtiroler Höfegesetz
9.4.1954	Übergabe des Memorandum mit den Forderungen der Südtiroler an Ministerpräsident Scelba
22.5.1954	7. Landesversammlung der SVP: Obmann der SVP
16.6.1954	Gründungsmitglied des Südtiroler Gemeindeverbandes
18.10.1954	Unterredung mit dem Sonderbeauftragten für Südtirol, Unterstaatssekretär Oscar Luigi Scalfaro
2.11.1954	Südtirolbesprechung in Lans bei Innsbruck
6.5.1955	Austritt von SVP-Regionalassessor Hans Dietl aus dem Regionalrat
15.5.1955	Unterzeichnung des österreichischen Staatsvertrages
Mai 1955	Strafanzeige gegen die Südtiroler Parlamentarier
Juni 1955	Memoranden: „Vorschläge für die Besprechungen zwischen Österreich und Italien in der Südtiroler Frage" und „Einige Gedanken zu einer verbindlichen Heimatplanung"
2.2.1956	Treffen mit dem österreichischen Botschafter Löwenthal
3.3.1956	Ende der Amtszeit als Obmann der SVP
8.10.1956	Österreichisches Memorandum über Südtirol an Rom
6.2.1957	Treffen mit US-Diplomaten

25.5.1957	10. Landesversammlung der SVP: Machtübernahme des radikalen Flügels der SVP, Tinzl bleibt Obmannstellvertreter
17.11.1957	Großkundgebung auf Schloss Sigmundskron
29.11.1957	Treffen mit Bundeskanzler Raab
4.2.1958	Einbringen des „Tinzl-Entwurfs" im römischen Parlament
14.2.1958	Aufnahme der Verhandlungen zwischen Österreich und Italien
20.2.1958	Verleihung des Ehrenzeichens des Landes Tirol
25./26.5.1958	4. Amtszeit: Kandidatur für den Senat
Juli 1958	47. Kongress der Interparlamentarischen Union in Rio de Janeiro
November 1958	Kommission für die „Durchführungsbestimmungen zum Volkswohnbaugesetz"
12.12.1959	Einbringen des „Tinzl-Entwurfs" in den Senat
31.1.1959	Austritt der SVP aus dem Regionalrat
27.6.1959	Ernennung zum Ehrensenator der Universität Innsbruck
1.8.1959	Teilnahme an der Südtirolbesprechung in Innsbruck: Internationalisierung der Südtirolfrage
31.10.1960	UNO-Resolution: Wiederaufnahme der Verhandlungen zwischen Österreich und Italien
Januar, Mai, Juni 1961	Verhandlungen in Mailand, Klagenfurt und Zürich.
11.-12.6.1961	Sprengung der Hochspannungsmasten in Südtirol
14.8.1961	Besprechung mit Innenminister Scelba über eine „Studienkommission" zur Südtirolfrage
1.9.1961	Mitarbeit in der Neunzehner-Kommission
30.9.1961	Gefahr der Spaltung der SVP durch die Gruppe „Aufbau"
28.11.1961	Erneuerung der UNO-Resolution
16.6.1962	Tagung der Neunzehner-Kommission in Bozen
17.1.1963	Mitarbeit in der 1. Unterkommission der Neunzehner-Kommission
April 1963	Rückzug aus dem politischen Leben
9.3.1964	Beratungsausschuss für die Umsiedlungsgeschädigten
10.4.1964	Abschlussbericht der Neunzehner-Kommission
25.5.1964	Außenministertreffen in Genf: Beschluss über die Einsetzung einer italienisch – österreichischen Kommission zur Verbesserung der Autonomie
11.7.1964	Karl Tinzl erliegt in Bozen-Gries seinem schweren Leiden.
22.11.1969	Annahme des „Pakets" bei der außerordentlichen SVP-Landesversammlung
20.1.1972	2. Autonomiestatut für Südtirol

XXI. Anhang

21.1. Literaturverzeichnis

Alber, Cäcilia: Südtiroler Landesgeschichte im Spiegel der liberalen Meraner Zeitung (1900-1926), Dipl., Innsbruck 1989.

Alexander, Helmut/Stefan Lechner/Adolf Leidlmair: Heimatlos. Die Umsiedlung der Südtiroler, Wien 1993.

Amonn, Walther: Die Optionszeit erlebt, Bozen 1982.

Ders.: Wege des Wirkens. Aus gedruckten und ungedruckten Stellungnahmen und Schriften, Bozen 1986.

Bachmann, Hans: Graun – Die Geschichte der Raiffaissenkasse und des Dorfes. Festschrift aus Anlass der Einweihung des neuen Verwaltungssitzes in St. Valentin, hg. v. Raiffaissenkasse Obervinschgau, Bozen 1983.

Baumgartner, Elisabeth/Hans Mayr/Gerhard Mumelter: Feuernacht. Südtirols Bombenjahre, Ein zeitgeschichtliches Lesebuch, Bozen 1992.

Benedikter, Hans, Silvius Magnago. Ein Leben für Südtirol, Bozen 1983.

Benz, Wolfgang/Hermann Graml/Hermann Weiß (Hg.): Enzyklopädie des Nationalsozialismus, München 1998.

Brugger, Oktavia (Hg.): Peter Brugger. Eine politische und persönliche Biographie, Bozen 1996.

Busch, Phoebe Wood: Baron von Sternbach and the struggle for South Tirol, Diss., Denver 1996.

Corsini, Umberto/Rudolf Lill: Südtirol 1918-1946, Bozen 1988.

Delle Donne, Giorgio: Die Südtirolfrage 1955-1972, in: Anton Pelinka/Andreas Maislinger (Hg.), Handbuch zur neueren Geschichte Tirols, Bd. 1: Politische Geschichte, Innsbruck 1993, S.449-466.

Dietl Mahlknecht, Martha: Geschichtliche und kulturelle Entwicklung von Schlanders von 1850-1914, Diss., Padua 1981.

Eisterer, Klaus/Rolf Steininger: Die Option. Südtirol zwischen Faschismus und Nationalsozialismus, Innsbruck 1989 (Innsbrucker Forschungen zur Zeitgeschichte 5).

Erhard, Benedikt: Option Heimat-Opzioni, Eine Geschichte Südtirols vom Gehen und Bleiben, Katalog zur Ausstellung des Tiroler Geschichtsvereines, hg. v. Tiroler Geschichtsverein, Sektion Bozen, Bozen 1989.

Ermacora, Felix: Südtirol und das Vaterland Österreich, Wien-München 1984.

Fontana, Josef: Vom Neubau bis zum Untergang der Habsburgermonarchie (1848-1918), in: Josef Riedmann u.a. (Hg.), Geschichte des Landes Tirol 3, Bozen 1987.

Forcher, Michael: Tirols Geschichte in Wort und Bild, Innsbruck 1984.

Freiberg, Walter: Südtirol und der italienischen Nationalismus. Entstehung und Entwicklung einer europäischen Minderheitenfrage, Innsbruck 1994 (Schlern-Schriften 282).

Gatterer, Claus: Im Kampf gegen Rom. Bürger, Minderheiten und Autonomien in Italien, Wien 1968.

Gehler, Michael: Verspielte Selbstbestimmung?. Die Südtirolfrage 1945/46 in US-Geheimdienstberichten und österreichischen Akten, Innsbruck 1996 (Schlern-Schriften 302).

Gelmi, Josef: Fürstbischof Johannes Geisler (1882-1952), Brixen 2003.

Gruber, Alfons: Südtirol unter dem Faschismus, Bozen 1974 (Schriftenreihe des Südtiroler Kulturinstituts 1).

Ders.: Auf dem langen Weg zur erweiterten Autonomie-Südtirol 1945 bis 1989, in: Meinrad Pizzinini (Hg.), Zeitgeschichte Tirols, Wien-Innsbruck-Bozen 1990, S. 188-191.

Haas, Hans: Südtirol 1919, in: Anton Pelinka/Andreas Maislinger (Hg.), Handbuch zur neueren Geschichte Tirols, Bd. 1: Politische Geschichte, Innsbruck 1993, S. 95-130.

Hartungen, Christoph von: Zur Lage der Südtiroler in der Operationszone Alpenvorland (1943-45), in: Arbeitsgruppe Regionalgeschichte Bozen (Hg.), 8.9.1943. Italien und Südtirol 1943-1945, Bozen-Wien 1994.

Hassell, Ulrich von: Die Hassell-Tagebücher 1938-1944. Aufzeichnungen vom anderen Deutschland, hg. v. Frhr. Hiller von Gaertingen, Friedrich, Berlin 1988.

Heiss, Hans: Bürgertum in Südtirol. Umrisse eines verkannten Phänomens, in: Ernst Bruckmüller-Ulrike Döcker-Hannes Stekl-Peter Urbanitsch (Hg.), Bürgertum in der Habsburger-Monarchie, Wien 1991, S. 299-317.

Ders. / Gustav Pfeifer (Hg.): Südtirol-Stunde Null?. Kriegsende 1945-1946, Innsbruck-Wien-München 2000 (Veröffentlichungen des Südtiroler Landesarchivs 10).

Herre, Paul: Die Südtirol Frage. Entstehung und Entwicklung eines europäischen Problems der Kriegs- und Nachkriegszeit, München 1927.

Holzer, Anton: Südtiroler Volkspartei, Thaur/Tirol 1991.

Huter, Franz (Hg.): Südtirol. Eine Frage des europäischen Gewissens, München 1965.

Ders.: Dem Andenken Dr. Karl Tinzls, in: Nachrichtenblatt der Universität Innsbruck, 1963/1964, Innsbruck 1964, S. 102-104.

Ders.: Dem Andenken Dr. Karl Tinzls, in: Tiroler Heimat. Jahrbuch für Geschichte und Volkskunde (1963/64), Heft 27/28, S. 140-143.

Lun, Margareth: Südtirol in der Operationszone Alpenvorland 1943-1945, Dipl., Innsbruck 1993.

Ders.: NS-Herrschaft in Südtirol. Die Operationszone Alpenvorland, Innsbruck 2004 (Innsbrucker Forschungen zur Zeitgeschichte 22).

Marzari, Walter: Kanonikus Michael Gamper. Ein Kämpfer für Glauben und Heimat gegen Faschistenbeil und Hakenkreuz in Südtirol, Wien 1974.

Mittermaier, Karl: Südtirol. Geschichte, Politik und Gesellschaft, Wien 1986.

Oberkofler, Gerhard: Die Rechtslehre in italienischer Sprache an der Universität Innsbruck (1864-1904). Innsbruck 1975 (Forschungen zur Innsbrucker Universitätsgeschichte 11).

Ders.: Franz Huter (1899-1997). Soldat und Historiker Tirols, Innsbruck-Wien 1999.

Öttl, Brigitte: Die Entwicklung der politischen Parteien in Südtirol seit 1918, Dipl., Innsbruck 1981.

Pallaver, Günther: Südtirol 1943-1955. Internationale Aspekte, in: Anton Pelinka/ Andreas Maislinger (Hg.), Handbuch zur neueren Geschichte Tirols, Bd. 1: Politische Geschichte, Innsbruck 1993, S. 423-448.

Parteli, Othmar, Südtirol (1918-1970), in: Josef Riedmann u.a.(Hg.), Geschichte des Landes Tirol 4/1, Bozen-Wien 1988.

Pfanzelter, Eva: Südtirol unterm Sternbanner. Die amerikanische Besatzung Mai-Juni 1945, Bozen 2005.

Prenner, Johann: Erinnerungen an Alt-Reschen. Der Versuch einer Rekonstruktion des alten in den Fluten des Stausees versunkenen Dorfteils von Reschen, Schlanders 1997.

Raffeiner, Josef: Tagebücher 1945-1948, hg. v. Wolfgang Raffeiner, Bozen 1998.

Reut-Nicolussi, Eduard: Tirol unterm Beil, München 1928.

Ritschel, Karl Heinz: Diplomatie um Südtirol. Politische Hintergründe eines europäischen Versagens, Stuttgart 1966.

Schreiber, Horst: Die Machtübernahme. Die Nationalsozialisten in Tirol 1938/39, Innsbruck 1994 (Innsbrucker Forschungen zur Zeitgeschichte 10):

Scrinzi, Otto (Hg.): Chronik Südtirol 1959-1969. Von der Kolonie Alto Adige zur Autonomen Provinz Bozen, Graz-Stuttgart 1996.

Solderer, Gottfried: Silvius Magnago. Eine Biographie Südtirols, Bozen 1996.

Ders.: Das 20. Jahrhundert in Südtirol, Bd. 2: Faschistenbeil und Hakenkreuz. 1920-1939, Bozen 2000.

Ders.: Das 20. Jahrhundert in Südtirol, Bd. 3: Totaler Krieg und schwerer Neubeginn. 1940-1959, Bozen 2001.

Ders.: Das 20. Jahrhundert in Südtirol, Bd. 4: Autonomie und Aufbruch. 1960-1979, Bozen 2002.

Steinacher, Gerald: Südtirol und die Geheimdienste 1943–1945, Innsbruck-Wien-München 2000 (Innsbrucker Forschungen zur Zeitgeschichte 15).

Ders. (Hg.): Südtirol im Dritten Reich. NS-Herrschaft im Norden Italiens, 1943-1945, Innsbruck 2003 (Veröffentlichungen des Südtiroler Landesarchivs 18).

Ders.: Das Trentino in der Operationszone Alpenvorland, 1943-45, Dipl., Innsbruck 1994.

Steinhaus, Federico: Ebrei/Juden. Gli ebrei dell'Alto Adige negli anni trenta e quaranta, Florenz 1994:

Steininger, Rolf: Los von Rom? Die Südtirolfrage 1945/46 und das Gruber-De Gasperi-Abkommen, Innsbruck 1987 (Innsbrucker Forschungen zur Zeitgeschichte 2).

Ders.: Südtirol im 20. Jahrhundert. Vom Leben und Überleben einer Minderheit, Innsbruck-Wien 1997.

Ders.: Südtirol im 20. Jahrhundert. Dokumente, Innsbruck-Wien 1999.

Ders.: Südtirol zwischen Diplomatie und Terror. 1947-1969, Darstellung in drei Bänden, Bd. 1-3, Bozen 1999 (Veröffentlichungen des Südtiroler Landesarchivs 6-8).

Steurer, Leopold: Die Südtirolfrage und die deutsch-italienischen Beziehungen vom Anschluss (1919) bis den Optionen (1939), in: Jahrbuch des italienisch-deutschen historischen Instituts in Trient (1978), Heft 4, S. 387-418.

Ders.: Südtirol 1918-1945, in: Anton Pelinka/Andreas Maislinger (Hg.), Handbuch zur neueren Geschichte Tirols, Bd. 1: Politische Geschichte, Innsbruck 1993, S. 188-313.

Ders.: Südtirol zwischen Rom und Berlin. 1919-1939, Wien-München-Zürich 1980.

Stuhlpfarrer, Karl: Die Operationszonen „Alpenvorland" und „Adriatisches Küstenland" 1943-1945, Diss. masch., Wien 1967.

Südtiroler Gemeindenverband (Hg.): 50 Jahre Südtiroler Gemeindenverband. 1954–2005. Bozen 2005.

Südtiroler Kulturinstitut (Hg.): Der Beratungsausschuss für Umsiedlungsgeschädigte Bozen. 1964-1999, Bozen 2002.

Südtiroler Volkspartei (Hg.): Südtiroler Volkspartei. 40 Jahre, Bozen 1985.

Tinzl, Karl: Aus drei Abschnitten meiner parlamentarischen Tätigkeit in Rom, in: Wolfgang Pfaundler (Hg.), Südtirol. Versprechen und Wirklichkeit, Wien 1958, S. 68-84.

Ders.: Die formellen Grundlagen der Südtiroler Autonomie, in: A. Klebelsberg (Hg.), Südtirol. Land europäischer Bewährung, Kanonikus Gamper zum 70. Geburtstag, Innsbruck 1955 (Schlern-Schriften 140), S. 189-205.

Ders.: Die Laureiner wollen einen deutschen Kaplan, in: Toni Ebner (Hg.), Südtirol in Not und Bewährung. Festschrift für Michael Gamper, Bozen-Brixen 1955, S. 164-167.

Ders.: Über die Nutzungsrechte, in: Stimme der Gemeinden der Provinz Bozen, Bozen, 1956, S. 2-4.

Ders.: Die Stellung des Südtiroler Akademikers im öffentlichen Leben, in: Der fahrende Skolast, Sondernummer, 1961, S. 50-54.

Trafojer, Karl: Die innenpolitische Lage in Südtirol 1918-1925, Diss. masch., Wien 1971, S. 159f.

Verdorfer, Martha: Zweierlei Faschismus. Alltagserfahrungen in Südtirol 1918-1945, Wien 1990 (Österreichische Texte zur Gesellschaftskritik 47).

Villgrater, Maria: Katakombenschule. Faschismus und Schule in Südtirol, Bozen 1984 (Schriftenreihe des Südtiroler Kulturinstituts 11).

Volgger, Friedl: Mit Südtirol am Scheideweg. Innsbruck 1984.

Widmoser, Eduard: Autonomie für Südtirol. Der lange Weg, Innsbruck 1971.

Ders.: Südtirol A-Z, Bd. 1, Innsbruck 1982.

Ders.: Südtirol A-Z, Bd. 2, Innsbruck 1983.

Widmann, Franz: Es stand nicht gut um Südtirol 1945-1972. Von der Resignation zur Selbstbehauptung, Aufzeichnungen einer politischen Wende, Bozen 1998.

21.2. Zeitungen und Periodika

Bozner Tagbatt, Tageszeitung, Bozen.
Der fahrende Skolast, Zeitschrift der Südtiroler Hochschülerschaft, Bozen.
Der Landsmann, Tageszeitung, Bozen.
Der Schlern, Monatszeitschrift für Südtiroler Landeskunde, Bozen.
Der Spiegel, Wochenmagazin, Hamburg.
Der Tiroler, Tageszeitung, Bozen.
Dolomiten, Tageszeitung, Bozen.
ff, Wochenmagazin, Bozen.
Frankfurter Allgemeine, Tageszeitung, Frankfurt a. M.
Foehn, Zeitschrift, Innsbruck.
Il secolo, Zeitung, Bozen.
Innsbrucker Nachrichten, Tageszeitung, Innsbruck.
Meraner Zeitung, Tageszeitung, Meran.
Neue Tiroler Stimmen, Tageszeitung, Innsbruck.
Südtirol in Wort und Bild, Wochenmagazin, Bozen.
Tiroler Nachrichten, Tageszeitung, Innsbruck.
Tiroler Tageszeitung, Tageszeitung, Innsbruck.
Volksbote, Parteizeitung der SVP, Bozen.
Verordnungsblatt des Obersten Kommissars, Bozen.

21.3. Interviews und Gespräche

Interview mit Silvius Magnago, 20. Mai 2003, Bozen.
Interview mit Georg Tinzl, 11. Februar 2002, Bozen (Tonbandprotokoll), Transkript.
Interview mit Georg Tinzl, 01. Mai 2004, Meran.
Interview mit Franz Widmann, 23. April 2002, Ritten (Tonbandprotokoll), Transkript.
Gespräch mit Karl Mitterdorfer, 16. April 2002, Bozen.
Gespräch mit Paul Knoll, 15. März 2004, Bozen.
Gespräch mit Ludwig Walter Regele, 9. Januar 2002, Bozen.
Gespräch mit Lothar von Sternbach, 2. April 2003, Bruneck.

21.4. Archivalien

Archiv der Südtiroler Volkspartei, Bozen.
Archiv des Instituts für Zeitgeschichte, Leopold-Franzens-Universität, Innsbruck.
Archiv Dr. Toni Ebner, Bozen.
Elektronisches Dolomiten Archiv, Bozen.
Gemeindearchiv, St.Ulrich/Gröden.
Gemeindearchiv, Schlanders.

Gemeindearchiv, Tiers.
Nachlass Karl Tinzl, Bozen.
Universitätsarchiv, Innsbruck.

21.5. Webseiten

http://zis.uibk.ac.at/stirol_doku/welcome_chronik.phtml
http://svpartei.org

21.6. Bildnachweis

Bozner Tagblatt: Abb. 24, 28.
Der Fahrende Skolast: Abb. 54.
Der Landsmann: Abb. 15.
Der Volksbote: Abb. 16.
Dolomiten: Abb. 31, 47, 48, 50, 59, 70.
GAS: Abb. 22.
GAT: Abb. 26, 27.
Il secolo: Abb. 49.
Im Besitz der Verfasserin, Abb. 1, 71.
Landesbibliothek Tessmann: Abb. 56.
Nachlass Karl Tinzl: Abb. 2, 5, 9-14, 11, 17-20, 25, 29, 30, 32, 33, 36, 46, 53, 55, 60-62, 68, 69.
Ritschel, Diplomatie: Abb. 64.
SLA, SVP-Archiv: Abb. 34, 35, 37 – 45, 52, 58.
Bestand Institut für Zeitgeschichte, Universität Innsbruck: Abb. 51.
Neue Tiroler Stimmen: Abb. 8.
Gemeinde Aldein: Abb. 57.
Hermann Frass: Abb. 66.
Alto Adige: Abb. 63.
Candido: Abb. 65.
UAI: Abb. 3, 4, 6, 7, 67.

21.7. Abkürzungsverzeichnis

Abb.	Abbildung
ADERST	Amtliche deutsche Ein- und Rückwandererstelle (auch Rückwanderungsstelle)
ADO	Arbeitsgemeinschaft der Optanten
AHB	Andreas-Hofer-Bund
AMG	Allied Military Government
Anm. d. V.	Anmerkung der Verfasserin
ASAR	Associazine Studi per l'Autonomia Regionale
ASDMAE	Archivio Storico Diplomatico, im Ministero degli Affari Esteri
BAB	Bundesarchiv Berlin
BAS	Befreiungsausschuss Südtirol
BKA, AA	Bundeskanzleramt, Auswärtige Angelegenheiten
Bl.	Blatt
CLN	Comitato di Liberazione Nazinale
DAT	Deutsche Abwicklungs-Treuhandgesellschaft
DC	Democrazia Cristiana
Ders.	Derselbe
DFP	Deutschfreiheitlichen Partei
Dipl.	Diplomarbeit
Diss.	Dissertation
DUT	Deutsche Umsiedlungs-Treuhand
DV	Deutscher Verband
DVS	Deutsche Volksgruppe Südtirol
Ebd.	Ebenda
ERA	Ente di Rinascita Agraria per le Tre Venezie
f, ff	und folgende Seite, und folgende Seiten
GJR	Gau-Jugend-Rat
GAS	Gemeindearchiv Schlanders
GASt	Gemeindearchiv St.Ulrich/Gröden
GAT	Gemeindearchiv Tiers
GJR	Gau-Jugend-Rat
GVS	Gesamtverband der Südtiroler
Hg.	Herausgeber
hg. v.	herausgegeben von
IfZ	Institut für Zeitgeschichte
NSDAP	Nationalsozialistische Deutsche Arbeiterpartei
o.D., o.O.	ohne Datum, ohne Ort
ÖVP	Österreichische Volkspartei
PNF	Partito Nazionale Faschista
RSI	Repubblica Sociale Italiana
S.	Seite
SLA	Südtiroler Landesarchiv

SPÖ	Sozialdemokratische Partei Österreichs
SSU	Strategic Services United
SVP	Südtiroler Volkspartei
TVP	Tiroler Volkspartei
UAI	Universitätsarchiv Innsbruck
UDS	Unione Democratica Sudtirolese
UN/UNO	United Nations / United Nations Organization
VDA	Verein für das Deutschtum
VfGH	Verfassungsgerichtshof
Vgl.	Vergleiche
VKS	Völkischer Kampfring Südtirols
VDA	Volksbund für das Deutschtum im Ausland
VOMI	Volksdeutsche Mittelstelle
Zit. n./Zit. b.	Zitiert nach/zitiert bei

21.8. Personenverzeichnis

Acerbo, Giacomo 40
Achmüller, Josef 102
Amonn, Erich 76, 88, 110-113, 115, 117ff., 120f., 128f., 132f., 135, 137, 147, 149-155, 177, 181, 215, 226, 238ff., 287, 305
Amonn, Monika 76
Amonn, Walther 80, 87, 103, 116, 133, 144, 193, 236, 291, 299
Andreotti, Giulio 177, 179
Angelis, Bruno de 112, 116, 119
Attolico, Bernardo 85ff.

Barzilai, Salvatore 60
Behrends, Hermann 85ff., 301
Bendler, Josef 162, 313
Bene, Otto 87
Benedetti, Luigi 191
Benedikter, Alfons 208, 225f., 230, 235, 241, 263, 270
Benussi, Oscar 194
Bertagniolli, Giuseppe 197, 199
Bertolini, Adolfo de 97, 100, 117, 302
Berutti, Adelberto 97
Besednjak, Engelberto 51
Blum, Leon 111
Bonomi, Ivanoe 37f., 148, 311
Borin, Otto 135
Bormann, Martin 85
Braitenberg, Carl von 157, 161, 184, 186, 215, 235, 246
Brugger, Peter 230f., 261, 270, 274
Brunner, Anton 96
Brusasca, Giuseppe 211, 214f.
Buresch, Karl 162

Cappa, Paolo 144
Carbonari, Luigi 186
Carli, Carlo De 189
Casati, Alessandro 54

Ciano, Galeazzo 58
Clairval, Henri 112f., 306, 334
Clark, Mark 112
Conci, Elsabetta 284
Conci, Enrico 152, 185f., 189
Coppini, Maurilio 177
Cosmelli, Giuseppe 179
Credaro, Luigi 38, 57

Daladier, Eduard 111
Dantscher, Theodor 16
Day, Harry 112
Delago, Maria 285
Dell'Aira, Giulio 125, 127
Dell'Antonio, Faustino 117, 306
Denz, Egon 98, 106, 189
Dietl, Hans 231ff., 235, 238, 241, 263, 270, 274, 335
Dietl, Josef 73
Ducia, Anton 111f., 118

Ebner, Toni 117, 130, 137, 157, 203, 209, 212, 215, 235, 238, 246, 259, 265, 270
Egarter, Hans 110, 118
Einaudi, Luigi 218, 311
Endrici, Celestino 62
Erckert, Karl 104, 118, 166, 236f.
Eyrl, Diego 235

Facta, Luigi 38f.
Fanfani, Amintore 254, 266, 330
Farina, Luigi 175, 188-192, 196f., 319-322
Fedele, Pietro 58
Ferrari, Enrico 189
Ferrari, Umberto 189
Figl, Leopold 140, 208, 213ff., 230, 284
Fiorio, Antonio 197
Flor, Silvio 172, 174
Forcher-Mayr, Hanns 125
Foschi, Italo 97, 302
Franceschini, Josef 81, 85f., 300
Fransoni, Francesco 144, 177
Führer, Fritz 104, 112, 118

345

Gamper, Michael	17, 19, 62ff., 66, 80f., 87-91, 98, 124, 128, 130, 151, 153, 181, 183, 202, 206, 230, 235-238, 296, 299, 302
Gasperi, Alcide de	40, 127f., 131, 133ff., 139ff., 144, 146-149, 152f., 159, 179f., 182-186, 191, 194f., 203ff., 245, 293, 308
Gatterer, Claus	90, 139, 239, 248
Gehler, Michael	10, 134
Geisler, Johannes	89, 101, 175
Giarratana, Alfredo	70
Giolitti, Giovanni	31f., 37
Giunta, Francesco	35
Gorbach, Alfons	274
Göring, Hermann	84ff.
Grauß, Alois	210, 230
Greifelt, Ulrich	94, 301
Gruber, Alfons	57
Gruber, Karl	129-133, 140f., 143, 145-150, 160, 175ff., 179f., 183ff., 187f., 193, 195, 205, 245, 287, 317
Gschnitzer, Franz	17, 117, 149f., 154, 215, 238, 242, 284, 324
Guadagnini, Giuseppe	41, 44, 65
Guelmi, Alberto	197
Guggenberg, Otto von	117, 132f., 146, 149f., 153, 156ff., 160, 166, 175f., 181, 184f., 191, 203, 205f., 209, 212, 215, 225, 231, 238, 246, 260
Haas, Hans	27
Habicher, Franz	30, 33
Hassel, Ulrich von	85f., 300
Heinricher, Kurt	97
Heiss, Hans	10, 104
Held, Heinrich	67
Helm, Robert	81, 87
Herre, Paul	39
Himmler, Heinrich	86f., 91, 93-96, 301
Hitler, Adolf	66, 79, 81-86, 94, 96, 111, 117, 212, 300, 334
Hofer, Franz	96-100, 102, 104, 110f., 147, 178, 301, 311, 317
Hofer, Peter	80f., 85ff., 90, 93f., 97ff., 103, 301, 334
Hofmann, Hamilkar	189
Holzeis, Richard	63
Holzer, Anton	119, 306
Hörmann zu Hörbach, Walther von	16, 290
Hruza, Ernst	14, 16
Huter, Franz	17f., 276
Innerhofer, Franz	34
Innerhofer-Tanner, Franz	226, 231
Innocenti, Silvio	127, 137, 144, 146-149, 152, 154, 172, 177, 181, 183f., 194, 199, 218, 311
Jaeger, Nicola	220, 325
Kallay, Miklos	111
Kaserer, Litti	64
Kerschbaumer, Erich	172
Kinzl, Hans	277, 279
Kneussl, Erich	141f., 148, 163
Kreisky, Bruno	213, 262-266, 268ff., 284
Kripp, Josef	142, 148
Kukla, Robert	93, 301
Kunst, Karl	149f., 284
Lauer, Otto	97
Leurs, Emma von	63
Longon, Manlio	111
Luca, Gianni de	199
Luig, Wilhelm	86, 301
Lutterotti, Karl von	103

Magnago, Silvius	10, 121f., 150, 158, 226, 238f., 241, 261, 264, 270, 274, 276, 278, 282
Mair, Erich	17
Mali, Rudolf	63
Malinverno, Renato	188-191, 193f., 199, 319
Manfrini, Edoado	189
Margerdeo, Erasto Enrico	125f.
Mark, Franz	163
Mastromattei, Giuseppe	66, 84, 87f.
Matteotti, Giacomo	53
Mitteis, Ludwig	22
Mitterdorfer, Karl	239, 246, 256f., 269ff., 274, 282, 284, 315
Moro, Aldo	282, 284
Mumelter, Ernst	73
Mumelter, Hermann	125, 175
Mumelter, Ignaz	48
Mussolini, Benito	35, 37, 39-43, 52-57, 65, 67ff., 81-84, 91, 95f.,125, 204, 211, 297, 308
Myrbach-Rheinfeld, Xaver von	16
Neumann, Karl	87
Nicolson, Harold	27
Nicolussi, Maria	63
Nitti, Francesco Saverio	30f.
Noldin, Josef	63f.
Oberrauch, Luis	81
Parteli, Othmar	115
Pecori-Giraldi, Guglielmo	25
Pella, Giuseppe	205f., 335
Perassi, Tommaso	149, 152f., 155, 215, 311f., 335
Perathoner, Hugo	197
Perathoner, Ivo	214, 231
Perathoner, Julius	39, 48
Pezzey, August	15
Pflauder, Wendelin	104, 303
Piaz, Tita	173, 316
Piccioni, Attilo	208
Pichler, August	197
Plangger, Wilfried	166
Pompanin, Alois	89, 101f., 136f., 181, 277
Posch, Rudolf	98
Pösl, Toni	85
Prenner, Maria	76
Pretz, Leo von	88
Prey, Max	171f.
Preziosi, Giovanni	43
Pupp, Alois	158, 235, 270
Quaini, Francesco	178, 184
Raab, Julius	117, 212f., 239, 264, 324, 336
Raffeiner, Josef	127ff., 133, 135, 137f., 140, 143, 147, 149ff., 153, 156f., 181, 183, 186, 209, 215, 238, 246, 306, 315
Rahn, Rudolf von	96
Regele, Ludwig W.	77, 89, 91, 110, 193, 301
Repper, Franz	24
Reut-Nicolussi, Eduard	15, 29, 32f., 35-39, 41ff., 47f., 63, 70, 130f., 292, 309
Ribbentrop, Joachim von	85
Ricci, Umberto	65, 70
Riz, Roland	257
Rossi, Paolo	273, 275
Salata, Francesco	30, 35
Sand, Luis	253, 266, 269f., 274
Savoyen, Umberto von	84
Scalfaro, Oscar Luigi	209f., 335
Scelba, Mario	174, 196, 206f., 209f., 214, 220, 269, 271, 274, 335f.
Schacht, Hjalmar	111

Schauff, Johannes	168f.	Tinzl, Georg	9f., 26, 33, 37, 47, 49, 64f., 75-79, 88ff., 117, 122, 124, 150, 184, 193ff., 201, 220, 227, 250, 257
Schiffner, Ludwig	14, 16, 290		
Schlechtenleitner, Alois	62		
Schöfl, Hans	162		
Schöner, Josef	131f.	Tinzl, Josef jun.	13f., 76, 289
Schuschnigg, Kurt von	111	Tinzl, Josef sen.	11ff., 21, 76
Schwarzenberg, Johannes	149, 152, 157, 176, 183, 206	Toggenburg, Friedrich von	30, 33, 35, 37, 41, 43
Segni, Antonio	211, 214, 216, 259f., 264, 284, 288	Tolomei, Ettore	43, 53, 62, 67, 71, 83
		Tosco, Domenico	17
Seipel, Ignaz	64	Trabucchi, Guiseppe	220, 256, 269
Semler, Ernst	74	Trafojer, Karl	42
Semler, Marianne	74, 123	Tschiggfrey, Hans	277
Semler, Peter	217		
Semler-Tinzl, Gertraud	74ff., 90, 123f., 138, 217, 283, 334	Ubaldi, Ugo	191
		Unterrichter, Günther von	119
		Unterrichter, Rudolf von	168f.
Sotiffer, Anton	124		
Stampfer, Anke	76	Ventrella, Leone	197, 199, 284
Stampfer, Eva	76	Vietinghoff, Heinrich von	112f.
Stanek, Hans	104, 118, 189, 198, 241, 270	Viktor Emmanuel III.	30
		Villari, Pasquale	56
Starace, Achille	35	Vinatzer, Ernst	197
Steinacher, Gerald	10, 112	Vinatzer, Otto	196
Steinacher, Hans	63, 81, 284	Vinschger, Oscar de	189
Steinacker, Wolfgang	115, 118	Volgger, Friedl	88, 91, 98, 110, 122, 124, 130, 143f., 147, 150, 156, 225, 263, 270, 274, 311
Steiner, Ludwig	205		
Steininger, Rolf	10, 230, 301		
Sternbach, Lothar von	100		
Sternbach, Paul von	48-54, 57ff., 63f., 66, 68ff., 72, 75, 81, 84f., 87f., 103, 144	Walther, Franz von	154f.
		Walther, Willi von	30, 34f., 41, 43, 84
		Widmann, Franz	10, 123, 193, 227, 230, 238-241, 246, 260
Steurer, Leopold	37, 41, 88, 135		
Straudi, Rudolf	197f.		
Strohal, Emil	21, 23	Wieser, Thomas	18, 290
		Wilfan, Josip	36, 45, 51
Tambroni, Fernando	265	Wilson, Woodrow	26ff., 263
Tessmann, Friedrich	19, 157, 218, 231	Wolff, Karl	113
Thalhammer, Herbert	112, 305	Wopfner, Hermann	18
Thyssen, Fritz	111	Wray, Francis M.	119
Tinzl, Anna	24, 78, 291	Wretschko, Alfred von	16
Tinzl, Antonia	13, 76, 289	Würtz, Antonia	11ff., 76, 289
Tinzl, Berta	24, 78, 291	Wurzer, Gilbert	102

Zallinger, Bernhard	30
Zechtl, Rupert	263
Ziller, Lino	193
Zingerle, Josef	168
Zoli, Adone	240f.

**STIFTUNG
SÜDTIROLER SPARKASSE**
1854

Wir stiften Kultur